船舶与海洋工程结构冰载荷
——离散元数值分析

Ice Loads on Ships and Offshore Structures
Numerical Analysis with Discrete Element Methods

季顺迎 刘 璐 著

科学出版社

北 京

内 容 简 介

海冰与极地船舶和海洋工程结构作用时的动力破坏特性，以及海冰同海水、工程结构的多介质耦合作用对冰载荷的数值模拟提出了很大挑战。本书首先综述了离散元方法在船舶与海洋工程结构冰载荷数值模拟中的研究进展；接着介绍了极地海冰数值模拟的系列离散元方法，以及海冰与海水、工程结构耦合作用的多介质、多尺度数值方法，并阐述了基于GPU并行计算的高性能离散元分析软件；然后介绍了平整冰、碎冰和冰脊等不同类型海冰的离散元数值构造方法，并对船舶结构冰阻力和冰载荷、冰区操纵性，以及海冰与螺旋桨的耦合作用进行了全面的离散元分析；最后对导管架和沉箱式固定海洋平台、浮式海洋平台在海冰作用下的冰载荷及结构响应进行了系统的离散元模拟。

本书可作为船舶与海洋工程、机械、力学等领域从事极地装备开发、冰载荷研究和抗冰结构设计的科研人员，以及高等院校相关专业的研究生和高年级本科生的参考用书。

图书在版编目(CIP)数据

船舶与海洋工程结构冰载荷：离散元数值分析/季顺迎，刘璐著. —北京：科学出版社，2023.5

ISBN 978-7-03-073109-8

Ⅰ. ①船… Ⅱ. ①季… ②刘… Ⅲ. ①船体结构–海冰–载荷分析–离散模拟 Ⅳ. ①U661.4

中国版本图书馆CIP数据核字(2022)第167652号

责任编辑：刘信力 孔晓慧／责任校对：彭珍珍
责任印制：吴兆东／封面设计：无极书装

科学出版社 出版
北京东黄城根北街16号
邮政编码：100717
http://www.sciencep.com

北京建宏印刷有限公司印刷
科学出版社发行 各地新华书店经销

*

2023年5月第 一 版 开本：720×1000 1/16
2025年1月第二次印刷 印张：25 1/2
字数：510 000
定价：198.00元
(如有印装质量问题，我社负责调换)

前　　言

近年来，随着我国极地海洋活动的扩展，船舶与海洋工程结构冰载荷正成为一个重要的研究热点。冰载荷是极地船舶和海洋工程结构抗冰设计、安全运行的重要环境因素，是极地运输和油气开发中必须面对的重大工程难题。

我国对冰区海洋工程的研究始于 20 世纪 60 年代，而对冰载荷相对系统的研究则是从 20 世纪 80 年代渤海中部和辽东湾的油气开发开始的。经过近 40 年的研究，我国对海洋工程结构，特别是固定式平台结构的冰载荷研究取得了一系列具有国际影响力的重要成果。然而，我国对船舶结构冰载荷的研究起步相对较晚。相对于渤海油气作业区的破冰船，"雪龙"号科学考察船在南北极冰区航行中的冰激结构响应更加显著。虽然我国对极地的科学考察已开展了 30 多年，但对船舶结构冰载荷的研究在近几年我国自主设计和建造极地船舶后才得以重视。尽管如此，我国对极地船舶结构冰载荷的研究，无论是实船监测还是数值计算方面，均取得了很大的进展。

由于不同海域海冰条件的差异，又因为船舶与海洋工程的结构形式对海冰破坏模式的影响，冰载荷的合理确定一直是困扰国内外学者的重要难题。它不仅需要考虑海冰的晶体结构、温度、盐度、加载速率等物理因素，同时也要考虑工程结构的尺寸、形状等结构参数，以及海冰与海水、工程结构之间的多介质耦合效应，因此冰载荷的合理确定需要采用不同的研究途径进行综合分析。理论分析可以对冰载荷的产生机理、基本规律、关键参数进行明确；现场测量可以避免结构的尺寸效应，获得真实的物理信息；模型试验可以对试验条件进行精确控制和优化设计，获得更完备的测量结果；数值分析则可从多视角深入探讨影响冰载荷的主要因素和基本规律；近几年在不同研究领域取得成功应用的人工智能方法则为不同工程结构的冰载荷确定提供了一个全新的思路。本书将围绕船舶与海洋工程结构的冰载荷问题，综合考虑不同的研究途径，对国内外研究成果进行全面系统的归纳整理和深入探讨，为冰载荷研究者提供一个有力参考。

对于海洋工程结构的冰载荷研究，我国基于渤海油气开发中的现场测量、模型试验和数值分析，先后出版了《工程海冰学概论》(丁德文，1999)、《海冰工程学》(杨国金，2000)、《冰区海上结构物的可靠性分析》(方华灿和陈国明，2000)、《工程海冰数值模型及应用》(季顺迎和岳前进，2011)等。近年来，针对船舶结构冰载荷研究，张健于 2015 年出版了《冰载荷作用下船舶结构动态响应及损伤机理》，王超和叶礼裕于 2019 年出版了《近场动力学方法在冰桨耦合特性研究中的应用》。在国外著作方面，Sanderson (1988) 的 *Ice Mechanics: Risks to Offshore Structures* 最为经典，其侧重于海冰物理力学性质的论述；Schulson 和 Duval (2009) 的 *Creep and Fracture of Ice*、Leppäranta (2011) 的 *The Drift of Sea Ice*、Weiss (2013) 的 *Drift, Deformation, and Fracture of Sea Ice* 则更侧重于从地球物理尺度介绍海冰的基本力学行为或动力学行为；Palmer 和 Croasdale (2012) 的 *Arctic Offshore Engineering* 则侧重于海洋工程中的冰载荷分析。鉴于以上学术论著，本书将针对船舶与海洋工程结构的冰载荷问题进行更加系统的论述，在重点介绍作者研究团队工作的同时，也努力包含国内外相关学者的研究成果，为极地海洋工程问题研究提供全面的参考依据。本书部分图片、资料和素材也来源于网络媒体资源，在此也表达谢意！

本书研究得到国家重点研发计划重点专项 (2018YFA0605902、2017YFE0111400、2016YCF1401505、2016YFC1402705)、工信部高技术船舶科研项目 (2017-614)、国家自然科学基金项目 (41576179、51639004、U20A20327、42176241、52101300、12102083) 等多个项目的支持，也得到大连理工大学工业装备结构分析国家重点实验室的资助。

本书围绕船舶与海洋工程冰载荷问题，分为现场监测及应用、离散元数值分析两册。本册为离散元数值分析部分，分为 5 章，第 1 章为绪论，主要介绍极地船舶与海洋工程结构冰载荷的研究范畴和方法，对国内外的最新研究进展进行简要阐述；第 2 章主要介绍冰载荷的多介质、多尺度离散元数值方法及高性能软件研发；第 3 章主要介绍平整冰、碎冰及冰脊等不同类型海冰的离散元构造方法；第 4 章和第 5 章主要介绍极地船舶及海洋工程结构冰载荷的数值模拟，并侧重于离散元方法 (DEM) 的阐述和典型工程应用。

本书主要内容是大连理工大学极地船舶与海洋工程研究团队近十年在海冰现场测量、冰载荷离散元数值方法等方面的研究工作中不断积累完成的，同时也参考了国内外相关的最新研究成果，以全面系统地反映当前国内外在极地船舶与海洋工程结构冰载荷的最新研究进展。本书得到大连理工大学的陈晓东、刘璐、卫志军、王延林、王庆凯、崔洪宇、袁奎霖和王宇新，国家海洋环境预报中心王安良，国家海洋环境监测中心许宁，南方科技大学屈衍，以及中国船级社刘圆等的大力支持。季顺迎撰写了第 1 章；卫志军和季顺迎撰写了第 2 章和第 3 章；刘璐和季顺迎撰写了第 4 章和第 5 章。

作者特别感谢大连理工大学岳前进教授对海洋平台结构冰载荷现场测量工作的指导。本书的许多内容源于岳前进教授团队的研究成果，包括屈衍、刘圆、许宁、王延林、张大勇、郭峰玮、刘翔、张力、王胜永、王瑞学、王刚等的博士论文工作；毕祥军教授参加了十多个冬季的渤海油气作业区海冰管理和冰载荷现场

前言

测量，以及德国汉堡冰水池(HSVA)的模型试验研究，积累了大量的数据资料和研究成果；李志军教授团队在极地科学考察中对海冰物理力学性质开展了系统的现场测量，其中王庆凯、卢鹏、雷瑞波、张丽敏、谭冰、韩红卫等的博士论文工作为本书提供了有力的支持。作者还要真诚地感谢美国克拉克森(Clarkson)大学 Hayley Shen 教授和 Hung Tao Shen 教授。在两位教授的指引下，作者于 2002 年开始从事离散元方法研究，2010 年将其与极地船舶与海洋工程结构冰载荷计算密切结合，并在国内外取得了广泛的工程应用。

在本书相关内容的研究过程中，美国船级社刘社文、刘建成、Han Yu、刘翔、陈营营、夏娶、谷海博士促进了船舶与海洋工程结构冰载荷的离散元软件研发，作者非常珍惜合作研讨的 7 年时光；中国极地研究中心雷瑞波、李丙瑞、李群等为"雪龙"号科学考察船的多个航次冰载荷现场测量工作提供了有力的支持；国家海洋环境预报中心李宝辉、张林、李春花、刘煜等一直鼓励海冰的数值模拟工作；中国远洋海运集团有限公司蔡梅江、胡冰、殷华兵指导完成北极航行中"天恩"号、"天惠"号货轮的冰载荷现场测量研究；中海油信息科技有限公司宋积文、李辉辉等一直支持渤海油气海洋平台的海冰现场测量工作；中国船级社天津分社徐捷、李晔等，中国船级社上海规范研究所钟晨康、张志刚、曹晶等，中国船舶重工集团公司第七〇二研究所田于逵、王迎晖、赵桥生、王志鹏等，中国船舶工业集团公司第七〇八研究所吴刚、王金宝、于纪军等专家一直指导和支持极地船舶与海洋工程结构的抗冰性能、冰载荷离散元软件、冰载荷测量技术的研究工作。本书的完成还得益于国内外诸多专家学者的悉心指导、交流讨论和大力支持，在此一并致谢。

本书研究内容也得益于中国船级社、国家海洋环境预报中心、中国极地研究中心、中海油信息科技有限公司、中国船舶重工集团公司第七〇二和七一九研究所、中国船舶工业集团公司第七〇八研究所、中国远洋海运集团有限公司、中远海运特种运输股份有限公司、大连船舶重工集团有限公司、辽宁红沿河核电有限公司、上海勘测设计研究院有限公司、哈尔滨工程大学、大连海事大学、天津大学、江苏科技大学，以及美国船级社、韩国船舶与海洋工程技术中心、新加坡 Keppel 海洋与海事技术中心等国内外单位的大力支持，为船舶与海洋工程结构冰载荷的现场测量提供了有力的工作保障，为冰载荷离散元计算分析软件研发和工程应用提供了充分的实践条件。

作者特别感谢大连理工大学极地海洋工程研究团队毕业的博士生王安良、孙珊珊、狄少丞、刘璐、龙雪、王帅霖、陈晓东、孔帅的研究工作，以及在读博士生王键伟、何帅康、杨冬宝、吴捷、王祥对本书编写工作的大力协助；缔造科技(大连)有限公司对船舶与海洋工程结构冰载荷的离散元计算分析软件 IceDEM 和冰载荷测量技术提供了大力支持，在此深表感谢。

由于作者水平有限，书中不足之处在所难免，敬请各位专家学者批评指正。

季顺迎

2023 年 2 月 2 日于大连

目　录

前言
第1章　绪论···1
　1.1　冰载荷数值方法研究进展··2
　　　1.1.1　冰载荷的有限元方法及黏聚单元方法··2
　　　1.1.2　冰载荷的近场动力学方法··3
　　　1.1.3　冰载荷的光滑粒子流体动力学方法··6
　　　1.1.4　冰载荷的环向裂纹法··7
　1.2　海冰离散元方法研究进展··10
　　　1.2.1　地球物理尺度下海冰离散元方法··11
　　　1.2.2　浮冰尺度下海冰离散元方法··15
　　　1.2.3　工程结构尺度下海冰离散元方法··25
　　　1.2.4　材料性能尺度下海冰离散元方法··48
　　　1.2.5　细观尺度下海冰的离散分布特性··53
　　　1.2.6　冰载荷的高性能离散元并行算法及计算软件······································55
　1.3　基于离散元方法的冰载荷数值冰水池··57
　　　1.3.1　面向冰载荷的数值冰水池研究框架··58
　　　1.3.2　数值冰水池的软件实现··60
　　　1.3.3　数值冰水池的试验验证··63
　　　1.3.4　数值冰水池的初步应用··64
　1.4　小结··69
　参考文献··70
第2章　船舶与海洋工程结构冰载荷离散元方法···81
　2.1　海冰球体离散元方法及参数确定··81
　　　2.1.1　球体单元间的接触和黏结模型··81
　　　2.1.2　球体单元间的黏结失效准则··86
　　　2.1.3　平行黏结模型的尺寸效应及黏结失效参数··90
　2.2　海冰扩展多面体离散元方法··100
　　　2.2.1　扩展多面体形态的海冰单元及接触模型··100
　　　2.2.2　海冰单元间的黏结失效准则··103

目 录

  2.2.3 海冰扩展多面体离散元的宏细观参数关系 ······ 107
 2.3 海冰三维圆盘离散元方法 ······ 112
  2.3.1 海冰三维圆盘单元的构造及接触判断 ······ 112
  2.3.2 海冰圆盘单元的浮力计算及拖曳力 ······ 114
  2.3.3 海冰圆盘单元与海洋结构物间的接触判断 ······ 118
 2.4 海冰与工程结构耦合的 DEM-FEM 方法 ······ 120
  2.4.1 海冰离散元与结构有限元的接触搜索算法 ······ 122
  2.4.2 海冰离散元与结构有限元的界面耦合方法 ······ 126
  2.4.3 DEM-FEM 耦合模型的验证 ······ 133
 2.5 海冰与流体耦合的 DEM-SPH 方法 ······ 137
  2.5.1 光滑粒子流体动力学方法 ······ 138
  2.5.2 SPH 粒子与扩展多面体单元的耦合算法 ······ 145
  2.5.3 DEM-SPH 耦合的数值模拟分析及结果验证 ······ 150
 2.6 冰载荷的高性能离散元并行算法及计算分析软件 ······ 160
  2.6.1 冰载荷的 GPU 并行算法 ······ 160
  2.6.2 冰载荷离散元计算效率的提高途径 ······ 167
  2.6.3 海冰离散元计算分析软件研发 ······ 172
 2.7 小结 ······ 181
 参考文献 ······ 182

第 3 章 海冰离散元数值构造 ······ 187
 3.1 海冰离散元构造方法简介 ······ 187
  3.1.1 极地海冰的离散元构造方式 ······ 187
  3.1.2 球体离散元的排列方式 ······ 189
 3.2 平整冰的离散元构造 ······ 195
  3.2.1 平整冰的球体离散元构造 ······ 195
  3.2.2 平整冰的扩展多面体离散元构造 ······ 199
 3.3 碎冰的离散元构造 ······ 204
  3.3.1 基于二维 Voronoi 图的碎冰区构造 ······ 204
  3.3.2 碎冰块的几何规则度 ······ 206
 3.4 冰脊的离散元方法构造 ······ 213
  3.4.1 冰脊的球体离散元方法 ······ 214
  3.4.2 冰脊的扩展多面体离散元方法 ······ 223
 3.5 小结 ······ 235
 参考文献 ······ 235

第 4 章 极地船舶结构冰载荷的离散元分析 ········· 239
4.1 碎冰区船舶航行的冰阻力及冰载荷 ········· 239
4.1.1 碎冰区船舶结构冰阻力 ········· 239
4.1.2 浮冰块对船舶结构冲击的冰载荷 ········· 256
4.2 平整冰区船舶航行的冰阻力及冰载荷 ········· 259
4.2.1 平整冰区船舶结构冰载荷 ········· 260
4.2.2 辅助破冰条件下的船体冰载荷 ········· 267
4.3 船舶冰区操纵性的离散元分析 ········· 273
4.3.1 船舶六自由度运动方程 ········· 274
4.3.2 船舶操纵航行运动模型 ········· 275
4.3.3 船舶操纵验证及破冰航行计算 ········· 276
4.3.4 极地船舶冰区操纵性能影响因素分析 ········· 278
4.4 单点系泊系统的冰载荷离散元分析 ········· 281
4.4.1 软刚臂单点系泊系统的数值模型 ········· 281
4.4.2 平整冰与单点系泊系统相互作用的离散元分析 ········· 282
4.4.3 碎冰与单点系泊系统相互作用的离散元分析 ········· 284
4.5 海冰与螺旋桨相互作用的离散元分析 ········· 287
4.5.1 海冰–螺旋桨的 DEM-FEM 耦合模型 ········· 288
4.5.2 海冰–螺旋桨切削过程的 DEM-FEM 耦合模拟 ········· 289
4.6 小结 ········· 295
参考文献 ········· 295

第 5 章 海洋工程结构冰载荷的离散元分析 ········· 299
5.1 寒区海洋平台结构冰载荷分析 ········· 299
5.1.1 直立结构冰载荷的离散元分析 ········· 299
5.1.2 锥体海洋结构冰载荷的离散元分析 ········· 307
5.1.3 多桩腿海洋平台的冰载荷遮蔽效应 ········· 325
5.1.4 海冰与直立平面结构作用的冰压力分布 ········· 333
5.2 固定式海洋工程结构冰激振动响应分析 ········· 337
5.2.1 海上风电基础结构冰激振动分析 ········· 338
5.2.2 单桩海洋平台结构冰激振动特性分析 ········· 346
5.2.3 多桩腿海洋平台结构冰激振动的 DEM-FEM 耦合分析 ········· 354
5.3 浮式海洋平台结构冰载荷分析 ········· 363
5.3.1 Kulluk 浮式海洋平台的冰载荷分析 ········· 363
5.3.2 半潜式海洋平台结构的冰载荷分析 ········· 371
5.4 核电站取水口的海冰堆积模拟 ········· 378

5.4.1　核电站取水口海冰堆积的离散元模拟····················378
　　5.4.2　海冰堆积特性的影响因素分析························381
5.5　重力式沉箱平台结构冰载荷的离散元分析······················385
　　5.5.1　重力式沉箱结构模型简介····························385
　　5.5.2　海冰与 Molikpaq 沉箱作用过程的模拟··················387
　　5.5.3　海冰与 JZ9-3 沉箱作用过程的模拟····················388
5.6　小结··392
参考文献··393

第 1 章 绪　　论

随着"一带一路"倡议的实施，我国对海上油气资源的开发利用由低纬度的渤海向高纬度的北极海域扩展，冰区海洋工程结构的抗冰设计、安全运行和疲劳分析问题得到更加广泛的关注。此外，随着我国渤海和北黄海冰区海域的风电和核电等新能源的开发和应用，对冰区海洋工程结构冰载荷及其引起的工程问题的研究更加迫切 (朱本瑞等, 2021; 杨冬宝等, 2021)。在我国渤海的冰区油气开发中，导管架和沉箱式海洋平台得到广泛应用 (岳前进等, 2011; Xu et al., 2015)，而在海洋环境条件更加恶劣的北极海域，半潜式钻井平台结构则有更强的适用性 (张大勇等, 2020)。由于自然条件下不同海域海冰条件的差异以及海洋平台结构类型的不同，冰载荷的特点及其引起的寒区海洋工程问题也有很大差别。此外，随着我国极地科学考察的广泛开展，以及北极航道的开通和窗口期的延长，船舶冰区航行的冰载荷及其导致的结构疲劳、风险预警等研究，也引起国内外的广泛关注 (Janßen et al., 2017; 刘璐等, 2019; Kong et al., 2021)。

在极地船舶与海洋工程结构冰载荷的研究中，理论分析、现场测量、模型试验和数值模拟均发挥着重要作用，且相互补充，形成了完整的研究体系 (Dempsey, 2000; Huang et al., 2007; Wang et al., 2012)。冰载荷的数值模拟以理论模型和数值方法为依托，通过现场测量和模型试验进行可靠性验证，其在研究周期、经济成本、场景重现和细节剖析等方面具有出色的研究优势，一直得到广泛的关注和应用。在寒区船舶与海洋工程结构冰载荷的数值模拟中，人们发展了有限元方法 (finite element method, FEM) (Kärnä et al., 1999; 张健等, 2013; 王健伟和邹早建, 2015)、离散元方法 (discrete element method, DEM) (Tuhkuri and Polojärvi, 2018; 刘璐等, 2019)、黏聚单元模型 (Kuutti et al., 2013; Wang et al., 2018)、近场动力学 (peridynamics, PD) (Ye et al., 2019; Xue et al., 2019)、环向裂纹法 (Su et al., 2010; Zhou et al., 2018) 和光滑粒子流体动力学 (Zhang et al., 2019) 等诸多计算方法，从而对海冰与结构物耦合作用时的破坏过程、冰载荷动力特性进行精确的数值分析。其中，离散元方法自 20 世纪 90 年代开始应用于船舶与海洋工程结构冰载荷计算分析后，其由二维模型向三维模型、由圆盘单元向块体单元、由刚体碰撞计算向黏结–破坏分析不断发展，得到越来越广泛的重视和应用 (Kim et al., 2019; Liu and Ji, 2020)。因此，针对海冰与船舶及海洋平台结构耦合作用中的海冰破坏模式、冰载荷动力特性和结构冰激振动响应等特性，对海冰离散元方法的进一步发展，可更好地模拟海冰的复杂力学行为，更准确地确定结构冰载荷和冰激结构力学响应。

我们也注意到，海冰与极地船舶及海洋平台结构的相互作用，不仅涉及海冰不断发生断裂和破碎的动力过程，同时还与海水、结构发生耦合作用，从而使该动力过程呈现出多介质、多尺度的复杂动力学行为。由此，基于冰–水–结构耦合的冰载荷数值方法在近年取得了很大的研究进展 (Janßen et al., 2017; 王帅霖等, 2019)，并将成为确定极地海洋工程结构冰载荷的更有效的重要研究方法。韩端锋等 (2017)、徐莹等 (2019) 和 Xue 等 (2020) 分别从不同角度对目前冰载荷的数值方法进行了全面论述，均将海冰离散元方法作为重要研究途径和发展方向。因此，在目前离散元方法研究的基础上进一步发展适用于极地装备结构冰载荷的多介质、多尺度计算方法，具有重要的力学理论意义和工程应用前景。在冰载荷的离散元方法中，如何发展适用于工程尺度的大规模离散元计算，是目前国内外研究的重要热点。

1.1 冰载荷数值方法研究进展

目前，为确定船舶与海洋工程结构冰载荷，人们发展了有限元方法及黏聚单元方法 (cohesive element method, CEM)、近场动力学方法、光滑粒子流体动力学方法、环向裂纹法以及离散元方法。本节对相关研究方法及相关模拟结果进行简要介绍，1.2 节将对离散元方法的发展过程及工程应用进行详细阐述。

1.1.1 冰载荷的有限元方法及黏聚单元方法

碰撞是典型的非线性动态接触问题，具有高度非线性特点，需要较大的计算资源。采用有限元方法求解非线性动态接触问题时，主要可分为隐式求解和显式求解两种方法。根据每一时刻动力反应的计算是否需要求解线性方程组，可将直接积分法分为隐式积分方法和显式积分方法两类。相比于隐式方法的无条件稳定，显式方法为条件稳定，其需要满足精度要求的空间步距和积分稳定性要求的时间步距。因此，显式方法受条件稳定的限制，时间积分步长将取得较小。但计算经验表明，对于一些自由度数巨大且介质呈非线性的问题，显式法比隐式法所需的计算量要小得多。

有限元方法的计算精度不仅与模型、网格、算法紧密相关，材料参数的正确定义对结果的可靠性也有决定性作用。在海冰材料的数值模拟中，国外研究开始较早。国内的船–冰相互作用研究起步相对较晚，但近些年也取得了出色的研究成果。张健等 (2013) 等采用修改后的 Tasi-Wu 屈服准则模拟了海冰与船体的碰撞；韩雷等 (2007) 利用 Ralson 失效准则模拟了冰排与海洋平台锥体结构的碰撞。图

1.1.1 是有限元软件 LS-DYNA 模拟的船–冰相互作用，其对冰层破坏、船首的变形及破坏均能达到较好的模拟效果 (苏干，2016)。

图 1.1.1　采用有限元商用软件 LS-DYNA 模拟的船–冰相互作用 (苏干，2016)

人们在有限元方法中基于内聚力模型发展了黏聚单元模型，其在混凝土、岩石等材料的力学分析中取得了良好的应用效果。Paavilainen 等 (2011) 采用黏聚单元模型模拟了平整冰和海洋结构物的相互作用。图 1.1.2 是采用黏聚单元方法模拟的平整冰与锥体海洋结构的相互作用。该方法充分利用了有限元模拟材料变形、黏聚单元描述单元破碎的优势，但黏聚单元模型中的参数，如断裂能、断裂韧性、刚度等，难以直接确定，还需要进行更多的数值试验校核模型参数。

图 1.1.2　采用黏聚单元方法模拟的平整冰与锥体海洋结构的相互作用 (Wang et al., 2018)

1.1.2　冰载荷的近场动力学方法

近场动力学 (PD) 方法是非局部连续方法，其以积分的形式构建物体的运动方程。近场动力学方法将物体离散成一系列具有独立质量、占有独立空间的物质点，而反过来大量物质点又能构成一个连续体。对每个物质点进行影响区域粒子的积分计算，求得物质点所受到的力、加速度、速度以及破坏程度等物理量，进而获得整个计算物体的运动和变形特点。由于该方法是以积分方程的形式表达的，而不是应用偏微分方程进行求解，故能很好地避免经典连续介质力学求解断裂问题的困难。因此，近场动力学方法非常适合于结构和材料的大尺度变形问题的求解，例如裂纹扩展和结构破坏等。

采用近场动力学对螺旋桨运动过程中与海冰的作用进行模拟，可对海冰受到的铣削作用、海冰破碎过程等进行有效模拟，如图 1.1.3 所示 (Ye et al., 2017)。

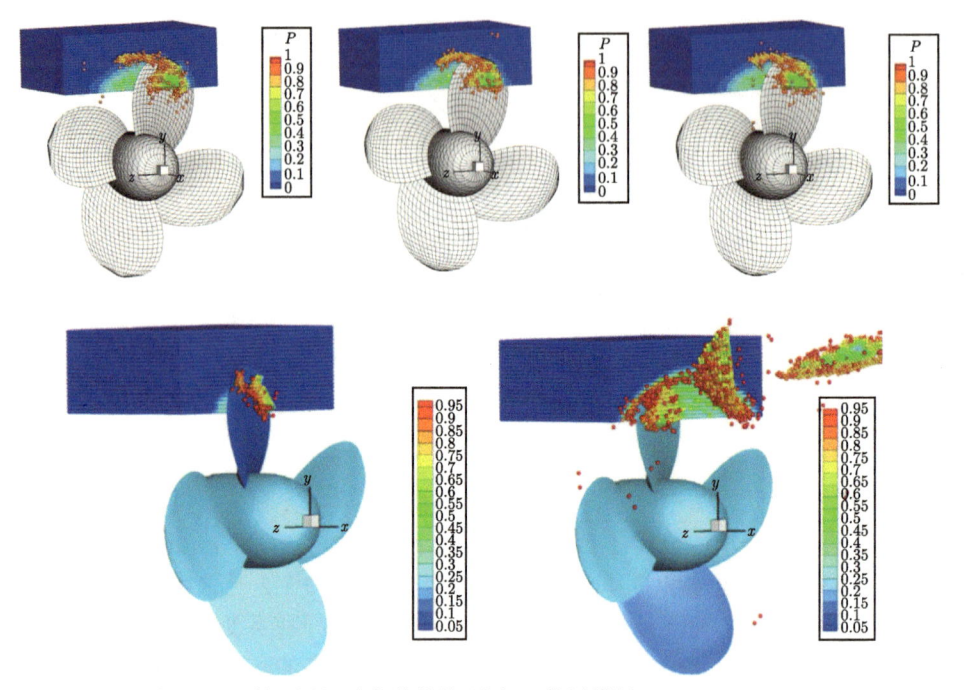

图 1.1.3　基于近场动力学的桨–冰相互作用模拟 (Ye et al., 2017)

目前，近场动力学方法较为突出的问题是计算效率较低。由于质点与其不相邻的质点之间也存在相互作用，所以在描述相同的问题时近场动力学往往会有更多的相互作用关系，在质点数量较大时会消耗大量的计算资源。通常可以采用自适应的物质点分布来提高计算效率，在破坏区域使用较密集的物质点分布，在不破坏的区域使用较为稀疏的物质点分布。同时，可以采用近场动力学与有限元耦合的方法进一步提高计算效率，即采用有限元方法模拟不破坏区域，采用近场动力学方法模拟破坏区域，并建立有效方法来计算区域间的相互作用。图 1.1.4 为基于近场动力学与有限元耦合的船–冰相互作用模拟，模拟中能够充分描述海冰的环向、周向的裂纹，以及破碎海冰的脱落、滑移等过程，体现了近场动力学对海冰断裂、破碎过程模拟的有效性 (Liu et al., 2018; Xue et al., 2019)。

随着对北极地理和气候环境研究的深入，人们也逐渐深刻地认识到潜艇在北极的政治和军事价值。由于北极海冰的平均厚度可达到 3 m，其为潜艇的活动提供了特殊的隐蔽条件。冰区舰艇装备的发展，对于极地主权、航道之争以及战略部署至关重要 (梁云芳等, 2021)。研究潜艇破冰上浮过程及冰载荷的动态特性，可为潜艇壳体的设计和破冰厚度的选择提供支撑。为此，叶礼裕等 (2018) 基于近场动力学方法建立潜艇破冰上浮过程计算模型，并以美国国防部高级研究计划局 (DARPA) 潜艇模型 SUBOFF 为研究对象，开展了潜艇破冰上浮过程的数值模拟。在潜艇上浮破冰过程的近场动力学模拟中，海冰的动态断裂过程与美国核潜艇的破冰上浮结果基本一致 (图 1.1.5)，冰载荷的动态变化与实际情况相符合。

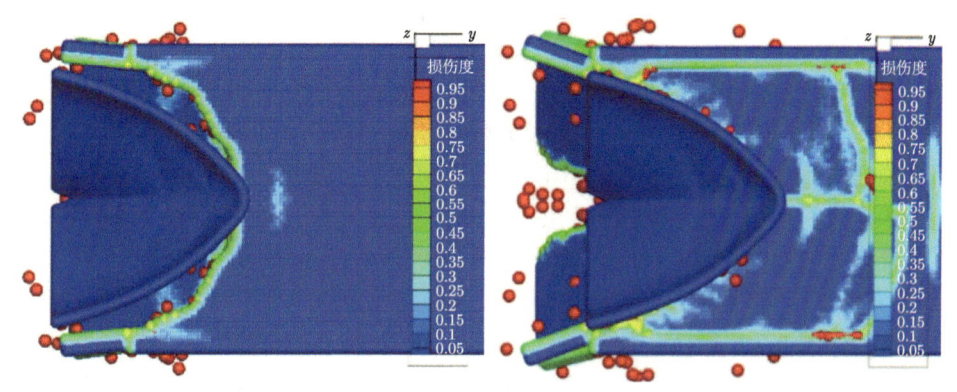

图 1.1.4　基于近场动力学与有限元耦合的船–冰相互作用模拟 (Xue et al., 2019)

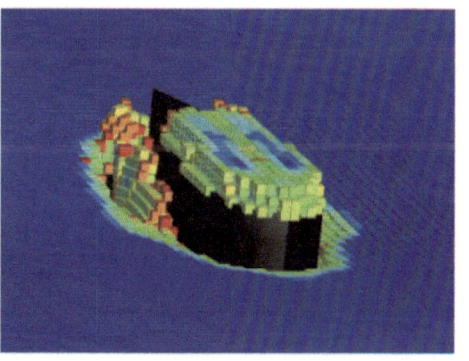

(a) 围壳破冰现场照片　　　　　　　　(b) 围壳破冰数值模拟

(c) 艇身上浮破冰的现场照片　　　　　(d) 艇身上浮破冰的数值模拟

图 1.1.5　潜艇围壳及艇身上浮破冰现场照片及近场动力学模拟 (叶礼裕等，2018)

1.1.3 冰载荷的光滑粒子流体动力学方法

光滑粒子流体动力学 (smoothed particle hydrodynamics, SPH) 方法最早用于天体运动模拟中，后在流体动力学模拟中被大量采用，是计算流体力学 (computational fluid dynamics, CFD) 中无网格粒子类方法的典型代表。SPH 方法是通过核估算式将一个偏微分方程转化为积分，然后这个积分方程在数值上通过一系列离散的粒子总和来逼近。SPH 具有纯拉格朗日的优点，所有粒子都被视为物质点运动，故满足流体力学方程中的质量守恒定律、动量守恒定律和能量守恒定律。将固体材料的本构模型引入 SPH 方法中，也可对固体材料动力过程中的变形、断裂等进行模拟。

采用 SPH 方法对船–冰相互作用进行模拟，还可对船–冰–水流固耦合作用进行模拟，如图 1.1.6 所示。此外，针对有限元方法与 SPH 的计算特点，Chen 等 (2021) 将两种计算方法相结合，发展了海冰与锥体、船舶结构相互作用的 FEM-SPH 方法，计算结果如图 1.1.7 所示。虽然该方法可以模拟海冰与斜面结构作用

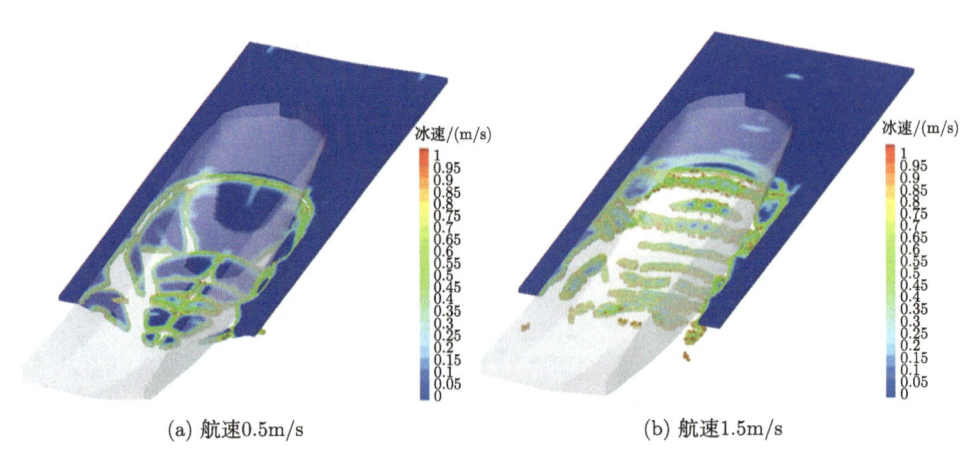

(a) 航速0.5m/s

(b) 航速1.5m/s

图 1.1.6　基于 SPH 方法的船–冰、船–冰–水相互作用模拟 (乔岳，2018)

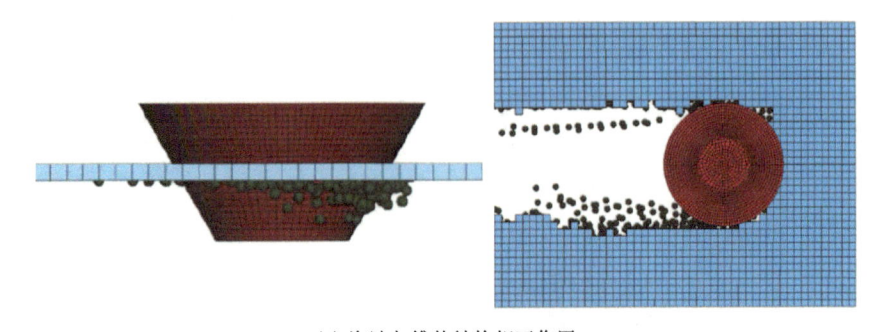

(a) 海冰与锥体结构相互作用

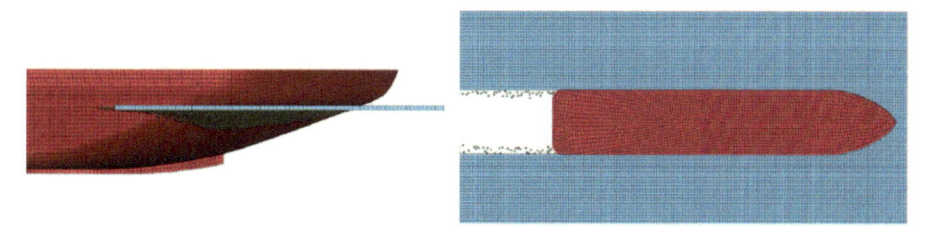

(b) 海冰与船舶结构相互作用

图 1.1.7　基于 FEM-SPH 方法的海冰与锥体、船舶结构相互作用分析 (Chen et al., 2021)

时的弯曲破坏特性,但其在计算规模和单元尺寸细化方面还需要进一步改进,以更精确地模拟海冰断裂。

1.1.4　冰载荷的环向裂纹法

冰–船作用过程的二维计算模型如图 1.1.8 所示,为确定海冰与船体接触过程的弯曲断裂长度,可以假设其为

$$L_{\mathrm{B}} = C_{\mathrm{l}} L_{\mathrm{c}} \left(1 + C_{\mathrm{v}} v_{\mathrm{n}}^{\mathrm{rel}}\right) \tag{1.1.1}$$

式中,$v_{\mathrm{n}}^{\mathrm{rel}}$ 为冰块与船体间的相对法向速度;C_{l} 和 C_{v} 为经验系数,且 C_{l} 为正值,C_{v} 为负值。C_{l} 的值一般为 0.1~0.8 (Zhou et al., 2018)。

图 1.1.8　水线处船体和海冰的作用示意图

海冰破碎的特征长度为

$$L_{\mathrm{c}} = \sqrt[4]{\frac{Eh^3}{12\rho_{\mathrm{w}} g \left(1 - \nu^2\right)}} \tag{1.1.2}$$

式中,E 为海冰弹性模量,h 为冰厚,g 为重力加速度,ρ_{w} 为海水密度,ν 为海冰泊松比。Su 等 (2010) 给出了详细计算过程,如图 1.1.9 所示,这里不再详细说明。

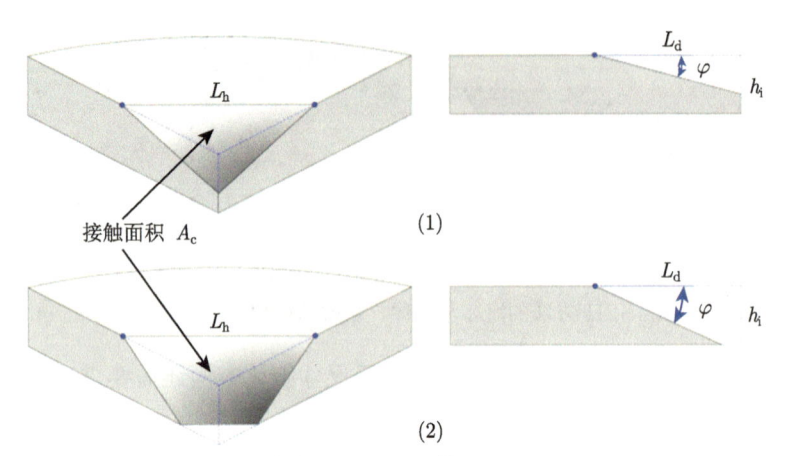

图 1.1.9 冰船接触面积的计算 (Su et al., 2010)

同样，将海冰与船体的作用过程分为两个阶段：挤压和弯曲 (Su et al., 2010; Erceg et al., 2022)。在挤压阶段，冰船接触力为

$$F_{\mathrm{cr}} = \sigma_{\mathrm{c}} A_{\mathrm{c}} \tag{1.1.3}$$

式中，σ_{c} 为海冰压缩强度；A_{c} 为冰船接触面积。在此基础上分解可得到挤压破坏时的水作用力为

$$F_{\mathrm{V}} = F_{\mathrm{cr}} \cos(\varphi) - f_{\mathrm{V}} \sin(\varphi) \tag{1.1.4}$$

在弯曲阶段，冰船接触力为

$$P_{\mathrm{f}} = C_{\mathrm{f}} \left(\frac{\theta}{\pi}\right)^2 \sigma_{\mathrm{f}} h_{\mathrm{i}}^2 \tag{1.1.5}$$

式中，σ_{f} 为海冰弯曲强度；θ 为冰块角度；C_{f} 为经验参数。

采用以上环向裂纹法，Su 等 (2014) 对船舶在冰区前行和倒退工况下进行了破冰航行计算，并与模型试验进行了对比分析 (图 1.1.10)，还对船舶在不同横倾角下的操纵性能进行了分析 (图 1.1.11)。Tan 等 (2013，2014) 采用该方法对船舶在冰区航行的六自由度运动和动冰载荷进行了计算，Zhou 等 (2018) 也计算了锚泊船舶在冰区的冰阻力，并与模型试验进行了对比分析。环向裂纹法在船舶冰区航行的数值计算方面具有计算效率高的优势，同时考虑了海冰同船舶结构作用时弯曲破坏的随机性，并经过了诸多模型试验的验证，是当前船舶冰阻力计算的重要手段。

1.1 冰载荷数值方法研究进展

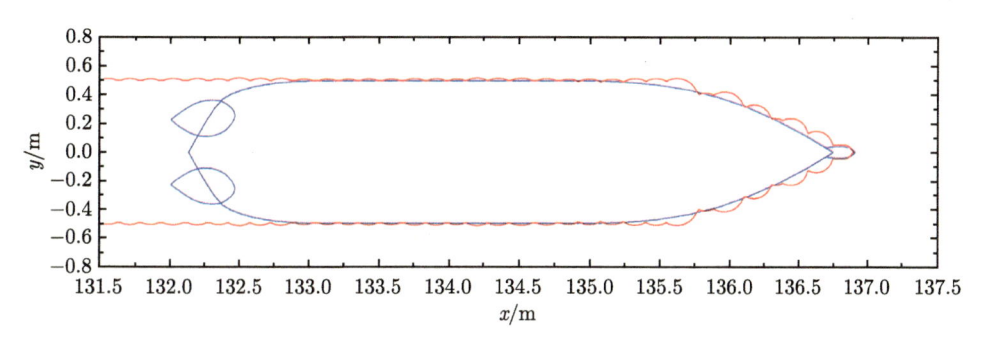

(a) 冰区船首破冰前行

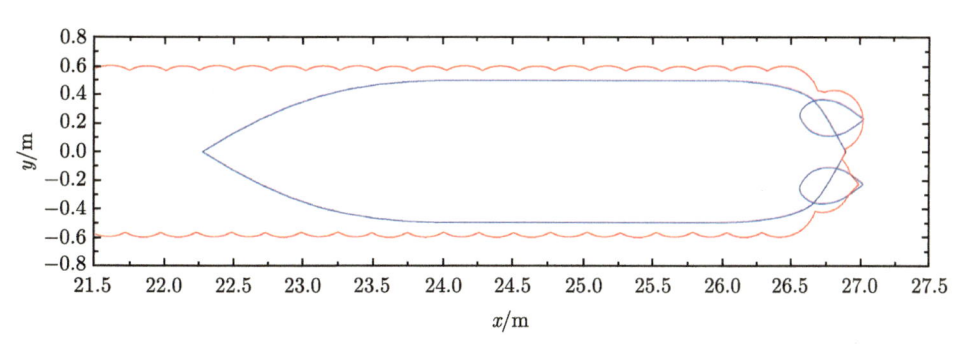

(b) 冰区船尾破冰倒退

图 1.1.10　船舶在冰区航行计算 (Su et al., 2014)

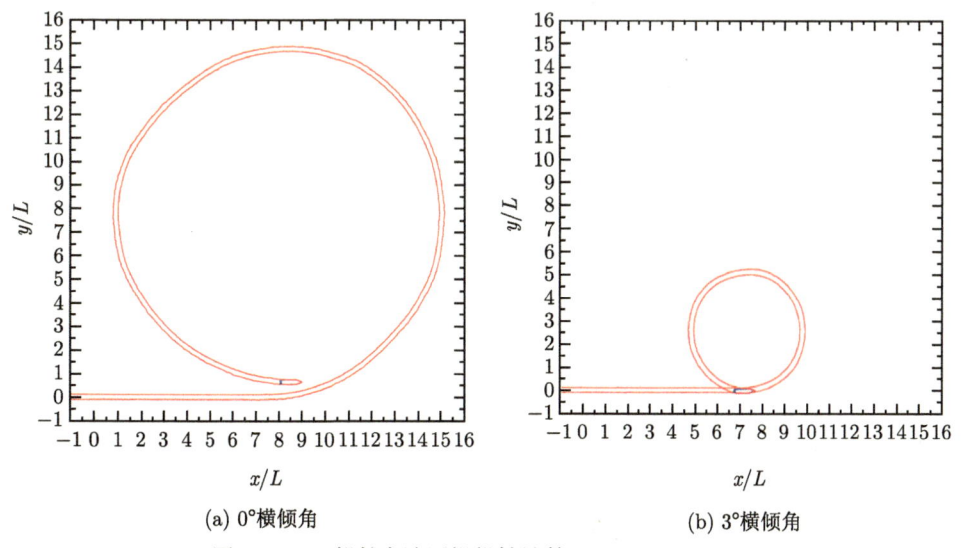

(a) 0°横倾角

(b) 3°横倾角

图 1.1.11　船舶在冰区操纵性计算 (Su et al., 2014)

1.2 海冰离散元方法研究进展

海冰在不同尺度下均呈现出很强的离散特性,尤其表现为小尺度下的断裂、重叠和堆积现象,以及大中尺度下的非连续流变行为。以往人们大多依据连续介质力学的方法进行不同尺度下海冰力学性质的研究。近 20 年来,则更多地关注于海冰的离散分布特性,采用离散元方法表述海冰在不同尺度下的非连续分布特性,模拟其复杂的动力学行为。

离散元方法的建立以 Cundall 和 Strack (1979) 在国际学术期刊 *Geotechnique* 上发表的 "A discrete numerical model for granular assemblies" 一文为标志。该方法也由最初应用于岩土力学,迅速向化工、机械、海洋、农业,乃至生命科学等领域发展 (季顺迎,2018)。20 世纪 80 年代,离散元方法最早用于海冰流变学和碎冰碰撞过程研究 (Shen et al., 1987)。随后它不仅用于模拟小尺度下冰块间的碰撞,还可对中尺度下冰脊的形成、冰隙的产生以及冰缘区的海冰演化进行数值计算 (Hopkins, 1994; Shen et al., 2004)。针对海冰与船舶和海洋工程结构相互作用中的破坏特性,人们采用离散元方法对海冰对斜面结构、直立和锥体海洋平台、船舶结构的冰载荷进行了系统的数值分析 (Jou et al., 2019; Long et al., 2020; 季顺迎等,2013)。此外,采用离散元方法可以对平整冰、碎冰、冰脊以及航道内冰屑等不同冰类型进行数值分析,也可以计算总冰载荷和局部冰压力,具有很强的适用性 (Xue et al., 2020; Islam et al., 2021)。近年来,为考虑海冰与海水、海洋工程结构的相互作用,人们发展了离散元方法与有限元方法、计算流体动力学的耦合模型。为进一步提高离散元方法的计算效率,人们采用基于图形处理器 (graphics processing unit, GPU) 并行的数值算法,开展了工程尺度下对船舶和海洋平台结构冰载荷的数值计算 (Liu and Ji, 2018; Long et al., 2021)。

采用离散元模型进行海冰动力过程数值模拟,其出发点是海冰在不同尺度下均表现出显著的离散分布特性。目前,对海冰力学行为的研究可大体分为 5 个尺度,即地球物理尺度 (10~100 km)、浮冰尺度 (10 m~10 km)、工程结构尺度 (1~100 m)、海冰材料性质尺度 (10^{-1}~10 m) 和冰晶细观尺度 (10^{-3}~10^{-1} m) (Dempsey, 2000; 季顺迎等,2012)。目前海冰离散元方法还尚未有效开展海冰细观尺度下的冰晶结构模拟,而已成功地应用于海冰材料的物理力学性质,工程结构尺度下的冰载荷,浮冰尺度下的海冰断裂、重叠和成脊过程,以及地球物理尺度下的海冰动力学过程的数值模拟。为此,本节首先对不同尺度下海冰的离散分布特性及离散元方法进行介绍,最后对海冰与船舶及海洋工程结构冰载荷的离散元方法的发展前景进行简要展望。

1.2.1 地球物理尺度下海冰离散元方法

覆盖北极的大面积浮冰是由冰脊、重叠冰、大块浮冰和开阔水混合组成的。卫星遥感图像分析表明，海冰的变形主要在大块浮冰的交界处发生。在卫星遥感、现场观测和室内试验中，海冰都存在相似的断裂规律，且碎裂尺寸的比例是不变的 (Davis and Wadhams, 1995; Stern and Lindsay, 2009)。极区海冰的形变尺度可以从数米到上千千米，具有很大的尺度差异 (Weiss et al., 2007)。

1. 地球物理尺度下海冰的离散分布特性

卫星遥感图像表明，极地海冰在 $10 \sim 10^3$ km 的大尺度下具有很强的离散性，如图 1.2.1(a) 所示。对其冰块尺度进行统计分析，结果如图 1.2.1(b) 所示 (Weiss and Marsan, 2004)。图中采用了三个不同的统计阈值，即当冰块面积所占像素点分别低于该阈值时忽略不计。三个不同阈值所对应的统计结果均表明，积累分布随尺度的增加而呈指数减小，即 $N_L \propto L^{-b}$，这里 N_L 为尺度大于 L 的冰块个数。统计表明，b 与阈值有关且取值范围为 1.3~1.54。对北极喀拉海 (Kara Sea) 1994 年 2 月 24 日的合成孔径雷达 (SAR) 卫星遥感图像分析，也可以得到相似的关系，即 $N_A \propto A^{-c}$，且 $b = 1.6 \pm 0.2$。这里 A 为冰块面积，一般小于 10^3 km^2，N_A 为面积小于 A 的冰块个数 (Korsnes et al., 2004)。渤海海冰卫星遥感图像也表明，海冰有很强的离散分布特性，如图 1.2.2 所示。

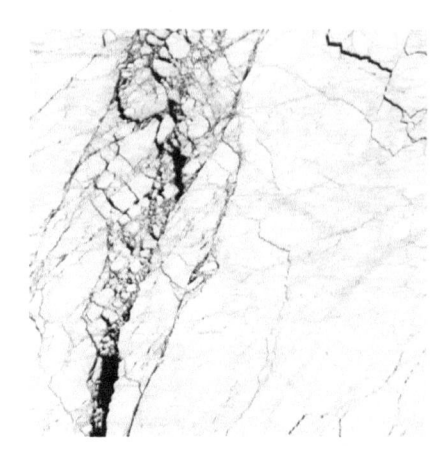

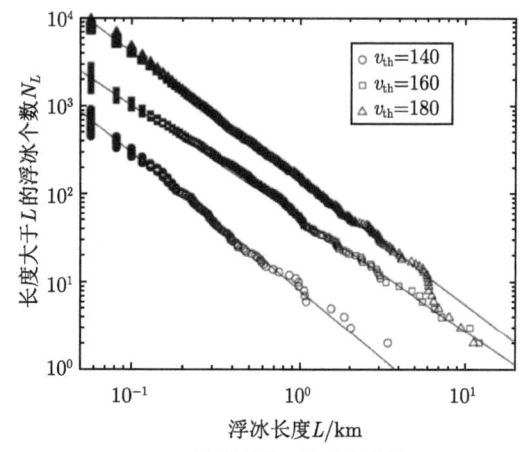

(a) 北极海冰的SPOT卫星图像　　　　(b) 冰块的尺度分布特性

图 1.2.1　1996 年 4 月 6 日北极海冰的卫星图像及冰块尺度分布 (卫星图像 59 km×59 km，中心位置为 (N89°11′, W108°33′)) (Weiss and Marsan, 2004)

图 1.2.2   2001 年 2 月 15 日渤海海冰的 MODIS 卫星遥感图像

2. 极区海冰动力过程的离散元模拟

海冰块体离散元方法最初用于处理波浪和海冰的相互作用，随后用于海冰重叠和堆积过程研究，最近又进一步应用于大、中尺度下的海冰动力学数值模拟 (Hopkins, 2004a; Hopkins et al., 2004)。将 1998 年 1 月 20 日北极海冰区域离散为 42000 个块体单元，初始海冰分布如图 1.2.3 所示。对 1998 年 1 月 22 日

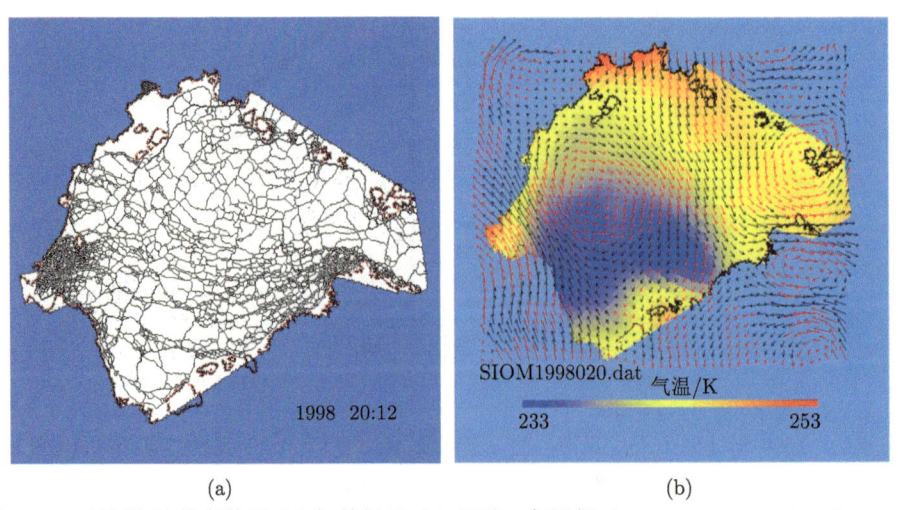

图 1.2.3   极区海冰的离散元 (a) 初始场及 (b) 风速、气温场 (Hopkins, 2004a; Hopkins and Thorndike, 2006)

至 25 日间海冰的剪切速率和旋涡运动的计算结果如图 1.2.4 所示，计算结果与卫星遥感资料在海冰演化趋势上相吻合。不同于欧拉坐标下对极区海冰动力过程的数值模拟，离散单元模型通过在拉格朗日坐标下对海冰的离散化处理，可对大尺度冰块间的接触、摩擦、形变等动力破碎现象进行相对精确的数值分析。

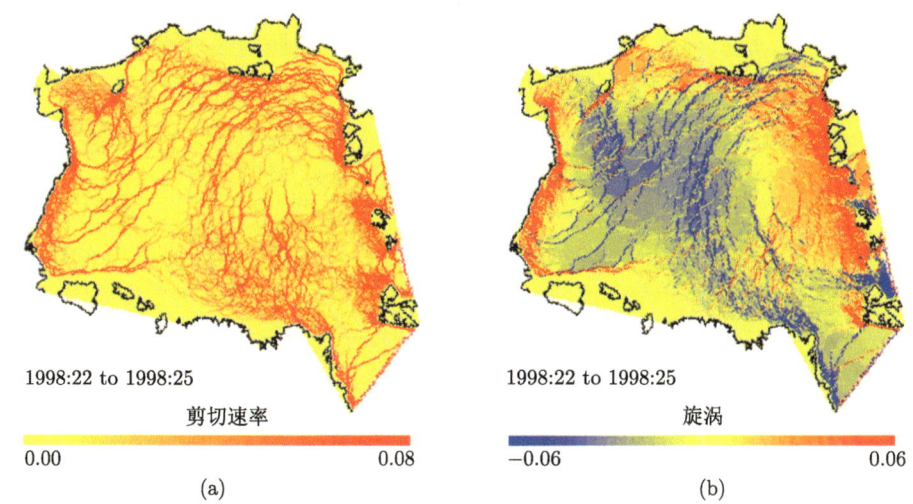

图 1.2.4 离散元方法模拟的 (a) 极区海冰剪切速率及 (b) 旋涡运动分布 (Hopkins, 2004a; Hopkins and Thorndike, 2006)

3. 基于颗粒材料力学的海冰流变学本构模型

在地球物理尺度下，由于研究区域远大于离散状态下海冰的尺度，所以在海冰数值模式中多采用连续介质模型，并通过对海冰流变学的研究建立相应的本构模型。针对海冰的离散分布特性及其类似于颗粒介质的力学行为，人们发展了基于颗粒介质理论的海冰动力学黏塑性本构模型 (Shen et al., 1986, 1987)，通过采用圆盘离散单元对海冰的碰撞过程进行数值分析，建立了二维的冰块碰撞流变学模型。其中，黏性系数和强度是冰块大小、厚度和回弹系数等的函数，并分别写作

$$\eta = \frac{\gamma(1+e)}{3\pi}\frac{v'}{d}, \quad \zeta = 3\eta \tag{1.2.1}$$

$$P = \frac{\gamma\sqrt{2}(1+e)}{\pi^2}\left(\frac{v'}{d}\right)^2 \tag{1.2.2}$$

这里，

$$\gamma = \frac{\rho_i D^2 h_i}{4}\frac{C^{3/2}}{C_0^{1/2}-C^{1/2}} \tag{1.2.3}$$

式中，ζ 和 η 分别为体积和剪切黏性系数；P 为海冰强度；$e = v_\mathrm{i}/v_0$ 为回弹系数 ($0 < e < 1$)，这里 v_i 和 v_0 分别是冰块碰撞前和碰撞后的法向相对速度；v' 为冰块运动的波动分量；d 为冰块直径；ρ_i 为海冰密度；C_0 为海冰的最大密集度；C 为海冰密集度；D 为冰块尺度；h_i 为冰厚。

这里采用以上黏塑性海冰本构模型对一定区域内的海冰运动进行蒙特卡罗 (Monte Carlo) 数值模拟，经统计后得到的海冰塑性屈服曲线和不同应力状态的应变率矢量如图 1.2.5 所示，这里 $C = 0.8$，$e = 0.1$。图中无量纲主应力定义为

$$S_{1,2} = \frac{\sigma_{1,2}}{\rho_\mathrm{i} D^2 h_\mathrm{i}(\dot{\varepsilon}_1^2 + \dot{\varepsilon}_2^2)} \tag{1.2.4}$$

式中，$\sigma_{1,2}$ 分别为第一和第二主应力，$\dot{\varepsilon}_1$ 和 $\dot{\varepsilon}_2$ 分别为第一和第二主应变率。

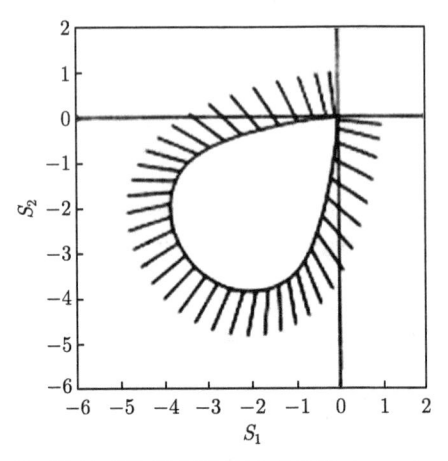

图 1.2.5　基于海冰碰撞流变学的屈服曲线 (Shen et al., 1987)

采用海冰块体离散元模型，并考虑海冰在动力过程中的能量守恒，Hopkins (1996) 在中尺度 (10~100 km) 下进行了一系列数值模拟实验，并对计算区域内海冰应力进行了统计分析。在不同初始密集度下得到了海冰的屈服曲线。该屈服曲线能够很好地反映海冰在动力过程中的应力状态 (Hibler, 2001)。基于离散介质力学理论，一系列的海冰本构模型建立并应用于大中尺度下的海冰动力学数值模拟中 (Wichinsky and Feltham, 2006; Sedlacek et al., 2007)。针对冰缘区海冰的离散分布特性，Feltham 研究小组开展了一系列相关研究 (Feltham, 2005, 2008)。虽然这些本构模型并不考虑细观尺度下海冰的分布形态、碰撞接触作用，其计算参数也不考虑海冰类型、冰块尺寸等细观因素的影响，但它们将海冰视为离散介质材料，其流变学行为更符合实际情况下海冰的非连续力学行为。

1.2.2 浮冰尺度下海冰离散元方法

浮冰尺度下的海冰离散分布特性主要表现为海冰的断裂、重叠和堆积过程,以及海冰与波浪的相互作用现象。在极区,堆积冰覆盖面积在不同季节有所差别,一般可占总冰面积的10%~40%,而冰量所占比例可达70%(Tin and Jeffries, 2003)。冰脊在波罗的海(Baltic Sea)、白令海(Bering Sea)、波弗特海(Beaufort Sea)、鄂霍茨克海(Sea of Okhotsk),以及我国渤海等都十分常见(Leppäranta et al., 1995; Hopkins and Tuhkuri, 1999; 季顺迎等, 2000)。对冰区结构物带来很大威胁的冰脊,更是海冰动力学研究的重点,包括其成形过程、物理力学性质的现场监测,以及其形成过程的数值模拟工作(Flato and Hibler, 1995; Hopkins et al., 1999; Hopkins and Tuhkuri, 1999)。

1. 冰块尺度下海冰的离散分布特性

海冰在自然条件下,大多表现出不连续分布特性,并且在海冰发生断裂、重叠和堆积现象时表现得更为突出。海冰在 $10^2 \sim 10^3$ km 尺度下的离散分布特性不仅存在于冰缘区,同时也广泛存在于渤海、波罗的海等副极区海域(Goldstein et al., 2009)。一些极区典型浮冰尺度下的海冰离散分布特性如图1.2.6所示。海冰

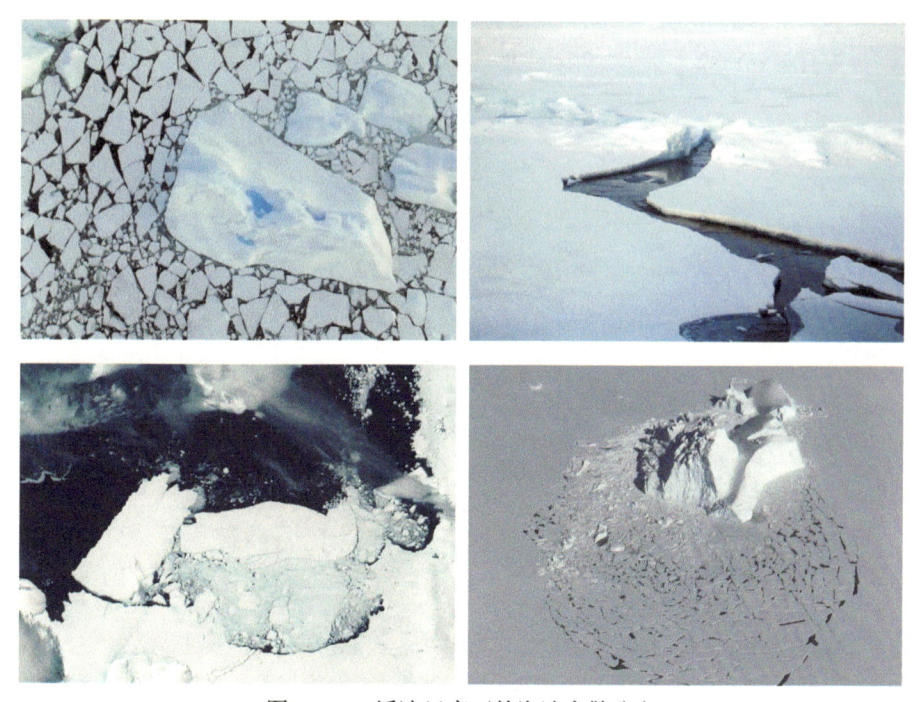

图 1.2.6 浮冰尺度下的海冰离散分布

动力学的离散特性引起了人们的注意，人们最早于 20 世纪 70 年代开始考虑冰块间的相互碰撞过程 (Ovsienko, 1976)。对于碎冰区的海冰形态和分布特性，朱红日等 (2019) 和张忠宇等 (2022) 采用 Voronoi 切割算法建立了具有随机形态和初始排列的碎冰场构造方法。无论是极区，还是波罗的海、渤海等副极区海域，重叠冰和冰脊的形成机理、发展过程和结构形式均已得到深入的研究。海冰重叠和堆积过程非常复杂，且对海冰与大气、海洋间的热力和动力作用，以及海冰厚度、密集度的重新分布都有着重要的影响，同时也对冰区结构物构成很大的威胁。因此，人们一直致力于冰脊几何特性、物理力学性质的现场监测、室内实验和数值模拟研究 (Timco and Burden, 1997; Strub-Klein and Sudom, 2012; Bonath et al., 2019)。

在渤海，海冰在波浪、潮汐、海浪等海洋动力条件下，并受海岸边界约束和海冰内力的影响，具有强烈的破碎、重叠和堆积特性。目前，人们对辽东湾沿岸冰的海冰堆积特性进行了现场调查，获得了不同起伏程度的堆积冰表面轮廓剖面，分析了堆积冰的表现形态特征，以及冰脊内部层状结构和破碎冰块尺寸。图 1.2.7 为辽东湾沿岸的海冰重叠和堆积现象。

图 1.2.7 辽东湾沿岸海冰的重叠与堆积现象

1.2 海冰离散元方法研究进展

海冰在风、浪与潮汐等环境作用下相互挤压形成重叠冰,并可由重叠冰逐渐过渡至冰脊。冰脊在大中尺度下呈现出很强的非连续、非均匀分布状态,如图 1.2.8(a) 所示。与平整冰不同,冰脊并不是连绵不断的,而是离散分布于平整冰中。因此,冰脊在特定海域的出现频率也是衡量冰脊冰载荷的主要指标。冰脊的龙骨和帆高一般由离散的碎冰块构成,如图 1.2.8(b) 所示。龙骨和帆高的几何形态和尺寸,与其形成过程中的海洋条件、海冰厚度和强度等因素密切相关,其中碎冰块长度与厚度比值也是重要的几何参数 (Leppäranta et al., 1995)。冰脊的几何结构特征如图 1.2.8(c) 所示。Timco 和 Burden (1997) 对 11 个当年冰脊与 64 个多年冰脊的几何特征进行了统计分析,得到了龙骨的宽高比 (4∶1)、帆高与龙骨深度的比例 (单年冰脊 1∶4,多年冰脊 1∶3)、帆高与龙骨的倾角 (21°∼33°)。Strub-Klein 和 Sudom (2012) 对 356 个冰脊结构特征的统计结果表明,在萨哈林 (Sakhalin) 岛 (库页岛) 海域冰脊帆高的最大值达到了 8 m,而平均值为 2 m。由此可见,冰脊无论在宏观分布还是细观碎冰组成上,均呈现出强烈的离散分布特性。

(a) 冰脊在大中尺度下的空间分布　　(b) 冰脊内部碎冰的非连续分布

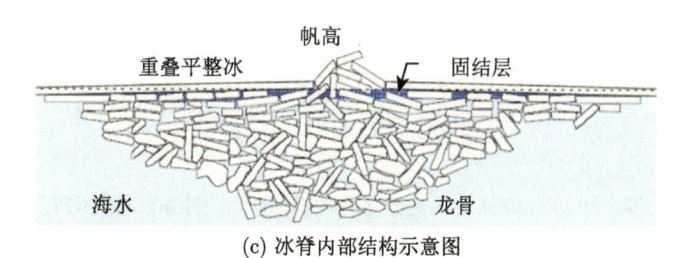

(c) 冰脊内部结构示意图

图 1.2.8　冰脊在不同尺度下的空间分布特性及示意图 (Timco et al., 2000)

冰脊对结构物的冰载荷主要由龙骨产生,因此人们通常最关注龙骨的力学性质。为确定龙骨在真实状态下的力学性能,一般通过现场直剪或压剪试验测定龙骨的剪切强度,如图 1.2.9 所示 (Timco et al., 2000; Heinonen, 2004)。通过以上试验可确定碎冰块间冻结强度、冰块尺寸对龙骨强度的影响,从而为分析冰脊的动力演变过程,以及冰脊对船舶与海洋工程结构的冰载荷提供参考依据。

(a) 冰脊直剪测试 (Timco et al., 2000)　　　　(b) 冰脊压剪测试 (Heinonen, 2004)

图 1.2.9　冰脊力学性质的现场测试

2. 海冰重叠堆积过程的离散分析

为研究重叠冰和冰脊的形成机理,可采用离散元方法数值模拟海冰的动力破碎过程和非连续分布现象。从 20 世纪 90 年代初开始,Hopkins 采用块体离散元方法对海冰的断裂、重叠和堆积过程进行了系统深入的数值模拟,取得了理想的计算结果 (Hopkins et al., 1991; Hopkins, 1996)。针对海冰破碎情况下的多面体形态,Hopkins 建立相应的块体离散单元模型如图 1.2.10 所示。在计算冰块间的相互作用时,采用黏性、弹性和塑性模型来描述挤压破坏、摩擦、屈曲和弯曲破坏等力学过程。

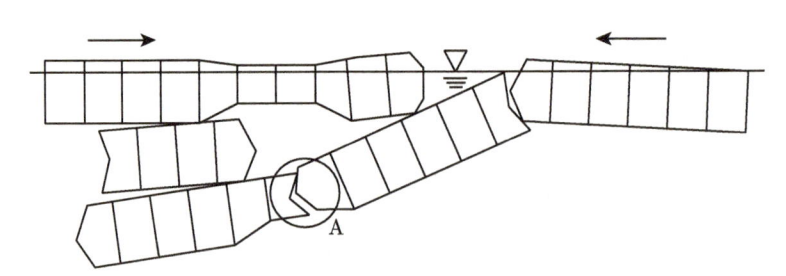

图 1.2.10　海冰块体离散单元的接触模型 (Hopkins, 1996)

该作用力模型主要分为两个部分:一是模拟冻结冰块间的断裂作用,二是模拟非冻结单元间的摩擦作用。在冻结单元的弹性变形模型中,两个冻结在一起的相邻冰体被视为通过黏弹性模型黏结在一起,并可承受一定的拉力和压力。冰块为刚性体,其形状保持不变。弹性变形以黏结位置相对运动的形式体现。冰块间以沿着黏结位置 ξ 的相对位移矢量 δ 来描述其应力状态,其中矢量 δ 可分解为法向分量 δ_c 和切向分量 δ_t,如图 1.2.11 所示。图中 k_1 和 k_2 分别为加载和卸载曲

1.2 海冰离散元方法研究进展

线的斜率，σ_c 和 σ_t 分别为压缩和拉伸应力；δ_c 和 δ_{cf} 分别为压缩位移和发生压缩断裂 (成脊) 时的位移，δ_t 和 δ_{tf} 分别为拉伸和发生拉伸断裂时的位移。冰块间的法向和切向位移如图 1.2.12 所示，图中 ξ 定义为冰块间的接触位置 (Wilchinsky et al., 2011)。

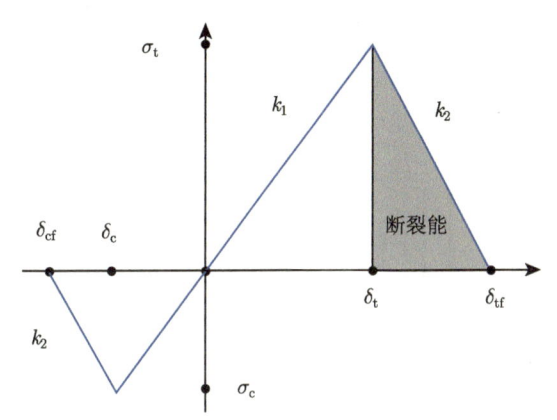

图 1.2.11　海冰块体离散单元中的作用力模型 (Hopkins, 2004a)

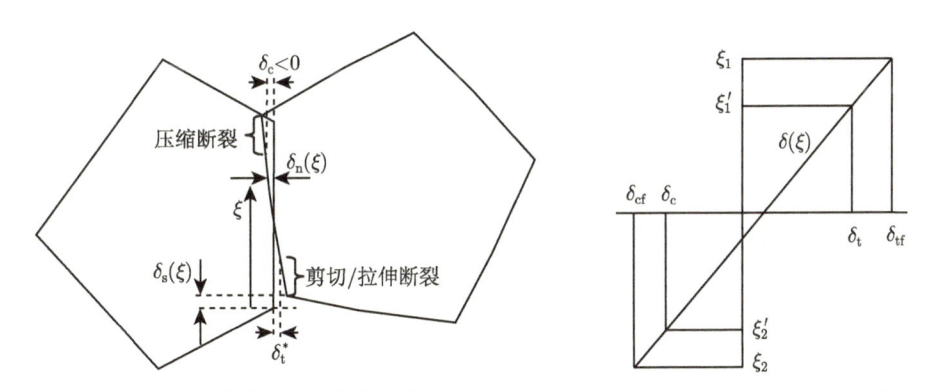

图 1.2.12　海冰块体单元间的相互作用 (Hopkins, 2004a; Wilchinsky et al., 2011)

如果进一步考虑海冰的重叠和堆积过程，冰块间的法向和切向作用力模型如图 1.2.13 所示，其中，k_{ne} 和 k_{te} 分别为法向和切向弹性刚度；η 为阻尼系数；μ 为摩擦系数；k_{np} 表征海冰塑性强化刚度；$k_r = \sigma_c h_i$，为海冰压缩破坏的刚度系数。图中的锯齿模块为表征冰脊过程中不可恢复的塑性变形。

考虑自然条件下海冰的几何形态和分布状态，典型的碎冰区离散元模型如图 1.2.14 所示 (Hopkins, 1996)。对于冰脊的形成过程，当薄冰与厚冰相互挤压时易形成冰脊。计算中进行了如下两点假设：薄冰受弯或屈曲破碎，厚冰有足够的承载力。计算结果表明，成脊过程大体可以分为四个阶段 (Hopkins, 1998)：平整冰作用于厚冰上发生破碎并形成稳定的帆高，龙骨不断增厚并达到稳定，冰脊不断扩展形成厚度相对均匀的碎冰区，碎冰区受压密实。采用 2 m 厚的厚冰和 0.5 m 厚的薄冰，形成的冰脊剖面如图 1.2.15(a) 所示。在成脊过程中，水平作用力 F 与薄冰厚度 h、薄冰成脊长度 L 等因素密切相关，并在不同成脊阶段有不同的对应关系。朱红日等 (2022) 采用三维扩展多面体离散元方法对冰脊的成形过程进行了分析 (图 1.2.15(b))，并讨论了冰厚、冰速和海冰强度对冰脊形态的影响。

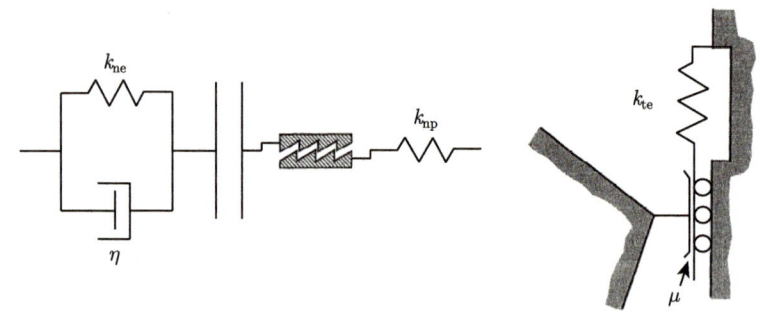

图 1.2.13　冰块间法向和切向作用力的接触模型 (Hopkins, 1996)

图 1.2.14　中尺度下浮冰的块体离散元模型 (Hopkins, 1996)

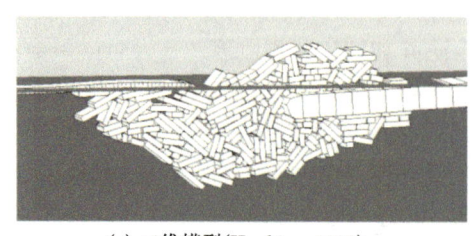

(a) 二维模型(Hopkins, 1998)　　　　(b) 三维模型(朱红日等, 2022)

图 1.2.15　海冰重叠和堆积过程的离散单元模拟

1.2 海冰离散元方法研究进展

海冰在风和流的作用下会对港口码头、沿岸护坡产生很强的作用力,并在一定条件下发生破碎堆积,如图 1.2.16(a) 所示。针对这一工程问题,Bridges 等 (2019) 采用块体离散单元方法进行了相应的数值模拟 (图 1.2.16(b)),从而明确了海冰发生断裂和堆积的动态过程和堆积高度。将以上离散元模拟结果同室内模型试验进行了对比分析,吻合良好,从而验证了数值计算的可靠性。

(a) 海冰在港口码头内的破碎堆积

(b) 海冰在护坡结构上破碎堆积的离散元分析

图 1.2.16　海冰与港口码头、护坡结构作用时的堆积现象 (Bridges et al., 2019)

近年来,针对海冰的断裂、重叠和堆积特性,芬兰阿尔托 (Aalto) 大学 Tuhkuri 团队发展了多面体离散单元方法,对碎冰的动力学行为进行了系统的数值分析 (Tuhkuri and Polojärvi, 2018);针对冰脊龙骨的剪切强度,通过对碎冰压剪和直剪过程的离散元模拟,确定了剪切强度的主要影响因素和变化规律,如图 1.2.17 所示 (Polojärvi and Tuhkuri, 2009; Polojärvi et al., 2015)。Sorsimo 和 Heinonen(2019) 采用离散元软件 EDEM 中的球体单元对龙骨的压剪试验进行了计算,得到了单元间的力链结构, 如图 1.2.18(a) 所示。此外, 朱红日和季顺迎 (2021) 对冰脊的形成过程及其压剪过程也进行了系统的离散元分析 (图 1.2.18(b)), 全面地分析了海冰弹性模量、黏聚强度、内摩擦角等计算参数对龙骨压剪强度及破坏模式的影响。针对海冰在深水和浅水条件下与斜面结构相互作用的情况, Paavilainen 等 (2011) 和 Lemstrom 等 (2020) 开展了一系列系统的离散元分析, 部分结果如图 1.2.19 所示。最近, Lilja 等 (2021) 将有限元方法与离散元方法相结合, 对海冰在竖向力下的破坏过程进行了数值分析, 并讨论了单元尺寸、加载速率的影响。

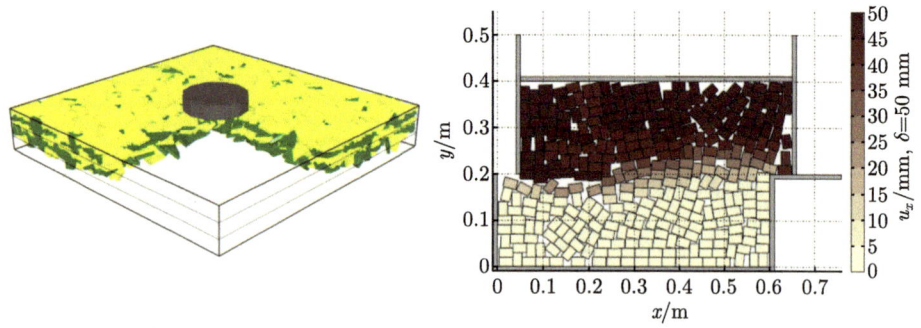

(a) 龙骨压剪试验(Polojärvi and Tuhkuri, 2009)　　(b) 碎冰直剪试验(Polojärvi et al., 2015)

图 1.2.17　冰脊龙骨压剪试验和碎冰直剪试验的块体离散元模拟

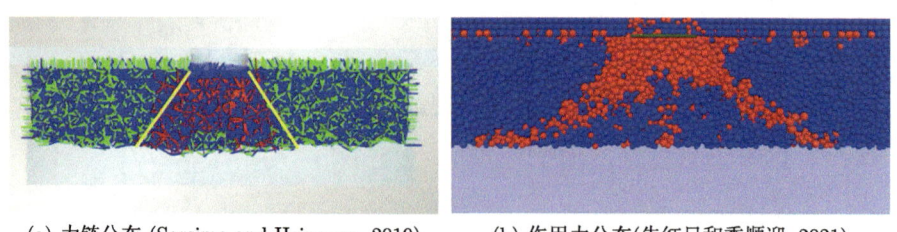

(a) 力链分布 (Sorsimo and Heinonen, 2019)　　(b) 作用力分布(朱红日和季顺迎, 2021)

图 1.2.18　冰脊龙骨压剪试验的球体离散元模拟

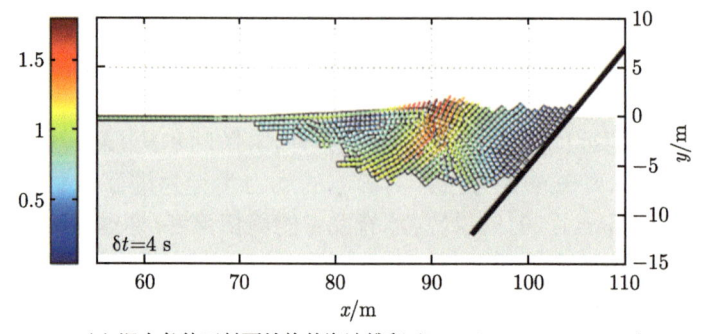

(a) 深水条件下斜面结构的海冰堆积 (Paavilainen et al., 2011)

(b) 浅水条件下斜面结构的海冰堆积 (Lemstrom et al., 2020)

图 1.2.19　斜面结构前海冰破碎与堆积过程的离散元分析

3. 波浪作用下海冰动力过程的离散元分析

海冰在波浪和潮汐等竖向波动力下会发生弯曲和拉伸破碎，冰块尺寸也形成一定的分布规律 (Shen et al., 2004)。波浪在冰区的传播特性受海冰类型、厚度和密集度的影响也非常显著。海冰的断裂、破碎、重叠和堆积过程非常复杂，且对海冰与大气、海洋间的热力和动力作用，以及海冰厚度、密集度的重新分布都有着重要的影响，因此人们一直致力于不同海洋环境条件下海冰发生断裂、破碎、重叠与堆积过程的研究，以确定冰隙、莲叶冰、重叠冰和冰脊等的形成过程和分布规律。渤海海冰在波浪作用下具有显著的破碎特性，形成不规则的碎冰和相对规则的莲叶冰，并在平静的海面再次冻结，如图 1.2.20 所示。

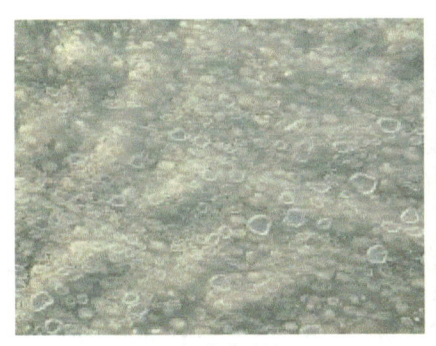

(a) 初生莲叶冰　　　　　　　　(b) 海冰破碎

图 1.2.20　渤海海冰在波浪条件下的生成与破碎

针对碎冰区海冰的动力特性，人们建立了一系列的离散单元方法用于模拟海冰与波浪的相互作用。Hopkins 和 Shen (2001) 发展了三维扩展圆盘单元，以对海冰与波浪的相互作用进行模拟。该三维圆盘单元采用闵可夫斯基和 (Minkowski sum) 的方法进行离散单元构造，其在接触判断和作用力计算方面具有简单高效的优点。他们采用以上海冰和波浪的计算模型对海冰的动力堆积过程进行了数值模拟，如图 1.2.21 所示。此外，采用以上三维圆盘模型对海冰在波浪作用下的重叠和堆积厚度进行了计算，确定了碎冰在波浪作用下的堆积形态和厚度分布 (Dai et al., 2004)。对碎冰在河道内的动力堆积过程也可采用以上离散元方法进行计算，如图 1.2.22 所示 (Hopkins et al., 2002)。

图 1.2.21　海冰在波浪作用下的堆积过程 (Hopkins and Shen, 2001)

图 1.2.22　河冰在拦冰桩作用下堆积过程的离散元分析 (Hopkins et al., 2002)

最近，人们采用离散单元方法对冰盖在波浪作用下的破碎过程进行了二维数值模拟，并在破碎长度和波高之间的对应关系方面取得了初步的研究成果，如图 1.2.23 所示 (Herman, 2017)。此外，翟必垚 (2021) 对海冰–波浪耦合过程进行了

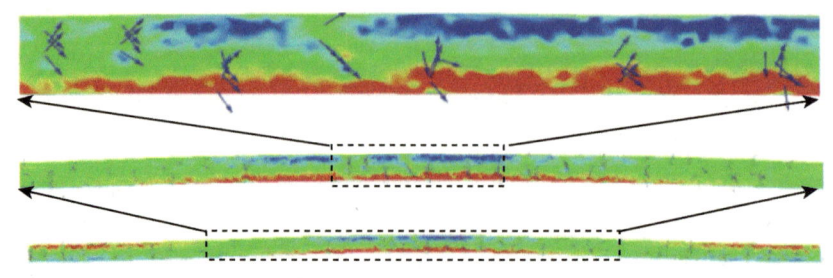

图 1.2.23　冰盖在波浪作用下破碎特性的离散元模拟 (Herman, 2017)

三维块体离散元计算,确定了不同波高、冰厚下的冰块的断裂长度。He 等 (2022) 也采用球体离散元方法在不同波高条件下计算分析了海冰在波浪作用下的破坏现象,并与模型试验进行了很好的对比验证,如图 1.2.24 所示。

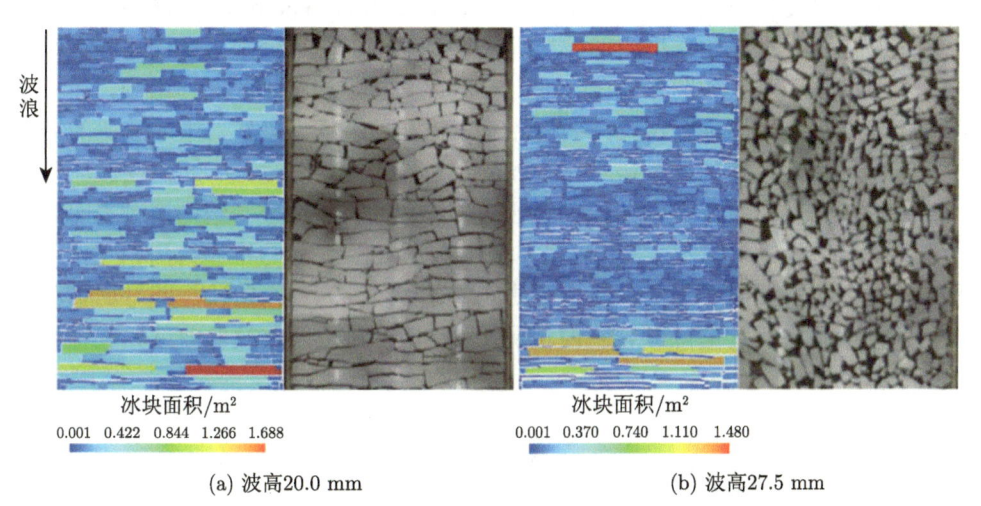

(a) 波高20.0 mm

(b) 波高27.5 mm

图 1.2.24　冰盖在波浪作用下破碎特性的离散元模拟及试验验证 (He et al., 2022)

1.2.3　工程结构尺度下海冰离散元方法

海冰与极地船舶、海洋平台等工程结构相互作用时,碎冰、重叠冰和冰脊等类型海冰会呈现出很强的离散分布特性,同时也在作用过程中不断发生破坏。如何合理地数学描述海冰的初始离散分布特性,同时又可数值表征海冰的破坏过程,是准确确定冰载荷的重要研究内容。海冰在浮冰尺度下的离散分布特性已在 1.2.2 节进行了介绍,本小节主要讨论海冰与工程结构作用过程中的破坏过程或动力过程,以及由此导致的冰载荷动力特性。为揭示海冰与海洋结构物相互作用的内在机理,确定冰载荷的变化规律,人们发展了一系列适用于工程结构尺度下的海冰离散元方法,并针对不同类型的海洋工程结构特点开展了系统的数值计算和试验验证。

1. 工程结构尺度下的海冰离散元分布特性

当海冰与船舶、海洋平台结构相互作用时,即在 $1\sim10^2$ m 的工程结构尺度下,海冰一般会发生一定程度的失效破坏,从而产生具有交变特性的冰载荷。冰载荷的幅值和频率与海冰的破坏模式密切相关。海冰的破坏模式一方面决定于海冰的类型、强度、厚度、速度等海冰参数,同时也与结构的形式、刚度、尺寸等结构参数有重要关系。海冰参数和结构形式的不同,会导致海冰的挤压、屈曲、弯曲、断裂等不同破坏模式。不管是何种破坏模式，海冰均会表现出由连续体到离散体的转变。

海冰与海洋平台结构作用中的冰载荷可通过直接测量获得，并可通过图像方法提取海冰厚度、速度以及破碎模式 (Qu et al., 2006; Yue et al., 2007)。海冰与不同类型海洋工程结构作用时的破坏模式有很大差别，其分别与直立腿和锥体结构作用时的破坏现象如图 1.2.25 所示。在海冰与直立腿结构相互作用中，在不同冰速下有三种不同的破碎模式，即慢冰速下的准静态韧性破坏、中冰速下的韧脆转化破坏和快冰速下的脆性破坏 (Kärnä et al., 1999)。在对海冰的脆性破坏研究中，人们建立了如图 1.2.26 所示的挤压破碎物理过程。海冰与结构接触表面的压力在时间和空间上都有很大的变化 (Jordaan, 2001)。海冰与锥体结构相互作用过程中，海冰以弯曲破坏为主。整个弯曲破坏过程可分为三个阶段，即弯曲破坏阶段、海冰上爬阶段和清除卸载阶段 (屈衍, 2006)。典型的冰板弯曲破坏过程如图 1.2.27 所示。

图 1.2.25 海冰与直立腿和锥体结构作用时的挤压的弯曲破坏模式

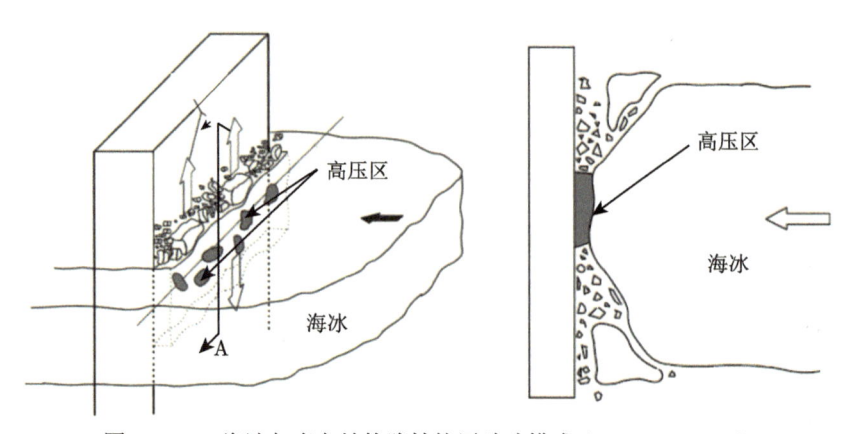

图 1.2.26 海冰与直立结构脆性挤压破碎模式 (Jordaan, 2001)

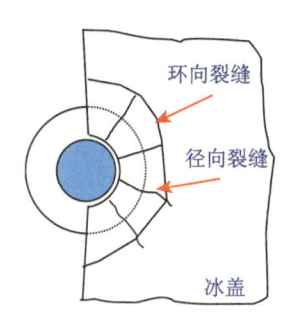

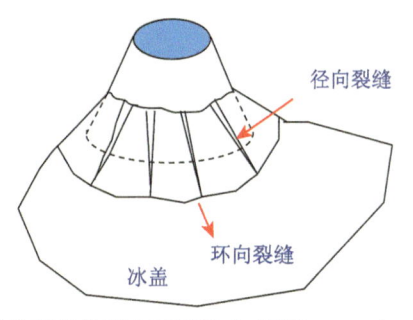

1.2 海冰离散元方法研究进展

图 1.2.27　海冰与锥体结构相互作用时的弯曲破坏模式 (屈衍, 2006)

当船舶在冰区航行时, 海冰与船首、船中和船尾作用时也会不断发生挤压和弯曲破坏现象, 如图 1.2.28 所示。海冰在该过程中也呈现出由连续体向散体的转变过程。因此, 研究极地船舶与海洋工程结构的冰载荷特性就需要深入认识海冰的破坏模式, 并建立相应的数学力学模型进行准确描述。

图 1.2.28　海冰与船舶结构作用时的破坏模式

由于碎冰、冰脊和重叠冰广泛存在于工程作业区域 (图 1.2.29), 所以在研究这些海冰类型与船舶和海洋工程结构的相互作用时, 需要考虑其相应的计算模型, 以合理描述其初始离散分布特征, 从而更准确地确定相应的冰载荷。

(a) 冻结莲叶冰与海洋平台相互作用 　　　　　(b) 冰脊与船舶相互作用

(c) 碎冰与船舶相互作用　　(d) 大块浮冰与海洋平台相互作用

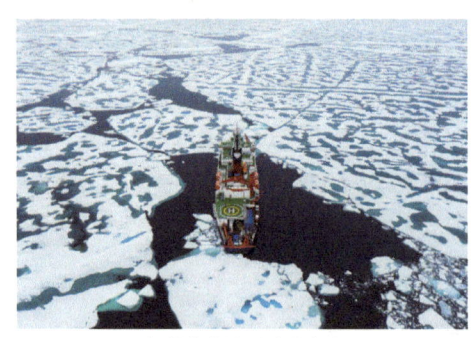

(e) 船舶在大块浮冰中航行　　(f) 船舶在碎冰中航行

图 1.2.29　浮冰及冰脊与海洋平台和船舶结构的相互作用

2. 工程结构冰载荷的离散元方法

极地船舶与海洋工程结构冰载荷的离散元方法，可依据海冰单元的形态主要分为球体离散元方法和块体离散元方法。在球体离散元方法中，海冰由多个球形颗粒按一定排列规则黏结而成。通过设定海冰单元的材料性质及单元间黏结强度，可描述海冰与不同类型工程结构相互作用时的破坏模式，并确定相应的冰载荷。在块体离散元方法中，可采用二维或三维块体单元更加真实地描述海冰的几何形态，并通过单元间的黏结破坏效应模拟海冰与结构物相互作用时的破坏行为和冰载荷。人们采用以上两类离散元方法对船舶及螺旋桨、不同类型海洋平台结构的冰载荷进行了系统的数值分析。虽然目前的海冰离散元模型已用于不同类型结构物的冰载荷计算中，但由于海冰在不同冰类型、加载速率、结构形式等条件下具有极为复杂的力学行为，所以海冰离散元模型还需要在试验和现场监测的不断检验下发展和完善，以增强其工程适用性。

1) 球体离散元方法

海冰球体离散元方法的理论基础是 Potyondy 和 Cundall (2004) 提出的球体单元间的平行黏结模型，其可模拟脆性材料的整体变形和破坏过程。该方法将球体之间的黏结作用简化为梁模型，根据球体单元之间的相对运动和梁理论计算最

1.2 海冰离散元方法研究进展

大的应力，通过设定的强度判断黏结的失效，从而实现对海冰破碎过程的模拟。在海冰离散元模拟中，需要系统地考虑球体单元的尺寸、排列方式和黏结强度等细观参数，并建立宏观参数和细观参数的对应关系，从而合理地描述海冰的破坏特性 (Ji et al., 2017; Long et al., 2019)。目前，海冰球体离散元方法是计算结构冰载荷的最简便、灵活和可靠的数值方法。

最早，人们采用二维圆盘离散单元模拟碎冰区船舶海洋工程结构的冰载荷。挪威学者 Hansen 和 Løset (1999a, b) 较早地采用二维圆盘单元计算船体结构冰载荷 (图 1.2.30)，计算结果与模型试验也相对接近。除单元形态单一外，受当时计算机技术水平的制约，计算规模相对也较小，在 10^3 个单元以内。俄罗斯学者 Karulin 和 Karulina (2011) 也一直采用该简易方法进行船体冰载荷的计算分析。

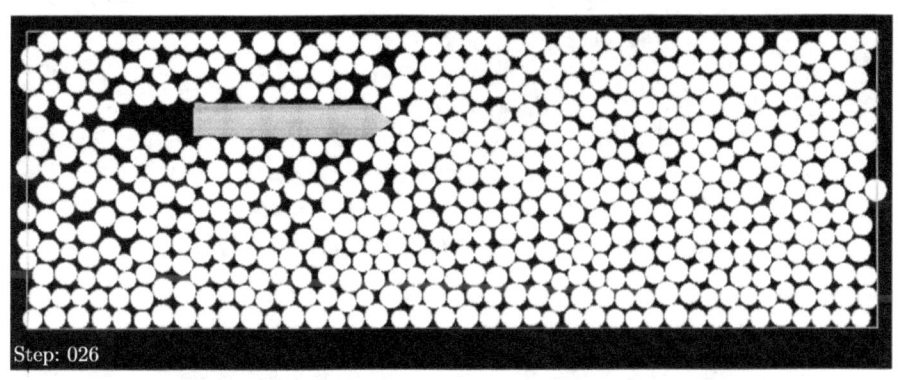

图 1.2.30　碎冰区船舶结构冰载荷的离散元模拟 (Hansen and Løset, 1999b)

近年来，人们则是发展了三维球体单元对海洋装备结构冰载荷进行计算分析。Long 等 (2020, 2021) 采用球体离散元方法对平整冰与锥体海洋平台结构的相互作用过程进行了数值分析，确定了不同锥径下海冰的断裂长度，对比分析了正锥体、倒锥体和正倒锥交界处冰载荷随潮汐的变化规律。Pradana 和 Qian (2020) 也采用规则多层排列的球体离散元方法对锥体结构的冰载荷进行了系统的计算分析，确定了单元间黏结强度对冰载荷的影响，部分结果如图 1.2.31(a) 所示。Jiang 和 Kim (2021) 采用规则单层排列计算得到的结果如图 1.2.31(c) 所示。Jou 等 (2019) 则采用球体非规则排列对锥体和船舶结构的冰载荷进行了确定，如图 1.2.31(b) 和图 1.2.33(b) 所示。大连理工大学研究团队采用球体离散元方法对海冰与导管架、自升式/半潜式海洋平台结构、船舶及其螺旋桨的相互作用过程进行了系统的数值分析 (季顺迎等, 2013; 狄少丞和季顺迎, 2014; 季顺迎等, 2017; 龙雪等, 2019; 龙雪, 2019; Long et al., 2020, 2021; Liu and Ji, 2022)，其部分结果如图 1.2.31(d)、图 1.2.32 和图 1.2.33(a) 所示。

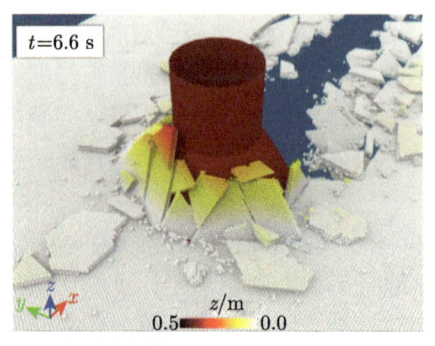

(a) 规则多层排列 (Pradana and Qian, 2020) 　　(b) 非规则多层排列 (Jou et al., 2019)

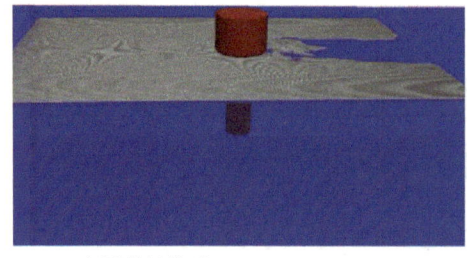

(c) 规则单层排列 (Jiang and Kim, 2021) 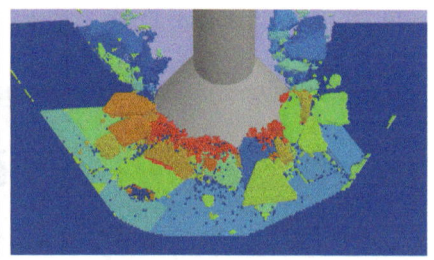　　(d) 非规则排列 (Long et al., 2021)

图 1.2.31　海冰与锥体结构相互作用的离散元模拟

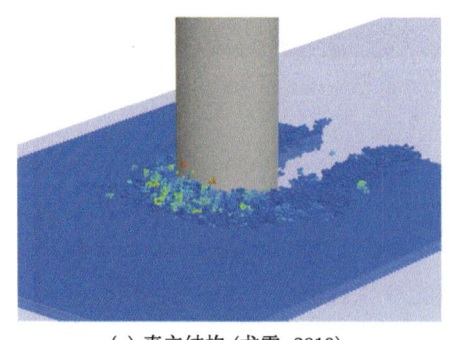

(a) 直立结构 (龙雪, 2019) 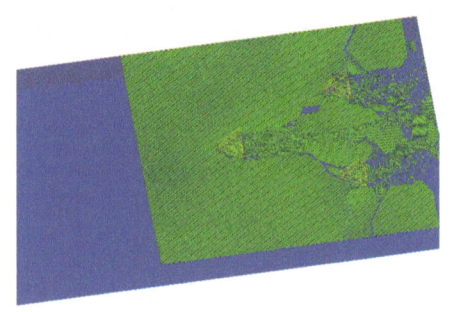　　(b) 自升式海洋平台 (狄少丞和季顺迎, 2014)

图 1.2.32　海冰与直立和自升式海洋平台结构相互作用的离散元模拟

朱红日和季顺迎 (2021) 通过球体单元的随机排列方式构造冰脊 (图 1.2.34(a)), 其中帆高、冻结层和龙骨采用不同的细观计算参数, 由此对其与直立结构的相互作用过程进行数值计算 (图 1.2.34(b)), 对比分析了不同单元间摩擦系数对冰载荷的影响。

针对球体离散元方法中的平行黏结模型不能表征单元间渐进失效的缺点, 人们提出了一系列的改进方法, 其中最有代表性的是由 Azevedo 和 Lemos (2005,

1.2 海冰离散元方法研究进展

2013) 提出并发展的广义接触模型 (generalized contact model，GCM)。在 GCM 中，单元间的黏结单元由众多的局部黏结点组成，并根据局部黏结点的失效情况确定整个黏结单元是否失效，可较好地应用于岩石脆性材料破碎模拟。GCM 可较好地适用于基于球体单元的离散元模型，但局部黏结点计算和变量传递需要耗费更多的计算资源，且其离散元参数与海冰宏观力学性质之间的对应关系尚未建立。孔帅和季顺迎 (2020) 采用 GCM 对海冰与船体结构的相互作用过程进行了离散元分析，计算结果如图 1.2.35 所示。

(a) 规则排列 (Liu and Ji, 2022)　　　　(b) 非规则排列 (Jou et al., 2019)

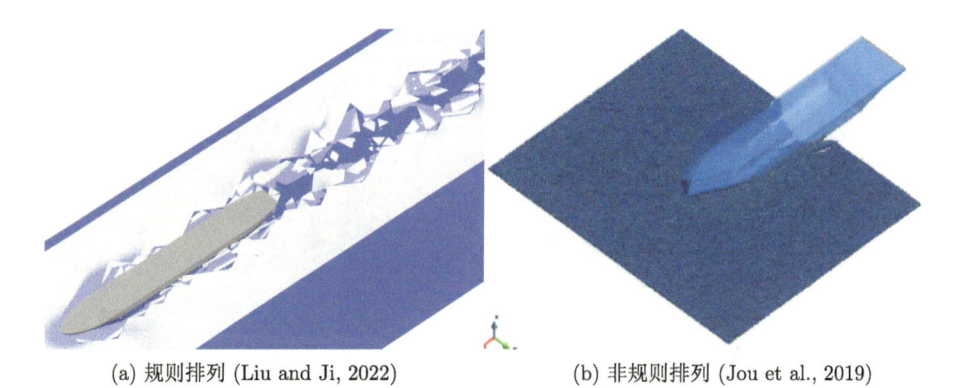

图 1.2.33　不同排列方式构造的海冰与船体结构相互作用的离散元模拟

(a) 冰脊构造　　　　(b) 冰脊与直立结构相互作用

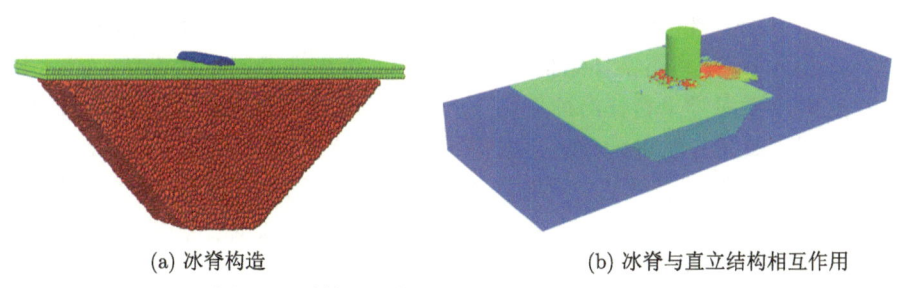

图 1.2.34　冰脊与直立结构相互作用的离散元模拟 (朱红日和季顺迎，2021)

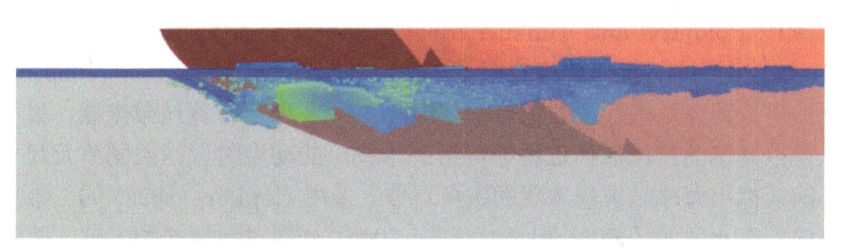

图 1.2.35　平整冰与船体相互作用的 GCM 离散元模拟 (孔帅和季顺迎，2020)

Hopkins (2004b) 为模拟莲叶状碎冰区的海冰力学特性，发展了扩展圆盘离散元方法，并考虑了流体对单元的浮力、拖曳力和拖曳力矩。Sun 和 Shen (2012) 采用该方法计算了直立结构的冰载荷 (图 1.2.36(a))，而 Huang 等 (2020) 和李紫麟等 (2013) 则计算分析了船舶结构冰载荷，如图 1.2.36(b) 所示。采用以上方法可对莲叶状碎冰区的冰载荷进行离散元分析，并考虑单元间的黏结破碎作用构造冻结莲叶冰，但其只能对冰块进行单层圆盘状构造，导致在工程应用中还有很大的局限性。

(a) 直立结构 (Sun and Shen, 2012)　　　　(b) 船舶结构 (李紫麟等, 2013)

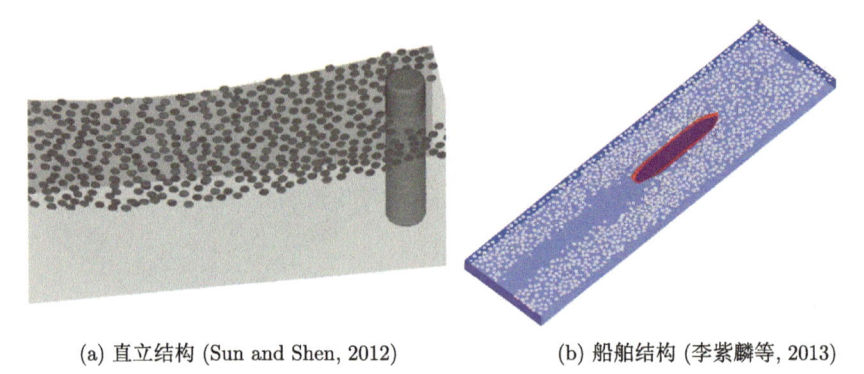

图 1.2.36　三维扩展圆盘离散元方法对碎冰区冰载荷的数值模拟

对于锚泊系统在海冰作用下的动力特性，Zhang 等 (2022) 采用球体离散元方法对半潜式海洋平台的运动姿态、锚泊作用力进行了系统的数值分析 (如图 1.2.37(a) 所示)，并利用锥体结构对平台进行了抗冰性能的优化设计。Zhu 和 Ji (2022) 也对半潜海洋平台在海冰作用下的动力响应进行了离散元分析，其中锚泊系统也采用离散元方法进行分析，取得了很好的计算效果，如图 1.2.37(b) 所示。Lu 等 (2022) 采用大连理工大学研发的海冰离散元软件 SDEM 对极地船舶结构在实际北极航行工况下的冰载荷进行了计算，并提出了船体结构抗冰优化方案。

2) 块体离散元方法

当海冰与海洋工程结构接触并发生破坏时，破碎的冰块多呈现为多面体形状。为此，诸多学者发展了用于模拟冰载荷的二维和三维块体离散元方法 (Hopkins et al., 1991; Polojärvi and Tuhkuri, 2009; Lubbad and Løset, 2011; Liu and Ji, 2018)。为模拟海冰与直立结构的相互作用，Selvadurai 和 Sepehr (1999) 曾采用二维块体离散元方法进行了数值分析。由图 1.2.38 所示计算结果来看，虽然该方法可以模拟海冰的挤压破坏过程并可得到冰载荷的动力时程，但受单元尺寸的影响还不能模拟出海冰呈现粉末状的破坏现象。采用 Hopkins (1998) 的二维块体离散元方法，王永学等 (2003) 和李春花等 (2006) 分别对斜坡式和半圆式防波堤前的海冰堆积过程进行了数值模拟，得到了冰载荷的变化过程和海冰堆积形态，并

1.2 海冰离散元方法研究进展

与室内模型试验进行了对比分析。最近，Pradana 等 (2019) 也采用二维块体离散元方法对锚泊系统的动力特性和冰载荷进行了计算分析 (图 1.2.39)，并与德国汉堡冰水池 (HSVA) 模型试验和 Kulluk 浮式平台的现场测量结果进行了对比讨论，分析了海冰密集度、厚度、速度和冰块尺寸等因素对冰载荷的影响。

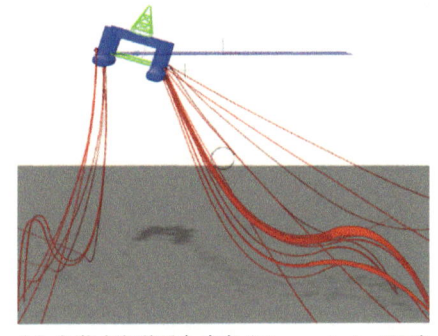

(a) 半潜式海洋平台响应 (Zhang et al., 2022)　　(b) 半潜式海洋平台响应 (Zhu and Ji, 2022)

图 1.2.37　锚泊半潜式海洋平台在海冰作用下运动特性的离散元分析

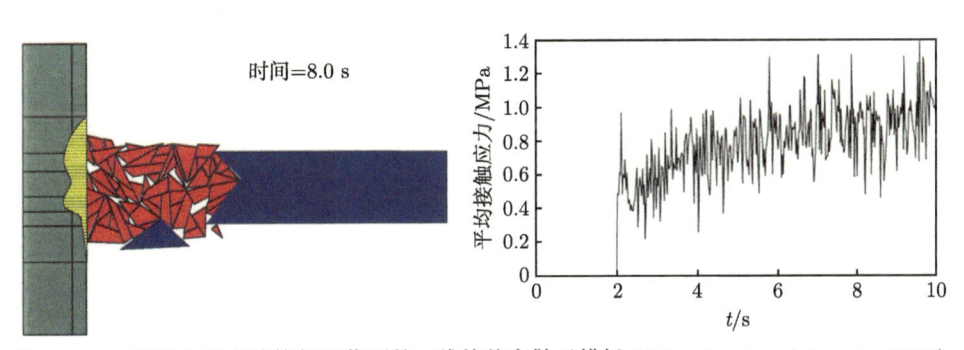

图 1.2.38　海冰与直立结构相互作用的二维块体离散元模拟 (Selvadurai and Sepehr, 1999)

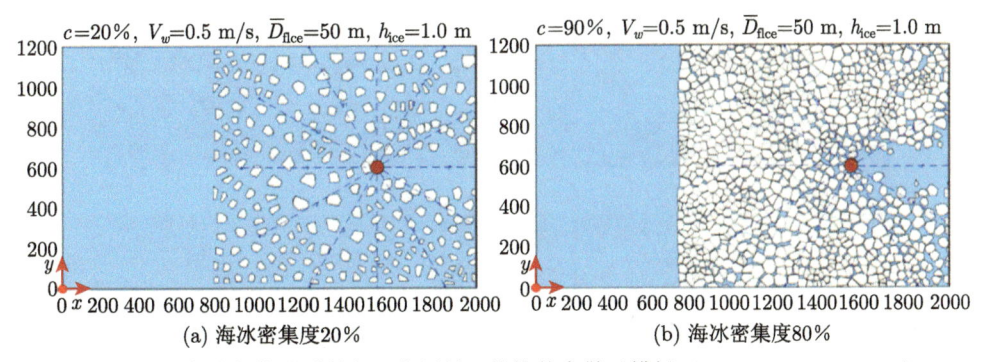

(a) 海冰密集度20%　　(b) 海冰密集度80%

图 1.2.39　海冰与锚泊系统相互作用的二维块体离散元模拟 (Pradana et al., 2019)

在海冰管理中，为将碎冰区冰山拖离作业海域，Yulmetov 等 (2016) 考虑真实的物理场景 (如图 1.2.40 所示，其中 1~5 分别表示浮冰与冰山作用、浮冰与浮冰作用、海水对浮冰和冰山作用、风对浮冰和冰山作用、水动力学和碎冰屑的阻尼作用)，发展了二维块体离散元方法。在此基础上，Yulmetov 和 Løset(2017) 系统地计算了不同碎冰密集度下对冰山拖离的作用力，并通过 HSVA 模型试验进行了验证，部分计算如图 1.2.41 所示。在海冰管理中的一个重要工作是通过破冰船

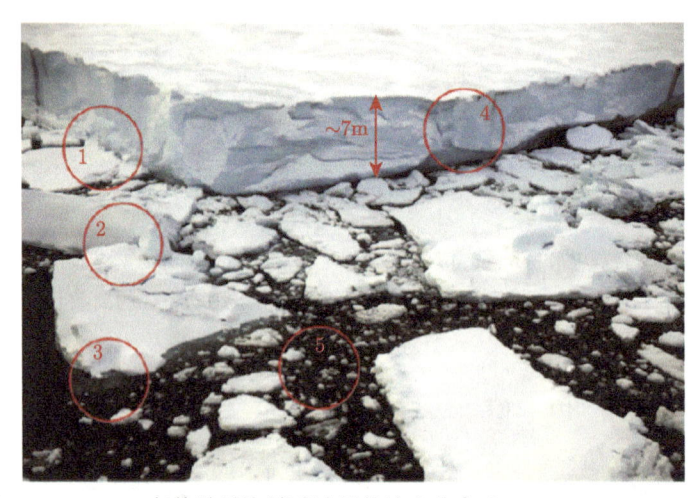

图 1.2.40　2012 年格陵兰海域碎冰区的冰山分布 (Yulmetov et al., 2016)

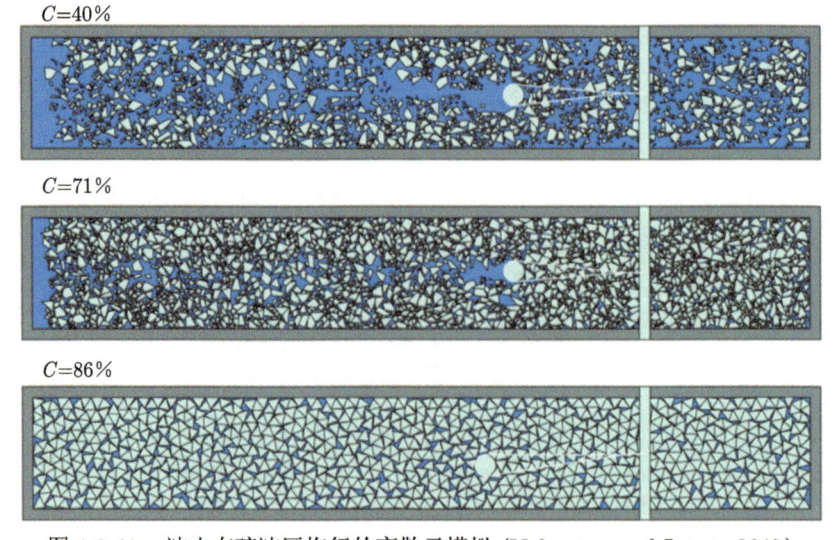

图 1.2.41　冰山在碎冰区拖行的离散元模拟 (Yulmetov and Løset, 2017)

对大面积浮冰或平整冰进行破碎，从而降低海冰对结构的作用力。Bjørnø 等 (2022) 在二维块体离散元方法中考虑单元的多级破坏模式，从而对不同航行破冰模式下的破冰效果进行了初步的计算分析，如图 1.2.42 所示。有关海冰单元的多级破碎问题正是目前颗粒材料计算力学研究的重点和热点。

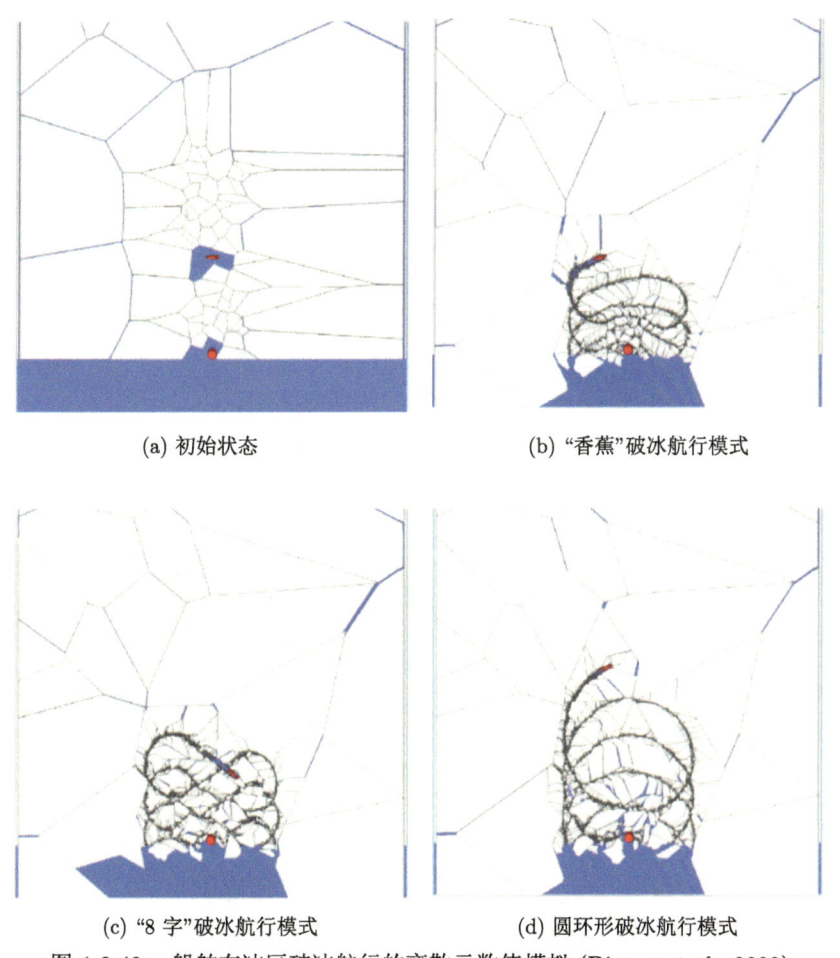

(a) 初始状态

(b) "香蕉"破冰航行模式

(c) "8 字"破冰航行模式

(d) 圆环形破冰航行模式

图 1.2.42　船舶在冰区破冰航行的离散元数值模拟 (Bjørnø et al., 2022)

此外，van den Berg 等 (2019) 进一步采用真实形态、三角形、正方形和圆形等不同形状的离散单元，对直立结构的冰载荷进行了计算对比，如图 1.2.43 所示。同样采用该二维离散元模型，van den Berg 等 (2018, 2020) 对碎冰区海洋平台结构冰载荷的模型试验进行了数值再现，并初步提出了数值冰水池的雏形，如图 1.2.44 所示。有关数值冰水池的基本框架、内涵和应用将在 1.3 节进行详细讨论。

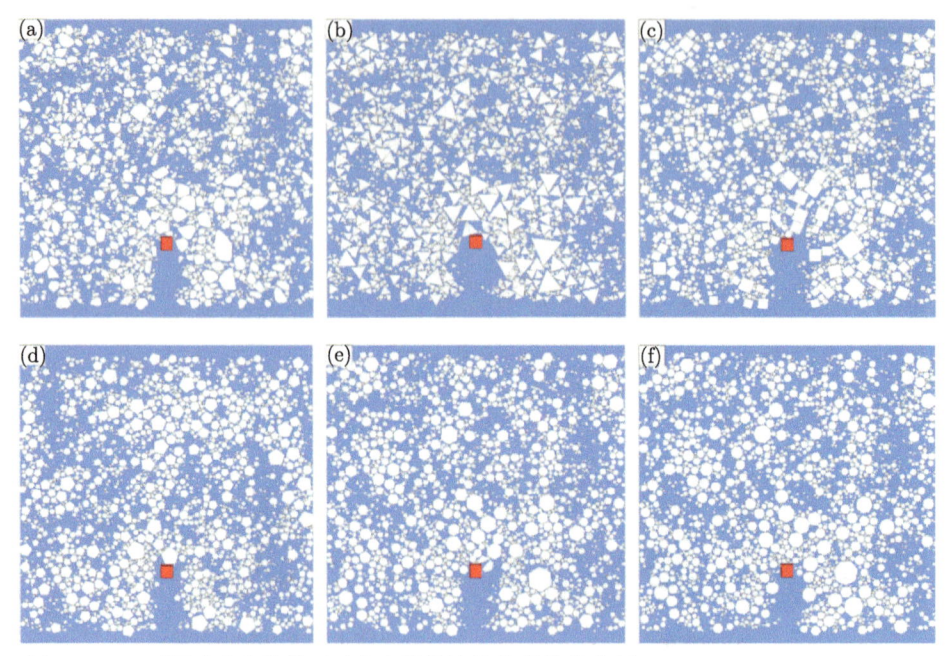

图 1.2.43　不同形态离散单元对直立结构冰载荷的数值分析 (van den Berg et al., 2019)

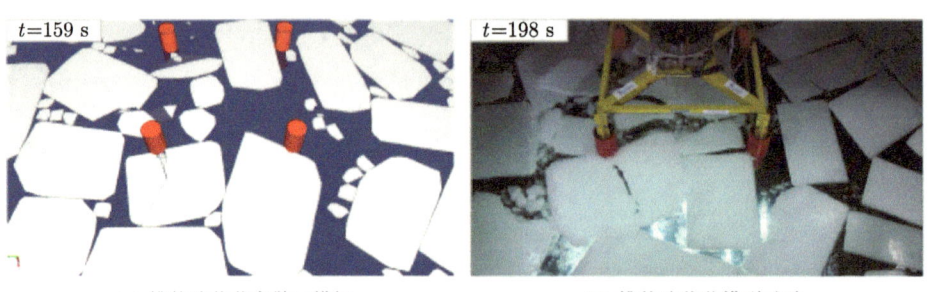

(a) 锥体冰载荷离散元模拟

(b) 锥体冰载荷模型试验

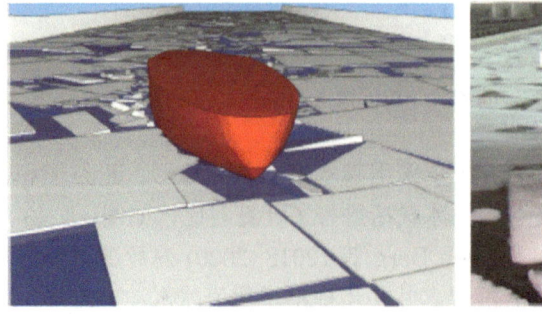

(c) 船体冰载荷离散元模拟

(d) 船体冰载荷模型试验

图 1.2.44　冰水池模型试验的离散元数值再现 (van den Berg et al., 2020)

1.2 海冰离散元方法研究进展

采用三维块体离散元方法可以更真实地模拟海冰与结构相互作用的物理过程，计算结果具有更高的精度。Lau 等 (2011) 采用三维块体离散元商业软件 DE-ICE3D 对海冰与锥体、船舶结构的相互作用进行了数值模拟 (如图 1.2.45 所示)，计算结果同模型试验和现场测量结果比较一致。Metrikin 等 (2015) 为研究碎冰对锚泊结构的冰载荷，发展了离散元计算软件 SIBIS (simulation of interaction between broken ice and structures)。采用该软件可以由海冰图像快速生成具有合理冰块尺寸和初始位置分布的碎冰区，如图 1.2.46 和图 1.2.47 所示。Nicolas 等 (2019) 采用该软件对直立圆柱、船舶结构的冰载荷进行了计算分析和试验验证，部分结果如图 1.2.48 所示。

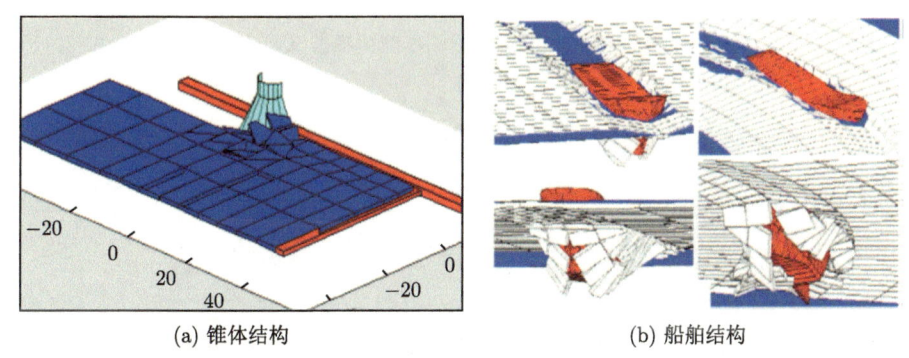

(a) 锥体结构　　　　(b) 船舶结构

图 1.2.45　离散元软件 DEICE3D 对锥体和船舶结构冰载荷的模拟 (Lau et al., 2011)

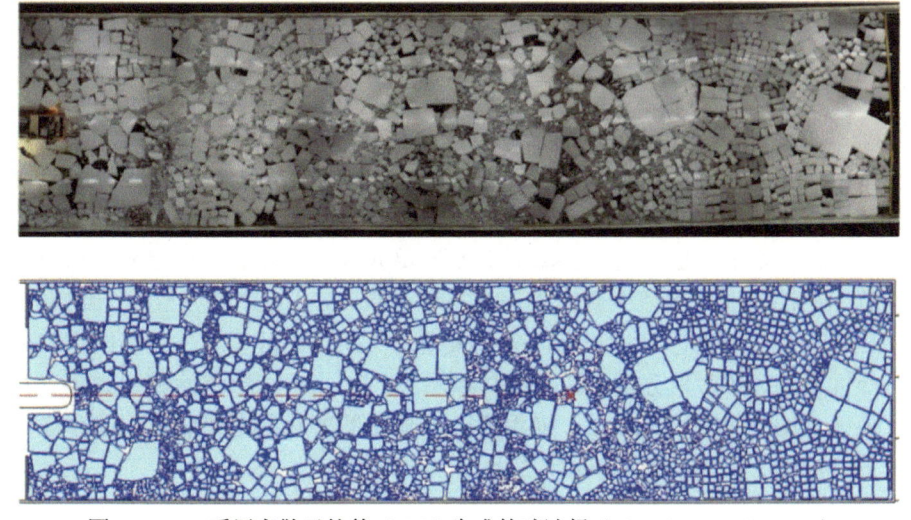

图 1.2.46　采用离散元软件 SIBIS 生成的碎冰场 (Metrikin et al., 2015)

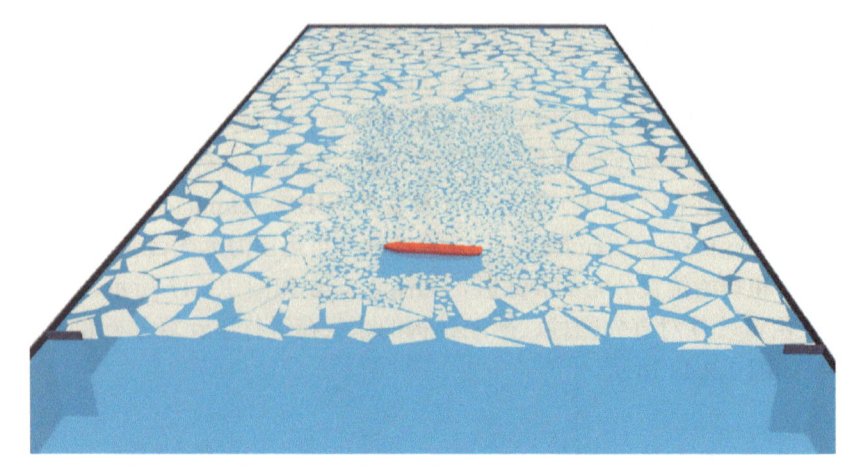

图 1.2.47　采用离散元软件 SIBIS 模拟的船舶冰载荷模型试验 (Metrikin et al., 2015)

(a) 直立圆柱　　　　　　　　　　　　(b) 船舶结构

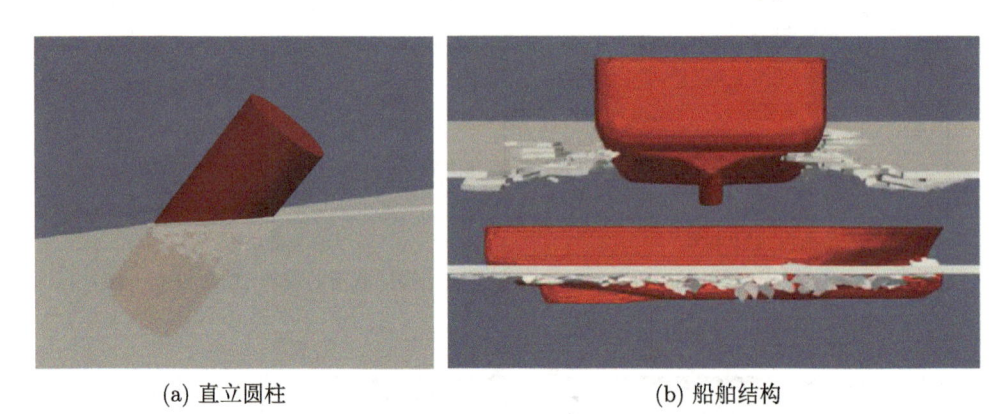

图 1.2.48　采用离散元软件 SIBIS 对海洋结构冰载荷的计算 (Nicolas et al., 2019)

Lubbad 和 Løset(2011) 也采用三维块体离散元方法对平整冰区浮式平台和船舶结构的冰载荷进行了计算分析，如图 1.2.49 所示，从中可以清晰地看到海冰的破坏模式。但我们也注意到，海冰的破坏形状和尺寸与海冰单元的设定有密切关系。这就需要采用更小尺寸的单元并发展单元内部破碎的计算模型。这也是目前离散元在计算规模和理论研究中的重点和难点。Lubbad 等 (2018) 和 Kim 等 (2019) 进一步考虑海冰真实形态，分别采用三维块体离散元方法对船舶在碎冰区的航行过程进行了数值分析 (图 1.2.50 和图 1.2.51)，并同冰水池模型试验进行了对比验证。Kim 和 Kim (2019) 采用离散元模拟的冰载荷对船舶结构的冰激疲劳进行了分析。

1.2 海冰离散元方法研究进展

(a) 浮式海洋平台　　　　　　(b) 船舶结构

图 1.2.49　海冰与浮式海洋平台相互作用的数值分析 (Lubbad and Løset, 2011)

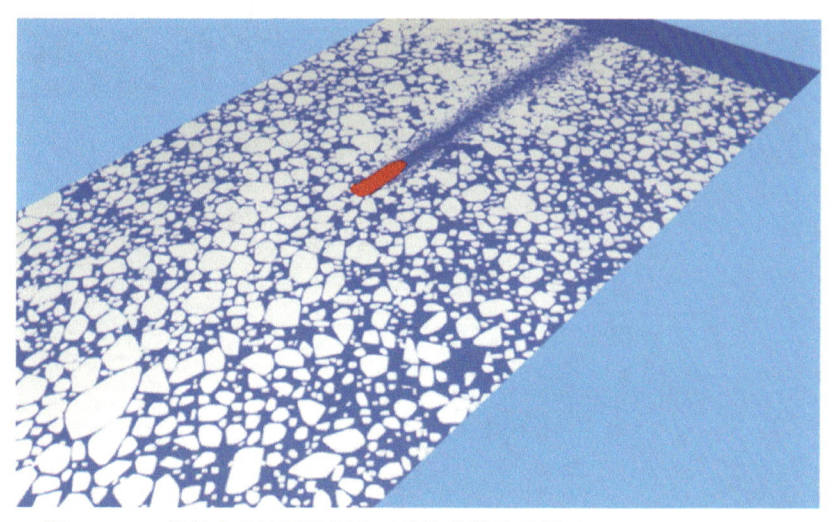

图 1.2.50　船舶在碎冰区航行的三维块体数值分析 (Lubbad et al., 2018)

Gong 等 (2019) 采用块体离散元构造非冻结冰脊,对其与船舶结构的相互作用进行了计算,如图 1.2.52 所示。在冰脊宽度 17.3~160 m 条件下,对船舶穿越不同宽度但相同高度冰脊过程中的冰阻力进行了对比分析。Wang 和 Derradji-Aouat (2011) 采用 LS-DYNA 有限元商业软件在不同密集度下对碎冰区与 Kulluk 浮式海洋平台结构的冰载荷进行了计算 (图 1.2.53(a))，得到的冰载荷与现场测量结果具有一致性。童波等 (2019) 基于沃罗诺伊 (Voronoi) 切割算法生成碎冰区，也采用 LS-DYNA 软件对浮冰块之间及其与浮式海洋平台、船舶结构的相互作用进行了计算 (图 1.2.53(b))，从而确定了不同密集度下船舶冰阻力随平均冰块面积的变化规律。计算结果表明，船体冰阻力的平均值随冰块平均面积的增大而呈负指数幂函数减小。

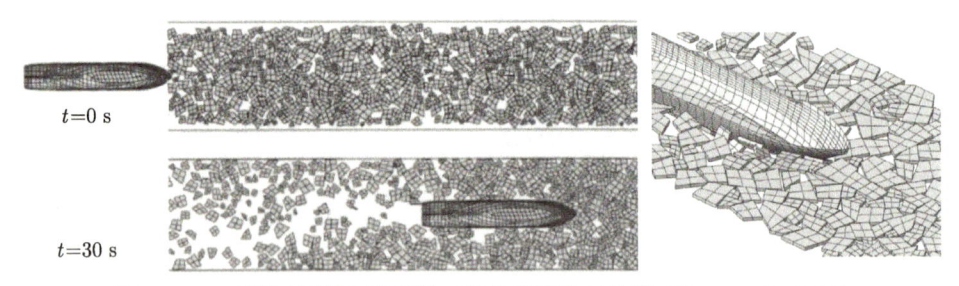

图 1.2.51　船舶在碎冰区航行的三维块体离散元分析 (Kim et al., 2019)

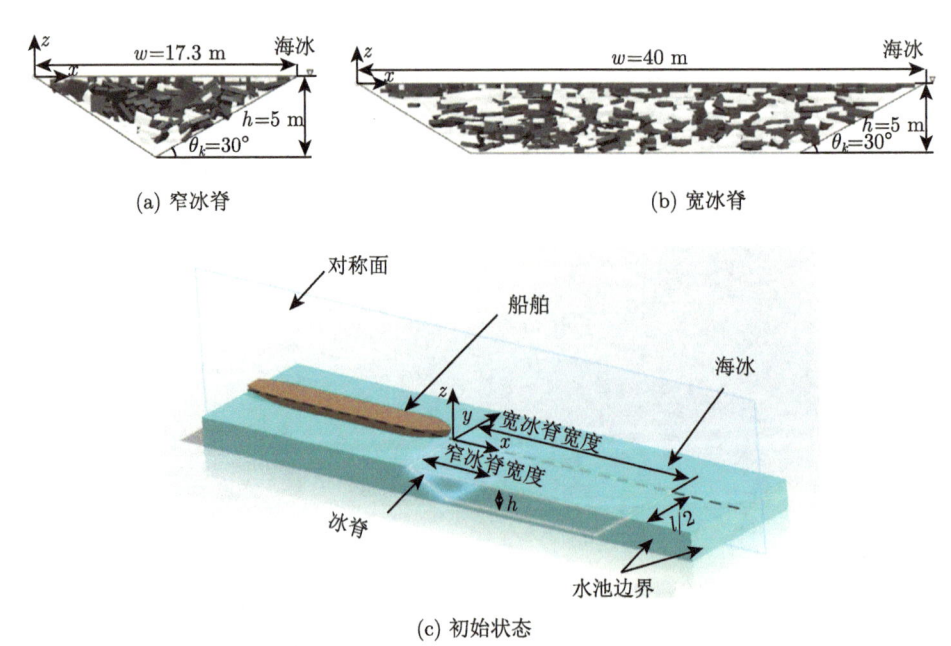

(a) 窄冰脊

(b) 宽冰脊

(c) 初始状态

图 1.2.52　船舶与冰脊相互作用的离散元分析 (Gong et al., 2019)

1.2 海冰离散元方法研究进展

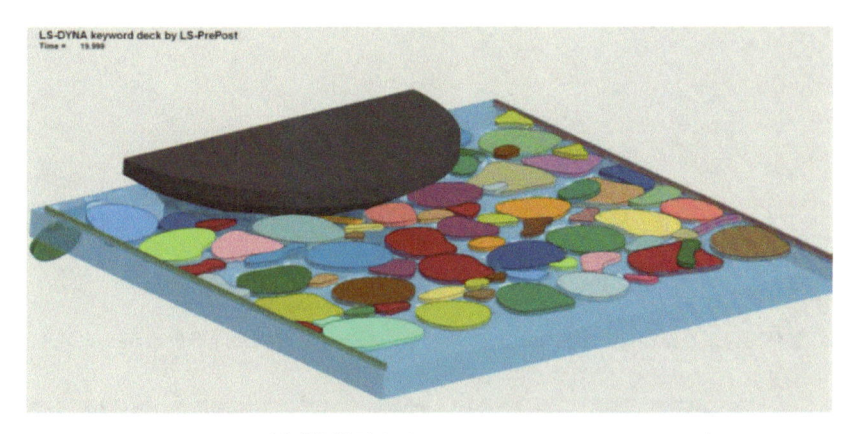

(a) Kulluk 浮式海洋平台 (Wang and Derradji-Aouat, 2011)

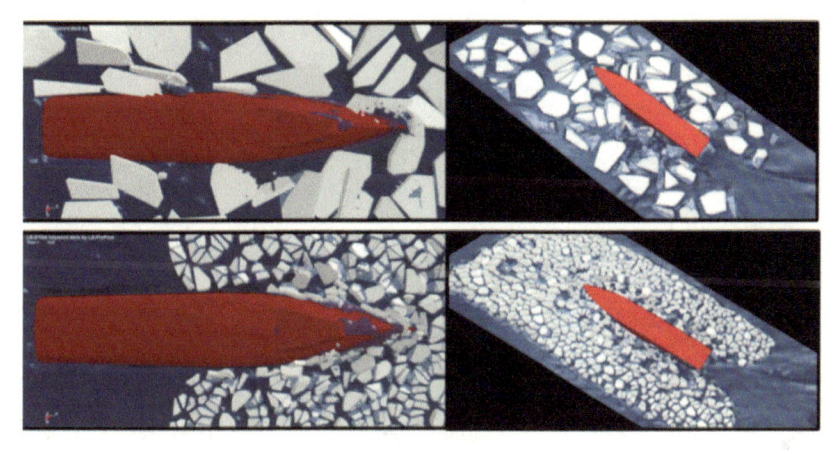

(b) 船舶结构 (童波等, 2019)

图 1.2.53　基于 LS-DYNA 软件的海冰与海洋结构相互作用分析

大连理工大学发展了基于扩展多面体的海冰离散元方法，对锥体海洋平台、斜面结构及船舶结构的冰载荷进行了系统的数值分析 (Liu and Ji, 2018, 2021, 2022; 刘璐等, 2015, 2019)。该扩展多面体单元通过闵可夫斯基和原理由基础多面体和扩展球体进行构造。通过 Voronoi 算法可生成任意冰块形态和尺寸、密集度的碎冰区，当考虑单元间黏结模型时又可生成平整冰。采用该扩展多面体对不同类型海洋装备结构冰载荷的部分计算结果如图 1.2.54 所示。针对船舶在极地运输中的编队航行问题，Liu 和 Ji(2021) 采用以上方法对有无破冰船引航情况下的冰阻力进行了对比分析。虽然海冰扩展多面体离散元方法在冰载荷计算方面取得了初步的应用，但在单元内部多级破碎、冰-水-结构耦合分析方面还需深入研究，以更加准确地计算极地船舶与海洋工程结构的冰载荷。

(a) 锥体海洋平台结构 (刘璐等, 2019)　　　　(b) 浮式海洋平台 (Liu and Ji, 2018)

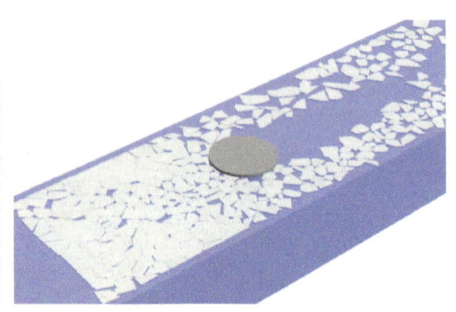

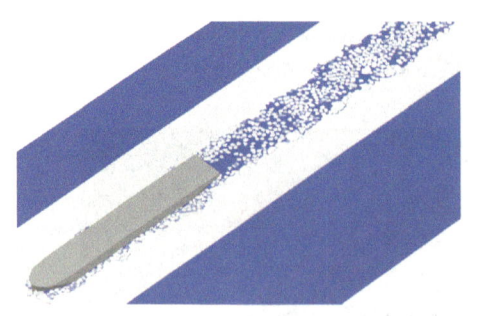

(c) 船舶直行 (Liu and Ji, 2022)　　　　(d) 船舶回转 (王祥, 2022)

图 1.2.54　基于扩展多面体离散元方法的船舶与海洋工程结构冰载荷计算分析

3. 海冰与海水、结构耦合作用的多介质、多尺度离散元方法

在海冰与船舶及海洋工程结构的相互作用过程中，海冰的破坏模式、运动规律及由此导致的冰载荷特性，均与流体、结构力学响应密切相关，因此在结构冰载荷研究中需要考虑海冰与流体介质、工程结构的耦合效应 (Ni et al., 2020)。这就需要在海冰数值方法的基础上，进一步发展冰–水–结构间的多介质、多尺度耦合数值模型，以提高冰载荷及结构力学响应的计算精度。

1) 冰载荷的多尺度离散元计算

无论是极地船舶，还是海洋工程结构，它们在具有显著动力特性的冰载荷作用下均会引起结构的强烈振动，并由此产生耦合作用。我国渤海的导管架式海洋平台在海冰作用下发生强烈的冰激振动并导致疲劳损伤，引起上部设备和管线的振动破坏以及人员恐慌 (岳前进等, 2003; 车啸飞等, 2011)；加拿大的 Molikpaq 沉箱平台在持续冰激振动下导致砂心液化并引起结构下沉 (Frederking and Sudom, 2006)。船舶在冰区航行中，航速、航向和航态等因素对冰载荷有重要影响，同时船体会产生局部结构振动 (季顺迎等, 2017)，且其螺旋桨也易受到海冰的影响而发生叶片变形并导致推进系统的损伤 (Shawn et al., 2001)。因此，冰激船舶与海洋工程结构的振动问题，一直在通过现场观测、模型试验和数值模拟等不同途径

1.2 海冰离散元方法研究进展

进行系统研究。

目前，冰区海洋工程结构主要包括直立式和锥体导管架式海洋平台、混凝土重力式海洋平台、沉箱式海洋平台等不同的结构类型，同时也在研发适用于极地冰区的自升式和浮式海洋平台结构 (Lubbad and Løset, 2011; Pradana et al., 2019)。这里以直立式平台结构最为典型，其在慢冰速下发生的持续、剧烈且具有破坏力的自激振动或稳态振动，将对平台结构及上部设施产生严重的破坏 (黄国君, 2021; 屈衍等, 2021)。目前，我国冰区的导管架式海洋平台和风机基础结构均在考虑如何避免自激振动现象。对锥体平台结构的冰载荷时程和随机冰激振动现象，则可采用 DEM-FEM 耦合方法进行数值模拟，计算结果与现场测量结果相一致 (王帅霖和季顺迎, 2017)。为提高 DEM-FEM 耦合模拟的计算效率，可采用区域分解法，并通过 GPU 并行进行计算加速，来扩大计算规模。以渤海辽东湾 JZ20-2 油田单桩锥体 NW 导管架式海洋平台为例，冰激平台结构振动的 DEM-FEM 模拟如图 1.2.55 所示 (王帅霖等, 2019)。最近，Ji 和 Yang (2022) 对风电基础结构的冰激振动现象进行了 DEM-FEM 耦合分析 (如图 1.2.56 所示)，讨论了风机结构不同部位振动响应的差异性。

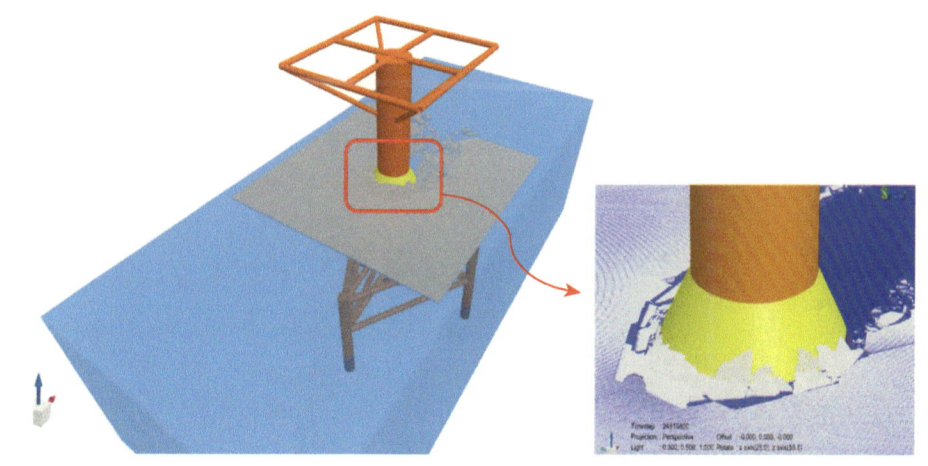

图 1.2.55　采用 DEM-FEM 耦合方法模拟的锥体海洋平台结构冰激振动 (王帅霖等, 2019)

船舶在冰区航行中，海冰与船舶结构碰撞的相对速度、接触模式等因素对冰载荷影响显著，并进一步反馈到航速和结构局部振动。无论是平整冰还是碎冰，船体冰阻力的经验公式和模型试验均表明，冰速是重要的影响因素。在数值模拟中，除考虑航速外，还要进一步考虑海冰的破坏、翻转和滑动，以及其对船体的作用位置和方向，从而合理地确定冰载荷的分布以及船体的力学响应。为研究海冰与螺旋桨的相互作用过程，杨冬宝和季顺迎 (2021) 采用 DEM-FEM 耦合方法构建了海冰–螺旋桨切削模型。海冰和螺旋桨模型分别采用具有黏结失效特性的球体离散单元和八节点六面体有限单元。基于该 DEM-FEM 耦合模型讨论了不同切削深度下螺旋桨所承受冰载荷的特点和规律，分析了螺旋桨结构表面冰压力、von Mises 应力和变形的分布特点，部分计算结果如图 1.2.57 所示。

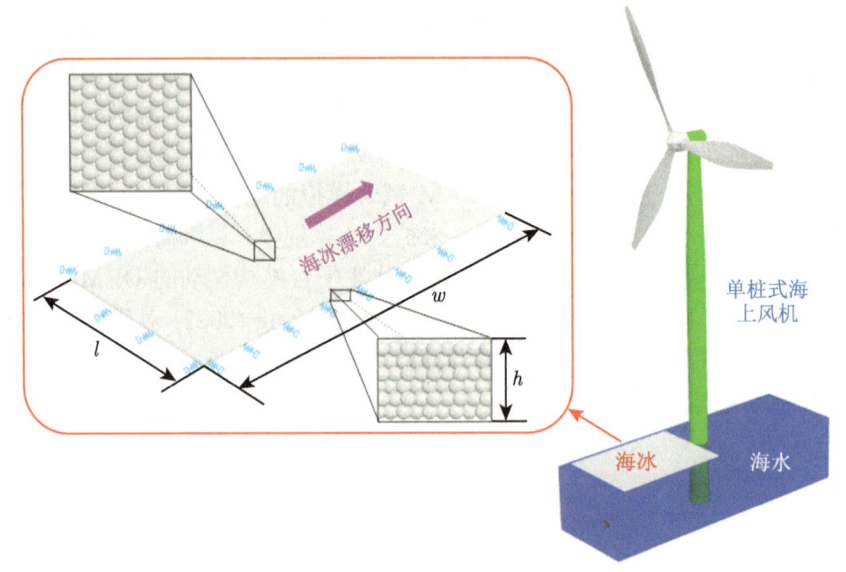

图 1.2.56　海冰与单桩式风机相互作用的 DEM-FEM 耦合模拟 (Ji and Yang, 2022)

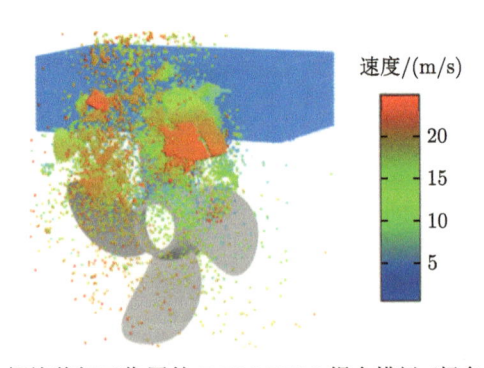

图 1.2.57　海冰与螺旋桨相互作用的 DEM-FEM 耦合模拟 (杨冬宝和季顺迎, 2021)

目前在采用离散元方法进行船体冰阻力计算中，一般将船体视为刚体，但考虑其在海冰作用下的航速，并分析航速、冰厚、冰类型、冰块尺寸等因素的影响。若进一步考虑船体在海冰作用下的应力分布、形变特性及局部振动，则需要建立船体结构的有限元模型，从而进行冰–船相互作用的全耦合分析。这也是后续有关

1.2 海冰离散元方法研究进展

极地船舶冰载荷研究的一个重要方向。

2) 冰载荷的多介质离散元计算

当海冰与船舶及海洋工程结构相互作用时，海冰的破碎、运动等均受海水影响，并导致冰载荷和结构响应的不断变化。因此，在结构冰载荷计算中必须要考虑海冰与海水间的耦合作用，以更加准确地进行数值模拟。以往，在对海冰与海洋结构物的相互作用数值模拟中，大多将海水设为定常流以简化计算。然而对平整冰在斜面结构作用下的破坏模式研究表明，水动力学的影响对海冰的破坏模式有显著影响 (Keijdener et al., 2018)。海冰也同时会导致船舶结构附近区域的流场更加复杂 (骆婉珍等, 2017)。在分析船舶和浮式平台的动力定位时，也须充分考虑流体动力学的影响 (Tsarau and Løset, 2015)。因此，目前对海冰与海水间的多介质耦合计算得到越来越多的重视。

Hopkins(1998,2004b) 最早建立了多面体离散元方法和三维圆盘，以模拟海冰的堆积、重叠及其与斜面结构的作用过程。该方法考虑了海水对海冰单元的浮力和拖曳力 (矩)，从而可以有效地计算冰块在流体中的动力过程 (Sun and Shen, 2012)。在此基础上，Huang 等 (2020) 分别采用三维圆盘单元和有限体积法对海冰和波浪进行了耦合计算，分析了船舶在波浪作用下的碎冰区航行冰阻力特性，如图 1.2.58 所示。研究平整冰与正/倒锥体海洋平台结构相互作用的离散元模拟结果表明，受海水浮力影响，正锥体上的冰载荷要高于倒锥体 (Long et al., 2020, 2021)。以上研究表明，在海冰与船舶及海洋工程结构相互作用时，海水的流体动力学会有显著的影响，需要在数值模拟时考虑海冰与流体的耦合作用，以更精确地模拟冰载荷和工程结构动力响应。

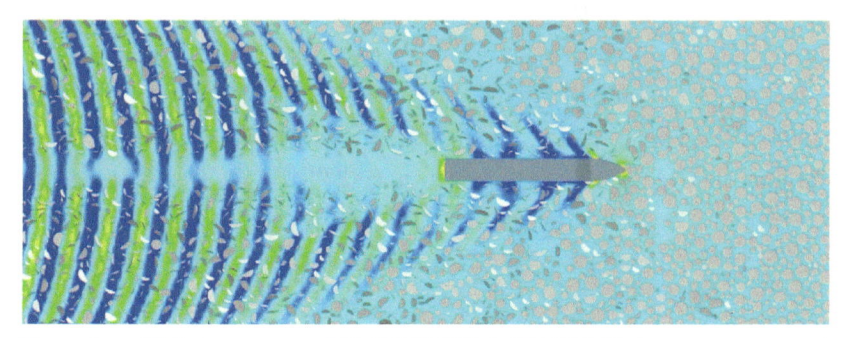

图 1.2.58　采用 CFD-DEM 方法模拟的船舶在碎冰区航行 (Huang et al.,2020)

Vroegrijk (2015) 采用 StarCCM+ 的 CFD 模块与球体离散元相耦合，计算了碎冰屑与螺旋桨的流固耦合作用。其中采用了组合球体单元描述碎冰屑的非规则形态，如图 1.2.59 所示。同样，徐佩等 (2019) 也采用了类似的方法计算了碎冰屑与螺旋桨相互作用的冰–水–桨耦合过程。Luo 等 (2020) 同样将 StarCCM+

的 CFD 与组合球体离散元方法相结合，对航道中的非规则碎屑冰与船舶结构的相互作用进行了计算分析，得到了整体阻力的变化过程，并与冰水池模型试验进行了对比验证，如图 1.2.60 所示。

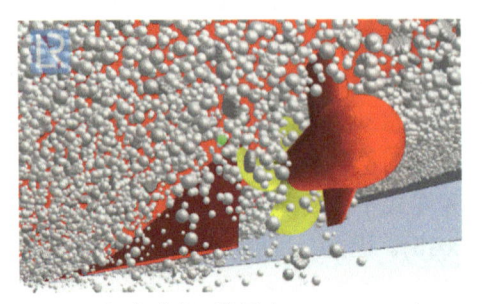

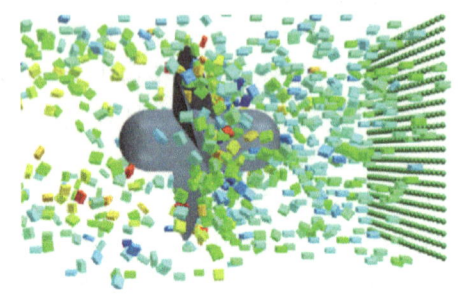

(a) 冰–水–桨相互作用 (Vroegrijk, 2015)　　(b) 冰–水–桨相互作用 (徐佩等, 2019)

图 1.2.59　碎冰屑与螺旋桨相互作用的 CFD-DEM 耦合模拟

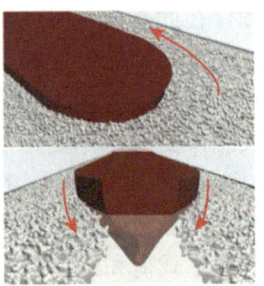

图 1.2.60　船舶在碎冰航道内航行的离散元模拟及试验验证 (Luo et al., 2020)

Janßen 等 (2017) 同时考虑海冰、海水与船舶的相互作用，进行了冰–水–船的耦合计算和试验验证，其中海水、海冰和船体分别采用格子玻尔兹曼方法 (lattice Boltzmann method, LBM)、任意形态离散元方法和刚体模型，计算结果如图 1.2.61 所示。Tsarau 和 Løset(2015) 考虑水动力学的影响，采用多面体和半球形离散单元模拟冰脊，计算了其对船体和浮式平台结构的冰载荷，部分计算结果如图 1.2.62 所示。

在分析浮式平台的动力定位时，也须充分考虑流体动力学对海冰以及平台结构运行的影响。因此，目前海冰与海水间的多介质耦合计算得到了越来越多的重视 (Ni et al., 2020)。然而，在海洋平台结构冰载荷的数值模拟中，目前大多将海水设为定常流以简化计算。在海冰与海洋平台耦合作用的数值模拟中，对于具有自由液面的海水，可以采用拉格朗日坐标下的光滑粒子流体动力学 (SPH) 进行数值分析，并可适于实现与海冰离散元的耦合和后续并行算法的开发。目前，刘璐

(2019) 将 SPH 与 DEM 相结合，对波浪作用下碎冰对直立结构的冰载荷进行了初步计算，如图 1.2.63 所示。

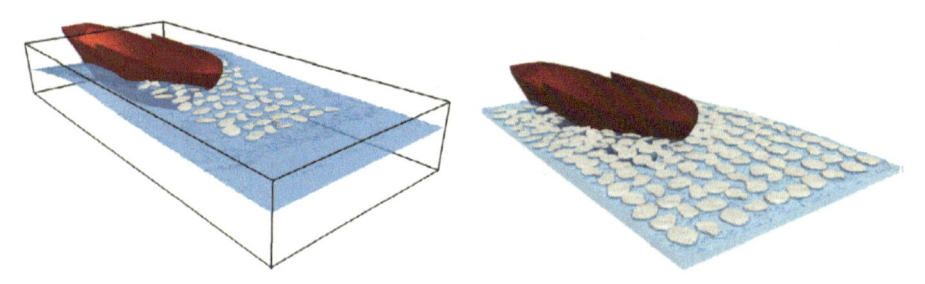

图 1.2.61　船舶在碎冰区航行的冰–水–船耦合模拟 (Janßen et al., 2017)

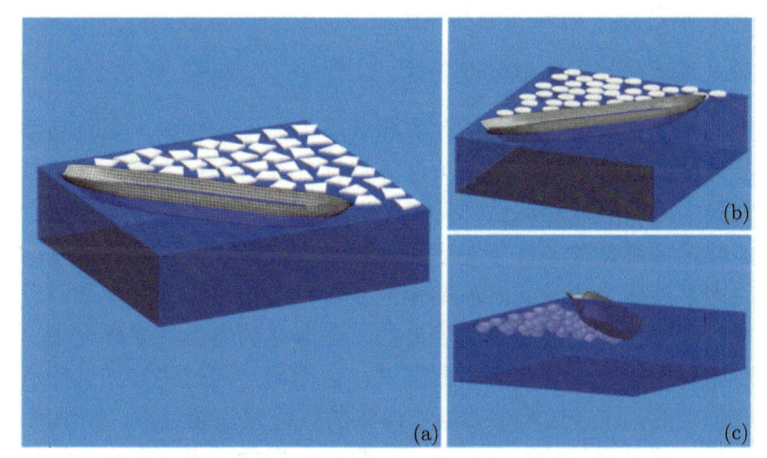

图 1.2.62　冰脊与船舶相互作用的离散元分析 (Tsarau and Løset, 2015)

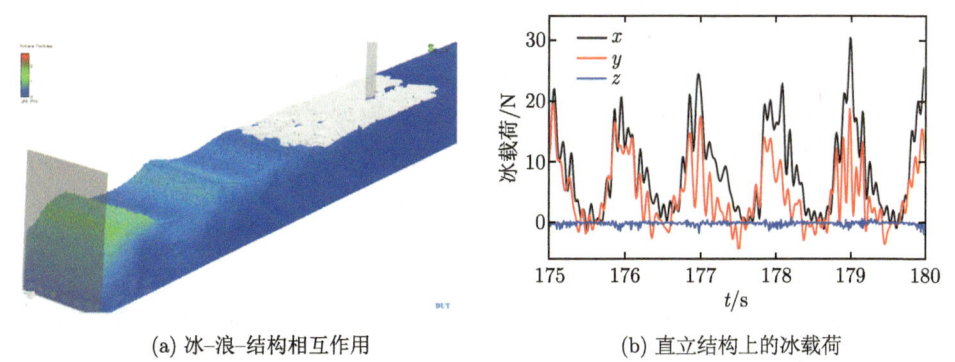

(a) 冰–浪–结构相互作用　　　　　　(b) 直立结构上的冰载荷

图 1.2.63　波浪条件下碎冰与直立结构相互作用过程的 SPH-DEM 耦合分析 (刘璐, 2019)

3) 海冰与海水、海洋工程结构耦合的 DEM-CFD-FEM 模型

在海冰与海洋平台结构的相互作用中，海冰不仅与工程结构存在多尺度耦合作用，同时还与海水产生多介质耦合。因此，建立冰–水–结构间的多尺度、多介质 DEM-CFD-FEM 耦合模型，是准确开展冰载荷及结构响应数值模拟的发展趋势。虽然目前在极地海洋工程中尚未建立 DEM-CFD-FEM 耦合模型，但该耦合方法已在化学工业、岩土工程和管道运输等领域得到了初步的发展和应用 (Wu et al., 2019; Li et al., 2020)。这为发展海冰离散元方法、计算流体动力学与海洋结构物有限元方法的 DEM-CFD-FEM 耦合模型提供了基础和借鉴。通过对海冰、海水、船舶及海洋工程结构间耦合作用的多介质、多尺度计算分析，可对冰激结构振动、形变等力学响应对海冰破坏模式及冰载荷的影响进行有效分析，进而更准确地计算冰载荷的动力特性。

1.2.4　材料性能尺度下海冰离散元方法

1. 材料尺度下海冰的离散分布特性

自然界的海冰是一种含有大量孔隙和杂质的非均匀材料，具有晶体结构、多相组合、各向异性、非线性、率相关性等特性，其力学行为极为复杂。在海冰的力学性质试验中，一般取海冰试样尺度在 0.1~1 m，并关注不同温度、盐度、加载方向和加载速率等试验条件下海冰破碎的最大载荷，并依此确定海冰的材料强度。海冰的力学性质主要考虑海冰的弹性模量、泊松比等弹性常数，以及单轴压缩强度、弯曲强度、剪切强度等强度参数。在海冰的力学性质研究中，人们最为关注的是海冰的单轴压缩强度和弯曲强度。它们均是通过测量冰试件所能承受的最大载荷来确定的，这个过程中伴随着海冰的破碎或断裂过程。在渤海沿岸海域，大连理工大学开展了系统的海冰单轴压缩强度、弯曲强度、巴西盘拉伸强度、剪切强度及断裂韧性的现场和室内试验，如图 1.2.64 所示。以上试验均是通过对海冰试样加载至其破碎，使海冰试样由连续向离散体转化，从而确定破碎过程中的最大应力以计算其强度值。

由于海冰强度的试验过程是在不同加载条件下海冰受力破碎失效，从而使海冰试样有一个由连续体向离散体转化的过程。对海冰强度研究的最基本和首要的工作是探索海冰破坏机理，这需要从细观尺度分析海冰由连续体向离散体转化的破坏形式、演化规律和基本力学行为特征。

2. 海冰材料性能的离散方法

在海冰离散元方法发展中，人们一直注重对其理论模型和计算参数的试验验证，并考虑单元尺寸对计算结果的影响，从而保证其计算结果的可靠性和工程实用性。Jou 等 (2019) 为采用球体离散元模拟平整冰与锥体及船体结构的相互作用，

1.2 海冰离散元方法研究进展

首先对海冰试样的单轴压缩强度进行了试验验证。海冰试样由 3.8 万个球体单元随机排列,其在加载过程中应力与应变呈线性增加,并在达到最大值后不断软化,其所对应的破坏现象如图 1.2.65 所示。在以上离散元模拟中还讨论了弹性模量、泊松比、摩擦系数等参数的合理取值。同样,Bateman 等 (2019) 也采用球体离散元的随机排列方式对海冰三点弯曲和单轴压缩过程进行了计算 (图 1.2.66),并讨论了单元间黏结强度对宏观强度的影响。当试样尺寸与单元直径比值小于 4.5 时,计算结果有明显的尺寸效应。Jiang 和 Kim (2021) 为计算锥体结构冰载荷,也采用三点弯曲试验进行了参数确定和模型验证,其中海冰试样由球体单元规则排列构造。Pradana 和 Qian (2020) 则采用球体规则排列方式对海冰的单轴压缩和弯曲强度进行了离散元分析 (如图 1.2.67 所示),并同试验结果进行了对比验证。

(a) 单轴压缩试验 　　　　　　(b) 三点弯曲试验

(c) 巴西盘压剪试验 　　　　　　(d) 剪切试验

图 1.2.64　渤海海冰力学性质的现场和室内试验

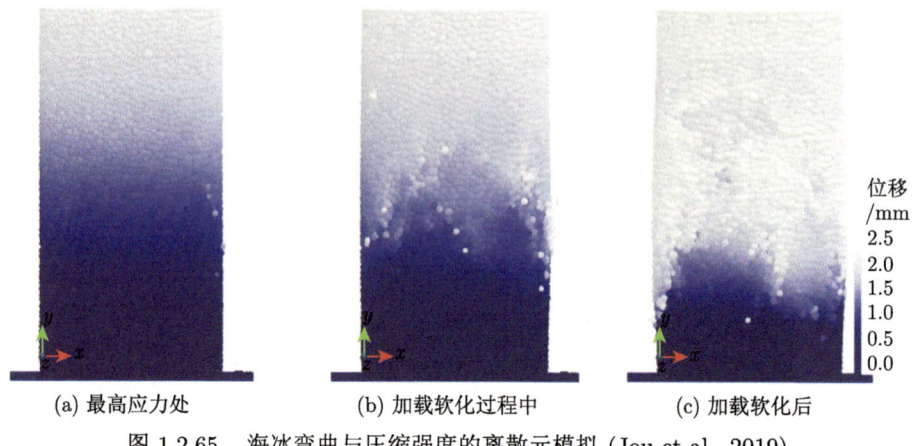

(a) 最高应力处 (b) 加载软化过程中 (c) 加载软化后

图 1.2.65　海冰弯曲与压缩强度的离散元模拟 (Jou et al., 2019)

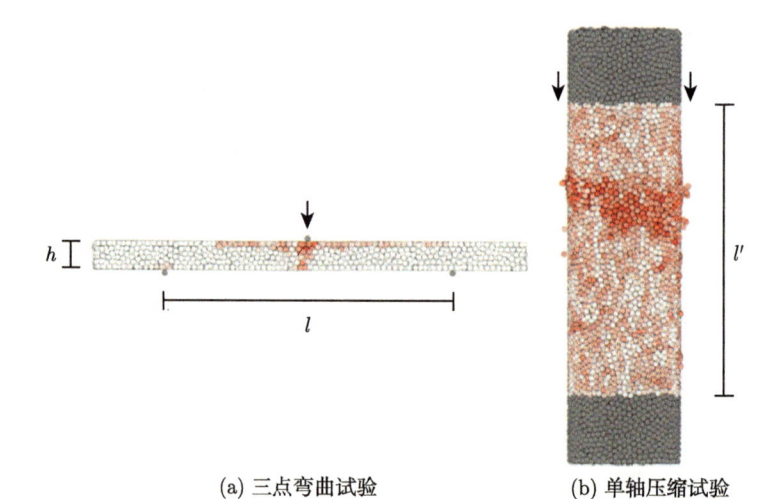

(a) 三点弯曲试验 (b) 单轴压缩试验

图 1.2.66　海冰弯曲与压缩强度的随机排列球体离散元模拟 (Bateman et al., 2019)

(a) 海冰三点弯曲试验 (b) 海冰单轴压缩试验

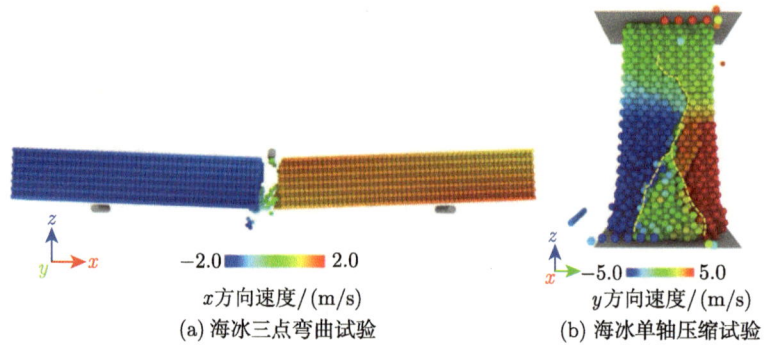

图 1.2.67　海冰弯曲与压缩强度的规则排列球体离散元模拟 (Pradana and Qian, 2020)

1.2 海冰离散元方法研究进展

大连理工大学则全面分析了海冰排列方式、颗粒弹性模量和泊松比、单元间摩擦系数以及单元直径等因素对海冰力学性质的影响 (狄少丞, 2015; Ji et al., 2017; 龙雪, 2019; Long et al., 2019)。一般通过对海冰单轴压缩和三点弯曲的离散元分析来确定合理的计算参数, 如图 1.2.68 所示。即便是对球体颗粒的规则排列, 其也包括不同的排列方式, 如图 1.2.69 所示。为研究离散元计算中的尺寸效应, Long 等 (2019) 引入了无量纲参数 $\lambda = L/D$, 这里 D 为单元直径, L 为海冰试样尺寸。计算表明, 当 $\lambda > 20$ 后可消除离散元计算的尺寸效应。具体情况将在本书 2.1 节进行详细说明。

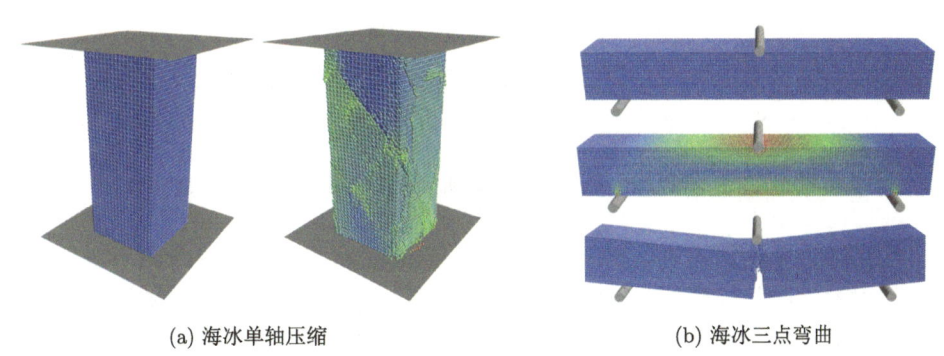

(a) 海冰单轴压缩　　　　　　　(b) 海冰三点弯曲

图 1.2.68　海冰离散元模型压缩试样与弯曲试样 (Long et al., 2019)

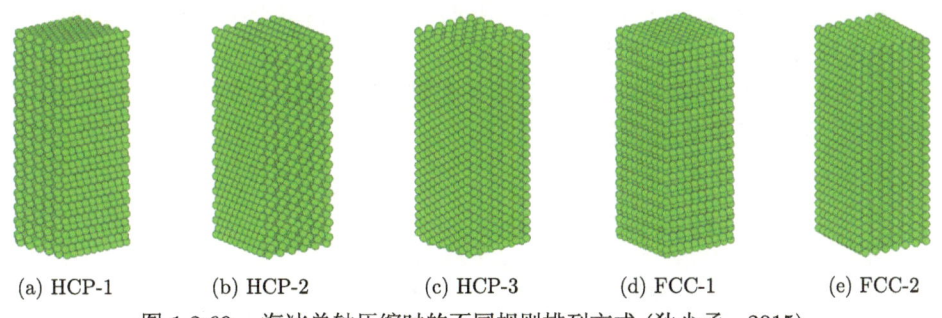

(a) HCP-1　(b) HCP-2　(c) HCP-3　(d) FCC-1　(e) FCC-2

图 1.2.69　海冰单轴压缩时的不同规则排列方式 (狄少丞, 2015)

当引入海冰单元间摩擦系数对黏结强度的影响时, 计算获得的海冰单轴压缩强度与弯曲强度的比值与海冰力学试验相一致 (狄少丞, 2015; Ji et al., 2017)。该比值是合理模拟海冰弯曲破坏现象的重要参数。当采用 Potyondy 和 Cundall(2004) 的拉剪分区断裂准则时, 单元黏结失效后其断裂能会在瞬间获得释放, 影响颗粒系统计算的稳定性。为此, 龙雪 (2019) 引入了考虑损伤的混合断裂准则, 从而有效地提高了离散元计算的稳定性。具体情况也将在本书 2.1 节进行详细说明。Jou

等 (2019) 也引入单元间拉剪耦合失效准则 (图 1.2.70)，并考虑了单元间黏结强度的渐进损伤失效过程。

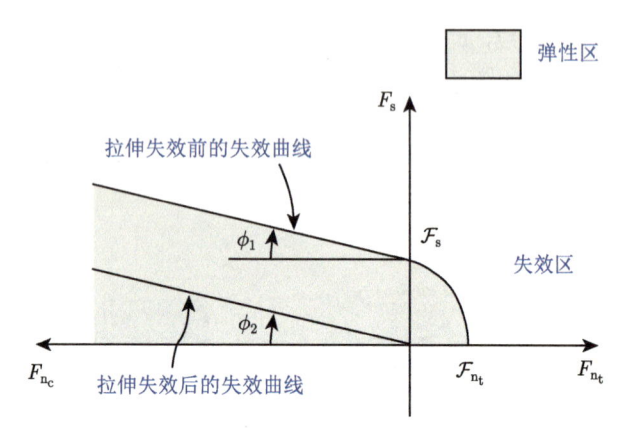

图 1.2.70　海冰球体单元间的拉剪耦合失效准则 (Jou et al., 2019)

在海冰力学性质的块体离散元模拟中，Zhang 和 Zhou (2021) 采用块体离散元方法对海冰的单轴压缩强度进行了数值分析，确定了海冰试样的破坏渐进过程及失效模式，并进一步获得了试样尺寸对单轴压缩强度的影响，如图 1.2.71 所示。在此基础上，该离散元方法计算得到的海冰单轴压缩强度随加载速度出现先增加再降低的趋势，呈现出很好的韧脆转变特性。这与相关的现场试验规律相一致。Liu 和 Ji (2018, 2021) 在采用扩展多面体离散元方法模拟海冰力学性质时，采用巴西盘和弯曲试验进行了计算参数的确定 (图 1.2.72，图中颜色表示单元速度)，并进一步讨论了相应的尺寸效应，确定了黏结单元间法向拉伸强度、黏聚力、内摩擦系数、断裂能等参数的取值依据。

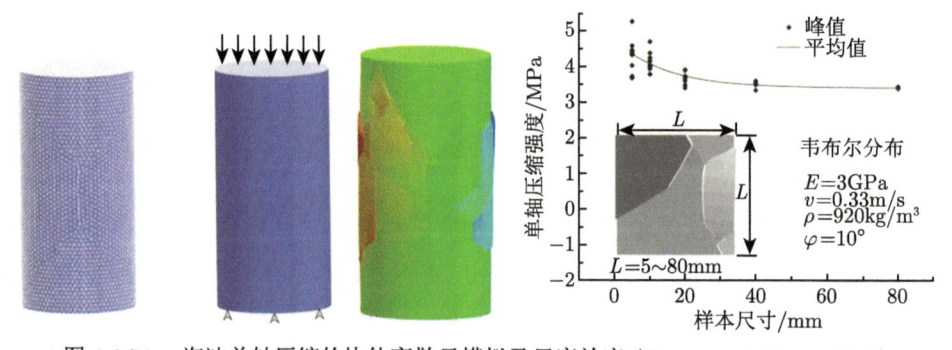

图 1.2.71　海冰单轴压缩的块体离散元模拟及尺度效应 (Zhang and Zhou, 2021)

(a) 弯曲失效前　　　　　　　　　　　(b) 弯曲失效后

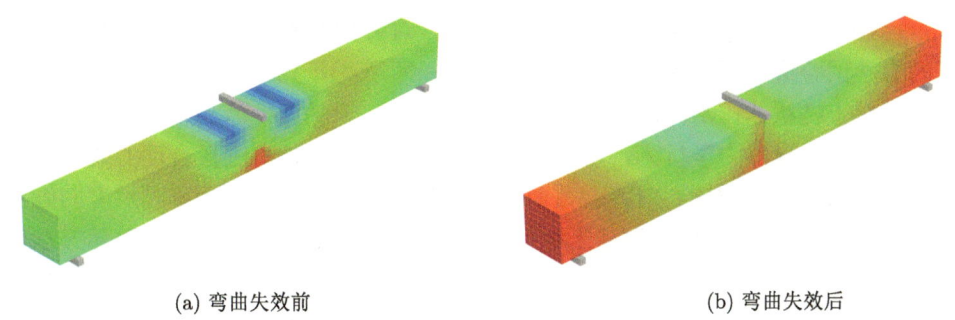

图 1.2.72　海冰弯曲强度的扩展多面体离散元模拟 (Liu and Ji, 2021)

1.2.5　细观尺度下海冰的离散分布特性

海冰是一种复杂的晶体材料，是由纯冰晶冰、卤水、固体盐和气泡等组成的复杂天然材料。由于海冰是天然生成的材料，在结冰过程中受气象和水文条件影响很大，所以冰晶形态、大小和排列方式有很大的随机性。海冰的力学性能，特别是其强度及断裂韧性取决于其内部的细观晶体结构，其尺度在 $10^{-3} \sim 10^{-2}$ m。冰晶按粒径分为五个等次，即巨粒 (~ 1 m)、极粗粒 (20 mm$\sim$1 m)、粗粒 (5$\sim$20 mm)、中粒 (1$\sim$5 mm) 和细粒 (<1 mm) (丁德文，1999)。由此可见，由于气泡和盐水体积夹杂在海冰内部，所以细观尺度下的海冰具有一定的非连续性。

海冰的结晶主轴 (即 C 轴) 方向是描述海冰类型的重要指标。依据冰晶体 C 轴在空间上的优选方向，可以大体分为五种典型情况：垂直于水平面；在整个空间随机分布；垂直于水平面并伴有整个空间内的随机分布；在水平面内随机分布；在水平面内沿某方向分布。当冰晶 C 轴随机分布时，海冰一般为粒状冰；当 C 轴平行分布时，海冰则为柱状冰，并多表现为 S2 型冰。S2 型海冰的最上层一般为较薄的粒状冰，为各向同性材料；中间占据大部分冰厚的是柱状冰，冰晶垂直于海面生长，水平面内即垂直于柱状冰晶的方向，冰的性质是各向同性的，而沿着冰晶方向的性质和水平面内的性质则存在很大差异，因此柱状晶体冰是正交各向异性的，或称横观各向同性。海冰材料在细观尺度下的结构如图 1.2.73 所示。在渤海，人们对平整冰和重叠冰的冰晶结构也进行了测量，如图 1.2.74 所示。由此可见，平整冰、重叠冰和冰脊在细观尺度下的组织结构，特别是冰晶的排列结构具有很强的离散分布特性。冰晶排列的结构特点是影响海冰力学性质的重要因素。对海冰在细观尺度下结构的认识，有助于理解海冰强度与加载方向等因素的关系，从而解释海冰内部微裂纹扩展过程及其对海冰宏观力学性质的影响。

由于海冰在不同环境条件下生成的细观冰晶结构在尺寸和排列方式上均有很大的差异，所以在温度、盐度、加载速率和加载方向等因素的影响下，其宏观力学性质极为复杂 (Timco and Weeks, 2010; 陈晓东等, 2018)。Timco 和 Frederking

(1983, 1986) 考虑海冰内部的细观各向异性，对海冰在不同加载方向及侧限约束下的力学试验进行了深入的研究，如图 1.2.75 所示。由于海冰内冰晶结构的不同，特别是对于柱状冰，沿冰晶生长方向的强度明显高于垂直于冰晶生长方向，且具有明显的各向异性力学行为，所以针对海冰的物理力学性质进行合理的数学建模是冰载荷数值模拟的核心内容。目前国内外尚未开展对海冰进行冰晶尺度的细观构造，以及与之关联的极地海洋工程问题研究。虽然人们在采用球体离散元方法模

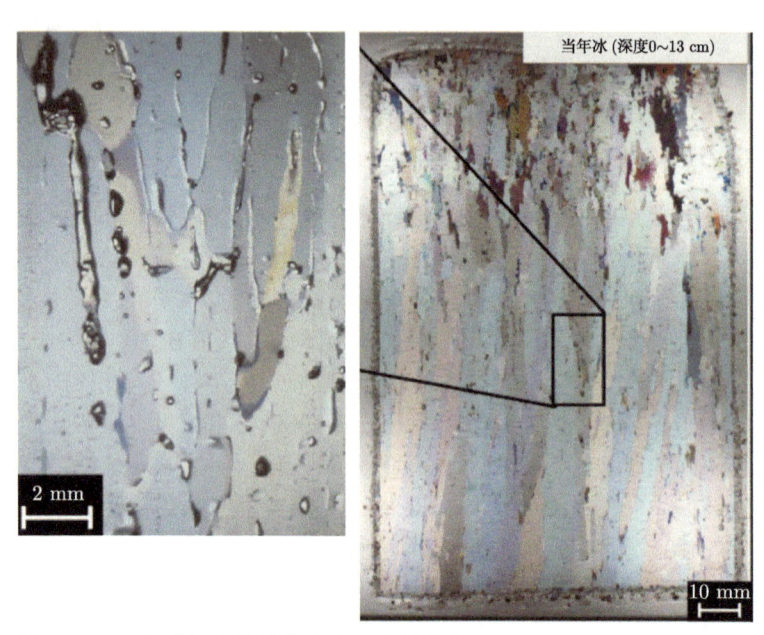

图 1.2.73 海冰切片中的卤水泡及冰晶分布 (Timco and Weeks, 2010)

(a) 平整冰　　　　　　　　(b) 重叠冰
图 1.2.74 渤海海冰的冰晶结构

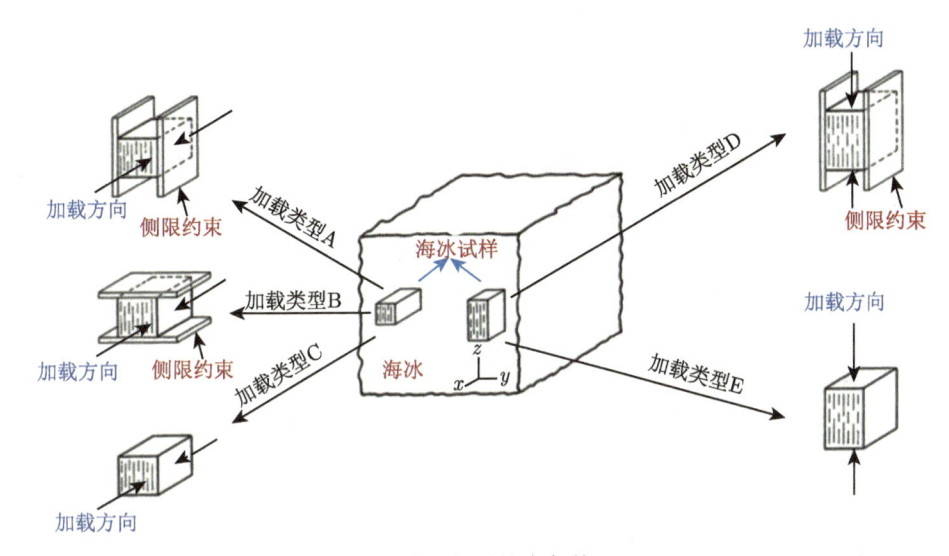

图 1.2.75 海冰试样的加载方向及侧限约束条件 (Timco and Weeks, 2010)

拟海冰力学性质时按规则和随机排列进行了初步研究,以处理海冰是否存在各向异性力学特性问题 (狄少丞, 2015; Bateman et al., 2019; Jou et al., 2019), 但考虑海冰在细观尺度下的各向异性和非连续分布特性的离散元方法还尚未很好地建立。

在离散元方法得到广泛工程应用的同时,我们也注意到,目前对海冰的各向异性力学行为及其在不同加载速率下的韧脆转变特性进行数值模拟时,还存在很大的困难和挑战。这也严重制约了离散元方法在极地海洋工程中的计算精度和应用范围。以上问题产生的原因主要包括两方面:一是在理论模型方面,宏观尺度上的海冰离散元方法尚未考虑海冰细观尺度下的冰晶结构特点;二是在计算效率方面,海冰离散元方法的计算规模和效率还不能满足工程尺度计算时兼顾细观尺度的海冰材料特性。因此,无论是从离散元方法的基础理论还是从计算效率和规模上,均应针对以上海冰的复杂力学特性建立合理的海冰数值模型,从而更好地解决极地海洋工程领域的重要问题。

1.2.6 冰载荷的高性能离散元并行算法及计算软件

在工程尺度下海洋工程结构冰载荷的离散元数值模拟中,由于单元数量庞大且计算步长很小,对数值计算的效率提出了迫切要求。尤其在开展冰–水–工程结构的耦合模拟时,同时涉及三相介质的数据传递和同步计算,更需要强有力的高性能计算。离散元方法的发展及工程应用一直伴随着计算机技术的快速进步。

最初的二维圆盘和三维球体离散元方法一般在单机串行环境中进行计算,单元数量在 10^2 量级 (Cundall and Strack, 1979); 随后中央处理器 (CPU) 多核并行技术促进了离散元方法的进一步发展,并初步用于工程尺度的数值计算中,计算规模达到 10^6 量级 (Cleary, 2009);近年来,以图形处理器 (GPU) 为主要硬件载体的高性能数值算法得到了广泛关注,并逐渐发展为目前离散元高性能计算的重要途径,计算规模也提高至 10^9 量级 (Janßen et al., 2017)。与此同时,海冰离散元模拟中的单元形态也由球体扩展到多面体等非球体单元,从而对计算效率提出了更高要求。如果进一步考虑海冰离散元方法与结构有限元方法、计算流体动力学的多尺度、多场耦合计算,则更应该采用先进的高性能并行计算技术。

在 GPU 并行计算中,为提高离散元数值模拟的规模和效率,还要同时考虑 CPU 和 GPU 之间的数据传递,建立 CPU-GPU 协同处理的并行计算架构 (Ji and Wang, 2020; Liu and Ji, 2020; Ji and Yang, 2022)。狄少丞 (2015) 采用海冰单轴压缩试验的球体离散元模型对 GPU 并行算法的计算效率进行了测试,所采用的 GPU 和 CPU 计算平台硬件及编译环境列于表 1.2.1 中。测试结果如图 1.2.76 所示。可以发现,随着单元数量的增加,GPU 的计算加速比明显提高。当离散元单元数量超过 10^6 时,可以取得 20 以上的计算加速比。目前,大连理工大学对基于 GPU-CUDA 并行编程技术的海冰离散元方法,初步实现了 DEM-FEM 和 DEM-SPH 的耦合计算,并显示出强有力的高性能计算能力 (刘璐, 2019; 王帅霖, 2019; 龙雪, 2019)。Janßen 等 (2017) 在海冰、海水与船舶的耦合计算时采用了基于 GPU 的并行计算技术,取得了很好的应用效果。此外,GPGPU (general purpose computing on GPU) 并行计算技术也已应用于冰载荷的离散元高性能计算中 (Alawneh, 2014)。近年来,随着 GPU 硬件技术的日新月异,海冰离散元的计算规模和效率均有了迅速的提高。然而,目前国内外在冰载荷的离散元模拟中,基于 GPU 并行的高性能计算开展得还相对较少。在后续研究中,还需要针对海冰离散元方法的单元形态、接触搜索、多介质间的参数传递、数据结构等计算特点,进一步发展基于 GPU 并行的高性能数值算法。

表 1.2.1　海冰单轴压缩强度离散元模拟的 GPU 和 CPU 计算平台

名称	型号	主要性能参数
CPU	Intel Xeon E5620	主频: 2.40 GHz
GPU	NVIDIA Tesla K40	2880 个 CUDA 核,核心频率 745MHz,12GB 显存
操作系统	Windows 7 64 bit	
编译环境	Microsoft VS 2010 CUDA 6.0	

在冰载荷的离散元模拟中,为实现对计算参数、边界条件的便捷设定,以及海冰破坏模式、冰载荷、海洋平台结构力学响应等计算结果的直观显示,发展相应的离散元计算分析软件是非常必要的。目前,挪威学者开发了冰载荷离散元软件 SIBIS,可对碎冰和平整冰与不同类型海洋结构相互作用的冰载荷进行计算分析 (Metrikin et al., 2015; Nicolas et al., 2019)。挪威科技大学 Løset 团队也一直从

事相应的冰载荷离散元软件研发。加拿大纽芬兰纪念大学研发了基于 GPGPU 并行计算技术的冰载荷离散元软件 (Alawneh, 2014)。此外，StarCCM+ (Vroegrijk, 2015；徐佩等，2019; Luo et al., 2020)、DECICE3D (Lau et al., 2011)、EDEM (Sorsimo and Heinonen, 2019)、Ls-DYNA (Wang and Derradji-Aouat, 2011；童波等，2019) 等商业软件也是开展冰载荷计算的有效途径。

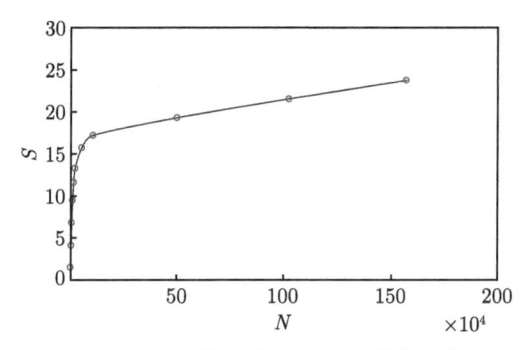

图 1.2.76　GPU-CPU 计算加速比 S 与离散单元数量 N 的关系

在冰载荷的离散元软件研发中，除高性能计算模块外，还需要开发面向研究对象的个性化前、后处理系统。前处理系统可自动定义流体和海冰的计算区域、初始条件和边界条件，可针对极地海冰的类型定义平整冰、碎冰、冰脊等不同的海冰类型并设定相关的计算参数，以及海冰的单轴压缩强度、弯曲强度、密集度、温度和卤水体积等物理力学性质。目前大连理工大学研发的冰载荷离散元计算分析软件 *IceDEM* 已初步实现了上述功能。但在此基础上还需要进一步完善前、后处理系统和计算参数自动设定界面，增加人机交互功能，以实现极地复杂场景下不同类型海洋装备结构冰载荷的多介质、多尺度高性能计算。

1.3　基于离散元方法的冰载荷数值冰水池

极地船舶与海洋工程结构冰载荷的确定，是结构抗冰设计、冰区安全运行和结构完整性管理的重要研究内容。当前快速发展的高性能计算技术和多介质、多尺度数值方法，为准确、高效地计算船舶结构冰载荷提供了有效的途径，其中以离散元方法为代表的数值方法取得了出色的研究成果。为此，针对目前极地船舶与海洋工程结构对冰载荷及力学响应的工程需求，同时考虑国内外对海冰、工程结构与流体相互耦合的多介质、多尺度数值方法研究现状，本书对极地船舶与海洋工程数值冰水池的概念、框架、开发技术以及基于离散元方法的软件实现与工程应用进行了论述。数值冰水池在船舶与海洋工程结构冰载荷确定方面具有可靠性、经济性、快速性、扩展性和情景化等显著优势。借鉴数值水池的研究思路，本书以典型船舶和海洋平台结构冰载荷及结构力学响应的离散元计算为例，探讨数值冰水池研究的可行性和工程应用前景，阐述其与理论分析、现场测量和模型试验研究相结合的必要性。该研究有益于我国在极地船舶与海洋工程领域形成具有独立知识产权的数值计算分析平台，对我国极地海洋强国战略的实施具有很好的启发和指导意义 (季顺迎和田于逵，2021)。

下面针对目前极地船舶与海洋工程结构对冰载荷及力学响应研究的工程需求，侧重采用离散元方法探讨数值冰水池的基本框架，介绍描述海冰物理力学性质和冰–水–结构耦合作用的数值方法，分析数值冰水池的软件实现途径和试验验证，由此论述数值冰水池的概念并探讨其开发模式，并对其工程应用前景进行讨论。

1.3.1 面向冰载荷的数值冰水池研究框架

这里提出面向极地船舶与海洋工程结构冰载荷预报的数值冰水池基本框架，简要论述数值冰水池的主要研究目标、大体研究思路、主要研究内容和关键技术等，并将在后续研究中不断改进和完善。

1. 数值冰水池的基本概念和研究目标

数值冰水池的建立，源于当前国内外对极地船舶与海洋工程结构冰载荷、结构力学响应、抗冰设计和安全保障研究的工程需求，更得益于近几十年来海冰物理力学性质、冰载荷特性、工程结构强度和疲劳分析等相关领域在现场测量、模型试验中不断的知识积累，并与当前计算机技术和高性能数值算法的发展密切相关。数值冰水池的建立和发展，不仅与极地船舶与海洋工程的研究密不可分，更受到计算流体力学、计算固体力学、并行计算技术、软件工程等基础学科发展水平的制约。此外，近年来人工智能、大数据和数字孪生等新兴学科在工程应用中的发展和实践，也必将对数值冰水池的研发和应用起到很大的促进作用。

数值冰水池的建设目标是，面向极地船舶与海洋工程技术研发，采用先进、高效和准确的数值计算途径，对海冰力学行为、结构冰载荷和力学响应进行全面的数值分析和试验验证，形成具有独立知识产权的数值计算分析软件平台，为极地船舶与海洋工程的冰载荷特性确定、结构抗冰设计、安全保障服务提供可靠的技术手段。作为一种数字化的虚拟试验系统，数值冰水池将与冰水池模型试验和冰区现场测量结合、互补，并在一定程度上代替物理模型试验和现场测量，从而有效地降低研究成本、提高研发效率、扩展对象范围并增强精细化，从而更好地服务于极地船舶与海洋工程。

类似于数值水池的内涵和技术特征 (赵峰等，2015)，数值冰水池也是一种依托于基础研究的工程应用型技术。作为一种综合性的虚拟试验系统，最重要的是数值模拟结果的可靠性。同时，它还具有计算模块封装化、可靠性定量化、操作远程化、试验过程精细化和情景化等基本特征。数值冰水池集成软件系统

1.3 基于离散元方法的冰载荷数值冰水池

平台的研发，首先需要进行顶层规划和总体设计，并根据所涉及的研究内容进行模块化分解。每个模块既可独立运行，又可协同工作，具有很强的灵活性。在整体设计时，需要考虑新技术的使用和新功能的扩展，使其具有很好的开放性和共融性。由于数值冰水池的研究涉及多个学科的交叉与融合，这就需要建立一个联合的研究团队，分工明确又密切合作。相关研究思路在我国数值水池建设中得到了很好的实践 (李百齐等，2013)。数值冰水池的研究和建设，将借鉴我国数值水池的成功经验，并结合其特点和难点，重点开展海冰物理力学性质、冰–水–结构耦合作用的数值分析和试验验证、高性能计算分析软件及工程应用这几方面的研究。

2. 面向冰载荷预报的数值冰水池基本框架

为实现数值冰水池在极地船舶与海洋工程结构技术开发中的研究目标，需要从海冰材料的数学模型、海冰破坏模式、船舶与海洋工程结构数据库、冰–水–结构耦合模型、高性能计算分析软件、前后处理系统、试验验证和典型工程应用等几个方面开展系统的研究 (图 1.3.1)。数值冰水池的研发涉及船舶与海洋工程、极地科学、固体力学、流体力学、计算力学、试验力学、计算机科学、软件工程等诸多学科，是一个典型的学科交叉型、综合性研究系统。

图 1.3.1　数值冰水池的基本框架

数值冰水池开发中需要重点考虑以下几个主要关键技术：① 发展适用于极地海冰物理力学性质的数值模型；② 建立极地船舶与海洋工程结构的数据库；③ 完善冰–水–固耦合作用的数值模拟；④ 研发高性能数值计算分析软件及前后处理系统；⑤ 开展数值冰水池模拟的试验验证系统及可靠性检验；⑥ 实现典型极地船舶与海洋工程技术开发的工程应用。数值冰水池在极地船舶与海洋工程结构冰载荷研究中具有显著的特色和优势，主要表现为可靠性、经济性、快速性、扩展性和情景化。为保证数值计算的可靠性，需要针对研究对象、研究方法进行知识提炼和封装，从而避免人为因素对计算结果准确性的影响；相对于现场测量和模型试验，数值冰水池的经济性和快速性显而易见；在数值冰水池计算中，由于不受试验场地、试验设备等因素的影响，所以其可对材料尺度、模型尺度、工程尺度，甚至是地球物理尺度下的海冰力学行为进行计算，从而具有出色的扩展性。此外，通过开发具有出色三维再现功能的后处理系统，数值冰水池可对数值模拟结果从任意视角，乃至结构内部的力学信息进行显示，从而使其具有出色的情景化功能，以促进对相关内在机理的理解。

1.3.2 数值冰水池的软件实现

类似于数值水池的知识封装、可靠性和情景化三大技术特征 (赵峰等，2015)，数值冰水池也需要通过高性能计算机软件实现相应的知识封装和情景化。为此，需要发展相应的前后处理系统、工程结构数据库和三维可视化显示技术，并通过发展相应先进的并行算法实现高性能数值计算。

1. 典型海冰与工程结构数据库

考虑数值冰水池的使用对象主要为工程技术人员，需为极地船舶与海洋工程的抗冰设计提供便捷的开发工具，因此它需要结合极地海冰的特点以及典型极地船舶与海洋工程结构，建立相对丰富的数据库。该数据库可从以下方面进行考虑。

(1) 针对模拟工程海域或物理冰水池的实际情况，可自动定义相应的流体和海冰；根据计算区域的特点，可设计计算边界处不同方向上海冰的刚度、速度等，也可设计周期性边界条件。

(2) 针对极地海冰的类型，可自动定义平整冰、碎冰、冰脊等不同的海冰类型并设定相关的计算参数。对于碎冰，需自动设定其冰块形状、尺寸、密集度、厚度等参数；对于冰脊则需进一步设定其帆高及角度、龙骨深度及倾角、冰脊宽度及长度等几何性能。因此，还需进一步自动设定海冰的单轴压缩强度、弯曲强度、密集度、温度和卤水体积等物理力学性质。

(3) 对于简单的锥体或直立结构，可建立相应的结构类型，并通过调整结构参数进行直接设定；对于相对复杂的工程结构，则可构建与相关通用计算机辅助设计 (CAD) 商业软件的数据接口，从而导入船舶及海洋工程结构数据。对于船舶及海洋工程结构的约束、运动方式及速度，也可通过交互式界面设定。对于典型的极地船舶及海洋工程结构，则建立相应的数据库，以便于直接调用、计算。

以上相关功能已在我国自主研发的海冰离散元计算分析软件 *IceDEM* 中初步实现，部分模块如图 1.3.2 所示 (季顺迎等，2017)，但还需要在后续数值冰水池研发中不断丰富和完善。

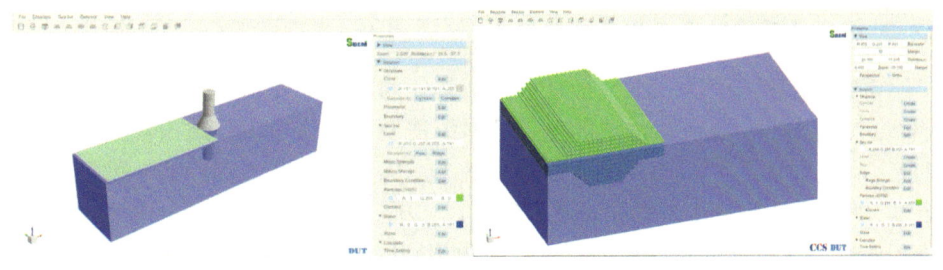

(a) 平整冰的离散元构造   (b) 冰脊的离散元构造

图 1.3.2 离散元软件 *IceDEM* 中海冰及工程结构参数设定 (季顺迎等，2017)

2. 面向工程尺度的高性能数值算法

在工程尺度下极地船舶与海洋工程结构冰载荷的数值模拟中，特别是采用离散元方法、近场动力学方法时，由于单元数量庞大且计算步长很小，所以对数值计算的效率提出了迫切的要求。此外，在开展冰-水-工程结构的耦合模拟时，同时涉及三相介质的数据传递和同步计算，更需要强有力的高性能算法。目前提高数值计算性能的方式主要包括基于多核 CPU 的并行计算和基于 GPU 的并行计算，其中后者在近年来得到更快的发展和更广泛的应用。无论是采用球体离散元还是块体离散元，目前均发展了基于 CUDA-GPU 并行的数值算法，计算规模可达 $10^5 \sim 10^6$ 个单元 (狄少丞和季顺迎，2014；刘璐等，2019)。在冰激海洋平台结构振动的 DEM-FEM 耦合，也采用了 GPU 并行算法 (王帅霖等，2019；Ji and Wang, 2020)。在 Janßen 等 (2017) 的数值冰水池研究中，为计算非规则碎冰与船体的耦合作用，也采用了 GPU 并行算法，且效果良好。目前，基于 GPU 的并行计算技术已成为多介质、多尺度数值计算的重要手段，并将进一步在数值冰水池的冰-水-结构耦合计算中得到广泛应用。

近几年，基于人工智能、数据驱动的力学数值计算得到了迅速发展，并在航空航天、材料性能、岩土力学等领域取得了很好的工程应用。相对于传统的数值方法，以上数值方法可以有效地提高数值模拟的效率。基于数据驱动的计算力学可分为基于能量泛函和基于距离泛函的数据驱动算法 (阳杰等，2020)。目前，基于能量泛函的数据驱动算法已应用于海冰物理力学性质的数值预测研究，其通过大量海冰物理力学性能的实测数据，建立海冰强度、破坏模式与冰晶结构、温度、盐度、加载速率、约束条件等因素的对应关系，从而采用本构数据代替本构模型 (Kellner et al., 2019)。随着基于机器学习的力学数值计算技术的不断完善，可通过海冰参数、结构类型、作用模式等计算信息直接预测结构冰载荷和力学响应，或通过对典型工况下冰载荷的计算，采用机器学习的方法预测其他工况，从而有力地促进数值冰水池的发展和工程应用。

3. 前后处理系统及三维可视化技术

作为数值冰水池的三大特征之一，情景化的实现需要基于出色的前后处理系统和可视化技术。数值冰水池的前处理系统需要同海冰与工程结构数据库建设相结合，从而增强其灵活性。在前处理系统中，需要将数值计算参数与物理试验相统一。特别是对于海冰类型和参数的输入，一方面可以从统计意义上进行设定 (图 1.3.3)，另一方面也可通过对物理试验参数识别的途径实现真实数值再现。这也是当前数值冰水池亟须发展的内容。在后处理系统中通过三维可视化技术可对数值模拟结果进行直观显示，进而使用户从物理机制上对冰–水–结构的耦合作用机制、冰的破坏模式有一个深刻的认识，如图 1.3.4 所示。此外，还可对一些物理试验中不易测量和观测的现象进行补充显示，从而获得更全面的资料信息。

图 1.3.3　德国 HSVA 冰水池模型试验及数值冰水池 (Yulmetov and Løset, 2017)

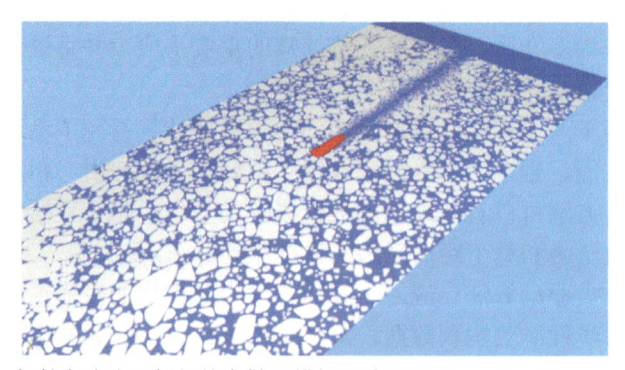

图 1.3.4　船舶在碎冰区航行的离散元模拟三维再现 (van den Berg et al., 2020)

在极地船舶与海洋工程结构冰载荷的高性能离散元计算分析软件 $IceDEM$ 中，对海冰对船舶结构的作用模式、船体冰载荷分布规律、船体冰阻力可以同步显示，从而可直观地分析其对应关系。该三维显示模块还具有缩放、旋转、透视等显示功能，从而可从不同视角更有侧重地观察冰–船作用模式。以上前期研究为数值冰水池的研发提供了很好的参考借鉴。

1.3.3 数值冰水池的试验验证

数值方法的工程实用性在很大程度上取决于计算结果的可靠性和准确性。这也是所有数值方法必须面对的问题。数值冰水池所涉及的海冰物理力学性质、海冰失效模式、冰–水–结构耦合作用、冰载荷分布特性等研究内容均基于试验验证的合理性。该试验验证不仅依据冰水池内开展的模型试验，同时也基于船舶及海洋平台结构的现场测量，并在必要时参考相应的理论模型或半经验公式。

1. 海冰物理力学性质的试验验证

在海冰的离散元、有限元、黏聚单元方法、近场动力学等不同海冰数值方法研究中，均注重对海冰物理力学性质的试验验证，以建立合理的海冰本构模型和强度准则，发展理想的数值方法并确定相应的计算参数。在海冰的物理力学性质数值模拟中开展最广泛的是海冰的单轴压缩和三点弯曲。这里采用离散元方法对颗粒排列、单元直径、摩擦系数等参数影响下的数值模拟结果进行分析，以确定单元直径对海冰力学性质离散元模拟结果的影响 (Long et al., 2019)。海冰强度受海冰卤水体积 (温度与盐度的函数)、加载速率等因素的显著影响。根据大量的海冰现场和室内测量数据，海冰宏观强度与其卤水体积呈负指数关系 (Timco and Weeks, 2010; 王安良等, 2016)。由此，在离散元模拟时也将海冰单元间的黏结强度设为卤水体积的函数。除考虑以上尺寸影响、卤水体积外，在采用离散元方法模拟海冰的强度时，还需要进一步考虑单元在断裂前的内摩擦系数、单元排列方式、加载速率等因素的影响，从而更好地数值再现海冰的物理力学行为。

2. 船舶冰阻力及冰载荷的试验验证

船舶结构在平整冰区航行中的冰阻力已有多个经验公式，其中应用最广的是 Lindqvist 公式、Riska 公式等，而对于在碎冰区的冰阻力估算，也有诸多学者提出了相应的计算公式。Su 等 (2010, 2011) 采用环向裂纹法对船舶冰区航行中的冰阻力进行了数值计算，并与 Lindqvist 经验公式进行了对比验证。刘璐等 (2020) 采用扩展多面体离散元方法模拟船体结构在冰区的航行过程，将计算的冰阻力与 Lindqvist 经验公式进行了对比分析。通过 Lindqvist 公式可以充分说明，扩展多面体离散元方法在计算船舶结构冰载荷方面具有良好的准确性和可靠性。

国际船级社协会 (International Association of Classification Societies, IACS) 对特定工况下船体结构的冰载荷给出了规范计算方法。为验证离散元方法对船体结构与大块浮冰碰撞过程中冰载荷计算的可靠性，刘璐等 (2021) 将离散元计算的冰压力与 IACS 规范进行了对比。研究表明，利用离散元方法可对船体结构的冰压力进行准确可靠的分析，具有良好的工程适用性。

3. 海洋平台冰载荷的试验验证

海洋平台结构的冰载荷研究中也已开展大量的现场试验和模型试验，并用于海冰数值方法的验证。这里分别以球体离散元和扩展多面体离散元方法为例，介绍其对锥体结构冰载荷的模拟情况，采用渤海海洋平台的实测数据、HSVA 模型试验和 ISO 标准对离散元结果进行对比验证 (刘璐等, 2019; Long et al., 2020)。

首先采用德国汉堡冰水池 (HSVA) 内开展的锥体结构与平整冰的模型试验对球体离散元方法进行验证。计算结果表明，离散元模拟的冰载荷峰值的平均值与 HSVA 实测数据相一致，且均表现出明显的周期性，并具有相近的冰载荷频率 (Long et al., 2020)。海冰的断裂长度是表征其破坏模式的重要参数，还与锥体冰载荷的幅值和周期密切相关。为具体分析断裂长度的影响因素，将离散元计算结果同时与 HSVA 试验和渤海现场实测结果进行对比分析。依据锥体结构的离散元模拟结果，对其冰载荷峰值进行了统计分析，并与相关的静冰载荷理论结果、渤海现场实测结果进行了对比分析。由此验证了扩展多面体离散元方法在海冰与海洋结构物相互作用模拟中的合理性。

1.3.4 数值冰水池的初步应用

基于以上分析，数值冰水池研究包括海冰数值模型、海冰与流体、工程结构相互作用的多介质多尺度数值算法、模型试验和现场观测的试验验证、数据库及前后处理系统等多方面的研究内容。目前，我国在以上相关研究中取得了很好的初步成果，为后续建立完善的数值冰水池系统打下了很好的基础。在海冰离散元方法的一系列研究中，对海冰物理力学性质、船舶结构冰阻力及冰载荷、海洋工程结构冰载荷及力学响应等计算结果进行了广泛的工程应用 (刘璐等，2020；王帅霖和季顺迎，2017)。

物理冰水池中所开展的冰区船舶及海洋结构物的物理模型试验研究为极区船舶的船型设计、性能预报和结构强度评估提供了技术支撑。模型试验设计与实际船舶航行工况通常采用弗劳德 (Froude) 相似准则和柯西相似准则，其缩尺比 λ 考虑冰物理力学性质与船舶模型尺寸，表 1.3.1 列出海冰模型试验中主要物理量

表 1.3.1 海冰模型试验中主要物理量的缩尺比

物理量	缩尺比	物理量	缩尺比
长度/m	λ	冰强度/Pa	λ
时间/s	$\lambda^{1/2}$	冰厚/m	λ
速度/(m/s)	$\lambda^{1/2}$	弹性模量	λ
质量/kg	λ^3	力/N	λ^3
频率/Hz	$\lambda^{-1/2}$	刚度/(N/m)	λ^2
周期/s	$\lambda^{1/2}$		

1.3 基于离散元方法的冰载荷数值冰水池

的缩尺比。

数值冰水池的一个重要功能是对物理冰水池的虚拟再现，其数值试验设计继承了模型试验中物理量的缩尺比，各个试验设计变量包括了海冰类型(平整冰、碎冰和冰脊等)和航行状态(直航、回转)。此外，数值试验作为物理冰水池模型试验的补充，低成本的大量重复试验可以避免试验中不可控因素的影响。参考国内外冰水池，这里采用离散元方法建立数值冰水池模型，图 1.3.5 给出了德国汉堡冰水池 (HSVA) 和对应建立的数值冰水池模型。

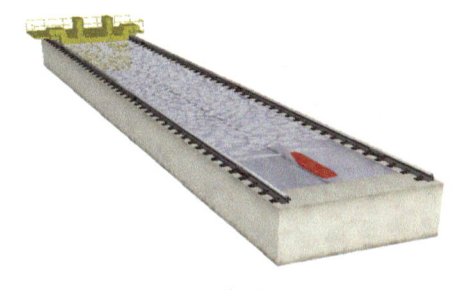

(a) 德国汉堡冰水池　　(b) 数值冰水池

图 1.3.5　物理冰水池与数值冰水池

船舶碎冰区航行的模型试验的重点在于碎冰场的生成，经典的 Voronoi 切割方法的优势在于可定量控制碎冰块几何形状，保证分割的碎冰形状符合随机分布到规则分布的连续变换，并且分割后形状与天然海冰存在高度的几何形态相似性 (朱红日等，2019)。采用 Voronoi 切割方法可以定量 (冰块面积、密集度和几何规则度) 生成数值冰水池中的碎冰场，并相继开展碎冰场几何特性对数值试验结果的影响研究。但是，Voronoi 切割方法所构造的碎冰场与物理冰水池碎冰场依然存在差距。相关研究表明，碎冰初始位置和大小差异性对船舶的模型试验具有一定影响 (van den Berg et al., 2020)。为了更加真实地反映真实情况下冰水池内海冰初始位置和大小，这里基于图像处理方法实现数值冰水池的碎冰场的快速生成，图 1.3.6 分别给出了由 Voronoi 方法和数值图像方法所生成的碎冰场与物理冰水池中的碎冰场。

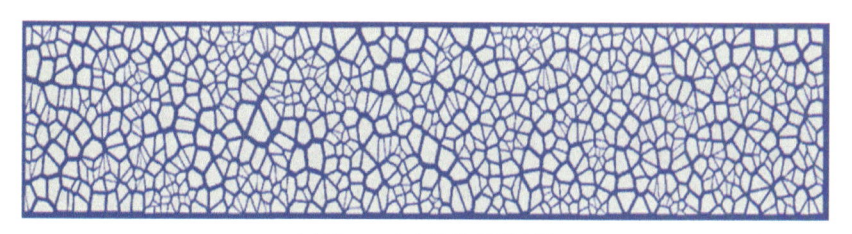

(a) Voronoi 方法生成碎冰场

(b) 数值图像方法生成碎冰场

(c) 物理冰池中碎冰场 (van den Berg et al., 2020)

图 1.3.6　数值冰水池与物理冰水池中的碎冰场

图 1.3.7 给出了在数值冰水池中模拟航速 5 kn（1 kn = 1.852 km/h）的某极地船舶在冰厚 1.2 m 碎冰区的航行状态，其模型缩尺比采用 1:25，即航速和冰厚分别为 0.10 m/s 和 0.048 m。船舶在直航过程中与大块碎冰发生碰撞，海冰被船舶排开并发生弯曲/挤压破坏，船尾后侧出现明显的冰间水道。图 1.3.8 为船舶结构与浮冰块相互作用时数值模型试验和物理模型试验的对比。大块碎冰与船首作用而发生弯曲破坏，船肩处海冰发生局部挤压。船舶碎冰区航行中在三个方向上选取的 50 s 稳定阶段冰载荷如图 1.3.9 所示，由此可见冰载荷具有很强的脉冲性，这种脉冲性载荷是由大块碎冰与船碰撞发生破坏而不能持续作用所引起。

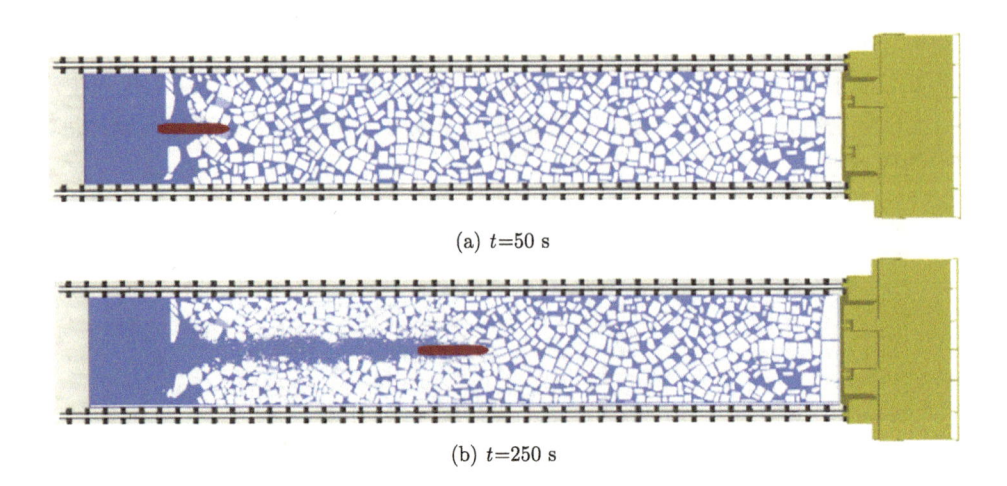

(a) t=50 s

(b) t=250 s

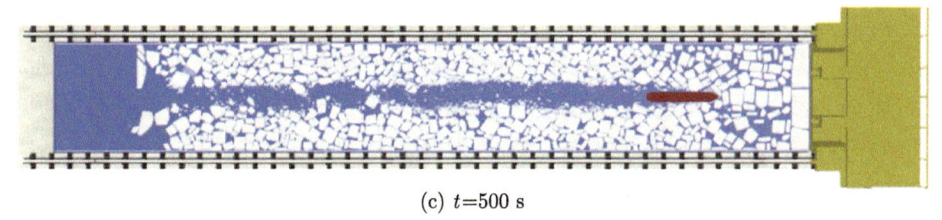

(c) $t=500$ s

图 1.3.7　数值冰水池中船与碎冰相互作用模拟

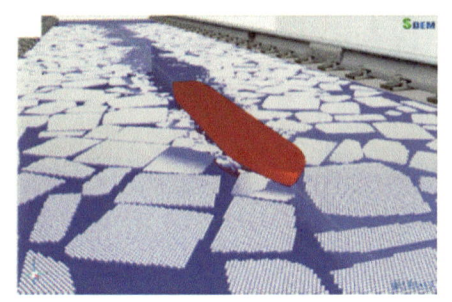

(a) 数值模型试验　　　　　　　　　　　(b) 物理模型试验

图 1.3.8　数值与物理模型试验中海冰局部破坏现象 (van den Berg et al., 2020)

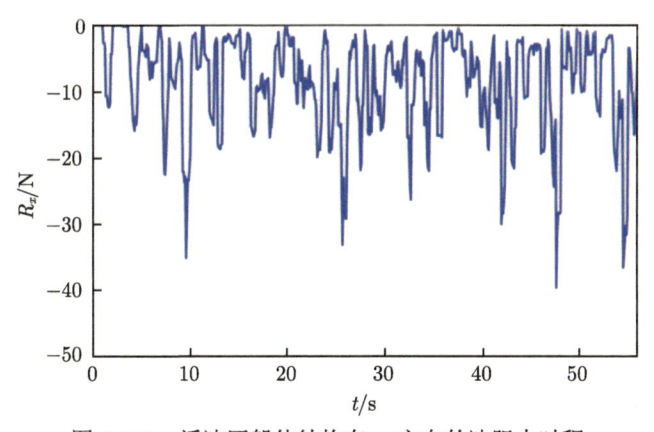

图 1.3.9　浮冰区船体结构在 x 方向的冰阻力时程

对于船舶平整冰航行模型试验的数值模拟，数值冰水池中海冰初始场采用球体单元规则排列快速生成，并参考天津大学冰水池的相关试验参数 (Huang et al., 2016)。图 1.3.10 为模拟破冰船在平整冰区航行过程，其试验条件为航速 5 kn，冰厚 1.2 m，数值冰水池试验设计缩尺比为 1:25。为了验证数值模拟的合理性，图 1.3.11 给出了模型试验中海冰破碎现象与数值模型的对比情况。在船舶破冰航行中，船–冰碰撞使海冰发生弯曲和挤压破坏，在船肩两侧主要发生弯曲破坏，弯曲破坏形成的海冰尺寸较大；海冰的挤压破坏主要发生在艏柱附近区域，海冰破碎尺寸较小。此外，船舶航行过程中，在船中两侧会出现明显的环形裂纹，船尾后侧也出现明显的冰间水道。图 1.3.12 为数值计算得到的冰阻力时程曲线。它与碎冰区航行冰阻力时程不同，平整冰区航行冰载荷具有很好的稳定阶段，但是也会出现脉冲形态波动。这主要是由船–冰作用过程中海冰的弯曲破坏所导致。

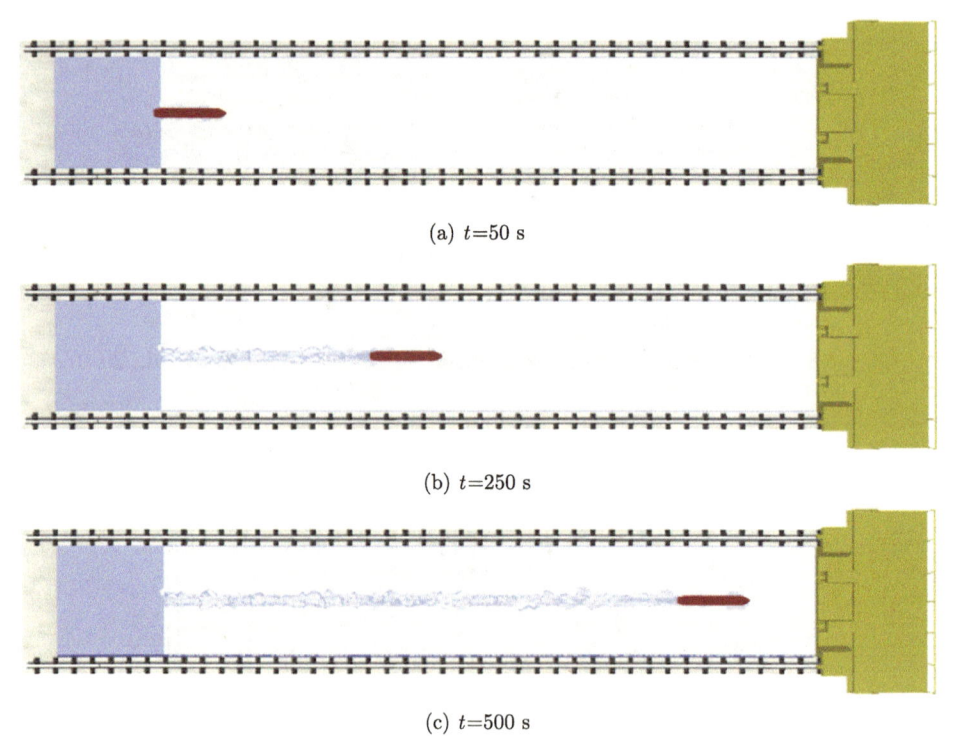

(a) $t=50$ s

(b) $t=250$ s

(c) $t=500$ s

图 1.3.10　数值冰水池中船与平整冰相互作用模拟

通过对冰水池中船舶与海洋工程结构冰载荷模型试验的数值分析，可对冰载荷离散元方法及计算分析软件的可靠性进行验证。在后续研究中将进一步考虑不同海冰类型和结构形式，对海冰破坏模式、冰载荷和结构响应开展更加系统的对比验证，从而保证冰载荷数值模拟系统的可靠性。当然，我们也应注意到，对物理冰水池的数值模拟是数值冰水池研究的一部分，由此可对数值冰水池的可靠性进行验证。在此基础上，进一步发展不同尺度下海冰与船舶及海洋工程结构的耦合作用，则可克服模型试验尺度下的尺寸影响，进而服务于原型尺度下的结构冰载荷数值预报。

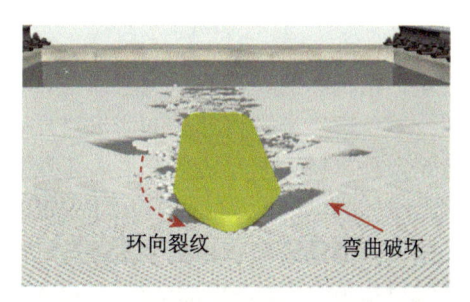

1.4 小　　结

(a) 船首作用区海冰的弯曲破坏　　　　　(b) 船中作用区海冰的环向裂纹

图 1.3.11　数值冰水池与物理冰水池试验现象的对比 (Huang et al., 2016)

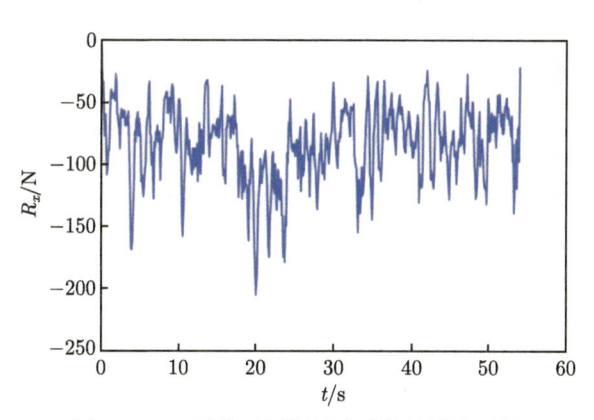

图 1.3.12　平整冰区船体结构的冰阻力时程

1.4　小　　结

为数值分析极地船舶与海洋工程结构的冰载荷分布特性和变化规律，有限元方法 (FEM) 及黏聚单元方法 (CEM)、光滑粒子流体动力学 (SPH)、近场动力学 (PD)、环向裂纹法等相继建立并取得了很好的应用。特别是海冰离散元方法

(DEM) 经过 30 多年的发展, 已系统地应用于地球物理尺度、浮冰尺度、结构尺度、材料尺度下的海冰动力学、重叠与堆积、结构冰载荷和力学性质研究, 并通过了相关现场原型和室内模型试验的验证。本章对以上数值方法的研究进展和应用进行了相对全面的介绍。对于海冰离散元方法, 讨论了开展多介质、多尺度 DEM-FEM-CFD 耦合模型和基于 GPU 并行计算的必要性。最后, 提出了发展数值冰水池的基本框架和主要内容, 以进一步拓展离散元方法在冰载荷研究中的应用。通过本章对极地船舶与海洋工程结构冰载荷数值方法的归纳整理, 可以大体了解国内外的相关研究进展和工程应用现状, 并对下一步进行复杂真实海冰场景构建, 开展冰晶细观结构和多介质、多尺度海冰离散元方法研究及其工程尺度高性能计算进行了展望。

参 考 文 献

车啸飞, 张大勇, 岳前进, 等. 2011. 基于实测的导管架海洋平台振动对人员安全评价 [J]. 海洋工程, 29(4): 68-73, 86.

陈晓东, 王安良, 季顺迎. 2018. 海冰在单轴压缩下的韧-脆转化机理及破坏模式 [J]. 中国科学: 物理学 力学 天文学, 48(12): 20-31.

狄少丞. 2015. 基于 GPU 并行算法的海洋平台及船舶结构冰荷载的离散元分析 [D]. 大连: 大连理工大学.

狄少丞, 季顺迎. 2014. 基于 GPU 离散元模拟的海冰与自升式海洋平台结构相互作用研究 [J]. 力学学报, 46(4): 561-571.

丁德文. 1999. 工程海冰学概论 [M]. 北京: 海洋出版社.

韩端锋, 乔岳, 薛彦卓, 等. 2017. 冰区航行船舶冰阻力研究方法综述 [J]. 船舶力学, 21(8): 1041-1054.

韩雷, 李锋, 岳前进. 2007. 冰-锥相互作用破坏全过程的有限元模拟 [J]. 中国海洋平台, (2): 22-27.

黄国君. 2021. 冰激振动中的锁频共振分析 [J]. 力学学报, 53(3): 693-702.

季顺迎. 2018. 计算颗粒力学及工程应用 [M]. 北京: 科学出版社.

季顺迎, 狄少丞, 李正, 等. 2013. 海冰与直立结构相互作用的离散单元数值模拟 [J]. 工程力学, 30(1): 463-469.

季顺迎, 李春花, 刘煜. 2012. 海冰离散元模型的研究回顾及展望 [J]. 极地研究, 24(4): 315-330.

季顺迎, 聂建新, 李锋, 等. 2000. 渤海冰脊分析及其设计参数 [J]. 中国海洋平台, 15(6): 1-5.

季顺迎, 田于逯. 2021. 基于多介质、多尺度离散元方法的冰载荷数值冰水池 [J]. 力学学报, 53(9): 2427-2453.

季顺迎, 王帅霖, 刘璐. 2017. 极区船舶及海洋结构冰荷载的离散元分析 [J]. 科技导报, 35(3): 72-80.

孔帅, 季顺迎. 2020. 基于广义接触模型的离散元方法及其对船体冰载荷的分析 [J]. 海洋工程, 38(3): 102-112.

参考文献

李百齐, 刘晓东, 何术龙, 等. 2013. 数值水池集成软件系统概念设计研究 [J]. 中国造船, 54(2): 11-16.

李春花, 王永学, 李志军, 等. 2006. 半圆型防波堤前海冰堆积模拟 [J]. 海洋学报, 28(4): 172-177.

李紫麟, 刘煜, 孙珊珊, 等. 2013. 船舶在碎冰区航行的离散元模型及冰载荷分析 [J]. 力学学报, 45(6): 868-877.

梁云芳, 季寒, 赵桥生, 等. 2021. 俄罗斯潜艇冰区航行试验技术进展 [J]. 船舶物资与市场, 29(1): 1-6.

刘璐. 2019. 扩展多面体离散元方法及其在海洋结构冰载荷分析中的应用 [D]. 大连: 大连理工大学.

刘璐, 曹晶, 张志刚, 等. 2021. 冰区航行中船体结构冰压力分布特性的离散元分析 [J]. 船舶力学, 25(4): 453-461.

刘璐, 胡冰, 季顺迎. 2020. 破冰船引航下极地船舶结构冰荷载的离散元分析 [J]. 水利水运工程学报, 3: 11-18.

刘璐, 龙雪, 季顺迎. 2015. 基于扩展多面体的离散元方法及其对圆桩冰荷载的计算 [J]. 力学学报, 47(6): 1046-1057.

刘璐, 尹振宇, 季顺迎. 2019. 船舶与海洋平台结构冰荷载的高性能扩展多面体离散元方法 [J]. 力学学报, 51(6): 1720-1739.

龙雪. 2019. 海洋结构物作用下海冰破坏模式及冰载荷的离散元分析 [D]. 大连: 大连理工大学.

龙雪, 刘社文, 季顺迎. 2019. 水位变化对正倒锥体冰载荷影响的离散元分析 [J]. 力学学报, 51(1): 74-84.

骆婉珍, 郭春雨, 吴铁成, 等. 2017. 基于 SPIV 的船体附着冰对尾流场影响试验研究 [J]. 中国科学: 技术科学, 47(7): 738-748.

乔岳. 2018. 船–冰–水耦合作用数值模型及冰阻力预报方法研究 [D]. 哈尔滨: 哈尔滨工程大学.

屈衍. 2006. 基于现场实验的海洋结构随机冰载荷分析 [D]. 大连: 大连理工大学.

屈衍, 黄子威, 邹科, 等. 2021. 冰激结构频率锁定振动的发生机理及简单分析方法 [J]. 力学学报, 53(3): 728-739.

苏干. 2016. 极地运输船舶冰荷载及破冰结构研究 [D]. 镇江: 江苏科技大学.

童波, 涂勋程, 谷家扬, 等. 2019. 基于参数化设计的浮冰区船舶冰阻力研究 [J]. 船舶力学, 23(7): 755-862.

王安良, 许宁, 毕祥军, 等. 2016. 卤水体积和应力速率影响下海冰强度的统一表征 [J]. 海洋学报, 38(9): 126-133.

王健伟, 邹早建. 2015. 基于非线性有限元法的船舶–冰层碰撞结构响应研究 [J]. 振动与冲击, 34(23): 125-130.

王帅霖. 2019. 基于离散元-有限元耦合方法的海洋平台结构冰激振动分析 [D]. 大连: 大连理工大学.

王帅霖, 季顺迎. 2017. 锥体导管架海洋平台冰激振动的 DEM-FEM 耦合分析及高性能算法 [J]. 海洋学报, 39(12): 98-108.

王帅霖, 刘社文, 季顺迎. 2019. 基于 GPU 并行的锥体导管架平台结构冰激振动 DEM-FEM 耦合分析 [J]. 工程力学, 36(10): 28-39.

王祥. 2022. 极地船舶及冰区风电结构冰载荷的扩展多面体离散元分析 [D]. 大连: 大连理工大学.

王永学, 李春花, 孙鹤泉, 等. 2003. 斜坡式防波堤前海冰堆积数值模拟 [J]. 水利学报, 6: 105-110.

徐佩, 郭春雨, 王超, 等. 2019. 基于 CFD-DEM 耦合的螺旋桨–碎冰–水相互作用的数值模拟 [J]. 中国造船, 60(1): 120-140.

徐莹, 胡志强, 陈刚, 等. 2019. 船冰相互作用研究方法综述 [J]. 船舶力学, 23(1): 110-124.

阳杰, 徐锐, 黄群, 等. 2020. 数据驱动计算力学研究进展 [J]. 固体力学学报, 41(1): 1-14.

杨冬宝, 高俊松, 刘建平, 等. 2021. 基于 DEM-FEM 耦合方法的海上风机结构冰激振动分析 [J]. 力学学报, 53(3): 682-692.

杨冬宝, 季顺迎. 2021. 螺旋桨对海冰切削作用的 DEM-FEM 耦合分析 [J]. 海洋工程, 39(2): 134-143.

叶礼裕, 王超, 郭春雨, 等. 2018. 潜艇破冰上浮近场动力学模型 [J]. 中国舰船研究, 13(2): 51-59.

岳前进, 毕祥军, 于晓, 等. 2003. 锥体结构的冰激振动与冰力函数 [J]. 土木工程学报, 36(2): 16-19, 32.

岳前进, 许宁, 崔航, 等. 2011. 导管架平台安装锥体降低冰振效果研究 [J]. 海洋工程, 29(2): 18-24.

翟必垚. 2021. 基于离散元方法与水动力学耦合的河冰动力学模型及其应用 [D]. 大连: 大连理工大学.

张大勇, 于东玮, 王国军, 等. 2020. 半潜式海洋平台抗冰性能分析 [J]. 船舶力学, 24(2): 208-220.

张健, 张淼溶, 万正权, 等. 2013. 冰材料模型在船–冰碰撞结构响应数值仿真中的应用研究 [J]. 中国造船, 54(4): 100-108.

张忠宇, 谷家扬, 王志东, 等. 2022. 低密集度浮碎冰数值生成方法研究 [J]. 船舶力学, 26(1): 1-10.

赵峰, 吴乘胜, 张志荣, 等. 2015. 实现数值水池的关键技术初步分析 [J]. 船舶力学, 19(10): 1209-1220.

朱本瑞, 孙超, 黄焱. 2021. 海上单桩风机结构冰激振动响应分析 [J]. 土木工程学报, 54(1): 88-96.

朱红日, 季顺迎. 2021. 冰脊压剪试验及其对直立结构冰载荷的离散元分析 [J]. 力学与实践, 43(2): 234-243.

朱红日, 季顺迎, 刘璐. 2019. 基于切割算法的碎冰区构造及离散元分析 [J]. 计算力学学报, 36(4): 454-463.

朱红日, 张普然, 刘璐, 等. 2022. 冰脊形成过程的离散元模拟及影响因素分析 [J]. 海洋通报, 41(6): 10.

Alawneh S. 2014. Hyper-real-time ice simulation and modeling using GPGPU[D]. St. Johns: Memorial University of Newfoundland.

参考文献

Azevedo N M, Lemos J V. 2005. A generalized rigid particle contact model for fracture analysis[J]. International Journal for Numerical and Analytical Methods in Geomechanics, 29(3): 269-285.

Azevedo N M, Lemos J V. 2013. A 3D generalized rigid particle contact model for rock fracture[J]. Engineering Computations, 30(2): 277-300.

Bateman S P, Orzech M D, Calantoni J. 2019. Simulating the mechanics of sea ice using the discrete element method[J]. Mechanics Research Communications, 99: 73-78.

Bjørnø J, van den Berg M, Lu W, et al. 2022. Performance quantification of icebreaker operations in ice management by numerical simulations[J]. Cold Regions Science and Technology, 194: 103435.

Bonath V, Edeskär T, Lintzén N, et al. 2019. Properties of ice from first-year ridges in the Barents Sea and Fram Strait[J]. Cold Regions Science and Technology, 168: 102890.

Bridges R, Riska K, Hopkins M, et al. 2019. Ice interaction processes during ice encroachment[J]. Marine Structures, 67: 102629.

Chen Z, He Y, Gu Y, et al. 2021. A novel method for numerical simulation of the interaction between level ice and marine structures[J]. Journal of Marine Science and Technology, 26: 1170-1183.

Cleary P W. 2009. Industrial particle flow modeling using discrete element method[J]. Engineering Computations, 26(6): 698-743.

Cundall P A, Strack O D L. 1979. A discrete numerical mode for granular assemblies[J]. Géotechnique, 29(1): 47-65.

Dai M, Shen H H, Hopkins M A, et al. 2004. Wave rafting and the equilibrium pancake ice cover thickness[J]. Journal of Geophysical Research, 109: 1-9.

Davis N R, Wadhams P. 1995. A statistical analysis of Arctic pressure ridge morphology[J]. Journal of Geophysical Research, 100(C6): 10915-10926.

Dempsey J P. 2000. Research trends in ice mechanics[J]. International Journal of Solids and Structures, 37: 131-153.

Erceg S, Erceg B, von Bock und Polach F, et al. 2022. A simulation approach for local ice loads on ship structures in level ice[J]. Marine Structures, 81: 103117.

Feltham D L. 2005. Granuar flow in the marginal ice zone[J]. Philosophical Transactions of the Royal Society A, 363: 1677-1700.

Feltham D L. 2008. Sea ice rheology[J]. Annual Review of Fluid Mechanics, 40: 91-112.

Flato G M, Hibler W D. 1995. Ridging and Strength in modeling the thickness distribution of Arctic sea ice[J]. Journal of Geophysical Research, 100(C9): 18611-18626.

Frederking R, Sudom D. 2006. Maximum ice force on the Molikpaq during the April 12, 1986 event[J]. Cold Regions Science and Technology, 46: 147-166.

Goldstein R V, Osipenko N M, Leppäranta M. 2009. Relaxation scales and the structure of fractures in the dynamics of sea ice[J]. Cold Regions Science and Technology, 58: 29-35.

Gong H, Polojärvi A, Tuhkuri J. 2019. Discrete element simulation of the resistance of a ship in unconsolidated ridges[J]. Cold Regions Science and Technology, 167: 102855.

Hansen E H, Løset S. 1999a. Modelling floating offshore units moored in broken ice: model description[J]. Cold Regions Science and Technology, 29: 97-106.

Hansen E H, Løset S. 1999b. Modelling floating offshore units moored in broken ice: comparing simulations with ice tank tests[J]. Cold Regions Science and Technology, 29: 107-119.

He K, Ni B, Xu X, et al. 2022. Numerical simulation on the breakup of an ice sheet induced by regular incident waves[J]. Applied Ocean Research, 120: 103024.

Heinonen J. 2004. Constitutive modeling of ice rubble in first-year ridge keel[D]. Otaniemi: Helsinki University of Technology.

Herman A. 2017. Wave-induced stress and breaking of sea ice in a coupled hydrodynamic discrete-element wave-ice model[J]. The Cryosphere, 11: 2711-2725.

Hibler W D. 2001. Sea ice fracturing on the large scale[J]. Engineering Fracture Mechanics, 68: 2013-2043.

Hopkins M A. 1994. On the ridging of intact lead ice[J]. Journal of Geophysical Research, 99(C8): 16351-16360.

Hopkins M A. 1996. On the mesoscale interaction of lead ice and floes[J]. Journal of Geophysical Research, 101(C8): 18315-18326.

Hopkins M A. 1998. Four stages of pressure ridging[J]. Journal of Geophysical Research, 103: 21883-21891.

Hopkins M A. 2004a. A discrete element Lagrangian sea ice model[J]. International Journal for Computer-Aided Engineering, 21(2-3): 409-421.

Hopkins M A. 2004b. Discrete element modeling with dilated particles[J]. Engineering Computations, 21: 422-430.

Hopkins M A, Daly S F, Shearer D R, et al. 2002. Simulation of river in a bridge design for Buckland, Alaska[C]. Proceedings of the 16th International Symposium on Ice, Dunedin, New Zealand.

Hopkins M A, Frankenstein S, Thorndike A S. 2004. Formation of an aggregate scale in Arctic sea ice[J]. Journal of Geophysical Research, 109(C01032): 1-10.

Hopkins M A, Hibler W D, Flato G M. 1991. On the numerical simulation of the sea ice ridging process[J]. Journal of Geophysical Research, 96(C3): 4809-4820.

Hopkins M A, Shen H H. 2001. Simulation of pancake-ice dynamics in wave field[J]. Annals of Glaciology, 33: 355-360.

Hopkins M A, Thorndike A S. 2006. Floe formation in Arctic sea ice[J]. Journal of Geophysical Research, 111: C11S23.

Hopkins M A, Tuhkuri J. 1999. Compression of floating ice fields[J]. Journal of Geophysical Research, 104(C7): 15815-15825.

Hopkins M A, Tuhkuri J, Lensu M. 1999. Rafting and riding of thin ice sheets[J]. Journal of Geophysical Research, 104(C6): 13605-13613.

Huang L, Tuhkuri J, Igrec B, et al. 2020. Ship resistance when operating in floating ice floes: A combined CFD&DEM approach[J]. Marine Structures, 74: 102817.

Huang Y, Shi Q, Song A. 2007. Model test study of the interaction between ice and compliant vertical narrow structure[J]. Cold Regions Science and Technology, 49: 151-160.

Huang Y, Sun J, Ji S, et al. 2016. Experimental study on the resistance of a transport ship navigating in level ice[J]. Journal of Marine Science and Application, 15: 105-111.

Islam M, Mills, J, Gash R. 2021. A literature survey of broken ice-structure interaction modelling methods for ships and offshore platforms[J]. Ocean Engineering, 221: 108527.

Janßen C F, Mierke D, Rung T. 2017. On the development of an efficient numerical ice tank for the simulation of fluid-ship-rigid-ice interactions on graphics processing units[J]. Computers and Fluids, 155: 22-32.

Ji S, Di S, Long X. 2017. DEM simulation of uniaxial compressive and flexural strength of sea ice: parametric study of inter-particle bonding strength[J]. ASCE Journal of Engineering Mechanics, 143: 4016010.

Ji S, Wang S. 2020. A coupled discrete-finite element method for the ice-induced vibrations of a conical jacket platform with a GPU-based parallel algorithm[J]. International Journal of Computational Methods, 17(4): 1850147.

Ji S, Yang D. 2022. Ice loads and ice-induced vibrations of offshore wind turbine based on coupled DEM-FEM simulations[J]. Ocean Engineering, 243: 110197.

Jiang H, Kim M. 2021. Dynamic ice force estimation on a conical structure by discrete element method[J]. International Journal of Naval Architecture and Ocean Engineering, 13: 136-146.

Jordaan I. 2001. Mechanics of ice-structure interaction[J]. Engineering Fracture Mechanics, 68: 1923-1960.

Jou O, Celigueta M A, Latorre S, et al. 2019. A bonded discrete elementmethod for modeling ship-ice interactions in broken and unbroken sea ice fields[J]. Computational Particle Mechanics, 6: 739-765.

Kärnä T, Kamesaki K, Tsukuda H. 1999. A numerical model for dynamic ice-structure interaction[J]. Computers and Structures, 72: 645-658.

Karulin E B, Karulina M M. 2011. Numerical and physical simulations of moored tanker behavior[J]. Ships and Offshore Structures, 6(3): 179-184.

Keijdener C, Hendrikse H, Metrikine A. 2018. The effect of hydrodynamics on the bending failure of level ice[J]. Cold Regions Science and Technology, 153: 106-119.

Kellner L, Stender M, von Bock und Polach R U F, et al. 2019. Establishing a common database of ice experiments and using machine learning to understand and predict ice behavior[J]. Cold Regions Science and Technology, 162: 56-73.

Kim J H, Kim Y. 2019. Numerical simulation on the ice-induced fatigue damage of ship structural members in broken ice fields[J]. Marine Structures, 66: 83-105.

Kim J H, Kim Y, Kim H S, et al. 2019. Numerical simulation of ice impacts on ship hulls in broken ice fields[J]. Ocean Engineering, 182: 211-221.

Kong S, Cui H, Wu G, et al. 2021. Full-scale identification of ice load on ship hull by least square support vector machine method[J]. Applied Ocean Research, 106: 102439.

Korsnes R, Souza S R, Donangelo R, et al. 2004. Scaling in fracture and refreezing of sea ice[J]. Physica A, 331: 291-196.

Kuutti J, Kolari K, Marjavaara P. 2013. Simulation of ice crushing experiments with cohesive surface methodology[J]. Cold Regions Science and Technology, 92: 17-28.

Lau M, Lawrence K P, Rothenburg L. 2011. Discrete element analysis of ice loads on ships and structures[J]. Ships and Offshore Structures, 6(3): 211-221.

Lemstrom I, Polojarvi A, Tuhkuri J. 2020. Numerical experiments on ice-structure interaction in shallow water[J]. Cold Regions Science and Technology, 176: 103088.

Leppäranta M, Lensu M, Kosloff P, et al. 1995. The life story of a first-year sea ice ridge[J]. Cold Regions Science and Technology, 23: 279-290.

Li B, Wang C, Li Y, et al. 2020. Dynamic response analysis of retaining dam under the impact of solid-liquid two-phase debris flow based on the coupled SPH-DEM-FEM method[J]. Geofluids, 6635378.

Lilja V P, Polojärvi A, Tuhkuri J, et al. 2021. Finite-discrete element modelling of sea ice sheet fracture[J]. International Journal of Solids and Structures, 217-218: 228-258.

Liu L, Ji S. 2018. Ice load on floating structure simulated with dilated polyhedral discrete element method in broken ice field[J]. Applied Ocean Research, 75: 53-65.

Liu L, Ji S. 2020. A contact detection method for arbitrary dilated polyhedron combining the potential function and geometry calculation[J]. International Journal of Numerical Method in Engineering, 121: 5742-5765.

Liu L, Ji S. 2021. Dilated-polyhedron-based DEM analysis of the ice resistance on ship hulls in escort operations in level ice[J]. Marine Structures, 80: 103092.

Liu L, Ji S. 2022. Comparison of sphere-based and dilated-polyhedron-based discrete element methods for the analysis of ship-ice interactions in level ice[J]. Ocean Engineering, 244: 110364.

Liu R W, Xue Y Z, Lu X K, et al. 2018. Simulation of ship navigation in ice rubble based on peridynamics[J]. Ocean Engineering, 148: 286-298.

Long X, Ji S, Wang Y. 2019. Validation of microparameters in discrete element modeling of sea ice failure process[J]. Particulate Science and Technology, 37(5): 546-555.

Long X, Liu S, Ji S. 2020. Discrete element modelling of relationship between ice breaking length and ice load on conical structure[J]. Ocean Engineering, 201: 107152.

Long X, Liu S, Ji S. 2021. Breaking characteristics of ice cover and dynamic ice load on upward-downward conical structure based on DEM simulations[J]. Computational Particle Mechanics, 8: 297-313.

Lu Y, Gu Z, Liu S, et al. 2022. Scenario-based optimization design of icebreaking bow for polar navigation[J]. Ocean Engineering, 244: 110365.

Lubbad R, Løset S. 2011. A numerical model for real-time simulation of ship-ice interaction[J]. Cold Regions Science and Technology, 65: 111-127.

Lubbad R, Løset S, Lu W, et al. 2018. An overview of the Oden Arctic Technology Research Cruise 2015 (OATRC2015) and numerical simulations performed with SAMS driven by data collected during the cruise[J]. Cold Regions Science and Technology, 156: 1-22.

Luo W, Jiang D, Wu T, et al. 2020. Numerical simulation of an ice-strengthened bulk carrier in brash ice channel[J]. Ocean Engineering, 196: 106830.

Metrikin I, Gürtner A, Bonnemaire B, et al. 2015. SIBIS: A numerical environment for simulating offshore operations in discontinuous ice[C]. Proceedings of the 23rd International Conference on Port and Ocean Engineering under Arctic Conditions, Trondheim, Norway.

Ni B Y, Han D F, Di S C, et al. 2020. On the development of ice-water-structure interaction[J]. Journal of Hydrodynamics, 32(4): 629-652.

Nicolas S, Sofien K, Charles P, et al. 2019. Numerical simulation of broken ice interaction with offshore structures: validation exercises[C]. Proceedings of the 25th International Conference on Port and Ocean Engineering under Arctic Conditions, Delft, The Netherlands.

Ovsienko S. 1976. Numerical modeling of the drift of ice[J]. Izvestiya, Atmospheric and Oceanic Physics, 12(11): 1201-1206.

Paavilainen J, Tuhkuri J, Polojärvi A. 2011. 2D numerical simulations of ice rubble formation process against an inclined structure[J]. Cold Regions Science & Technology, 68(1-2): 20-34.

Polojärvi A, Tuhkuri J. 2009. 3D discrete numerical modelling of ridge keel punch through tests[J]. Cold Regions Scienc and Technology, 56: 18-29.

Polojärvi A, Tuhkuri J, Pustogvar A. 2015. DEM simulations of direct shear box experiments of ice rubble: Force chains and peak loads[J]. Cold Regions Science and Technology, 116: 12-23.

Potyondy D O, Cundall P A. 2004. A bonded-particle model for rock[J]. International Journal of Rock Mechanics & Mining Sciences, 41(8): 1329-1364.

Pradana M R, Qian X. 2020. Bridging local parameters with global mechanical properties in bonded discrete elements for ice load prediction on conical structures[J]. Cold Regions Science and Technology, 173: 102960.

Pradana M R, Qian X, Ahmed A. 2019. Efficient discrete element simulation of managed ice actions on moored floating platforms[J]. Ocean Engineering, 190: 106483.

Qu Y, Yue Q, Bi X, et al. 2006. A random ice force model for narrow conical structures[J]. Cold Regions Science and Technology, 45: 148-157.

Sanderson T J O. 1988. Ice Mechanics-risks to Offshore Structures[M]. London: Graham and Trotman.

Sedlacek J, Lemieux J F, Mysak L A, et al. 2007. The granular sea ice model in spherical coordinates and its application to a global climate model[J]. Journal of Climate, 20: 5946-5961.

Selvadurai A P S, Sepehr K. 1999. Two-dimensional discrete element simulations of ice-structure interaction[J]. Interactional Journal of Solids and Structures, 36: 4919-4940.

Shawn S, Brian V, Neil B. 2001. Experimental investigation of a highly skewed propeller in ice[J]. Journal of Offshore Mechanics and Arctic Engineering, 123(4): 191-197.

Shen H H, Ackley S F, Yang Y. 2004. Limiting diameter of pancake ice[J]. Journal of Geophysical Research, 109(C12): 1-10.

Shen H H, Hibler W D, Leppäranta M. 1986. On applying granular flow theory to a deforming broken ice field[J]. Acta Mechanics, 63: 143-160.

Shen H H, Hibler W D, Leppäranta M. 1987. The role of floe collisions in sea ice rheology[J]. Journal of Geophysical Research, 92(C10): 7085-7096.

Sorsimo A, Heinonen J. 2019. Modelling of ice rubble in the punch shear tests with cohesive 3D discrete element method[J]. Engineering Computations, 36(2): 378-399.

Stern H L, Lindsay R W. 2009. Spacial scaling of Arctic sea ice deformation[J]. Journal of Geophysical Research, 114, C10017.

Strub-Klein L, Sudom D. 2012. A comprehensive analysis of the morphology of first-year sea ice ridges[J]. Cold Regions Science and Technology, 82: 94-109.

Su B, Riska K, Moan T. 2010. A numerical method for the prediction of ship performance in level ice[J]. Cold Regions Science and Technology, 60: 177-188.

Su B, Riska K, Moan T. 2011. Numerical study of ice-induced loads on ship hulls[J]. Marine Structures, 24: 132-152.

Su B, Skjetne R, Berg E. 2014. Numerical assessment of a double-acting offshore vessel's performance in level ice with experimental comparison[J]. Cold Regions Science and Technology, 106/107: 96-109.

Sun S, Shen H H. 2012. Simulation of pancake ice load on a circular cylinder in a wave and current field[J]. Cold Regions Science and Technology, 78: 31-39.

Tan X, Riska K, Moan T. 2014. Effect of dynamic bending of level ice on ship's continuous-mode icebreaking[J]. Cold Regions Science and Technology, 106/107: 82-95.

Tan X, Su B, Riska K, Moan T. 2013. A six-degrees-of-freedom numerical model for level ice-ship interaction[J]. Cold Regions Science and Technology, 92: 1-16.

Timco G W, Burden R P. 1997. An analysis of the shapes of sea ice ridges[J]. Cold Regions Science and Technology, 25: 65-77.

Timco G W, Croasdale K, Wright B, et al. 2000. An Overview of First-Year Sea Ice Ridges[R]. Technical Report, HYD-TR-047. Canadian Hydraulics Centre.

Timco G W, Frederking R M W. 1986. Confined compression tests: outlining the failure envelope of columnar sea ice[J]. Cold Regions Science and Technology, 12(1): 13-28.

Timco G W, Frederking R M W. 1983. Flexural strength and fracture toughness of sea ice[J]. Cold Regions Science and Technology, 8: 35-41.

Timco G W, Weeks W F. 2010. A review of engineering properties of sea ice[J]. Cold Regions Science and Technology, 60: 107-129.

Tin T, Jeffries M O. 2003. Morphology of deformed first-year ice features in the Southern Ocean[J]. Cold Regions and Technology, 36: 141-163.

Tsarau A, Løset S. 2015. Modelling the hydrodynamic effects associated with station-keeping in broken ice[J]. Cold Regions Science and Technology, 118: 76-90.

Tuhkuri J, Polojärvi A. 2018. A review of discrete element simulation of ice-structure interaction[J]. Philosophical Transactions Royal Society A, 376: 20170335.

van den Berg M, Lubbad R, Løset S. 2018. An implicit time-stepping scheme and an improved contact model for ice structure interaction simulations[J]. Cold Regions Science and Technology, 155: 193-213.

van den Berg M, Lubbad R, Løset S. 2019. The effect of ice floe shape on the load experienced by vertical sided structures interacting with a broken ice field[J]. Marine Structures, 65: 229-248.

van den Berg M, Lubbad R, Løset S. 2020. Repeatability of ice-tank tests with broken ice[J]. Marine Structures, 74: 102827.

Vroegrijk E. 2015. Validation of CFD+DEM against measured data[C]. Proceedings of the ASME 2015 34th International Conference on Ocean, Offshore and Arctic Engineering, Newfoundland, Canada.

Wang F, Zou Z J, Zhou L, et al. 2018. A simulation study on the interaction between sloping marine structure and level ice based on cohesive element model[J]. Cold Regions Science and Technology, 149: 1-15.

Wang J, Derradji-Aouat A. 2011. Numerical assessment for stationary structure (Kulluk) in moving broken ice[C]. Proceedings of the 21st International Conference on Port and Ocean Engineering under Arctic Conditions, Montréal, Canada.

Wang Y, Yue Q, Guo F, et al. 2012. Performance evaluation of a new ice-resistant jacket platform based on field monitoring[J]. Cold Regions Science and Technology, 71: 44-53.

Weiss J, Marsan D. 2004. Scale properties of sea ice deformation and fracturing[J]. Comptes Rendus Physique, 5(7): 735-751.

Weiss J, Schulson E, Stern H. 2007. Sea ice rheology from in-situ, satellite and laboratory observations: fracture and friction[J]. Earth and Planetary Science Letters, 255: 1-8.

Wichinsky A V, Feltham D L. 2006. Anisotropic model for granulated sea ice dynamics[J]. Journal of the Mechanics and Physics of Solids, 54: 1147-1185.

Wilchinsky A V, Feltham D L, Hopkins M A. 2011. Modelling the reorientation of sea-ice faults as the wind changes direction[J]. Annals of Glaciology, 52(57): 83-90.

Wu Z, Yu F, Zhang P, et al. 2019. Micro-mechanism study on rock breaking behavior under water jet impact using coupled SPH-FEM/DEM method with Voronoi grains[J]. Engineering Analysis with Boundary Elements, 108: 472-483.

Xu N, Yue Q, Bi X, et al. 2015. Experimental study of dynamic conical ice force[J]. Cold Regions Science and Technology, 120: 21-29.

Xue Y, Liu R, Li Z, et al. 2020. A review for numerical simulation methods of ship-ice interaction[J]. Ocean Engineering, 215: 107853.

Xue Y, Liu R, Liu Y, et al. 2019. Numerical simulations of the ice load of a ship navigating in level ice using peridynamics[J]. Computer Modeling in Engineering & Sciences, 121(2): 523-550.

Ye L Y, Wang C, Chang X, et al. 2017. Propeller-ice contact modeling with peridynamics[J]. Ocean Engineering, 139: 54-64.

Ye L Y, Guo C Y, Wang C, et al. 2019. Prediction of the dynamic pressure distribution on a propeller blade under ice milling[J]. Ocean Engineering, 188: 106284.

Yue Q, Qu Y, Bi X, et al. 2007. Ice force spectrum on narrow conical structures[J]. Cold Regions Science and Technology, 49: 161-169.

Yulmetov R, Løset S. 2017. Validation of a numerical model for iceberg towing in broken ice[J]. Cold Regions Science and Technology, 138: 36-45.

Yulmetov R, Lubbad R, Løset S. 2016. Planar multi-body model of iceberg free drift and towing in broken ice[J]. Cold Regions Science and Technology, 121: 154-166.

Zhang A, Chuang Z, Liu S, et al. 2022. Dynamic performance optimization of an arctic semi-submersible production system[J]. Ocean Engineering, 244: 110353.

Zhang J P, Zhou D. 2021. Numerical modeling for strain rate effect and size effect of ice under uniaxial tension and compression[J]. Communications in Nonlinear Science and Numerical Simulation, 96: 105614.

Zhang N, Zheng X, Ma Q, et al. 2019. A numerical study on ice failure process and ice-ship interactions by smoothed particle hydrodynamics[J]. International Journal of Naval Architecture and Ocean Engineering, 11: 796-808.

Zhou L, Gao J, Xu S, et al. 2018. A numerical method to simulate ice drift reversal for moored ships in level ice[J]. Cold Regions Science and Technology, 152: 35-47.

Zhu H, Ji S. 2022. Discrete element simulations of ice load and mooring force on moored structure in level ice[J]. Computer Modeling in Engineering & Sciences, (7): 5-21.

第 2 章 船舶与海洋工程结构冰载荷离散元方法

船舶与海洋工程结构冰载荷的计算中涉及海冰断裂、海冰与结构表面的摩擦和滑移等，采用数值方法可较好地描述海冰与海洋结构相互作用的具体过程。其中，离散元方法 (DEM) 基于非连续介质力学，对脆性材料的破坏、破碎后材料间的碰撞摩擦等均能实现较好的模拟 (季顺迎等，2013; Liu and Ji, 2018; Bridges et al., 2019)，也能够良好适应与结构有限元方法 (FEM)、计算流体力学 (CFD) 的耦合计算，是船舶与海洋工程结构冰载荷计算中的重要方法 (Munjiza et al., 2013; 王帅霖和季顺迎，2017; Li et al., 2020)。近年来，近场动力学 (PD)(Ye et al., 2017; Liu et al., 2018)、基于有限元方法的黏聚单元方法 (CEM)(Lu et al., 2014; Wang et al., 2018)、针对船冰作用的环向裂纹法 (Su et al., 2010; Zhou et al., 2018) 等均得到了快速发展，在螺旋桨冰载荷分析、海冰断裂分析、船舶结构冰载荷等研究中取得了大量的研究成果。本章主要介绍海冰离散元方法，离散元与有限元、光滑粒子流体动力学 (SPH) 的耦合模型，冰载荷的计算分析软件，基于连续介质理论的数值方法等。

2.1 海冰球体离散元方法及参数确定

采用规则排列的球体单元构建海冰模型，在球体单元间增加黏结模型和黏结失效准则，可完整模拟海冰的断裂及破碎过程。单元间设有接触模型以计算单元间的接触力，可模拟海冰破碎后的相互作用过程。在海冰的单轴压缩试验和三点弯曲试验模拟的基础上，分析颗粒尺寸、黏结强度以及黏结单元摩擦系数三者与海冰材料宏观压缩强度和弯曲强度之间的关系，建立离散元细观参数的选取准则。

2.1.1 球体单元间的接触和黏结模型

1. 球体单元间的黏结模型

采用球体颗粒构建海冰模型时，将海冰视为具有一定质量和大小的球体颗粒的集合，并通过平行黏结模型黏结相邻单元。平行黏结模型可以设想为一组具有恒定的法向和切向刚度的线性弹簧，以两颗粒的接触点为中心，均匀分布在黏结圆盘上，如图 2.1.1 所示。其法向力和切向力可表示为 F_n 和 F_s；法向力矩和切向力矩可表示为 M_n 和 M_s。黏结圆盘的半径 R 通常被设置为两个黏结颗粒中的较小半径或平均半径，计算中认为 R 与颗粒半径相等。

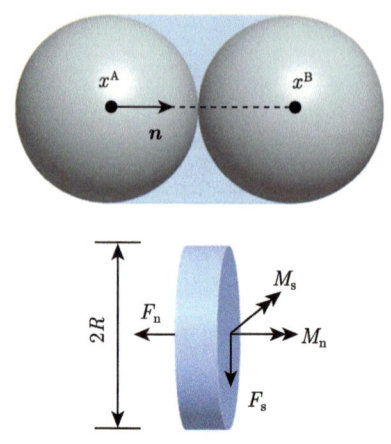

图 2.1.1 球体颗粒的平行黏结模型

根据梁理论模型,作用在黏结圆盘上的最大拉应力和剪应力可表示为

$$\begin{cases} \sigma_{\max} = \dfrac{-F_\text{n}}{A} + \dfrac{|M_\text{s}|}{I}R \\ \tau_{\max} = \dfrac{|F_\text{s}|}{A} + \dfrac{|M_\text{n}|}{J}R \end{cases} \tag{2.1.1}$$

式中,A 为黏结圆盘的横截面积,J 为黏结圆盘的极惯性矩,I 为黏结圆盘的惯性矩,可分别表示为

$$A = \pi R^2, \quad J = \frac{1}{2}\pi R^4, \quad I = \frac{1}{4}\pi R^4 \tag{2.1.2}$$

2. 球体单元间的接触模型

离散元方法可采用软球模型对球体颗粒进行接触力判断。为保持黏结失效后颗粒间黏结力和接触力的平滑过渡,应使颗粒平行黏结模型和接触模型中的刚度保持一致。颗粒间的接触力包括垂直于接触面的法向接触力 F_n 和平行于接触面方向的切向接触力 F_s(图 2.1.2)。根据赫兹 (Hertz) 接触理论,法向力 F_n 为弹簧和法向阻尼器作用在颗粒上的弹性力 F_e 和阻尼力 F_v 的合力。其中弹性力大小与颗粒间重叠量 x_n 成正比,阻尼力大小与颗粒法向相对速度 v_n 成正比,则 F_n 可表示为

$$F_\text{n} = F_\text{e} + F_\text{v} \tag{2.1.3}$$

$$F_\text{e} = K_\text{n} x_\text{n}, \quad F_\text{v} = -C_\text{n} v_\text{n} \tag{2.1.4}$$

2.1 海冰球体离散元方法及参数确定

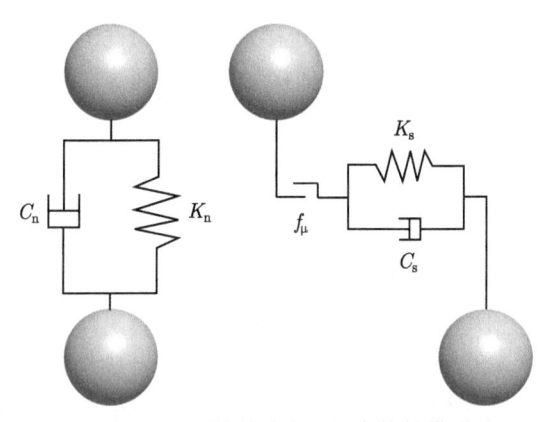

图 2.1.2 颗粒的法向和切向接触模型

颗粒法向刚度 K_n 是颗粒 A 和颗粒 B 的等效刚度，可表示为

$$K_n = \frac{k_n^A + k_n^B}{k_n^A k_n^B} \tag{2.1.5}$$

式中，k_n^A 和 k_n^B 分别为颗粒 A 和颗粒 B 的法向接触刚度。

两个颗粒间的法向阻尼系数为

$$C_n = \xi_n \sqrt{2MK_n} \tag{2.1.6}$$

$$\xi_n = \frac{-\ln e_i}{\sqrt{\pi^2 + \ln^2 e_i}} \tag{2.1.7}$$

式中，ξ_n 为阻尼比；e_i 为颗粒回弹系数；M 为两个颗粒的等效质量，即

$$M = \frac{m^A m^B}{m^A + m^B} \tag{2.1.8}$$

其中，m^A 和 m^B 分别为颗粒 A 和颗粒 B 的质量。

颗粒间的切向接触力一般采用增量形式的计算模型，即切向接触力的增量 $\Delta F_s = K_s \Delta x_s$，或 $\Delta F_s = K_s v_s \Delta t$；$\Delta x_s$ 和 v_s 分别为两个颗粒在接触点处的切向位移增量和相对切向速度；Δt 为时间步长。

假设颗粒的接触力满足莫尔–库仑 (Mohr-Coulomb) 准则，接触点的剪应力与 x_s、v_s 的关系可写作

$$F_s = \min\left(|K_s x_s - C_s v_s|, |\mu F_n|\right) \tag{2.1.9}$$

切向刚度和阻尼通常与法向刚度和阻尼呈比例关系，其采用常系数 α 和 β 表示为：$K_s = \alpha K_n$ 和 $C_s = \beta C_n$。

在线性接触模型中，Δt 一般取二元接触时间的 1/50~1/20。该二元接触时间可定义为两个球体单元从碰撞到分离的接触时间，即

$$T_{\mathrm{bc}} = \frac{\pi}{\sqrt{\dfrac{2K_{\mathrm{n}}}{M}\left(1-\xi_{\mathrm{n}}^2\right)}} \tag{2.1.10}$$

3. 球体单元间的广义接触模型

以上平行黏结模型根据表征黏结的梁单元上的最大法向应力或切向应力判断黏结是否失效，但该模型缺乏对单元之间黏结失效过程的精细化描述。为更加精细化地描述平整冰与结构作用时的破坏过程，可通过黏结单元间多个局部黏结点的失效确定整个黏结失效情况。为此，Azevedo 和 Lemos (2005) 发展了三维广义接触模型 (3D generalized contact model，GCM-3D)。该模型中的如黏结单元强度、局部黏结点分布形式和接触模型等细观参数都是影响冰载荷的关键因素。

GCM-3D 的黏结单元由局部黏结点组成，根据局部黏结点的失效情况确定整个黏结单元是否失效，进而判断整体破坏是否发生。GCM-3D 局部黏结点分布在黏结单元的中间面上，其典型分布形式如图 2.1.3 所示，颗粒单元间的圆点即为局部黏结点。图 2.1.3(a) 为局部黏结点在面 (t,n) 的分布形式，图 2.1.3(b) 为局部黏结点在面 (t,s) 的分布形式。

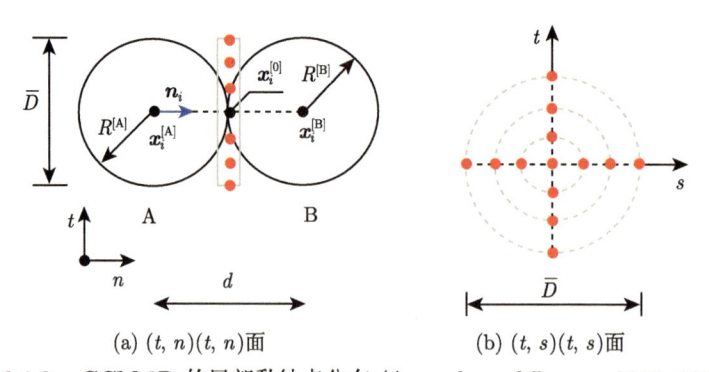

(a) $(t, n)(t, n)$面

(b) $(t, s)(t, s)$面

图 2.1.3　GCM-3D 的局部黏结点分布 (Azevedo and Lemos, 2005, 2013)

在颗粒的相互作用过程中，考虑因单元间相对速度和弹性变形而引起的作用力，颗粒单元之间的接触可采用弹簧–阻尼器–滑块的唯象模型 (季顺迎等, 2013)，并且单元间的接触力可解耦为法向分量和切向分量，解耦后法向与切向的接触模型如图 2.1.4 所示，单元间的接触力由各个局部黏结点对之间的作用力叠加而成。

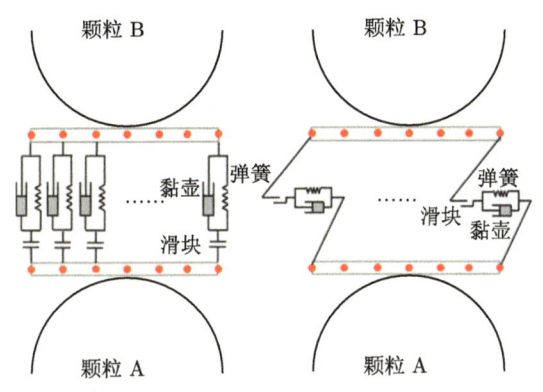

2.1 海冰球体离散元方法及参数确定

图 2.1.4 黏结单元的广义接触模型 (Azevedo and Lemos, 2005, 2013)

局部黏结点对之间的法向和切向作用力可由线弹性模型计算,即

$$\Delta \boldsymbol{F}_i^{[J,\mathrm{n}]} = -k_\mathrm{n}^J \cdot \Delta \boldsymbol{x}_i^{[J,\mathrm{n}]} \tag{2.1.11}$$

$$\Delta \boldsymbol{F}_i^{[J,s]} = -k_\mathrm{s}^J \cdot \Delta \boldsymbol{x}_i^{[J,s]} \tag{2.1.12}$$

式中,$\Delta \boldsymbol{F}_i^{[J,\mathrm{n}]}$、$\Delta \boldsymbol{F}_i^{[J,s]}$ 分别为 J 黏结点对之间的法向力和切向力;k_n^J、k_s^J 分别为黏结点对之间的法向和切向刚度系数;$\Delta \boldsymbol{x}_i^{[J,\mathrm{n}]}$ 和 $\Delta \boldsymbol{x}_i^{[J,s]}$ 分别为黏结点对的法向间距和切向间距。

颗粒 A、B 上对应的局部黏结点组成局部黏结点对,各黏结点对在参考点 $\boldsymbol{x}_i^{[0]}$ (图 2.1.3 中的中心点) 处的作用力和力矩为

$$\boldsymbol{F}_i^{[\mathrm{C}]} = \sum \boldsymbol{F}_i^J \tag{2.1.13}$$

$$\boldsymbol{M}_i^{[\mathrm{C}]} = -\sum \left(\boldsymbol{x}_i^{[J]} - \boldsymbol{x}_i^{[0]} \right) \times \boldsymbol{F}_i^J \tag{2.1.14}$$

式中,$\boldsymbol{F}_i^{[\mathrm{C}]}$、$\boldsymbol{M}_i^{[\mathrm{C}]}$ 为各黏结点在参考点的合力和合力矩。

GCM-3D 模型颗粒单元间的刚度是局部黏结点对之间刚度的叠加,即

$$k_\mathrm{n} = \sum k_\mathrm{n}^J = \sum \bar{E} \frac{A_\mathrm{c}}{d} \tag{2.1.15}$$

$$k_\mathrm{s} = \sum k_\mathrm{s}^J = \eta k_\mathrm{n} \tag{2.1.16}$$

式中,k_n、k_s 分别为颗粒单元间的法向刚度系数和切向刚度系数;k_n^J、k_s^J 分别为局部黏结点对之间的法向刚度系数和切向刚度系数;A_c 是局部黏结点对相应的面积,这里局部黏结点相应面积 A_c 采用 GCM-3D 中局部黏结点的数目平分黏结

单元面积的方式进行设定 (Azevedo and Lemos, 2013);$\bar{E}$ 为黏结单元间的弹性模量;η 为黏结单元间切向刚度系数与法向刚度系数之间的比值。

局部黏结点未失效时法向和切向能承受的最大力、局部黏结点失效时的切向力可写作

$$F_{n,\max} = \bar{\sigma}_n A_c \tag{2.1.17}$$

$$F_{s,\max} = \bar{\tau} A_c + \mu_c F_n \tag{2.1.18}$$

$$F_s = \mu F_n \tag{2.1.19}$$

式中,$F_{n,\max}$ 和 $F_{s,\max}$ 分别为局部黏结点法向和切向能承受的最大接触力;F_n 和 F_s 分别为局部黏结点对间的法向力和切向力;$\bar{\sigma}_n$ 为局部黏结点的法向黏结强度;$\bar{\tau}$ 为局部黏结点的切向黏结强度;μ_c 为单元间的接触摩擦系数;μ 为单元间的摩擦系数。

孔帅和季顺迎 (2020) 采用广义接触模型建立了海冰离散元方法,以分析船舶结构冰载荷。为分析广义接触模型中关键细观参数对冰载荷模拟的影响,这里采用海冰单轴压缩试验和三点弯曲试验进行了数值模拟,确定了强度参数对海冰强度的影响。采用该方法还可对冰区船舶螺旋桨的功率配比,以及船舶在冰区航行的冰阻力特性进行合理的数值分析。

2.1.2 球体单元间的黏结失效准则

1. 拉剪分区的黏结失效准则

为模拟海冰的断裂过程,这里考虑颗粒单元间的黏结失效功能,其失效模式主要分为拉伸失效和剪切失效,如图 2.1.5 所示。采用拉剪分区的断裂模型对颗粒的黏结失效进行判断,如图 2.1.6 所示。当黏结圆盘的最大正应力 $\sigma_{\max} > 0$ 时,则表示两个黏结颗粒处于压缩状态,其可发生剪切破坏;相反,当 $\sigma_{\max} < 0$ 时,则表示两个黏结颗粒处于拉伸状态,其可发生剪切或拉伸破坏。当黏结圆盘的最大正应力 $\sigma_{\max}$ 超过颗粒间的拉伸强度 σ^t,即 $\sigma_{\max} > \sigma^t$ 时,黏结圆盘发生拉伸失效;当最大剪应力 $\tau_{\max}$ 超过颗粒间的剪切强度 τ^s,即 $\tau_{\max} > \tau^s$ 时,黏结圆盘发生剪切失效。其中,为考虑颗粒间法向力的影响,采用 Mohr-Coulomb 准则对颗粒的剪切强度进行确定。

黏结颗粒单元的拉伸强度 σ^t 和剪切强度 τ^s 可表示为

$$\sigma^t = \sigma_b^n \tag{2.1.20}$$

$$\tau^s = \sigma_b^s + \mu_b \sigma_{\max} \tag{2.1.21}$$

式中,σ_b^n 和 σ_b^s 分别表示颗粒的法向黏结强度和切向黏结强度,取 $\sigma_b^n = \sigma_b^s$;μ_b 是黏结颗粒间的内摩擦系数,且 $\mu_b = \tan\varphi$,这里 φ 为黏结颗粒间的内摩擦角。

(a) 拉伸破坏　　　　　　(b) 剪切破坏

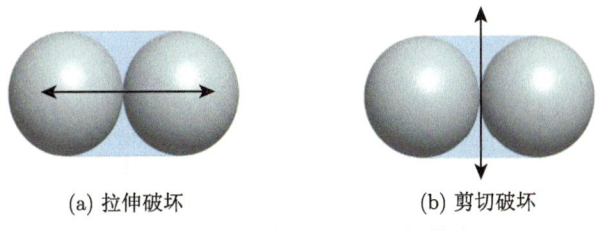

图 2.1.5　黏结颗粒间的破坏模式

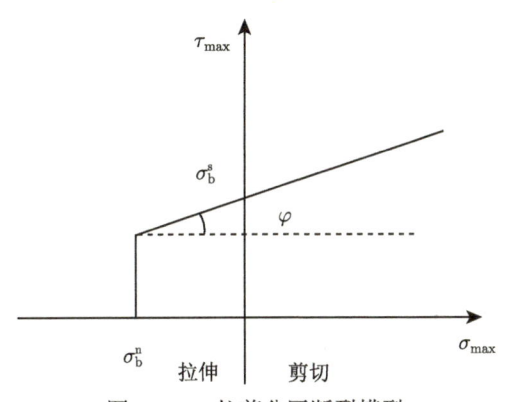

图 2.1.6　拉剪分区断裂模型

2. 考虑刚度软化的黏结失效准则

黏聚单元模型在有限元方法中应用广泛，其主要优势在于对材料断裂问题的分析。黏聚单元力学特性主要由断裂能、断裂强度，以及牵引力–分离关系曲线决定。断裂能和断裂强度分别为黏聚单元失效时释放的能量及界面最大应力，可通过拉伸及断裂试验测得。牵引力–分离关系曲线规定黏聚单元失效界面的牵引力和裂纹张开量之间的关系，目前主要有三种模型：线性软化模型，指数软化模型和梯形软化模型，如图 2.1.7 所示，其中 T 为断裂的牵引力，δ 为裂纹张开量。黏聚单元的黏结和失效功能与球体颗粒的黏结圆盘也非常相似，故可借鉴黏聚单元的断裂准则对球体颗粒的断裂模型进行改进。同时引入线性软化模型，对颗粒的刚度进行软化，使黏结颗粒断裂过程中产生的能量可被逐渐消耗而不是瞬间释放，从而减少颗粒飞溅等现象。

在颗粒黏结处，这里采用考虑法向力和切向力共同作用的混合断裂模型进行损伤判断，如图 2.1.8(a) 所示。椭圆区域内颗粒之间保持弹性变形，当超出椭圆区域后则颗粒开始损伤，颗粒刚度随其损伤程度发生变化。根据颗粒间最大法向力、最大切向力以及颗粒的拉伸强度和剪切强度，对颗粒的损伤状态进行判断：

$$\left(\frac{\sigma_{\max}}{\sigma^{\mathrm{t}}}\right)^{\gamma} + \left(\frac{\tau_{\max}}{\tau^{\mathrm{s}}}\right)^{\gamma} \geqslant 1 \tag{2.1.22}$$

式中，$\gamma = 2.0$。

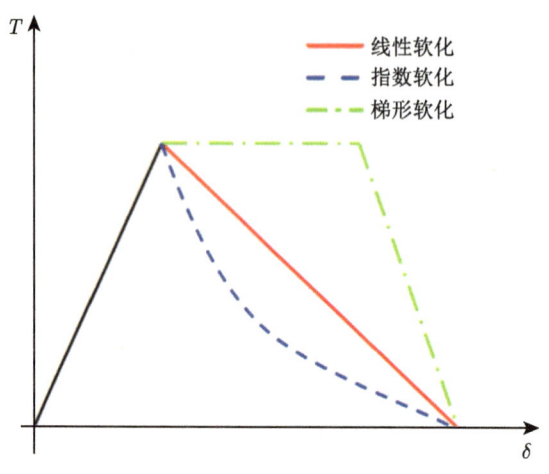

图 2.1.7　三种牵引力-分离关系曲线示意图

若式 (2.1.22) 关系成立，则颗粒开始损伤，同时考虑法向力和切向力的影响，计算颗粒间的等效应力 τ_c 和等效相对位移 δ_c：

$$\tau_c = \sqrt{\tau_n^2 + \tau_s^2}, \quad \delta_c = \sqrt{\delta_n^2 + \delta_s^2} \tag{2.1.23}$$

式中，τ_n 和 τ_s 分别为法向应力和切向应力；δ_n 和 δ_s 分别为法向变形和切向变形。

根据颗粒的等效应力和等效相对位移，这里采用线性软化模型对颗粒的损伤程度进行判断，如图 2.1.8(b) 所示。开始时颗粒处于弹性变形阶段且刚度保持不变，随着颗粒的相互作用力的不断增加，当等效应力到达峰值 τ_0 后，颗粒进入损伤状态。若颗粒的相对位移量继续增加，则颗粒刚度将逐渐减小；相反，若颗粒的相对位移量减小，则颗粒刚度保持不变。这意味着颗粒在卸载并重新加载的过程中，刚度变小导致应力-位移的线性关系发生变化。最后，当颗粒的相对位移量达到极限值 δ_f 后，颗粒发生黏结失效。进入损伤状态的颗粒的法向刚度和切向刚度可表示为

$$K_n^0 = K_n(1-D), \quad K_s^0 = K_s(1-D) \tag{2.1.24}$$

式中，K_n 和 K_s 分别为颗粒的法向刚度和切向刚度；D 是损伤因子，表示颗粒的损伤程度，D 越大表明颗粒之间刚度的损伤程度也就越大，可表示为

$$D = \frac{\delta_f(\delta_0 - \delta_c)}{\delta_0(\delta_f - \delta_c)} \tag{2.1.25}$$

2.1 海冰球体离散元方法及参数确定

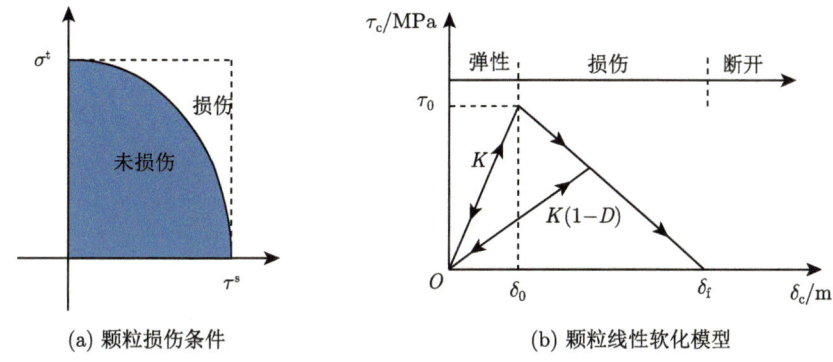

(a) 颗粒损伤条件

(b) 颗粒线性软化模型

图 2.1.8 考虑损伤的混合断裂模型

颗粒间的断裂能 G^c 用来表征颗粒进入损伤状态后颗粒黏结作用产生的能量。在定义断裂能时，同时考虑颗粒间法向和切向的变形量进行计算：

$$G^c = G_I^c + (G_{II}^c - G_I^c)\left(\frac{G_{II}}{G_I + G_{II}}\right)^\eta \tag{2.1.26}$$

$$\frac{G_{II}}{G_I} = \frac{\delta_s^2}{\delta_n^2} \tag{2.1.27}$$

式中，η 为常系数，对于脆性材料一般取 $\eta = 1.73$。

G_I^c 和 G_{II}^c 分别代表拉伸断裂能和剪切断裂能，可体现黏结颗粒发生拉伸失效和剪切失效的能力。再通过断裂能 G^c 可求得变形量极限值 δ_f：

$$\delta_f = 2G^c/\tau_0 \tag{2.1.28}$$

断裂能是计算线性软化模型的关键，其决定颗粒断开时的相对位移量。在黏聚单元模型中断裂能作为定常数给出，有很多学者对断裂能的取值进行了研究。但是，有限元中断裂能的取值不能直接应用于球体离散元模拟中。块体单元在黏结时通常为点接触，其黏结力与单元尺寸无关。而球体离散元模型在模拟时，单元间的黏结力作用在黏结圆盘上，与球体颗粒直径成正比。因此，无法直接采用式 (2.1.16) 的断裂能来判断球体黏结颗粒的最大相对位移 δ_f。

为使该准则适用于球体离散元方法，引入特征位移量 δ_{nc}，将其定义为黏结颗粒单元在纯拉伸状态下，进入损伤状态时的位移量。若纯拉伸状态下的最大应力为颗粒间的法向黏结强度 σ_b^n，则颗粒弹性变形后产生的位移量为

$$\delta_{nc} = 4R\frac{\sigma_b^n}{E} \tag{2.1.29}$$

式中，E 为颗粒的弹性模量；R 为颗粒半径。

这里，假设 δ_{nc} 与 δ_f 存在线性关系：

$$\delta_f = \alpha \delta_{nc} \tag{2.1.30}$$

式中，α 为软化系数，取 $\alpha = 2.0$，可反映黏结颗粒的软化程度。

2.1.3 平行黏结模型的尺寸效应及黏结失效参数

离散元方法计算参数校准的实质是，以细观参数为桥梁建立模型参数与宏观力学特性之间的关系，通过数值模拟结果与宏观试验结果的对比，以确定所取模型参数在模拟宏观力学特性时的准确度，最终确定模型参数。采用细观力学模型进行海冰力学特性模拟的实质就是，通过不断地改变试样中颗粒的细观力学参数，使数值试样的宏观力学特性逼近真实海冰的宏观力学性质。因此，细观力学参数的确定过程是一个参数调优的过程，即不断地修改以得到最终的细观力学参数。

1. 海冰离散元模拟的主要计算参数

海冰宏观力学特性主要包括密度 ρ_i、泊松比 ν、弹性模量 E、压缩强度 σ_c、弯曲强度 σ_f、加载速率 v_L。模型的细观力学参数包括颗粒直径 D，颗粒密度 ρ，颗粒间摩擦系数 μ，颗粒间的法向接触刚度 k_n、切向接触刚度 k_s，平行黏结模型中的法向黏结强度 σ_b^n、切向黏结强度 σ_b^s 等。通过量纲分析方法可以得到细观力学参数与海冰宏观力学特性之间的对应关系，在采用离散单元平行黏结模型进行海冰力学特性模拟时，数值试样中颗粒的响应 R_S 与细观力学参数的关系可表示为

$$R_S = f(H, a, D, \rho, \mu, k_n, k_s, \sigma_b^n, \sigma_b^s, v_L) \tag{2.1.31}$$

模拟试样的高度 H 和宽度 a 的取值与海冰压缩试样的高度和宽度一致，颗粒密度 ρ 可由海冰的材料密度 ρ_i 获得。则上式变为

$$R_S = f(D, \mu, k_n, k_s, \sigma_b^n, \sigma_b^s, v_L) \tag{2.1.32}$$

该式中的参数只有三个独立的量纲（$L(\text{m})$、$T(\text{s})$ 和 $M(\text{kg})$），因此试样的响应可以用五个独立的无量纲参数表示，即

$$R_S = f\left(\frac{D}{a}, \mu, \frac{k_s}{k_n}, \frac{\sigma_b^s}{\sigma_b^n}, \frac{v_L}{\sqrt{k_n/\rho}}\right) \tag{2.1.33}$$

当海冰力学特性的模拟在准静态载荷 $\left(v_L/\sqrt{k_n/\rho} \ll 1\right)$ 和足够的自由度($D/a \ll 1$) 条件下进行时，海冰力学特性参数中的弹性模量、泊松比、压缩强度、弯曲

2.1 海冰球体离散元方法及参数确定

强度可以根据模型中摩擦系数、法向刚度与切向刚度比、法向黏结强度与切向强度比来确定。下面通过单轴压缩和三点弯曲试验的离散元模拟，研究颗粒单元尺寸、黏结强度和内摩擦系数对离散元模拟结果的影响，进而确定海冰宏观强度与以上三者之间关系。

2. 海冰单轴压缩和三点弯曲的离散元模拟

在单轴压缩试验中，沿竖直方向对海冰试件进行加载，试件其他方向不进行约束，如图 2.1.9 所示。选取的海冰试件是尺寸 ($a \times a \times h$) 为 15 cm×15 cm×37.5 cm 的长方体。考虑海冰与结构相互作用时的加载方向为垂直于冰厚的方向，因此试验中压头将以 0.01 m/s 的速度垂直于冰厚方向对试件加载。在三点弯曲试验中，海冰试件下方有两个固定支点，在海冰试件上方施加载荷，保持压头向下的加载速度 0.01 m/s。海冰试件的尺寸 ($l \times a \times a$) 为 140 cm×15 cm×15 cm，

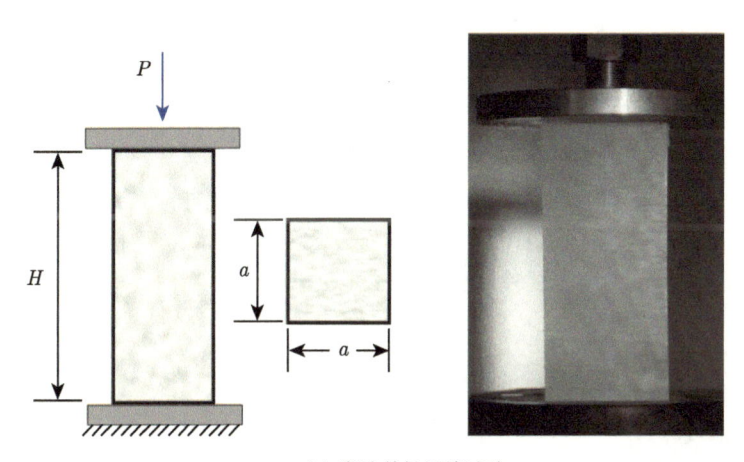

(a) 海冰单轴压缩试验

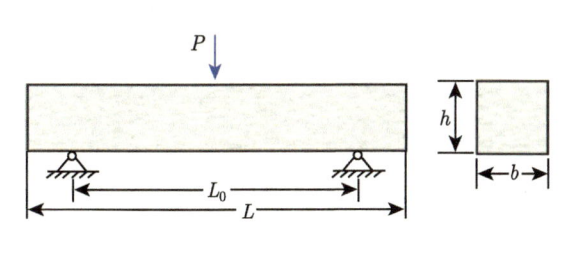

(b) 海冰三点弯曲试验

图 2.1.9 海冰单轴压缩与三点弯曲试验

如图 2.1.9 所示。试验条件下海冰的温度在 $-17.4 \sim -0.8$ ℃ 范围内，海冰的盐度在 0.4‰ $\sim$ 12.6‰ 范围内，测得海冰的压缩强度在 2.0$\sim$ 6.0 MPa 范围内，海冰的弹性模量在 1.0 $\sim$ 2.0 GPa 范围内。

单轴压缩试验中，压头上的压力传感器可测得加载面的受力情况，若测得的最大载荷为 $P_{\max}$，则海冰的单轴压缩强度可表示为

$$\sigma_{\mathrm{c}} = \frac{P_{\max}}{a^2} \tag{2.1.34}$$

根据简支梁的受力分析可知，当载荷最大为 $P_{\max}$ 时，海冰试件的弯曲强度为

$$\sigma_{\mathrm{f}} = \frac{3P_{\max}l_0}{2a^3} \tag{2.1.35}$$

式中，l_0 为支撑点间距。

海冰初始试样的质量对数值模拟结果有较大影响，初始试样中颗粒的排列方式有规则排列与随机排列两种，其中规则排列方式生成试样的方法，具有程序易实现、试样颗粒直径单一、试样表面不规则、试样各向异性等特点。常见的规则排列方式有面心立方 (face-centered cubic，FCC) 与密排六方 (hexagonal close-packed，HCP)。这里采用 HCP 规则排列方式生成海冰的初始试样。生成的单轴压缩试验试样与三点弯曲试验试样如图 2.1.10 所示。

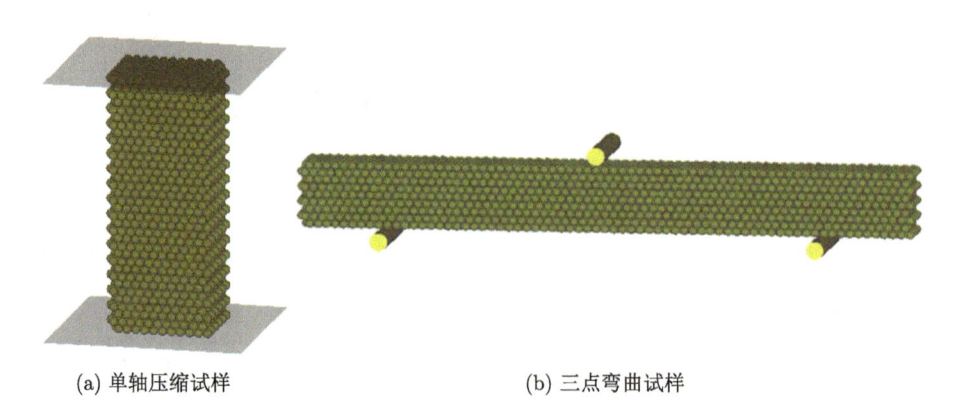

(a) 单轴压缩试样　　　　　　(b) 三点弯曲试样

图 2.1.10 　海冰单轴压缩和三点弯曲的离散元模型

在海冰单轴压缩数值试验中，上部加载板以固定速率向下加载，所有的边界均假设为刚性。在海冰弯曲数值试验中，采用刚性圆柱体作为海冰数值试样的支撑点，其中下部两个圆柱体保持固定，位于试样上部的圆柱体以恒定速率向下加

2.1 海冰球体离散元方法及参数确定

载。在海冰单轴压缩与三点弯曲数值试验中，主要计算参数列于表 2.1.1 中。离散元模拟的海冰单轴压缩与三点弯曲试验中海冰破碎过程如图 2.1.11 和图 2.1.12 所示，计算得到的海冰压缩与弯曲的应力–应变、应力–挠度曲线如图 2.1.13 所示。现场试验中海冰单轴压缩强度为 4.2 MPa，离散元模拟的结果为 3.8 MPa；离散元模拟和现场实测的海冰弯曲强度 σ_f 均为 1.3 MPa。海冰试件在载荷作用下产生轻微振动，造成海冰应力在加载过程中也伴随着一定的振荡，但在内部阻尼影响下振荡会逐渐消失而保持线性增大。

表 2.1.1 海冰数值试验中的主要计算参数

参数	单位	数值
海冰颗粒直径	mm	5.2
海冰的弹性模量	GPa	1.0
海冰的密度	kg/m^3	920.0
切向接触刚度	N/m	1.6×10^7
法向接触刚度	N/m	7.8×10^6
法向黏结强度	MPa	0.6
切向黏结强度	MPa	0.6
颗粒阻尼系数	—	0.3
颗粒单元的内摩擦系数	—	0.2
海冰与结构的摩擦系数	—	0.15

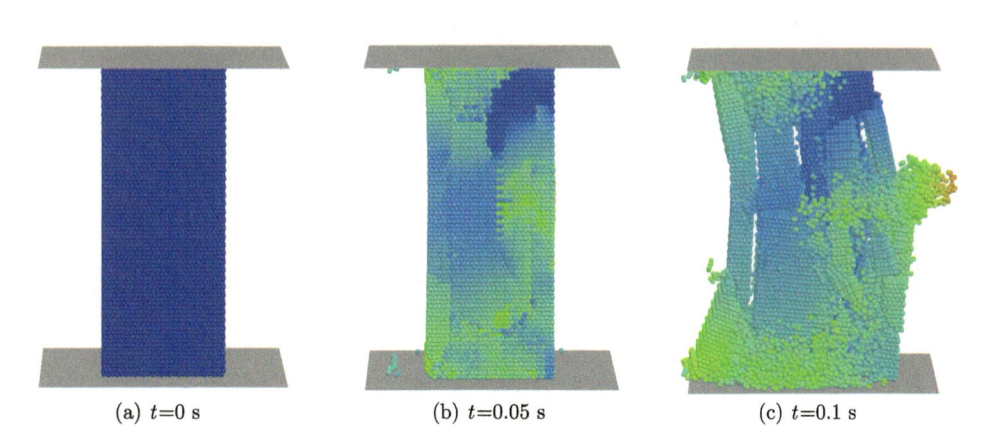

(a) $t=0$ s   (b) $t=0.05$ s   (c) $t=0.1$ s

图 2.1.11 海冰单轴压缩破碎过程的 DEM 模拟

(a) $t=0$ s

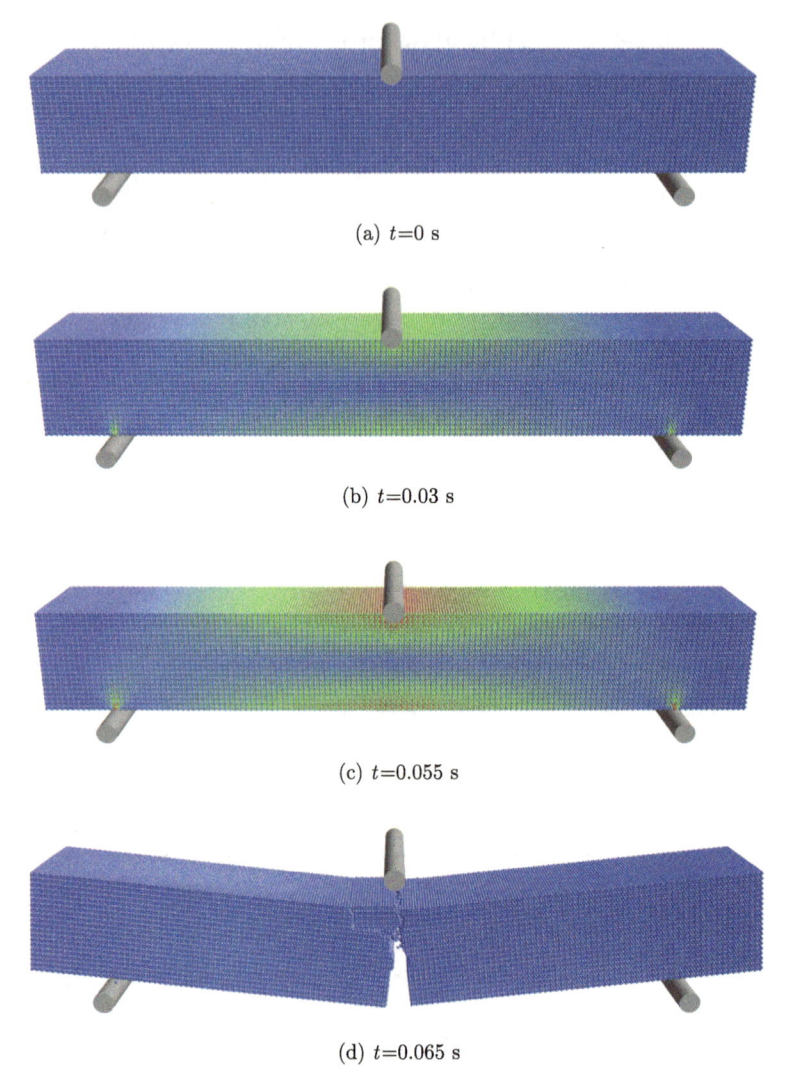

(b) $t=0.03$ s

(c) $t=0.055$ s

(d) $t=0.065$ s

图 2.1.12　海冰三点弯曲破碎过程的 DEM 模拟

海冰单轴压缩和弯曲强度均受海冰卤水体积 (温度与盐度的函数)、加载速率等因素的影响。在考虑卤水体积影响的情况下，可将海冰颗粒单元间的黏结强度用最大黏结强度 $\sigma_b^{\max}$ 表示，即

$$\sigma_b^n = \beta(v_b)\sigma_b^{\max} \tag{2.1.36}$$

式中，$\beta(v_b)$ 为卤水体积 v_b 影响下的海冰强度折减系数；海冰单元间的最大黏结强度 $\sigma_b^{\max}$ 可通过海冰单轴压缩强度的敏度分析确定。考虑海冰的压缩和弯曲强度与卤水体积有相似的对应关系 (季顺迎等，2011)，则有

(a) 海冰单轴压缩试验　　　　　(b) 海冰三点弯曲试验

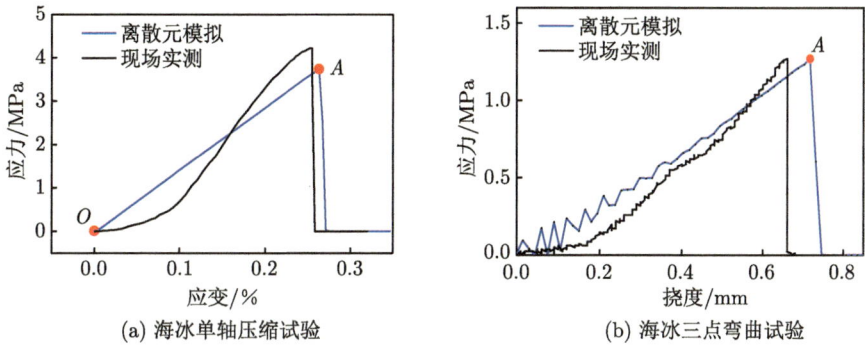

图 2.1.13　海冰单轴压缩和三点弯曲试验中的典型应力时程曲线

$$\beta = e^{-4.29\sqrt{v_b}} \tag{2.1.37}$$

式中，v_b 可设为海冰温度和盐度的函数 (Frankenstein and Garner, 1967)，即

$$v_b = S\left(0.532 + \frac{49.185}{|T|}\right) \quad (-22.9\ ℃ \leqslant T \leqslant -0.5\ ℃) \tag{2.1.38}$$

这里，T 为海冰温度 (℃)；S 为海冰盐度 (‰)。

为分析海冰温度和盐度对单轴压缩强度与三点弯曲强度的影响，这里设定海冰颗粒单元间的最大黏结强度 $\sigma_b^{\max}$ 为 0.7 MPa，通过确定不同温度和盐度下的强度折减系数 β，计算不同卤水体积下的黏结强度 σ_b^n。通过调整温度和盐度，使卤水体积在区间 (0.0, 0.4) 内均匀变化，计算得到压缩强度、弯曲强度与卤水体积的关系，分别如图 2.1.14 和图 2.1.15 所示，图中给出了压缩强度和弯曲强度与卤水体积的拟合曲线。可以发现，σ_c 和 σ_f 随 $(v_b)^{0.5}$ 呈很强的负指数关系，与现场测量得到的指数关系一致。

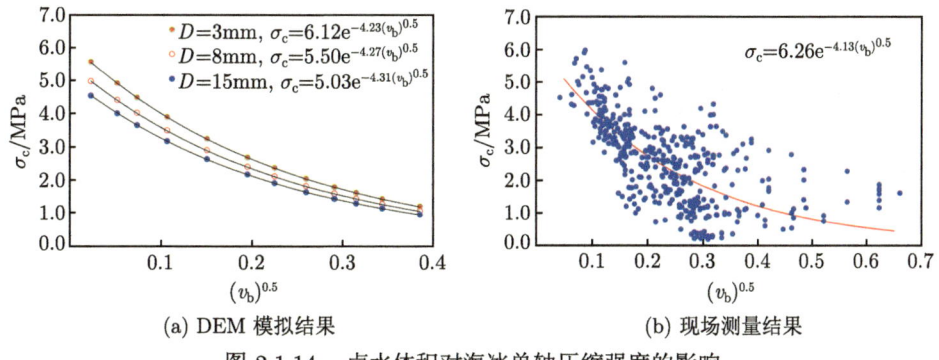

(a) DEM 模拟结果　　　　　(b) 现场测量结果

图 2.1.14　卤水体积对海冰单轴压缩强度的影响

(a) DEM 模拟结果 (b) 现场测量结果

图 2.1.15　卤水体积对海冰弯曲强度的影响

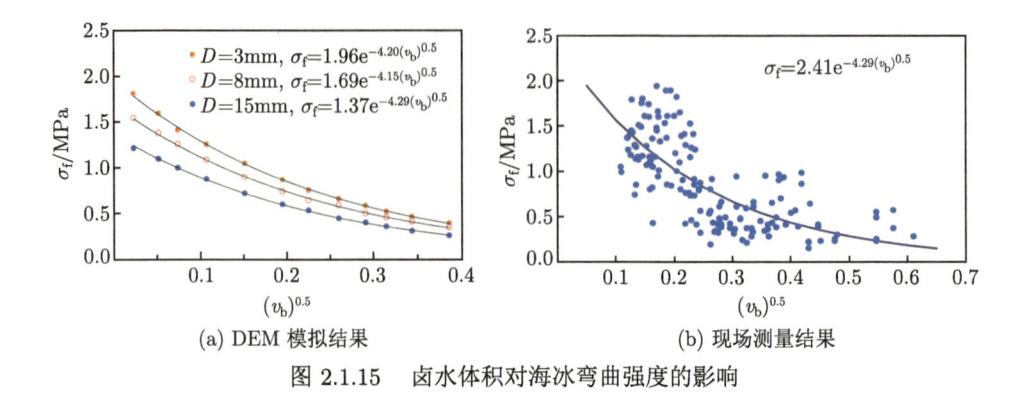

3. 颗粒单元的尺寸效应

颗粒单元的尺寸效应是指球体颗粒单元的直径大小对材料物理力学性质的影响。当海冰试件的尺寸不变时，单元直径越大则构成海冰试件的单元总数越少；反之，若单元直径较小，对海冰的力学性质的模拟更加精确，但单元总数的增加会严重影响离散元的计算效率。为满足离散元模拟的计算精度和效率需求，这里对单元尺寸效应的产生原因及变化规律进行具体分析。

模拟时选取 3 种不同试件尺寸，对海冰的单轴压缩和三点弯曲试件进行模拟，相关参数列于表 2.1.2 中。为考虑不同海冰试件尺寸下单元直径的影响，引入无量纲的尺寸比 L/D，其中 L 为海冰试件加载截面的尺寸（$L=a$），D 为颗粒单元直径。L/D 可以反映出单元系统内所包含颗粒单元的密集程度。当海冰试件的尺寸一定时，L/D 越大则单元的直径越小，单元的总数越大，则单元排列更加紧密。

表 2.1.2　单轴压缩和三点弯曲试验中海冰试件尺寸

单轴压缩试件	$a \times a \times h$	10cm×10cm×25cm, 15cm×15cm×37.5cm, 20cm×20cm×50cm
三点弯曲试件	$l \times a \times a$	35cm×3.75cm×3.75cm, 70cm×7.5cm×7.5cm, 140cm×15cm×15cm

这里采用不同直径的颗粒单元构成尺寸不同的海冰试件，分别进行单轴压缩和三点弯曲试验模拟，得到 L/D 对海冰压缩强度和弯曲强度的影响，如图 2.1.16 所示。图中海冰的压缩强度和弯曲强度都随尺寸比 L/D 的增大而增大，当 $L/D<10.0$ 时海冰的强度增加明显，而当 $L/D>20.0$ 时海冰的强度基本保持不变。这说明，当单元直径足够小后，尺寸效应的影响消失，对海冰力学性质的影响较小；而单元较大时，由于排列不够紧密，且单元之间的离散性较大，导致单元直径对海冰强度影响较为明显。

可将图 2.1.16 中得到的尺寸比 L/D 对海冰压缩强度和弯曲强度的影响拟合

2.1 海冰球体离散元方法及参数确定

为如下非线性关系式:

$$\sigma_\mathrm{c} = 3.77 - 3.4\mathrm{e}^{-\frac{L/D}{5.25}} \tag{2.1.39}$$

$$\sigma_\mathrm{f} = 1.24 - 1.27\mathrm{e}^{-\frac{L/D}{4.78}} \tag{2.1.40}$$

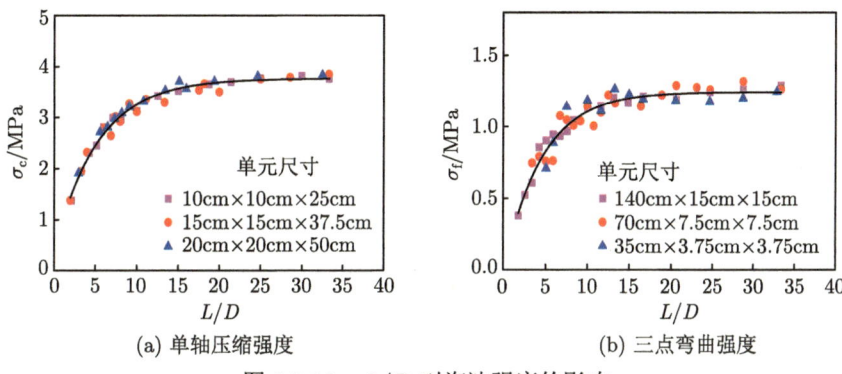

(a) 单轴压缩强度

(b) 三点弯曲强度

图 2.1.16　L/D 对海冰强度的影响

当 L/D 接近 1.0 时, 单元尺寸与试件的截面尺寸相等。由于不考虑单元之间挤压作用下的黏结失效, 单排颗粒单元在单轴压缩过程中不会断裂, 所以计算时应保证 $L/D > 1.0$。当 L/D 足够大时, σ_c 和 σ_f 接近于两个最大常数: $\sigma_\mathrm{c}=3.77\mathrm{MPa}$, $\sigma_\mathrm{f}=1.24\mathrm{MPa}$。由此可知 σ_c 与 σ_f 的比值约为 3.0, 这一结果与渤海的实测数据比较一致 (王安良等 2016; 季顺迎等 2011)。

海冰是由微观晶粒构成的, 晶粒的尺寸和排列方式都对海冰的力学性质有影响。与单元尺寸效应类似, 海冰晶粒尺寸与海冰强度有关。海冰晶粒尺寸可决定海冰内部产生初始裂纹尺寸, 晶粒越大, 海冰的裂纹长度越大, 则海冰的强度越低。在采用离散元构造海冰模型时, 颗粒单元的黏结失效也意味着海冰内部裂纹的产生。因此, 这里统计了颗粒单元黏结失效次数与尺寸比 L/D 之间的关系, 从裂纹产生机理上解释颗粒尺寸效应的产生原因。

4. 单元间的黏结强度及内摩擦系数

单元的黏结失效主要与其切向黏结强度和法向黏结强度有关。这里假设单元的切向和法向的黏结强度相等, 仅改变单元的黏结强度, 分析其对海冰压缩和弯曲强度的影响。在离散元模拟中采用单轴压缩试件尺寸为 15 cm×15 cm×37.5 cm, 三点弯曲试件的尺寸为 140 cm×15 cm×15 cm。同时考虑单元尺寸对海冰强度的影响, 设置单元直径分别为 10 mm、18.5 mm 和 29 mm 三种情况。

图 2.1.17 分别给出了单元的黏结强度对海冰压缩强度、弯曲强度及压缩和弯曲强度比的影响。由图 2.1.17(a) 和 (b) 可见, 当黏结强度增大时, 不同单元直径

下海冰试件的压缩强度和弯曲强度均呈线性增加。当单元的尺寸比 L/D 相同时，将不同黏结强度下压缩强度和弯曲强度的比值进行比较，如图 2.1.17(c) 所示。可以看出，σ_c/σ_f 不随黏结强度的变化而发生改变，同时不受单元尺寸的影响，σ_c/σ_f 始终保持在 3.5 附近。

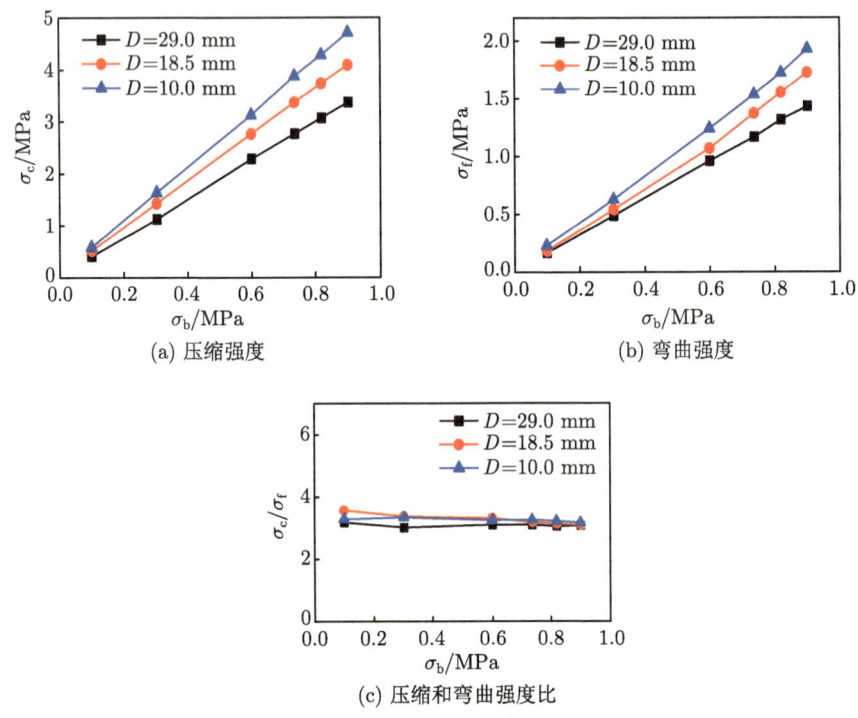

(a) 压缩强度

(b) 弯曲强度

(c) 压缩和弯曲强度比

图 2.1.17　黏结强度对海冰强度的影响

在以上分析尺寸效应与海冰强度之间的关系时，采用的单元黏结强度为 0.6 MPa。再由黏结强度与海冰压缩和弯曲强度的线性关系，可得到尺寸效应影响下黏结强度与压缩和弯曲强度的关系式：

$$\sigma_c = 3.5 \times \left(1.77 - 1.81 \mathrm{e}^{-\frac{L/D}{4.78}}\right) \sigma_b \tag{2.1.41}$$

$$\sigma_f = \left(1.77 - 1.81 \mathrm{e}^{-\frac{L/D}{4.78}}\right) \sigma_b \tag{2.1.42}$$

内摩擦系数 μ_b 是 Mohr-Coulomb 准则中内摩擦角的正切值，代表剪切强度与单元法向应力之间的线性关系。研究该摩擦系数的影响时，采用的单轴压缩试件尺寸为 15 cm×15 cm×37.5 cm，三点弯曲试件的尺寸为 140 cm×15 cm×15 cm。同时考虑单元尺寸对海冰强度的影响，设置单元直径分别为 10 mm、18.5

mm 和 29 mm 三种情况。令 μ_b 在 0.0~1.0 范围内变化，可得到 μ_b 对试件压缩强度、弯曲强度及压缩和弯曲强度比值的影响，如图 2.1.18 所示。

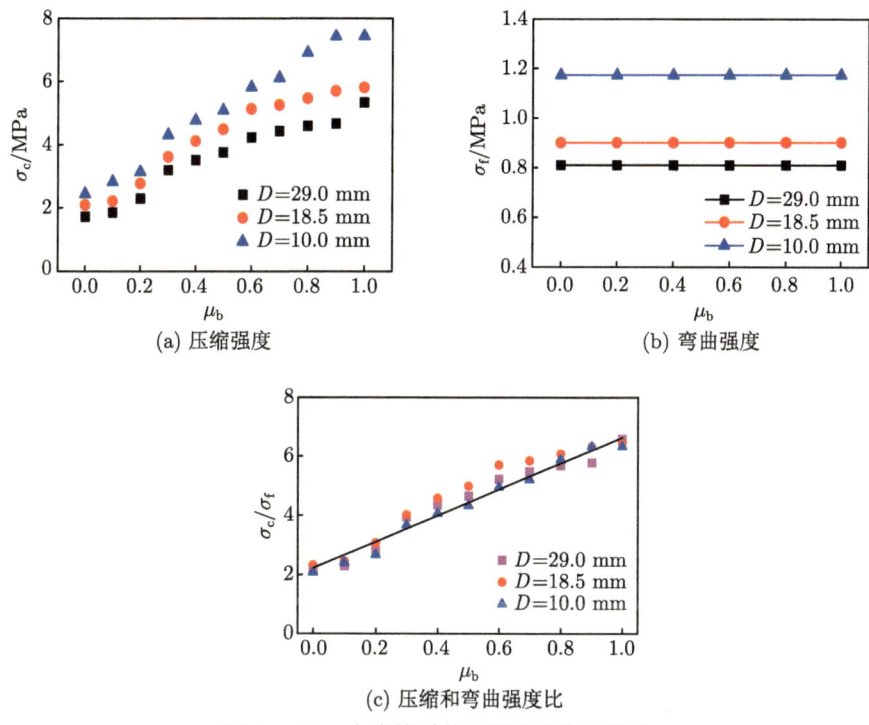

图 2.1.18　内摩擦系数对海冰强度的影响

从图 2.1.18(a) 可以看出海冰的压缩强度随 μ_b 的增大而增大，而图 2.1.18(b) 中海冰的弯曲强度则不随 μ_b 发生变化。从离散元拉剪分区断裂准则分析可知，μ_b 只改变黏结单元的剪切破坏强度的大小。由于单轴压缩试验中同时会发生拉伸破坏和剪切破坏，而三点弯曲试验中仅发生拉伸破坏，所以 μ_b 仅对海冰的压缩强度产生影响。由此得到，不同单元直径下海冰的压缩和弯曲强度比随 μ_b 的增大而线性递增，且不受单元直径的影响，则海冰强度比与 μ_b 之间关系可表示为

$$\sigma_c/\sigma_f = 2.22 + 4.41\mu_b \tag{2.1.43}$$

在离散元模拟海冰的实际应用中，如何根据已知海冰的强度等力学性质合理选择离散元参数，是数值模拟准确性的关键。通过以上模拟结果可发现，海冰的压缩强度与单元尺寸、黏结强度及摩擦系数均密切相关；海冰的弯曲强度与单元尺寸和黏结强度相关；而压缩强度与弯曲强度的比值仅由单元的内摩擦系数决定。

由此，海冰单元的黏结强度与内摩擦系数可表示为

$$\sigma_b = \sigma_f / \left(1.77 - 1.81e^{-\frac{L/D}{4.78}}\right) \tag{2.1.44}$$

$$\mu_b = 0.23\sigma_c/\sigma_f - 0.5 \tag{2.1.45}$$

以上公式可作为离散元模拟海冰时黏结强度和内摩擦系数的选取方法。在模拟平整冰与海洋结构相互作用时，尺寸 L 可视为海冰厚度，则 L/D 可视为构成平整冰的颗粒单元层数。L/D 的取值应根据具体的计算规模和计算效率进行选取，再由海冰的弯曲强度 σ_f，即可得到单元的黏结强度 σ_b。当海冰的压缩强度和弯曲强度同时已知时，可由式 (2.1.45) 确定单元的内摩擦系数。

2.2 海冰扩展多面体离散元方法

这里基于闵可夫斯基和原理构造扩展多面体单元，采用优化算法对扩展多面体接触搜索过程展开求解。通过在黏结节点上简化应力应变的计算，从而实现单元之间的黏结；建立考虑损伤的断裂准则实现节点间的黏结失效，可模拟脆性材料的破碎过程；采用巴西盘的数值试验，验证该方法的合理性，并对断裂参数进行敏度分析。

2.2.1 扩展多面体形态的海冰单元及接触模型

闵可夫斯基和是由德国数学家赫曼·闵可夫斯基 (Herman Minkowski, 1864~1909) 最早定义的。假设空间中两个几何体代表的点集 $\boldsymbol{A}$ 和 $\boldsymbol{B}$，且集合 $\boldsymbol{A}$ 和 $\boldsymbol{B}$ 为几何封闭形态，那么集合 $\boldsymbol{A}$ 和 $\boldsymbol{B}$ 的闵可夫斯基和可定义为

$$\boldsymbol{A} \oplus \boldsymbol{B} = \{\boldsymbol{x} + \boldsymbol{y} \mid \boldsymbol{x} \in \boldsymbol{A}, \boldsymbol{y} \in \boldsymbol{B}\} \tag{2.2.1}$$

式中，$\boldsymbol{x}$ 和 $\boldsymbol{y}$ 分别是 $\boldsymbol{A}$ 和 $\boldsymbol{B}$ 中的几何点。可知 $\boldsymbol{A} \oplus \boldsymbol{B}$ 是 $\boldsymbol{A}$ 和 $\boldsymbol{B}$ 中所有点的空间矢量和。闵可夫斯基和的几何求取过程可以概述为点集 $\boldsymbol{B}$ 扫略在点集 $\boldsymbol{A}$ 的外表面上，形成的新几何形状即为 $\boldsymbol{A}$ 和 $\boldsymbol{B}$ 的闵可夫斯基和，如图 2.2.1 所示。

根据闵可夫斯基和原理，可以将扩展多面体看作表面具有无数球体的几何体。因此，扩展多面体将多面体的角点和棱边转化为球面和圆柱面，使其同时具有多面体和球体的部分特征。根据扩展多面体的几何特征，可将角点和棱边的接触搜索转化为相应的球面和圆柱面搜索。该方法显然比纯多面体的几何接触搜索效率高。

2.2 海冰扩展多面体离散元方法

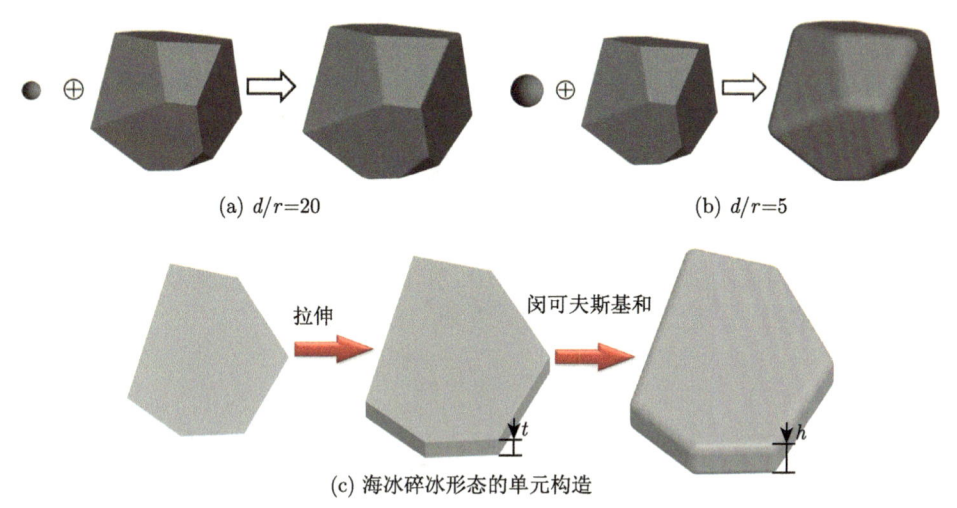

(a) $d/r=20$

(b) $d/r=5$

拉伸　闵可夫斯基和

(c) 海冰碎冰形态的单元构造

图 2.2.1　对多边形进行拉伸并采用闵可夫斯基和形成扩展多面体单元

通过二阶多面体扩展函数与球面函数的加权求和形式，可构造具有多面体特征的光滑颗粒，即其表面为光滑曲面且无尖锐棱角的几何形态，其可写作

$$f(x,y,z) = (1-k)\left(\sum_{i=1}^{N}\frac{a_i x + b_i y + c_i z - d_i^2}{r^2} - 1\right) + k\left(\frac{x^2+y^2+z^2}{R^2} - 1\right) \tag{2.2.2}$$

式中，k 为颗粒光滑度系数；R 为球面函数的半径。

显然，该颗粒的定义函数满足势能颗粒的基本条件，可采用优化模型对该颗粒的接触搜索进行求解。图 2.2.2 为边长为 a 的正四面体和球体组合构成的颗粒在不同加权系数下的几何形态，其中扩展半径 $r = 0.1a$，球体半径 $R = 1.5a$。可以看出，k 越小其形态越接近于二阶多面体扩展颗粒，当 $k = 0.001$ 时已基本同二阶多面体的扩展形态相同。因此，考虑采用式 (2.2.2) 定义的颗粒形态作为基于闵可夫斯基和的扩展多面体的"包络"函数，从而对接触搜索问题进行求解。

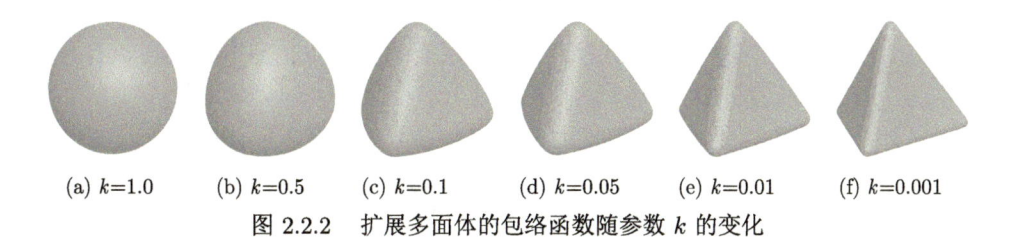

(a) $k=1.0$　(b) $k=0.5$　(c) $k=0.1$　(d) $k=0.05$　(e) $k=0.01$　(f) $k=0.001$

图 2.2.2　扩展多面体的包络函数随参数 k 的变化

这里通过基于包络函数的接触搜索模型计算单元间的接触重叠量，并采用非线性的接触力模型简化计算扩展多面体之间的接触力，该模型基于等效的弹性模

量 E^* 和等效颗粒半径 R^*。需要注意的是，在等效颗粒半径的求解过程中采用的是等效的球体半径，即多面体角点到形心的平均距离、最小包围球半径或等体积球体半径。

法向接触力可表示为法向弹性力和法向黏滞力之和，即

$$F_\mathrm{n} = F_\mathrm{n}^\mathrm{e} + F_\mathrm{n}^\mathrm{v} = k_\mathrm{n}\delta_\mathrm{n}^{\frac{3}{2}} + c_\mathrm{n}\sqrt{\delta_\mathrm{n}}\dot{\delta}_\mathrm{n} \tag{2.2.3}$$

式中，k_n 为法向接触刚度，$k_\mathrm{n} = 4E^*\sqrt{R^*}/3$；$\delta_\mathrm{n}$ 是两颗粒的法向接触重叠量；$\dot{\delta}_\mathrm{n}$ 是法向相对速度；c_n 是法向阻尼系数，其可写作

$$c_\mathrm{n} = \zeta_\mathrm{n}\sqrt{m_\mathrm{AB}k_\mathrm{n}} \tag{2.2.4}$$

其中，m_AB 为等效质量，且有 $1/m_\mathrm{AB} = 1/m_\mathrm{A} + 1/m_\mathrm{B}$；$\zeta_\mathrm{n}$ 是无量纲阻尼系数，其可写作

$$\zeta_\mathrm{n} = \frac{-\ln e}{\sqrt{\pi^2 + \ln^2 e}} \tag{2.2.5}$$

这里，e 是回弹系数。

切向接触力与切向接触重叠量和摩擦力有关，一般地，切向力最大不超过摩擦力。这里可采用简化的方式避免与摩擦力的频繁比较和判断。其中，切向弹性力 F_t^e 可写作

$$F_\mathrm{t}^\mathrm{e} = \mu|F_\mathrm{n}^\mathrm{e}|\left[1 - \left(1 - \frac{\delta_\mathrm{t}}{\delta_\mathrm{t}^\mathrm{max}}\right)^{\frac{3}{2}}\right] \tag{2.2.6}$$

式中，μ 是摩擦系数；δ_t 是切向重叠量，一般根据相对切向速度并逐步叠加的方法累计计算切向重叠量；$\delta_\mathrm{t}^\mathrm{max}$ 是最大切向重叠量，其主要由摩擦系数和法向重叠量决定，且 $\delta_\mathrm{t}^\mathrm{max} = \mu\delta_\mathrm{n}(2-\nu)/(2-2\nu)$，这里 ν 为泊松比。扩展多面体单元间的切向黏滞力 F_t^v 可写作

$$F_\mathrm{t}^\mathrm{v} = c_\mathrm{n}\sqrt{\frac{6\mu m_\mathrm{AB}|F_\mathrm{n}^\mathrm{e}|\sqrt{1-\delta_\mathrm{t}/\delta_\mathrm{t}^\mathrm{max}}}{\delta_\mathrm{t}^\mathrm{max}}}\dot{\delta}_\mathrm{t} \tag{2.2.7}$$

式中，$\dot{\delta}_\mathrm{t}$ 是切向相对速度。该切向力计算方法避免了每个时间步中与摩擦力的大小对比，有效地提高了计算效率。

另外，由于接触搜索为单点接触，即相互接触的扩展多面体单元间只有一个接触力，所以以上接触力模型无法消除绕接触法向的非物理转动。为避免该现象，在单元的转动方程中引入绕接触法向的滚动摩阻力矩 $\boldsymbol{M}_\mathrm{r}$：

$$\boldsymbol{M}_\mathrm{r} = -\mu_\mathrm{r}R^*|F_\mathrm{n}|\boldsymbol{\omega}_\mathrm{AB}^\mathrm{n} \tag{2.2.8}$$

式中，μ_r 是滚动摩擦系数；$\boldsymbol{\omega}_\mathrm{AB}^\mathrm{n}$ 是法向相对角速度。

2.2.2 海冰单元间的黏结失效准则

1. 扩展多面体单元的黏结模型

这里借鉴刚体有限元的基本思想，即单元间的刚度作用建立在交界面上。因此，在两个互相黏结的单元间交界面的角点上设定若干积分点，将该积分点对应在两个单元上的点视为黏结节点，并称该交界面对应在两个单元上的面为黏结面，如图 2.2.3(a) 所示。通过施加一定的刚度和阻尼，即可在互相黏结的节点上计算类似的法向和切向应变。在相关计算中，黏结节点取为交界面的顶点。其中，法向应变 ε_n 可写作

$$\varepsilon_\mathrm{n} = \frac{\boldsymbol{d} \cdot \boldsymbol{n}}{C_{ij}} \tag{2.2.9}$$

式中，$\boldsymbol{d}$ 是两个黏结节点之间的距离矢量；$\boldsymbol{n}$ 为交界面的法向，这里取为两个单元黏结面的外法向之差，即 $\boldsymbol{n} = \mathrm{norm}\,(\boldsymbol{n}_i - \boldsymbol{n}_j)$；$C_{ij}$ 为两个黏结单元之间的特征长度，与刚体有限元中的定义相同，即为两个黏结面到各自单元质心的距离之和，可写作

$$C_{ij} = h_i + h_j \tag{2.2.10}$$

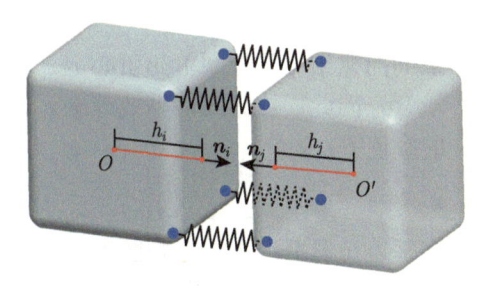

(a) 两单元在交界面上的黏结作用　　(b) 两个黏结节点之间的黏结力模型

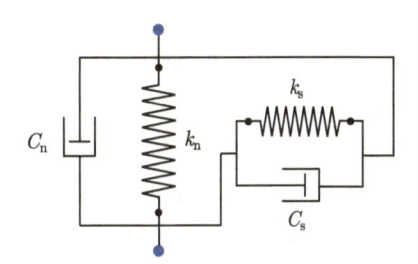

图 2.2.3　黏结模型的描述简图

由于黏结力会传递到单元质心上进行合力计算，所以这里切向应变只考虑与法向垂直的一个方向应变，可写作

$$\varepsilon_\mathrm{t} = \frac{|\boldsymbol{d} - (\boldsymbol{d} \cdot \boldsymbol{n})\,\boldsymbol{n}|}{C_{ij}} \tag{2.2.11}$$

根据图 2.2.3(b) 所示的黏结力模型，采用三维条件下的弹性矩阵，两个黏结单元在交界面上：

$$\boldsymbol{\sigma}^{\mathrm{e}} = \begin{bmatrix} k_{\mathrm{n}} & 0 \\ 0 & k_{\mathrm{s}} \end{bmatrix} \boldsymbol{\varepsilon} = \frac{E(1-\nu)}{(1+\nu)(1-2\nu)} \begin{bmatrix} 1 & 0 \\ 0 & \dfrac{1-2\nu}{2(1-\nu)} \end{bmatrix} \boldsymbol{\varepsilon} \qquad (2.2.12)$$

式中，E 为材料弹性模量；ν 为材料泊松比；$\boldsymbol{\sigma}^{\mathrm{e}}$ 为考虑法向和切向的应力，即 $\boldsymbol{\sigma}^{\mathrm{e}} = \{\sigma, \tau\}^{\mathrm{T}}$；$\boldsymbol{\varepsilon}$ 为考虑黏结节点之间法向和切向的应变，即 $\boldsymbol{\varepsilon} = \{\varepsilon_{\mathrm{n}}, \varepsilon_{\mathrm{t}}\}^{\mathrm{T}}$。

在黏结力模型中，考虑法向和切向的阻尼系数 C_{n} 和 C_{s} 来表示单元间的黏滞作用。该阻尼效应可代表真实的物理阻尼并消耗动能，从而提高模拟的稳定性。一般情况下，通过与刚度相关的常系数 β 计算阻尼系数。因此，由黏滞作用产生的应力 $\boldsymbol{\sigma}^{\mathrm{v}}$ 可写作

$$\boldsymbol{\sigma}^{\mathrm{v}} = \begin{bmatrix} C_{\mathrm{n}} & 0 \\ 0 & C_{\mathrm{s}} \end{bmatrix} \dot{\boldsymbol{\varepsilon}} = \beta \begin{bmatrix} k_{\mathrm{n}} & 0 \\ 0 & k_{\mathrm{s}} \end{bmatrix} \dot{\boldsymbol{\varepsilon}} \qquad (2.2.13)$$

式中，$\dot{\boldsymbol{\varepsilon}}$ 是应变率，且 $\dot{\boldsymbol{\varepsilon}} = \{\dot{\varepsilon}_{\mathrm{n}}, \dot{\varepsilon}_{\mathrm{t}}\}^{\mathrm{T}}$。两个黏结节点之间的黏结力可写作

$$\boldsymbol{F}^{\mathrm{b}} = (\boldsymbol{\sigma}^{\mathrm{e}} + \boldsymbol{\sigma}^{\mathrm{v}}) \cdot \frac{A}{n} \qquad (2.2.14)$$

式中，A 是交界面面积；n 是一个黏结面上的黏结节点个数。通过上式计算单元受到的黏结力，将其转换到单元质心上，并结合接触力等其他受力，即可得到每个单元质心受到的合力情况。

可以看出，若直接在整体坐标系下将节点间的黏结力传递到单元质心上，则每个单元的运动可直接在单元的质心上进行求解。因此，该方式可高效地融入离散元方法中并形成算法和数据结构高度统一的数值方法。

2. 扩展多面体单元间的黏结失效模型

在球体单元常用的平行黏结模型中，大多采用拉剪分区的方式判断黏结的失效，即通过法向拉伸和切向剪切分别判断应力是否达到临界值，若其中一个失效则整个黏结作用失效。显然，该方法对材料破坏过程的描述较为片面，不能合理地评估裂纹附近材料的断裂特性。因此，这里同时考虑法向拉伸和剪切应力计算临界应力强度，在超过临界应力强度之后引入损伤的概念从而考虑刚度的软化过程，结合拉伸破坏和剪切破坏并采用混合的断裂能模型计算断裂能，从而根据断裂能确定黏结节点之间的临界变形。若节点间的变形大于该临界变形，则该黏结失效。

采用考虑拉伸和剪切的强度判定准则决定弹性的临界状态，该准则可写作

$$\left(\frac{\langle\sigma\rangle}{\bar{\sigma}}\right)^2 + \left(\frac{\tau}{\bar{\tau}}\right)^2 \geqslant 1 \qquad (2.2.15)$$

2.2 海冰扩展多面体离散元方法

式中，$\bar{\sigma}$ 和 $\bar{\tau}$ 分别是法向和切向黏结强度。$\langle\ \rangle$ 表示 Macaulay 括号，且有：$\langle x\rangle = x$，若 $x \geqslant 0$；$\langle x\rangle = 0$，若 $x < 0$。这里假设拉应力为正且压应力为负，那么 $\langle\sigma\rangle$ 即表示只考虑拉应力。图 2.2.4 为该强度判定准则在拉伸和剪切应力坐标系中的表示，图中曲线内形状为椭圆，椭圆之外即表示材料损伤。另外，拉剪分区判断准则即为图中虚线与横纵轴围成的长方形边界，因此这里采用的强度准则比拉剪分区方法"更易"发生损伤或破坏。

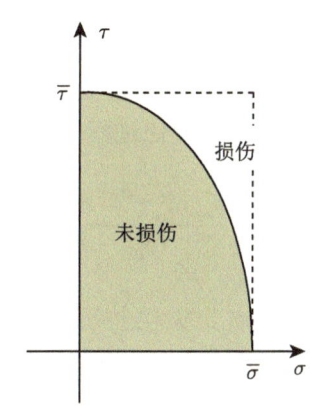

图 2.2.4　拉伸和剪切应力结合的强度准则

如图 2.2.5 所示，采用 Mohr-Coulomb 准则计算材料的切向强度，可写作

$$\bar{\tau} = c - \mu_{\mathrm{b}}\sigma \qquad (2.2.16)$$

式中，c 是黏聚力；$\mu_{\mathrm{b}} = \tan\theta$，是内摩擦系数，这里 θ 是内摩擦角。

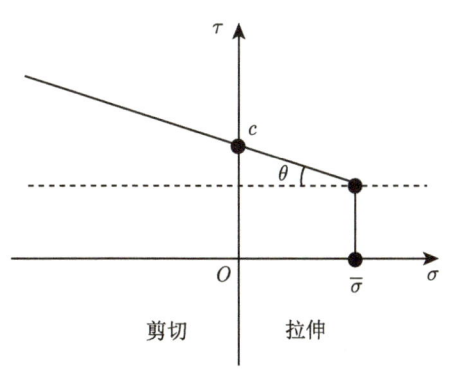

图 2.2.5　Mohr-Coulomb 准则确定切向黏结强度

为避免采用拉剪分区方式判断黏结失效，断裂准则通过等效的应力 σ_{m} 和变

形 δ_{m} 构造本构关系，可分别写作

$$\sigma_{\mathrm{m}} = \sqrt{\sigma^2 + \tau^2} \tag{2.2.17}$$

$$\delta_{\mathrm{m}} = \sqrt{\delta_{\mathrm{n}}^2 + \delta_{\mathrm{s}}^2} \tag{2.2.18}$$

式中，δ_{n} 和 δ_{s} 分别是法向和切向变形量。当黏结节点的应力状态满足式 (2.2.15) 时，可视为该节点的应力状态达到了极限强度，那么根据式 (2.2.17) 和 (2.2.18) 可计算等效的极限强度 σ_{m}^0 和对应的极限变形 δ_{m}^0。

如图 2.2.6 所示，采用双线性模型定义等效应力和变形之间的关系。这里引入复合损伤 D 描述极限强度后的刚度软化过程：

$$D = \frac{\delta_{\mathrm{m}}^{\mathrm{f}} \left(\delta_{\mathrm{m}}^{\max} - \delta_{\mathrm{m}}^0 \right)}{\delta_{\mathrm{m}}^{\max} \left(\delta_{\mathrm{m}}^{\mathrm{f}} - \delta_{\mathrm{m}}^0 \right)} \tag{2.2.19}$$

式中，$\delta_{\mathrm{m}}^{\max}$ 是加载历程中黏结节点上发生过的最大变形；$\delta_{\mathrm{m}}^{\mathrm{f}}$ 是黏结失效时的临界变形，即当 $\delta_{\mathrm{m}} > \delta_{\mathrm{m}}^{\mathrm{f}}$ 时黏结失效。那么刚度软化阶段材料的刚度 k' 变为

$$k' = (1 - D)k \tag{2.2.20}$$

式中，k 为极限强度范围内的材料刚度。

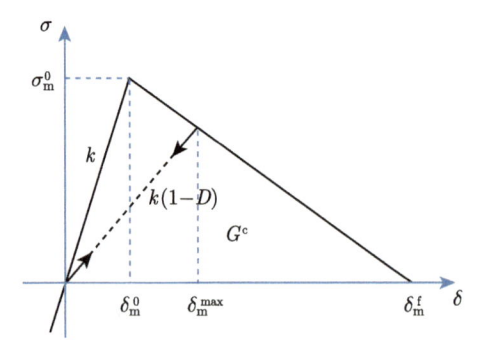

图 2.2.6 等效应力和变形确定的双线性本构关系

$\delta_{\mathrm{m}}^{\mathrm{f}}$ 可根据 $\delta_{\mathrm{m}}^{\mathrm{f}} = 2G^{\mathrm{c}}/\sigma_{\mathrm{m}}^0$ 算得，这里 G^{c} 是临界的混合断裂能，采用 Benzeggagh-Kenane 模型计算该混合断裂能：

$$G^{\mathrm{c}} = G_{\mathrm{I}}^{\mathrm{c}} + (G_{\mathrm{II}}^{\mathrm{c}} - G_{\mathrm{I}}^{\mathrm{c}}) \left(\frac{G_{\mathrm{II}}}{G_{\mathrm{I}} + G_{\mathrm{II}}} \right)^{\eta} \tag{2.2.21}$$

2.2 海冰扩展多面体离散元方法

式中，G_I^c 和 G_II^c 分别对应于拉伸和剪切型裂纹的临界断裂能；η 为常系数，对于脆性材料可取 $\eta = 1.75$。对应当前状态的拉伸和剪切型断裂能 G_I 和 G_II，可通过拉伸和剪切的变形计算二者的比例关系，即

$$\frac{G_\mathrm{II}}{G_\mathrm{I}} = \frac{\delta_\mathrm{s}^2}{\langle \delta_\mathrm{n} \rangle^2} \tag{2.2.22}$$

2.2.3 海冰扩展多面体离散元的宏细观参数关系

这里采用表 2.2.1 中的典型参数进行离散元模拟，所得的巴西盘破碎过程如图 2.2.7(a) 所示，可以看出，裂纹由圆盘中心开始向上下扩展，且在上下加载端产生了 "V" 形的破坏区域。图 2.2.7(b) 是压板上的加载载荷随轴向应变的变化曲线，开始时加载载荷随轴向应变基本呈线性增加的趋势，曲线达到峰值后迅速降为 0，这种突降与圆盘的破坏相符。因此，载荷的峰值可用于计算圆盘的破坏强度。根据巴西盘强度公式，圆盘的破坏强度为 1.101 MPa。Hiraoka 等 (2008) 在不同硅酸盐含量条件下进行了海冰的巴西盘压缩试验并测试了海冰的拉伸强度，对比可知 1.101 MPa 在该测试结果范围内，如图 2.2.7(c) 所示。然而，将计算值直接与相关试验对比并不具有合理性，也非进行巴西盘模拟的最终目的。显然，该破坏强度受到模拟中参数的影响，包括法向黏结强度 $\bar{\sigma}$、黏聚力 c、内摩擦系数 μ_b、断裂能 G_I^c 和 G_II^c。应当研究计算结果，即破坏强度对这些参数的敏感性，从而分析材料的破碎合理性。另一方面，对这些参数进行参数分析也能从另一方面分析黏结失效准则的合理性。因此，下面将主要采用单一变量法分析这些参数对圆盘破坏强度的影响，即根据表 2.2.1 逐一变化某一断裂参数，研究圆盘破坏强度的变化。

表 2.2.1　巴西盘压缩试验离散元模拟的典型参数

参数	符号	值	单位
圆盘直径	D	50	mm
圆盘厚度	t	12.5	mm
材料密度	ρ	920	kg/m^3
弹性模量	E	1.0	GPa
泊松比	ν	0.3	—
滑动摩擦系数	μ	0.3	—
法向黏结强度	$\bar{\sigma}$	1.0	MPa
黏聚力	c	5.0	MPa
内摩擦系数	μ_b	0.3	—
断裂能-I 型	G_I^c	12	N/m
断裂能-II 型	G_II^c	12	N/m

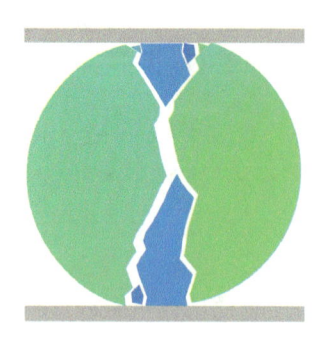

(a) 加载后圆盘发生破碎

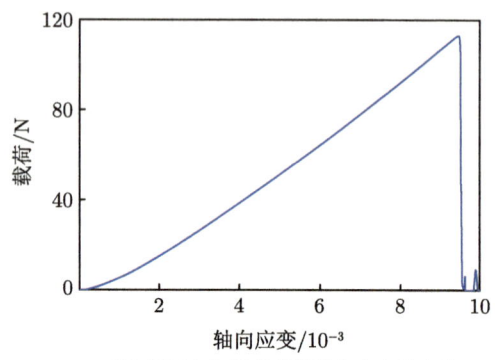

(b) 压板上加载载荷随轴向应变的变化

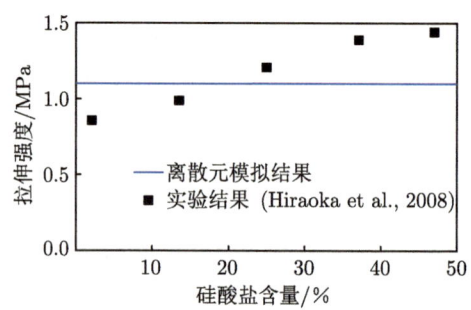

(c) 不同硅酸盐含量条件下海冰的拉伸强度(Hiraoka et al., 2008)

图 2.2.7　采用典型参数模拟的巴西盘破碎过程

1. 法向黏结强度 $\bar{\sigma}$ 和黏聚力 c 的影响

法向黏结强度 $\bar{\sigma}$ 直接影响两个黏结单元之间的拉伸破坏，是拉伸破坏模式的重要影响参数。图 2.2.8 是圆盘破坏强度 $\bar{\sigma}_f$ 随法向黏结强度 $\bar{\sigma}$ 的变化情况。可以看

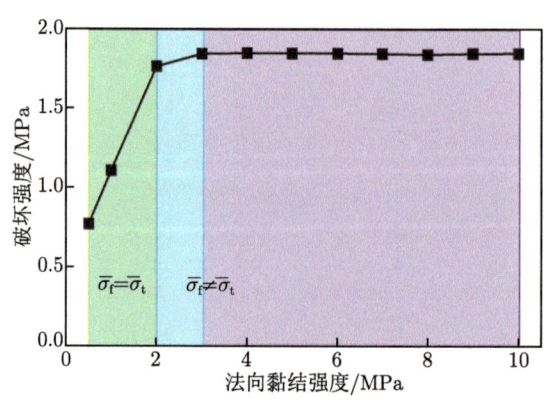

图 2.2.8　圆盘破坏强度随法向黏结强度的变化

2.2 海冰扩展多面体离散元方法

出，当 $0.5\text{MPa} < \bar{\sigma} < 2.0\text{MPa}$ 时，破坏强度迅速增大；当 $2.0\text{MPa} < \bar{\sigma} < 3.0\text{MPa}$ 时，拉伸和剪切同时影响圆盘的破坏模式，破坏强度缓慢增大；当 $\bar{\sigma} > 3.0\text{MPa}$ 时，由于法向黏结强度太大，导致首先发生剪切破坏，由于切向黏结强度基本不变，所以破坏强度基本保持不变。综合上述分析可知，当 $0.5\text{MPa} < \bar{\sigma} < 2.0\text{MPa}$ 时，圆盘发生拉伸破坏，所以有 $\bar{\sigma}_\text{f} = \bar{\sigma}_\text{t}$；当 $\bar{\sigma} > 2.0\text{MPa}$ 时，圆盘发生以剪切为主的破坏，所以有 $\bar{\sigma}_\text{f} \neq \bar{\sigma}_\text{t}$。

图 2.2.9 是圆盘破坏强度 $\bar{\sigma}_\text{f}$ 随黏聚力 c 的变化情况。可以看出，当 $c < 3.0\text{MPa}$ 时，破坏强度随黏聚力基本呈线性增加的趋势；当 $3.0\text{MPa} < \bar{\sigma} < 5.0\text{MPa}$ 时，拉伸和剪切同时影响圆盘的破坏模式，破坏强度缓慢增大；当 $\bar{\sigma} > 5.0\text{MPa}$ 时，破坏强度基本保持不变。该变化趋势与法向黏结强度对破坏强度的影响较为类似。显然，若黏聚力较小则切向黏结强度较小，而同时圆盘的压缩应力大于拉伸应力，进而导致圆盘首先发生剪切破坏。因此，黏聚力会严重影响圆盘的破坏强度。当 $c < 5.0\text{MPa}$ 时，有 $\bar{\sigma}_\text{f} \neq \bar{\sigma}_\text{t}$。随着黏聚力的增大，切向黏结强度也增大，圆盘不易发生剪切破坏，从而导致破坏模式由剪切变为拉伸。所以当 $c > 5.0\text{MPa}$ 时，有 $\bar{\sigma}_\text{f} = \bar{\sigma}_\text{t}$。

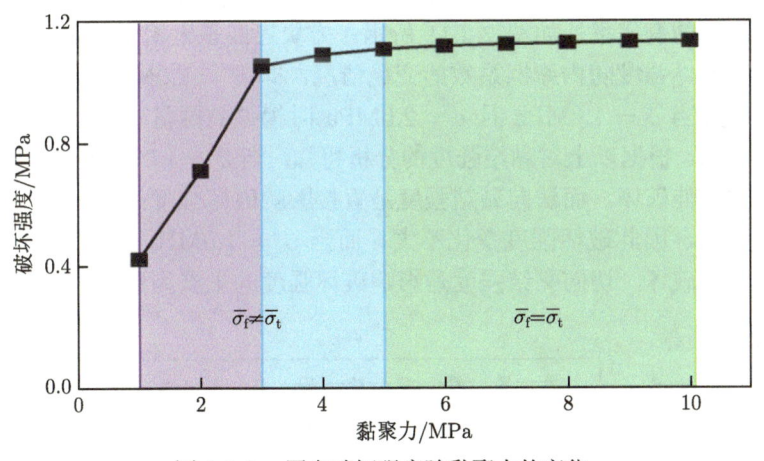

图 2.2.9　圆盘破坏强度随黏聚力的变化

通过以上对法向黏结强度 $\bar{\sigma}$ 和黏聚力 c 的分析可以看出，圆盘的破坏模式会受到二者的综合影响。这里采用 $\bar{\sigma}$ 和 c 的参数矩阵，模拟圆盘的破坏强度并研究二者对圆盘破坏强度的综合影响，如图 2.2.10(a) 所示。可以看出，法向黏结强度和黏聚力对圆盘破坏强度的影响较明显，且二者会对破坏强度产生耦合的影响。另外，采用参数 $r_\text{cn} = c/\bar{\sigma}$，即黏聚力与法向黏结强度的比值，分析其对破坏强度的影响，如图 2.2.10(b) 所示。可以看出，该比值会对破坏强度产生影响，但是具体的影响规律不明显。因此，r_{cn} 并不可直接表征法向黏结强度和黏聚力的耦合作用下圆盘的破坏模式，破坏模式才是决定圆盘破坏强度的关键，不同的法向黏结强度和黏聚力组合，会导致圆盘发生不同的破坏模式。

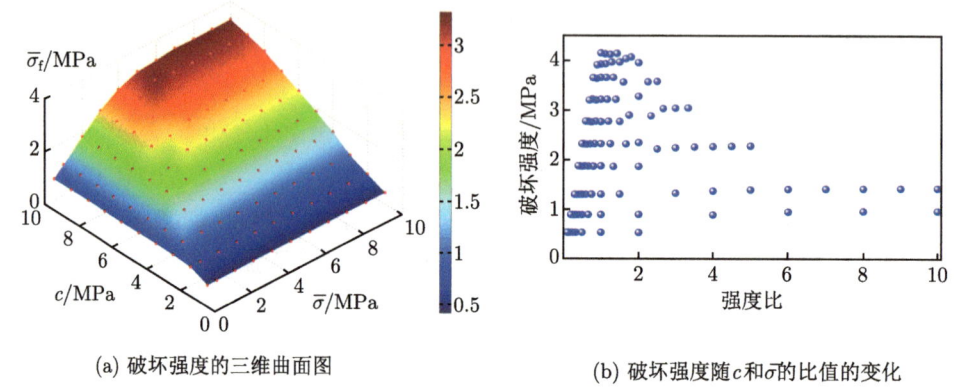

(a) 破坏强度的三维曲面图 (b) 破坏强度随 c 和 σ 的比值的变化

图 2.2.10　破坏强度随法向黏结强度和黏聚力的变化

2. 内摩擦系数的影响

内摩擦系数 μ_b 是 Mohr-Coulomb 准则中的重要参数，其决定了切向黏结强度随法向应力的变化率。如图 2.2.11 所示，方块连线是采用表 2.2.1 中典型参数模拟的圆盘破坏强度随内摩擦系数的变化情况，即 $\bar{\sigma}=1.0\text{MPa}$ 且 $c=5.0\text{MPa}$；实心圆连线是当 $\bar{\sigma}=1.0\text{MPa}$ 且 $c=2.0\text{MPa}$ 时模拟的圆盘破坏强度随内摩擦系数的变化情况。根据以上对黏结强度的分析可知，当 $\bar{\sigma}=1.0\text{MPa}$ 且 $c=5.0\text{MPa}$ 时圆盘发生拉伸破坏，而法向黏结强度是直接影响破坏强度的关键参数，其与内摩擦系数无关，因此破坏强度变化不大。而当 $\bar{\sigma}=1.0\text{MPa}$ 且 $c=2.0\text{MPa}$ 时，圆盘发生剪切破坏，切向黏结强度是影响破坏强度的主要因素，其与内摩擦系数

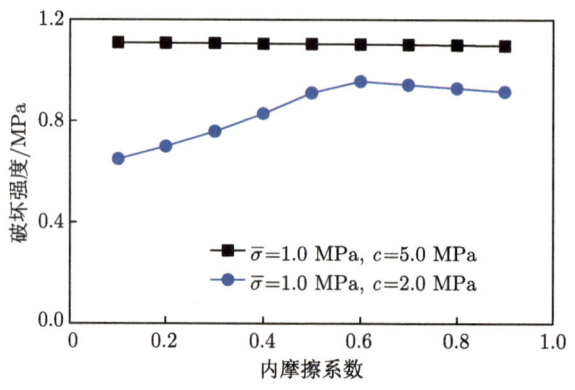

图 2.2.11　破坏强度随内摩擦系数的变化

直接相关。当 $\mu_b < 0.6$ 时，破坏强度随着内摩擦系数的增加而线性增大；当 $\mu_b > 0.6$ 时，破坏强度不再增加且基本保持稳定。当内摩擦系数较大时，切向黏结强度会随着法向应力发生快速变化，从而导致剪切项变小。因此式 (4.32) 左侧第一项对整个方程的影响增大，进而使得拉伸和剪切对破坏强度产生综合的影响。综合来说，当 $\mu_b < 0.6$ 时，圆盘发生单一剪切破坏，且有 $(\tau/\bar{\tau})^2 \geqslant 1$；当 $\mu_b > 0.6$ 时，圆盘发生混合破坏，即拉伸和剪切分量均对破坏强度产生影响，且有 $(\langle\sigma\rangle/\bar{\sigma})^2 + (\tau/\bar{\tau})^2 \geqslant 1$。

3. 断裂能 $G_{\mathrm{I}}^{\mathrm{c}}$ 和 $G_{\mathrm{II}}^{\mathrm{c}}$ 的影响

在黏结失效准则中，断裂能在材料达到极限强度后的损伤阶段才会对模拟产生影响。因此其对破坏强度的影响较小，如图 2.2.12 所示。断裂能代表破碎过程中由材料破坏释放的能量，它是断裂力学中的重要参数，可通过试验测得。对于不同的材料，也会采用不同的断裂能值。在离散元模拟中，断裂能可避免由黏结失效时能量突然释放而导致的突变，并提高模拟稳定性。

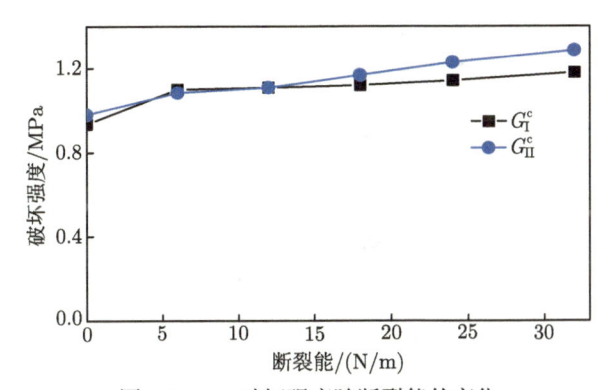

图 2.2.12 破坏强度随断裂能的变化

图 2.2.13 是当 $G_{\mathrm{I}}^{\mathrm{c}} = 0$ 和 $G_{\mathrm{II}}^{\mathrm{c}} = 0$ 时离散元模拟的巴西盘受压破坏。可以看出，

图 2.2.13 $G_{\mathrm{I}}^{\mathrm{c}} = G_{\mathrm{II}}^{\mathrm{c}} = 0$ 时的巴西盘破坏

黏结失效时能量的突然释放会导致应力突变，使得单元的运动在短时间内变化很大，使圆盘同时出现了若干条裂纹，从而导致了不规律的破坏模式。因此，尽管断裂能对圆盘的破坏强度影响较小，但断裂能可使黏结失效瞬间的材料累计变形能平缓释放，从而提高模拟稳定性，所以是多面体离散元方法的重要参数。

2.3 海冰三维圆盘离散元方法

海冰在波浪的作用下不断地碰撞摩擦，会形成形态呈圆盘状的莲叶冰，并广泛存在于不同海域。图 2.3.1 为在渤海 JZ20-2 海域现场拍摄的莲叶形浮冰。Hopkins 和 Shen(2001) 最早建立了莲叶冰的三维圆盘单元。采用膨胀颗粒方法构造的三维圆盘单元，对于描述碎冰区的浮冰具有明确的物理意义和较高的计算精度 (Sun et al., 2012; 李紫麟等, 2013)。

图 2.3.1　渤海莲叶状碎冰及冻结莲叶冰

2.3.1　海冰三维圆盘单元的构造及接触判断

三维圆盘单元的构建方法是，对所需要构造的圆形单元进行函数定义，然后采用无限多个球形单元对其填充，以构造出所设定单元形态，如图 2.3.2 所示。由于球形单元在判断接触和计算作用力方面具有计算简便的特点，所以其可对具有复杂形态的离散单元动力过程进行有效的数值计算。碎冰的三维圆盘单元是由一个圆形平面和若干填充球体构成的，其半径分别为 R 和 r。对圆形平面上的每一点用半径为 r 的球体进行填充，从而在一个圆形平面上构造出一个外径 $D = 2(R+r)$、冰厚 $h_i = 2r$ 的三维圆盘单元。圆盘的局部和整体坐标均采用笛卡儿坐标系。在局部坐标中，通过冰块尺寸参数 (R, r) 和圆盘法向矢量 $\boldsymbol{n}_\text{p}$ 描述圆盘单元的相对姿态；整体坐标用于确定圆盘单元的运动轨迹和相对位置。海冰单元受力及运动参量在局部与全局坐标系之间的相互转换，采用四元数方法进行计算。

2.3 海冰三维圆盘离散元方法

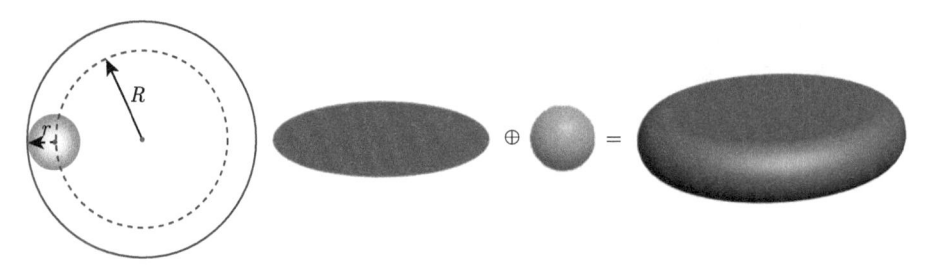

图 2.3.2 冰块三维离散单元模型的构建

海冰单元之间的接触主要有三种不同方式，即面-面接触、面-弧接触和弧-弧接触，如图 2.3.3 所示。n_1 和 n_2 分别为海冰中心圆盘法向矢量，当 $|n_1 \cdot n_2| >$ 0.995，且圆盘单元中心 O_1 和 O_2 的距离 $d < 0.9(R_1 + R_2)$ 时，可定义这种接触为面-面接触，如图 2.3.3(a) 所示。在面接触中，由于单元间会发生相对转动，所以需要考虑力矩的作用。当两接触单元间的接触面积近似为零时，可定义这种接触为弧接触，包括点弧-面接触和弧-弧接触两种情况，分别如图 2.3.3(b) 和 (c) 所示，此时接触区域由应力分布不均匀而产生的力矩可忽略不计。

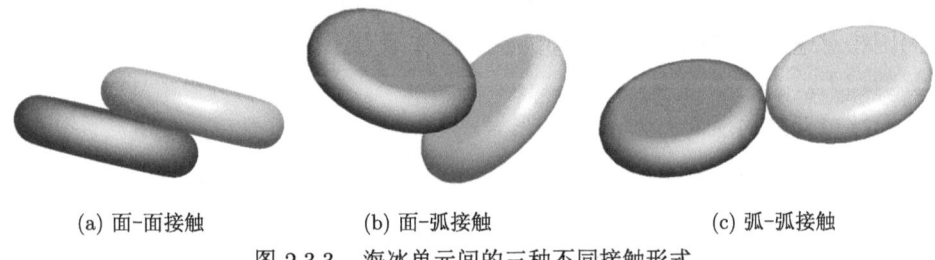

(a) 面-面接触　　　　(b) 面-弧接触　　　　(c) 弧-弧接触

图 2.3.3　海冰单元间的三种不同接触形式

这里以弧-弧接触为例，对海冰单元间的接触进行详细说明。由于圆盘模型是由若干个虚拟的球体颗粒填充组合而成的，所以圆盘单元间的接触和作用力可通过判断两个球体颗粒的接触而实现。如图 2.3.4 所示，在两个海冰单元的中心圆形平面外缘上任取两点，其距离 $\boldsymbol{\Delta}$ 可表示为

$$\boldsymbol{\Delta} = \boldsymbol{d} + \boldsymbol{R}_2 - \boldsymbol{R}_1 \tag{2.3.1}$$

式中，$\boldsymbol{d}$ 是两个盘心之间的距离矢量；$\boldsymbol{R}_1$，$\boldsymbol{R}_2$ 分别为两个海冰单元的外径矢量。

设定这两个点之间以一个弹性带连接，且在弹性带作用下在两个圆盘外缘上自由滑动，直至其距离达到最小值 Δ_0。由此，可判断两个圆盘单元间的距离 δ，并计算其接触状态和作用力。当两个三维圆盘发生接触时，单元间重叠量为

$$\delta = \Delta_0 - r_1 - r_2 \tag{2.3.2}$$

式中，δ 是两个圆盘单元间的重叠量；Δ_0 是海冰单元的中心圆盘间的最短距离；r_1, r_2 分别为两个海冰单元的填充颗粒半径。

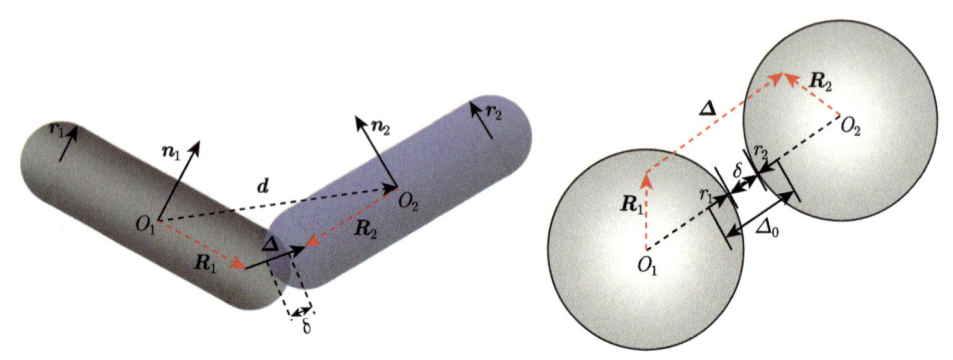

图 2.3.4　离散单元间的接触判断

无论是海冰单元之间的接触，还是海冰单元与船体单元之间的接触，其相互作用均可基于离散元模型计算。单元之间可视为在法向上由弹簧与阻尼器并联，在切向上由弹簧、阻尼器和滑动摩擦器连接。在颗粒相互作用过程中，一般考虑单元间因相对速度和弹性变形而引起的黏弹性作用力，并采用 Mohr-Coulomb 准则计算剪切力。

海冰单元间的法向力为

$$F_n^n = K_n \delta_{ij} - C_n \boldsymbol{v}_{ij} \cdot \boldsymbol{n} \tag{2.3.3}$$

式中，F_n^n 表示 n 时刻两单元间的法向接触力；K_n 是法向接触刚度；C_n 是接触黏滞系数；$\boldsymbol{v}_{ij}$ 是接触面间的相对速度矢量；$\boldsymbol{n}$ 是接触单元的法向单位矢量。

海冰圆盘间的切向接触力为

$$F_t^n = \min((F_t^{n-1} - K_t \Delta t (\boldsymbol{v}_{ij} \cdot \boldsymbol{t})), \mu F_n^n) \tag{2.3.4}$$

式中，F_t^n 和 F_t^{n-1} 分别为 n 和 $n-1$ 时刻的切向力；K_t 为颗粒间的切向刚度，可设为法向刚度的 60%；Δt 为时间步长；$\boldsymbol{t}$ 为接触单元的切向单位矢量；μ 为滑动摩擦系数。

2.3.2　海冰圆盘单元的浮力计算及拖曳力

首先假设不考虑水深对浮力的影响，对于完全浸没在水里的圆盘，其所受到的浮力不会随着圆盘到水面距离的改变而改变。圆盘所受浮力有两个主要影响因素：圆盘浸没在水里的体积，包括全部浸没和部分浸没；圆盘法线与水面的夹角。

2.3 海冰三维圆盘离散元方法

水对海冰单元的作用力包括力和力矩两部分。根据海冰单元模型的特点，这里将圆盘单元的表面划分为小面积微元，分别计算每块面积微元受到的浮力，然后对这些浮力进行求和得到圆盘所受到的浮力。将每个面积微元受到的浮力对圆盘中心取力矩，可得到在该面积微元上水对圆盘的力矩作用。

圆盘单元的表面积分包括两个部分，即上下两个圆形平面和周边的弧形表面。根据两种表面的特点，其网格划分形式如图 2.3.5 所示。这里，上下两个圆形平面的微元的面积为

$$dA = d\theta \cdot R \cdot dr \tag{2.3.5}$$

式中，θ 是面积元中点所在处的角度，θ 的变化范围为 $0 \sim 2\pi$；R 是圆形表面的中心到面积微元的距离，R 的取值范围是 $0 \sim R$。

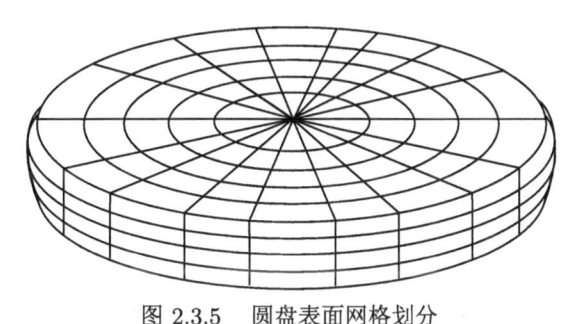

图 2.3.5　圆盘表面网格划分

弧形周边面积元的面积：

$$dA = (r_1^i + r_2^i \cos\varphi)d\theta \cdot r_2^i \cdot d\varphi \tag{2.3.6}$$

式中，φ 是面积元中心点处所在圆面的圆心角，φ 的变化范围是 $-\dfrac{\pi}{2} \sim \dfrac{\pi}{2}$。

在确定海冰单元浮力时，需要分别计算面积元到水面的距离。如果该面积元浸没在水下，则其所受到的浮力为

$$dF_{\text{buoyancy}} = \rho g h dA \tag{2.3.7}$$

圆盘所受到的浮力为

$$\boldsymbol{F}_{\text{buoyancy}} = \sum_r \sum_\theta d\boldsymbol{F}_{\text{buoyancy}} + \sum_\phi \sum_\theta d\boldsymbol{F}_{\text{buoyancy}} \tag{2.3.8}$$

$$\boldsymbol{M}_{\text{buoyancy}} = \sum_r \sum_\theta \boldsymbol{r} \times d\boldsymbol{F}_{\text{buoyancy}} + \sum_\phi \sum_\theta \boldsymbol{r} \times d\boldsymbol{F}_{\text{buoyancy}} \tag{2.3.9}$$

在实际的计算过程中，积分求和的时间消耗大，为节约计算时间，这里建立不同浸入深度和角度下的浮力值，如图 2.3.6 所示。计算浮力时，需要考虑以下参数。

(1) β：水波表面与水平方向的夹角。β 的变化范围为 $0°\sim 15°$，其范围是根据数值模拟所用的波长和波高确定的。其为简单的几何关系：

$$\beta = \arctan\left(\frac{\pi H_{\text{wave}}}{L_{\text{wave}}}\cos\left(\frac{2\pi}{L_{\text{wave}}}x\right)\right) \quad (2.3.10)$$

式中，β 是水波表面与水平方向的夹角；H_{wave} 和 L_{wave} 分别是数值模拟所用的波长和波高。β 的最大取值为 $\beta_{\max} = \arctan\left(\dfrac{\pi H_{\text{wave}}}{L_{\text{wave}}}\right)$，常用的波长是 100m，最大波高为 8m，由上计算得到最大水面夹角为 14.1°。因此在计算浮力的数据库中，将 β 的取值范围定为 $0°\sim 15°$。

(2) d_{d}：圆盘中心到水面的距离。d_{d} 的变化范围为 $-d_0 \sim d_0$，即可求得不同浸没深度下圆盘单元所受到的浮力。这里 d_0 是当圆盘单元刚好完全浸入水中时，圆盘中心到水面的距离。

(3) λ：圆盘单元绕其局部坐标的 x' 轴转过的角度。这里 λ 的取值范围是 $0°\sim 360°$。

(4) α：局部坐标绕整体坐标 z 轴转过的角度。这里 α 的取值范围是 $0°\sim 90°$。

β，d_{d}，λ，α 四个变量在其各自的取值范围内取不同的值，计算得到海冰单元浮力的数据库。这里假定不考虑波浪作用，所有波高都设为零值计算。

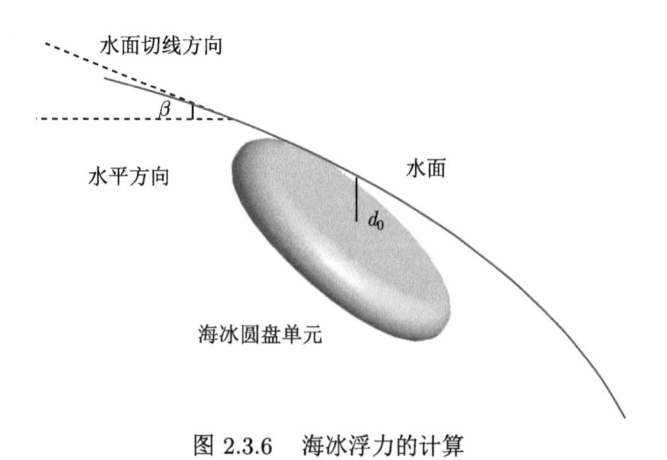

图 2.3.6　海冰浮力的计算

当海冰在海水中按一定的加速度运动时，其惯性力会明显增加。这时可以通

2.3 海冰三维圆盘离散元方法

过附加质量的方法进行处理，即

$$M_\mathrm{a} = C_\mathrm{m}\rho_\mathrm{w}V_\mathrm{sub}\frac{\mathrm{d}(\boldsymbol{v}_\mathrm{i}-\boldsymbol{v}_\mathrm{w})}{\mathrm{d}t} \tag{2.3.11}$$

式中，M_a 为海冰单元的附加质量；C_m 为海冰附加质量系数；ρ_w 为海水密度；V_sub 为物体浸入流体的体积。

在风和流的作用下，海冰受到浮力和拖曳力的共同作用，同时还要考虑水的附加质量。海冰在运动中会有不同的浸入深度和角度，这里采用微元法对不同浸入情况下海冰单元的拖曳力进行计算。海水对海冰单元的拖曳力为

$$\boldsymbol{F}_\mathrm{d} = \frac{1}{2}C_\mathrm{d}\rho_\mathrm{w}A(\boldsymbol{v}_\mathrm{w}-\boldsymbol{v}_\mathrm{i})\left|\boldsymbol{v}_\mathrm{i}-\boldsymbol{v}_\mathrm{w}\right| \tag{2.3.12}$$

式中，C_d 是拖曳力系数；A 是物体浸入水里部分的表面积；$\boldsymbol{v}_\mathrm{i}$ 和 $\boldsymbol{v}_\mathrm{w}$ 分别为冰速和流速矢量。在水流方向和垂直于水流方向上均有拖曳力，其计算方法相同但拖曳力系数 C_d 不相同。

对于海冰单元的转动，海水对其也有相应的拖曳力矩，即

$$\boldsymbol{M}_\mathrm{d} = -\frac{1}{2}C_\mathrm{d}\left(r_1^i\right)^2\rho_\mathrm{w}A\boldsymbol{\omega}\left|\boldsymbol{\omega}\right| \tag{2.3.13}$$

式中，$\boldsymbol{\omega}$ 是海冰的转动角速度。

在计算中会出现相邻的海冰单元被部分遮挡的现象。这里为简化模型，只考虑海冰单元的质心位置。如果质心处在遮挡区域内，则该圆盘被遮挡，此时无须计算其所受到的拖曳力和拖曳力矩。

如图 2.3.7 所示，i 号海冰单元在 j 号海冰单元下方，i 号海冰单元的遮挡区域为图中虚线围起来的区域，其中该区域到圆盘心的深度 h_masked 由水流的具体情况确定。为简化计算模型，令 h_masked 为搜索查找邻居的半径。

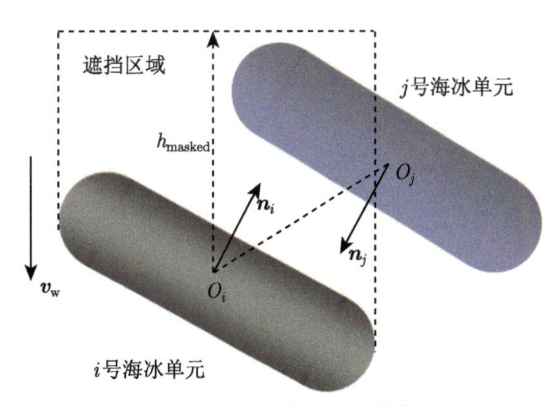

图 2.3.7　海冰单元间遮挡判断

2.3.3 海冰圆盘单元与海洋结构物间的接触判断

无论是极地船舶结构，还是海洋工程结构，均可以采用三角形单元进行构造。因此，在判断海冰圆盘单元与海洋结构物的相互作用时，主要是分析其与三角形单元的接触判断。海冰圆盘单元与三角形单元的接触主要有三种不同的方式，即面–面接触、弧–面接触、弧–棱接触，如图 2.3.8 所示。圆盘单元在与三角形单元接触时，会发生在三角形面上或三角形棱边上两种情况。这里简化圆盘与三角形单元间的接触判断为：弧–面接触和弧–棱接触。

(a) 面-面接触　　(b) 弧-面接触　　(c) 弧-棱接触

图 2.3.8　海冰圆盘单元与三角形单元间的接触形式

1. 弧–面接触判断

为确定任意海冰圆盘单元与三角形单元的接触情况，首先求出圆盘单元到墙面的最短距离 δ（图 2.3.9），即

$$\delta = d - |\boldsymbol{R} \cdot \boldsymbol{n}_\mathrm{w}| - r \tag{2.3.14}$$

式中，d 为圆盘单元形心到三角形平面 abc 的距离；$\boldsymbol{R}$ 和 $\boldsymbol{n}_\mathrm{w}$ 分别为海冰中心圆盘平面的半径矢量和三角形平面的法向单位矢量。p_1 为圆盘单元上到平面距离

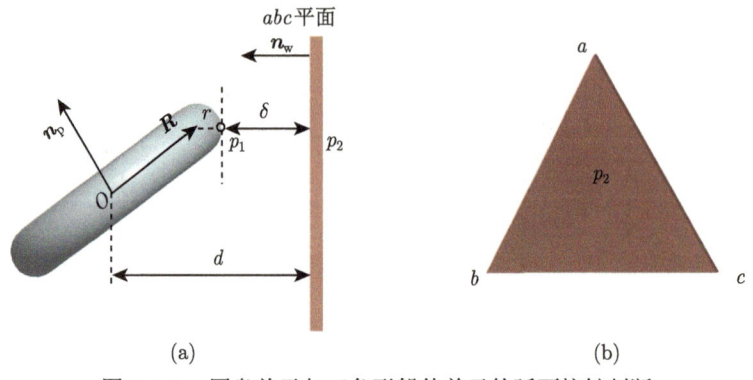

图 2.3.9　圆盘单元与三角形船体单元的弧面接触判断

2.3 海冰三维圆盘离散元方法

最短的点,p_2 是 p_1 在平面上的投影。当 δ 小于等 0 时,圆盘单元与三角形单元所在平面接触。投影 p_2 点此时刚好在三角形单元面 abc 内,即可判断为面接触。

2. 弧--棱接触判断

如果单元间没有面接触,则需判断棱接触情况,即接触点是否在三角形的棱边上。与弧--面接触相似,δ 定义为圆盘单元到棱边的最短距离,p_1 为圆盘单元上到棱边距离最短的点,p_2 是 p_1 在棱边上的投影,如图 2.3.10 所示。

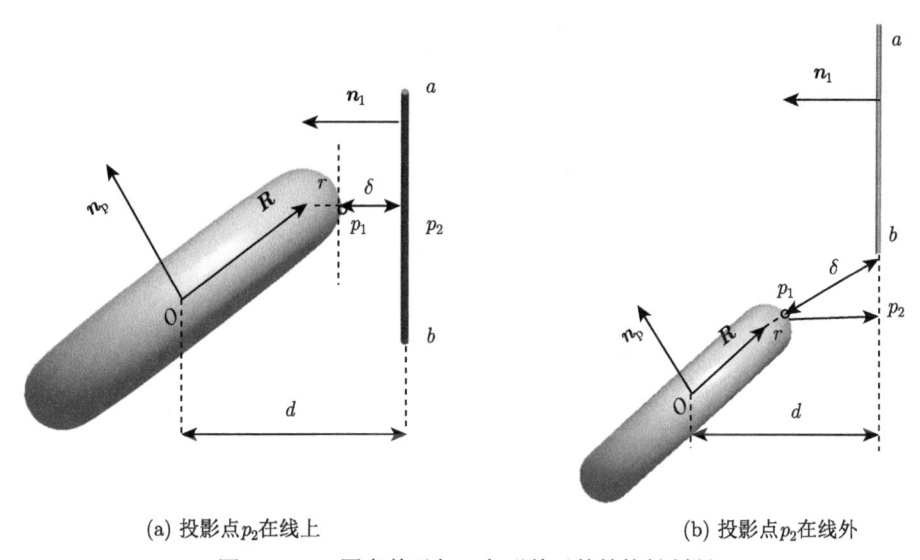

(a) 投影点 p_2 在线上　　　　　　　　(b) 投影点 p_2 在线外

图 2.3.10　圆盘单元与三角形单元的棱接触判断

当 p_2 在棱边 ab 上时,

$$\delta = |p_1 p_2| = d - |\boldsymbol{R} \cdot \boldsymbol{n}_\mathrm{w}| - r \tag{2.3.15}$$

式中,d 为圆盘单元形心到三角形平面棱边 ab 的距离;$\boldsymbol{R}$ 和 $\boldsymbol{n}_\mathrm{w}$ 分别为海冰中心圆盘平面的半径矢量和棱边 ab 的法向单位矢量。

当 p_2 在棱边 ab 的延长线上时,

$$\delta = |P_1 B| \tag{2.3.16}$$

在进行棱接触判断时,如果 $\delta \leqslant 0$,即可判断三角形单元与圆盘单元棱接触。

海冰单元与船体单元之间的接触,其相互作用可基于离散元模型计算。与海冰单元间的接触力计算方法类似,海冰圆盘单元与船体三角形单元可视为在法向上由弹簧与阻尼器并联,在切向上由弹簧、阻尼器和滑动摩擦器连接。在颗粒相互作用过程中，一般考虑单元间因相对速度和弹性变形而引起的黏弹性作用力，并采用 Mohr-Coulomb 准则计算剪切力。采用以上三维圆盘单元可对直立海洋平台结构、船舶结构在碎冰区的冰载荷进行合理的数值计算，部分计算结果如图 2.3.11 和图 2.3.12 所示 (Sun and Shen, 2012; 季顺迎等, 2013; 李紫麟等, 2013; Ji et al., 2011)。采用三维圆盘冻结模型也可数值分析冻结莲叶冰的力学行为及其对海洋工程结构的作用力。

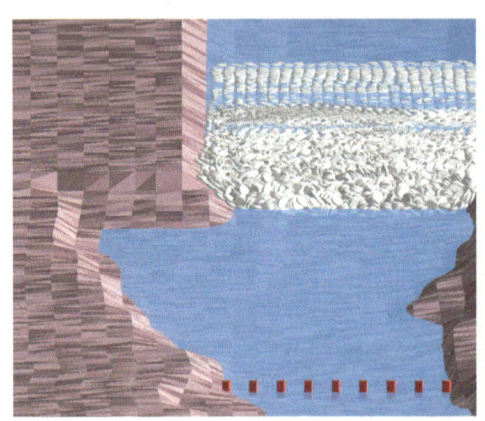

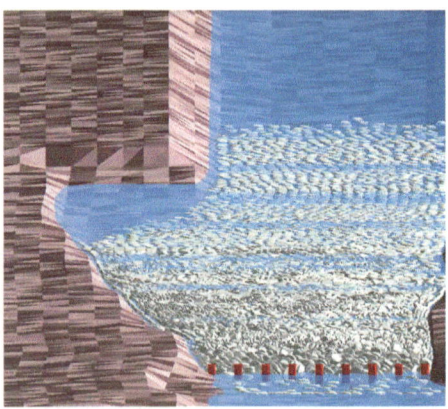

图 2.3.11　采用三维圆盘单元模拟的河冰堆积现象 (Daly and Hopkins, 2001)

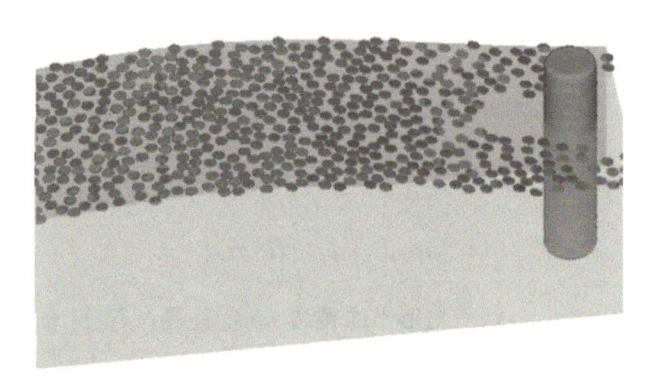

图 2.3.12　莲叶冰在波浪作用下对直立圆柱的碰撞模拟 (Sun et al., 2012)

2.4　海冰与工程结构耦合的 DEM-FEM 方法

在海冰与极地船舶、海洋工程结构的相互作用过程中，海冰不断发生破碎，同时工程结构物在冰载荷的作用下产生变形和冰激振动，如图 2.4.1 所示。对于海冰的破碎现象，可采用球体、多面体等离散元方法 (DEM) 进行数值分析；而对

2.4 海冰与工程结构耦合的 DEM-FEM 方法

于工程结构物的力学响应，则可采用有限元方法 (FEM) 进行计算。为更好地解决海冰与工程结构物在相互作用过程中的耦合现象，将海冰离散元方法与工程结构有限元方法相结合，是一种有效的途径 (Wang and Ji, 2018; 杨冬宝等, 2021)。为将离散元方法与有限元方法进行动力过程耦合，则需要精确处理交界面处的位移、速度、作用力传递以及计算时间步长上的差异。有限元方法与离散元方法的耦合模型已广泛应用于轮胎与路面相互作用 (Michael et al., 2014)、海底管线冲击问题 (邱长林等, 2014)、颗粒材料冲击问题 (Liu et al., 2013)、地震对管道的影响 (Rahman and Taniyama, 2015)、颗粒搅拌等工程问题。

图 2.4.1　海冰与船舶、海洋平台结构的相互作用现象

近年来，我国学者对 DEM-FEM 界面耦合模型研究取得了一系列的研究成果。华南理工大学臧孟炎等针对轮胎在沙地中的行驶问题，对 DEM-FEM 耦合中的搜索算法进行了改进 (Zheng et al., 2016)。针对 DEM-FEM 耦合中的搜索算法，Zheng 等 (2012) 基于内–外搜索算法发展了针对复杂有限元结构的点–面、点–边和点–点的高效局部搜索算法。此外，国内学者也尝试将 DEM-FEM 耦合方法应用到更多的工程问题中。邵帅等 (2016) 针对有砟铁路结构的动力分析，建立了 DEM-FEM 耦合模型。梁绍敏等 (2019) 针对着陆器的着陆过程，建立了 DEM-FEM 耦合模型，主要分析了着陆冲击力的大小以及缓冲垫的应力分布。目前，DEM-FEM 耦合方法也在商业以及开源软件中成功实现，进一步拓展了 DEM-FEM 耦合模型的应用范围 (Zheng et al., 2017)。以上研究为建立海冰与极地海洋工程结构相互作用的 DEM-FEM 耦合方法提供了有益的借鉴。

目前，针对海冰与寒区海洋结构物相互作用过程模拟的 DEM-FEM 耦合方法，主要采用基于两种介质间计算参数传递的界面耦合模型。其中采用具有黏结-破碎性能的球体离散单元对海冰的破碎特性进行模拟，通过由梁单元、板壳单元以及实体单元构建的海洋结构有限元模型，获得结构的动力响应，其耦合算法如图 2.4.2 所示。针对不同的寒区海洋结构物，本节主要介绍球体离散单元与梁单元、球体离散单元与三角形壳单元和球体离散单元与六面体实体单元的 DEM-FEM 耦合模型，重点讲解耦合界面参数的传递算法，包括耦合界面的搜索和等效节点力的计算。

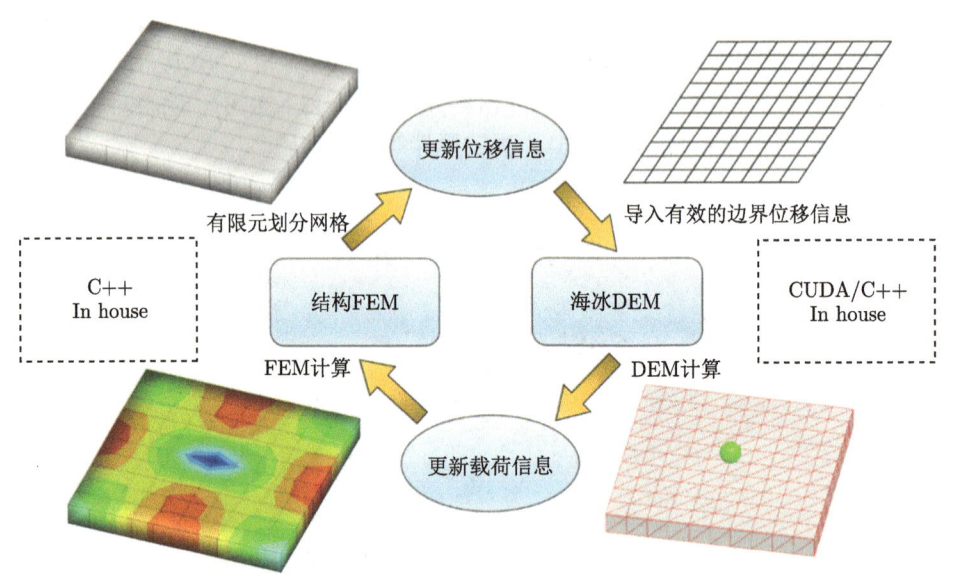

图 2.4.2　海冰与工程结构相互作用的 DEM-FEM 耦合算法

2.4.1　海冰离散元与结构有限元的接触搜索算法

寒区海洋结构物形状复杂，在保证主体结构几何模型以及结构动力学特性的真实性的前提下，通常对不同的海洋结构物简化分解为简单的几何单元形状。在采用 DEM-FEM 耦合方法判断海冰与寒区海洋结构物是否发生作用时，将其转化为球体离散元与简单几何单元的接触判断。对于不同的海洋结构物，球体离散单元与有限单元之间的搜索算法主要包括球体离散单元与梁单元的接触算法和球体离散单元与多面形单元的搜索算法。

1. 离散单元与梁单元的接触算法

球体离散单元与梁单元的接触类型分为三种，即单元与梁侧面接触、单元与梁底面接触、单元与梁棱边接触，如图 2.4.3 所示。图中，A、B 代表梁上下端面的圆心，r_1 和 r_2 为上下端面的半径，P 为球体离散单元的质心，Q 为质心 P 在梁轴线的投影点，M、N 为上下端面的顶点，R 为单元到梁上最短距离的点。通过上述结构信息，可以判断球体离散单元是否与梁单元接触。

2.4 海冰与工程结构耦合的 DEM-FEM 方法

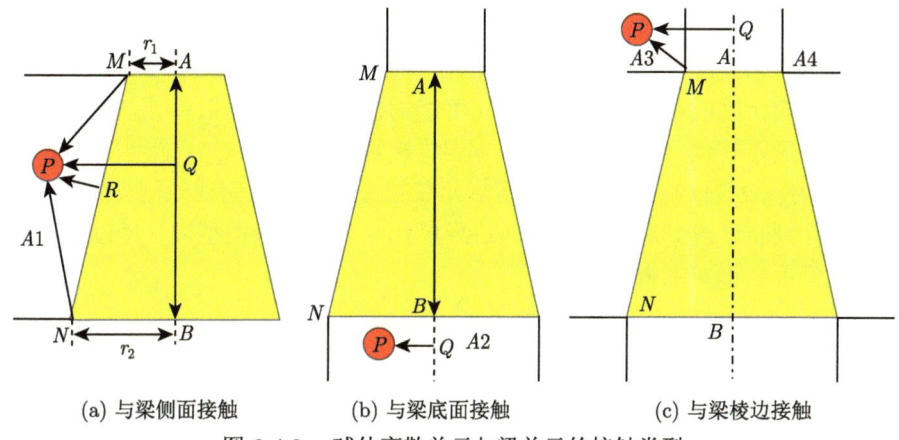

(a) 与梁侧面接触　　(b) 与梁底面接触　　(c) 与梁棱边接触

图 2.4.3　球体离散单元与梁单元的接触类型

1) 球形单元与梁侧面接触

当 $\left(\overrightarrow{MP}\cdot\overrightarrow{NM}\right)\left(\overrightarrow{NP}\cdot\overrightarrow{NM}\right)\leqslant 0$ 时,球体单元在区域 $A1$ 中,如图 2.4.3(a) 所示。如果 $\left|\overrightarrow{RP}\right|<r_{\mathrm{p}}$,则球体单元与梁侧面接触。这里 r_{p} 为球体单元的半径,向量 $\overrightarrow{RP}$ 可表示为

$$\overrightarrow{RP}=\overrightarrow{MP}-\frac{\overrightarrow{MP}\cdot\overrightarrow{MN}}{\left|\overrightarrow{MN}\right|}\cdot\frac{\overrightarrow{MN}}{\left|\overrightarrow{MN}\right|} \tag{2.4.1}$$

2) 球形单元与梁底面接触

如图 2.4.3(b) 所示,当 $\left(\overrightarrow{MP}\cdot\overrightarrow{NM}\right)\left(\overrightarrow{NP}\cdot\overrightarrow{NM}\right)>0$, $\left|\overrightarrow{AQ}\right|>\left|\overrightarrow{BQ}\right|$ 且 $\left|\overrightarrow{QP}\right|<r_2$ 时,球体单元在区域 $A2$ 中,如果 $\left|\overrightarrow{BQ}\right|<r_{\mathrm{p}}$,则说明球体单元与梁底面发生接触。

3) 球形单元与梁棱边接触

如图 2.4.3(c) 所示,当 $\left(\overrightarrow{MP}\cdot\overrightarrow{NM}\right)\left(\overrightarrow{NP}\cdot\overrightarrow{NM}\right)>0$, $\left|\overrightarrow{BQ}\right|>\left|\overrightarrow{AQ}\right|$ 且 $\left|\overrightarrow{QP}\right|<r_1$ 时,球体单元在区域 $A3$ 或 $A4$ 中。若 $\left|\overrightarrow{MP}\right|<r_{\mathrm{p}}$,则表明球体单元与梁棱边接触。

2. 离散单元与多面形单元的搜索算法

对于复杂的海洋结构,可将其划分为三角形或四边形单元,进而计算离散单元与结构的接触力。对于离散单元与三角形或四边形单元的搜索判断问题,内–外搜索算法因其精确较高且容易程序实现 (Wang and Nakamachi, 1997),所以在离

散单元结构搜索中得到了广泛的应用 (Zheng et al., 2018)。下面通过球体离散单元与四边形单元的搜索，阐述内–外算法在离散单元–结构搜索中的实现过程。

首先，判断离散单元与四边形单元可能的接触类型。离散单元与四边形单元的接触类型主要有点–面接触 (PTF)、点–边接触 (PTE) 和点–点接触 (PTN)，如图 2.4.4 所示。通过内–外算法可判断单元在四边形边的内侧或外侧，通过对四条边分别进行判断可得到离散单元与四边形单元的可能接触类型。这里以 AB 边为例，判断值可由下式求得：

$$\varphi_1 = \boldsymbol{n}_{ABP} \cdot \boldsymbol{n}_s \tag{2.4.2}$$

式中，φ_1 为 AB 边的判断值，如果 $\varphi_1 > 0$，则离散单元质心在 AB 边内；$\varphi_1 = 0$ 则在 AB 边上；$\varphi_1 < 0$ 则在 AB 边外。因此，通过四条边判断值 φ_i 的正负号即可判断离散单元与四边形的接触类型。$\boldsymbol{n}_s$ 为四边形单元的法向量：

$$\boldsymbol{n}_s = \sum_{i=1}^{4} \boldsymbol{n}_i \bigg/ \left|\sum_{i=1}^{4} \boldsymbol{n}_i\right| \tag{2.4.3}$$

式中，$\boldsymbol{n}_i$ 由两条邻边叉乘得到，这里以 $\boldsymbol{n}_1$ 为例，即

$$\boldsymbol{n}_1 = \overrightarrow{AB} \times \overrightarrow{AD} \tag{2.4.4}$$

$\boldsymbol{n}_{ABP}$ 可表示为

$$\boldsymbol{n}_{ABP} = \overrightarrow{AB} \times \overrightarrow{AP} \tag{2.4.5}$$

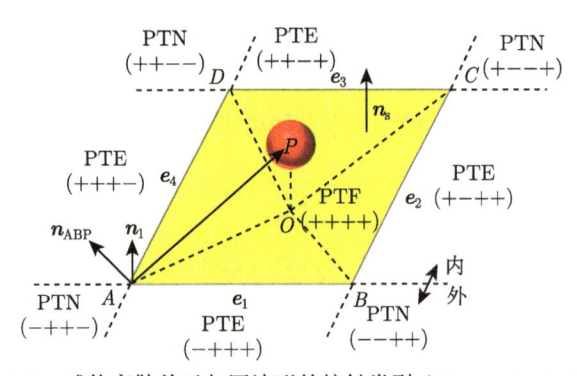

图 2.4.4　球体离散单元与四边形的接触类型 (Zheng et al., 2018)

1) 点–面接触

离散单元质心 P 在四边形面内投影 O 的坐标可表示为

$$\boldsymbol{x}_O = \sum_{i=1}^{4} N_i \boldsymbol{x}_i \tag{2.4.6}$$

2.4 海冰与工程结构耦合的 DEM-FEM 方法

式中，x_O 为 P 在四边形面内投影 O 的坐标向量；x_i 为四边形四节点的坐标向量；N_i 为节点 i 处的形函数，即

$$\begin{cases} N_1 = \varphi_2\varphi_3/\varphi \\ N_2 = \varphi_3\varphi_4/\varphi \\ N_3 = \varphi_4\varphi_1/\varphi \\ N_4 = \varphi_1\varphi_2/\varphi \end{cases} \tag{2.4.7}$$

式中，$\varphi = (\varphi_1 + \varphi_3)(\varphi_2 + \varphi_4)$。

球体单元与四边形的重叠量为

$$g_n = \boldsymbol{n}_s \cdot (\boldsymbol{x}_p - \boldsymbol{x}_O) - r_p \tag{2.4.8}$$

式中，g_n 为单元与四边形的重叠量；$\boldsymbol{x}_p$ 为球体单元质心的坐标向量；r_p 为球体单元的半径。当 $g_n < 0$ 时，说明单元与四边形发生接触，反之则没有。

2) 点–边接触

这里以边 AB 为例，说明球体与边接触的判断过程。首先需要求出边 AB 的单位向量：

$$\boldsymbol{e}_1 = (\boldsymbol{x}_B - \boldsymbol{x}_A)/|\boldsymbol{x}_B - \boldsymbol{x}_A| \tag{2.4.9}$$

式中，$\boldsymbol{e}_1$ 为边 AB 的单位向量；$\boldsymbol{x}_A$、$\boldsymbol{x}_B$ 分别为 A、B 点的坐标向量。

离散单元质心 P 在边 AB 的投影 O 的坐标可表示为

$$\boldsymbol{x}_O = \boldsymbol{x}_A + t \cdot (\boldsymbol{x}_B - \boldsymbol{x}_A) \tag{2.4.10}$$

式中，$t = (\boldsymbol{x}_p - \boldsymbol{x}_A) \cdot \boldsymbol{e}_1/|\boldsymbol{x}_p - \boldsymbol{x}_A|$。

球体单元与边 AB 的重叠量为

$$g_n = |\boldsymbol{x}_p - \boldsymbol{x}_O| - r_p \tag{2.4.11}$$

当 $g_n < 0$ 时，说明单元与边 AB 发生接触，反之则没有。由于一条边可为两个面的公共边，此处将公共边得到的接触力除以共面数，以确保接触力的正确。

3) 点–点接触

如果球体单元在 PTN 区域中，即可能与四边形节点接触，则只需判断单元质心到该区域节点的距离。在此以节点 A 为例：

$$g_n = |\boldsymbol{x}_p - \boldsymbol{x}_A| - r_p \tag{2.4.12}$$

当 $g_n < 0$ 时，说明单元与节点 A 发生接触，反之则没有。同理，为避免接触力重复计算，将节点的接触力除以共面数。

2.4.2 海冰离散元与结构有限元的界面耦合方法

在 DEM-FEM 耦合界面上的参数传递是耦合模型计算的关键问题。下面针对海冰与船舶及海洋工程结构相互作用时，海冰球体离散元与梁单元、板壳单元、实体单元的接触作用问题，分别介绍这三类接触问题的参数传递算法。

1. 离散元与梁单元的界面耦合方法

在球体离散单元与梁结构接触判断中，需要建立相应的局部坐标系，如图 2.4.5 所示。通过将全局坐标系向局部坐标系进行转换来进行单元搜索判断和接触力的求解，坐标转换关系为

$$(x', y', z')^\mathrm{T} = [\lambda] \cdot (x - x^{\mathrm{co}}, y - y^{\mathrm{co}}, z - z^{\mathrm{co}})^\mathrm{T} \qquad (2.4.13)$$

式中，(x, y, z) 和 (x', y', z') 分别代表单元在全局坐标系和局部坐标系下的坐标；$(x^{\mathrm{co}}, y^{\mathrm{co}}, z^{\mathrm{co}})$ 为局部坐标系的原点在全局坐标系下的坐标；$[\lambda]$ 为 3×3 的正交坐标转换矩阵，可表示为

$$\lambda_{i'j} = \boldsymbol{e}_{i'} \cdot \boldsymbol{e}_j \qquad (2.4.14)$$

这里，$\boldsymbol{e}_{i'}$ 和 $\boldsymbol{e}_j$ 分别为局部和全局坐标系下三个方向的单位向量。

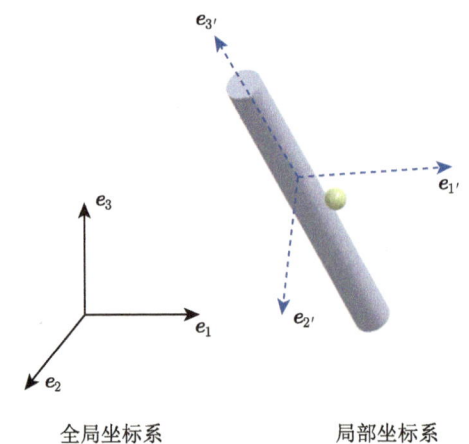

全局坐标系　　　　　　局部坐标系
图 2.4.5　梁单元的全局和局部坐标系

在局部坐标系下可得到单元与梁单元的接触力以及接触点的坐标。同单元间的接触力计算相同，根据线性接触理论，梁单元的接触力由法向和切向两部分组成：

$$\boldsymbol{f}_{i'} = \boldsymbol{f}_{\mathrm{wn}} \cdot \boldsymbol{e}_{i'} + \boldsymbol{f}_{\mathrm{ws}} \cdot \boldsymbol{e}_{i'} \qquad (2.4.15)$$

2.4 海冰与工程结构耦合的 DEM-FEM 方法

式中，$f_{i'}$ 为局部坐标系下梁单元 i' 方向的接触力；$\boldsymbol{f}_{\mathrm{wn}}$ 和 $\boldsymbol{f}_{\mathrm{ws}}$ 分别为球体离散单元与有限单元的法向和切向接触力。法向接触力由弹性力和黏滞力组成：

$$\boldsymbol{f}_{\mathrm{wn}} = \left(k_{\mathrm{wn}}\xi_{\mathrm{n}}^t + c_{\mathrm{wn}}\dot{\xi}_{\mathrm{n}}^t\right) \cdot \boldsymbol{n} \tag{2.4.16}$$

其中，$\boldsymbol{n}$ 为球体离散单元与有限单元作用的法向单位向量；k_{wn} 和 c_{wn} 为离散单元与有限单元间的法向刚度系数和法向阻尼系数；$\dot{\xi}_{\mathrm{n}}^t$ 为 t 时刻离散单元与有限单元法向的相对速度；ξ_{n}^t 为 t 时刻球体离散单元与有限单元法向重叠量，可表示为

$$\xi_{\mathrm{n}}^t = |r_{\mathrm{p}} - |\boldsymbol{x}_t - \boldsymbol{u}_t|| \tag{2.4.17}$$

这里，r_{p} 为球体的半径；$\boldsymbol{x}_t$ 为球体 t 时刻的位置向量；$\boldsymbol{u}_t$ 为有限单元 t 时刻的位置向量。

对于球体离散单元与梁单元切向力的计算，这里考虑 Mohr-Coulomb 准则，即

$$f_{\mathrm{s}}^* = k_{\mathrm{ws}} \cdot (\dot{x}_t^{\mathrm{s}} - \dot{u}_t^{\mathrm{s}}) \cdot \Delta t \tag{2.4.18}$$

$$\boldsymbol{f}_{\mathrm{ws}} = (\mathrm{sign}\,(f_{\mathrm{s}}^*) \min\,\{|f_{\mathrm{s}}^*|, \mu_{\mathrm{w}}\,|f_{\mathrm{wn}}|\}) \cdot \boldsymbol{s} \tag{2.4.19}$$

$$\mathrm{sign}\,(x) = \begin{cases} -1, & x < 0 \\ 0, & x = 0 \\ 1, & x > 0 \end{cases} \tag{2.4.20}$$

式中，$\boldsymbol{s}$ 为球体离散单元与有限单元作用的切向单位向量；f_{s}^* 为当前的球体离散单元对有限单元的切向力，且不能超过最大静摩擦力；k_{ws} 为球体离散单元与有限单元间的切向刚度；μ_{w} 为球体离散单元与有限单元间的摩擦系数；$\dot{x}_t^{\mathrm{s}}$、$\dot{u}_t^{\mathrm{s}}$ 分别为球体离散单元和有限单元在接触点处的切向速度；Δt 为计算的时间间隔；$\mathrm{sign}\,(x)$ 为符号函数。

在海冰与海洋平台结构的作用过程中，由于海冰离散单元与结构有限单元接触的位置为随机分布，所以需确定海洋平台在冰载荷作用下的等效节点载荷。在此提出一种有效的球体离散单元与梁单元在局部坐标系下的等效节点力算法，如图 2.4.6 所示。梁单元等效节点力向量 $\boldsymbol{f}_{\mathrm{e}}$ 由六个分量组成，即

$$\{\boldsymbol{f}_{\mathrm{e}}\}_{6\times 1} = \{f_{i'}^A, f_{j'}^A, f_{k'}^A, f_{i'}^B, f_{j'}^B, f_{k'}^B\} \tag{2.4.21}$$

式中，$f_{i'}^A, f_{j'}^A, f_{k'}^A$ 和 $f_{i'}^B, f_{j'}^B, f_{k'}^B$ 分别为梁单元两端节点 A 和 B 相应方向上的等效节点力。由静力平衡可求得局部坐标系下梁单元的等效节点力，即

$$\{\boldsymbol{f}_{\mathrm{e}}\}_{6\times 1} = [\boldsymbol{N}]_{6\times 3}^{\mathrm{T}} \cdot \{f_{i'}, f_{j'}, f_{k'}\} \tag{2.4.22}$$

式中，$[\boldsymbol{N}]$ 为等效节点力转换矩阵，由 $[N_A, N_B]$ 组成，可表示为

$$\begin{cases} N_{ij}^A = \dfrac{(3a+b) \cdot b^2}{L^3} \cdot \delta_{ij} \\ N_{ij}^B = \dfrac{(3b+a) \cdot a^2}{L^3} \cdot \delta_{ij} \end{cases} \quad (i,j=1,2,3) \tag{2.4.23}$$

这里，L 为梁单元的长度；a 和 b 分别为接触点到端节点 A 和 B 的距离；δ_{ij} 为克罗内克符号。

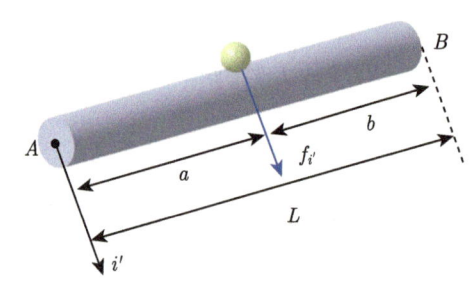

图 2.4.6 梁单元等效节点力模型

全局坐标系下的等效节点力可通过对局部坐标转化得到，即

$$\{\boldsymbol{F}_e\}_{6\times 1} = [\boldsymbol{H}]_{6\times 6}^{\mathrm{T}} \cdot \{\boldsymbol{f}_e\}_{6\times 1} \tag{2.4.24}$$

式中，$\{\boldsymbol{F}_e\}$ 为全局坐标系下梁单元的等效节点力；$[\boldsymbol{H}]$ 为 6×6 的坐标转换矩阵，可表示为

$$[\boldsymbol{H}] = \begin{bmatrix} [\lambda] & [0] \\ [0] & [\lambda] \end{bmatrix} \tag{2.4.25}$$

2. 离散元与板壳单元的界面耦合方法

本节以球体离散单元与三角形板壳单元的界面耦合模型为例，介绍球体离散元与板壳单元的界面耦合方法。在 FEM 计算部分，离散单元与板壳单元的接触力作为集中载荷作用在壳单元的表面，如图 2.4.7 所示。由于有限单元的位移在节点计算，所以需要对接触点进行位移插值，更新耦合界面的位移信息。基于虚功原理，将离散单元与壳单元的接触力等效到 FEM 单元的节点上。

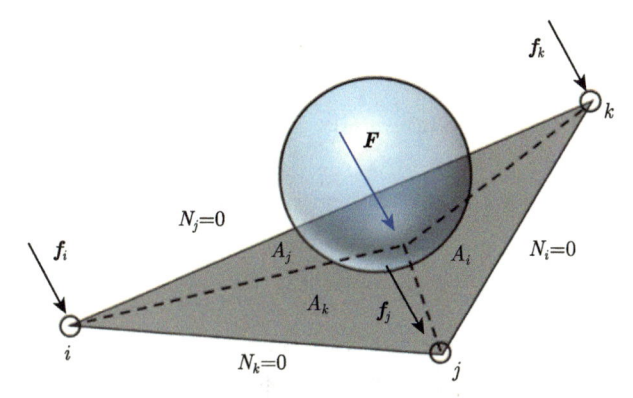

2.4 海冰与工程结构耦合的 DEM-FEM 方法

图 2.4.7 三角形单元等效节点力计算模型

图 2.4.7 为球体离散单元与三角形的等效节点力计算模型，F 为球体离散单元与壳单元的接触力，假定接触点在三角形表面的自然坐标为 $P(\xi_1^p, \xi_2^p, \xi_3^p)$。$(f_i, f_j, f_k)$ 为三角形三个节点的等效节点力向量。根据虚功原理，有限单元节点上的虚功应与外力作用虚功相等，即

$$\sum_{i=1}^{n} \delta W_i = \delta W_s \tag{2.4.26}$$

式中，n 为有限单元节点数目；δW_i 和 δW_s 分别为 i 节点的虚功和单元的外力虚功，可表示为

$$\delta W_i = \boldsymbol{f}_i \cdot \delta \boldsymbol{u}_i \tag{2.4.27}$$

$$\delta W_s = \int_s \boldsymbol{f}_s \delta \boldsymbol{u} \mathrm{d} S \tag{2.4.28}$$

其中，$\delta \boldsymbol{u}_i$ 为 i 节点的虚位移；$\delta \boldsymbol{u}$ 为三角单元的虚位移，对于线性三角单元可表示为

$$\delta \boldsymbol{u} = \sum_{i=1}^{n} N_i \cdot \delta \boldsymbol{u}_i \tag{2.4.29}$$

这里，N_i 为三角形 i 节点的形函数。将式 (2.4.27) ~ 式 (2.4.29) 代入式 (2.4.26)，并在等式两端约去 $\delta \boldsymbol{u}_i$ 可得

$$\boldsymbol{f}_i = \int_s \boldsymbol{f}_s \cdot N_i \mathrm{d} S \tag{2.4.30}$$

通过自然坐标对上式积分可得到

$$\boldsymbol{f}_i = \int_0^1 \boldsymbol{F} \cdot \delta (\xi_i - \xi_i^p) \cdot N_i(\xi_i) \mathrm{d} \xi_i \tag{2.4.31}$$

式中，$\delta(\xi_i - \xi_i^P)$ 为克罗内克函数，具有下述准则：

$$\int_b^a Q(x) \cdot \delta(x-y) \, \mathrm{d}x = Q(y), \quad a \leqslant y \leqslant b \tag{2.4.32}$$

通过式 (2.3.32) 可得到球体离散单元与壳单元接触力 $\boldsymbol{F}$ 的等效节点力公式，即

$$\boldsymbol{f}_i = N_i(\xi_i^P) \cdot \boldsymbol{F} \tag{2.4.33}$$

这里采用面积坐标作为三角形单元的形函数，如图 2.4.7 所示。三角形的面积坐标可以直接通过接触点的坐标计算得到，而不必先求解广义坐标，然后再由广义坐标得到单元的插值函数。对于线性三角单元，其面积坐标可表示为

$$N_i = \frac{A_i}{A} \tag{2.4.34}$$

式中，A_i 为离散单元与三角面的作用点与另外两个单元节点围成的面积；A 为三角形单元的整体面积。

3. 离散元与实体单元界面耦合算法

对于球体离散单元与六面体实体单元的界面耦合模型，首先需要提取相应的耦合界面，如图 2.4.8 所示。这里只考虑球体离散单元与实体单元表面发生接触，因此只需要提取实体单元中没有公共面的表面作为离散单元与有限单元的耦合界面。球体离散单元与六面体实体单元的 DEM-FEM 耦合模型可转换为球体离散单元与四边形的相互作用问题。

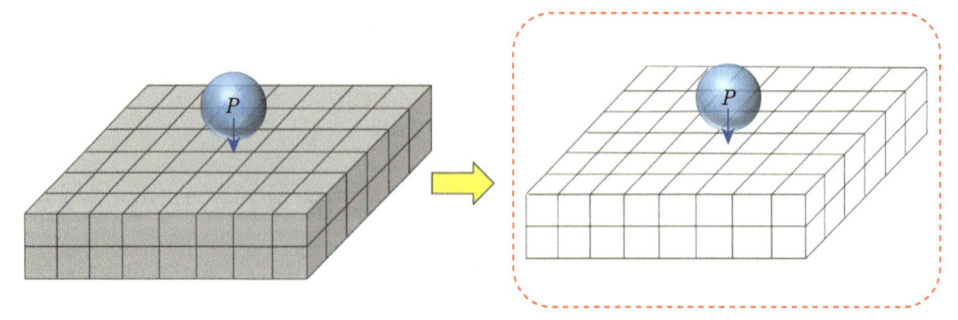

图 2.4.8 球体离散单元与六面体实体单元耦合界面提取

对于多节点的实体单元，接触点的自然坐标较难得到。这里以 20 节点的六面体实体单元为例，该单元的耦合界面为 8 节点的四边形单元，需要得到接触点在 8 节点等参单元的自然坐标，如图 2.4.9 所示。$P(\varepsilon^P, \eta^P)$ 为球体离散单元与

2.4 海冰与工程结构耦合的 DEM-FEM 方法

有限单元接触点的自然坐标，N_i 为 8 节点等参单元的形函数。球体离散单元与有限单元接触点的自然坐标可通过牛顿迭代法求解 (邵帅，2017)，即

$$\varepsilon^P = \varepsilon_k + \frac{f(\varepsilon_k.\eta_k)\,g_\eta(\varepsilon_k.\eta_k) - g(\varepsilon_k.\eta_k)\,f_\eta(\varepsilon_k.\eta_k)}{g_\varepsilon(\varepsilon_k.\eta_k)\,f_\eta(\varepsilon_k.\eta_k) - f_\varepsilon(\varepsilon_k.\eta_k)\,g_\eta(\varepsilon_k.\eta_k)} \tag{2.4.35}$$

$$\eta^P = \eta_k + \frac{g(\varepsilon_k.\eta_k)\,f_\varepsilon(\varepsilon_k.\eta_k) - f(\varepsilon_k.\eta_k)\,g_\varepsilon(\varepsilon_k.\eta_k)}{g_\varepsilon(\varepsilon_k.\eta_k)\,f_\eta(\varepsilon_k.\eta_k) - f_\varepsilon(\varepsilon_k.\eta_k)\,g_\eta(\varepsilon_k.\eta_k)} \tag{2.4.36}$$

式中，ε_k 和 η_k 为接触点坐标迭代初值；$f_\varepsilon(\varepsilon_k.\eta_k) = \frac{\partial}{\partial \varepsilon} f(\varepsilon_k.\eta_k)$，$f_\eta(\varepsilon_k.\eta_k) = \frac{\partial}{\partial \eta} f(\varepsilon_k.\eta_k)$，$g_\varepsilon(\varepsilon_k.\eta_k) = \frac{\partial}{\partial \varepsilon} g(\varepsilon_k.\eta_k)$，$g_\eta(\varepsilon_k.\eta_k) = \frac{\partial}{\partial \eta} g(\varepsilon_k.\eta_k)$；$f(\varepsilon_k.\eta_k)$ 和 $g(\varepsilon_k.\eta_k)$ 定义为

$$f(\varepsilon_k.\eta_k) = x^p - \sum_{i=1}^{8} N_i x_i = 0 \tag{2.4.37}$$

$$g(\varepsilon_k.\eta_k) = y^p - \sum_{i=1}^{8} N_i y_i = 0 \tag{2.4.38}$$

这里，(x^p, y^p) 为笛卡儿坐标系下的接触点坐标；x_i 和 y_i 为单元节点坐标。

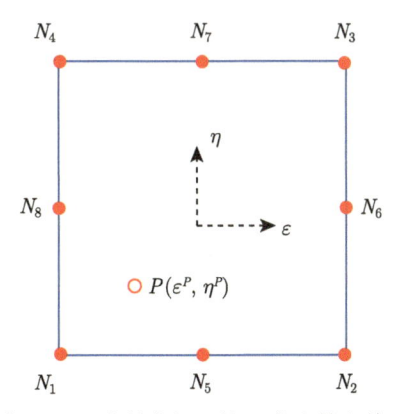

图 2.4.9　自然坐标下的 8 节点等参单元

从上述推导可发现，通过等参单元求解离散单元与多节点有限单元的等效节点载荷比较烦琐，影响计算效率。因此，这里参考三角形单元等效节点力的求解方法，将 8 节点面积坐标 (Soh et al., 2000) 引入球体离散单元与六面体实体单元等效节点力的求解中，如图 2.4.10 所示，避免了复杂的迭代计算。$P(x^p, y^p, z^p)$

为笛卡儿坐标系下球体离散单元与四边形单元的接触点坐标。g_1，g_2，g_3 和 g_4 作为四边形的形状特征参数，可表示为

$$g_1 = \frac{A_{124}}{A}, \quad g_2 = \frac{A_{123}}{A} \tag{2.4.39}$$

$$g_3 = 1 - g_1, \quad g_4 = 1 - g_2 \tag{2.4.40}$$

式中，A_{124} 和 A_{123} 分别为节点 1、2、4 和节点 1、2、3 围成的三角形面积；A 为四边形的面积。

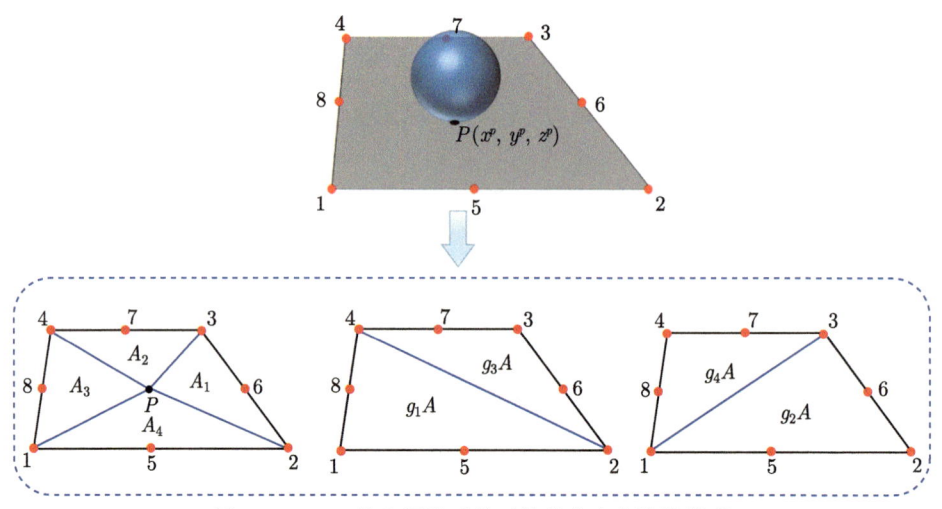

图 2.4.10 8 节点四边形单元等效节点力计算模型

对于 4 节点四边形，接触点 P 的面积坐标定义为

$$N_i = \frac{L_i}{2g_j}\left(1 - \frac{L_m}{g_i}\right) + \frac{L_j}{2g_m}\left(1 - \frac{L_k}{g_i}\right) \quad (i, j, k, m = 1, \vec{2}, 3, \overleftarrow{4}) \tag{2.4.41}$$

$$L_i = \frac{A_i}{A} \quad (i = 1, 2, 3, 4) \tag{2.4.42}$$

式中，A_i 为接触点 P 与四边形各边形成的三角形面积。

8 节点四边形接触点的面积坐标可写作 (Soh et al., 2000)

$$N_{4+i} = \frac{4}{g_i g_j} L_i L_k \left(L_j - L_m + \frac{g_i + g_j}{2}\right) \quad (i, j, k, m = 1, \vec{2}, 3, \overleftarrow{4}) \tag{2.4.43}$$

$$N_i = N_i^0 - N_{i+4}^0 \quad (i = 1, 2, 3, 4) \tag{2.4.44}$$

2.4 海冰与工程结构耦合的 DEM-FEM 方法

式中，N_i 为 8 节点四边形的面积坐标；N_i^0 为 4 节点四边形的面积坐标；N_{i+4}^0 为节点形函数修正项。

将式 (2.4.43) 和式 (2.4.44) 代入式 (2.4.33) 中，可求得球体离散单元与 8 节点四边形的等效节点力，并且不需要针对广义坐标和笛卡儿坐标转换而进行的迭代求解。

2.4.3 DEM-FEM 耦合模型的验证

1. 球体冲击平板结构的 DEM-FEM 方法验证

为验证上述 DEM-FEM 耦合方法的计算精度，这里采用单个球体以一定的初始速度冲击平板算例进行计算，如图 2.4.11 所示。相应的几何参数列于表 2.4.1 中。这里分别采用 DEM-FEM 耦合方法和 LS-DYNA 软件对该过程进行模拟并对比计算结果。在 DEM-FEM 耦合方法中，球体采用离散单元构造，平板由板壳单元组成；LS-DYNA 采用刚性球体冲击由壳单元构造的平板。此处对平板的四边进行全约束。

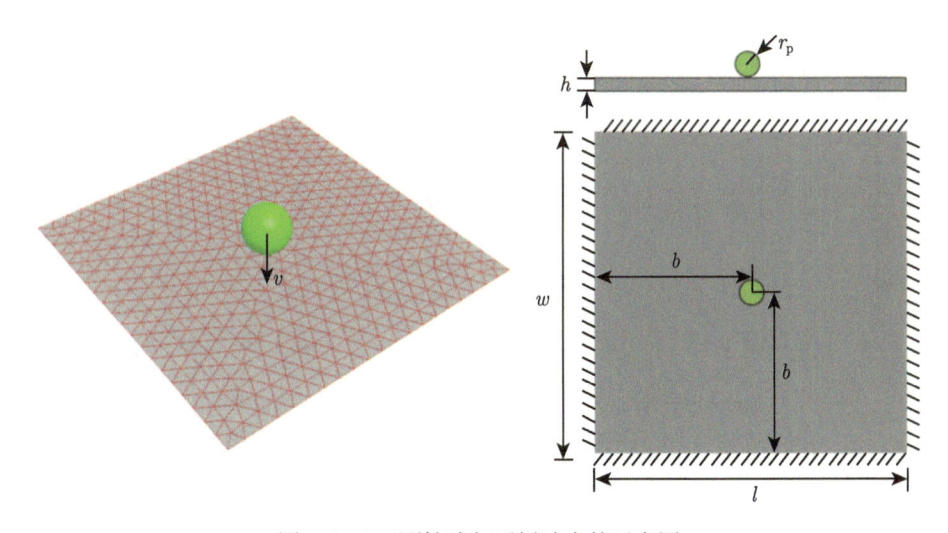

图 2.4.11　刚性球与平板冲击的示意图

本节分别给出耦合方法和 LS-DYNA 计算得到的平板冲击力和板中心位移时程曲线，如图 2.4.12 所示。从对比的结果可以发现，这里提出的 DEM-FEM 耦合方法的计算结果与 LS-DYNA 软件的计算结果相一致。因此，该 DEM-FEM 耦合方法可合理地模拟球体离散单元与板壳单元在界面上的相互作用。

此外，LS-DYNA 基于有限元显式动力计算，需要对球体和平板划分网格，涉及接触非线性问题。尤其在多个球体离散介质与连续介质材料的相互作用中，涉及球体与球体以及球体与结构的接触判断，则 LS-DYNA 的计算效率难以承受。因此，DEM-FEM 耦合方法得到了发展：基于无网格法的 DEM 在接触判断方面有着良好的计算性能，并且适合并行计算；同时，FEM 可以很好地描述连续介质材料的力学行为。DEM-FEM 耦合模型基于"取长补短"的思想发展而来，既保证了计算结果的精确性，又有着较高的计算效率，非常适合分析离散介质与连续介质相互作用的问题。

表 2.4.1　球体冲击平板的主要计算参数

参数	符号	单位	数值
平板尺寸	$l \times w \times h$	m×m×m	$2.0 \times 2.0 \times 0.001$
球体半径	r_p	m	0.10
冲击初速度	v	m/s	0.30
球体密度	ρ_s	kg/m³	200
平板密度	ρ_p	kg/m³	7850
平板弹性模量	E_p	GPa	210
平板泊松比	ν_p	—	0.3

(a) 接触力时程曲线　　(b) 平板中心位移时程曲线

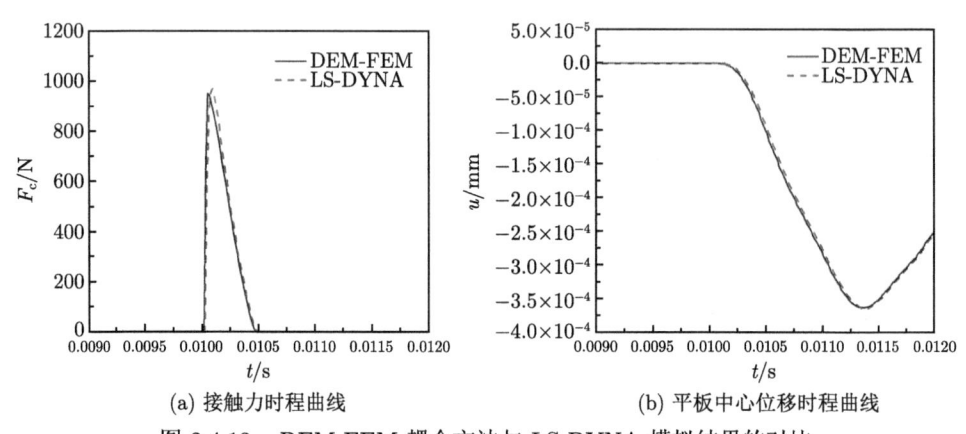

图 2.4.12　DEM-FEM 耦合方法与 LS-DYNA 模拟结果的对比

2. 弹性杆相互碰撞过程的 DEM-FEM 方法验证

为进一步验证 DEM-FEM 耦合模型的有效性，这里采用该耦合模型模拟两个对称线弹性杆相互碰撞问题 (Ning, 1997; Laursen and Chawla, 1997)。其中分别采用球体离散单元和六面体实体有限单元构造两个属性完全一致的弹性杆，并使两个杆以相同的初始速度相向运动，如图 2.4.13 所示。图中，左侧杆采用具有黏结–破碎性能的等粒径球体离散单元模拟连续体弹性变形阶段，模型中不考虑其断裂过程，因此将颗粒单元间的黏结强度设定为一个较大值，以保证该模型在弹性变形过程中不会发生破坏。右侧杆通过六面体实体有限单元构造，两个弹性杆不

2.4 海冰与工程结构耦合的 DEM-FEM 方法

受任何约束，采用显式中心差分法进行积分。此外，为避免转动惯量对结果造成影响，弹性杆材料的泊松比设为 0.0。最后将计算结果与解析解对比，对 DEM-FEM 耦合方法的合理性进行验证分析。

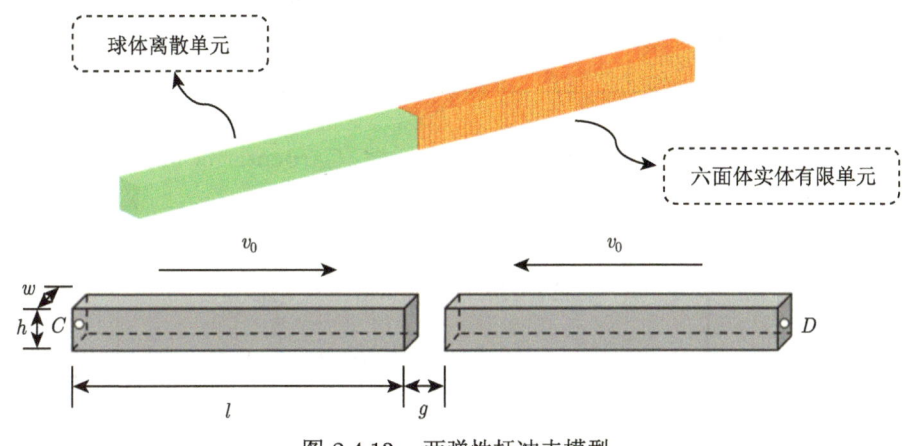

图 2.4.13 两弹性杆冲击模型

两弹性杆冲击算例在 DEM-FEM 耦合算法的验证中已得到广泛使用，这里选取其中一个验证算例 (Gao et al., 2016)，如图 2.4.14 所示。主要计算参数列于表 2.4.2 中。

图 2.4.14 文献中的弹性杆冲击模型 (Gao et al., 2016)

表 2.4.2 弹性杆冲击的 DEM-FEM 耦合计算参数

参数	符号	单位	数值
杆的长度	l	mm	50
横截面	$w \times h$	mm×mm	5×5
杆间距	g	mm	0.5
初始速度	v_0	m/s	20
杆的弹性模量	E	GPa	1.0
有限单元杆的密度	ρ_f	kg/m^3	1000
离散单元杆的密度	ρ_d	kg/m^3	1000

续表

参数	符号	单位	数值
DEM-FEM 时间步长	Δt	μs	0.02
球体离散单元直径	D_p	mm	0.5
六面体有限单元尺寸	s_f	mm	0.5
离散单元数量	N_d	—	10000
有限单元数量	N_f	—	10000

右侧杆接触端碰撞接触力的解析解可表示为 (Carpenter et al., 1991)

$$\begin{cases} F_\mathrm{c} = 0 & (t \leqslant t_\mathrm{impact}) \\ F_\mathrm{c} = -v_0 A\sqrt{E\rho} & (t_\mathrm{impact} > t \leqslant t_\mathrm{release}) \\ F_\mathrm{c} = 0 & (t > t_\mathrm{release}) \end{cases} \quad (2.4.45)$$

式中，F_c 为弹性杆受到的冲击力；A 为杆的横截面积；E 为杆的弹性模量；ρ 为杆的密度；t_impact 和 t_release 分别为杆的接触时刻和释放时刻，可表示为 (Carpenter et al., 1991)

$$t_\mathrm{impact} = \frac{g}{2v_0} \quad (2.4.46)$$

$$t_\mathrm{release} = \frac{g}{2v_0} + 2l\sqrt{\frac{\rho}{E}} \quad (2.4.47)$$

这里，g 为两个杆的距离；l 为杆的长度。

两杆尾部速度的解析解可表示为

$$\begin{cases} \dot{u}_1 = v_0, \ \dot{u}_2 = -v_0 & \left(t \leqslant t_\mathrm{impact} + l\sqrt{\dfrac{\rho}{E}}\right) \\ \dot{u}_1 = -v_0, \ \dot{u}_2 = v_0 & \left(t > t_\mathrm{impact} + l\sqrt{\dfrac{\rho}{E}}\right) \end{cases} \quad (2.4.48)$$

式中，$\dot{u}_1$、$\dot{u}_2$ 分别为左、右两侧杆尾部的速度；v_0 为杆的初始速度。

图 2.4.15(a) 为计算得到的右侧杆接触处冲击力时程曲线，其中虚线为解析解，实线为通过 DEM-FEM 耦合方法得到的数值解。图 2.4.15(b) 为文献中计算得到的接触力时程 (Gao et al., 2016)。从图中可以看出，得到的数值解在接触力大小和接触时间上与解析解较吻合，且与文献中的结果具有相同的形式。该模型中，两杆的间距为 0.5mm，相对速度为 40 m/s，根据式 (2.4.45) 和式 (2.4.46)，在 0.0125 ms 时两杆发生接触并产生冲击力，接触的时间间隔为 0.1 ms。数值解

在时间历程上与解析解存在一定的差异，数值解的冲击力在刚接触和释放阶段以一定的速率增加和减小。解析解未考虑阻尼的影响，峰值即刻达到 500 N，而数值计算中结构受到阻尼的影响，进而导致出现冲击力时程的滞后性。通过上述对比结果，进一步验证了 DEM-FEM 耦合模型的有效性和精确性，为冰激海洋结构振动分析提供了合理的数值模型。

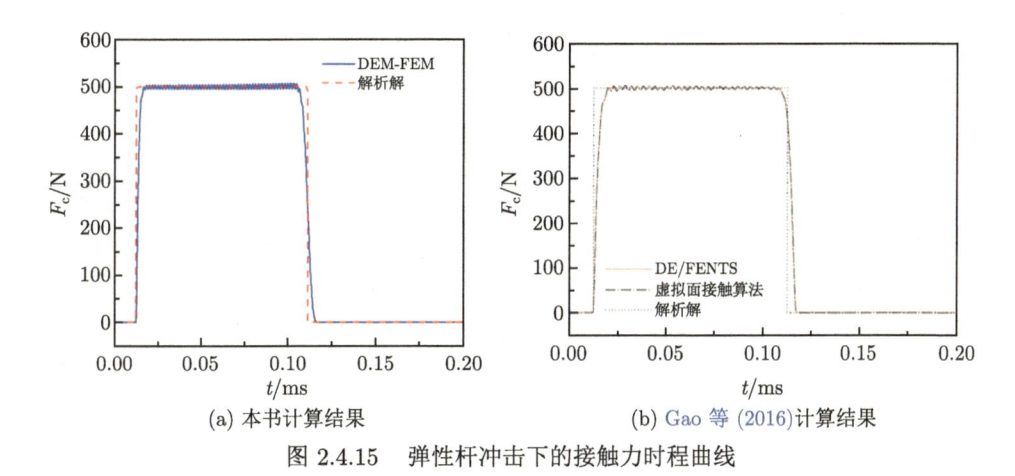

(a) 本书计算结果　　　　　　　　(b) Gao 等 (2016)计算结果

图 2.4.15　弹性杆冲击下的接触力时程曲线

2.5　海冰与流体耦合的 DEM-SPH 方法

在冰堆积、螺旋桨的抗冰分析等问题的研究中，流场、波浪对海冰与结构的相互作用过程至关重要。在渤海海洋平台的现场监测中发现，海冰在潮汐潮流的影响下会与结构作用并发生破碎，而破碎冰会在平台立管之间出现冰堆积现象。在船舶结构破冰过程中，艉部的螺旋桨会与复杂流场中的碎冰发生作用，在螺旋桨的抗冰设计中需要考虑复杂流场的影响 (Walker et al., 1997)。在碎冰与结构的相互作用过程中，波浪会对碎冰的运动产生较大的影响，进而影响结构上的冰载荷 (Sun and Shen, 2012)。

在计算流体力学中无网格方法，特别是无网格粒子法 (meshfree particle method, MPM) 近年来受到了较多关注 (Liu and Liu, 2003)。无网格法的基本思想是，采用大量的规则或随机分布的粒子来求解积分方程或偏微分方程，每个粒子本身具有一定的物理意义并代表特定的物理量，而粒子之间的关系无须通过网格连接。无网格粒子法具有更强的自适应性、健壮性和多用性。在自由液面、可变形边界、运动交界面、几何大变形等传统网格方法难以解决的问题上，无网格粒子法表现出了很好的适应性，且避免了复杂网格、网格重构、多重网格等复杂问题 (季顺迎, 2018)。基于拉格朗日坐标的光滑粒子流体动力学 (SPH) 方法可以有效地避免网格畸变，对自由液面的模拟具有自适应性，能够自然追踪运动界面，可模拟大变形和自由表面问题。SPH 与 DEM 在计算程序实现中具有高度一致的数据结构和运算逻辑，可对流固耦合问题进行有效模拟，且适用于并行计算。

本节首先介绍 SPH 的基本数学原理，以及根据该原理求解拉格朗日形式的纳维–斯托克斯 (Navier-Stokes) 方程，从而实现对流体动力过程模拟；根据弱可压缩格式的 SPH 方法，考虑人工黏度、张力修正，建立了流体动力学的数值模型；采用排斥力模型，建立了扩展多面体单元与流体粒子之间的耦合作用力计算模型，发展基于扩展多面体的离散元方法与 SPH 的流固耦合方法，并进行准确性验证。

2.5.1 光滑粒子流体动力学方法

光滑粒子流体动力学 (SPH) 方法采用光滑函数对插值点附近一定范围的空间域进行积分，并近似计算场函数；然后在拉格朗日坐标下通过粒子近似来求解粒子代表的相关物理量，从而将一系列偏微分方程转换为只与时间相关的常微分方程，利用时间积分即可得到各个粒子上物理量随时间的变化值；根据该粒子近似方法，可以求解拉格朗日形式的 Navier-Stokes 方程，从而实现流体动力学模拟。

1. SPH 中的函数和粒子近似

在 SPH 中，通过核函数 (kernal function) 的积分形式表示任意的场函数，场函数的空间导数等也可对应采用核函数来表示。对于在域 Ω 内已知并连续的函数 $f(x)$，其积分形式可写作 (Liu et al., 2003)

$$f(x) = \int_\Omega f(x')\, \delta(x - x')\, \mathrm{d}x' \tag{2.5.1}$$

式中，$\delta(x-x')$ 为狄拉克函数 (Dirac delta function)，写作

$$\delta(x - x') = \begin{cases} 1, & x = x' \\ 0, & x \neq x' \end{cases} \tag{2.5.2}$$

由于采用了狄拉克函数，对于在域 Ω 内已知并连续的函数 $f(x)$，式 (2.5.1) 对 $f(x)$ 的积分表示是严密且精确的。采用光滑函数代替狄拉克函数，则 $f(x)$ 的积分形式可近似写作

$$f(x) \approx \int_\Omega f(x')\, W(x - x', h)\, \mathrm{d}x' \tag{2.5.3}$$

式中，$W(x-x',h)$ 为光滑函数 (smoothing function)。在许多文献中也被称为光滑核函数 (smoothing kernel function)、光滑核 (smoothing kernel) 或核函数。在

2.5 海冰与流体耦合的 DEM-SPH 方法

光滑函数中，h 是定义光滑函数影响区域的重要参数，称为光滑长度。由于上式是函数 $f(x)$ 的近似表示，在 SPH 中也常用尖括号表示近似，所以上式可写作

$$f(x) = \int_{\Omega} f(x') W(x-x', h) \, \mathrm{d}x' \tag{2.5.4}$$

光滑函数必须是偶函数，其在空间中的一般形式如图 2.5.1 所示。此外，光滑函数还需满足如下条件。

(1) 正则化条件 (归一化条件)，即

$$\int_{\Omega} W(x-x', h) \, \mathrm{d}x' = 1 \tag{2.5.5}$$

(2) 紧支性条件，即在光滑函数的支持域外为 0：

$$W(x-x', h) = 0, \quad |x-x'| > h \tag{2.5.6}$$

(3) 当光滑长度趋近于 0 时，光滑函数应趋近于狄拉克函数：

$$\lim_{h \to 0} W(x-x', h) = \delta(x-x') \tag{2.5.7}$$

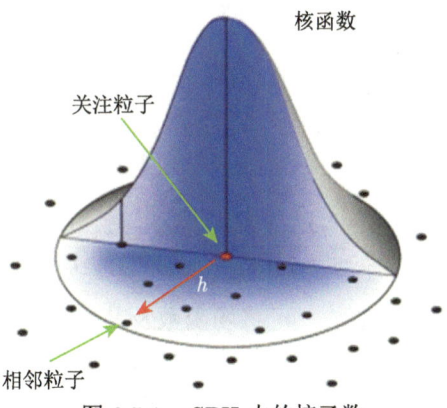

图 2.5.1 SPH 中的核函数

根据 $f(x)$ 的光滑函数积分表示形式，其空间导数 $\nabla \cdot f(x)$ 可写作

$$\langle \nabla \cdot f(x) \rangle = -\int_{\Omega} f(x') \cdot \nabla W(x-x', h) \, \mathrm{d}x' \tag{2.5.8}$$

对于任一两个场函数 f_1 和 f_2，其满足以下运算法则：

$$\langle f_1 + f_2 \rangle = \langle f_1 \rangle + \langle f_2 \rangle, \quad \langle f_1 f_2 \rangle = \langle f_1 \rangle \langle f_2 \rangle \tag{2.5.9}$$

SPH 的空间域中所描述的系统由具有一定质量、一定空间，并具有一定物理属性的粒子表示。因此，由光滑函数积分形式表示的任意连续函数可由支持域内粒子叠加求和的离散格式表示，该过程称为粒子近似法。

假设某个粒子 j 处的无穷小体积元 dx' 以粒子的体积 ΔV_j 表示，则该粒子的质量 m_j 可写作

$$m_j = \Delta V_j \rho_j \tag{2.5.10}$$

式中，ρ_j 为粒子 j 处的密度。那么对于场函数 $f(x)$，其可由光滑函数支持域内粒子的求和形式近似表示，写作

$$\langle f(x) \rangle = \sum_{j=1}^{N} f(x_j) W(x - x_j, h) \Delta V_j = \sum_{j=1}^{N} \frac{m_j}{\rho_j} f(x_j) W(x - x_j, h) \tag{2.5.11}$$

式中，N 表示支持域范围内的粒子个数。那么对于粒子 i 处某个场函数，其近似表达式可写作

$$\langle f(x_i) \rangle = \sum_{j=1}^{N} \frac{m_j}{\rho_j} f(x_j) W(x_i - x_j, h) = \sum_{j=1}^{N} \frac{m_j}{\rho_j} f(x_j) W_{ij} \tag{2.5.12}$$

同理可得粒子 i 处函数 $f(x)$ 的空间导数的粒子近似表达式，写作

$$\langle \nabla \cdot f(x_i) \rangle = -\sum_{j=1}^{N} \frac{m_j}{\rho_j} f(x_j) \nabla W_{ij} \tag{2.5.13}$$

式中，

$$\nabla W_{ij} = \frac{x_{ij}}{r_{ij}} \frac{\partial W_{ij}}{\partial r_{ij}} = \frac{x_i - x_j}{r_{ij}} \frac{\partial W_{ij}}{\partial r_{ij}} \tag{2.5.14}$$

可以看出，通过粒子近似法，可将场函数及其空间导数由空间中任意排列的粒子上相关物理量的求和形式表示，从而使得数值积分可在拉格朗日坐标下的任意粒子位置上分别进行，避免了在使用积分网格时网格形状和尺寸对结果的影响。

2. 流体控制方程的 SPH 求解

拉格朗日坐标描述的流体控制方程可由相关物理量的偏微分方程表示，其中包括了连续方程、动量方程和能量方程。由于这里不研究能量的影响，所以只考虑连续方程和动量方程。在弱可压缩条件下，流体的连续方程和动量方程可分别写作 (Lee et al., 2008)

$$\frac{d\rho}{dt} + \rho \nabla \cdot \boldsymbol{v} = 0 \tag{2.5.15}$$

2.5 海冰与流体耦合的 DEM-SPH 方法

$$\frac{\mathrm{d}\boldsymbol{v}}{\mathrm{d}t} = -\frac{1}{\rho}\nabla p + \nu\nabla^2\boldsymbol{v} + \boldsymbol{g} \tag{2.5.16}$$

式中，ρ 是密度；$\boldsymbol{v}$ 是速度向量；t 是时间；p 是压力；ν 是流体黏度；$\boldsymbol{g}$ 是质量力向量，即重力项。下面将分别根据拉格朗日型的流体控制方程，具体阐述采用 SPH 粒子近似法对流体密度和运动的求解。

1) 密度求解

在 SPH 方法中，密度的求解有两种方式。一种是根据密度的函数表达式直接采用粒子近似进行求解，称为密度求和法。另一种是根据连续方程求解密度的粒子近似表达式，称为连续密度法。对于粒子 i 的密度，其密度求和法写作

$$\rho_i = \sum_{j=1}^{N} m_j W_{ij} \tag{2.5.17}$$

根据连续方程，粒子密度的变化率与速度散度相关，可对速度的散度进行粒子近似。那么粒子 i 的密度变化率可写作

$$\frac{\mathrm{d}\rho_i}{\mathrm{d}t} = -\rho_i \sum_{j=1}^{N} \frac{m_j}{\rho_j} \boldsymbol{v}_j \cdot \nabla W_{ij} \tag{2.5.18}$$

考虑以下恒等式：

$$\sum_{j=1}^{N} \frac{m_j}{\rho_j} \boldsymbol{v}_i \cdot \nabla W_{ij} = \boldsymbol{v}_i \sum_{j=1}^{N} \frac{m_j}{\rho_j} \cdot \nabla W_{ij} = \boldsymbol{v}_i \int_{\Omega} 1 \cdot \nabla W(x - x', h) \mathrm{d}x' = 0 \tag{2.5.19}$$

将上式代入式 (2.5.18) 等号的右侧并相加，可得连续密度的另一种粒子近似表达式，写作

$$\frac{\mathrm{d}\rho_i}{\mathrm{d}t} = \rho_i \sum_{j=1}^{N} \frac{m_j}{\rho_j} \boldsymbol{v}_{ij} \cdot \nabla W_{ij} \tag{2.5.20}$$

式中，$\boldsymbol{v}_{ij} = \boldsymbol{v}_i - \boldsymbol{v}_j$。

另外，对 SPH 近似函数应用梯度算子，可得另一种形式的连续密度方程：

$$\frac{\mathrm{d}\rho_i}{\mathrm{d}t} = \sum_{j=1}^{N} m_j \boldsymbol{v}_{ij} \cdot \nabla W_{ij} \tag{2.5.21}$$

通过式 (2.5.17) 定义的密度求和法在空间求解域内满足质量守恒定律，而连续密度法则不满足质量守恒定律。密度求和法体现了 SPH 粒子近似的本质，在

SPH 方法的实际应用中使用较多。但由于在运用密度求和法计算密度之前需要先计算每个粒子的密度，所以密度求和法的计算量较连续密度法大。同时，由于粒子间的不连续特性，密度求和法也会导致密度计算的不连续性。为改进密度求和法的不连续性，可采用正则化方式对密度进行修正，写作 (Eitzlmayr et al., 2014)

$$\rho_i = \sum_{j=1}^{N} m_j W_{ij} \bigg/ \sum_{j=1}^{N} \frac{m_j}{\rho_j} W_{ij} \tag{2.5.22}$$

连续密度法考虑了粒子间相对速度，降低了粒子非连续性导致的误差，近些年受到的关注较多。特别是在求解具有强间断问题的模拟中，如爆炸、高速冲击、破浪等过程中，连续密度法具有良好的适应性。

2) 运动求解

根据动量方程，对梯度项应用粒子近似，可得速度的求解公式。这里先忽略重力项，动量方程的粒子近似可写作

$$\frac{\mathrm{d}\boldsymbol{v}_i}{\mathrm{d}t} = -\sum_{j=1}^{N} m_j \left(\frac{p_i}{\rho_i^2} + \frac{p_j}{\rho_j^2} \right) \nabla W_{ij} + \sum_{j=1}^{N} m_j \left(\frac{\nu_i \boldsymbol{\varepsilon}_i}{\rho_i^2} + \frac{\nu_j \boldsymbol{\varepsilon}_j}{\rho_j^2} \right) \cdot \nabla W_{ij} \tag{2.5.23}$$

式中，ε 代表剪切应变率张量，且有 $\boldsymbol{\varepsilon} = \{\varepsilon^{\alpha\beta}\}$。上式中等号右侧第一项为压力项，第二项表示黏性力项。其中第二项包含了物理黏度系数，而剪切应变率 $\varepsilon^{\alpha\beta}$ 的表达式可写作

$$\varepsilon^{\alpha\beta} = \frac{\partial \boldsymbol{v}^\beta}{\partial \boldsymbol{x}^\alpha} + \frac{\partial \boldsymbol{v}^\alpha}{\partial \boldsymbol{x}^\beta} - \frac{2}{3} (\nabla \cdot \boldsymbol{v}) \delta^{\alpha\beta} \tag{2.5.24}$$

式中，$\delta^{\alpha\beta} = 1$，若 $\alpha = \beta$；$\delta^{\alpha\beta} = 0$，若 $\alpha \neq \beta$。根据粒子近似法，并利用式 (2.5.19) 对方程进行等效处理，则粒子 i 的黏度 $\varepsilon_i^{\alpha\beta}$ 可写作

$$\varepsilon_i^{\alpha\beta} = \sum_{j=1}^{N} \frac{m_j}{\rho_j} \boldsymbol{v}_{ji}^\beta \frac{\partial W_{ij}}{\partial \boldsymbol{x}_i^\alpha} + \sum_{j=1}^{N} \frac{m_j}{\rho_j} \boldsymbol{v}_{ji}^\alpha \frac{\partial W_{ij}}{\partial \boldsymbol{x}_i^\beta} - \left(\frac{2}{3} \sum_{j=1}^{N} \frac{m_j}{\rho_j} \boldsymbol{v}_{ji} \cdot \nabla W_{ij} \right) \delta^{\alpha\beta} \tag{2.5.25}$$

对于运动的积分，可采用与其他显式动力学的方法类似的方式，如 leap-frog 法、verlet 法等 (Huber et al., 2016)。积分步长可取为

$$\Delta t = 0.25 \frac{h}{c_0} \tag{2.5.26}$$

式中，c_0 为声速，一般取为 10 倍粒子最大运动速度，即 $c = 10 v_{\max}$。也可采用考虑黏性耗散性质和粒子运动加速度的时间步长。

3. 人工黏度和张力修正

采用 SPH 方法模拟耗散问题时，引入人工黏度可提高模拟的稳定性。从能量角度看，人工黏度将动能转换为热能，提供了系统必需的能量耗散，还可防止粒子相互接近时的非物理穿透现象。这里采用 Monaghan 型的人工黏性项 Π_{ij}，具体表达式如下 (Eitzlmayr et al., 2014)：

$$\Pi_{ij} = \begin{cases} \dfrac{-\alpha_\text{II} \bar{c}_{ij} \phi_{ij} + \beta_\text{II} \phi_{ij}^2}{\bar{\rho}_{ij}}, & \boldsymbol{v}_{ij} \cdot \boldsymbol{x}_{ij} < 0 \\ 0, & \boldsymbol{v}_{ij} \cdot \boldsymbol{x}_{ij} \geqslant 0 \end{cases} \tag{2.5.27}$$

式中，α_II 和 β_II 是定常数；另外有

$$\phi_{ij} = \frac{h_{ij} \boldsymbol{v}_{ij} \cdot \boldsymbol{x}_{ij}}{|\boldsymbol{x}_{ij}|^2 + \varphi^2} \tag{2.5.28}$$

$$\bar{c}_{ij} = \frac{1}{2}(c_i + c_j) \tag{2.5.29}$$

$$\bar{\rho}_{ij} = \frac{1}{2}(\rho_i + \rho_j) \tag{2.5.30}$$

$$h_{ij} = \frac{1}{2}(h_i + h_j) \tag{2.5.31}$$

这里，一般有 $c_i = c_j = c_0$；$\varphi = 0.1 h_{ij}$。

在 SPH 的模拟中，自由表面处的粒子处于拉伸状态，粒子的运动会变得不稳定，有时会导致粒子的凝聚或崩溃。为解决该问题，可采用张力修正项 $R_{ij} f_{ij}^4$，提高对自由表面模拟的效果。该修正项可写作 (Sun et al., 2013; Eitzlmayr et al., 2014)

$$R_{ij} f_{ij}^4 = R_{ij} \frac{W_{ij}}{W(\Delta \boldsymbol{x}, h)} \tag{2.5.32}$$

式中，

$$R_{ij} = \begin{cases} 0.01 \left(\dfrac{p_i}{\rho_i^2} + \dfrac{p_i}{\rho_j^2} \right), & p_i > 0 \text{ 且 } p_j > 0 \\ 0.2 \left(\left| \dfrac{p_i}{\rho_i^2} \right| + \left| \dfrac{p_j}{\rho_j^2} \right| \right), & \text{其他} \end{cases} \tag{2.5.33}$$

考虑 Monaghan 型的人工黏性项 Π_{ij} 和张力修正项 $R_{ij} f_{ij}^4$ 后，动量方程可写作

$$\frac{\mathrm{d} \boldsymbol{v}_i}{\mathrm{d} t} = -\sum_{j=1}^{N} m_j \left(\frac{p_i}{\rho_i^2} + \frac{p_j}{\rho_j^2} + \Pi_{ij} + R_{ij} f_{ij}^4 \right) \nabla W_{ij} \tag{2.5.34}$$

4. SPH 的压力求解

在 SPH 模拟中,粒子的压力是合理求解粒子运动的关键因素。传统的 SPH 也称为弱可压缩格式的 SPH (weakly compressible SPH, WCSPH),有时也简称为弱形式的 SPH,压力是通过与密度相关的状态方程 (equation of state, EOS) 求解,该状态方程可写作 (Sun et al., 2013; Robinson et al., 2014)

$$p = \frac{c_0^2 \rho_0}{\gamma} \left[\left(\frac{\rho}{\rho_0} \right)^\gamma - 1 \right] \quad (2.5.35)$$

式中,ρ_0 是流体的密度;γ 是常系数。为保证模拟过程中密度的稳定性,即 $\rho \approx \rho_0$,一般取 $\gamma = 7$ (Robinson et al., 2014)。

对式 (2.5.35) 的密度求导可得

$$\frac{\mathrm{d}p}{\mathrm{d}\rho} = c_0^2 \left(\frac{\rho}{\rho_0} \right)^{\gamma-1} \quad (2.5.36)$$

可以看出,当 $\gamma = 1$ 时,上式恒等于 c_0^2,即压力随密度的变化只与声速的平方直接相关,避免了多参数对压力的影响。因此在一些文献中也有取 $\gamma = 1$ (Eitzlmayr et al., 2014)。实际上,采用式 (2.5.22) 对密度进行平均的方式在 SPH 方法中被广泛使用。该方法可对密度的扰动进行滤波,从而减小压力随密度的波动。

通过式 (2.5.35) 可直接由粒子密度求得粒子压力,进而可求解粒子的运动。该方法具有较好的直观性,计算过程简便,也适合大规模并行算法。但是在实际模拟过程中难以保证流体压力场的稳定和均匀性。因此,也可在动量方程的差分形式中引入速度中间量 $\boldsymbol{v}^*$,并导出压力泊松方程 (pressure Poisson equation, PPE),进而求解粒子压力。动量方程的差分形式可写作

$$\frac{\boldsymbol{v}^{n+1} - \boldsymbol{v}^n}{\Delta t} = -\frac{1}{\rho} \nabla p^{n+1} + \nu \nabla^2 \boldsymbol{v} + \boldsymbol{g} \quad (2.5.37)$$

整理可得

$$\boldsymbol{v}^{n+1} = -\frac{\Delta t}{\rho} \nabla p^{n+1} + \boldsymbol{v}^n + \left(\nu \nabla^2 \boldsymbol{v}^n + \boldsymbol{g} \right) \Delta t \quad (2.5.38)$$

将式 (2.5.38) 左侧后两项表示为由 $\boldsymbol{v}^n$ 到 $\boldsymbol{v}^{n+1}$ 中间的某个速度中间量 $\boldsymbol{v}^*$,可写作

$$\boldsymbol{v}^* = \boldsymbol{v}^n + \left(\nu \nabla^2 \boldsymbol{v}^n + \boldsymbol{g} \right) \Delta t \quad (2.5.39)$$

那么式 (2.5.38) 可写作

$$\boldsymbol{v}^{n+1} = -\frac{\Delta t}{\rho} \nabla p^{n+1} + \boldsymbol{v}^* \quad (2.5.40)$$

2.5 海冰与流体耦合的 DEM-SPH 方法

对式 (2.5.40) 等号两侧取空间导数，且有 $\nabla \cdot \boldsymbol{v}^{n+1} = 0$，可得压力泊松方程，写作

$$\nabla^2 p^{n+1} = \frac{\rho}{\Delta t} \nabla \cdot \boldsymbol{v}^* \tag{2.5.41}$$

可将式 (2.5.41) 左侧表示为压力的拉普拉斯算子形式，并在每个粒子上采用粒子近似表示该拉普拉斯算子项，得到关于每个粒子压力的矩阵算式。对于式 (2.5.41) 等号右侧，可直接计算 $\boldsymbol{v}^*$，也可根据密度恒定原理将式 (2.5.41) 改写为 (Lee et al., 2008)

$$\nabla^2 p^{n+1} = \frac{1}{\Delta t}(\rho_0 \nabla \cdot v^*) = -\frac{1}{\Delta t}\frac{\mathrm{d}\rho^*}{\mathrm{d}t} = \frac{\rho_0 - \rho^*}{\Delta t^2} \tag{2.5.42}$$

可将式 (2.5.41) 或 (2.5.42) 写为关于每个粒子压力的矩阵方程，求解该矩阵方程即可得到每个粒子的压力，且在每个迭代步上均需组建该矩阵方程并求解。

这种利用压力泊松方程求解粒子压力的方程也称为不可压缩格式的 SPH (incompressible SPH, ISPH)，简称为强形式的 SPH。该方法在压力的求解上比弱可压缩格式的 SPH 更加精确，能获得稳定的流体压力场。但是，强形式的 SPH 求解过程复杂，且在每个迭代步上均需求解矩阵方程，方程的维度与粒子个数相同，矩阵的储存和方程的求解会极大地降低计算效率 (Lee et al., 2008)。因此，该方法不利于大规模的工程应用，在这里的流固耦合方法中主要采用弱可压缩格式的 SPH。

2.5.2 SPH 粒子与扩展多面体单元的耦合算法

DEM-SPHDEM-SPH 耦合的直接法中，较多采用固定粒子构造固体颗粒的表面形态，其本质与 SPH 中常用的粒子边界条件极为类似。因此，对于较大尺度的固体颗粒与 SPH 的耦合模拟，合理建立耦合模型，建立流固边界上的 DEM 单元与 SPH 粒子之间的耦合作用，是 DEM-SPHDEM-SPH 方法的关键，其可参考 SPH 边界条件的相关研究。

1. SPH 边界条件

在 SPH 的边界条件研究中，一般采用以下四种方法构造边界和粒子的直接计算模型：边界粒子 (boundary particles) 模型、排斥力 (repulsive force) 模型、边界积分 (boundary integral) 模型和等效边界 (equivalent wall) 模型。

1) 边界粒子模型

边界粒子模型是 SPH 中使用最为广泛的边界构造方法。该方法将边界抽象为由若干层固定不动的粒子组成的粒子墙，如图 2.5.2(a) 所示。边界粒子尽管速度为 0，依然需计算其密度等其他物理量，相关的研究主要集中在如何合理计算边界粒子的物理量。然而，邻近边界的粒子或边界粒子只受到边界内粒子的影响

作用，而边界外没有粒子，不会对边界内的粒子产生影响。这种单边的影响会导致求解的不稳定甚至错误。边界粒子模型通常会产生大量的边界粒子，从而带来大量的计算，故该方法的计算效率较低，不利于大规模的计算模拟。

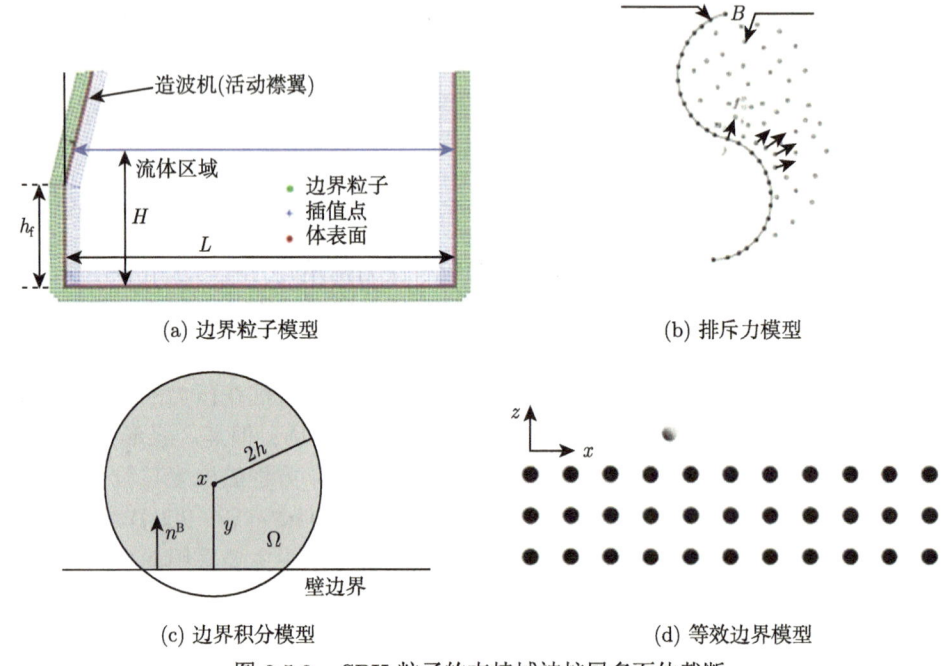

(a) 边界粒子模型

(b) 排斥力模型

(c) 边界积分模型

(d) 等效边界模型

图 2.5.2 SPH 粒子的支持域被扩展多面体截断

2) 排斥力模型

排斥力模型将粒子与边界之间的作用简化为与距离相关的作用力公式，阻碍流体粒子穿透边界，如图 2.5.2(b) 所示。最早，Monaghan 和 Kajtar (2009) 基于分子动力学中的 Lennard-Jones 方程建立了排斥力模型，之后对该模型的不足进行了修正。与 Monaghan 类似，Liu 等 (2012) 也提出了新的排斥力模型。排斥力模型的主要目的是防止粒子的非物理穿透，其缺少坚实的理论依据。但由于其计算简便易行，在大规模 SPH 模拟中使用广泛。

3) 边界积分模型

根据边界对 SPH 粒子支持域的截断作用，可在粒子的密度、动量计算中建立归一化的方程计算边界作用，建立边界积分模型 (Macià et al., 2012)。如图 2.5.2(c) 所示，根据边界对支持域的截断大小，可通过在归一化的方程中引入关于截断大小的参数，从而根据该参数计算粒子的相关物理量，实现边界对粒子的影响 (Sun et al., 2013)。另外，还可通过边界粒子建立归一化的方程，计算 SPH 粒子与边界粒子之间的作用 (Feldman and Bonet, 2007)。

2.5 海冰与流体耦合的 DEM-SPH 方法

4) 等效边界模型

采用若干层固定粒子构造边界，并假定边界粒子上的密度等物理量与流体粒子相同，分析流体粒子在距边界不同距离时该粒子的密度、加速度等的变化情况，并将该变化规律总结拟合为归一化的变化函数，如图 2.5.2(d) 所示。在实际的 SPH 模拟中，即可直接采用该归一化函数计算流体粒子受到的边界作用，该方法即为等效边界模型 (Eitzlmayr et al., 2014)。等效边界模型考虑了边界粒子模型，在实际模拟中舍弃了边界粒子的设定，可有效避免边界粒子带来的大量计算。

粒子近似的前提需满足粒子附近的粒子均匀分布在整个支持域内，而在边界上积分会被边界截断，因此 SPH 的粒子近似并不能完全适用于整个求解区域。对于由扩展多面体单元与 SPH 粒子的流固耦合界面，会出现 SPH 粒子光滑函数的积分域即支持域被扩展多面体的面截断；同时会出现一个 SPH 粒子支持域同时被由两个扩展多面体组成的复杂界面截断。从中可以看出，在 SPH 方法中常用的边界粒子法、虚粒子法等不适合构建复杂几何形态的边界。因此，这里采用排斥力方法简化流固边界的耦合作用。需要注意的是，该方法同时被用于流体边界条件的建立，即流固边界耦合和流体的边界条件采用相同的方法实现。

如图 2.5.3 所示，扩展多面体单元与 SPH 粒子的排斥力模型可写作 (Rogers and Dalrymple, 2008)

$$\boldsymbol{f}_\mathrm{B} = \boldsymbol{n}_\mathrm{B}\varepsilon(z) R(d) \tag{2.5.43}$$

式中，$\boldsymbol{f}_\mathrm{B}$ 为边界排斥力；$\boldsymbol{n}_\mathrm{B}$ 为壁面边界法向量；$\varepsilon(z)$ 是压力修正项；$R(d)$ 为排斥力函数，这里 d 是粒子到边界的距离，排斥力函数可写作

$$R(d) = A\frac{1}{\sqrt{q}}(1-q) \tag{2.5.44}$$

其中，q 为正则化距离，且有 $q = d/2h$；A 是与光滑长度和声速有关的参数，即 $A = 0.01c_0^2/h$。

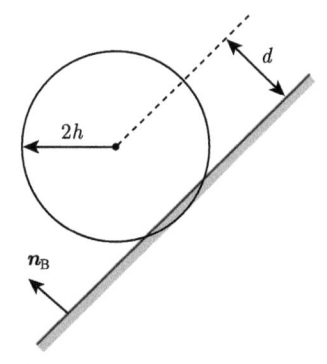

图 2.5.3 SPH 粒子与固壁边界作用

由于边界附近的 SPH 粒子在不同深度上受到的压力不同，所以，若采用相同的排斥力，会导致边界附近的 SPH 粒子出现非物理的排列，即形成线性的倾斜现象。为平衡不同水深处 SPH 粒子受到的压力，采用 $\varepsilon(z)$ 对排斥力进行修正，其可写作 (Rogers and Dalrymple, 2008)

$$\varepsilon(z) = \begin{cases} 0.02, & z \geqslant 0 \\ |z/h_0| + 0.02, & -h_0 \leqslant z < 0 \\ 1, & |z/h_0| > 1 \end{cases} \tag{2.5.45}$$

式中，h_0 为水体初始高度；z 为 SPH 粒子当前高度，注意这里以水平面为零平面，水面以下为负。

在 DEM-SPH 的耦合中，将多面体表面当作 SPH 边界处理，且 SPH 粒子和扩展多面体单元间的作用力满足牛顿第三定律，即作用在 SPH 粒子上的排斥力也会反作用在扩展多面体单元上。在具体的几何判断中，将 SPH 粒子与扩展多面体单元的接触分为三种类型进行判断，具体阐述如下。

2. SPH 粒子与扩展多面体的平面相互作用

图 2.5.4 是 SPH 粒子与扩展多面体的平面相互作用的 3D 空间示意图。计算粒子的空间位置 O 与平面的最短距离 d，可写作

$$d = \overline{AO} \cdot \boldsymbol{n} \tag{2.5.46}$$

式中，$\boldsymbol{n}$ 为平面的单位外法向。由上式计算所得的 d 进而求解 SPH 粒子与扩展多面体之间的排斥力。

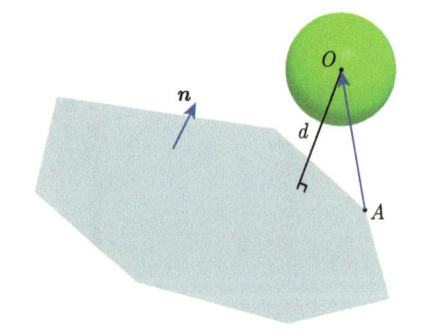

(a) 粒子与平面作用　　　　　　　　(b) 粒子与平面的最近距离

图 2.5.4　SPH 粒子与扩展多面体的平面相互作用

3. SPH 粒子与扩展多面体的棱边相互作用

由扩展多面体的几何特点可知，扩展多面体的棱边是光滑的圆柱面。SPH 粒子与扩展多面体棱边的作用过程即 SPH 粒子与圆柱几何位置关系的确立过程。如

2.5 海冰与流体耦合的 DEM-SPH 方法

图 2.5.5 所示，SPH 粒子与扩展多面体的棱 AB 相互作用，则 SPH 粒子与棱 AB 的最近距离可采用粒子的空间位置到圆柱 AB 表面的最近距离，写作

$$d = \left\| \overline{AO} - \overline{AO} \cdot \mathrm{norm}\left(\overline{AB}\right) \right\| - r \tag{2.5.47}$$

式中，r 是扩展多面体的扩展半径。采用上式即可计算 SPH 粒子与扩展多面体单元之间的排斥力。

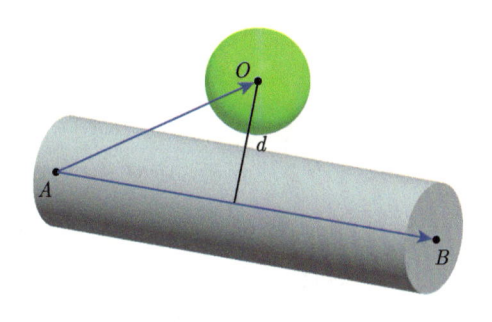

(a) 粒子与棱边作用   (b) 粒子与棱边的最近距离

图 2.5.5   SPH 粒子与扩展多面体的棱边相互作用

4. SPH 粒子与扩展多面体的角点相互作用

由扩展多面体的几何特点可知，扩展多面体的角点是光滑的球面。SPH 粒子与扩展多面体角点的作用过程即 SPH 粒子与球面几何位置关系的确立过程。如图 2.5.6 所示，SPH 粒子与扩展多面体的角点 A 相互作用，则 SPH 粒子与棱 AB 的最近距离可采用粒子的空间位置到角点 A 的最近距离，写作

$$d = \left\| \overline{AO} \right\| - r \tag{2.5.48}$$

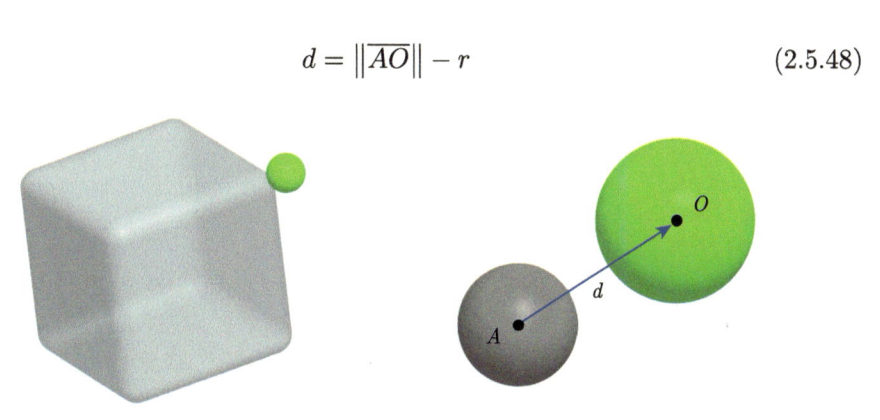

(a) 粒子与角点作用   (b) 粒子与角点的最近距离

图 2.5.6   SPH 粒子与扩展多面体的角点相互作用

在采用排斥力模型构建边界条件的 SPH 方法中，大多依然是通过边界粒子与流体粒子之间的距离计算排斥力。而直接通过 SPH 粒子与扩展多面体单元的几何关系计算距离并计算排斥力，则其方式更加简便，且有利于构建复杂的几何边界，尤其适合于由扩展多面体单元形成的几何形态会发生任意变化的边界条件。

2.5.3 DEM-SPH 耦合的数值模拟分析及结果验证

这里通过水溃坝和方柱绕流的 SPH 数值模拟算例，与相关文献中的试验和模拟结果进行对比，验证 SPH 方法及其边界条件计算的合理性。采用溃坝分别冲击单个块体和三个块体的试验，将块体的运动位移与已有试验和模拟进行对比，以验证 DEM-SPH 耦合方法的可靠性。

1. 溃坝流冲击块体的 DEM-SPH 耦合分析及验证

为验证 DEM-SPH 耦合方法的合理性，对溃坝流冲击块体的流固耦合过程进行数值分析和对比验证。在单个块体和三个块体受溃坝流冲击模拟中，块体颗粒置于水坝下游 1.7 m 处，如图 2.5.7 所示。相关计算参数列于表 2.5.1 中，表中的参数与 Canelas 等 (2016) 的取值基本一致。

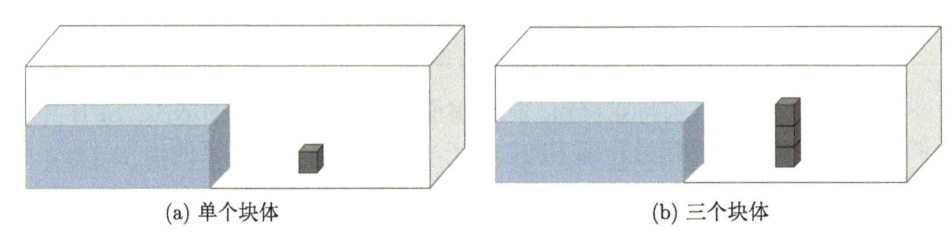

(a) 单个块体　　　　　　　　　(b) 三个块体

图 2.5.7　溃坝流冲击块体的 DEM-SPH 数值算例

表 2.5.1　DEM-SPH 模拟溃坝冲击颗粒的主要计算参数

参数	数值	单位
水槽长宽	8×0.7	m×m
块体边长	0.15×0.15×0.15	m×m×m
块体扩展半径	0.01	m
块体密度	800	kg/m^3
块体与水体的初始距离	1.7	m
水槽摩擦系数	0.35	—
块体摩擦系数	0.45	—
块体杨氏模量	3.0	GPa
泊松比	0.3	—
水体尺寸	3.5×0.7×0.4	m×m×m
光滑长度	0.02	m
SPH 粒子数	34×175×20	—

2.5 海冰与流体耦合的 DEM-SPH 方法

图 2.5.8 为单个块体的冲击模拟结果，图中颜色代表速度。从图中可以看出，块体在水的冲撞作用下发生滑动，且并未出现滚动情况，与试验结果基本一致。图 2.5.9 为块体沿 x 方向的位移随时间变化曲线，并与相关试验和数值模拟结果进行对比。计算结果表明，流体在 0.8 s 左右冲击到块体，块体在水流冲击作用下以较为恒定的速度运动。块体的运动在趋势上与 Canelas 等 (2016) 的溃坝试验和 DCDEM-SPH 数值模拟结果基本一致，其中试验数据是多次试验的平均结果。由于受到试验条件的微小影响，所以每次试验结果均存在细小差异 (Canelas et al., 2016)。因此，初步验证基于排斥力模型开展扩展多面体单元与 SPH 粒子相互作用模拟计算的合理性。

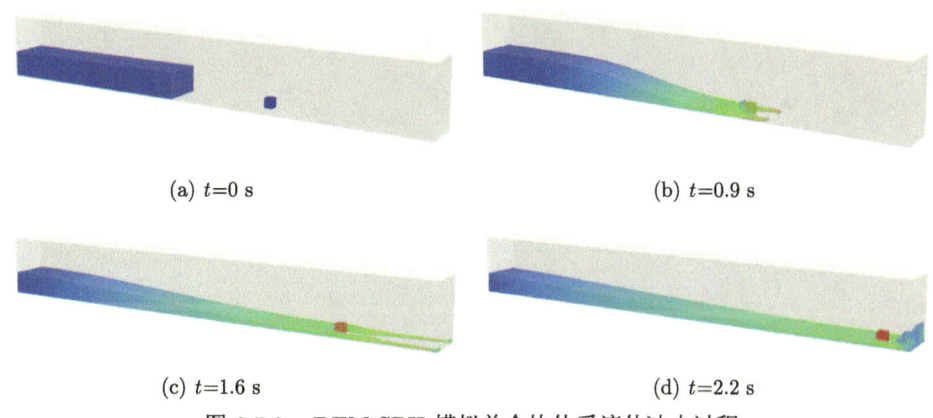

(a) t=0 s   (b) t=0.9 s

(c) t=1.6 s   (d) t=2.2 s

图 2.5.8   DEM-SPH 模拟单个块体受流体冲击过程

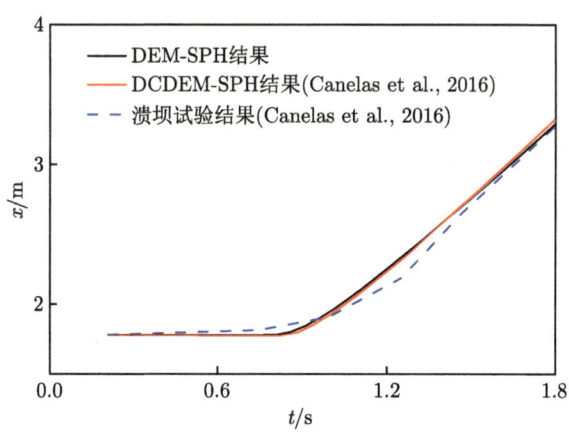

图 2.5.9   DEM-SPH 模拟单个块体在 x 方向的位移及与 DCDEM-SPH 数值模拟和溃坝试验结果 (Canelas et al., 2016) 的对比

当考虑溃坝对三个块体冲击时，DEM-SPH 模拟的结果如图 2.5.10 所示。从中可以看出，竖直排列的单元在水流冲击作用下发生倾倒，之后三个块体随水流呈一字形运动。将两个不同时刻计算结果与相关力学试验和数值模拟结果 (Canelas et al., 2016) 进行对比，如图 2.5.11 所示。从中可以看出，这里模拟的流固耦合现象与 Canelas 等 (2016) 的试验和模拟结果具有很好的一致性。需要指出的是，在 Canelas 等 (2016) 的离散元数值模拟中，块体通过球体黏结的形式构造，其块体单元的接触形式与这里数值模型不同，导致计算结果对比存在一定的差异。

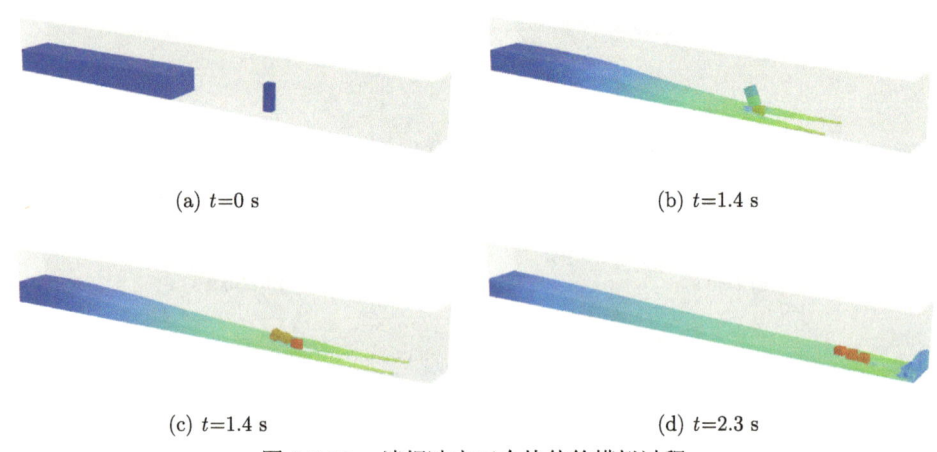

(a) t=0 s

(b) t=1.4 s

(c) t=1.4 s

(d) t=2.3 s

图 2.5.10 溃坝冲击三个块体的模拟过程

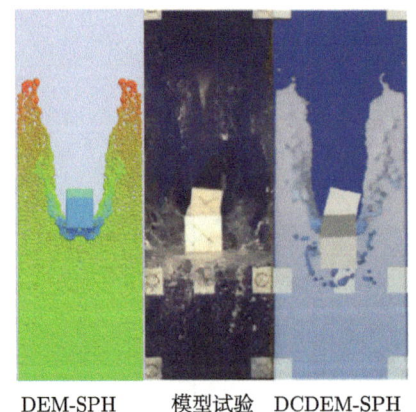

DEM-SPH 　模型试验　DCDEM-SPH
(a) t=0.98 s

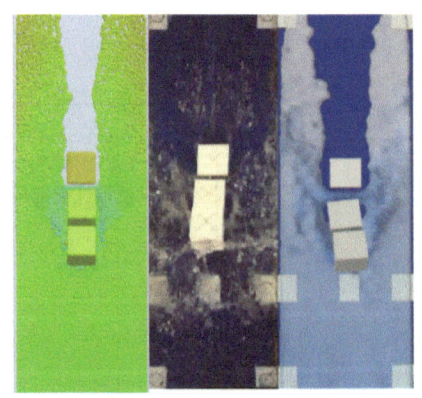

DEM-SPH 　模型试验　DCDEM-SPH
(b) t=1.28 s

图 2.5.11 DEM-SPH 模拟的三个块体冲击现象及与试验和 DCDEM-SPH(Canelas et al., 2016) 的对比

在三个块体的冲击试验中，统计底部颗粒的 x 方向位移、顶部块体的 x 方向

2.5 海冰与流体耦合的 DEM-SPH 方法

和 z 方向位移,并分别与相关试验和模拟对比,如图 2.5.12 所示 (Canelas et al., 2016)。与上一算例类似,试验数据是多次试验进行统计平均后的结果,每组试验结果均会在平均值附近浮动。对于多块体的模拟,块体的运动受到多重因素的影响,包括受到的水流冲击和其他块体的碰撞作用,还可能受到水槽底部的摩擦作用。因此,块体在运动过程中受到的干扰较多,在具体的试验中由于试验手段的限制,结果会存在一定的随机性。从总体上来看,这里的计算结果在趋势上可与相关试验和模拟的结果保持良好的一致性;而在数值上与相关模拟的结果更为接近,与试验结果存在一定误差。综合考虑数值方法的差异以及试验条件的干扰,该 DEM-SPH 方法的模拟结果能够较真实地反映流体与固体颗粒的相互作用,充分说明了以上方法的合理性。

(a) 底部块体的 x 方向位移

(b) 顶部块体的 x 方向位移

(c) 顶部块体的 z 方向位移

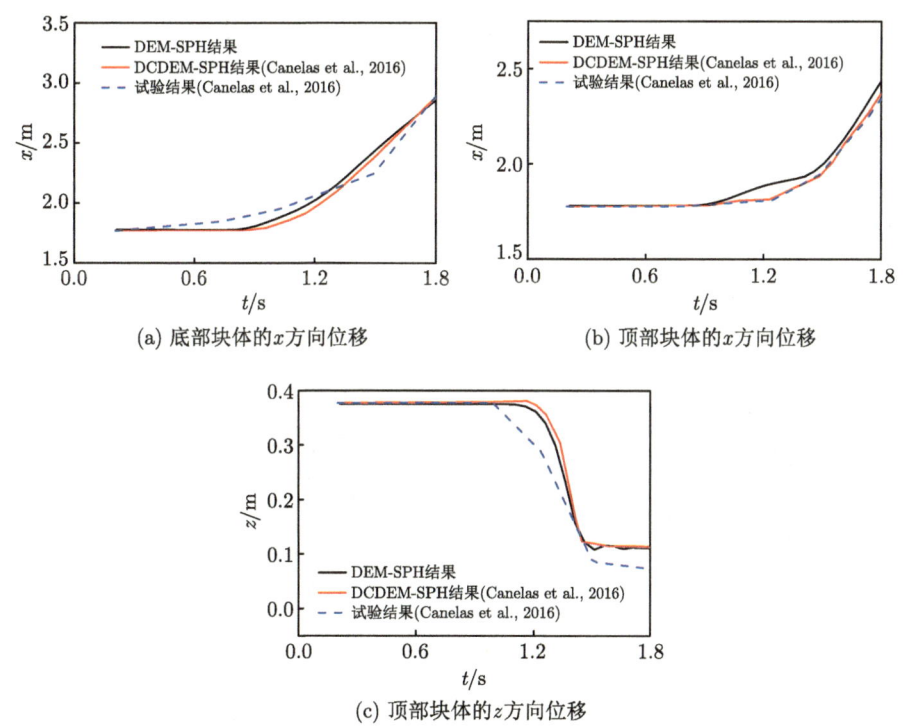

图 2.5.12 DEM-SPH 耦合模拟的三个块体在 x 和 z 方向的位移曲线及其与 DCDEM-SPH 和试验结果 (Canelas et al., 2016) 的对比

2. 颗粒在流体中下落过程的 DEM-SPH 耦合分析及验证

由 Monaghan 和 Kajtar(2009) 以及 Rogers 和 Dalrymple(2008) 提出的排斥力模型,可用于 SPH 粒子与边界的计算与流固耦合间的计算。边界由固定的多层

粒子组成，可以计算流体粒子与边界粒子之间的相互作用力。它不同于最小距离的直接几何计算。此外，由于排斥力模型缺乏理论基础，所以不能保证直接使用排斥力模型的有效性。因此，此处使用没有特殊物理意义的参数 β 来校正 DEM 和 SPH 粒子之间的相互作用力。该参数可以通过流固耦合的简单测试来确定。

这里用 DEM-SPH 方法模拟块体入水的过程。通过与 Wu 等 (2019) 的实验结果对比，验证模拟结果的准确性并校准排斥力模型中的参数 β。块体为立方体，棱长为 20mm。在模拟时，光滑长度越小，模拟效果越好，但当光滑长度过小时，计算量太大，无法进行模拟。而较大的光滑长度又不能保证模拟结果的准确性。因此，应确定适当的光滑长度。参考之前固体颗粒尺寸间相对大小的 DEM-SPH 耦合研究，光滑长度确定为 3 mm，约为块体棱长的 1/7。

DEM-SPH 耦合模拟过程如图 2.5.13 所示。块体最初在初始速度为 0 时首先浸入水中一半，然后在重力作用下没入水中。块体完全没入水中后，其上方的水会受到刺激而形成波浪。块体周围的 SPH 粒子在耦合力的作用下具有较大的速度。图 2.5.14 显示了在不同 β 下块体的 z 方向位移时程以及 Wu 等 (2019) 的实验结果。如图所示，在不同的 β 值下，块体的 z 方向位移几乎没有差异。但是，当 $t > 0.3$ s，$\beta = 1.0$ 和 $\beta = 1.5$ 时，曲线的结尾部分具有较大的差异。最接近实验结果的是在 $\beta = 0.5$ 的条件下的曲线。因此，在后续的模拟中，参数 β 被确定为 0.5。

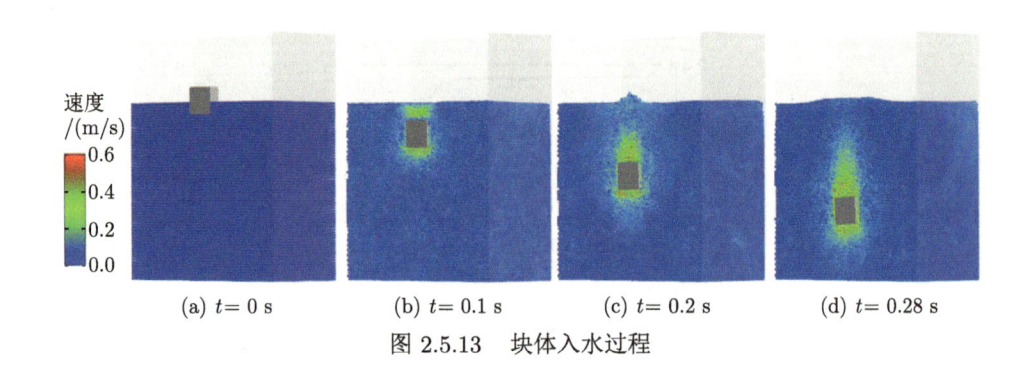

图 2.5.13　块体入水过程

块体的阻力系数 C_d 可通过下列公式计算：

$$C_{\mathrm{d}} = \frac{2F^{\mathrm{fs}}}{\rho_{\mathrm{w}} D^2 u_{\mathrm{r}}^2} \tag{2.5.49}$$

式中，F^{fs} 是块体受到流体粒子的合力；ρ_{w} 是水的密度；D 表示块体长度，$D = 20$mm；u_{r} 是块体和与块体相互作用的流体粒子之间的相对速度的平均值。

2.5 海冰与流体耦合的 DEM-SPH 方法

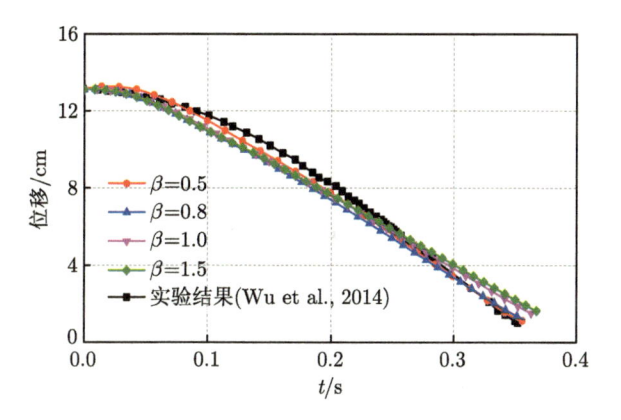

图 2.5.14 不同 β 下块体 z 方向位移时程与实验结果的对比

因此，阻力系数的计算考虑了流固耦合作用力、速度和块体的大小，可以对入水过程进行定量研究。由于最初将块体没入水中一半，并且水箱的底部会限制块体的运动，所以阻力系数的计算时间为 0.05~0.30 s。雷诺数 $Re = Du_\mathrm{r}/\nu$，其中 ν 为运动黏度。图 2.5.15 表示当 $\beta = 0.5$ 时，阻力系数与雷诺数的关系。另外，还与球形颗粒的经验公式进行了比较：

$$C_\mathrm{d} = \frac{24}{Re}\left(1 + 0.27Re\right)^{0.43} + 0.47\left[1 - \exp\left(-0.04Re^{0.38}\right)\right] \quad (2.5.50)$$

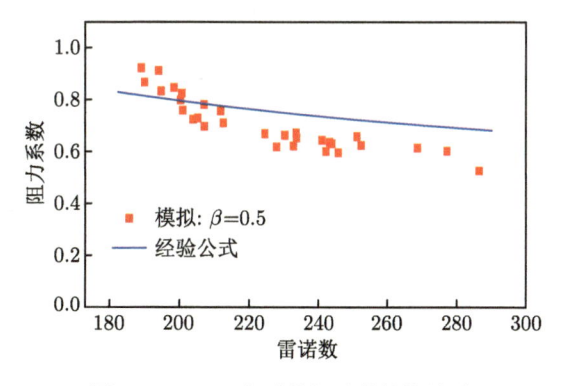

图 2.5.15 阻力系数与雷诺数的关系

从图 2.5.15 中可以看出，通过上述方法计算的阻力系数，其与经验公式非常接近。结果表明，这里的 DEM-SPH 耦合方法可以有效地模拟流固耦合过程，可用于水底抛石过程的模拟。

3. 海冰在波浪作用下破碎特性的 DEM-SPH 耦合分析

通常在极地的冰区边缘，海冰在靠近海岸的一侧以平整冰居多；而离岸的一侧会破碎，形成大量的碎冰 (Dumont et al., 2011)。边缘区的碎冰主要是由于海冰在波浪、海流和风的动力作用下会发生破坏、沉浮、漂移和碰撞等运动形式，造成海冰形态的动态变化 (Squire, 2007)。在这些环境因素中，波浪发挥着决定性作用。深入研究波浪对海冰的作用机理、分析不同波浪参数下海冰的破坏特点，有助于深入研究极地海冰的分布规律，并为冰区航道的海冰模式预报提供必要的参考。对于海冰在波浪作用下运动和断裂，离散元方法是一种常用的方法 (Zhao et al., 2015)。目前，CFD-DEM 耦合算法对于波浪作用下的海冰模拟具有很好的优势，通过使用离散元模拟海冰，使用 CFD 算法模拟流场，从而可以更全面地研究海冰与波浪的相互作用 (倪宝玉等，2021)。

这里基于 SPH-DEM 耦合方法分析冰盖在波浪作用下的断裂特性。基于 SPH 方法可在方形水槽中通过造波板生成波浪。将 SPH 方法数值模拟的造波结果与二阶斯托克斯 (Stokes) 波浪理论对比，以验证造波模型的准确性 (Wen and Ren, 2018)。二阶 Stokes 波浪液面高度变化时程可写作

$$\eta = \frac{H}{2}\left[-\frac{Hk}{4\text{sh}(2kd)} + \cos(kx - \omega t) + \frac{Hk}{8}\frac{\text{ch}(kd)}{\text{sh}^3(kd)}(2\text{ch}^2(kd)+1)\cos(2kx - 2\omega t)\right] \tag{2.5.51}$$

式中，η 为波面高度变化值；H 为波高；k 为波数；d 为水深；ω 为波浪频率；L 为波长，其可写作

$$L = \frac{gT^2}{2\pi}\tanh\frac{2\pi d}{L} \tag{2.5.52}$$

式中，T 为波浪周期。

在造波时采用 SPH 方法模拟的水内压力梯度如图 2.5.16 所示。这里设定波高为 0.10m、水深为 0.50m 和波浪周期为 1.2s。从中可以发现，压力梯度曲线与

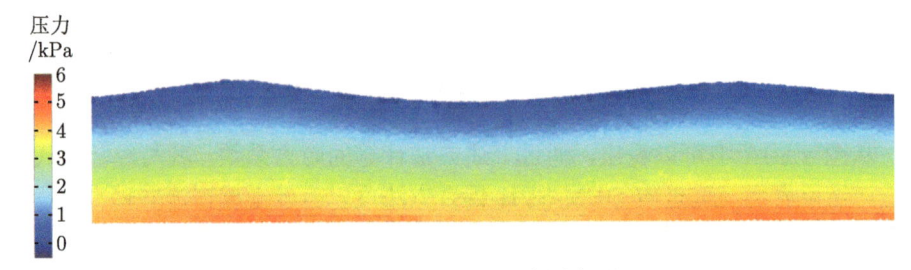

图 2.5.16 造波结果压力梯度图

2.5 海冰与流体耦合的 DEM-SPH 方法

自由表面基本一致。同时,将 SPH 生成的波浪表面高度与理论解对比,如图 2.5.17 所示,其具有很好的一致性。

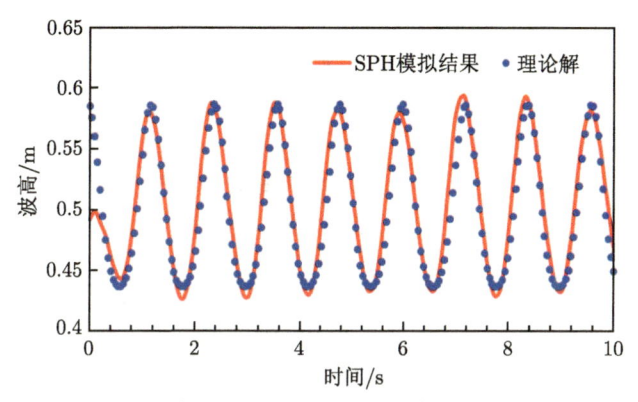

图 2.5.17 采用 SPH 方法生成的波高与理论解的对比

图 2.5.18 为海冰与波浪耦合作用的计算域及初始场。在计算域左侧通过造波板以生成波浪,右侧设置运动阻尼层进行消波以模拟无限长区域。基于扩展多面体构造平整冰初始场,并模拟其在波浪作用下的断裂过程。这里所采用的主要参数列于表 2.5.2。下面主要分析冰厚和波高对海冰断裂长度的影响。

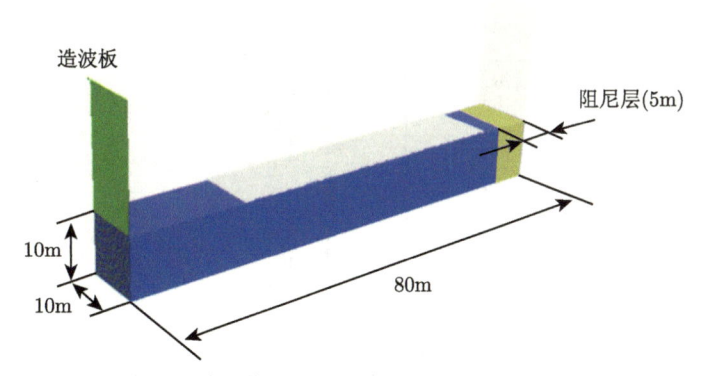

图 2.5.18 海冰在波浪作用下破坏过程的 DEM-SPH 耦合计算设置

表 2.5.2 海冰波浪相互作用计算使用参数

参数	数值	单位
冰层尺寸 $L \times W$	40×10	m×m
波高	1,2,3	m
周期	4	s
海冰厚度	0.3,0.5,0.7,1.0	m
法向黏结强度	0.5	MPa
黏聚力	1.0	MPa

图 2.5.19 为波浪在不同的海冰厚度条件下的消弭现象。该图统计了距离造波板右侧 20m 及 45m 处波浪随时间的自由液面高度，其中距离 20m 处处于开阔水域，距离 45m 处为冰区，用以对比波浪传入冰区后的波高变化。图中造成的第一个波峰均为冰与水面刚接触，故第一个波峰高度仅与冰厚成正相关。无冰情况下，80m 波浪传播区域中海冰位于两点处无明显变化，均呈现出正弦波形态。随着冰厚的增加，无冰区域波高变化基本不受影响，而有冰区域波高变化则同时存在减小 (0.1m) 和增加的现象 (1m)，可见冰厚的增加与波高的消弭现象并非呈现正相关性。冰厚 1m 将导致冰区自由液面变化减小，但相较于冰厚 0.5m 情况，其冰区自由液面变化相对增加，而波数明显减少，这是由多个波合成一个波时造成的能量叠加而引起的。可见海冰厚度与冰区波高变化并非线性关系，同样与波数有关。

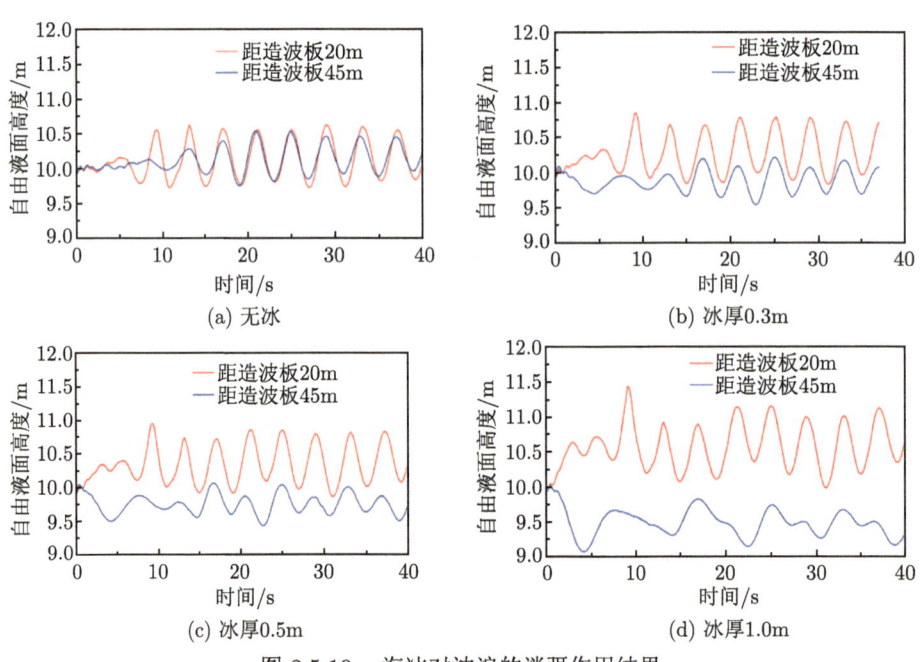

图 2.5.19　海冰对波浪的消弭作用结果

图 2.5.20 为海冰在波浪作用下的断裂过程，其中冰厚为 0.7 m，波高为 3 m。第一次断裂发生在造波开始后的 13.7s，此时波浪能量初步传入冰盖下方，使海冰在波浪波峰和波谷处发生断裂。第一次断裂的裂纹分布一般较为均匀，断裂长度约为波长的一半。随着波浪不断传入冰区，海冰会进一步断裂。但此时还会发生冰块间的碰撞作用，并进一步导致海冰的再次断裂，且致使断裂分布不均匀。当冰块断裂到一定长度时，其将趋于稳定，不易发生再次断裂。图 2.5.21 为海冰厚度分别为 0.5m 和 1.0m 时的断裂模式。从中可明显发现，随着波浪高度的增加，

2.5 海冰与流体耦合的 DEM-SPH 方法

冰盖更容易破坏，裂纹产生更加密集；随着冰厚的增加，海冰抵抗波浪导致断裂的能力提高，更不容易产发生断裂。

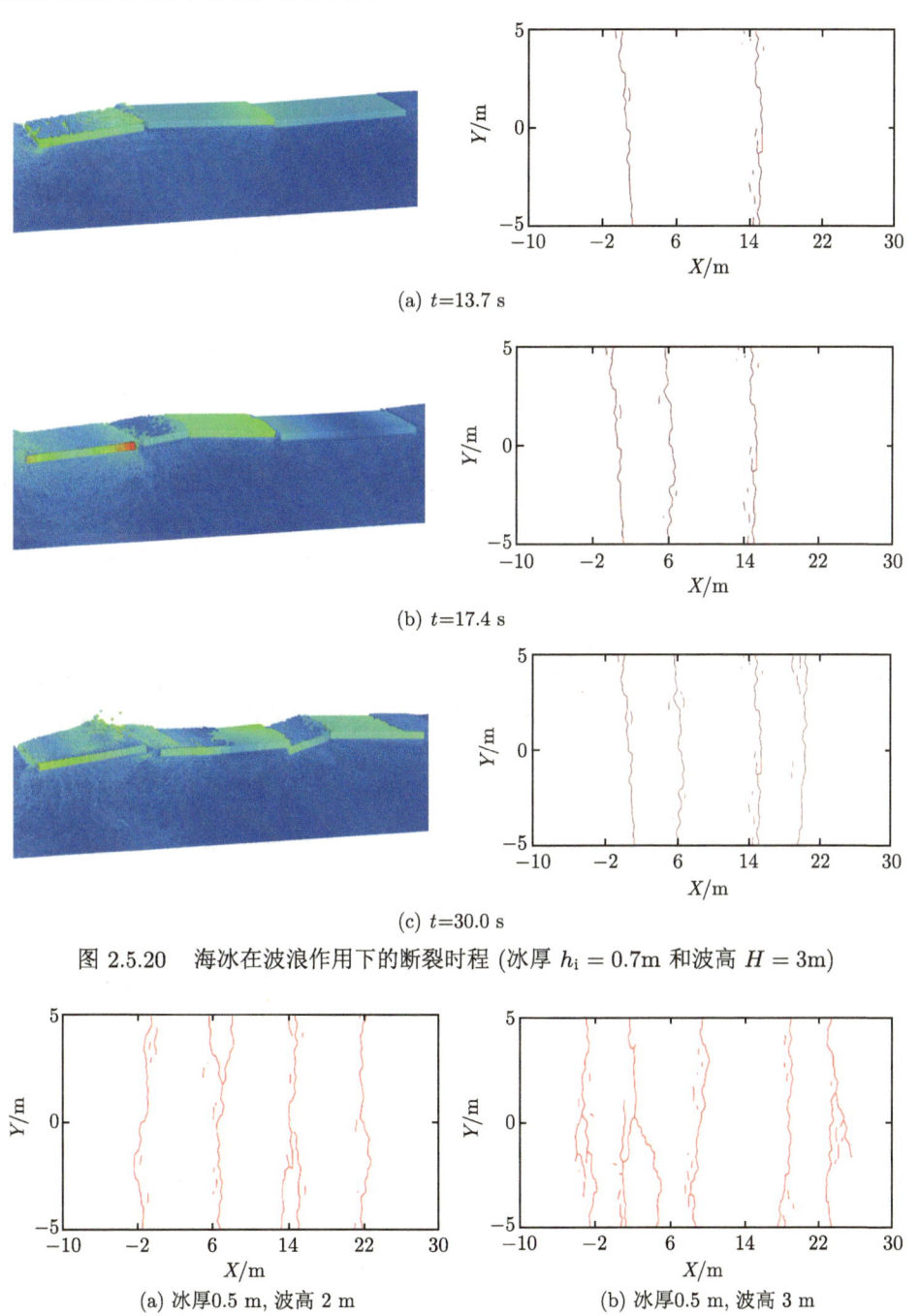

(a) t=13.7 s

(b) t=17.4 s

(c) t=30.0 s

图 2.5.20　海冰在波浪作用下的断裂时程 (冰厚 $h_i = 0.7$m 和波高 $H = 3$m)

(a) 冰厚0.5 m, 波高 2 m

(b) 冰厚0.5 m, 波高 3 m

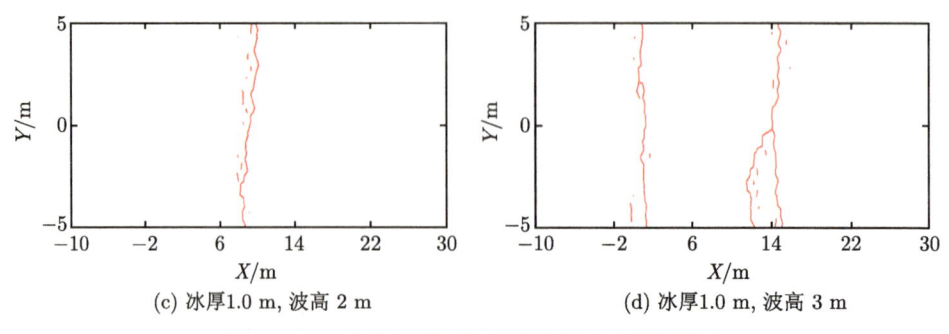

(c) 冰厚1.0 m, 波高 2 m   (d) 冰厚1.0 m, 波高 3 m

图 2.5.21　海冰在不同波高和冰厚下的断裂模式

2.6　冰载荷的高性能离散元并行算法及计算分析软件

在极地船舶与海洋工程结构冰载荷的离散元计算中,特别是考虑海冰与流体、工程结构物耦合作用的多介质、多尺度数值计算时,制约其工程应用的重要因素就是计算规模和计算效率,这也是目前离散元方法在实际工程应用中难以快速广泛推广应用的重要原因。为提高冰载荷离散元方法的计算规模和计算效率,目前基于图形处理器 (GPU) 并行的 CUDA (compute unified device architecture) 框架得到快速的发展。此外,在海冰与海洋结构物相互作用的有限元–离散元耦合计算中,人们发展了区域分解法以提高计算效率。最近,大连理工大学项目组基于 GPU 并行算法研发了极地船舶与海洋工程结构冰载荷的高性能离散元计算分析软件 (狄少丞, 2015; 王帅霖, 2019; 龙雪, 2019; 刘璐, 2019),并得到了很好的工程应用效果。

2.6.1　冰载荷的 GPU 并行算法

20 世纪 90 年代发展起来的 GPU 并行,其计算能力已远高于中央处理器 (CPU)$1\sim 2$ 个数量级,并具有高性能、低功耗、高性价比等特点。2007 年,由 NVIDIA 公司发布的 CUDA 突破了传统 GPU 硬件架构的限制,高效率地利用了其计算资源,突出了 GPU 在高性能计算方面的优势,同时降低了编程的难度。此外,基于 GPU 技术的颗粒接触搜索算法在提高离散元计算效率方面也具有显著的优势。在海冰离散元的 GPU 并行计算中,充分利用 GPU 并行计算的优点,将大部分的计算模块交予 GPU 并行处理,只将数据初始化和结果的输入输出在 CPU 上进行串行处理。为更好地理解基于 GPU 并行的 DEM、DEM-FEM 耦合模型,下面对基于 CUDA 的 GPU 并行计算平台架构和编程模型进行简要介绍。GPU 通过显卡高带宽的特性,可同时采用多核多线程对复杂问题进行计算。因此 GPU 编程技术逐渐成为处理科学和工程复杂问题的重要技术手段。但是,早期在进行 GPU 编程时需要将问题转化成图形操作进行内存访问,并且需要考虑着色编程模型输入输出的能力,不利于 GPU 并行编程的实现。针对上述问题,NVIDIA 公司发展了 CUDA 编程模型。通过 CUDA 编程模型可直接对 GPU 的硬件进行并行操作,使得 GPU 成为一种可编程的通用多核处理器。

1. 离散元方法的 GPU 并行算法

这里采用粒径相同的球体离散单元构建海冰离散单元方法。在离散元数值计算中,单元间的邻居搜索和接触判断是影响计算效率的核心内容。这里针对离散元的 GPU 算法特点,采用元胞列表法来组织和检索单元间的接触判断 (Nishiura and Sakaguchi, 2011)。模拟区域被划分成若干个尺寸稍大于单元直径的网格,这样各单元仅与相同或相邻网格内的单元作用,故搜索邻居时所搜索的网格数与体系的大小无关。本书搜索包含单元所在网格在内的 27 个网格来确定邻居列表。

该搜索算法在具有共享式存储器的多核处理机上可获得较高的加速比。在基于 GPU 的并行计算中,该算法可在单元搜索和作用力传递之间表现出很高的计算效率。该搜索算法主要包括以下过程。

(1) 首先确定海冰单元所在网格的编号,如图 2.6.1 所示。以网格为基准对单元进行排序,排序的结果如图 2.6.1 所示。排序后单元本身的空间位置并没有发生变化,只是其编号根据单元所在的网格进行了重新排序,使得空间上更接近的单元,其排序后的编号也更接近。这一点有利于在 GPU 中更好地实现单元邻居的搜索和邻居列表的确定。然后确定同一网格内单元编号的最小值 $I_\mathrm{p}^{\min}[I_\mathrm{cell}]$ 和最大值 $I_\mathrm{p}^{\max}[I_\mathrm{cell}]$,如图 2.6.2 所示,$I_\mathrm{cell}$ 为网格编号。

(2) 创建任一单元 i 的邻居列表 $A_\mathrm{nei}[i, I_\mathrm{nei}]$。$I_\mathrm{nei}$ 取值介于 0 与 $N_{\max}-1$ 之间,其中 $N_{\max}$ 为与单元 i 发生接触的最大单元数目。本书采用同一粒径的单元,故每个单元最多可与 12 个邻居单元接触。在单元 i 的邻居列表中单元编号大于 i 的单元数目为 $n_\mathrm{jgi}[i]$。

(3) 对数组 $n_\mathrm{jgi}[i]$ 进行前缀规约求和,即

$$s_\mathrm{jgi}[i] = \sum_{n=0}^{i} n_\mathrm{jgi}[n] \qquad (2.6.1)$$

由此可确定每个单元接触对的编号,即

$$I_\mathrm{list} = s_\mathrm{jgi}[i-1] + I_\mathrm{nei} \quad (I_\mathrm{nei} \in 0, n_\mathrm{jgi}[i]-1) \qquad (2.6.2)$$

(4) 创建邻居列表 L_p 和 L_n。

(5) 接触力计算。如果两个单元在当前时间步内保持接触，且在下一时间步仍然接触，则这两个单元之间的接触力需要从当前时间步传递到下一时间步并进行迭代。

(6) 单元坐标更新。计算得到每个单元的作用力后，由牛顿第二定律确定单元速度和空间位置。

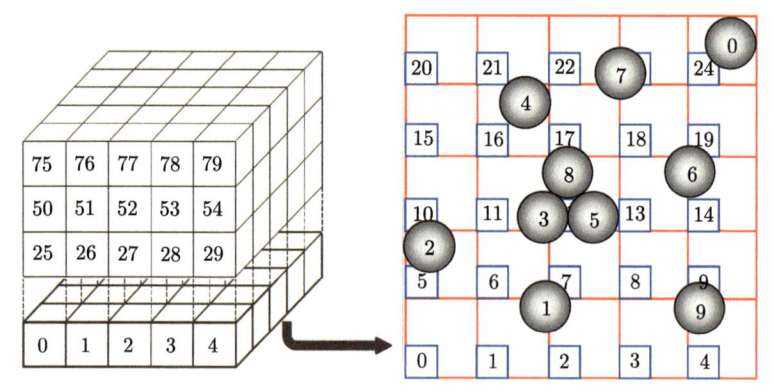

图 2.6.1 初始网格编号与颗粒编号的对应关系 (Nishiura and Sakaguchi, 2011)

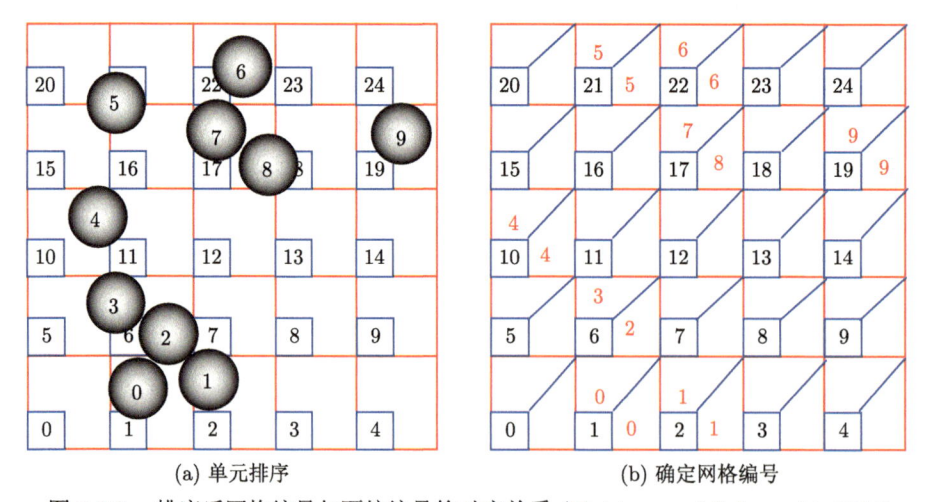

(a) 单元排序

(b) 确定网格编号

图 2.6.2 排序后网格编号与颗粒编号的对应关系 (Nishiura and Sakaguchi, 2011)

2. 有限元方法的 GPU 并行算法

传统的线弹性动力有限元方法主要包括下列步骤：结构和材料信息的读取、输入边界条件、生成单元刚度阵、组装总体刚度阵、动力方程求解以及输出结果。其

2.6 冰载荷的高性能离散元并行算法及计算分析软件

中,生成单元刚度阵、组装总体刚度阵以及动力方程求解是有限元计算中最耗时的部分。针对上述计算部分,有限元 GPU 并行算法得到了快速的发展 (Bartezzaghi et al., 2015)。本节通过 CUDA 对以上三个部分进行 GPU 并行处理。最后,通过与 CPU 串行程序对比,验证并行算法的精度和效率。下面主要介绍三个有限元计算部分的 GPU 并行算法。

1) 单元刚度阵的生成

采用单元并行生成有限单元刚度矩阵,即把有限元中每个单元对应 GPU 中的一个线程,一个线程负责一个单元刚度阵的生成,如图 2.6.3 所示。此外,在生成有限单元刚度矩阵的并行程序中,充分利用常数储存器的优点,将常量计算参数,如材料弹性模量、泊松比、单元自由度等,放入其中。图 2.6.3 中圆点表示单元间的公共节点。在进行单元并行时,在公共节点处会导致多个线程对同个地址进行数据操作,进而导致组装总体刚度阵时出现错误。例如,图 2.6.3 中的单元 E_8、E_9、E_{15} 和 E_{16} 存在一个公共节点。如果负责这四个单元刚度阵的线程同时将该公共点组装到总体刚度阵中,就会使该位置总体刚度阵组装出错或者数值不准确。下面将介绍 GPU 并行环境下总体刚度阵如何准确高效地进行组装。

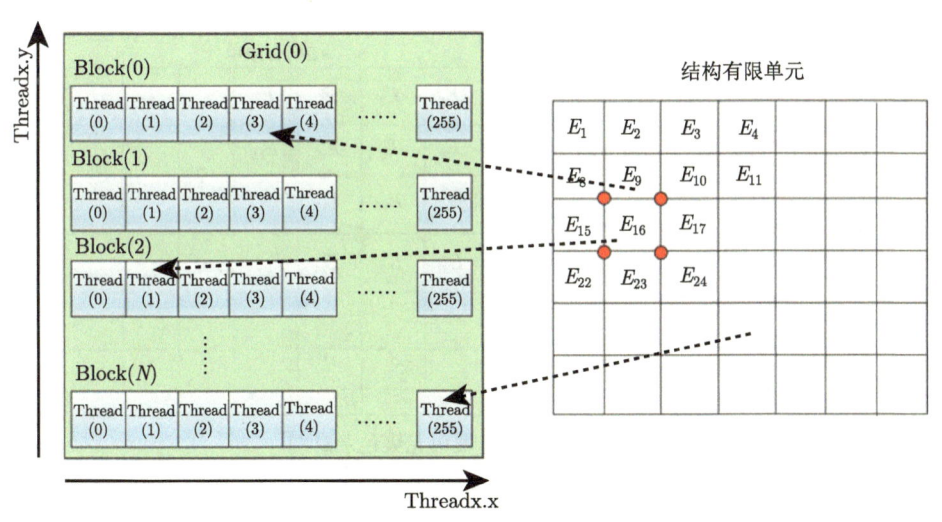

图 2.6.3　结构有限单元与线程间的映射关系

2) 组装总体刚度阵

从上面分析可知,通过单元并行进行整体刚度阵组装时,在单元公共节点位置会出现因内存读写不同步导致出现错误的现象。为避免此错误,可以在总体刚度阵组装过程中引入原子函数 (atomic function)。当多个线程同时访问同一地址时,原子函数会保证每个线程能够实现数据间的互斥操作,即在一个操作完成之前，其他任何线程无法访问该地址。但是使用原子函数后线程只能以串行的方式运行，在大数据并行环境中使用原子函数会使得程序的并行度严重下降。因此，这里采用图形学中的颜色标记算法 (color) 先对结构有限单元进行分组，保证相邻的单元颜色不同。

图 2.6.4 为通过 color 染色对有限单元分组的示意图，下面以对单元 E_{22} 染色为例。首先通过遍历单元确定与单元 E_{22} 相邻的单元：E_{15}、E_{16} 和 E_{23}。接下来对单元 E_{22} 进行染色，染色标号需不同于单元 E_{15}、E_{16} 和 E_{23} 的最小颜色号，算法如下所述。

1: 对单元进行遍历，确定每个单元的相邻单元，用数组 C_elem 表示；
2: 对每个单元的相邻单元进行遍历，获得相邻单元的颜色编号，储存在数组 ID_color 中；
3: 遍历数组 ID_color，找到颜色编号的最小值 min_ID；
4: 令所选单元的颜色编号为 min_ID − 1；
5: 记录每个颜色单元的数量，放入数组 num_ele_color 中；
6: 按颜色编号从小到大顺序，对有限单元编号进行重新排序，储存在数组 new_nels 中。

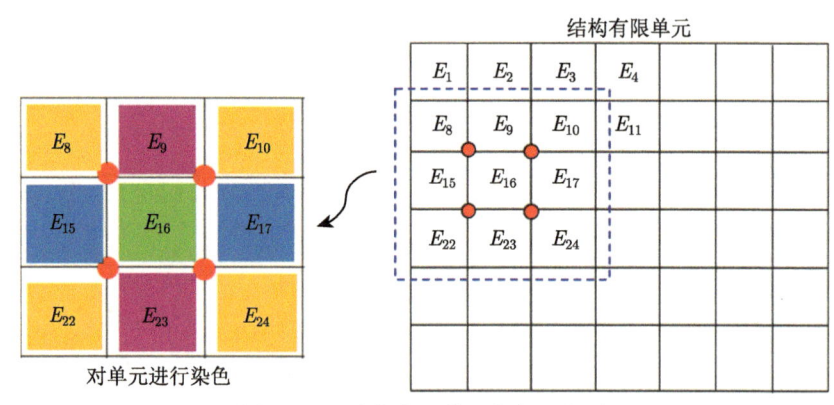

图 2.6.4　结构有限单元染色示意图

通过对重新排序的结构单元编号进行并行计算，可避免公共节点造成的内存冲突。随后在有限元方法的动力方程求解中，通过基于 EBE (element-by-element) 的显式中心差分法对动力学方程进行求解。

基于 EBE 思想求解有限元动力方程时，每个有限单元独立计算，十分适合于并行计算。但在进行 CUDA 并行编程时，如果采用一个线程负责一个单元计算，在单元的公共节点位置依然存在内存冲突问题。与整体刚度阵组装类似，可以采用 color 染色给单元分组，进行计算。但在动力计算中采用上述方法提升的

2.6 冰载荷的高性能离散元并行算法及计算分析软件

计算效率有限。为避免公共节点对并行算法的影响，这里采用对单元节点并行计算，即每个线程代表一个单元节点。采用节点并行计算，需要对公共节点进行预处理，即统计每个节点的公共点个数、公共点所属单元号以及公共点在对应单元中的局部节点编号。通过对公共节点进行预处理后，便可以采用对节点并行的方法，即每个线程负责计算一个单元节点的动力响应。

3. 离散单元–有限元单元参数传递并行算法

针对本书研究的海冰与海洋结构相互作用的 DEM-FEM 耦合模型，这里对离散单元与结构有限单元间的全局搜索进行了改进。图 2.6.5 为 DEM-FEM 耦合模型计算域的俯视图。通过划分网格可分别确定 DEM 和 FEM 计算域的网格编号，这里以 x 方向的 DEM 和 FEM 计算域最大网格编号为例，表示为

$$\begin{cases} I_x^{\text{dmax}} = \text{int}\left[n_x \cdot \left(x_{\max}^{\text{d}} - x_{\min}^{\text{B}}\right) / \left(x_{\max}^{\text{B}} - x_{\min}^{\text{B}}\right)\right] \\ I_x^{\text{fmax}} = \text{int}\left[n_x \cdot \left(x_{\max}^{\text{f}} - x_{\min}^{\text{B}}\right) / \left(x_{\max}^{\text{B}} - x_{\min}^{\text{B}}\right)\right] \end{cases} \quad (2.6.3)$$

式中，I_x^{dmax}、I_x^{fmax} 分别为 DEM 和 FEM 在 x 方向最大边界对应的网格编号；n_x 为计算域 x 方向最大网格编号；$x_{\max}^{\text{d}}$ 和 $x_{\max}^{\text{f}}$ 分别为 DEM 和 FEM 在 x 方向最大边界的坐标值；$x_{\max}^{\text{B}}$ 和 $x_{\min}^{\text{B}}$ 分别为计算域 x 方向最大和最小边界的坐标值。

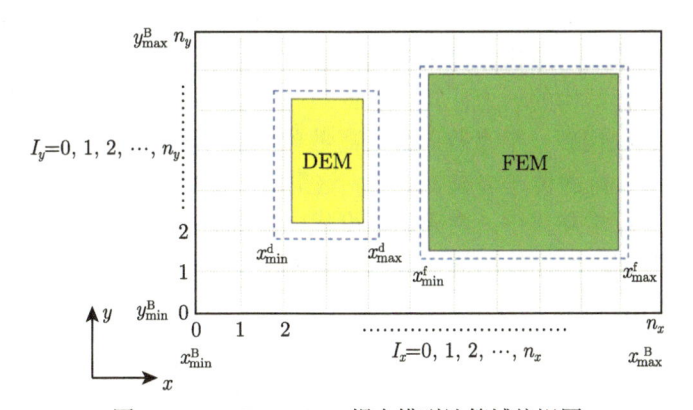

图 2.6.5 DEM-FEM 耦合模型计算域俯视图

根据式 (2.6.3) 可确定 DEM 和 FEM 计算域的编号范围，进而确定 DEM 和 FEM 的公共计算区域，如图 2.6.6 所示。在该公共区域进行颗粒离散单元与结构的接触搜索判断，可减少多余的离散单元与有限单元的搜索次数。$I_x^{\text{df\_min}}$ 和 $I_x^{\text{df\_max}}$ 分别为公共区域 x 方向最小和最大网格编号，可表示为

$$\begin{cases} I_x^{\text{df\_min}} = \max\left(I_x^{\text{fmin}}, I_x^{\text{dmin}}\right) \\ I_x^{\text{df\_max}} = \min\left(I_x^{\text{fmax}}, I_x^{\text{dmax}}\right) \end{cases} \tag{2.6.4}$$

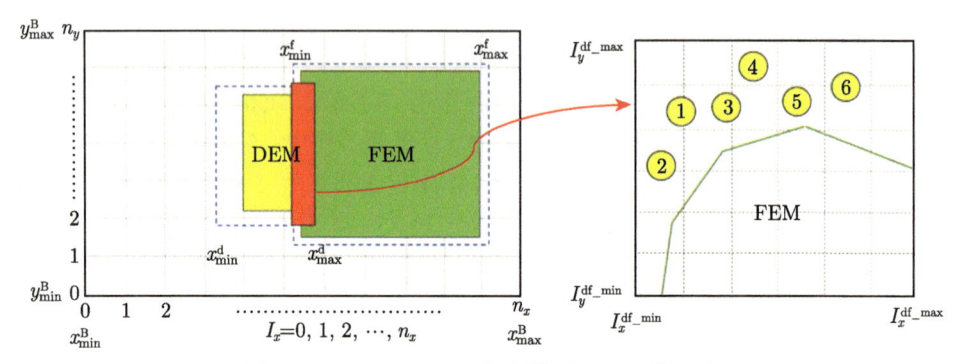

图 2.6.6　DEM-FEM 耦合模型公共计算区域

以公共区域中结构有限单元进行并行搜索计算，即每个结构有限单元代表 GPU 中的一个线程，每个有限单元只搜索领域网格的离散单元。因为所有单元同时进行计算，所以这个过程是高效的。

DEM-FEM 在界面上参数传递是耦合方法的关键计算部分。在 GPU 并行环境下需要将离散单元与结构计算得到的接触力、作用位置以及接触数量等变量传递到有限元中进行结构的动力计算。然而，GPU 是对线程进行并行计算，在离散元计算中每个线程代表一个离散单元。离散单元的计算结果在 GPU 内存中是随机分布的，这给参数的传递造成了困难。这里利用 CUDA 中的 Thrust 库对耦合界面传递参数进行重新排序，它采用高度优化的基数排序算法，该算法的运行速度远快于基于数据之间比较的排序算法。具体的 Thrust 库排序代码如下：

(1) 数组前缀规约求和。

```
thrust::inclusive_scan(thrust::device_ptr<int>(Data),
        thrust::device_ptr<int>(Data + N),
        thrust::device_ptr<int>(Data))
```

其中，Data 为需要规约求和的数组；N 为数组大小。

(2) 数组排序。

```
thrust::sort_by_key(thrust::device_ptr<int>(keys),
        thrust::device_ptr<int>( keys + N),
            thrust::device_ptr<int>(Values))
```

其中，keys 为需要进行排序的数组；Values 为基于数组 keys 排序的数组。

基于 GPU 并行环境的 DEM-FEM 参数传递算法主要包括以下三个步骤：① 对结构有限单元进行并行搜索计算；② 每个有限单元代表 GPU 中的一个线程；③ 将排序好的离散元计算参数传递到有限单元中。根据 Thrust 库可以很容易地将接触数量、接触力和接触位置等参数传递到新的 GPU 数组中，以便进行等效节点力的求解 (王帅霖，2019)。

2.6.2 冰载荷离散元计算效率的提高途径

为提高海冰与结构相互作用计算中 DEM-FEM 耦合模拟的计算效率，作者团队发展了区域分解法 (domain decomposition method, DDM)，其根据有限单元是否可能与离散单元接触来划分子区域，实现了 DEM-FEM 耦合模型在不同计算区域采用不同计算时间步长，从而提高了计算效率 (王帅霖，2019)；针对较大冰域内海洋工程结构与海冰仅在局部区域内作用的现象，作者团队发展了动态区域的方法，有效地提高了海冰离散元的计算规模 (龙雪，2019)。下面对以上两种方法进行简要介绍。

1. 基于区域分解方法的 DEM-FEM 耦合计算

基于显式中心差分法的 DEM 需要非常小的时间步长以确保计算稳定性，而 FEM 可采用隐式求解获得结构的动力响应，具有较大的时间步长。目前，DEM-FEM 耦合模型的计算时间步长一般采用 DEM 的时间步长。但若在整个模拟过程中保持恒定的小时间步长，将对计算效率造成较大的影响。因此，这里基于空间和时间多尺度思想，尝试对 DEM-FEM 耦合模型的计算时间步长进行改进。区域分解法可以将计算区域分解为可用不同时间步长单独求解的若干子区域，将该方法与 DEM-FEM 耦合模型结合，在区域交界面处引入拉格朗日乘子，实现不同计算区域采用不同的积分算法求解。

离散元方法基于显式中心差分法求解，对计算时间步长有着严格的要求。目前，确定时间步长的方法主要有三种，分别为简谐振动法、颗粒接触时间法以及瑞利波法。DEM-FEM 耦合模型的计算时间步一般选取时间步长较小的离散元计算时间步，如图 2.6.7 所示。从图中可以看出，DEM 的计算时间步长远小于 FEM

的计算时间步长。耦合计算时,在全计算区域采用小时间步长会对计算效率造成较大的影响。

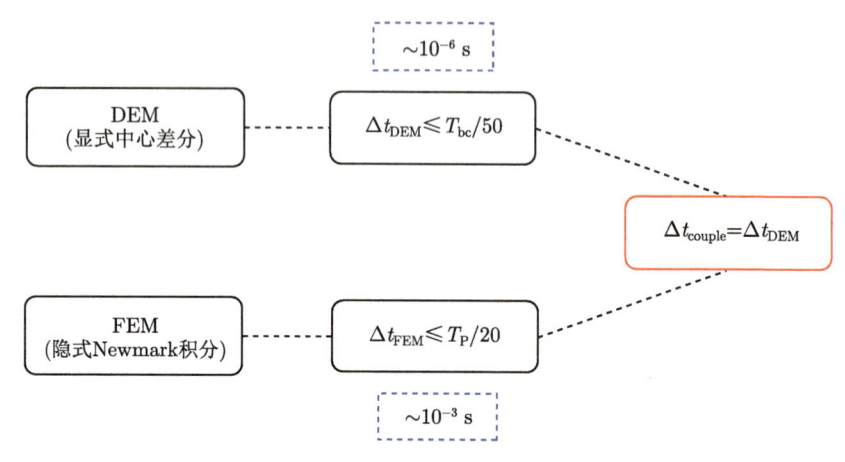

```
                    ~10⁻⁶ s
   ┌─────────┐    ┌──────────────────┐
   │   DEM   │----│ Δt_DEM ≤ T_bc/50 │----┐
   │(显式中心差分)│    └──────────────────┘    │
   └─────────┘                              ┌──────────────────┐
                                            │ Δt_couple=Δt_DEM │
   ┌─────────┐    ┌──────────────────┐    └──────────────────┘
   │   FEM   │----│ Δt_FEM ≤ T_P/20  │----┘
   │(隐式Newmark积分)│  └──────────────────┘
   └─────────┘
                    ~10⁻³ s
```

图 2.6.7　DEM-FEM 耦合方法的计算时间步长

此外,离散单元与有限单元的相互作用属于碰撞、瞬态冲击类型,高频占主导地位。为保证界面波传播的有效性,需要在该耦合区域采用小时间步长的显式积分算法求解。同时,对于整个计算区域则主要由低频主导,可采用大时间步长的隐式积分算法求解。因此,这里将 DDM 与 DEM-FEM 耦合模型结合,建立了 DEM-FEM 耦合异步模型,在不同的计算区域采用不同的积分算法,在保持计算精度的同时,提高耦合模型的计算效率。

区域分解法在 FEM 中有着较高的计算效率和稳定性。该方法可将计算区域划分为若干局部子区域进行独立的建模和求解。最后将各子区域求得的结果与各子区域交界面信息结合,从而得到整体区域的响应。关于子区域交界面主要有两种方法:迭代求解和基于拉格朗日乘子。其中,基于拉格朗日乘子不需要迭代求解,适合求解大型问题。

DDM 可以将计算区域分区并在不同区域采用不同时间步长的积分算法,各区域可独立进行建模和求解。基于上述思想可将 DEM-FEM 耦合模型进行分区域计算,即根据是否可能与离散单元接触来划分子区域,如图 2.6.8 所示。采用小时间步长的初始 DEM-FEM 耦合模型被分成了三个子域:Ω_1、Ω_2 和 Ω_3。在区域 Ω_1 中,离散单元可能与有限单元相互作用,采用小时间步长显式积分求解,保证界面波传播的有效性。区域 Ω_2 和 Ω_3 不会与离散单元发生接触,采用大时间步长隐式积分求解。因此,通过引入 DDM 实现了 DEM-FEM 耦合模型多时间步长算法。

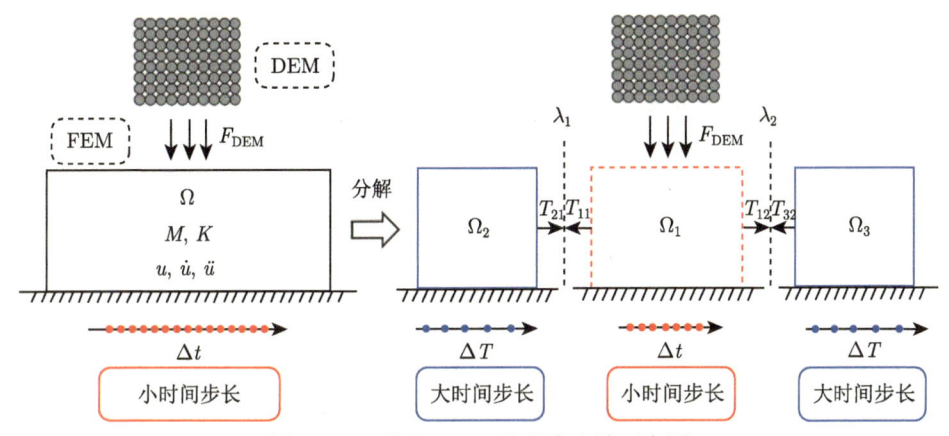

2.6 冰载荷的高性能离散元并行算法及计算分析软件

图 2.6.8 基于 DDM 的耦合方法示意图

对海冰与海洋平台结构耦合的 DEM-FEM 耦合计算问题，王帅霖 (2019) 给出详细的计算过程，并进行了相应的算例验证。这里以渤海 JZ20-2 MUQ 锥体导管架平台结构冰激振动为例，说明 DDM 在 DEM-FEM 耦合模拟中的应用。根据海洋平台结构是否与海冰离散单元接触，将耦合区域分成三部分：Ω_1、Ω_2 和 Ω_3，如图 2.6.9 所示。区域 Ω_1 与海冰离散单元相互作用，采用离散单元计算时间步长进行显式积分计算。Ω_2 和 Ω_3 则采用有限元计算时间步长进行隐式积分求解。耦合模型在不同的计算区域采用不同的计算时间步长。E_{int}^{11}、E_{int}^{21}、E_{int}^{12} 和 E_{int}^{32} 分别代表各子结构在交界面处的能量。

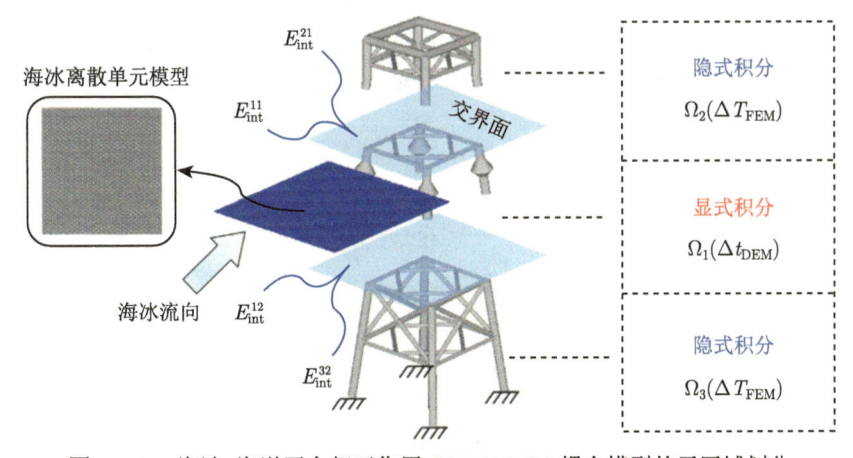

图 2.6.9 海冰–海洋平台相互作用 DEM-FEM 耦合模型的子区域划分

这里以有限元与离散元的时间步长比 $m=500$ 为例，对海冰与海洋平台导管架结构的相互作用展开分析。在 DEM 接触区域采用小时间步长，其他子区域采用大时间步长，实现了在 DEM-FEM 耦合模型中的多时间步长计算。其中，在区域交界处采用了速度连续性条件,并通过对大时间步长内的值进行线性插值而得到小时间步长所需信息。海冰−海洋平台相互作用的模拟结果显示,不同时间步比率 m 下的结构冰载荷及振动加速度在数值和频率上都较为一致,并且计算时间随着 m 值的增大而减小。由此可见,基于 DDM 的 DEM-FEM 耦合方法可高效稳定地模拟海洋平台结构的冰激振动 (Wang and Ji, 2018; Ji and Wang, 2020)。

2. 冰载荷离散元的动态区域计算方法

在工程海冰问题的计算中,由于真实海冰区域面积较大,需要采用较多的颗粒单元精确刻画海冰的变形和断裂。为使海冰离散元的计算效率更好地满足工程需求,可采用局部网格法进一步扩大计算规模。在海冰与海洋结构相互作用时,通常只有局部区域的海冰与结构发生接触碰撞并产生断裂,而距结构较远区域的海冰则受结构作用力的影响较小。因此,只需要对海冰与结构接触的较小区域内颗粒单元进行相互作用力的叠加,通过减少颗粒接触搜索次数,合理地减少计算量。

以二维的网格形式为例,图 2.6.10 中虚线区域为整体计算域范围,而实线区域内为局部计算域。将局部计算域平分为大小相等的网格,从 0~15 进行编号。同时将局部计算域以外且包含在整体计算域内的所有区域,假设为一个虚拟网格,编号为 16。虚拟网格用于统计位于局部计算域外的所有颗粒,例如,图中颗粒 6 和 7 均位于虚拟网格内。计算时仅对 0~15 号网格内的颗粒进行接触判断及颗粒间相互作用力的叠加。而位于虚拟网格内的颗粒始终以与计算边界相同的运动速度更新位置。人们将这种网格的划分方法称为局部网格法。计算过程中应保证海冰与结构作用位置附近始终位于局部计算域内,因而局部网格的位置可随结构运动而发生变化,但是计算域的大小始终不变。

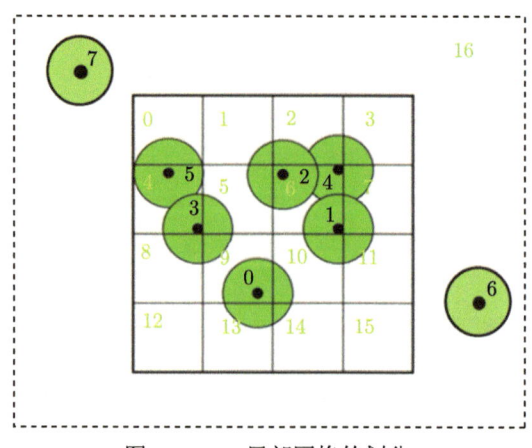

图 2.6.10 局部网格的划分

2.6 冰载荷的高性能离散元并行算法及计算分析软件

图 2.6.11 中给出了利用局部网格法对计算网格进行重新划分后,模拟船体结构在冰区转向航行的计算结果。计算时只对船体附近局部计算域内的颗粒进行接触判断和作用力的叠加,即图中蓝色海冰区域。而对于局部计算域外,即图中红色海冰区域内的所有颗粒,则全部放进虚拟网格中,始终以固定冰速更新其位置。为使局部网格内颗粒保持与船体结构的相互作用,局部网格的位置始终随船体结构一起运动;而距船体结构较远的颗粒始终位于虚拟网格内,不参与颗粒之间及颗粒与结构间的接触判断。因此该方法可有效减少颗粒接触判断次数,从而提高计算效率。从模拟过程来看,船体结构在冰区完成了直行–转弯–直行的运动过程,局部网格位置根据船体运动进行调整,以保证与船体接触颗粒在局部计算域内可进行接触判断。

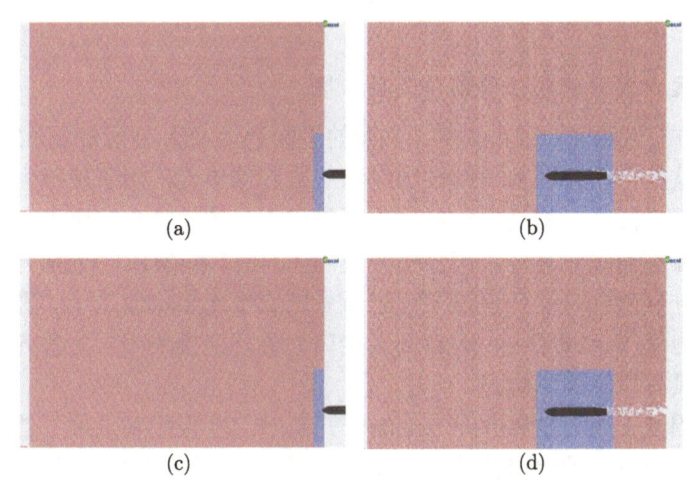

图 2.6.11 局部网格法应用于海冰和船体结构作用过程的离散元模拟 (龙雪, 2019)

由于计算颗粒运动及局部计算域位置的不断变化,局部计算域内包含的颗粒并不是始终不变的。因此,为保证计算过程中局部计算域边界上海冰的完整性,需考虑局部计算域边界附近颗粒之间接触力及黏结力的传递。局部计算域边界处的颗粒不仅有接触力和黏结力作用,同时具有固定刚度的弹簧边界作用。该固定边界刚度与颗粒刚度相同,保证局部计算域内颗粒与局部计算域外颗粒可发生相互转化。对于离开局部计算域的破碎海冰,为简化处理而不考虑颗粒间的相互作用力,使其保持刚离开局部计算域前的运动状态。由于该模拟主要针对海冰与海洋结构作用过程产生的冰载荷及海冰破坏模式的研究,可忽略这些破碎海冰运动的影响,所以该简化方式较为合理。

此外,隔步搜索算法可进一步提高离散元计算效率。在颗粒的接触判断循环过程里,每一步都要对颗粒所在网格编号重新搜索,占用较大计算量。而离散元计算的时间步长通常很小，在这段时间内颗粒的位移变化量将远小于网格尺寸，可以认为颗粒所在网格编号不变。因此可简化对颗粒进行接触判断的次数，例如，可每 10 个时间步长对颗粒的网格编号和接触情况重新划分。同时为保证计算的准确性，对颗粒接触力、运动和位置等信息的更新仍然要每个时间步进行一次。同时采用局部网格法和隔步搜索算法的离散元程序，其计算效率可提高 3~4 倍，若颗粒数较多，则计算效率提高更加明显。

2.6.3 海冰离散元计算分析软件研发

利用数值方法有效解决工程问题的一个重要环节是，发展可靠稳定的计算分析软件，为数值分析相应的工程问题提供具有良好操作性能的途径。离散元方法自 20 世纪 70 年代建立以来，国内外诸多研究者开展了一系列的相关计算分析软件的研发。

1. 离散元计算分析软件的国外发展状况

离散元方法创始人 Cundall 博士加盟的美国 ITASCA 公司最早开发了 PFC2D 和 PFC3D 软件，其分别基于二维圆盘和三维圆球单元，用于模拟大量的离散介质的流动和材料混合。通过黏结颗粒单元的引入，该软件也可用于分析岩体的破裂、动态破坏等问题。另外，该公司开发的 UDEC 和 3DEC 分别为二维和三维块体离散元分析软件，适合模拟节理岩石系统或不连续块体系统的静力和动力问题。该软件提供 Visual C++ 的自开发接口，各功能模块相对完备齐全，在工程和科研领域具有广泛的影响力。

基于英国爱丁堡大学离散元方法的研究基础，20 世纪初发展了首个用现代化离散元模型科技设计的通用计算机辅助工程 (CAE) 仿真分析软件 EDEM。该软件是世界上第一款基于高级离散元方法的通用仿真分析软件，可以快速、简便地建立颗粒系统的参数化模型。EDEM 提供了非常强大的后处理功能。EDEM 主要由前处理器、求解器、后处理工具三部分组成，分别对应为模型创建模块、仿真求解模块以及数据分析模块。该软件的前后处理功能强大，具备良好的二次开发能力，且具有与其他软件兼容的功能。EDEM 正逐渐成为离散元商用软件领域的领导产品。

Rocky 是由 Granular Dynamics International、LLC 和 Engineering Simulation & Scientific Software (ESSS) 公司共同开发的功能强大的 DEM 软件包。该软件支持 GPU 并行，支持非球形颗粒单元，且可与 ANSYS 进行集成运算。

目前，有关离散元方法的开源软件也层出不穷。BALL&TRUBAL 是最早的离散元开源软件；LAMMPS 是基于分子动力学的程序包，可用于离散元模拟，支持 GPU 并行计算；LIGGGHTS 是基于 LAMMPS 开发而来的开源软件，具有很强的并行计算能力。它支持信息传递接口 (MPI)、GPU 等多种并行方式，主要应用于颗粒流的运动、传热等模拟。该开源代码拥有强大的流体计算程序包，可与 OpenFOAM、SPH、LBM 等方法进行流固耦合分析，且一直作为独立的社区项目在开发，在计算颗粒力学的研究领域被广泛使用。目前，该开源软件正向商业软件演化。

Yade 和 ESyS-Particle 主要用于岩土工程领域，拥有支持 Python 语言的应用程序结构，可扩展性强。两者都可以与 OpenFOAM 进行流固耦合分析，分别支持 OpenMP 和 MPI 并行加速。目前 Yade 只能运行在 LINUX 系统，基于 Yade 发展起来的 Woo 支持 Windows 系统，且具有良好的用户界面。ESyS-Particle 现在支持 Windows 系统，目前在澳大利亚地球系统计算中心的资助开发下发展迅速。MechSys 能够支持扩展多边形/多面体单元，可采用 LBM 方法进行流固耦合。

最近，荷兰开发了离散元开源软件 MercuryDPM，其不仅适用于 (弹性、塑性、黏性、摩擦) 接触力或 (黏性) 短程力计算，同时也可分析长程 (分子、自引力、磁场等) 相互作用。该软件是一种面向对象的算法，具有易于使用的用户界面和灵活的内核，同时还有三个先进的接触检测方法、非三角形的弯曲边界、粗粒化技术 (Weinhart et al., 2020)。此外，dp3D、SDEC、LMGC90、PASIMODO 等也是重要的开源软件，在国内外也具有很高的认知度。

2. 离散元计算分析软件的国内发展状况

我国的离散元研究始于 1986 年，东北大学王泳嘉教授首次引入了 Cundall 的离散元法进行岩石力学和颗粒系统的模拟。东北大学、中国农业大学等相关高校均在 20 世纪进行了离散元软件的尝试研发。国内高性能离散元软件则是在近 10 年，乃至近 5 年才得到快速的发展，并在岩土、化工、农业、海洋工程等领域得到了广泛的工程应用。

目前在离散元软件的专业研发中，最有代表性的是中国科学院力学研究所的李世海研究团队开发的基于 GPU 并行算法的连续–非连续分析离散元计算软件 GDEM (https://www.gdem-tech.com/)。该软件以基于连续介质力学的离散元方法 (continuum-based discrete element method, CDEM) 为基础，以高性能 GPU 为依托，将计算速度提升了两个数量级，将计算规模提升了一个数量级 (Li et al., 2007; Feng et al., 2014)。GDEM 代表了数值分析软件的发展趋势，即连续与非连续的统一计算。该软件的代表性算例如图 2.6.12 所示。该软件实现了从连续变形到破裂运动的全过程模拟，可广泛应用于岩土、采矿、隧道、油气、水利、地质、结构等多个领域的材料渐进破坏模拟及整体稳定性评价。

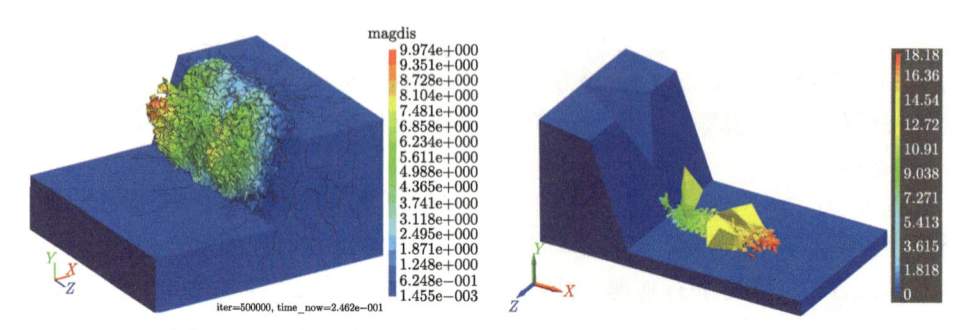

图 2.6.12 中国科学院力学研究所研发的离散元软件 GDEM

基于多尺度方法基础研究的多年成果，中国科学院过程工程研究所自主研发了离散模拟软件 DEMms (http://159.226.63.40/demms/home.html)。该软件可实现万核以上大规模异构并行计算，计算颗粒数可超十亿级，对应的物理颗粒数超万亿级。DEMms 是一款面向颗粒、散料和多相体系大规模高性能模拟的科研与工程软件，可对 CPU 和 GPU 等多种计算资源实现高效利用，典型并行效率高于 40%。该软件为适应复杂的颗粒物性与设备形状，开发了独特的颗粒粗粒化模型与流固耦合方法，能高效对接多种开源流动求解器，如图 2.6.13 所示。该软件已应用于料斗、螺旋输送器、颗粒混合器和高炉布料等颗粒流体系统的数值模拟。

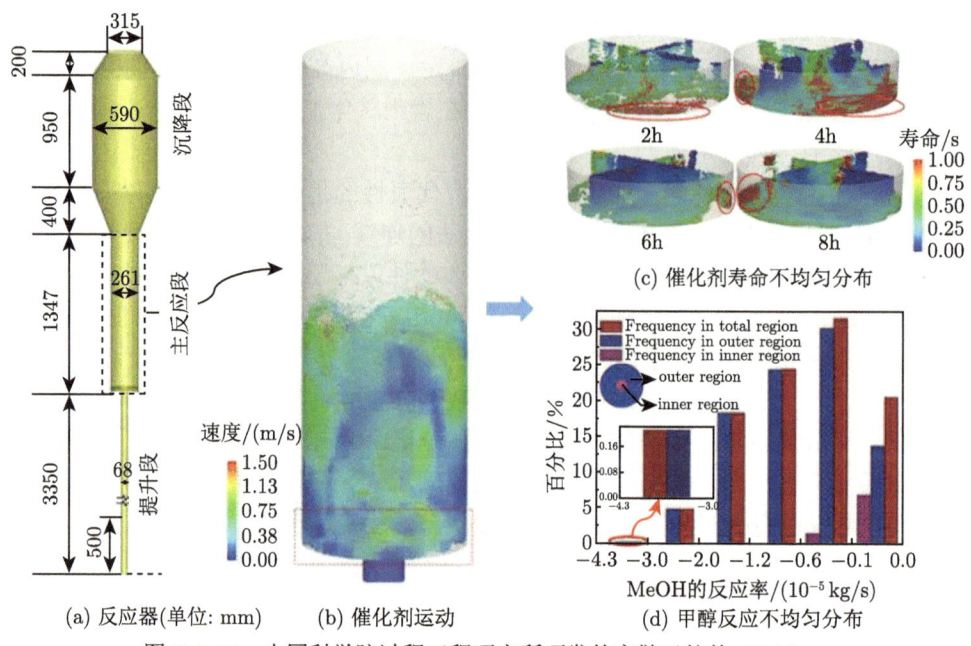

图 2.6.13 中国科学院过程工程研究所研发的离散元软件 DEMms

2.6 冰载荷的高性能离散元并行算法及计算分析软件

浙江大学赵永志团队研发了面向化工领域的大型商用离散元软件 DEMSLab (http://www.demslab.com)。该软件以世界领先的非球形离散单元技术为核心，致力于工业级的大规模颗粒体系的模拟。通过精确模拟设备内的复杂颗粒运动、传热，以及颗粒–流体、颗粒–设备间的复杂作用，DEMSLab 可帮助企业降低设备的能耗及损耗，提高设备的运行效率。该软件前处理器可进行设备的复杂几何造型，颗粒生成器可根据该几何结构自动生成所需要的颗粒。求解器通过 OpenMP 技术进行了并行设计，可对 10^7 个颗粒规模的球形及非球形颗粒体系进行动态模拟，支持复杂结构及运动 (振动、旋转、移动等) 边界条件、周期性边界条件等，具备用户自定义接口，支持用户自定义开发，可与常用商用及开源 CFD 软件进行双向耦合，以求解两相流动问题。后处理器采用 Open GL 编程技术设计，可实时显示颗粒体系的运动过程，同时可对任意时刻的微观受力情况进行分析。其代表性模拟结果如图 2.6.14 所示。

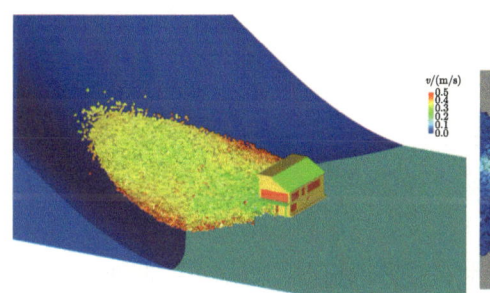

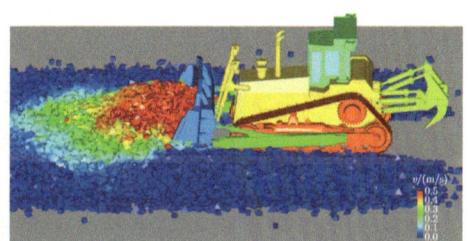

图 2.6.14　浙江大学研发的离散元软件 DEMSLab

清华大学徐文杰团队围绕岩土/地质体独特的多相态、多过程及多尺度特性，以有限元 (FEM)、块体和球体离散元法 (DEM)、物质点法 (MPM)、光滑粒子流体动力学 (SPH)、格子玻尔兹曼法 (LBM) 及有限体积法 (FVM) 等为基础，运用各自在固体、流体、连续和非连续、细观和宏观等方面的优势，以构建彼此间的耦合计算方法，并以 GPU 并行加速为支撑，实现了大规模、高性能计算分析，全自主研发了基于物理力学过程的耦合模拟器 CoSim (Coupling Simulator)。目前该软件已应用于岩土力学、地质灾害、岩土矿山工程等领域。CoSim 软件根植于地质体变形破裂及致灾的物理力学机理，以 CPU/GPU 异构并行技术为支撑，以力–位移/应变–温度协调为核心，可实现两种及以上数值方法的大规模、高效耦合模拟，地质体/岩土体的 "变形 → 渐进破坏 → 灾变 → 高速运动" 全过程中的连续–非连续、流体–固体、细观–宏观的耦合分析，复杂地质灾害链动力学过程的分析与评估，如图 2.6.15 所示。

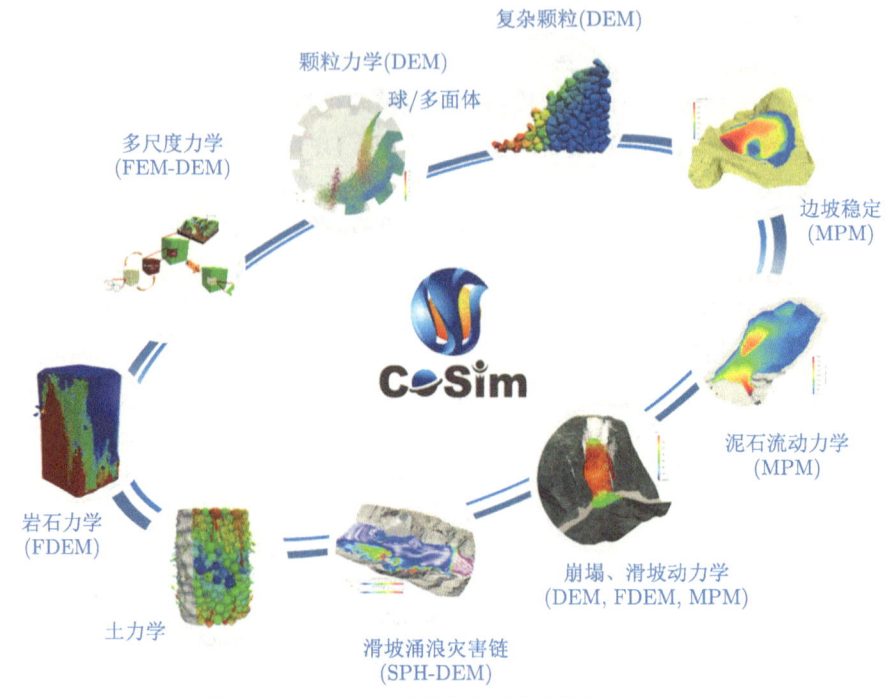

图 2.6.15 清华大学研发的离散元软件 CoSim

  吉林大学于建群教授将离散元应用于农业机械领域，对诸多机械部件与散体作用过程进行了详细的离散元分析，并结合商用 CAD 软件开发了相应的离散元软件 AgriCAE (Agricultural DEM)。其是一款专注于农业工程领域的新型三维 CAE 软件。它基于三维离散元法、三维计算流体动力学和三维平面多刚体运动学/动力学自主研发模块，可进行农机部件工作过程 (耕整地、开沟、播种、施肥、镇压、松土、收割、输送、脱粒、分离、清选、粉碎、分级、仓储、包装、土壤地面行走等) 的 DEM-CFD-MBK/MBD 计算，代表性计算结果如图 2.6.16 所示。该软件采用球充填方法、颗粒聚合体方法和质点弹簧模型，可建立农作物籽粒、果穗和植株的物理模型，为农业机械的工作过程分析和优化设计提供了一种新方法。

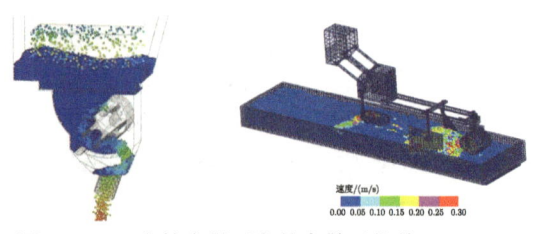

图 2.6.16 吉林大学研发的离散元软件 AgriCAE

2.6 冰载荷的高性能离散元并行算法及计算分析软件

针对地质和岩土工程领域的大变形和破坏问题，南京大学刘春博士自主研发了岩土体大规模离散元软件 MatDEM (http://matdem.com)，其综合了前处理、基于 GPU 的离散元计算、后处理和二次开发功能。该软件已成功地用于常规三轴、固结试验和单轴压缩试验的数值模拟，还可对地质灾害、隧道开挖等地质和岩土工程问题进行离散元分析，代表性计算结果如图 2.6.17 所示 (刘春, 2019)。此外，中国农业大学、浙江大学、兰州大学、同济大学、河海大学、湘潭大学、中国科学技术大学、中国科学院物理研究所等高校和研究院所正深入开展离散元方法的基础理论和工程应用的研究，从而有力地推动着我国计算颗粒力学的发展。

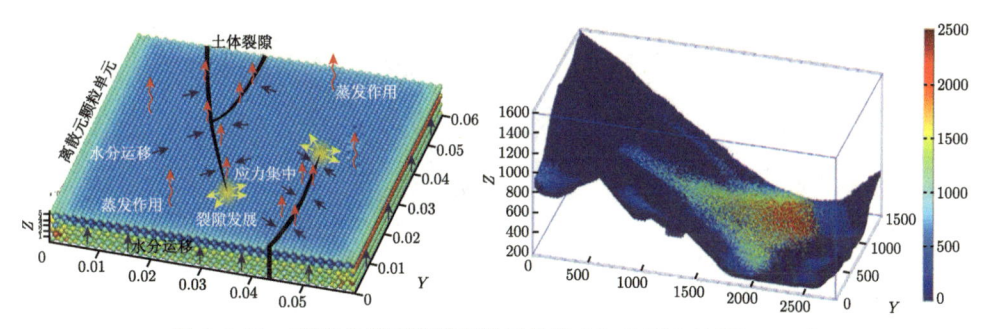

图 2.6.17　南京大学研发的离散元软件 MatDEM (刘春, 2019)

由大连理工大学季顺迎团队研发的高性能离散元计算分析软件 SDEM 是一款基于 GPU 并行运算，面向海洋工程、交通运输、岩土工程的多介质、多尺度专业化计算分析软件 (http://www.s-dem.com)。该软件系统地发展了球体、超二次曲面、扩展多面体、任意形态多面体、球谐函数单元等多种规则、凸型和凹型颗粒形态；针对极地海洋工程、有砟铁路道床、航空航天着陆器及返回舱的工程问题，发展了离散元方法与有限元方法、计算流体动力学、多体动力学耦合的多介质、多尺度计算模型；为提高离散元方法及相关耦合模型的计算精度，发展了基于 GPU 并行的高性能算法以提高解决工程问题的计算规模和计算效率 (季顺迎, 2018)。该软件的代表性离散元模拟结果如图 2.6.18 所示。目前，SDEM 开发了全新的操作界面和软件架构，可有机整合多种颗粒单元类型和求解方法，并考虑颗粒材料与工程结构、流体介质相互作用的耦合过程，从而针对所面临的特定行业问题进行定向开发，在操作界面友好性、数值算法高效性、计算规模工程化等方面都有快速的发展。

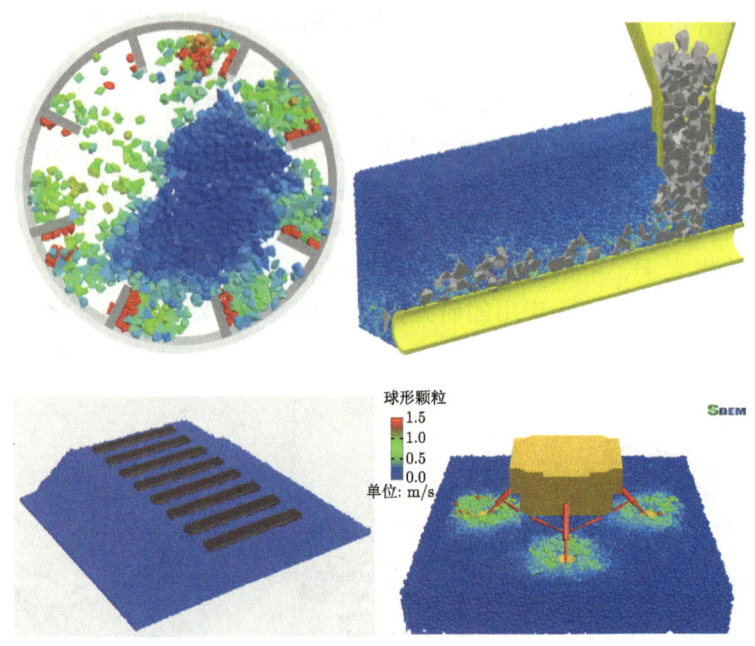

图 2.6.18　大连理工大学研发的离散元软件 SDEM

3. 极地船舶与海洋工程结构冰载荷的离散元计算分析软件研发

从 20 世纪 80 年代海冰离散元方法被应用到极地船舶与海洋工程领域以来，一直伴随着离散元方法的发展和完善。特别是近 10 年来，海冰离散元方法引起了诸多学者的关注和应用，从而有力地推动了其解决极地海洋工程问题的发展。然而，目前的海冰离散元方法更多地是从基础研究和工程应用探索的角度进行发展，而作为解决实际工程问题的工具或技术手段还不成熟。这也是目前国内外学者所关注并致力于解决的问题。这就需要在目前海冰离散元方法不断发展的同时，研发面向工程设计和应用部门的高性能计算分析软件，从而使其更广泛地应用于工程实践，并在解决工程问题的过程中不断验证和完善。

在冰载荷的离散元软件方面，加拿大国家研究委员会海洋技术研究所 (NRC-IOT) 采用了由海洋咨询公司开发的商业软件 DECICE (Discrete Element Code for ice-related problems)。该软件在海冰与海洋结构相互作用方面具有很广泛的适用性，可分析海冰与锥体结构冰载荷、桥墩处浮冰堵塞、救生艇在冰区操纵性、冰区系泊钻井船动力响应、冰脊对海床冲刷以及浮冰作用力等。该软件自 20 世纪 80 年代开发以来，随着计算机技术的发展而不断改进，并通过大量的模型试验进行了验证 (Lau et al., 2011)。图 2.6.19 给出了 DECICE 软件对冰载荷方面的部分计算结果。

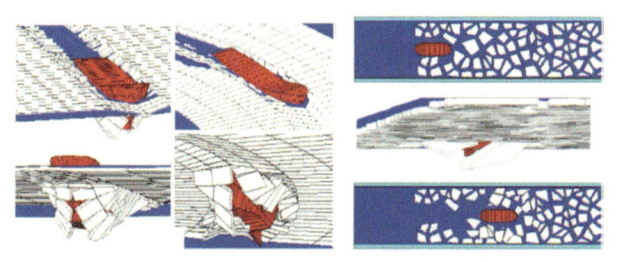

2.6 冰载荷的高性能离散元并行算法及计算分析软件

图 2.6.19　DECICE 软件对海冰工程问题的模拟 (Lau et al., 2011)

目前，CD-Adapco 公司开发的通用计算流体力学分析软件 STAR-CCM+，被成功地应用于碎冰航道内船舶阻力的数值计算，如图 2.6.20 所示 (Kim et al., 2019; Luo et al., 2020)。齐江辉等 (2019) 采用该软件模拟了碎冰区的航行过程，分析了航速对航行阻力的影响以及碎冰在船体周围的运动状态。以上研究表明，STAR-CCM+ 具有出色的流固耦合能力，对碎冰与船舶结构的相互作用模拟具有出色的计算性能。

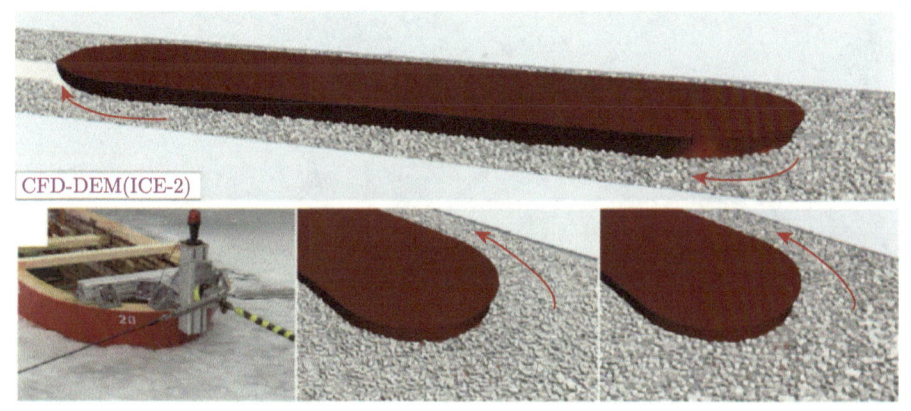

图 2.6.20　碎冰航道内船舶结构冰阻力的 STAR-CCM+ 分析 (Luo et al., 2020)

从 2010 年以来，大连理工大学季顺迎团队针对海冰在不同尺度下的离散分布特性、海冰与船舶及海洋工程结构相互作用时的破坏过程，发展了基于球体单元和扩展多面体单元的海冰离散元方法，实现了对船舶在不同航行方式下的局部冰压力和整体冰阻力的精确数值计算，并可对导管架、自升式及浮式海洋平台结构的冰载荷进行可靠分析。考虑海冰与流体介质、海洋工程结构物的耦合作用，将海冰离散元方法与计算流体动力学、结构有限元相耦合，并基于 GPU 并行算法发展了多介质、多尺度的冰载荷高性能离散元计算分析软件 *IceDEM*，实现了在工程尺度下冰载荷的高效计算。该软件可对海冰在不同尺度下的离散分布特性、海冰与船舶结构相互作用时的破坏现象进行数值分析，实现了对船舶在不同航行方式下的局部冰压力和整体冰阻力的精确数值计算，如图 2.6.21 所示。目前，该高性能离散元计算分析软件在船舶和海洋工程结构冰载荷的研究和工程设计中得到了国内外的广泛应用。

(a) 海冰与锥体结构相互作用

(b) 海冰与自升式海洋平台相互作用

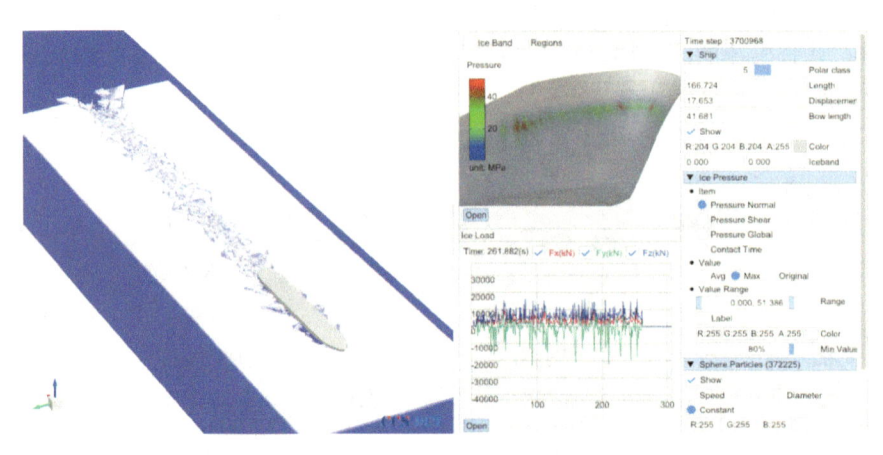

(c) 船舶冰区航行中冰压力和冰阻力的 $IceDEM$ 模拟

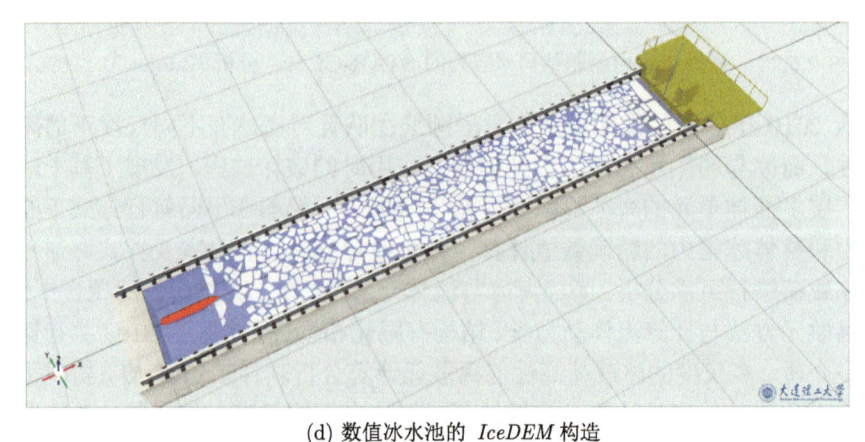

(d) 数值冰水池的 $IceDEM$ 构造

图 2.6.21 大连理工大学研发的冰载荷计算分析软件 $IceDEM$

2.7 小　　结

在极地船舶与海洋工程结构的冰载荷离散元模拟中，首先需要构造海冰的离散元。对平整冰、碎冰、冰脊和堆积冰的构造，可采用黏结球体单元、扩展多面体单元和扩展圆盘单元。针对海冰的物理力学特性，在海冰离散元方法中需考虑单元间黏结强度的温盐效应、尺寸效应等参数影响。为此，本章通过海冰的单轴压缩试验和三点弯曲试验，系统地确定了单元尺寸、黏结强度、摩擦系数与海冰压缩强度和弯曲强度之间关系，有助于提高离散元模拟海冰的精确性。在海冰扩展多面体单元方法研究中，采用 Hertz 接触模型，并根据接触点处两单元的表面曲率计算接触刚度，从而发展了基于表面几何特性的扩展多面体接触模型；通过在两个单元的黏结面上设置黏结点，由黏结点近似插值计算应力和应变以计算黏结力，从而建立与离散元算法高度一致的黏结模型。以上计算模型通过巴西盘压缩试验进行了验证。此外，采用扩展三维圆盘可模拟莲叶状碎冰对船舶及海洋平台结构的冰载荷。

为分析海洋工程结构在海冰作用下的振动特性，本章发展了海冰离散元与海洋结构有限元耦合的 DEM-FEM 计算模型。采用具有黏结–破碎性能的球体离散单元对海冰的破碎特性进行模拟；通过由梁单元、板壳单元以及六面体实体单元构建的海洋平台有限元模型，获得了结构振动及应力分布等信息；在 DEM 与 FEM 界面处实现了耦合参数的传递；在此基础上，通过 DEM-FEM 耦合模型对海洋平台结构的冰激振动特性展开研究。为分析海冰与流体介质的耦合作用，本章发展了 DEM-SPH 计算模型，其中采用弱可压缩格式的 SPH 方法和简化的边界排斥力模型，并与扩展多面体单元进行了耦合分析。通过溃坝流冲击块体颗粒和漂浮算例验证了模型的可靠性。针对 GPU 适用于离散元并行化的特点，本章发展了海冰离散单元的高效搜索算法；采用区域分解法 (DDM) 和动态区域计算法，有效提高了海冰离散元的计算效率和规模。为促进海冰离散元方法在极地海洋工程中的应用，需结合目前开展的离散元基本方法、GPU 并行计算技术和工程应用需求，研发高性能的离散元计算分析软件平台。本章通过借鉴国内外离散元商业和开源软件发展状况，提出了当前海冰离散元软件的发展方向。

本章针对当前国内外极地船舶与海洋工程发展的需求，也依托于海冰物理力学性质、冰载荷特性、高性能数值方法和计算技术等相关学科的发展，提出了数值冰水池的基本框架、研究思路和初步的工程应用，并对海冰物理力学性质的数值建模、冰–水–工程结构的耦合数值算法、数值冰水池的软件实现和试验验证进行了较为详细的论述。作为一个具有独立知识产权的软件系统平台，数值冰水池将与冰载荷的理论分析、现场测量和冰水池物理模型试验研究相互补充，密切结合，共同解决极地船舶与海洋工程结构的抗冰设计、强度分析、疲劳评估和安全保障问题。在后续建设中还将密切结合具体的极地船舶与海洋工程问题进行补充和完善，形成具有独立知识产权的数值冰水池计算分析软件系统，有力地促进极地船舶与海洋工程的发展。

参 考 文 献

狄少丞. 2015. 基于 GPU 并行算法的海洋平台及船舶结构冰荷载的离散元分析 [D]. 大连: 大连理工大学.

季顺迎. 2018. 计算颗粒力学及工程应用 [M]. 北京: 科学出版社.

季顺迎, 狄少丞, 李正, 等. 2013. 海冰与直立结构相互作用的离散单元数值模拟 [J]. 工程力学, 30(1):463-469.

季顺迎, 王安良, 苏洁, 等. 2011. 环渤海海冰弯曲强度的试验测试及特性分析 [J]. 水科学进展, 22(2):266-272.

孔帅, 季顺迎. 2020. 基于广义接触模型的离散元方法及其对船体冰载荷的分析 [J]. 海洋工程, 38(3):102-112.

李紫麟, 刘煜, 孙珊珊, 等. 2013. 船舶在碎冰区航行的离散元模型及冰载荷分析 [J]. 力学学报, 45(6):868-877.

梁绍敏, 王永滨, 王立武, 等. 2019. 月球着陆器着陆过程的 DEM-FEM 耦合分析 [J]. 固体力学学报, 39-50.

刘春, 范宣梅, 朱晨光, 等. 2019. 三维大规模滑坡离散元建模与模拟研究——以茂县新磨村滑坡为例 [J]. 工程地质学报, 27(6): 1362-1370.

刘璐. 2019. 扩展多面体离散元方法及其在海洋结构冰载荷分析中的应用 [D]. 大连: 大连理工大学.

刘璐, 尹振宇, 季顺迎. 2019. 船舶与海洋平台结构冰载荷的高性能扩展多面体离散元方法 [J]. 力学学报, 51(6): 1720-1739.

龙雪. 2019. 海洋结构物作用下海冰破坏模式及冰载荷的离散元分析 [D]. 大连: 大连理工大学.

倪宝玉, 曾令东, 熊航, 等. 2021. 海冰与波流耦合动力学的研究进展 [J]. 力学学报, 53(3): 641-654.

齐江辉, 郭翔, 陈强, 等. 2019. 碎冰区航行船舶阻力预报数值模拟研究 [J]. 兵器装备工程学报, 40(11): 207.

邱长林, 王菁, 闫澍旺. 2014. 冲击荷载作用下有碎石保护结构的海底管线 DEM-FEM 联合分析研究 [J]. 岩土工程学报, 37(11):2089-2093.

邵帅. 2017. 基于离散元–有限元耦合法的有砟铁路结构动力特性分析及试验验证 [D]. 大连: 大连理工大学.

邵帅, 严颖, 季顺迎. 2016. 土工格栅加强下有砟铁路道床动力特性的离散元-有限元耦合分析 [J]. 固体力学学报, 37(5):444-455.

王安良, 许宁, 毕祥军, 等. 2016. 卤水体积和应力速率影响下海冰强度的统一表征 [J]. 海洋学报, 38(9):126-133.

参考文献

王帅霖. 2019. 基于离散元–有限元耦合方法的海洋平台结构冰激振动分析 [D]. 大连: 大连理工大学.

王帅霖, 季顺迎. 锥体导管架海洋平台冰激振动的 DEM-FEM 耦合分析及高性能算法 [J]. 海洋学报, 2017, 39(12):98-108.

王帅霖, 刘社文, 季顺迎. 2019. 基于 GPU 并行的锥体导管架平台结构冰激振动 DEM-FEM 耦合分析 [J]. 工程力学, 36(10): 28-39.

杨冬宝, 高俊松, 刘建平, 等. 2021. 基于 DEM-FEM 耦合方法的海上风机结构冰激振动分析 [J]. 力学学报, 53(3): 682-692.

Azevedo N M, Lemos J V. 2005. A generalized rigid particle contact model for fracture analysis[J]. International Journal for Numerical and Analytical Methods in Geomechanics, 29(3): 269-285.

Azevedo N M, Lemos J V. 2013. A 3D generalized rigid particle contact model for rock fracture[J]. Engineering Computations, 30(2):277-300.

Bartezzaghi A, Cremonesi M, Parolini N, et al. 2015. An explicit dynamics GPU structural solver for thin shell finite elements[J]. Computers and Structures, 154:29-40.

Bridges R, Riska K, Hopkins M. 2019. Ice interaction processes during ice encroachment[J]. Marine Structures, 67:102629.

Canelas R B, Crespo A J C, Domínguez J M, et al. 2016. SPH-DCDEM model for arbitrary geometries in free surface solid-fluid flows[J]. Computer Physics Communications, 202:131-140.

Carpenter N J, Taylor R L, Katona M G. 1991. Lagrange constraints for transient finite element surface contact[J]. International Journal for Numerical Methods in Engineering, 32(1):103-128.

Daly S F, Hopkins M A. 2001. Estimating forces on an ice control structure using DEM[C]. Proceedings, 11th Workshop on River Ice. River ice processes within a changing environment.

Dumont D, Kohout A, Bertino L. 2011. A wave-based model for the marginal ice zone including a floe breaking parameterization[J]. Journal of Geophysical Research Oceans, 116(C04001):1-12.

Eitzlmayr A, Koscher G, Khinast J. 2014. A novel method for modeling of complex wall geometries in smoothed particle hydrodynamics [J]. Computer Physics Communications, 185(10): 2436-2448.

Feldman J, Bonet J. 2007. Dynamic refinement and boundary contact forces in SPH with applications in fluid flow problems [J]. International Journal for Numerical Methods in Engineering, 72(3):295-324.

Feng C, Li S H, Liu X Y, et al. 2014. A semi-spring and semi-edge combined contact model in CDEM and its application to analysis of Jiweishan landslide. Journal of Rock Mechanics and Geotechnical Engineering, 6: 26-35.

Frankenstein G, Garner R. 1967. Equations for determining the brine volume sea ice from -0.5 °C to -22.0 °C [J]. Journal of Glaciology, 6(48): 943-944.

Gao W, Tan Y, Jiang S, et al. 2016. A virtual-surface contact algorithm for the interaction between FE and spherical DE[J]. Finite Elements in Analysis and Design, 108(C):32-40.

Hiraoka K, Arakawa M, Setoh M, et al. 2008. Measurements of target compressive and tensile strength for application to impact cratering on ice-silicate mixtures [J]. Journal of Geophysical Research Planets, 113:E02013.

Hopkins M A, Shen H H. 2001. Simulation of pancake-ice dynamics in wave field [J]. Annals of Glaciology, 33: 355-360.

Huber M, Keller F, Säckel W, et al. 2016. On the physically based modeling of surface tension and moving contact lines with dynamic contact angles on the continuum scale[J]. Journal of Computational Physics, 310:459-477.

Ji S, Wang A, Su J, et al. 2011. Experimental studies on elastic modulus and flexural strength of sea ice in the Bohai Sea[J]. ASCE Journal of Cold Regions Engineering, 25(4): 182-195.

Ji S, Wang S. 2020. A coupled discrete-finite element method for ice-induced vibrations of a conical jacket platform with a GPU-based parallel algorithm[J]. International Journal of Computational Methods, 17(4): 1850147.

Kim J H, Kim Y, Kim H S, et al. 2019. Numerical simulation of ice impacts on ship hulls in broken ice fields[J]. Ocean Engineering, 182:211-221.

Lau M, Lawrence K P, Rothenburg L. 2011. Discrete element analysis of ice loads on ships and structures[J]. Ships and Offshore Structures, 6(3): 211-221.

Laursen T A, Chawla V. 1997. Design of ENERGY conserving algorithms for frictionless dynamic contact problems[J]. International Journal for Numerical Methods in Engineering, 40(5):863-886.

Lee E S, Moulinec C, Xu R, et al. 2008. Comparisons of weakly compressible and truly incompressible algorithms for the SPH mesh free particle method [J]. Journal of Computational Physics, 227(18):8417-8436.

Li B, Wang C, Li Y, et al. 2020. Dynamic response analysis of retaining dam under the impact of solid-liquid two-phase debris flow based on the coupled SPH-DEM-FEM method[J]. Geofluids, 6635378.

Li S H, Wang J G, Liu B S, et al. 2007. Analysis of critical excavation depth for a jointed rock slope by face-to-face discrete element method[J]. Rock Mechanics and Rock Engineering, 40(4): 331-348.

Liu G R, Liu M B. 2003. Smoothed Particle Hydrodynamics: A Meshfree Particle Method[M]. Singapore: World Scientific.

Liu L, Ji S. 2018. Ice load on floating structure simulated with dilated polyhedral discrete element method in broken ice field[J]. Applied Ocean Research, 75:53-65.

Liu M B, Shao J R, Chang J Z. 2012. On the treatment of solid boundary in smoothed particle hydrodynamics [J]. Science in China Series E: Technological Sciences, 55(1):244-254.

Liu R W, Xue Y Z, Lu X K, et al. 2018. Simulation of ship navigation in ice rubble based on peridynamics[J]. Ocean Engineering, 148: 286-298.

Liu T, Fleck N A, Wadley H N G, et al. 2013. The impact of sand slugs against beams and plates: Coupled discrete particle/finite element simulations[J]. Journal of the Mechanics and Physics of Solids, 61(8): 1798-1821.

Lu W, Lubbad R, Løset S. 2014. Simulating ice-sloping structure interactions with the cohesive element method[J]. Journal of Offshore Mechanics & Arctic Engineering, 136(3):16.

Luo W, Jiang D, Wu T, et al. 2020. Numerical simulation of an ice-strengthened bulk carrier in brash ice channel[J]. Ocean Engineering, 196:106830.

Macià F, González L M, Cercospita J L, et al. 2012. A boundary integral SPH formulation[J]. Progress of Theoretical Physics, 128(3):439-462.

Michael M, Vogel F, Peters B. 2014. DEM-FEM coupling simulations of the interactions between a tire tread and granular terrain[J]. Computer Methods in Applied Mechanics and Engineering, 289: 227-248.

Monaghan J J, Kajtar J B. 2009. SPH particle boundary forces for arbitrary boundaries[J]. Computer Physics Communications, 180(10):1811-1820.

Munjiza A, Lei Z, Divic V, et al. 2013. Fracture and fragmentation of thin shells using the combined finite-discrete element method[J]. International Journal for Numerical Methods in Engineering, 95: 479-498.

Ning H. 1997. A solution method for dynamic contact problems[J]. Computers and Structures, 63(6):1053-1063.

Nishiura D, Sakaguchi H. 2011. Parallel-vector algorithms for particle simulations on shared-memory multiprocessors[J]. Journal of Computational Physics, 230, 1923-1938.

Rahman M A, Taniyama H. 2015. Analysis of a buried pipeline subjected to fault displacement: A DEM and FEM study[J]. Soil Dynamics & Earthquake Engineering, 71: 49-62.

Robinson M, Ramaioli M, Luding S. 2014. Fluid-particle flow simulations using two-way-coupled mesoscale SPH-DEM and validation [J]. International Journal of Multiphase Flow, 59(2):121-134.

Rogers B D, Dalrymple R A. 2008. SPH modeling of tsunami waves[J]. Advanced Numerical Models for Simulating Tsunami Waves and Runup, 10:75-100.

Soh A K, Long Y Q, Cen S. 2000. Development of eight-node quadrilateral membrane elements using the area coordinates method[J]. Computational Mechanics, 25(4):376-384.

Squire V A. 2007. Review of ocean waves and sea-ice revisited[J]. Cold Regions Science and Technology, 49:110-133.

Su B, Riska K, Moan T. 2010. A numerical method for the prediction of ship performance in level ice[J]. Cold Regions Science and Technology, 60: 177-188.

Sun S, Shen H H. 2012. Simulation of pancake ice load on a circular cylinder in a wave and current field[J]. Cold Regions Science and Technology 78:31-39.

Sun X, Sakai M, Yamada Y. 2013. Three-dimensional simulation of a solid-liquid flow by the DEM-SPH method [J]. Journal of Computational Physics, 248(5):147-176.

Walker D, Bose N, Yamaguchi H, et al. 1997. Hydrodynamic loads on ice-class propellers during propeller-ice interaction [J]. Journal of Marine Science and Technology, 2(1):12-20.

Wang F, Zou Z J, Zhou L, et al. 2018. A simulation study on the interaction between sloping marine structure and level ice based on cohesive element model[J]. Cold Regions Science and Technology, 149:1-15

Wang S L, Ji S Y. 2018. Coupled DEM-FEM analysis of ice-induced vibrations of conical jacket platform based on domain decomposition method [J]. International Journal of Offshore and Polar Engineering, 28(2):190-199.

Wang S P, Nakamachi E. 1997. The inside-outside contact search algorithm for finite element analysis[J]. International Journal for Numerical Methods in Engineering, 40(19): 3665-3685.

Weinhart T, Orefice L, Post M, et al. 2020. Fast, flexible particle simulations—An introduction to MercuryDPM[J]. Computer Physics Communications, 249:107129.

Wen H J, Ren B. 2018. A non-reflective spectral wave maker for SPH modeling of nonlinear wave motion[J]. Wave Motion, 79:112-128.

Wu Z, Yu F, Zhang P, et al. 2019. Micro-mechanism study on rock breaking behavior under water jet impact using coupled SPH-FEM/DEM method with Voronoi grains[J]. Engineering Analysis with Boundary Elements, 108:472-483.

Ye L Y, Wang C, Chang X, et al. 2017. Propeller-ice contact modeling with peridynamics. Ocean Engineering, 139: 54-64.

Zhao X, Shen H H, Cheng S. 2015. Modeling ocean wave propagation under sea ice covers[J]. Acta Mechanica Sinica, 31(1): 1-15.

Zheng J W, An X H, Huang M S. 2012. GPU-based parallel algorithm for particle contact detection and its application in self-compacting concrete flow simulations[J]. Computers and Structures, 112-113:193-204.

Zheng Q J, Xu M H, Chu K W, et al. 2017. A coupled FEM/DEM model for pipe conveyor systems: Analysis of the contact forces on belt[J]. Powder Technology, 314:480-489.

Zheng Z M, Zang M Y, Chen S H, et al. 2016. An improved 3D DEM-FEM contact detection algorithm for the interaction simulations between particles and structures[J]. Powder Technology, 305:308-322.

Zheng Z M, Zang M Y, Chen H Y, et al. 2018. A GPU-based DEM-FEM computational framework for tire-sand interaction simulations[J]. Computers and Structures, 209(15):74-92.

Zhou L, Gao J, Xu S, et al. 2018. A numerical method to simulate ice drift reversal for moored ships in level ice[J]. Cold Regions Science and Technology, 152:35-47.

第 3 章 海冰离散元数值构造

海冰在与海洋结构的相互作用过程中会呈现出由连续体向离散块体转变的破坏过程，使得离散元方法在确定海洋结构冰载荷方面具有明显的计算优势 (Hopkins, 1997; 季顺迎, 2018)。20 世纪 80 年代，离散元方法已开始用于分析海冰动力演变、海洋结构冰载荷等海冰问题。离散元方法不仅可用于模拟小尺度下冰块间的碰撞 (Hopkins and Shen, 2001)，还可对中尺度下冰脊的形成、冰隙的产生以及冰缘区的海冰演化进行数值计算 (Hopkins et al., 2004; Hopkins, 2004a,b)。近年来，基于离散元方法的海冰与平台结构、船体结构的相互作用研究取得了较大进展 (季顺迎等, 2013)。它不仅能够合理地模拟海冰与海洋结构作用的破坏过程，在结构冰压力计算方面也具有一定优势。在海冰离散元方法中，计算单元可采用球体、块体和圆盘等不同形态。球体单元主要通过单元间的黏结–破坏来模拟平整冰及其破碎特性，具有模型简单和计算效率高的特点。采用黏结球体单元可分析平整冰与海洋平台结构的相互作用过程，确定不同环境参数及结构尺寸下的冰载荷。块体离散元模型主要模拟平整冰的破碎、重叠和堆积过程，可合理地描述冰块的几何形态 (Liu and Ji, 2021)。圆盘单元主要用于模拟碎冰在波浪作用下的动力学过程以及碎冰与海洋结构的相互作用 (Sun and Shen, 2012; 李紫麟等, 2013)。针对海洋结构与平整冰、碎冰、冰脊等不同类型海冰的动力作用特性，还需发挥不同形态颗粒单元的计算优势，对海冰与海洋结构的动力作用过程进行数值分析。本章将分别采用球体单元、扩展多面体单元和圆盘单元构造不同的海冰类型，并讨论离散元计算参数的合理确定方法 (季顺迎等, 2013; Sun and Shen, 2012; 刘璐等, 2015)。

3.1 海冰离散元构造方法简介

在极地船舶与海洋工程结构冰载荷的离散元模拟中，首先需要针对海冰的几何形态、细观结构以及物理力学性质，建立合理的离散元方法，其中对海冰的离散元构造是一个重要内容。下面介绍采用球体单元对极地主要海冰类型的离散元构造方法。

3.1.1 极地海冰的离散元构造方式

自然条件下，海冰在生消和运动过程中会形成不同的海冰类型，主要表现为平整冰、碎冰、冰脊和堆积冰，如图 3.1.1 所示。在海冰的离散元模拟中，应针对

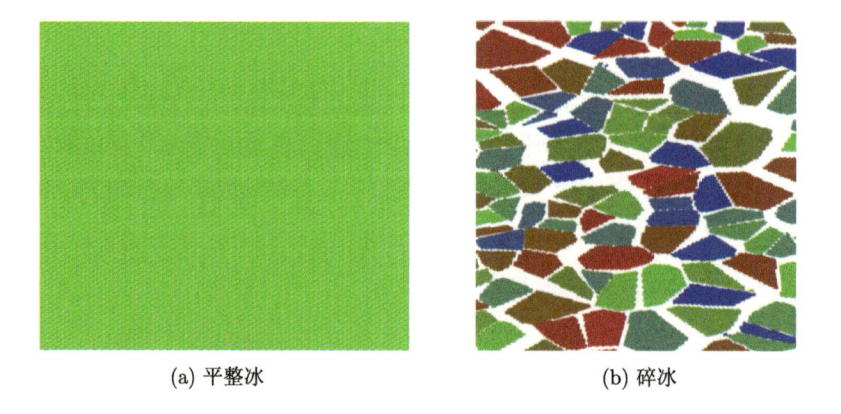

不同类型海冰的几何结构和力学特性进行构造。采用球体单元的黏结模型可有效地构造海冰所呈现的连续、离散分布特性，并可描述海冰在动力作用过程中的破碎现象。通过球体单元构造的不同海冰类型如图 3.1.2 所示。除规则排列外，还可采用球体单元随机排列的方式进行海冰材料的构造，以描述离散元模拟中海冰材料的各向异性力学行为。

(a) 平整冰

(b) 碎冰

(c) 冰脊

(d) 堆积冰

图 3.1.1　不同类型的极地海冰

(a) 平整冰

(b) 碎冰

(c) 冰脊　　　　　　　　　　　(d) 堆积冰

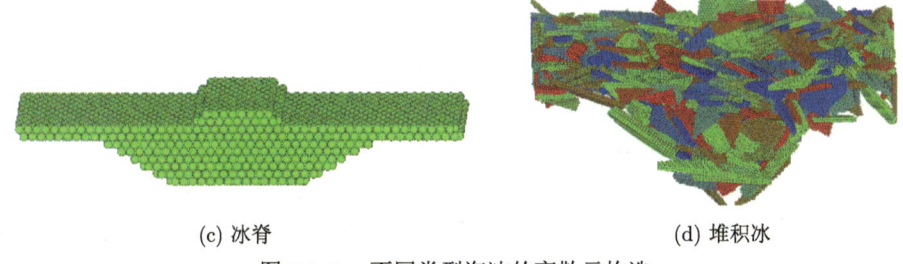

图 3.1.2　不同类型海冰的离散元构造

冰山是极地常见的海冰类型，其因形成过程和地理位置的差异而在形态上千奇百怪。一种典型的冰山形态及其离散元构造如图 3.1.3 所示。由于冰山质量巨大，在能见度不高的恶劣天气条件下将给船舶安全航行带来很大的威胁。2019 年 1 月 19 日 10 时 47 分，"雪龙"号在我国第 35 次南极科学考察航行中受浓雾影响，在南纬 69°59.9′，西经 94°04.2′ 的阿蒙森海密集冰区与冰山碰撞，造成船首桅杆及部分舷墙受损，250 t 的冰雪压在船头。因此，对冰山碰撞下的船舶结构安全性能分析也是国内外关注的重要问题 (Liu et al., 2011)。

图 3.1.3　冰山典型的几何形态及计算模型

3.1.2　球体离散元的排列方式

球体作为离散元方法中建立最早、应用最广泛的单元形态，可对不同类型的海冰进行灵活且相对精确的几何构造。通过颗粒尺寸和排列方式的设计可对海冰的宏观物理力学性质进行准确的数值模拟。特别是对海冰材料力学性质的单轴压缩、三点弯曲和巴西盘试验中，球体离散元方法均取得了很好的应用成果。

1. 球体颗粒的规则排列

在采用离散元方法构造海冰时，单元的尺寸、形态以及排列方式均对数值模拟结果存在很大的影响。即使是采用球体单元对数值海冰压轴压缩试验模型的构造中，单元可规则排列或随机排列。如果采用规则排列方式，则又分为面心立方 (FCC) 和密排六方 (HCP) 等。对于 HCP 颗粒排列方式，竖直向下的加载方向有三种不同的排列方式，而对于 FCC 颗粒排列方式，竖直向下的加载方向有两种不同的排列方式，如图 3.1.4 所示。规则排列方式生成海冰试样过程，具有程序易实现、粒径单一、试样表面不规则和试样各向异性等特点，而对于随机排列生成试样，则需要发展快速高效的排列方式。采用不同的规则排列方式，狄少丞 (2015) 对海冰试样的单轴压缩强度进行了离散元分析，确定了海冰强度与排列方式的对应关系，并建议采用 HCP 方式构造海冰试样。采用球体单元规则排列方式构造的冰脊和冰山如图 3.1.5 所示。

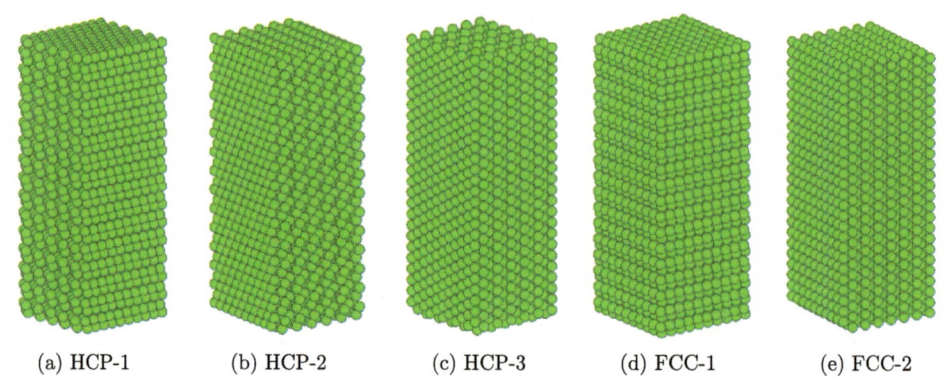

(a) HCP-1　　(b) HCP-2　　(c) HCP-3　　(d) FCC-1　　(e) FCC-2

图 3.1.4　海冰试样的三种 HCP 排列方式和两种 FCC 排列方式

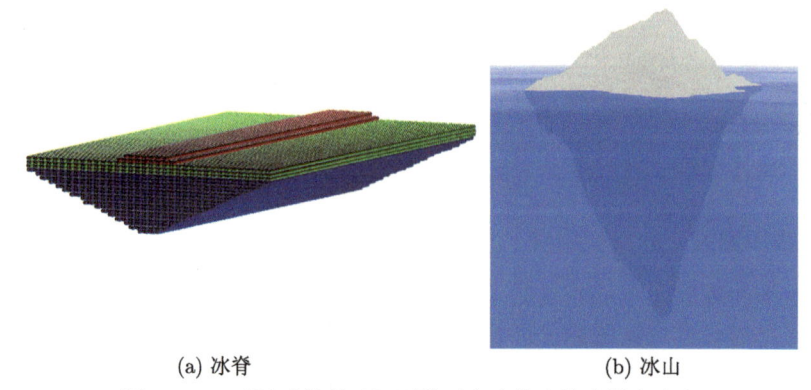

(a) 冰脊　　(b) 冰山

图 3.1.5　采用球体单元规则排列方式构造的冰脊和冰山

3.1 海冰离散元构造方法简介

2. 球体颗粒的随机排列

常用的随机生成试样的方法有颗粒生长法与重力下落法。颗粒生长法生成初始试样时粒径不容易控制，容易在颗粒间产生初始的重叠量或间隙，而黏结模型对颗粒间的重叠量或间隙较为敏感，会影响试样的破坏方式；重力下落法在一定程度上可以避免上述问题，但其计算时间较长，生成试样的效率较低。为此，李勇俊和季顺迎 (2020) 采用前进面几何构造算法，提出了一种基于网格搜索的球形颗粒随机排列高效算法。为获得高体积分数的颗粒簇，该算法允许颗粒改变其粒径大小。采用颗粒网格化方法可以简化前进面的搜索，并由此提高了排列效率。对于任意几何构造空间，在颗粒排列过程中需严格遵守以下两个条件：生成的颗粒大小服从粒径区间 $[r_{\min}, r_{\max}]$，这里 $r_{\min}$ 和 $r_{\max}$ 分别为最小和最大的粒径；颗粒之间无重叠量，以保证生成的最终试样内部不存在预应力。

1) 颗粒排列的几何算法

在前进面算法中，四个相互接触但不重叠的颗粒 $s(c,r)$ 首先被同时置入排列区域中，这里 c 和 r 分别表示颗粒的球心和粒径。每一个前进面由三个颗粒组成，则在初始状态下，一共存在 4 个可以确定法向量的前进面，该法向量指向方向即为前进面的有效面，而新的颗粒将根据法向量方向被置入有效面上，并与已存在的颗粒组成新的前进面。随着排列的进行，新的前进面不断地形成并放入更多的颗粒。若当前的前进面无法放置新的颗粒，则搜索下一个前进面，颗粒的位置主要由前进面决定 (Morales et al., 2016)。

三个紧邻的球形颗粒 s_1, s_2, s_3 构成了一个前进面，如图 3.1.6(a) 所示。通过求解三边方程，颗粒 s_{new} 与颗粒 s_1, s_2, s_3 均正好相切，如图 3.1.6(b) 所示。该三边方程为

$$|c_{\text{new}} - c_i| = r_{\text{new}} + r_i, \quad i = 1, 2, 3 \tag{3.1.1}$$

式中，$c_{\text{new}} = [x_{\text{new}}, y_{\text{new}}, z_{\text{new}}]$；$c_i = [x_i, y_i, z_i]$；$r_{\text{new}}$ 为已知量。

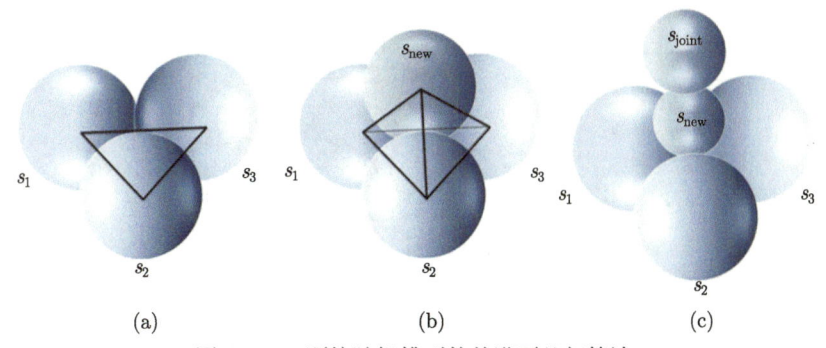

图 3.1.6 颗粒随机排列的前进面几何算法

随着颗粒 s_{new} 不断插入几何构造空间中，在一些情况下至少会与一个已确定空间位置的颗粒 s_{joint} 产生重叠量，如图 3.1.6(c) 所示。此时，将颗粒 s_{joint} 加入方程求解更新 s_{new} 的粒径大小和位置，即

$$|\boldsymbol{c}'_{\text{new}} - \boldsymbol{c}_i| = r'_{\text{new}} + r_i, \quad i = 1, 2, 3, \text{joint} \tag{3.1.2}$$

式中，$\boldsymbol{c}'_{\text{new}}$ 和 r'_{new} 分别为颗粒 s_{new} 更新后的球心坐标和粒径。

对于式 (3.1.1) 和式 (3.1.2)，在局部坐标系下可以快速获得其解析解。若 $r'_{\text{new}} < r_{\min}$，则取消该颗粒，并搜索下一个前进面，由此确定颗粒 s_{new} 的位置。

2) 颗粒排列的空间网格化

为提高颗粒排列效率，这里采用空间网格对前进面的搜索进行简化。每一个网格均被赋予唯一的编号 $N_{ijk} = \boldsymbol{f}(i,j,k)$，这里 i,j,k 分别表示该网格在 x,y 和 z 轴上的编号大小。假设整个排列区域 $\mathbf{G}$ 在三个坐标轴上被划分成 $g_m \times g_n \times g_l$ 个正六面体网格，则函数 $\boldsymbol{f}$ 为

$$\boldsymbol{f}(i,j,k) = i + g_m(j-1) + g_m g_n(k-1) \tag{3.1.3}$$

下面以图 3.1.7 为例对空间网格化在颗粒排列中的应用作进一步说明。长方体 $\mathbf{G}$ 是一个包含几何排列结构 $\mathbf{P}$ 的最小域，利用式 (3.1.3) 对 $\mathbf{G}$ 中的正六面体网格进行编号，网格大小为 $l = k \cdot r_{\min}$。$\mathbf{G}'$ 是长方体 $\mathbf{G}$ 的子域，其被划分成 $5 \times 5 \times 5$ 个网格。在排列过程中，每一个新生成的颗粒均被赋予网格信息，颗粒的网格属性根据其球心位置坐标进行确定，若球心恰好处于相邻网格交界处，则以相邻网格中编号最小的网格号作为该颗粒的网格属性。在 $\mathbf{G}'$ 中，1 号颗粒周围的区域已被填满。此时，2 号颗粒作为主颗粒，其网格编号为 $\boldsymbol{f}(C_{x+2}, C_{y+2}, C_{z+2})$，只需对以该网格为中心的 27 个网格内 (蓝色区域) 的颗粒进行搜索并确定前进面。图 3.1.7 中 5 号和 7 号颗粒处在蓝色区域网格内，与 2 号颗粒形成一个前进面，用于颗粒 s_{new} 的生成。

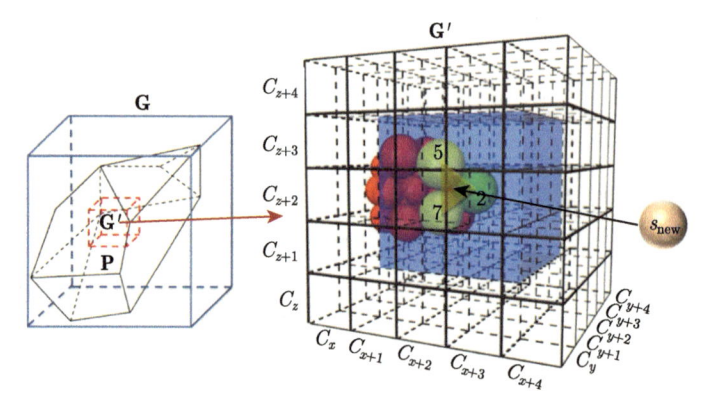

图 3.1.7　几何排列结构 $\mathbf{P}$ 及其最小长方体包含域 $\mathbf{G}$

3.1 海冰离散元构造方法简介

3) 颗粒排列的几何过程

这里基于式 (3.1.1)、式 (3.1.2) 和空间网格化，对立方体几何结构试样的生成进行图解说明，如图 3.1.8 所示。首先，对立方体几何结构进行正六面体网格划分并依次编号。其次，在立方体排列域内随机放入一个颗粒 (图 3.1.8(a))，并根据第一个颗粒的位置生成另外三个颗粒，这四个颗粒相互接触但无重叠，将每一个颗粒赋予网格编号。由此，四个初始前进面形成，并且随着排列的进行，新的颗粒不断加入前进面的生成中。因为编号小的颗粒周围空间优先填充，所以整个颗粒生成过程具有一定的方向性，由初始颗粒起始向外不断堆积，且颗粒向任意方向生成的速度是近似的 (图 3.1.8(b))。当颗粒接触到几何边界时，则根据前进面与几何边界的空间关系，更新颗粒的位置和粒径 (图 3.1.8(c))。当编号最大的颗粒周围没有空间容纳粒径为 $r_{\min}$ 的颗粒时，整个排列结束 (图 3.1.8(d))。

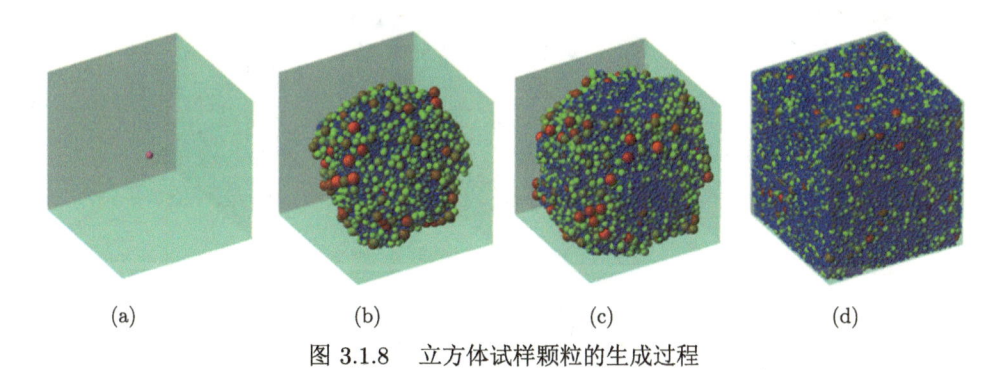

(a)   (b)   (c)   (d)

图 3.1.8 立方体试样颗粒的生成过程

4) 海冰离散元的随机排列

采用以上前进面法的球体颗粒随机排列方法可对海冰的力学性能试验中的试样进行构造。构造的圆柱形和长方体海冰试样如图 3.1.9 所示。图 3.1.9(a) 所示的圆柱体试样高度和直径分别为 10 cm 和 5 cm，组成该试样的最大和最小粒径比为 2.5 (粒径 r_p 范围为 [2.0 mm, 5.0 mm])，颗粒总数 N_p 为 10052。通过对圆柱体试样的单轴压缩可得到其宏观弹性模量、泊松比及压缩强度。同样，采用球体颗粒随机构造的长方体试样如图 3.1.9(b) 所示。该数值试样的球体粒径范围为 [2.0 mm, 5.0 mm]。采用球体颗粒随机构造的巴西盘试样如图 3.1.9(c) 所示。

对于图 3.1.9 所示长方体和巴西盘试样，在压缩下的破坏过程分别如图 3.1.10 和图 3.1.11 所示。由此可见，采用平行黏结球体单元可以很好地模拟材料的受压破坏过程，并确定相应的单轴压缩强度和拉伸强度。图 3.1.12 采用随机排列的球体单元对冰脊和冰山进行了构造，其可为后续研究冰脊和冰山与极地海洋工程结构的相互作用提供初始海冰条件。

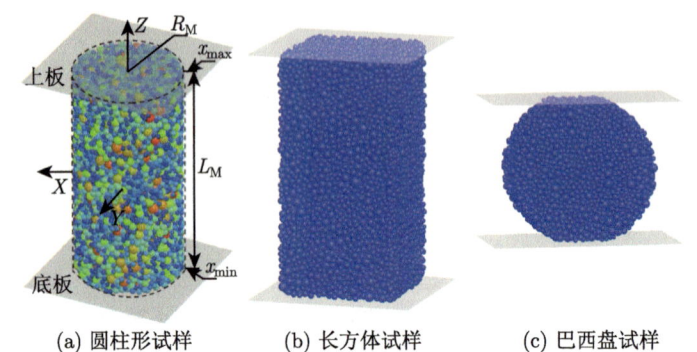

(a) 圆柱形试样　　(b) 长方体试样　　(c) 巴西盘试样

图 3.1.9　采用随机排列的球体单元构造圆柱体、长方体及巴西盘试样

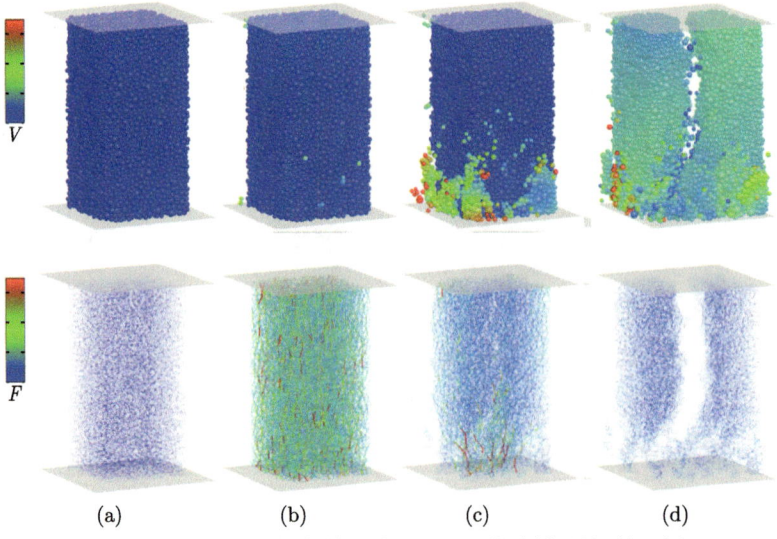

(a)　　(b)　　(c)　　(d)

图 3.1.10　采用球体离散元模拟的长方体试样压缩破坏过程

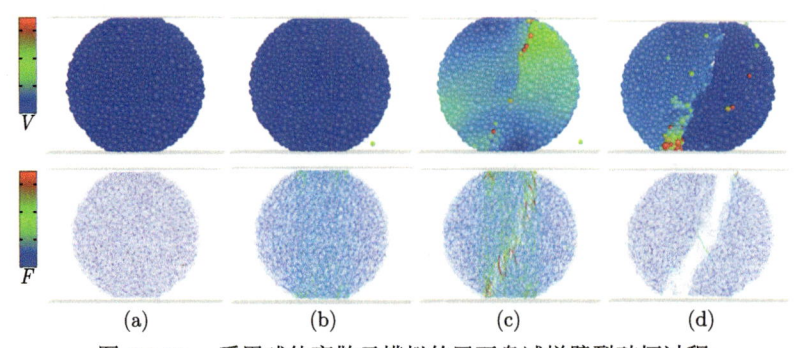

(a)　　(b)　　(c)　　(d)

图 3.1.11　采用球体离散元模拟的巴西盘试样劈裂破坏过程

(a) 冰脊   (b) 冰山

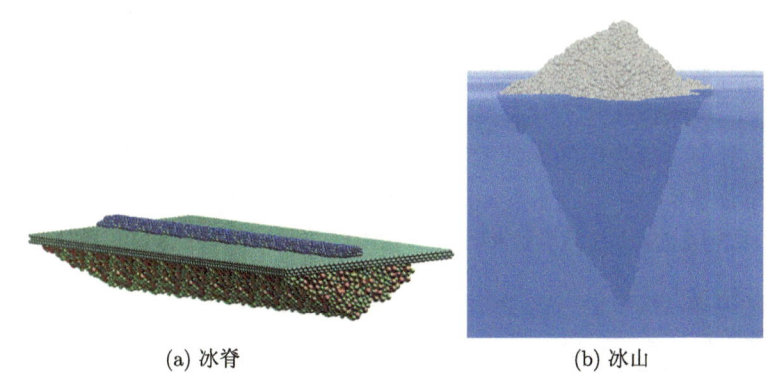

图 3.1.12 采用球体单元规则排列和随机排列方法构造的冰脊和冰山

3.2 平整冰的离散元构造

平整冰是极地船舶与海洋工程结构设计和运行中考虑最多的冰类型，其可采用球体单元或扩展多面体单元进行构造。无论是采用球体单元还是扩展多面体单元，均应表征出平整冰分别与直立结构和斜面结构相互作用时的挤压破坏和弯曲破坏特性。离散元模拟的平整冰破坏模式、结构冰载荷以及结构力学响应，均需要同模型试验或现场测量结果有高度的相似性，从而保障离散元方法在极地海洋工程应用中的可靠性。

3.2.1 平整冰的球体离散元构造

对于平整冰区，考虑计算域与远处冰场的位移、作用力传递条件，在边界的每个颗粒单元上设定相应的水平和竖向刚度，如图 3.2.1 所示。若进一步考虑海冰的整体运动情况，则对边界单元设定一个相应的水平速度。黏结球体单元间具有一定的法向和切向黏结强度，可传递两个单元间的作用力和力矩。黏结单元间的法向和切向应力可由弹性梁在组合载荷下的拉伸、扭转和弯曲计算模型得到。当法向或切向应力达到其相应强度时，黏结单元则会逐渐失效。黏结单元的失效过程及破坏准则对计算结果影响显著，也是目前离散元研究的重要内容。

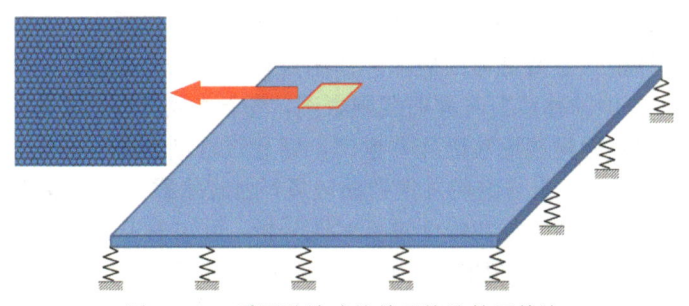

图 3.2.1 采用黏结球体单元构造的平整冰

为验证以上海冰离散元方法的可靠性，下面对德国 HSVA 开展的锥体结构冰载荷试验进行数值分析 (Xu et al., 2015)。该模型试验采用相似原理将渤海 JZ20-2 MUQ 平台的抗冰锥体部分进行等比例缩放，得到的窄锥体模型和具体结构参数如图 3.2.2 所示。试验中的海冰参数也参考渤海冰区的实测数据进行了等比例缩放，采用的海冰模型中弯曲强度 $\sigma_f = 60.6\,\text{kPa}$，冰厚 $h_i = 32\,\text{mm}$，冰速 $v_i = 100\,\text{mm/s}$。由此得到的离散元参数列于表 3.2.1。

(a) HSVA 试验中锥体结构　　　　　(b) 锥体结构尺寸

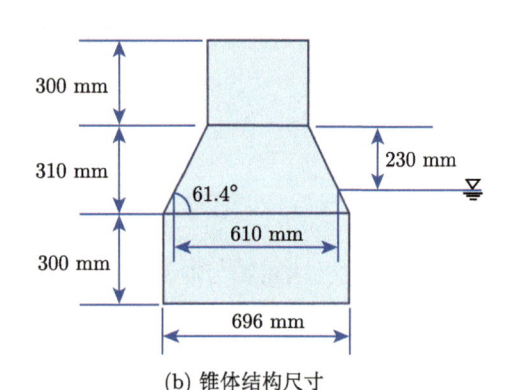

图 3.2.2　HSVA 试验中锥体结构参数 (Xu et al., 2015)

表 3.2.1　HSVA 模型试验离散元模拟的计算参数

定义	符号	数值	单位
海冰的弹性模量	E	0.10	GPa
单元直径	D	12.20	mm
黏结强度	σ_b	0.07	MPa
内摩擦系数	μ_b	0.20	—
法向接触刚度	k_n	2.5×10^6	N/m
切向接触刚度	k_s	2.5×10^5	N/m
回弹系数	e_i	0.30	—
海冰与结构摩擦系数	μ_s	0.15	—
海冰与结构回弹系数	e_s	0.30	—

图 3.2.3 比较了 HSVA 试验和离散元模拟结果。可以看出，海冰与锥体结构相互作用的破坏模式主要是弯曲破坏，作用过程可分为弯曲破坏、攀爬和清除三个阶段。图 3.2.4 中的冰载荷时程曲线则表明，整个冰载荷周期常包括加载和卸载两个过程。加载过程对应海冰破碎并攀爬，卸载过程则为海冰破碎后被清除并落入水中，此时后续冰还未与结构发生弯曲破坏，因此冰载荷迅速下降。图 3.2.4 中选取冰载荷时程曲线中的载荷峰值进行对比分析，可知 HSVA 试验所得冰载荷的最大值为 247.0 N，载荷峰值的平均值为 165.9 N，冰载荷周期的平均值为 0.70 s；而离散元模拟中所得冰载荷的最大值为 247.2 N，载荷峰值的平均值为 186.8 N，

3.2 平整冰的离散元构造

冰载荷周期的平均值为 0.74 s。从冰载荷幅值和周期上分析,两者数值较为接近,验证了离散元参数选取及模拟结果的合理性。

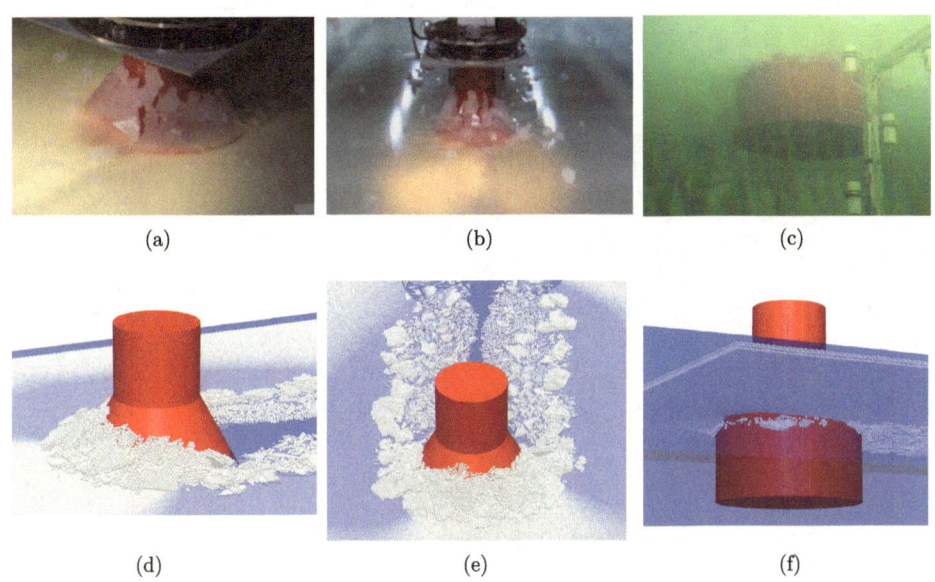

图 3.2.3 海冰与锥体结构作用过程:(a)~(c) HSVA 模型试验结果 (Xu et al., 2015);(d)~(f) 离散元模拟结果

(a) HSVA试验的冰载荷(Xu et al., 2015)　　(b) 离散元模拟的冰载荷

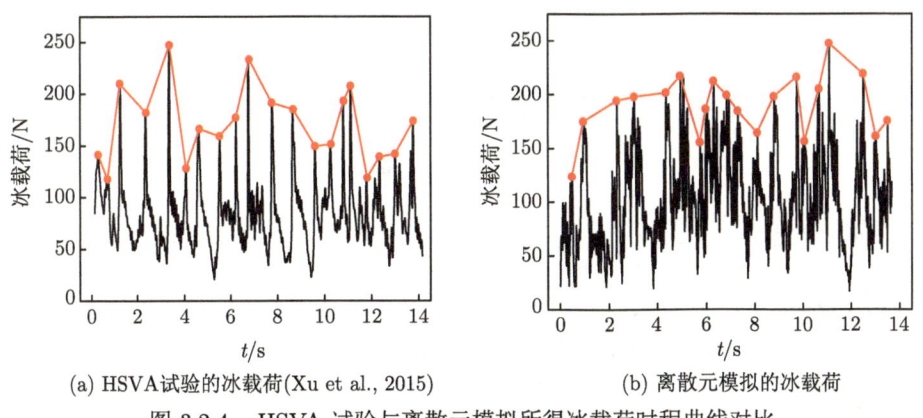

图 3.2.4　HSVA 试验与离散元模拟所得冰载荷时程曲线对比

在验证离散元方法计算海冰与锥体作用过程的合理性时,选取三种不同直径的颗粒单元组成平整冰,对离散元尺寸、黏结强度及内摩擦系数选取关系进一步验证。在模拟过程中,为保证平整冰厚度均相同,分别计算三种单元尺寸下海冰与锥体作用的冰载荷大小,其分别由单层、双层和三层单元构造平整冰,如图 3.2.5

所示。已知海冰的弯曲强度，可确定颗粒单元直径 D 变化下黏结强度 σ_b 的大小，其他离散元参数均与表 3.2.1 中相同。离散元计算得到的单层和双层单元的冰载荷如图 3.2.6 所示。对比时仅考虑冰载荷最大值和冰载荷峰值均值影响。需要注意的是，载荷最大值为冰载荷时程曲线中冰载荷的最大值，而冰载荷峰值的平均值是图中已标记出所有冰载荷峰值的均值。

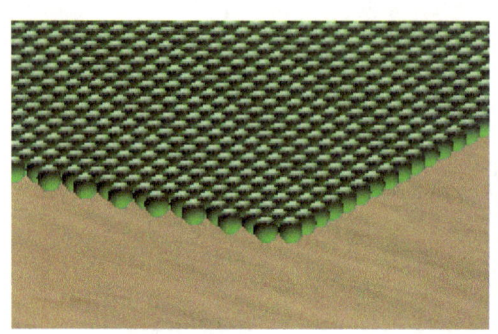

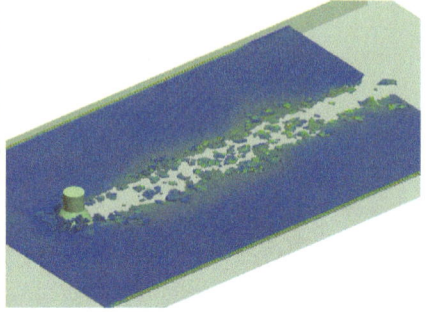

(a) 单层颗粒离散元模拟

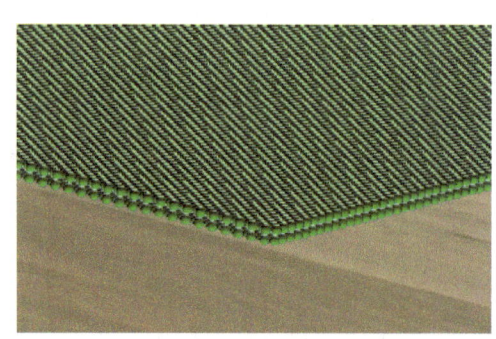

(b) 双层颗粒离散元模拟

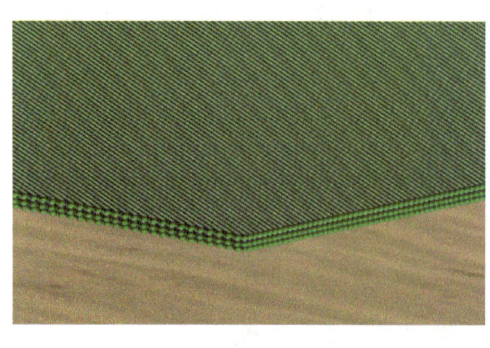

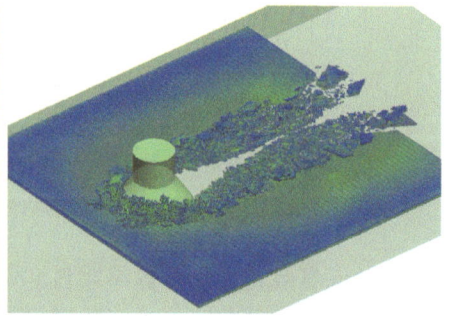

(c) 三层颗粒离散元模拟

图 3.2.5　不同粒径下海冰对锥体结构冰载荷的离散元模拟

3.2 平整冰的离散元构造

(a) 单层颗粒   (b) 双层颗粒

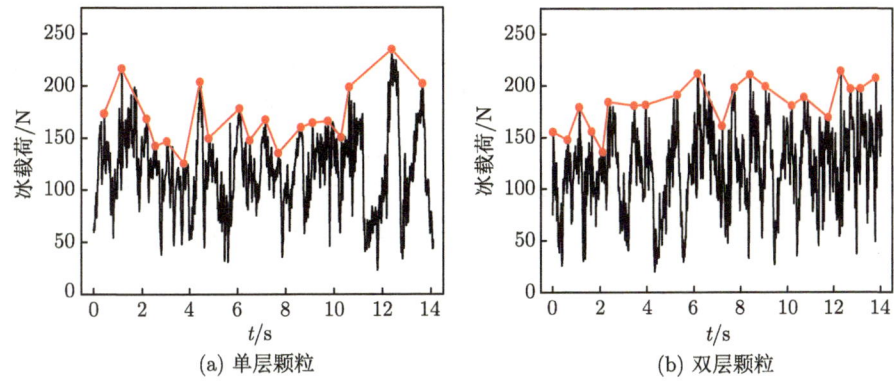

图 3.2.6　不同颗粒层数 (尺寸) 下离散元模拟的冰载荷时程曲线

表 3.2.2 列出了不同颗粒尺寸条件下的计算参数和冰载荷。在颗粒单元尺寸和黏结强度均不同的情况下，平整冰与锥体作用的冰载荷模拟结果表明，其最大值和峰值的平均值均比较接近，且与 HSVA 实测数据相一致。同时，从图 3.2.6 的冰载荷时程曲线对比来看，两者均表现出明显的周期性。因此，离散元结果与 HSVA 试验得到的冰载荷周期和幅值都较为接近。以上结果验证了离散元参数选取方法的合理性，该方法可有效地通过选取不同黏结强度而消除尺寸效应，可使离散元方法更有效地适用于海冰与海洋结构物相互作用的模拟。

表 3.2.2　离散元计算冰载荷与 HSVA 试验数据对比

案例	D/mm	单元总数	σ_b/MPa	最大冰载荷/N	峰值平均值/N
1	32.0	13392	0.18	239.31	172.55
2	17.6	89080	0.10	213.65	181.31
3	12.2	280440	0.07	247.21	186.81
HSVA	—	—	—	247.05	165.86

3.2.2　平整冰的扩展多面体离散元构造

采用扩展多面体单元构造平整冰时需要对计算冰域进行单元剖分，再将剖分后的多面体单元按相应的黏结破碎准则进行冻结，从而构造成具有一定几何形态、物理力学性质的平整冰离散元模型。可采用 Voronoi 切割算法对平整冰进行离散化剖分，由此生成的平整冰离散元模型如图 3.2.7(a) 所示。这里采用基于扩展多面体的离散元方法模拟平整冰与斜坡结构的相互作用，并通过国际标准化组织 (ISO) 标准公式验证斜坡上的冰载荷，从而验证离散元方法的准确性。

采用黏结模型将单元黏结成平整冰，平整冰的一侧设置边界单元，并黏结平整冰与边界单元。如图 3.2.7(b) 所示，该边界单元以与流速相同的速度运动，推动海冰向斜坡运动。平整冰两侧设置固定边界，固定边界的宽度设定为平整冰宽度的 1.2 倍，其作用主要是防止海冰发生破碎后海冰单元越过计算边界。由于海冰受到边界单元黏结的作用，所以海冰整体的运动受到边界单元的约束，特别是在竖直方向上海冰的边缘始终受到边界单元的约束，而在竖直方向上还应考虑重力和浮力的作用。因此，初始时海冰与边界的黏结位置应保持海冰在竖直方向上的受力平衡位置，即浮力和重力的平衡位置。由于海冰在竖直方向为多边形，且由竖直方向上拉伸而得厚度均匀的平整冰层，所以可直接算得海冰浮力和重力的平衡位置。

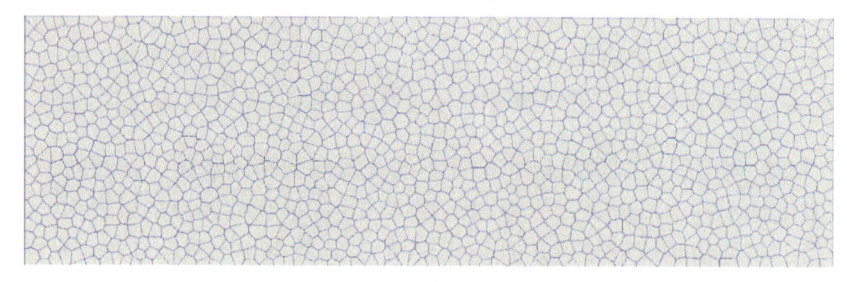

(a) Voronoi 切割生成海冰单元

(b) 平整冰与斜坡作用模拟示意图

图 3.2.7　平整冰与斜坡结构相互作用的数值模型

如图 3.2.8 所示，假设平整冰的厚度为 h_{ice}，水线平面 $z = 0$。竖直方向上的重力与浮力平衡，即 $G = F_\text{b}$，可写作

$$\rho_{\text{ice}} V g = \rho_{\text{ice}} g \cdot (h_{\text{ice}} S_{\text{ice}}) = \rho_\text{w} V_\text{w} g = \rho_\text{w} g \cdot (h_\text{w} S_{\text{ice}}) \tag{3.2.1}$$

式中，ρ_{ice} 和 ρ_w 分别为海冰和海水的密度；S_{ice} 是海冰在水平面上的面积；V_w 为海冰没入水中的体积；h_w 是海冰没入水中的深度。对上式进行整理，那么海冰

3.2 平整冰的离散元构造

形心在 z 方向的位置 Z_{ice} 可写作

$$Z_{\text{ice}} = \left(\frac{1}{2} - \frac{\rho_{\text{ice}}}{\rho_{\text{w}}}\right) h_{\text{ice}} \tag{3.2.2}$$

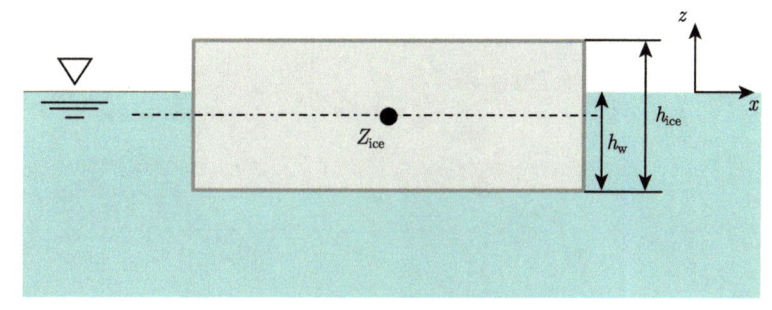

图 3.2.8　海冰浮力和重力的平衡位置

采用扩展多面体离散元方法进行模拟的主要计算参数列于表 3.2.3。海冰的断裂参数参考了海冰与结构碰撞破碎的相关工作，其参数选取能够保证海冰的破坏模式与海冰的脆性材料特性一致。

表 3.2.3　平整冰与斜坡结构相互作用的模拟参数

参数	符号	单位	数值
海冰厚度	h_{ice}	m	0.5
冰区尺寸	$L \times W$	m×m	100×15
单元平均面积	A_{ave}	m²	2.0
法向黏结强度	$\bar{\sigma}$	MPa	1.0
黏聚力	c	MPa	5.0
内摩擦系数	μ_b	—	0.3
断裂能-I 型	G_{I}^c	N/m	12
断裂能-II 型	G_{II}^c	N/m	12

扩展多面体离散元模拟平整冰与斜坡结构的相互作用如图 3.2.9 所示。从图中可以看出，平整冰在与斜坡接触后发生弯曲破坏，破碎后的冰块会附着在斜坡上；后续的平整冰继续与斜坡接触并发生弯曲破坏，而破碎后的冰块会与前面破碎的冰块重叠。经过几个上述过程后，破碎的海冰会重叠若干层；此时后续的海冰不再直接与斜坡发生接触，而是与前面的破碎冰作用；由于前面的海冰也与斜坡一样呈一定的倾斜角，所以海冰同样发生弯曲破坏，并且破碎的海冰继续重叠在前面的海冰上。海冰重叠到若干层后，破碎的海冰倾斜角会越来越小，且越上层的海冰其倾斜角越小。因此后续的海冰不再直接发生弯曲破坏，而是"骑"上前面破碎重叠的海冰并直接移动到斜坡前，在斜坡上攀爬一定距离后发生破坏，破坏后的冰块会沿着斜坡滑下，且该过程中海冰会破碎成较小的碎冰块。

(a) $t = 5.0$ s

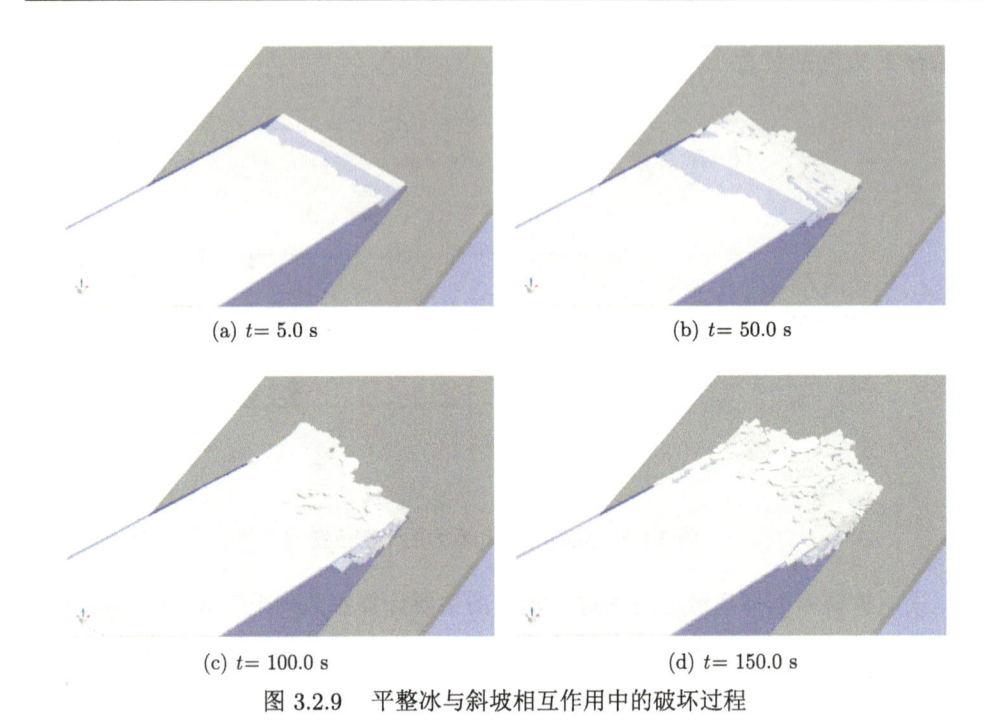

(b) $t = 50.0$ s

(c) $t = 100.0$ s

(d) $t = 150.0$ s

图 3.2.9 平整冰与斜坡相互作用中的破坏过程

图 3.2.10 为平整冰与斜坡相互作用过程中斜坡上的水平冰载荷时程曲线。从图中可以看出，开始时由于海冰发生规律性的弯曲破坏，冰载荷也表现为典型的脉冲特性。随着海冰在斜坡前的重叠和堆积，海冰与斜坡之间的作用更为连续，因此冰载荷呈现出连续递增的趋势。

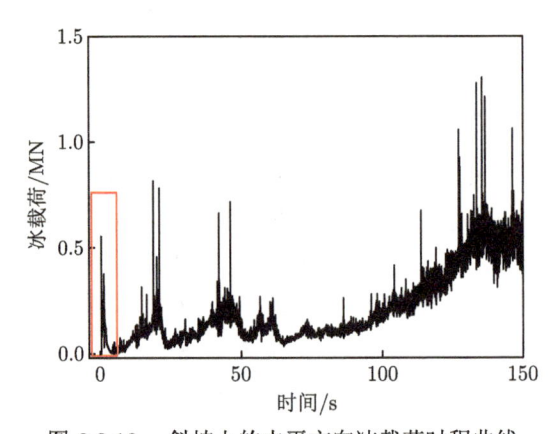

图 3.2.10 斜坡上的水平方向冰载荷时程曲线

在模拟中，斜坡的倾斜角度会对海冰的破坏模式造成影响，它也是影响结构冰载荷的重要参数。另外，为验证冰载荷计算结果的准确性，采用不同的倾斜角

3.2 平整冰的离散元构造

模拟平整冰与斜坡的相互作用,包括 30°、45°、60° 和 75°,将不同倾斜角模拟得到的斜坡水平冰载荷与 ISO 19906 (2010) 标准对比。ISO 标准采用的是二维条件下平整冰与斜坡作用发生弯曲破坏并向上攀爬的理想化模型,并没有考虑海冰的堆积重叠等。因此,只有平整冰发生第一个弯曲破坏时的冰载荷,即第一个脉冲峰值才可用于与 ISO 标准的对比,即图 3.2.10 中方框中的冰载荷峰值。

根据 ISO 标准模型,平整冰区的宽度 W 与海冰的特征长度 l_c 需满足比例要求 $W/l_c < 3$,特征长度可写作

$$l_c = \left(\frac{Eh_{\text{ice}}^3}{12\rho_w g (1-\nu^2)} \right)^{1/4} \tag{3.2.3}$$

式中,g 是重力加速度。根据上式可计算出海冰的特征长度 $l_c = 5.796$ m,因此海冰宽度和特征长度的比例 $W/l_c = 2.588$,满足 ISO 标准模型的要求。在平整冰与斜坡相互作用的 ISO 标准中,斜坡水平冰载荷写作

$$F_H = 0.68 \xi \sigma_f \left(\frac{\rho_w g h_{\text{ice}}^5}{E} \right)^{1/4} \left(W + \frac{\pi^2 l_c}{4} \right) \tag{3.2.4}$$

式中,ξ 是与斜坡角度相关的参数,且有 $\xi = (\sin\alpha + \mu\cos\alpha)/(\cos\alpha - \mu\sin\alpha)$。

图 3.2.11 为离散元模拟和 ISO 标准计算得到的斜坡水平冰载荷的对比。由此可见,基于扩展多面体的离散元模拟结果与 ISO 标准结果在趋势上基本一致,在数值上也十分接近。由于 30° 和 45° 时海冰会发生较完整的弯曲破坏,所以模拟结果与 ISO 标准结果更为接近。当斜坡角度增大到 60° 和 75° 时,海冰的破坏模式较为复杂,不完全为弯曲破坏,所以冰载荷的误差相对较大。一般情况下,ISO 标准定义的是最大值,因此总体上离散元模拟结果符合 ISO 标准模型,能够说明该数值方法具有较好的合理性。

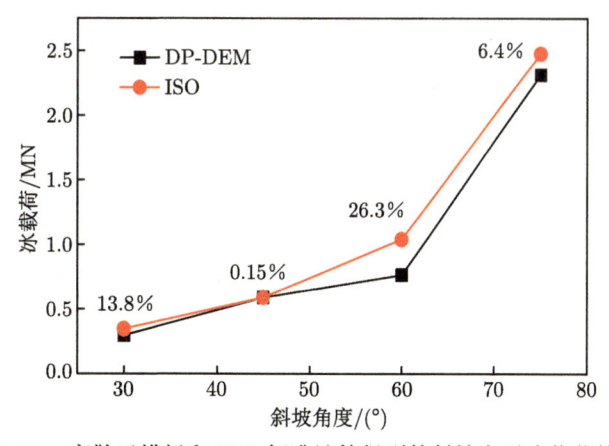

图 3.2.11　离散元模拟和 ISO 标准计算得到的斜坡水平冰载荷的对比

3.3 碎冰的离散元构造

碎冰广泛分布于极区及亚极区海域，是船舶与海洋平台结构设计和安全运行中必须要考虑的重要海冰条件 (李紫麟等, 2013; Liu and Ji, 2018)。基于离散元方法对碎冰进行构造和数值分析，具有成本低、周期短的优点，并可对真实冰况进行全尺寸数值模拟 (Hopkins, 1997)。采用二维块体单元可模拟海冰的破碎、堆积过程以分析重叠冰和冰脊的结构特点 (Ranta et al., 2018)；采用扩展圆盘单元可计算莲叶冰对海洋平台和船舶结构作用时的冰载荷 (Sun and Shen, 2012; 李紫麟等, 2013)。此外，采用三维块体单元可分析碎冰对海洋结构物冰载荷的分布特性，并可确定碎冰尺寸对冰载荷的影响 (Løset et al., 1998; Metrikin et al., 2013)。然而，以上研究将碎冰简化为统一形态或尺寸的块体或圆盘单元，不能充分表现出碎冰块在自然状态下随机分布且复杂多变的几何特性 (Zhang et al., 2015)。这就需要针对碎冰块的几何形态、尺寸分布规律进行合理的离散元构造，以准确地计算碎冰区海洋结构物的冰载荷特性。

Voronoi 图由俄罗斯数学家沃罗努瓦 (G. F. Voronoi) 于 1908 年提出，可实现对二维多边形和三维多面体的快速随机划分。在海冰工程领域，Voronoi 图可用于构建冰晶几何结构，也可模拟地理尺度下的浮冰几何分布以及工程结构尺度下碎冰块的初始场 (Hopkins and Thorndike, 2006; 刘璐等, 2015; Liu and Ji, 2018)，其在不同尺度下均可模拟海冰的几何形态。然而，如何根据海冰的面积、几何形态等空间分布特点合理地采用 Voronoi 图进行分割构造，还需要进一步深入研究。下面将二维 Voronoi 切割算法引入碎冰区的初始场构造中，并考虑碎冰块的尺寸、形态和密集度的参数化控制。

3.3.1 基于二维 Voronoi 图的碎冰区构造

在碎冰区，碎冰块一般呈具有一定厚度的随机多边形状态，如图 3.3.1(a) 所示。这与典型的二维 Voronoi 图具有很强的相似性，如图 3.3.1(b) 所示。由此，采用 Voronoi 图对碎冰区进行几何随机切割具有很强的适用性 (Zhang and Skjetne, 2015)。

Voronoi 图也被称为狄利克雷 (Dirichlet) 图或泰森多边形，它是一组由两邻点连线的垂直平分线构成的连续多边形。Voronoi 切割算法即将空间按照 Voronoi 图切割平面的方法，其本质是按照最邻近原则划分平面。最邻近原则即给定 N 个在平面上的点，对于任一个点 P，平面上距 P 点比距其他点更近的点所在的区域是该点 P 的最邻近区域。若从最简单的情况看，对于平面中两个不重合的点 A 和 B，距 A 点比距 B 点近的点的区域是由 A 和 B 的垂直平分线所确定的且包含 A 的半个平面。如果点集由平面上 N 个不重合点组成，则距 P 比距其他点更

3.3 碎冰的离散元构造

近的点的区域是包含 P 的 $N-1$ 个半平面的交集，而这 $N-1$ 个半平面是由 P 点与其他点的垂直平分线确定的。

(a) 碎冰块的几何形态　　(b) 典型的二维Voronoi图

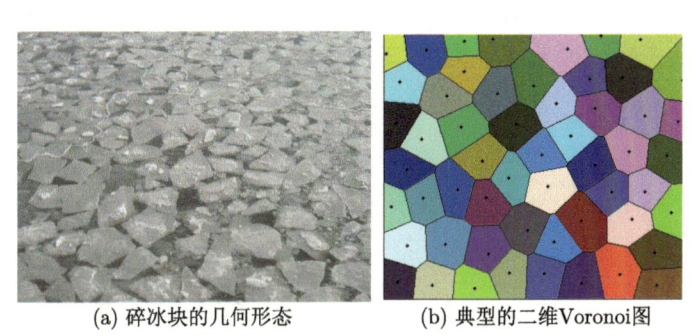

图 3.3.1　碎冰块形态特点及典型 Voronoi 图

由于 Voronoi 图具有按距离划分邻近区域的普遍特性，其应用范围较广。构造 Voronoi 图的算法一般有：分治法、平面扫描法、基于德洛奈 (Delaunay) 三角划分的定义法等。其中，基于 Delaunay 三角划分的定义法是首先将平面划分为 Delaunay 三角形，在 Delaunay 三角形的基础上根据定义构造 Voronoi 图。Delaunay 三角形是由与相邻 Voronoi 多边形共享一条边的相关点连接而成的三角形。Delaunay 三角形的外接圆圆心是与三角形相关的 Voronoi 多边形的一个顶点。基于 Delaunay 三角划分的定义法的关键在于建立 Delaunay 三角形。对于平面上的 N 个点，其 Delaunay 三角形具有空圆性、唯一性、最规则等特点。这里采用逐点插入法构建 Delaunay 三角形。

在 Delaunay 三角形的基础上，取每个三角形的外接圆圆心，并根据 Delaunay 三角形的邻居关系，对应在外接圆圆心上并连接相邻的圆心，即可形成 Voronoi 多边形，从而实现平面的 Voronoi 切割。如图 3.3.2 所示，首先采用均匀分布的随机函数在平面上取随机点；根据随机点对该区域进行 Delaunay 三角形划分；最后根据 Delaunay 三角形生成 Voronoi 多边形。该过程即是二维 Voronoi 切割算法的基本过程。

(a) 随机点　　(b) Delaunay三角形　　(c) 生成Voronoi多边形

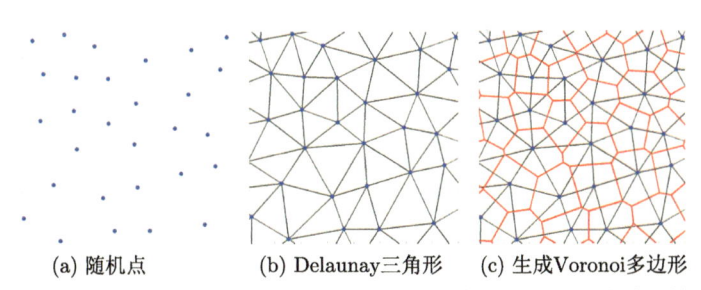

图 3.3.2　根据随机点形成 Delaunay 三角形并生成 Voronoi 多边形的过程

以碎冰密集度为比例，围绕 Voronoi 种子点调整各自对应的 Voronoi 多边形，以构建碎冰平面几何模型，如图 3.3.3(a) 所示；再根据碎冰块的厚度选择合适的球体单元粒径，并以三维规则排列方法生成覆盖整个计算域的平整冰模型；最后只保留球心在冰块轮廓内的球体单元，生成碎冰区的离散元计算模型，如图 3.3.3(b) 所示。

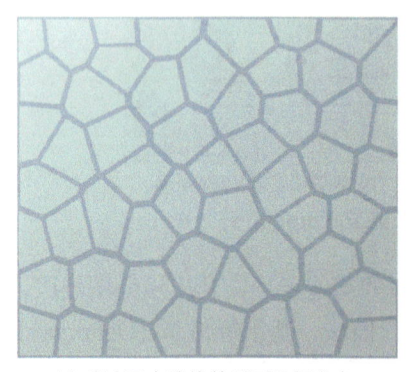

(a) 碎冰区内冰块的平面几何分布 (b) 碎冰块的球体单元离散元模型

图 3.3.3　基于 Voronoi 切割算法的碎冰区模型构造

3.3.2　碎冰块的几何规则度

自然界中碎冰块的几何形态受多种因素的影响。碎冰块的几何规则度是指碎冰区内冰块尺寸及形状的相似性，是碎冰块离散元构造的重要几何参数。

1. 碎冰块几何规则度的参数化

在碎冰块的二维 Voronoi 图构造中，碎冰块的几何规则度完全取决于二维 Voronoi 图中种子点的分布特性。二维 Voronoi 图的规则度与其种子点空间分布的均匀度呈正相关关系。种子点分布得越均匀，则生成的 Voronoi 多边形越规则。为此，这里引入晶体建模中常用的排斥法 (Zhu et al., 2006) 和扰动法 (司良英等, 2009) 以控制 Voronoi 种子点分布的均匀度。这里引入参数 δ 作为碎冰块的几何规则度。

排斥法是指通过设定任意两种子点之间的距离下限 d 以控制 Voronoi 种子点分布的方法，即每随机生成一个新的种子点，均计算其与所有已生成种子点的距离。若不满足所有距离均大于 d 则重新生成，反复迭代直至生成所有满足要求的种子点。排斥法布置 Voronoi 种子点的过程可以等效为在限定区域内放置一定数目直径为 d 的刚体圆盘，d 取最大值时圆盘以最紧密的排列方式充满区域，由此可得

$$d_{\max} = \sqrt{\frac{2A}{\sqrt{3}n}} \tag{3.3.1}$$

3.3 碎冰的离散元构造

式中，n 为设定的种子点数目，A 为冰域面积。对 d 做归一化处理，即可定义一个参数量化 Voronoi 图规则度：

$$\delta = \frac{d}{d_{\max}} \tag{3.3.2}$$

当 $\delta = 1$ 时，冰块形态完全规则；当 $\delta = 0$ 时，则表示碎冰块的几何形态完全随机。随着 δ 从 0 到 1 不断增大，二维 Voronoi 图可实现从完全随机分布 (图 3.3.4(a)) 到完全规则分布 (图 3.3.4(f)) 的连续变换。

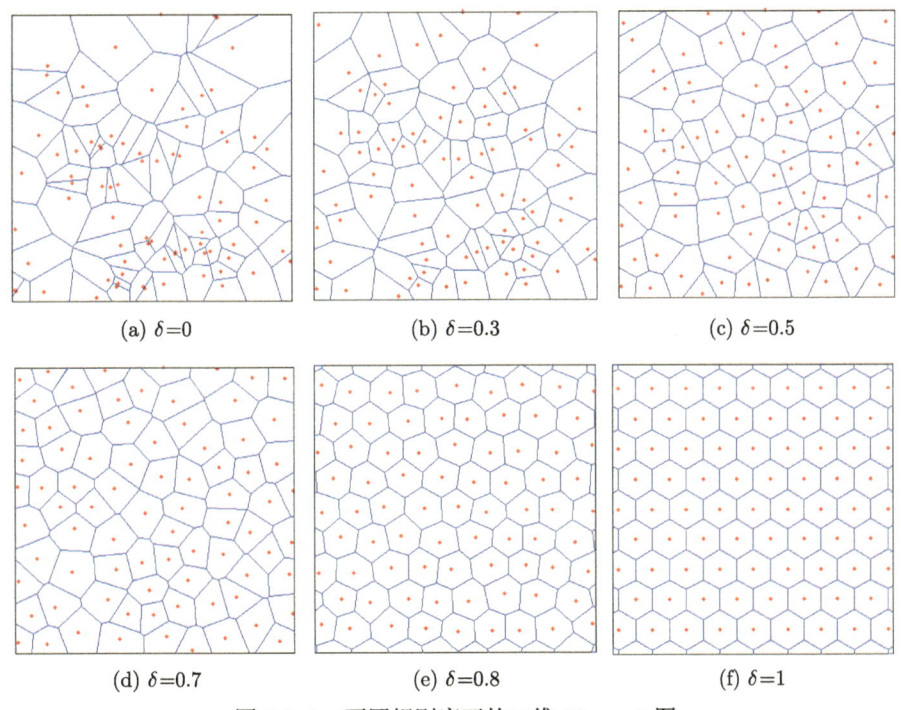

(a) $\delta=0$ (b) $\delta=0.3$ (c) $\delta=0.5$

(d) $\delta=0.7$ (e) $\delta=0.8$ (f) $\delta=1$

图 3.3.4 不同规则度下的二维 Voronoi 图

经过反复数值试验发现，当 $\delta > 0.7$ 时，排斥法的效率会大幅下降，甚至无法生成所需要的 Voronoi 图形。为构造 $\delta > 0.7$ 的高规则度二维 Voronoi 图，这里引入扰动法进行生成。该方法首先生成完全均匀分布的种子点 (图 3.3.4(f)) 作为初始种子点，继而以初始种子点为圆心划定一个半径为 r 的扰动区域。在扰动区域内，随机调整各个种子点的位置以构建新的种子点分布。Voronoi 种子点分布的均匀度与扰动圆半径 r 的大小直接相关，r 越大，种子点分布就越偏离均匀状态，相应的二维 Voronoi 图的规则度也越低。基于扰动法中约束圆半径与规则度的关系，可以定义其规则度 (司良英等, 2009)：

$$\delta = 1 - \frac{10r}{9d_{\max}} \tag{3.3.3}$$

该定义下的 $\delta = 0$ 与 $\delta = 1$ 分别对应完全随机分布与完全规则分布，且在 $\delta = 0.7$ 处，两种定义方法所对应的二维 Voronoi 图中多边形面积方差相等。

2. 不同规则度下的碎冰块的几何分布特性

为准确地模拟碎冰块的几何特性，这里定量分析规则度 δ 与碎冰块面积、边数之间的对应关系。由二维 Voronoi 图的几何特征分布规律可知，碎冰的面积分布应近似于两参数 gamma 分布。两参数 gamma 分布的概率密度函数为

$$f(x) = \frac{x^{a-1}\mathrm{e}^{-\frac{x}{b}}}{b^a \Gamma(a)} \tag{3.3.4}$$

下面对不同规则度下碎冰块面积及边数的概率分布特性进行统计分析。

3. 不同规则度下碎冰块面积的分布特性

为研究不同规则度下碎冰面积对应的 gamma 分布，这里在 0.0~0.9 范围内每隔 0.1 的规则度生成一个由 10000 块平均面积为 $1\mathrm{m}^2$ 的碎冰块组成的碎冰区，统计分析各个规则度下碎冰的面积分布。采用矩估计法可拟合得到 gamma 分布的两个参数，即

$$\begin{cases} a = \dfrac{A_0^2}{D_A} \\ b = \dfrac{D_A}{A_0} \end{cases} \tag{3.3.5}$$

式中，A_0 为碎冰平均面积；D_A 为冰块面积的均方差。这里采用 E 表征拟合误差，即

$$E = \sqrt{\sum_{i=0}^{N}(P_{\mathrm{fit},i} - P_{\mathrm{obs},i})^2} \tag{3.3.6}$$

式中，i 为统计区间的标号；$P_{\mathrm{obs},i}$ 为统计概率；$P_{\mathrm{fit},i}$ 为拟合 gamma 分布确定的理论概率。

采用以上方法对概率分布参数进行统计分析，结果列于表 3.3.1 和图 3.3.5 中。可以发现，在不同规则度下碎冰块的面积分布很好地符合 gamma 分布。将冰块面积的均方差 D_A 与其规则度 δ 的对应关系绘于图 3.3.6 中。从中可以发现，随规则度 δ 的增加，面积的均方差 D_A 呈非线性不断变小，即冰块面积随规则度 δ 的增加而逐渐趋于一致。

3.3 碎冰的离散元构造

表 3.3.1　不同规则度下碎冰块面积的方差及概率分布参数

δ	D_A	a	b	E
0.0	0.291	3.437	0.291	2.368×10^{-2}
0.1	0.268	3.730	0.268	1.139×10^{-2}
0.2	0.249	4.021	0.249	1.312×10^{-2}
0.3	0.191	5.226	0.191	1.946×10^{-2}
0.4	0.145	6.900	0.145	1.724×10^{-2}
0.5	0.099	10.084	0.099	3.017×10^{-2}
0.6	0.055	17.132	0.055	2.818×10^{-2}
0.7	0.030	33.304	0.030	2.664×10^{-2}
0.8	0.010	94.627	0.010	1.664×10^{-2}
0.9	0.003	269.787	0.003	9.001×10^{-2}

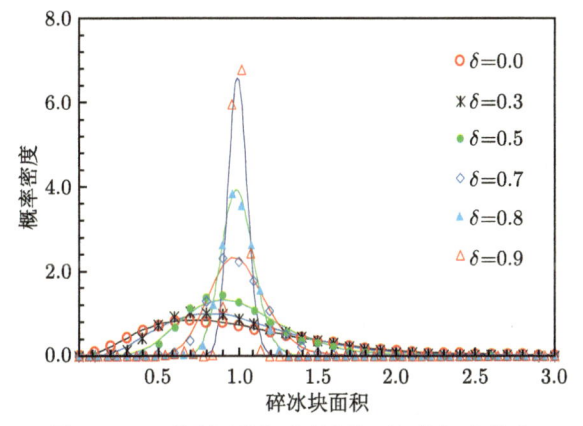

图 3.3.5　不同规则度下碎冰块面积的概率分布

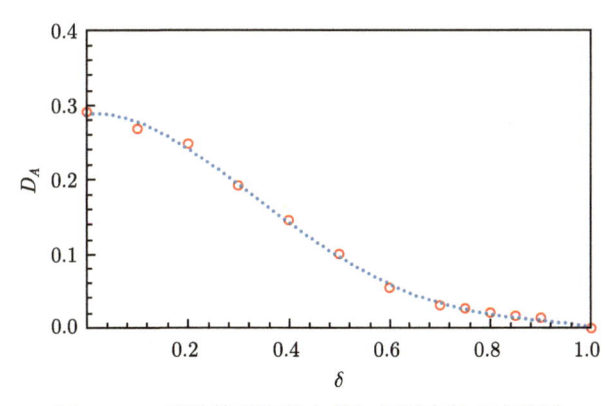

图 3.3.6　碎冰块面积的方差与规则度的对应关系

4. 不同规则度下碎冰块边数的分布特性

每个碎冰块的棱边数目可以反映出其几何形态的复杂程度。当 $\delta \leqslant 0.7$ 时，碎冰区通过 Voronoi 图的排斥法生成，其碎冰块边数 N_{ice} 的概率分布也同样近似满足两参数 gamma 分布。而对于 $\delta > 0.7$ 时采用扰动法生成的碎冰块，其边数均为 6。因此，这里主要对采用排斥法生成的碎冰块边数进行统计分析，其概率分布参数及拟合结果列于表 3.3.2 中，并如图 3.3.7 所示。碎冰块边数的方差与规则度的对应关系如图 3.3.8 所示。从中可发现，随着冰块规则度 δ 的不断增大，碎冰块边数 N_{ice} 的均方差 D_E 不断减小，而均值 N_A 始终近似为 6，N_{ice} 则随 δ 的增加而趋近于其平均值 6。

表 3.3.2　不同规则度下碎冰块边数的方差及概率分布参数

δ	N_A	D_E	a	B	E
0.0	5.958	1.780	19.944	0.298	1.339×10^{-2}
0.1	5.961	1.738	20.444	0.291	1.398×10^{-2}
0.2	5.961	1.669	21.284	0.280	0.965×10^{-2}
0.3	5.960	1.499	23.693	0.251	1.484×10^{-2}
0.4	5.960	1.337	26.555	0.224	2.613×10^{-2}
0.5	5.958	1.119	31.999	0.186	1.318×10^{-2}
0.6	5.958	0.923	38.442	0.155	1.868×10^{-2}
0.7	5.956	0.731	48.536	0.123	2.471×10^{-2}

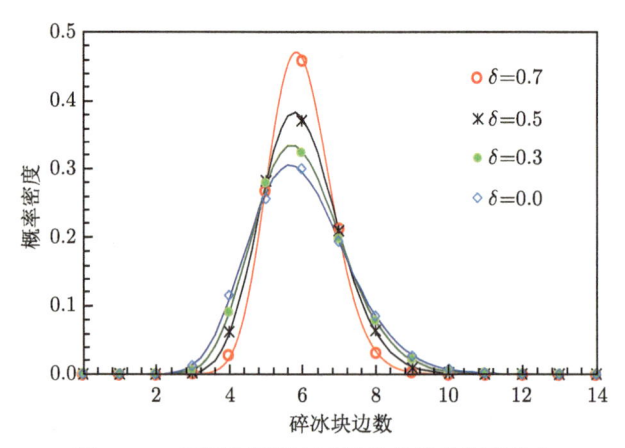

图 3.3.7　不同规则度下碎冰块边数的概率分布

3.3 碎冰的离散元构造

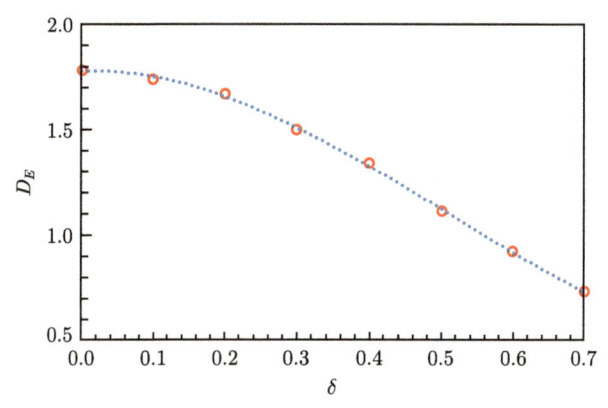

图 3.3.8 碎冰块边数的方差与规则度的对应关系

基于以上分析可以确定,碎冰块的几何规则度与其面积、边数的统计分布特性存在密切的关系。由此可建立冰块几何规则度与实际冰况分布的对应关系,从而更合理地由碎冰区的几何特性进行参数化离散元建模。采用以上方法并选用表 3.3.3 中的主要参数, 由此生成不同特性的碎冰区。

表 3.3.3 碎冰区离散元构造的主要参数

定义	符号	单位	数值
碎冰区尺寸	$l \times b$	m×m	300×150
碎冰块平均面积	A_0	m²	20.0
碎冰块密集度	C	—	40%
碎冰块规则度	δ	—	0.75
粒径	d	m	0.2

在表 3.3.3 列出的计算参数基础上,当海冰密集度 $C = 20\%, 40\%, 60\%, 80\%$ 时,碎冰区的初始场分布如图 3.3.9 所示;当碎冰平均面积 $A_0 = 20\,\mathrm{m}^2, 50\,\mathrm{m}^2, 80\,\mathrm{m}^2, 100\,\mathrm{m}^2$ 时,其初始场分布如图 3.3.10 所示;当冰块几何规则度 $\delta = 0.0, 0.5, 0.7, 1.0$ 时, 碎冰区初始场分布如图 3.3.11 所示。

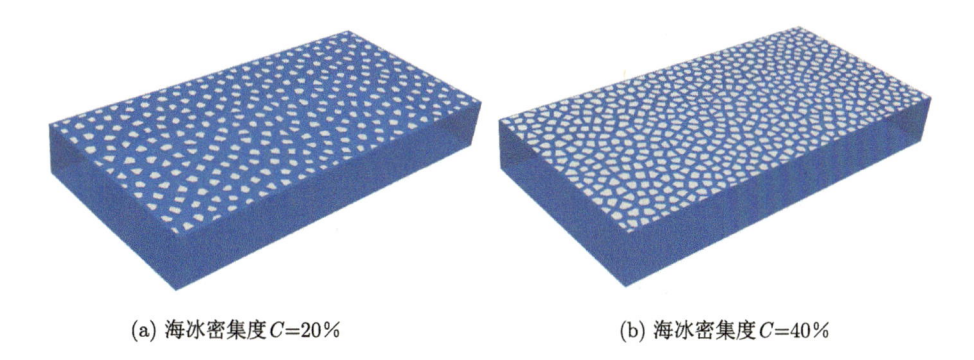

(a) 海冰密集度 $C=20\%$

(b) 海冰密集度 $C=40\%$

· 212 ·　　第 3 章　海冰离散元数值构造

(c) 海冰密集度 C=60%　　　　　　　(d) 海冰密集度 C=80%

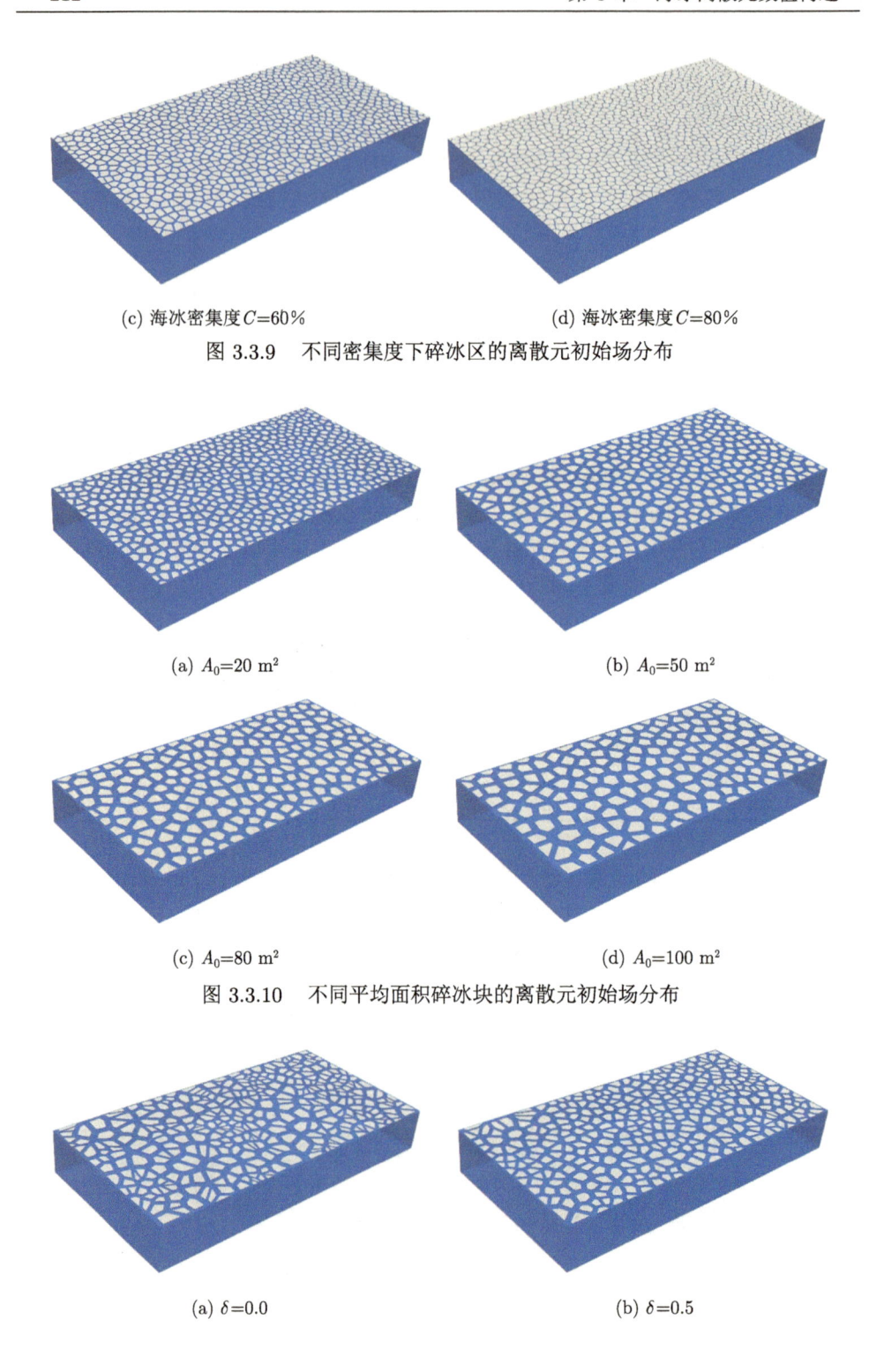

图 3.3.9　不同密集度下碎冰区的离散元初始场分布

(a) A_0=20 m²　　　　　　　(b) A_0=50 m²

(c) A_0=80 m²　　　　　　　(d) A_0=100 m²

图 3.3.10　不同平均面积碎冰块的离散元初始场分布

(a) δ=0.0　　　　　　　(b) δ=0.5

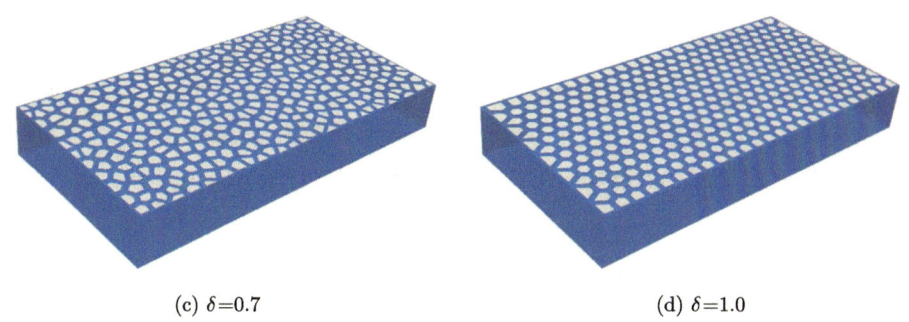

(c) $\delta=0.7$　　　　　　　　　　　(d) $\delta=1.0$

图 3.3.11　不同几何规则度下碎冰区的离散元初始场分布

3.4　冰脊的离散元方法构造

冰脊广泛分布于渤海、波罗的海等寒区海域，通常由大面积浮冰相互挤压、剪切进而发生破碎、堆叠而成 (Leppäranta et al., 1995; 季顺迎等, 2000)。典型的冰脊一般包括上部的脊帆、水面附近的冻结层及水下的龙骨三个部分，厚度可达 5~30 m (Strub-Klein and Sudom, 2012)。脊帆中存在许多充满空气与雪的空隙，龙骨可进一步分为上端的固结层与下端的未固结部分。固结层是连续的冰层，由碎冰完全冻结而成，未固结部分的冰块则比较松散并可局部冻结。冰脊作用在海洋结构造成的冰载荷远大于平整冰，很多情况下是船舶与海洋工程结构的极限设计载荷。相对于其他类型的海冰，冰脊对船体以及海洋平台、灯塔等海上结构物的威胁更大 (Kankaanpää, 1997)。因此，对冰脊的力学性质及其对海洋工程结构冰载荷的研究具有重要的工程意义。

现场测量与室内模型试验一直是研究冰脊的主要手段。在波弗特海的 Molikpaq 平台 (Wright and Timco, 2001)、加拿大的 Confederation 大桥及波的尼亚 (Bothnia) 湾的 Norströmsgrund 灯塔等海洋工程结构上，人们开展了大量的冰脊载荷现场测量；此外，在现场及实验室内也开展了一系列的直剪、双轴压缩、剪切等力学性质试验，以研究冰脊特别是龙骨部分的力学特性。在数值模拟方面，Hopkins 采用二维块体离散元方法模拟了冰脊的形成过程，发现冰脊在形成过程中存在巨大的能量耗散；Polojärvi 和 Tuhkuri (2012, 2013) 发展了三维块体离散元方法，并开展了部分冻结及未冻结条件下冰脊龙骨的贯穿试验，分析了加载速度对贯穿试验结果的影响。本节分别采用具有黏结-破坏功能的球体和扩展多面体单元构造冰脊模型，通过计算现场贯穿试验过程，以分析计算模型的合理性及主要计算参数对冰脊力学特性的影响。

3.4.1 冰脊的球体离散元方法

黏结球体离散元方法是由 Potyondy 和 Cundall (2004) 于 2004 年提出的，在模拟材料脆性破坏及力学行为方面具有显著优势。冰脊由大量的碎冰块堆积冻结而成，可采用离散元方法进行构造和力学性质的数值计算。

1. 冰脊结构及贯穿试验的离散元构造

冰脊自上而下分为脊帆、冻结层、龙骨三个部分，通常将脊帆及龙骨理想化为梯形结构，如图 3.4.1(a)、(b) 所示 (ISO 19906, 2010)。采用平整冰的离散元模型由相同粒径的球体单元按密六方排列构造冻结层部分 (季顺迎等, 2013)。龙骨与脊帆由部分冻结或未冻结的冰块堆积而成，可由不同粒径的球体单元随机排列构造，如图 3.4.1(c)、(d) 所示 (李勇俊和季顺迎, 2020)。

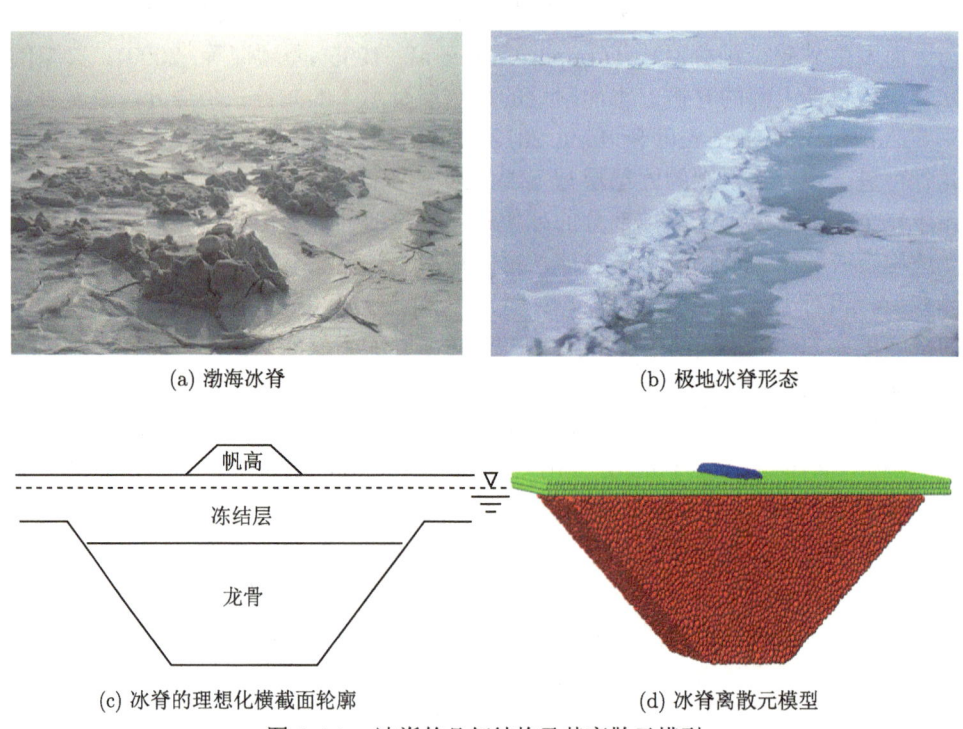

(a) 渤海冰脊   (b) 极地冰脊形态

(c) 冰脊的理想化横截面轮廓   (d) 冰脊离散元模型

图 3.4.1　冰脊的几何结构及其离散元模型

在 Heinonen (2004) 的冰脊龙骨贯穿试验中，首先去除龙骨最深处上方附近的脊帆及冻结层部分，然后用一个圆形压板缓慢竖直作用于龙骨上部，直至压板下方的冰块与冰脊彻底脱离，如图 3.4.2(a) 所示。试验中主要记录压板载荷及运动时程数据，同时在水底放置摄像头记录龙骨底部的变形及破坏现象。图 3.4.2(b) 为

3.4 冰脊的离散元方法构造

参照其现场试验建立的离散元计算模型,其中龙骨部分由于尺寸远大于压盘,可以直接近似为长方体,且其边界可设为固定约束。该计算中的主要参数列于表 3.4.1 中。龙骨的单元粒径取 0.2~0.4 m,由此生成的龙骨孔隙率为 0.31。

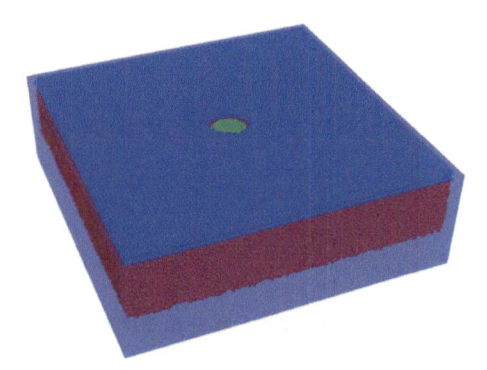

(a) 试验装置图(Heinonen, 2004)　　　　(b) 离散元计算模型

图 3.4.2　冰脊贯穿试验及离散元计算模型

表 3.4.1　冰脊贯穿试验中主要计算参数

参数	符号/单位	数值
压盘直径	D_{ind}/m	3
加载速度	$v_{\text{load}}/(\text{m/s})$	0.03
龙骨尺寸	$l \times w \times h/(\text{m} \times \text{m} \times \text{m})$	25×25×4.6
粒径范围	D_{p}/m	0.2~0.4
海冰密度	$\rho_{\text{ice}}/(\text{kg/m}^3)$	920.0
海水密度	$\rho_{\text{w}}/(\text{kg/m}^3)$	1028.0
颗粒弹性模量	E_{p}/GPa	1.0
颗粒法向/切向刚度比	$k_{\text{n}}/k_{\text{s}}$	2.0
颗粒间切向黏结强度	$\sigma_{\text{c}}/\text{kPa}$	100
法向/切向黏结强度比	$\sigma_{\text{n}}/\sigma_{\text{c}}$	1.0
颗粒间内摩擦系数	μ_{p}	0.3
孔隙率	η	0.31

通过离散元模拟得到的压板载荷随位移的变化曲线如图 3.4.3 所示。对比数值结果与试验数据可以发现,无论在离散元计算还是现场试验中,压板载荷都经历了快速线性增长至最大值、较平缓下降、保持在与压板下碎冰所受浮力平衡的位置等几个阶段。在线性加载阶段,可由力和位移关系的斜率确定冰脊的刚度。龙骨在计算与试验中的整体刚度基本一致,峰值大小也非常接近。

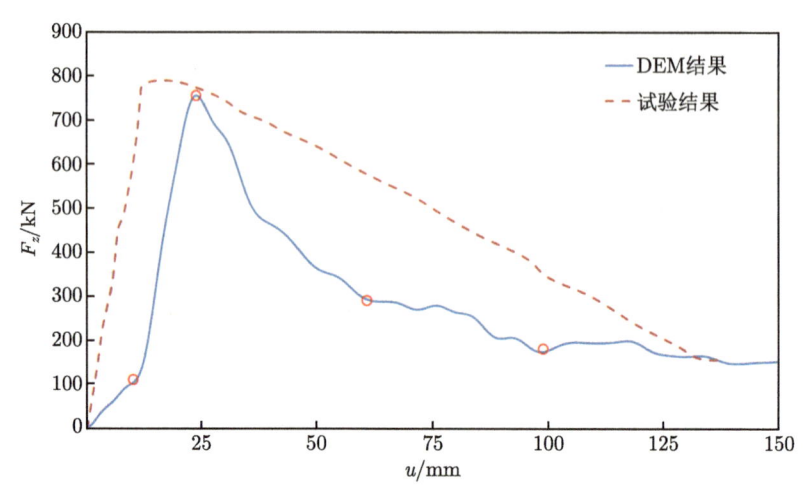

图 3.4.3　冰脊贯穿试验中离散元数值及现场测量的载荷与位移关系

为进一步分析龙骨在贯穿试验中的破坏过程，图 3.4.4 给出了四个不同时刻的冰脊变形状态。图 3.4.4(a) 为不同时刻的龙骨破坏状态，图 3.4.4(b) 和 (c) 分别为竖直、水平方向的位移云图。从龙骨的破坏状态可以发现，在 $u = 10.0$ mm 的加载初期，龙骨呈局部压缩变形，并主要集中在压板正下方很小范围内；随着压板的向下运动，当 $u = 15.0$ mm 时，龙骨内部的压缩变形区域不断增大，受挤压作用的碎冰块不断水平向外扩散，引起周围冰块移动形成一个楔形变形区域，楔形部分整体下移并向两侧扩张，在边缘处形成带状剪切变形区域；当 $u = 25.0$ mm 时，龙骨楔形部分两侧的剪切变形达到极限，龙骨发生整体破坏，形成明显的剪切面，压板载荷开始下降；在 $u = 100.0$ mm 的卸载过程中，楔形部分受压膨胀与周围龙骨部分发生摩擦，故卸载过程较加载更为平缓。上述过程说明，在数值计算中，龙骨呈现出剪切破坏和压缩破坏的混合破坏模式。这一现象与现场试验结果相一致 (Liferov et al., 2004; Polojärvi et al., 2012)。

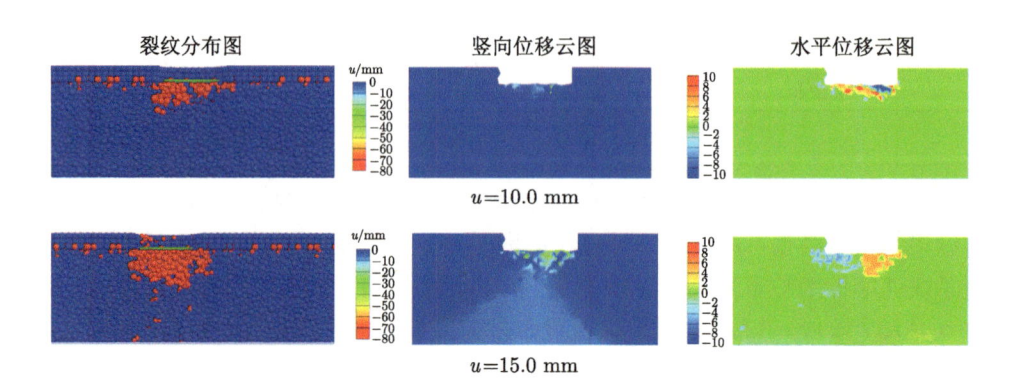

3.4 冰脊的离散元方法构造

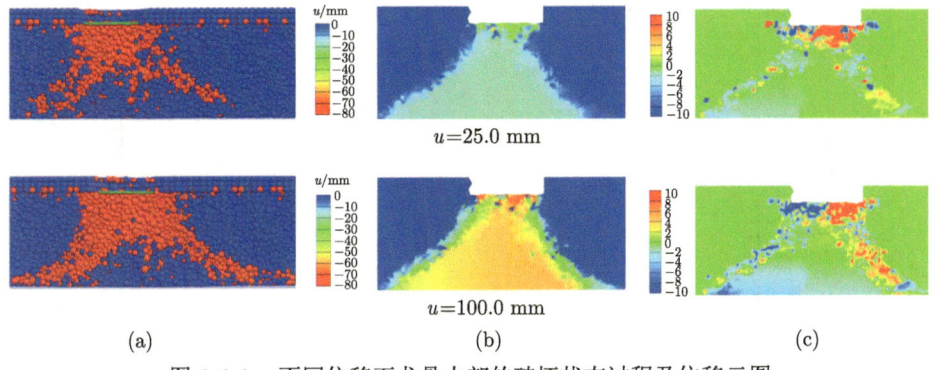

图 3.4.4 不同位移下龙骨内部的破坏状态过程及位移云图

2. 冰脊剪切强度的影响因素分析

在离散元数值计算中,计算参数对冰脊的贯穿失效特性有显著影响。这里选择对冰脊龙骨力学性质影响较大的单元弹性模量 E_p、单元间黏结强度 σ_c 以及内摩擦系数 μ_p 三个参数进行研究。在表 3.4.1 所列计算参数的基础上,令 $\sigma_c = 50\,\text{kPa}$,$E_p$ 分别取 0.3 GPa、0.5 GPa、1.0 GPa、1.5 GPa、2.0 GPa 进行冰脊贯穿过程的离散元模拟,由此得到的最大压力如图 3.4.5 所示。计算结果表明,E_p 在 0.3~1.0 GPa 范围内,$F_{\max}$ 几乎保持不变;而当 $E_p > 1.0$ GPa 后,$F_{\max}$ 随着 E_p 的增大而线性下降。这是由于,当 $E_p < 1.0$ GPa 时,龙骨在试验中保持以全局性剪切破坏为主的破坏形式,$F_{\max}$ 主要受强度参数 σ_c 等影响,与 E_p 关系不大。E_p 主要影响龙骨的整体刚度,与其呈线性正相关关系,如图 3.4.6 所示。

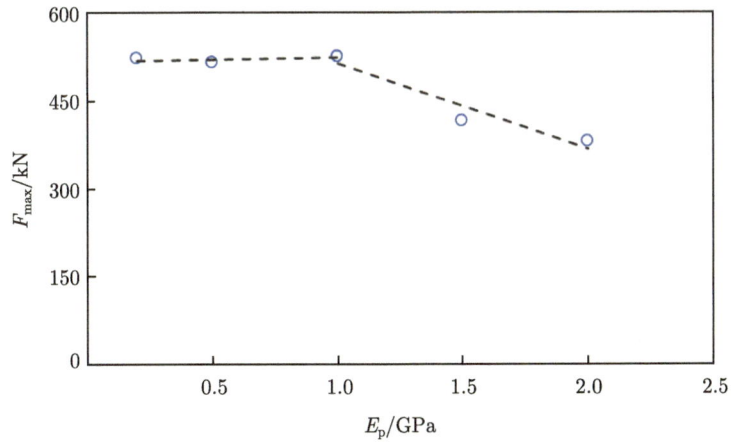

图 3.4.5 贯穿破坏过程中压板最大载荷与弹性模量 E_p 的对应关系

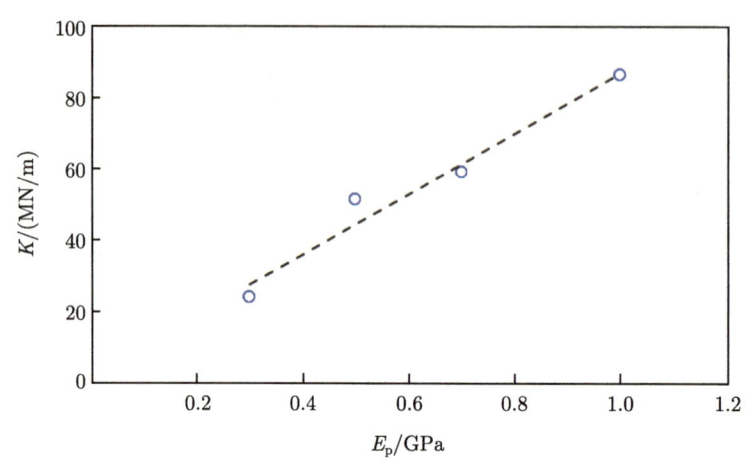

图 3.4.6　离散元模拟的冰脊整体刚度与弹性模量 E_p 的对应关系

为分析海冰单元间黏结强度 σ_c 的影响,当 $E_\mathrm{p} = 0.5\,\mathrm{GPa}$,$\sigma_\mathrm{c}$ 分别取 $60\,\mathrm{kPa}$、$120\,\mathrm{kPa}$、$200\,\mathrm{kPa}$、$300\,\mathrm{kPa}$ 时,离散元计算得到的压板载荷最大值 F_max 如图 3.4.7 所示。从中可以看出,在所取 σ_c 值范围内,F_max 一直随 σ_c 的增大而线性增长。计算表明,随着 σ_c 的增大,龙骨的破坏形式逐渐由剪切破坏为主转变为弯曲破坏为主。这也与一些室内模型试验中观测到的现象相一致 (Shayanfar et al., 2018)。

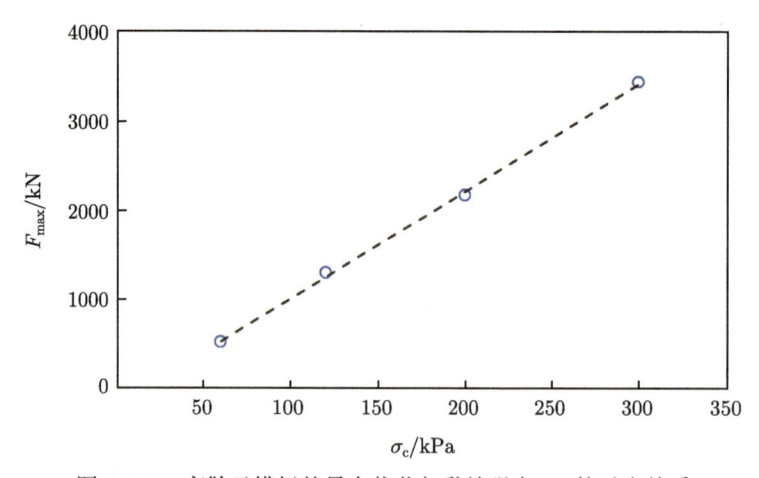

图 3.4.7　离散元模拟的最大载荷与黏结强度 σ_c 的对应关系

为分析海冰单元间内摩擦系数 μ_p 的影响,取 $E_\mathrm{p} = 0.5\,\mathrm{GPa}$ 和 $\sigma_\mathrm{c} = 50\,\mathrm{kPa}$,当 μ_p 分别为 0.2、0.4、0.6、0.8 时,压板载荷最大值时龙骨内部裂纹分布如图 3.4.8 所示。从中可以发现,这些龙骨在压板作用下均以整体剪切破坏为主,其楔形断

3.4 冰脊的离散元方法构造

裂部分两侧均分布有明显的剪切带，且两侧剪切带与数值方向夹角 θ 随 μ_p 的增大而线性增大。

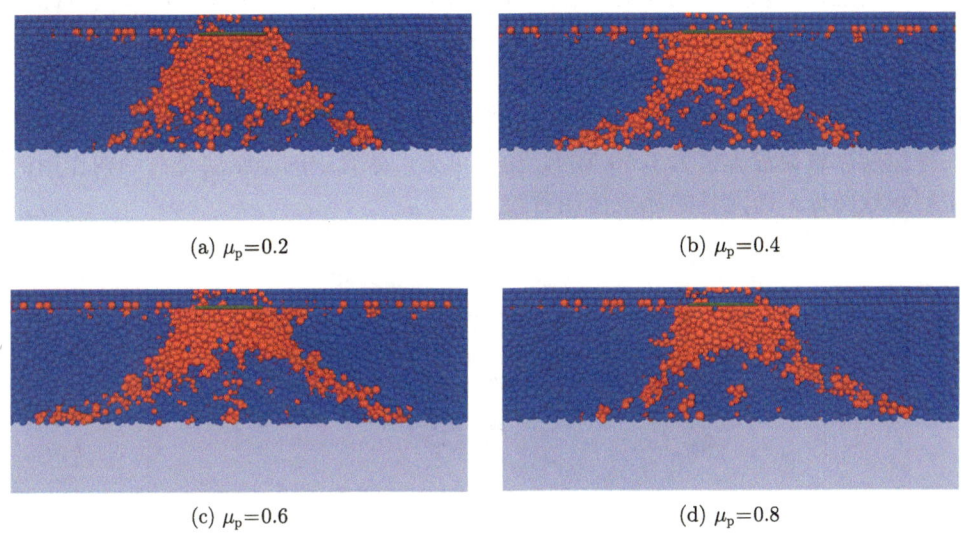

(a) $\mu_p=0.2$ (b) $\mu_p=0.4$

(c) $\mu_p=0.6$ (d) $\mu_p=0.8$

图 3.4.8　不同 μ_p 下冰脊的失效模式

3. 冰脊与直立结构相互作用的离散元分析

在冰脊现场压剪试验的波的尼亚湾，Norströmsgrund 灯塔常年遭遇冰脊作用。这里参考相应现场测量数据，对冰脊与圆形直立结构的相互作用过程进行离散元计算。冰脊龙骨部分采用表 3.4.1 的离散元参数，将冻结层与平整冰简化为统一厚度，其他主要参数列于表 3.4.2。

表 3.4.2　冰脊与直立结构相互作用中离散元计算的主要参数

参数	符号/单位	数值
圆柱结构直径	D/m	7.2
冰速	$v_\mathrm{i}/(\mathrm{m/s})$	0.25
帆高	h_s/m	1.1
冻结层厚度	h_c/m	0.85
龙骨深度	h_k/m	4.6
龙骨宽度	w_k/m	29.2
龙骨水平倾角	$\theta_\mathrm{k}/(°)$	45
冻结层粒径	d_c/m	0.32
冻结层弯曲强度	$\sigma_\mathrm{f}/\mathrm{MPa}$	1.0
冻结层压缩强度	$\sigma_\mathrm{c}/\mathrm{MPa}$	1.8

图 3.4.9 和图 3.4.10 为结构与冰脊作用过程图，图中颗粒颜色代表速度的大小，而图 3.4.11 为冰脊对直立结构在水平方向上的冰载荷。从中可以发现，冰脊在整个作用过程中以结构前的局部挤压破坏为主。随着圆形直立结构不断贯入冰脊内部，结构前的碎冰堆积深度不断增大，导致冰载荷也随之增大；当冰脊龙骨发生整体剪切破坏后，冰载荷与结构前碎冰堆积深度开始减小直至龙骨部分冰载荷可以忽略不计，而冻结层则始终保持挤压破坏。此外，结构冰载荷最大值为 9.53 MN，而冻结层冰载荷最大值为 6.50 MN。由此可见，冰脊中的冻结层是对结构作用的主要承载部分，而龙骨的冰载荷相对较小。

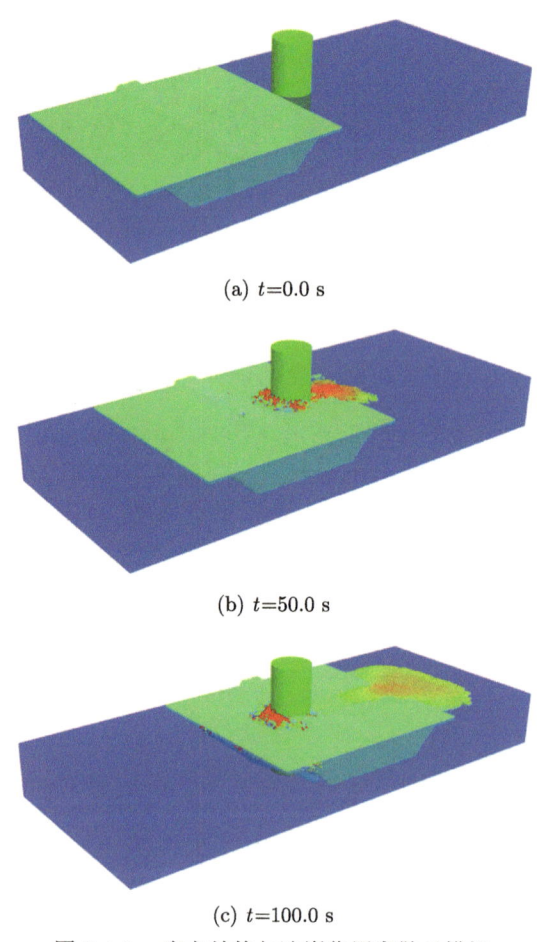

(a) $t=0.0$ s

(b) $t=50.0$ s

(c) $t=100.0$ s

图 3.4.9　直立结构与冰脊作用离散元模拟

3.4 冰脊的离散元方法构造

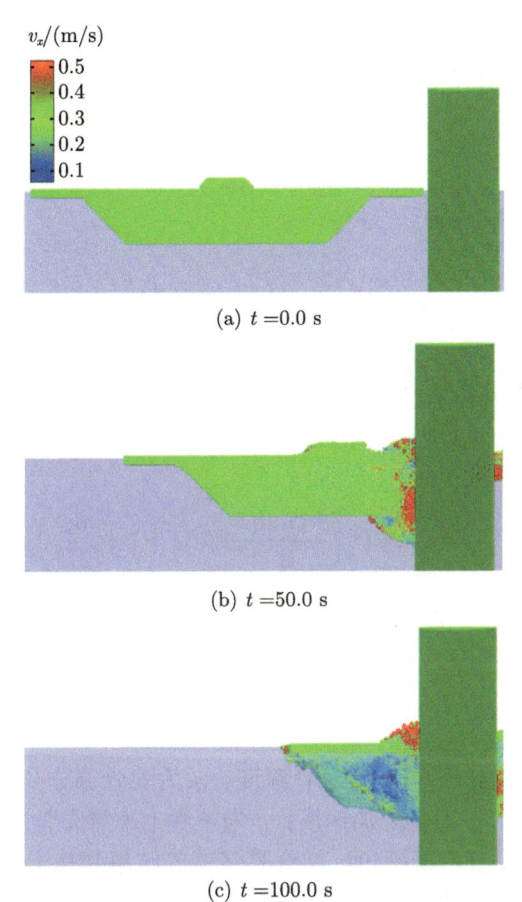

(a) $t=0.0$ s

(b) $t=50.0$ s

(c) $t=100.0$ s

图 3.4.10　直立结构与冰脊作用过程侧视图

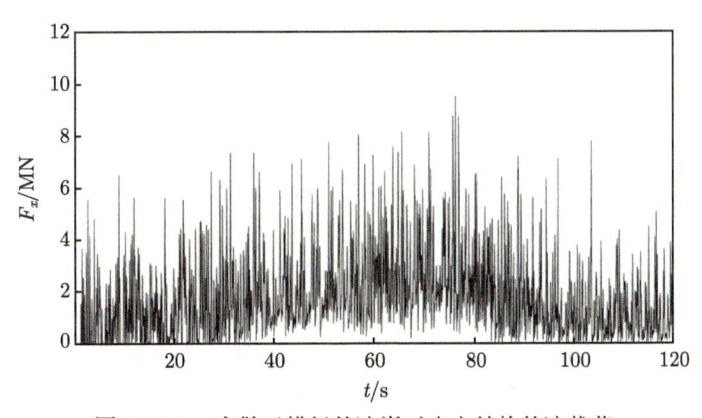

图 3.4.11　离散元模拟的冰脊对直立结构的冰载荷

为验证计算结果的准确性，这里选择将离散元结果与基于 ISO 标准的计算结果进行对比。ISO 标准将冰脊载荷 F_r 分为冻结层载荷 F_c 与龙骨载荷 F_k 两部分，即

$$F_r = F_c + F_k \tag{3.4.1}$$

式中，F_c 按照平整冰经验公式计算：

$$F_c = C_R h_c D \left(\frac{h_c}{h_1}\right)^n \left(\frac{D}{h_c}\right)^m \tag{3.4.2}$$

这里，C_R 按照 ISO 标准推荐取 1.8 MPa；h_1 取 1m；h_c 为冻结层厚度；D 为圆柱结构直径；$n = -0.5 + h_c/5$；m 为 -0.16。F_k 的计算基于改进的 Dolgopolov 公式，即

$$F_k = \mu_\phi h_k D \left(\frac{h_k \mu_\phi \gamma}{2} + 2c\right)\left(1 + \frac{h_k}{6D}\right) \tag{3.4.3}$$

$$\mu_\phi = \tan\left(45° + \frac{\phi}{2}\right) \tag{3.4.4}$$

$$\gamma = (1-\eta)(\rho_w - \rho_{ice})g \tag{3.4.5}$$

式中，D 为圆柱结构直径；h_k 为龙骨深度；η 为龙骨部分孔隙率；ρ_w 为海水密度；ρ_{ice} 为海冰密度；g 为重力加速度；c 为宏观上冰脊龙骨表现出的黏聚力，这里取 12 kPa；ϕ 为龙骨内摩擦角，结合贯穿试验结果并基于 Meyerhof 理论求得 (Azarnejad and Brown, 2001)：

$$Q_u = \pi c D_{ind} h_k + \frac{\pi \gamma h_k^2 D_{ind} K_u \tan\phi}{2} + R \tag{3.4.6}$$

这里，D_{ind} 为压盘直径；K_u 为被动冰压力系数，一般为常数 0.95；Q_u 为压剪载荷最大值 756 kN；R 为压剪试验中龙骨完全破坏后的残余压力 120 kN。

由此可计算冰脊总载荷 F_r、冻结层载荷 F_c 及龙骨载荷 F_k。这里将离散元和 ISO 标准的结果列于表 3.4.3。从中可以看出，离散元计算结果中的 F_c 相对 ISO 标准较小，而 F_k 则相对较大。这主要是由于，ISO 标准对冻结层冰载荷的计算是基于大量平整冰的试验数据并取其较大数值，相对比较保守以保障结构安全；而在龙骨冰载荷的计算中，离散元方法未具体考虑碎冰块的随机排列和冰块尺寸影响，而是按龙骨中的冰块充分冻结进行计算，导致其计算结果略高于 ISO 标准。此外，在离散元模拟中，单元间细观计算参数选取的合理性以及冰载荷动力过程的随机性也是影响冰载荷大小的重要因素。但从直立结构冰载荷的总体情

3.4 冰脊的离散元方法构造

况看，离散元计算结果与 ISO 标准比较一致，从而说明了离散元方法在计算冰脊对直立结构冰载荷中的适用性。

表 3.4.3　冰脊对圆柱结构载荷的离散元计算与 ISO 标准对比

冰载荷	DEM 模拟结果	ISO 标准
F_k/MN	3.03	2.68
F_c/MN	6.50	8.29
F_r/MN	9.53	10.97

3.4.2　冰脊的扩展多面体离散元方法

采用 Voronoi 切割和闵可夫斯基求和算法，构造海冰扩展多面体单元可模拟冰脊的动力形成过程，从而对脊帆高度、龙骨深度、龙骨宽度、龙骨水平倾角等冰脊几何特性进行统计与分析，并研究冰速、冰厚、海冰强度等参数对冰脊形态的影响。

1. 冰脊形成过程的离散元模拟

在实际海洋环境条件下，海冰在风、浪、流等作用下发生挤压，由此导致海冰的断裂、堆叠与重新冻结，并可形成冰脊。在冰脊形成的离散元模拟中，采用两块由扩展多面体单元冻结而成的平整冰，并施加一对作用力使其发生挤压破碎和堆积，进而模拟冰脊的形成过程。

1) 冰区初始场的离散元构造

Voronoi 切割算法能够将一定区域随机划分为二维多边形或多面体，其可用于模拟不同尺度下碎冰的几何形态 (Hopkins and Thorndike, 2006; Liu and Ji, 2018)。采用二维 Voronoi 切割法形成的多边形，其尺寸和形状都具有随机性，用于构建浮冰模型时可消除单元划分对浮冰力学行为的影响 (朱红日等, 2019)。在冰脊形成过程的离散元模拟中，采用的主要计算参数列于表 3.4.4 中。

表 3.4.4　冰脊形成过程中主要离散元计算参数

参数	符号	单位	数值
冰块平均面积	A_{ave}	m^2	2.0
冰厚	h_{ice}	m	0.2
冰区尺寸	$L \times W$	m×m	120×10
海冰密度	ρ_{ice}	kg/m^3	920
海冰弹性模量	E	GPa	1.0
海冰泊松比	ν	—	0.3
海冰规则度	δ	—	0.8

为消除冰脊初始形成阶段的不稳定性,在两块平整冰之间设置了碎冰区。碎冰区尺寸为 8 m×10 m。碎冰区的初始密集度为 0.8,该区域冰块的几何形态具有更强的随机性,设其规则度为 0.6。碎冰区域与平整冰区间保持 0.5 m 间隔。为保证海冰连续不断地产生挤压破坏,在冰区边缘位置添加匀速运动的板状边界,以对海冰在左右两侧进行均匀加载。冰区宽度方向两侧均设置为固定边界,以约束碎冰的运动。离散元模拟中的初始冰场如图 3.4.12 所示。

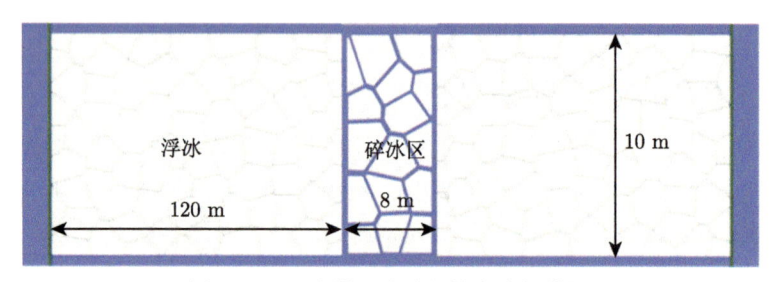

图 3.4.12　冰脊形成过程的海冰初始场

2) 冰脊几何特征的统计与分析

冰脊形成过程离散元模拟的主要计算参数列于表 3.4.5。在两块平整冰的左右边界分别施加一对相向的速度 $v_i = 0.5$ m/s。两平整冰在相互挤压过程中会不断破碎并形成冰脊,当两侧边界分别移动 90 m 后停止加载。图 3.4.13(a)~(f) 为采用扩展多面体离散元方法模拟的不同时刻冰脊形态。从图中可以发现,整个模拟过程中海冰单元的速度场比较稳定,处于 0~1 m/s。碰撞区域海冰单元间的平行冻结键断裂,形成的碎冰在冰区下方水域中堆积,初步形成龙骨,如图 3.4.13(b) 所示。海冰继续运动,在已形成龙骨的两侧持续断裂,产生的碎冰汇入龙骨,使其几何形态不断变化。一段时间后,龙骨已经有一定的规模,水平面上堆积的碎冰数量也不断增加,形成比较明显的脊帆,如图 3.4.13(e) 所示。比较图 3.4.13(e) 与 (f) 可知,形成的冰脊的中心位置随海冰运动过程不断变化,且无明显的规律性。选取图 3.4.13(f) 中的冰脊形态,在图 3.4.14 中对其主要几何特征进行展示,主要包括龙骨深度、龙骨宽度、龙骨水平倾角以及脊帆高度等。

表 3.4.5　冰脊形成过程的相关计算参数

参数	符号	单位	数值
海冰间摩擦系数	μ	—	0.5
法向黏结强度	$\bar{\sigma}$	MPa	0.1
黏聚力	c	MPa	0.5
内摩擦系数	μ_b	—	0.3
断裂能-I 型	G_I^c	N/m	12
断裂能-II 型	G_{II}^c	N/m	12

3.4 冰脊的离散元方法构造

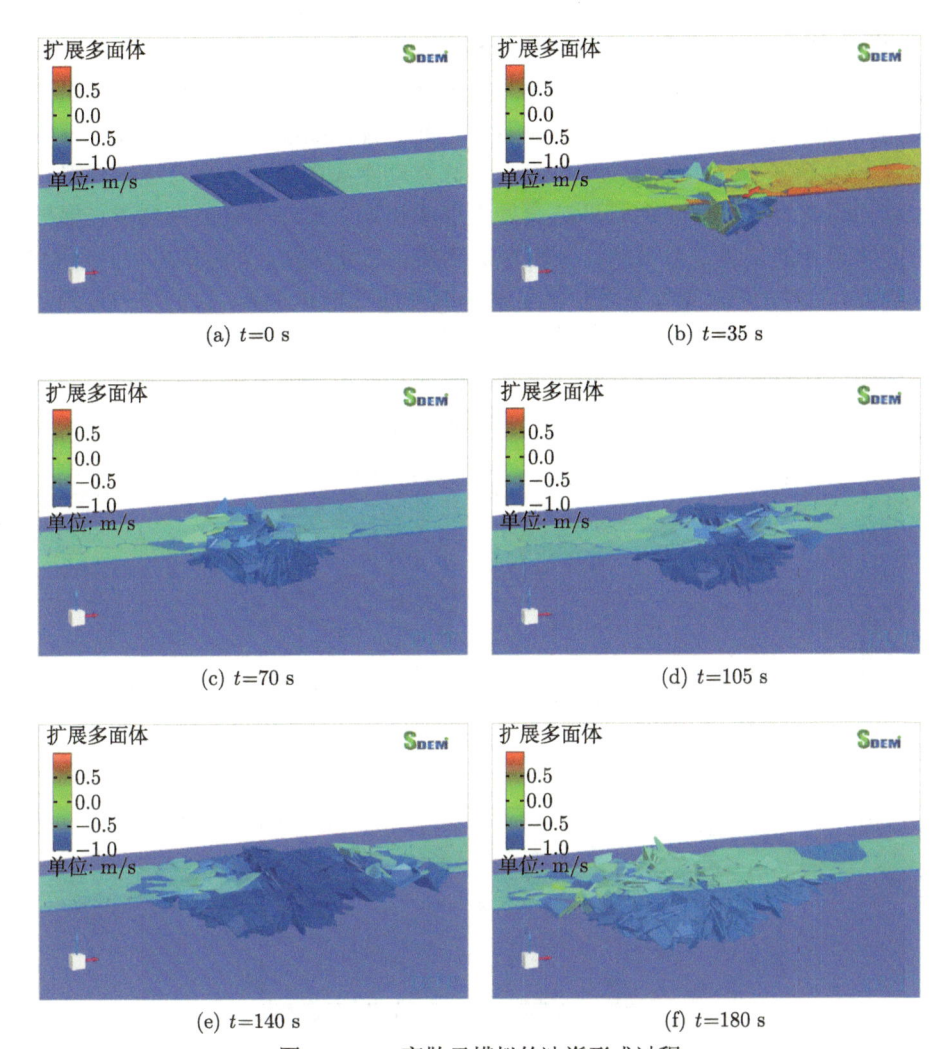

(a) $t=0$ s

(b) $t=35$ s

(c) $t=70$ s

(d) $t=105$ s

(e) $t=140$ s

(f) $t=180$ s

图 3.4.13　离散元模拟的冰脊形成过程

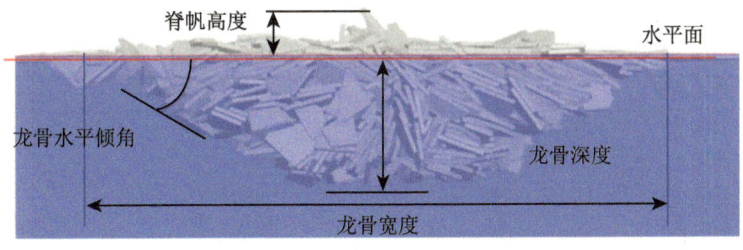

图 3.4.14　冰脊的主要几何参数

以上离散元模拟的龙骨截面呈现为上宽下窄的梯形，脊帆的最大高度在冰脊中心位置，其与现场观测结果相一致。由于离散元模拟过程比较短暂，所以未考虑热力因素影响。离散元模拟过程中不同时刻的脊帆高度、龙骨深度及龙骨宽度如图 3.4.15 所示。从中可以发现，随着海冰移动距离的增加，冰脊逐渐成形，且海冰移动距离为 0~30 m 时，即冰脊处于形成初期，形态变化最为剧烈。根据冰脊内碎冰单元的位置信息可统计分析脊帆高度、龙骨深度、龙骨高度等几何参数。脊帆高度、龙骨深度、龙骨宽度总体呈复杂的非线性增长趋势，甚至某些时刻会出现减小的情况。这是由于在冰脊的形成过程中，冰脊的形态也是动态变化的。对冰脊两侧冰块单元中心点进行线性拟合，根据斜率可得龙骨的水平倾角。海冰移动 90 m 时，统计模拟形成的冰脊几何特征，列于表 3.4.6 中。

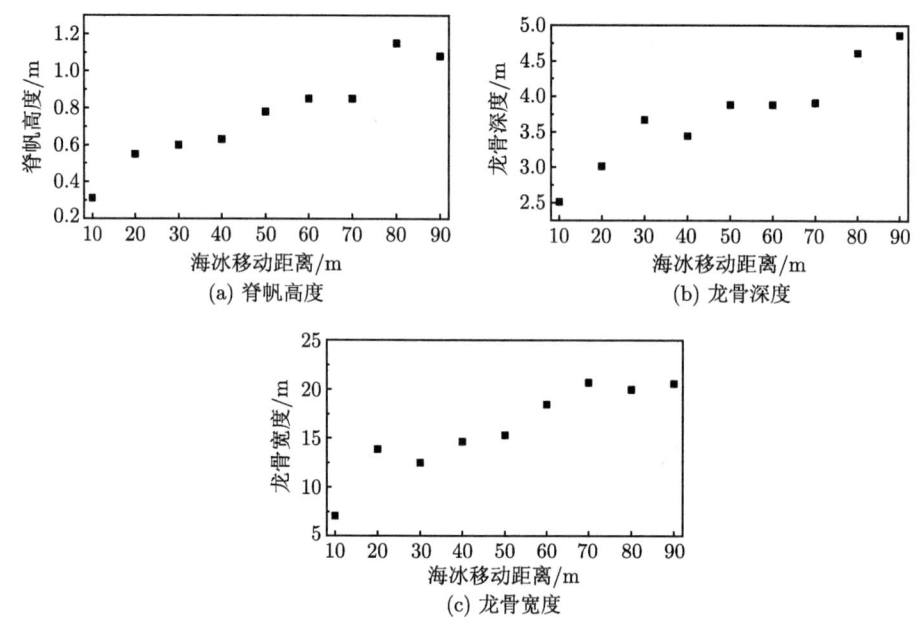

图 3.4.15　冰脊几何特征随海冰移动距离的变化

表 3.4.6　冰脊几何特征的统计分析

冰脊几何特征参数	符号	单位	统计结果
脊帆高度	h_s	m	1.08
龙骨深度	h_k	m	4.69
龙骨宽度	w_k	m	20.56
龙骨左侧水平倾角	θ_{kL}	(°)	28.76
龙骨右侧水平倾角	θ_{kR}	(°)	27.21

3.4 冰脊的离散元方法构造

冰脊的各项几何参数之间存在一定的关联性，其中研究最多的是脊帆高度与龙骨深度之间的关系，这一比值与冰脊各部分密度甚至孔隙率分布密切相关。Timco 和 Burden (1977) 观测了北极地区 112 个一年生冰脊，得到了龙骨深度与脊帆高度的统计性规律：

$$h_{\mathrm{k}} = 3.95 h_{\mathrm{s}} \quad 或 \quad h_{\mathrm{k}} = 4.60 h_{\mathrm{s}}^{0.88} \tag{3.4.7}$$

总体上看，龙骨深度与帆高的平均值约为 5.0，其数值范围为 2.0~7.0。离散元模拟得到的比值 $h_{\mathrm{k}}/h_{\mathrm{s}}$ 为 4.34，其与北极冰脊的观测数据基本符合。此外，龙骨宽度也是冰脊的重要几何特征，Timco 和 Burden (1977) 依据冰脊观测数据确定了龙骨宽度与脊帆高度的关系：

$$w_{\mathrm{k}} = 14.85 h_{\mathrm{s}} \quad 或 \quad w_{\mathrm{k}} = 20.75 h_{\mathrm{s}}^{0.78} \tag{3.4.8}$$

Beketsky (1996) 提出的龙骨宽度与帆高的关系为 $w_{\mathrm{k}} = 19 h_{\mathrm{s}}$。离散元模拟得到的 $w_{\mathrm{k}}/h_{\mathrm{s}}$ 为 19.04，与萨哈林岛 (库页岛) 北部地区冰脊的统计规律相近。此外，Strub-Klein 和 Sudom (2012) 统计了 7 个海域的冰脊观测数据，得到龙骨宽度与龙骨深度的关系为

$$w_{\mathrm{k}} = 4.28 h_{\mathrm{k}} \quad 或 \quad w_{\mathrm{k}} = 7.19 h_{\mathrm{k}}^{0.72} \tag{3.4.9}$$

将表 3.4.6 中的 h_{k} 代入式 (3.4.9) 得到 w_{k} 为 20.07 m 或 21.88 m，模拟值为 20.56 m，其与观测结果基本一致。Timco 和 Burden (1977) 对接近 70 个一年生冰脊进行统计，得到龙骨的水平倾角为 $26.6° \pm 13.4°$。采用离散元方法模拟得到冰脊的 θ_{kL} 与 θ_{kR} 分别为 $28.76°$ 和 $27.21°$，均处于这个范围内。由此可见，离散元模拟得到的冰脊主要几何特征均与观测数据结果十分接近，由此说明，采用扩展多面体离散元方法构建冰脊模型是可行的。

2. 冰脊形态的主要影响因素分析

冰脊的几何形态受冰厚、冰强度等海冰参数，以及流速、风速等海洋环境因素的影响。下面对冰厚、海冰强度和冰速等因素对冰脊形成过程及几何形态的影响进行离散元分析。

1) 冰厚对冰脊形态的影响

不同海域的冰厚差别很大，在渤海等亚极地海域，海冰厚度在 0.1 m 左右，而极地冰厚一般会超过 1 m。为研究不同冰厚下平整冰形成的冰脊形态，下面分别取冰厚为 0.2 m、0.3 m、0.4 m 和 0.5 m 进行离散元分析，其中，冰速 $v_{\mathrm{i}} = 0.5 \mathrm{m/s}$，法向黏结强度为 0.3 MPa，摩擦系数为 0.5，黏聚力为 1.5 MPa。图 3.4.16 展示了不同冰厚下冰脊的最终形态，分析可得：帆高最大值的出现位置具有随机性，不

一定处于冰脊中心；龙骨截面为三角形或梯形；冰脊整体厚度与冰厚的关系为正相关。而且随着冰厚增长，冰块分布呈现出向断裂中心集中的特点。

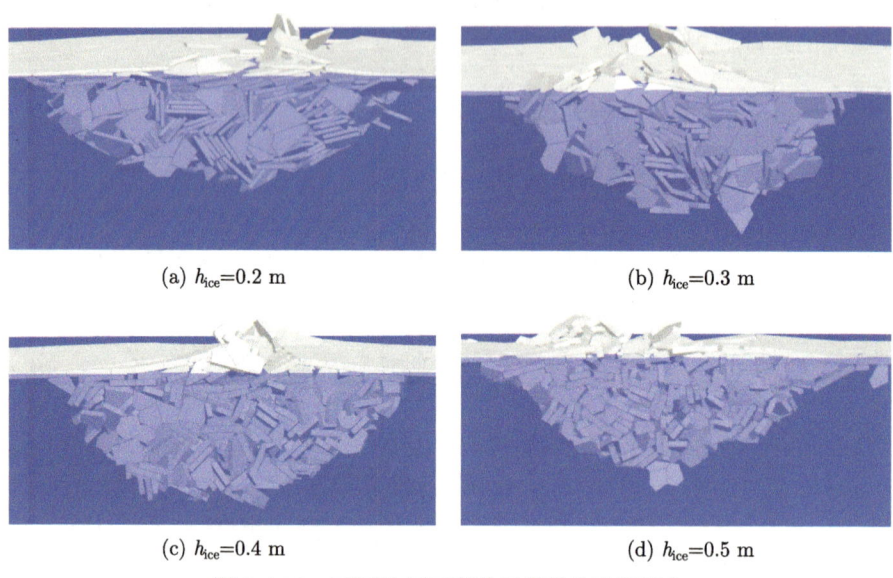

(a) h_{ice}=0.2 m

(b) h_{ice}=0.3 m

(c) h_{ice}=0.4 m

(d) h_{ice}=0.5 m

图 3.4.16　不同冰厚下离散元模拟的冰脊形态

图 3.4.17 统计了不同冰厚下所形成冰脊的几何特征，图 3.4.17(d) 中 θ_{kL} 与 θ_{kR} 分别表示左侧与右侧的龙骨水平倾角。由图 3.4.16 与图 3.4.17 可发现，龙骨水平倾角的变化伴随着龙骨截面形状的转换，随着冰厚增加，龙骨截面形状逐渐从梯形转化为三角形，且龙骨宽度与深度、脊帆高度及龙骨水平倾角均随冰厚的增加呈整体增长趋势。除龙骨宽度外，其余参数在冰厚到达 0.4 m 时都趋于平稳甚至下降。这是因为，所形成冰脊的截面形状在 0.4 m 之后完全转化为三角形，其不再随冰厚的增加而发生变化。

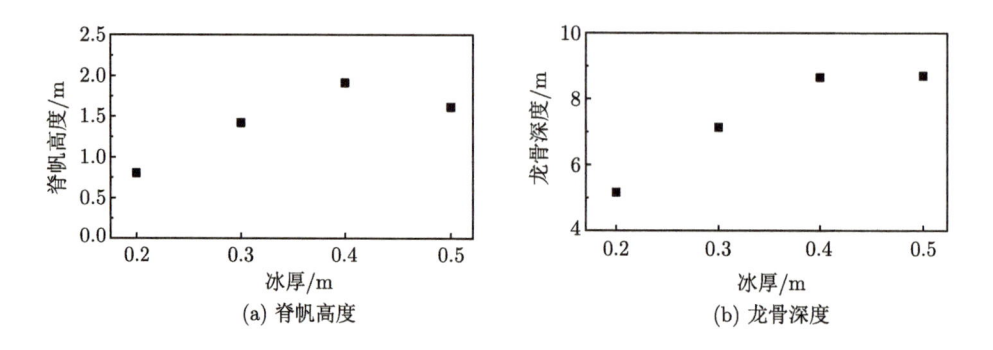

(a) 脊帆高度

(b) 龙骨深度

(c) 龙骨宽度   (d) 龙骨水平倾角

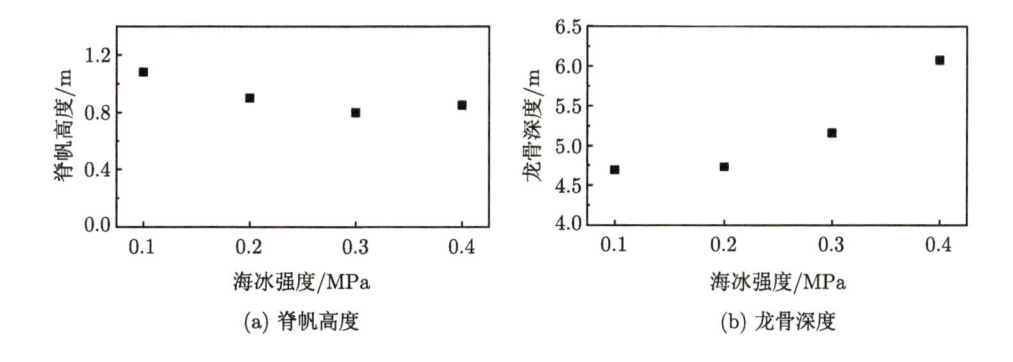

图 3.4.17   不同冰厚下离散元模拟的冰脊几何参数

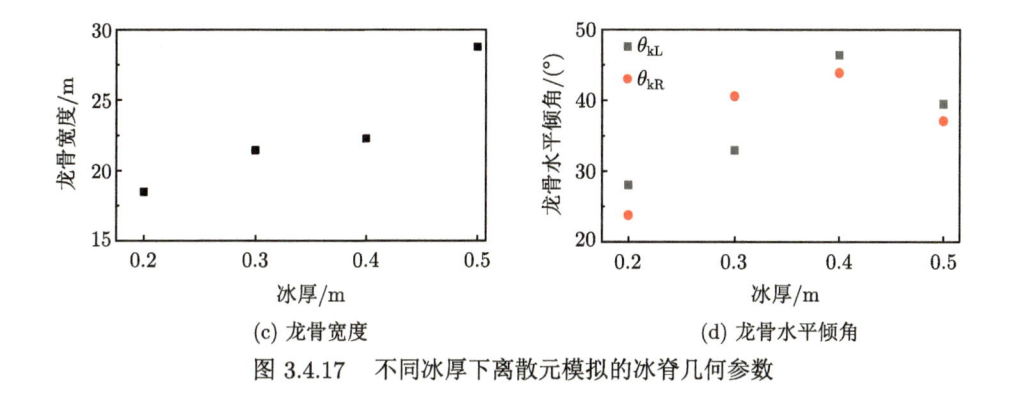

2) 海冰强度对冰脊形态的影响

海冰相互挤压成脊的过程中会同时发生弯曲破坏、挤压、屈曲等多种形式的破坏，海冰强度对这一过程有重要影响。在离散元模拟中，海冰强度主要受单元间的法向冻结强度与黏聚力影响。海冰单元黏聚力与法向冻结强度间存在一定的比例关系，比值一般在 3~5。为研究海冰法向冻结强度对冰脊形态的影响，在冰厚 0.2 m 的情况下分别取：(a) $\bar{\sigma} = 0.1$ MPa，$c = 0.5$ MPa；(b) $\bar{\sigma} = 0.2$ MPa，$c = 1.0$ MPa；(c) $\bar{\sigma} = 0.3$ MPa，$c = 1.5$ MPa；(d) $\bar{\sigma} = 0.4$ MPa，$c = 2.0$ MPa。

当海冰移动距离为 90 m 时，不同海冰强度下模拟得到的冰脊几何参数如图 3.4.18 所示。随着海冰冻结强度及黏聚力的增大，龙骨深度加速增大，而龙骨宽度、脊帆高度与龙骨水平倾角均无明显变化规律。总体而言，龙骨宽度的变化在 2 m 以内，龙骨两侧水平倾角大多集中于 25°~30°，帆高的变化则更不明显。由于海冰相互挤压堆叠时破坏模式的复杂性，海冰强度对最终形成的冰脊形态的影响机制也变得更加复杂。

(a) 脊帆高度   (b) 龙骨深度

(c) 龙骨宽度

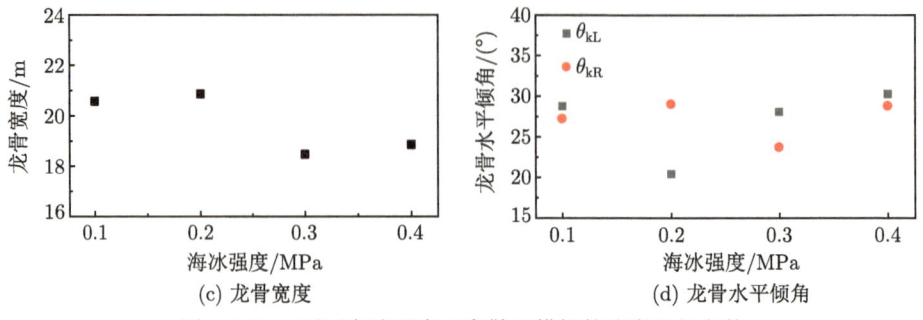

(d) 龙骨水平倾角

图 3.4.18　不同海冰强度下离散元模拟的冰脊几何参数

3) 冰速对冰脊形态的影响

海流对海冰的拖曳作用对冰脊的形成过程和几何形态有显著的影响。下面分别取冰速为 0.25 m/s、0.5 m/s、0.8 m/s 和 1.0 m/s，对冰脊形成过程进行离散元分析，其他计算参数取值如下：$\bar{\sigma}=0.1$ MPa，$c=0.5$ MPa；$h_{\rm ice}=0.2$ m；$\mu=0.5$。不同冰速的海冰移动 90 m 时，冰脊的几何特征如图 3.4.19 所示。随着冰速的增长，冰脊各项特征均未出现规律的变化趋势，而且变化幅度很小。图 3.4.19(a) 中不同冰速下的脊帆高度非常接近，差值小于 0.4 m；图 3.4.19(b) 中龙骨深度差值不超过 1 m；图 3.4.19(c) 中龙骨宽度基本处于 20~23 m。由于冰区的浮冰漂流速度处于一个较小的区间，所以冰速对冰脊形态的影响非常微弱。

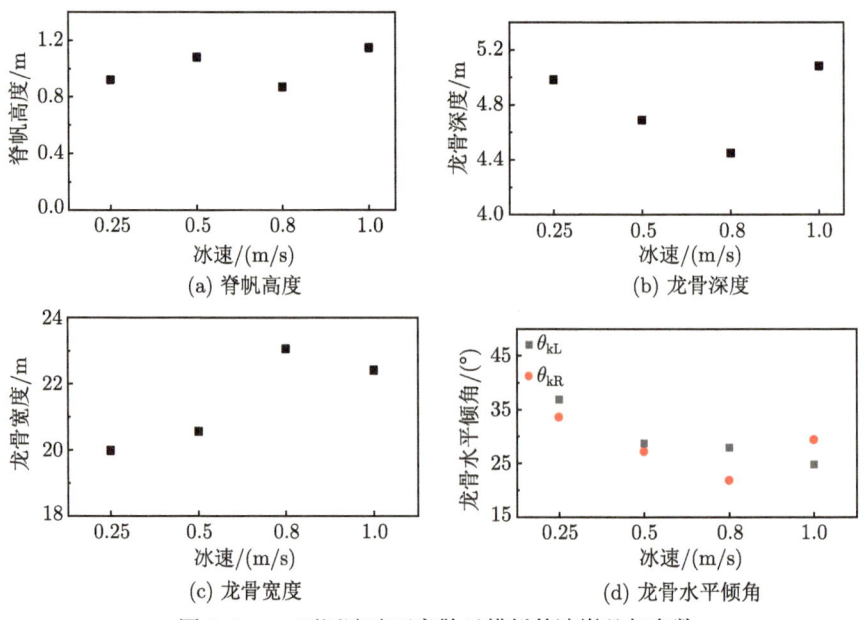

(a) 脊帆高度

(b) 龙骨深度

(c) 龙骨宽度

(d) 龙骨水平倾角

图 3.4.19　不同冰速下离散元模拟的冰脊几何参数

3.4 冰脊的离散元方法构造

在冰脊形成的中后期，浮冰持续与已形成冰脊的边缘发生接触，接触位置不断发生海冰断裂。冰速较低时，该位置碎冰受力较小，断裂过程相对平缓，不会出现大面积的海冰断裂情况，因而各项几何特征不会在某段时间内剧烈变化。不同冰速下，冰脊的形态差异较小，甚至当冰速取 0.25 m/s 时，龙骨水平倾角更大，龙骨宽度更小，如图 3.4.20 所示。这说明在冰脊形成过程中，海冰的动能只有一小部分转化为了势能，大部分都发生了能量耗散。

图 3.4.20　$v_i = 0.25$m/s 时离散元模拟的冰脊形态

3. 冰脊贯穿试验的离散元模拟

在冰脊贯穿试验中，采用扁平圆柱压头对冰脊施加压力，记录冰脊对压头的反作用力，根据得到的力–位移曲线来研究冰脊的相关物理力学性质 (Polojärvi et al., 2012)。这时对采用扩展多面体构造的冰脊进行贯穿试验，以确定其宏观力学性质。

1) 冰脊的离散元计算模型

采用扩展多面体离散元方法建立冰脊贯穿试验计算模型。该模型由三部分组成，即压头、固结层以及固结层下方的龙骨。压头采用的是圆柱形状的结构，直径为 w_I。在加载过程中以一定的恒定速度竖直下压，位移为 δ。不考虑其受到的浮力，在加载过程中会记录到冰脊的反作用力。离散元模型中碎冰单元共 4044 块，冰脊初始厚度为 $h = 4.0$ m，长度和宽度为 $l = w = 50.0$ m。如图 3.4.21 所示，图中显示出竖直方向截面的块体分布状态，红色部分为冻结层，根据竖直方向的位置用绿色和蓝色分层显示龙骨。

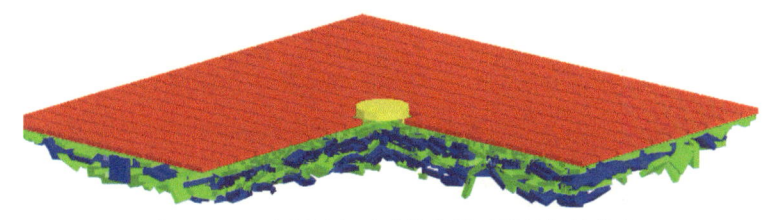

图 3.4.21　冰脊贯穿试验的离散元模拟初始状态

模型中采用的压头直径为 $w_{\mathrm{I}} = 4.0\ \mathrm{m}$,下压速度为 $0.01\ \mathrm{m/s}$。压头下方冰脊的稳定程度直接影响压头下压过程中记录的作用力。为了保证压头下压时冰脊已经是稳定状态,每个算例中压头下压之前会有 10 s 的时间以确保冰块的动能在摩擦力和阻尼作用下已完全耗尽。该贯穿试验模拟的具体参数列于表 3.4.7。

表 3.4.7　冰脊堆积体贯穿试验的离散元模拟参数

参数	符号	单位	数值
冰块数量	—	—	4044
冰块单元尺寸	$l_i \times w_i$	m × m	$1.8 \times 1.8,\ 0.6 \times 0.6$
冰块厚度	h_i	m	0.4
泊松比	ν	—	0.35
弹性模量	E	GPa	1.0
冰脊深度	h	m	4.0
冰脊尺寸	$l \times w$	m × m	40.0×40.0
压头直径	w_{I}	m	4.0
加载速度	v_{I}	m/s	0.01
黏结面尺寸	$l_b \times w_b$	m × m	0.4×0.4
法向黏结强度	σ_t	kPa	10.0
黏聚力	c	kPa	30.0
断裂能	G	J/m^2	15.0

2) 冻结冰脊贯穿试验的离散元模拟

在冰块冻结行为研究中,黏结面面积和黏结强度始终是较难标定的物理量,而且在天然的冰脊中其也有随机、分布不一致的特点。这里采用简化处理的方式将冰块单元之间的黏结面面积视为恒定值 0.4 m × 0.4 m,黏结强度设为 10 kPa (Polojrvi and Tuhkuri, 2013)。图 3.4.22 为当内摩擦系数为 0.3 时的压头阻力–位移曲线。根据其阻力–位移曲线特征,将贯穿过程分为三个阶段。第 I 阶段是下压的初始阶段,压头阻力随着压头的下移而迅速增大,并快速到达峰值 $F_{\max}$。第 II 阶段压头阻力迅速降低,此阶段实质是冰脊进入整体破坏阶段。第 III 阶段剪切面上的主要黏结都已经失效,冰块之间产生位错并逐渐密实。

(a) $\delta = 0 \sim 1000$ mm

(b) $\delta = 0 \sim 150$ mm

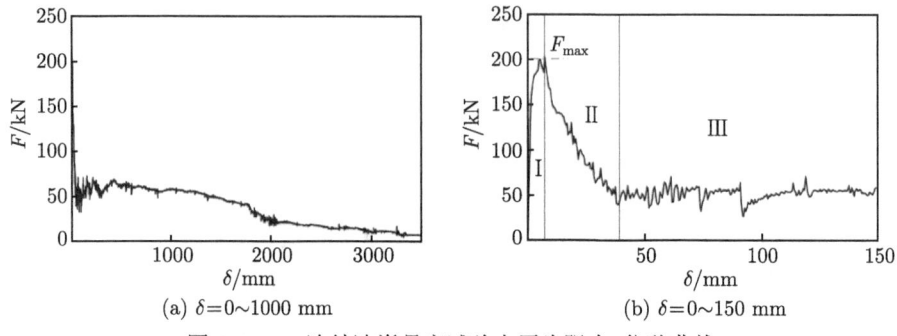

图 3.4.22　冻结冰脊贯穿试验中压头阻力–位移曲线

3.4 冰脊的离散元方法构造

为研究冻结条件下贯穿过程中冰脊内部冰块的移动规律，图 3.4.23 给出了前 150 mm 的三个阶段位移分布。与此对应，图 3.4.24 统计了三个阶段黏结键的断裂个数。由此可见，在第 I 阶段冰脊发生的变形较小，下压过程中内力不断增加，但产生的黏结键断裂的个数很少。第 II 阶段不论是黏结键断裂个数还是失效的速度，都是三个阶段中最大的，这说明黏结键断裂失效非常剧烈，在这个阶段，压头下方的冰块的位移较第 I 阶段也明显增大。由此可见，在压头下方冰块发生断裂后是逐渐压实的过程。这个阶段可视为冰脊整体破坏阶段。第 III 阶段主要是压实后的压头以下部分整体下移，此阶段黏结键发生断裂失效的速度也明显下降，这主要是由于互锁作用和摩擦力能抵抗变形，其与压头阻力–位移曲线也能很好地对应。

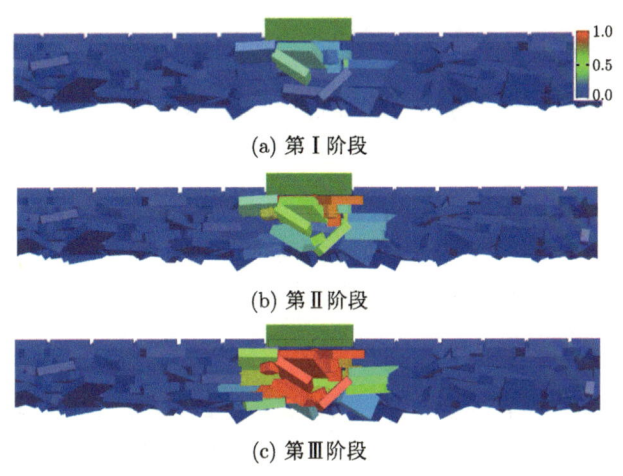

(a) 第 I 阶段

(b) 第 II 阶段

(c) 第 III 阶段

图 3.4.23 冻结冰脊贯穿试验中冰块相对压头的位移

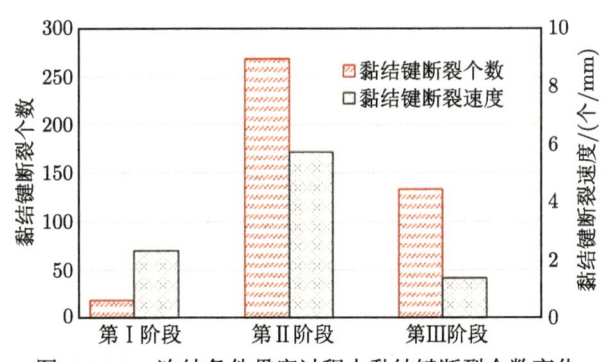

图 3.4.24 冻结条件贯穿过程中黏结键断裂个数变化

参考 Heinone (2004) 对野外冰脊的原位贯穿试验，这将离散元贯穿试验模拟结果进行归一化处理，再与原位试验数据做对比，如图 3.4.25 所示。可以看出，数值模拟压头阻力变化趋势基本与原位试验测得的曲线相吻合，三个阶段的特征也比较明显，这也间接验证了非规则接触黏结模型的合理性和正确性。

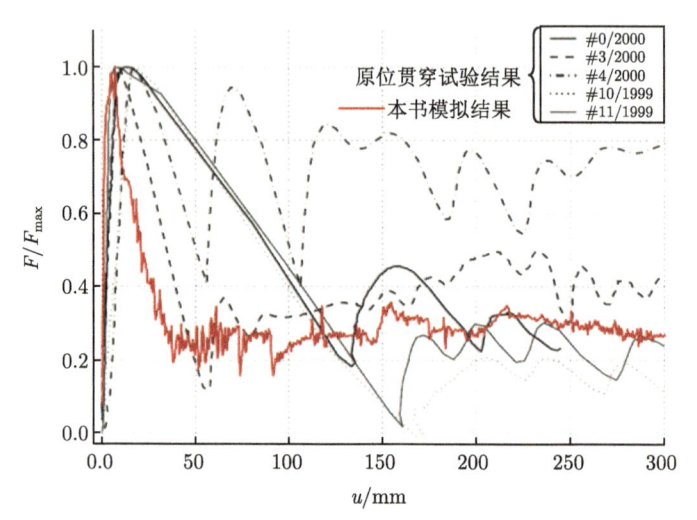

图 3.4.25　离散元模拟结果与原位贯穿试验的压力对比

根据冰脊贯穿的破坏形式，这里参考 Heinonen (2004) 对冰脊有效剪切强度的定义，定量地描述冰脊强度特征。假设在贯穿试验中冰脊的破坏面为压头边缘周长以下直到冰脊底部的一个圆周面，则剪切强度可表示为

$$\tau = \frac{F_{\max}}{\pi w_{\mathrm{I}} h} \tag{3.4.10}$$

式中，$F_{\max}$ 为压头阻力-位移曲线中的最大压力；w_{I} 为压头的直径；h 为冰脊的厚度。

为研究摩擦系数 μ 对剪切强度的影响，采用相同的冰脊模型模拟不同摩擦系数 μ 条件下的贯穿试验，记录各个摩擦系数下贯穿过程的最大压力 $F_{\max}$，并计算对应的剪切强度 τ。对比非冻结条件下的贯穿过程中得到的剪切强度，如图 3.4.26 所示。摩擦系数对非冻结冰脊的影响较为明显，而对冻结冰脊的剪切强度影响较小。由此可得，冻结冰脊的剪切强度主要与冻结强度有关，与摩擦系数无关。对于松散的非冻结冰脊，抗剪强度主要受冰块之间的互锁效应和剪切摩擦力影响，因此，随着摩擦系数的增加，抗剪强度呈现近似线性增加的趋势。

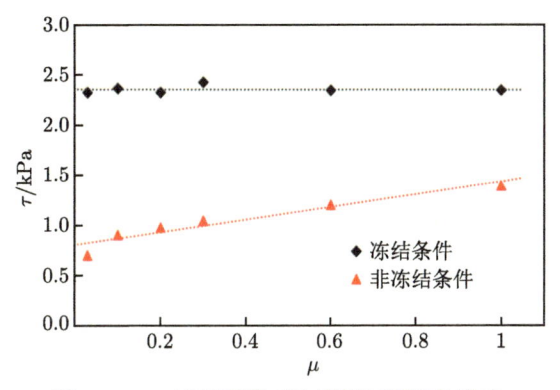

图 3.4.26　摩擦系数对冰脊剪切强度的影响

3.5 小　　结

采用离散元方法可对平整冰、碎冰、冰脊和堆积冰进行数值构造，以研究其动力学行为及其与极地海洋工程结构的相互作用。对于构造海冰材料的球体离散元方法，本章通过模拟海冰的单轴压缩和三点弯曲试验，得到了海冰宏观强度与微观参数之间的关系，进而建立了海冰宏观力学行为与细观计算参数的对应关系；通过对离散元黏结强度和内摩擦系数的研究，消除了单元尺寸效应对海冰力学性质的影响；基于 Voronoi 切割算法可快速生成碎冰区的非规则多边形碎冰块，并采用排斥法和干扰法实现对碎冰块几何规则度的定量控制。由此可依据碎冰区的密集度、平均冰块面积及几何规则度等几何特性实现离散元计算的参数化建模，构造更加真实的碎冰块几何形态。对于每个非规则碎冰块，采用具有黏结--破碎功能的球体或扩展多面体单元进行构造，从而可模拟海冰的运动及断裂破坏行为。

此外，本章基于黏结球体单元建立了冰脊的离散元模型，通过颗粒排列方式与离散元参数的变化，表现冰脊冻结层、龙骨等不同部分的力学特征；采用该模型计算分析了一系列冰脊龙骨压剪试验，并与现场实测数据进行了对比；采用基于扩展多面体单元的离散元方法模拟了冰脊的动力形成过程，对冰脊的脊帆高度、龙骨宽度、龙骨深度、龙骨水平倾角等几何特征进行了统计分析，并与冰脊现场测量结果进行了对比，验证了上述方法用于模拟冰脊形成过程的可行性；在此基础上讨论了冰厚、海冰冻结强度与冰速对冰脊形态的影响；最后，对扩展多面体构造的冰脊进行了压剪试验模拟，研究了冰脊细观参数对其剪切强度的影响。

参 考 文 献

狄少丞. 2015. 基于 GPU 并行算法的海洋平台及船舶结构冰荷载的离散元分析 [D]. 大连: 大连理工大学.

季顺迎, 狄少丞, 李正, 等. 2013. 海冰与直立结构相互作用的离散单元数值模拟 [J]. 工程力学, 30(1): 463-469.

季顺迎, 聂建新, 李锋, 等. 2000. 渤海冰脊分析及其设计参数 [J]. 中国海洋平台, 15(6): 1-5.

李勇俊, 季顺迎. 2020. 基于球形颗粒几何排列的离散元试样高效生成方法 [J]. 应用力学学报, 37(2): 469-477.

李紫麟, 刘煜, 孙珊珊, 等. 2013. 船舶在碎冰区航行的离散元模型及冰载荷分析 [J]. 力学学报, 45(6):868-877.

刘璐, 龙雪, 季顺迎. 2015. 基于扩展多面体的离散单元法及其作用于圆桩的冰载荷计算 [J]. 力学学报, 47(6): 1046-1057.

司良英, 邓关宇, 吕程, 等. 2009. 基于 Voronoi 图的晶体塑性有限元多晶几何建模 [J]. 材料与冶金学报, 8(3):193-197.

朱红日, 季顺迎, 刘璐. 2019. 基于 Voronoi 切割算法的碎冰区构造及离散元分析 [J]. 计算力学学报, 36(4): 454-463.

Azarnejad A, Brown T G. 2001. Comparison and analysis of experimental and virtual laboratory scale punch through tests[J]. Journal of Cold Regions Engineering, 15(3):135-153.

Beketsky S P. 1996. Structure of grounded hummock in the sea of Okhotsk[C]. The 11th International Symposium on Okhotsk Sea and Sea Ice, Mombetsu, Japan.

Heinonen J. 2004. Constitutive modeling of ice rubble in first-year ridge keel[R]. Finland: Vtt Publications, 1-142.

Hopkins M A. 1997. Onshore ice pile-up: a comparison between experiments and simulations[J]. Cold Regions Science & Technology, 26(3): 205-214.

Hopkins M A. 2004a. A discrete element Lagrangian sea ice model[J]. Engineering Computations, 21(2/3/4): 409-421.

Hopkins M A. 2004b. Discrete element modeling with dilated particles[J]. Engineering Computations, 21(2/3/4): 422-430.

Hopkins M A, Frankenstein S, Thorndike A S. 2004. Formation of an aggregate scale in Arctic sea ice[J]. Journal of Geophysical Research, 109(C1): 1-10.

Hopkins M A, Shen H H. 2001. Simulation of pancake-ice dynamics in wave field[J]. Annals of Glaciology, 33(1): 355-360.

Hopkins M A, Thorndike A S. 2006. Floe formation in Arctic sea ice [J]. Journal of Geophysical Research Oceans, 111(C11): 201-219.

ISO 19906. 2010. Petroleum and natural gas industries — Arctic offshore structures[S]. International Organization for Standardization.

Kankaanpää P. 1997. Distribution, morphology and structure of sea ice pressure ridges in the Baltic Sea[J]. Fennia-International Journal of Geography, 175(2): 139-240.

Leppäranta M, Lensu M, Kosloff P, et al. 1995. The life story of a first-year sea ice ridge[J]. Cold Regions Science and Technology, 23(3): 279-290.

Liferov P, Bonnemaire B. 2005. Ice rubble behaviour and strength: Part I. Review of testing and interpretation of results[J]. Cold Regions Science and Technology, 41(2): 135-151.

Liu L, Ji S Y. 2018. Ice load on floating structure simulated with dilated polyhedral discrete element method in broken ice field[J]. Applied Ocean Research, 75: 53-65.

Liu L, Ji S Y. 2021. Dilated-polyhedron-based DEM analysis of the ice resistance on ship hulls in escort operations in level ice [J]. Marine Structures, 80: 103092.

Liu Z, Amdahl J, Løset S. 2011. Plasticity based material modelling of ice and its application to ship-iceberg impacts[J]. Cold Regions Science and Technology, 65(3): 326-334.

Løset S, Kanestrøm Ø, Pytte T. 1998. Model tests of a submerged turret loading concept in level ice, broken ice and pressure ridges[J]. Cold Regions Science & Technology, 27(1): 57-73.

Metrikin I, Løset S, Jenssen N A, et al. 2013. Numerical simulation of dynamic positioning in ice [J]. Marine Technology Society Journal, 47(2): 14-30.

Morales I P, Farias M M, Valera R R, et al. 2016. Contributions to the generalization of advancing front particle packing algorithms[J]. International Journal for Numerical Methods in Engineering, 107(12): 993-1008.

Polojärvi A, Tuhkuri J, Korkalo O. 2012. Comparison and analysis of experimental and virtual laboratory scale punch through tests[J]. Cold Regions Science and Technology, 81: 11-25.

Polojärvi A, Tuhkuri J. 2013. On modeling cohesive ridge keel punch through tests with a combined finite-discrete element method[J]. Cold Regions Science and Technology, 85: 191-205.

Potyondy D O, Cundall P A. 2004. A bonded-particle model for rock[J]. International Journal of Rock Mechanics and Mining Sciences, 41(8): 1329-1364.

Ranta J, Polojarvi A, Tuhkuri J. 2018. Ice loads on inclined marine structures—Virtual experiments on ice failure process evolution[J]. Marine Structures, 57: 72-86.

Shayanfar H, Bailey E, Pritchett R, et al. 2018. The effects of consolidation time on the strength and failure behavior of freshwater ice rubble[J]. International Journal of Naval Architecture and Ocean Engineering, 10(3): 403-412.

Strub-Klein L, Sudom D. 2012. A comprehensive analysis of the morphology of first-year sea ice ridges[J]. Cold Regions Science and Technology, 82: 94-109.

Sun S, Shen H H. 2012. Simulation of pancake ice load on a circular cylinder in a wave and current field[J]. Cold Regions Science and Technology, 78: 31-39.

Timco G W, Burden R P. 1977. An analysis of the shapes of sea ice ridges[J]. Cold Regions Science and Technology, 25: 65-77.

Wright B D, Timco G W. 2001. First-year ridge interaction with the Molikpaq in the Beaufort Sea[J]. Cold Regions Science and Technology, 32: 27-44.

Xu N, Yue Q, Bi X, et al. 2015. Experimental study of dynamic conical ice force[J]. Cold Regions Science and Technology, 120: 21-29.

Zhang Q, Skjetne R. 2015. Image processing for identification of sea-ice floes and the floe size distributions[J]. IEEE Transactions on Geoscience & Remote Sensing, 54(5): 2913-2924.

Zhu H X, Thorpe S M, Windle A H. 2006. The effect of cell irregularity on the high strain compression of 2D Voronoi honeycombs[J]. International Journal of Solids and Structures, 43(5): 1061-1078.

第 4 章 极地船舶结构冰载荷的离散元分析

船舶结构在冰区航行的冰阻力和冰载荷是船舶航行中的关键环境载荷,也是评估船舶结构破冰能力和结构安全性能的重要指标。目前,冰载荷的研究方法主要包括现场监测、模型试验、经验公式和数值模拟方法。近些年来,随着我国海洋战略不断向极地领域推进,国内逐步开展了船舶结构冰载荷分析工作 (徐莹等, 2019; 季顺迎等, 2017)。相比于现场监测、模型试验和经验公式方法,数值模拟方法具有较好的参数可控性、结果可重复性,经济成本也较低,还可对海冰破碎、破碎冰碰撞重叠等过程进行细化分析。在海冰离散元方法中,海冰单元的运动和断裂完全取决于单元间的作用力传递和材料的自身参数,体现出更好的自适应性和稳定性。因此,离散元方法是一种能够满足广泛需求的船–冰相互作用分析及冰载荷预测方法。

冰区船舶表面冰压力分布规律是冰区船舶结构安全预警和冰载荷监测的重要辅助信息。针对船舶在碎冰区和平整冰区航行中的结构安全和操纵性问题,需要确定船体表面冰压力的分布规律和冰阻力变化情况,从而识别船体结构的危险区域并分析结构的冰激疲劳问题,也为冰区安全操纵提供依据 (Tian et al., 2015)。在船体结构冰载荷的离散元模拟中,海冰的破坏模式与冰载荷的幅值和频率密切相关,为此这里也对海冰的破坏特性进行讨论。

4.1 碎冰区船舶航行的冰阻力及冰载荷

碎冰块对船舶的局部撞击和整体阻力是冰区船舶设计和航行中的两个重要问题。下面分别通过基于圆盘和扩展多面体单元的海冰离散元方法,模拟破冰船与碎冰的相互作用过程,分析船体结构上的总体冰阻力及局部冰压力。

4.1.1 碎冰区船舶结构冰阻力

针对碎冰与船体相互作用时的动力特性,这里将船体结构采用三角形网格剖分,建立刚体模型,采用三维圆盘和扩展多面体单元建立碎冰的离散元模型并开展船–冰作用过程模拟,确定船体冰载荷的主要影响因素,为船体结构的抗冰设计提供相应的数值方法。

1. 基于海冰三维圆盘离散元方法的船体冰阻力分析

在自然条件下,碎冰区的海冰呈现出很强的离散分布特性。无论是在极区,还是在渤海、波罗的海、波弗特海等海域,块状浮冰均普遍存在。采用扩展单元方法构造的三维圆盘单元可有效地描述碎冰区的浮冰几何形态 (Hopkins, 2004; Sun and Shen, 2012)。在碎冰区，离散分布的海冰可通过三维圆盘单元进行描述。碎冰区的计算域长度为 L (x 方向)，宽度为 B (y 方向)，z 轴方向与水面垂直；在计算域的水平方向采用周期性边界条件。这里以我国"雪龙"号科学考察船为研究对象，如图 4.1.1(a) 所示。首先将船体离散转化成一系列的三角形单元，如图 4.1.1(b) 所示 (李紫麟等, 2013)，通过海冰离散单元和船体三角形单元之间的接触判断计算海冰与船体之间的相互作用。这里主要考虑碎冰块对船体结构的冲击力，为简化计算而不考虑船体的变形。数值模拟过程中的主要计算参数列于表 4.1.1 中。

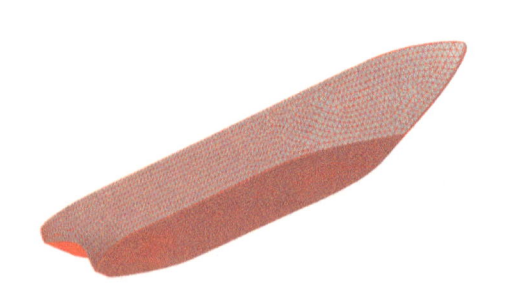

(a) "雪龙"号科学考察船　　　　(b) "雪龙"号刚体计算模型

图 4.1.1　"雪龙"号科学考察船及其刚体计算模型

表 4.1.1　碎冰与船体结构相互作用的主要计算参数

定义	符号	数值	定义	符号	数值
冰块大小参数	R	4~6 m	冰块厚度	r	0.3 m
浮冰数目	N_P	1380	初始密集度	C	0.5
海冰法向刚度	K_n	587 kN/m	海冰切向刚度	K_t	$0.6K_n$
法向拖曳力系数	C_d^n	0.6	切向拖曳力系数	C_d^t	0.06
附加质量系数	C_m	0.15	冰间摩擦系数	μ_{pp}	0.35
流速	V_{water}	0.4 m/s	航速	V_{ship}	4.0 m/s
计算域长度	L	600 m	计算域宽度	B	150 m
时间步长	Δt	0.005 s	模拟总时间	t	60s

船体和浮冰的初始分布如图 4.1.2(a) 所示。船舶以 4.0 m/s 的速度沿 x 方向从左到右行进，海水以 0.4 m/s 的流速沿 x 方向从右向左流动。采用以上离散单元模型对船体和海冰相互作用的动力过程进行 60 s 数值模拟。图 4.1.2(b)~(d) 给出了 $t = 10$ s、30 s 和 60 s 时浮冰与船体相互作用的状态。在整个运动过程中，船体与碎冰单元相互接触碰撞，并在船头发生堆积，典型的相互作用状态如图 4.1.3 所示。

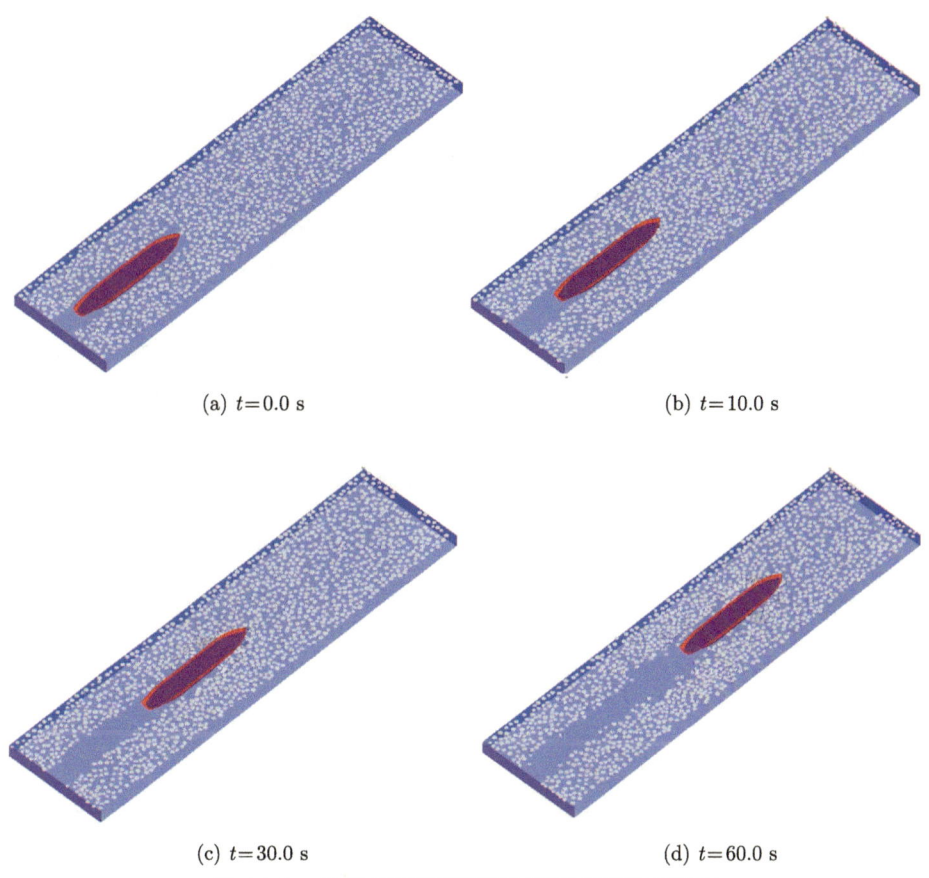

4.1 碎冰区船舶航行的冰阻力及冰载荷

(a) $t=0.0$ s

(b) $t=10.0$ s

(c) $t=30.0$ s

(d) $t=60.0$ s

图 4.1.2　离散元模拟的碎冰与船体相互作用过程

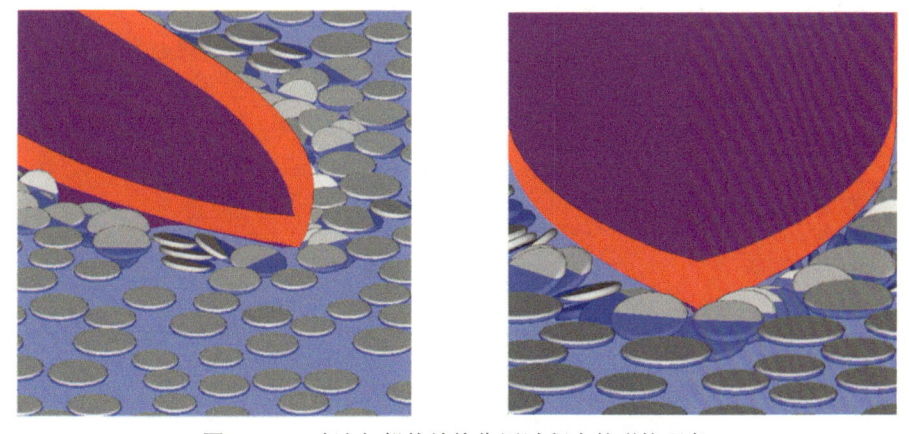

图 4.1.3　碎冰与船体结构作用过程中的碰撞现象

在 x 和 y 方向，冰对船体总阻力时程曲线如图 4.1.4 所示。可以发现，冰载荷呈现出很强的随机波动现象。在 x 方向，即船舶航行方向，冰载荷均为正值。为分析航速对船体结构冰载荷的影响，这里在不同航速下对海冰与船体结构的作用过程进行离散元分析。主要计算参数选用表 4.1.1 中的数值，而航速 V_{ship} 分别为 2.0 m/s、3.0 m/s、4.0 m/s 和 5.0 m/s。由此对船舶在冰区航行 60 s 的冰载荷时程进行计算。不同航速下冰载荷的最大值和平均值如图 4.1.5(a) 所示。可以发现，冰载荷随航速的增加而迅速增长。浮冰密集度 C 表征冰区内浮冰的有效覆盖面积，其在冰块尺寸确定的条件下直接影响海域中的冰块数目。图 4.1.5(b)~(d) 分别给出了浮冰密集度 C、冰厚 h_i 和冰块尺寸 D_i 对冰载荷最大值和平均值的影响情况。可以发现，随着浮冰密集度的增加，冰载荷最大值大体呈线性增加，但变化不显著；船体冰载荷平均值和最大值均随着冰厚和冰块尺寸的增加而增加，且冰载荷最大值受冰厚和冰块尺寸的影响尤为显著。

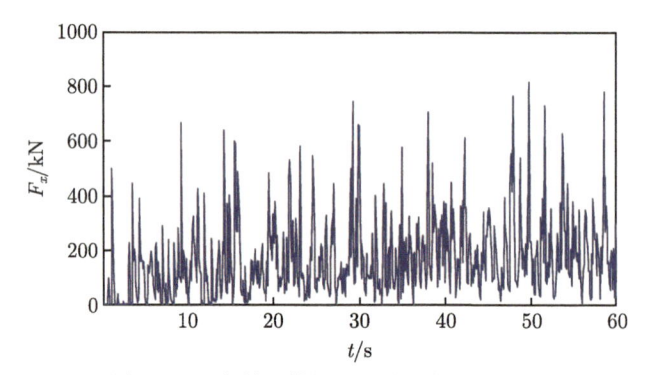

图 4.1.4　离散元模拟的碎冰对船体冰阻力

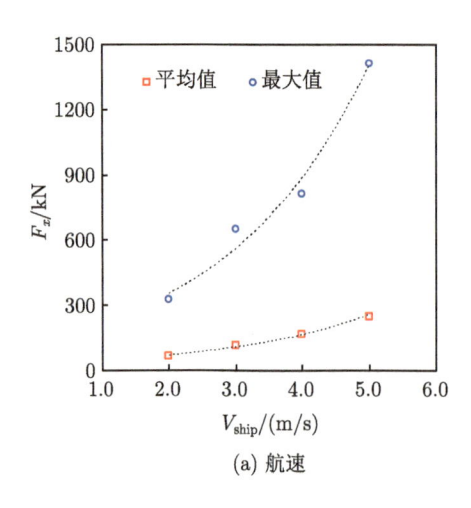

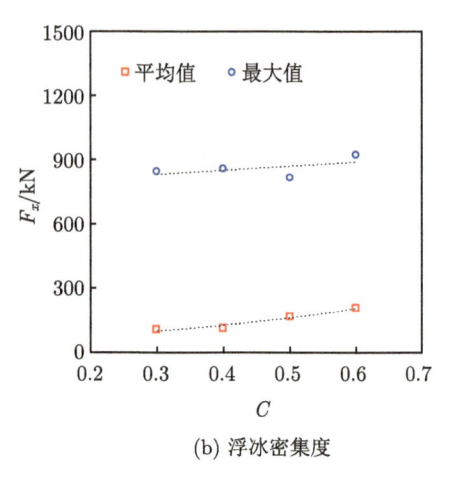

(a) 航速

(b) 浮冰密集度

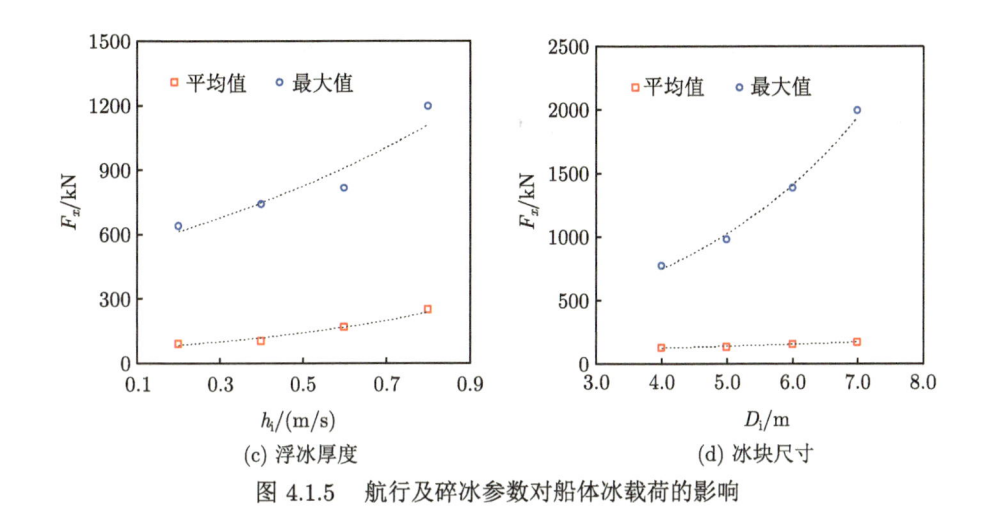

4.1 碎冰区船舶航行的冰阻力及冰载荷

(c) 浮冰厚度

(d) 冰块尺寸

图 4.1.5　航行及碎冰参数对船体冰载荷的影响

2. 基于海冰扩展多面体离散元方法的船体冰阻力分析

这里采用扩展多面体离散元方法，结合船舶推进功率、桨力和舵力等操纵性方程，开展船舶在碎冰区航行的数值计算；对恒功率推进下的六自由度运动船体在碎冰区航行时的冰阻力及运动特性问题开展研究，为破冰船直航破冰运动响应及破冰性能预报工作提供指导借鉴。船舶在恒定功率下的动力学方程将在 4.3 节中详细介绍。

类似于图 4.1.1(b)，将"雪龙"号科学考察船划分三角形单元，建立船体模型，基于扩展多面体离散元方法开展碎冰区直航冰阻力数值的模拟分析。模拟过程中冰区保持静止，船体以恒定推进功率直航，其在冰阻力、水动力、螺旋桨力和舵力等作用下发生六自由度运动。船体主尺度及碎冰区离散元计算参数列于表 4.1.2。

表 4.1.2　船体主尺度及碎冰区离散元主要计算参数

参数	符号/单位	数值	参数	符号/单位	数值
船长	L/m	167.0	额定主机功率	P/MW	13.2
海冰平均面积	D_i/m^2	45	海冰弹性模量	E/GPa	1
海冰密集度	C	70%	船宽	B/m	22.6
舵角	$\delta/(°)$	0	海冰密度	$\rho_{\text{ice}}/(\text{kg/m}^3)$	920
拖曳系数	C_d	0.4	海冰厚度	h_i/m	1.0

图 4.1.6 给出了船舶与碎冰作用的模拟过程。从图中可以看出，碎冰在船首作用下带动周围碎冰旋转、翻转、滑移并堆积于船肩两侧。这一破冰过程将导致船体产生较高载荷 (Su et al., 2010; Tan et al., 2014)。伴随着船舶的行进，碎冰最终被推开至船体两侧，结束相互作用，这与现场监测及冰水池模型现象一致 (Huang et al., 2016)。图 4.1.7 给出了破冰船航行冰阻力时程。待船舶完全进入冰区，部

分碎冰在船首聚集,并产生间断性稳定冰载荷。同时,受碎冰离散性分布影响,船体冰载荷波动特征明显,这是由船体与后续离散碎冰初次接触作用产生的,当后续堆积碎冰被清理排开时冰阻力出现明显回落。

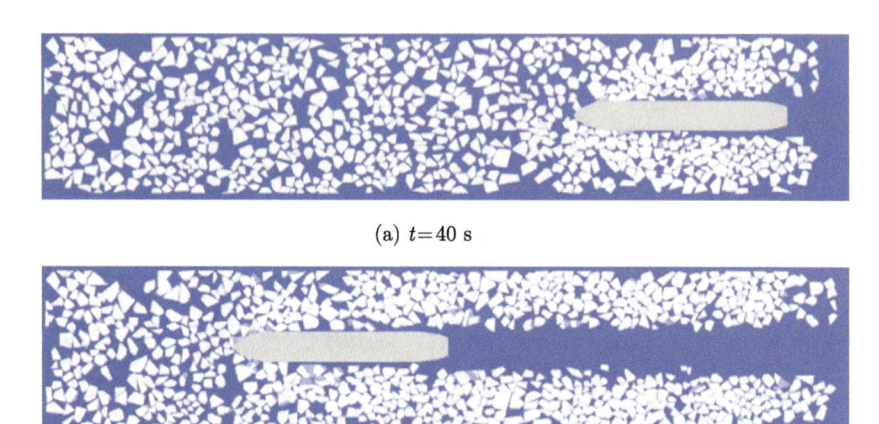

(a) $t=40$ s

(b) $t=100$ s

图 4.1.6　船舶在碎冰区航行的离散元模拟过程

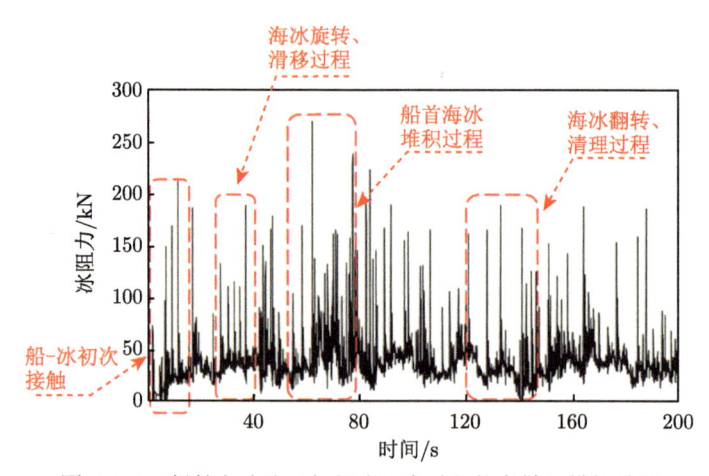

图 4.1.7　船舶在碎冰区航行冰阻力时程的离散元模拟结果

为验证碎冰条件下该离散元方法的可行性和准确性,这里开展海冰密集度 50%、冰厚 0.6 m 及不同航速下的数值模拟。碎冰区冰阻力计算公式写作 (Yang et al., 2020)

$$R_\mathrm{i} = p_1 A + p_2 \phi F r^n \tag{4.1.1}$$

4.1 碎冰区船舶航行的冰阻力及冰载荷

式中，R_i 为冰阻力；p_1 与 p_2 为经验系数，与冰况和航道宽度相关；Fr 为弗劳德数；n 为功率系数；参数 A 与 ϕ 可写作

$$A = \frac{1}{4}B^2\sqrt{rh_i}\rho_i\left(1+2\frac{L}{B}f_0\alpha_H\right)$$
$$\phi = rh_i\rho_i B\left[f_0+\tan\alpha_0\left(\alpha_H+\frac{L}{B}\tan\alpha_0\right)\right] \tag{4.1.2}$$

这里，r 为海冰平均尺寸；L 和 B 分别为船长与船宽；f_0 为船体与碎冰间摩擦系数；α_0 为水线面入射角的 $1/2$；α_H 为船舶前体菱形系数。

这里采用表 4.1.3 列出的碎冰区冰阻力的 DuBrovin 经验公式的计算参数，对比不同航速下，离散元模拟与 DuBrovin 公式的冰阻力计算结果，如图 4.1.8 所示。从中可以发现，离散元模拟结果与 DuBrovin 经验公式计算结果相比，其变化趋势相同，且数值相近。

表 4.1.3 碎冰区冰阻力的 DuBrovin 公式的计算参数

参数	符号	数值
经验系数	p_1	0.12
经验系数	p_2	3
功率系数	n	1.12
前体菱形系数	α_H	0.6

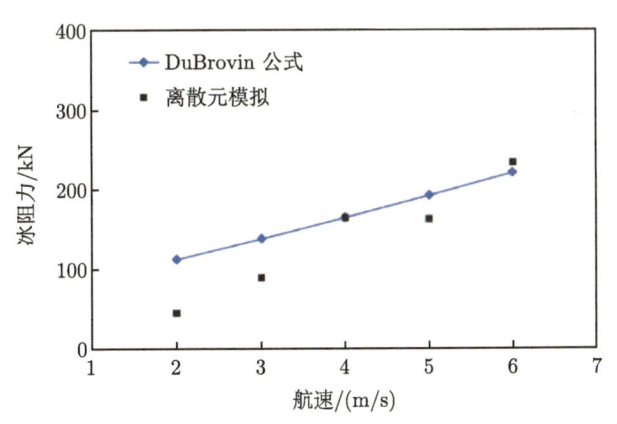

图 4.1.8 不同航速下离散元模拟与 DuBrovin 公式的冰阻力计算结果的对比

考虑到碎冰区船舶航行冰阻力对六自由度船体偏航及破冰性能的影响，下面以海冰密集度 70%，冰厚 1.0 m，船体以额定主机功率破冰直航为例，得到碎冰区船舶在外载荷作用下的船体纵荡方向航速、横荡、垂荡、横摇、纵摇和艏摇等

六自由度运动仿真结果,如图 4.1.9 所示。从中可以发现,其时程曲线均保持在某一位置附近呈小幅水平振荡;船体稳定状态下的破冰航速、横荡、垂荡运动响应结果分别为 2.2 m/s、0.2 m、0.01 m,船体横摇、纵摇、艏摇运动响应的算术平均值分别为 $-0.04°$、$0.03°$、$-0.03°$。

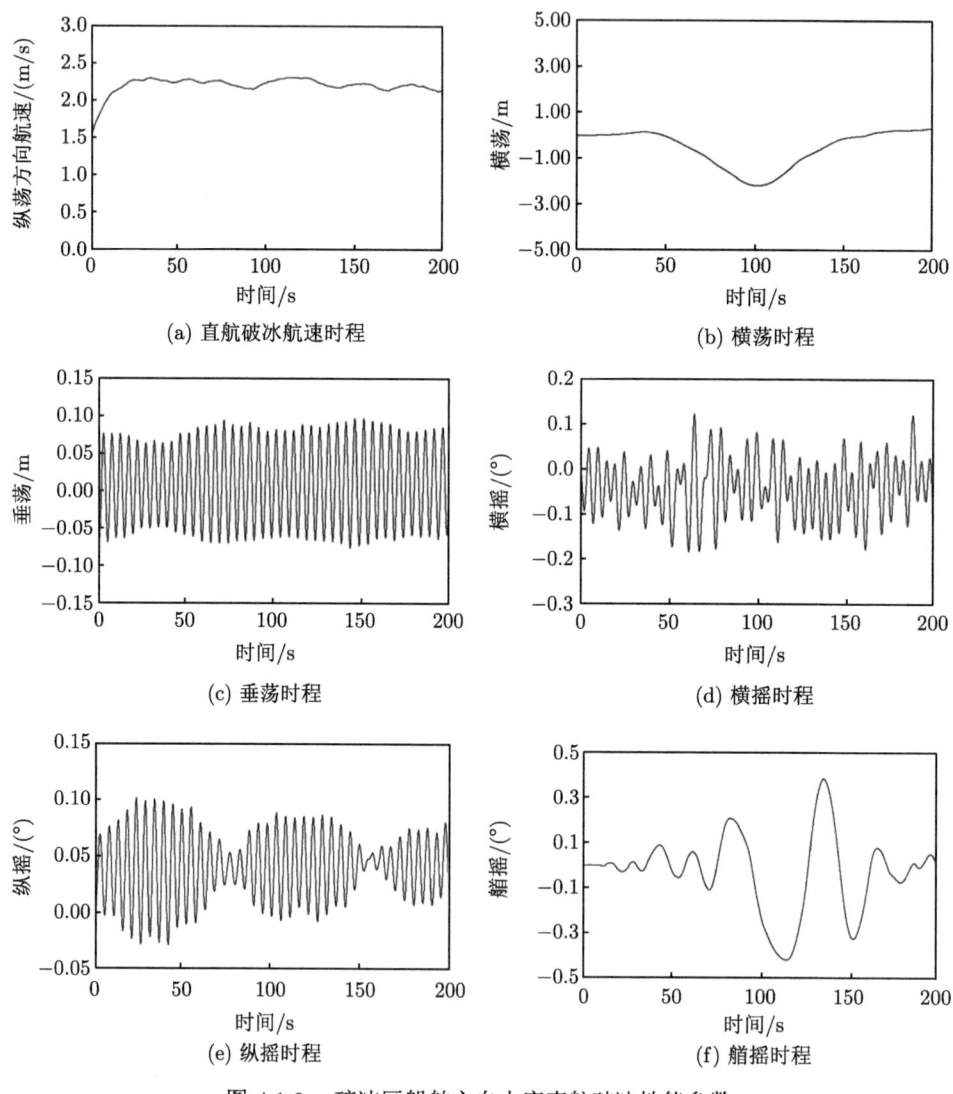

图 4.1.9 碎冰区船舶六自由度直航破冰性能参数

为获得海冰密集度影响下的破冰性能,这里在额定主机功率 $P=13.2$ MW,冰厚 1.0 m 条件下,分别开展 50%、70% 及 90% 海冰密集度条件下的模拟计算,

4.1 碎冰区船舶航行的冰阻力及冰载荷

其初始航速为 1.5 m/s。图 4.1.10(a) 给出了不同密集度影响下的冰阻力时程,其随船体破冰状况的变化而改变,即碎冰区冰阻力时程逐渐增大并趋于稳定,表征船体由敞水域完全进入冰区。同时,伴随船首区域海冰的累积与清理过程,航行冰阻力表现出上升与回落特征,且冰阻力随海冰密集度的增加而增大。以上计算结果与冰水池模型试验结果相符。基于船体外载荷与主机功率确定的船体破冰航速时程,如图 4.1.10(b) 所示。恒定功率下,密集度与航速呈负相关,即密集度越高,航速越低。受碎冰区显著冰阻力脉冲特点的影响,破冰船航速呈间断式加速与减速的"锯齿"状特征,并在较低海冰密集度下表现得更为显著。

(a) 不同密集度影响下的冰阻力时程

(b) 不同密集度影响下的航速时程

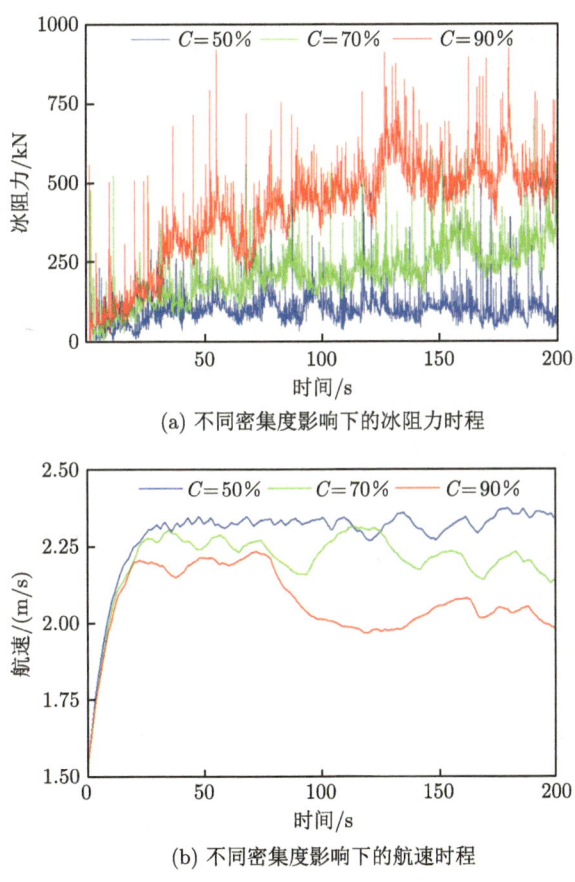

图 4.1.10　不同海冰密集度影响下的船舶航行性能

图 4.1.11 给出了冰厚 0.8 m 下的主机功率与稳定航速的关系图,可以看出不同功率下的稳定航速的增速基本恒定,稳定航速与主机额定功率近似呈线性函数关系。综上,海冰密集度与推进功率是影响碎冰区航行冰阻力的重要因素。

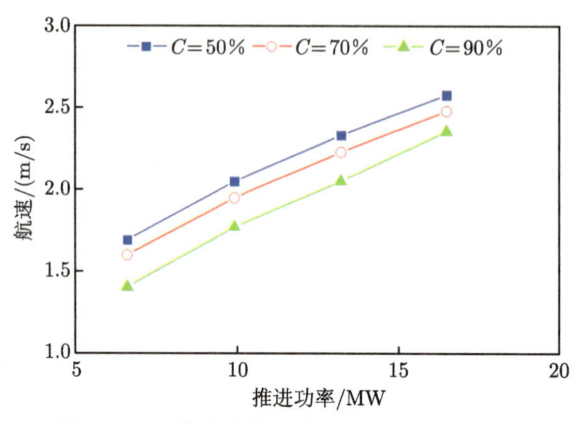

图 4.1.11　推进功率对碎冰区船舶航速的影响

3. 船舶在碎冰区航行的 DEM-SPH 耦合模拟

在 DEM-SPH 耦合计算中，将船体视作刚体模型，并同样将船体表面划分为三角形单元。通常对于由多个三角形面组合而成的结构，在计算其与 SPH 粒子间的相互作用时，需计算 SPH 与每个可能接触平面的最小值，并计算最近的三角形单元对其产生的影响。然而，这种方法会产生较多的逻辑判断以及循环计算量。为提高计算的效率，这里采用水平集方法代替 SPH 与结构表面之间的几何搜索。

水平集函数可表示为 $F_d = \varphi(\boldsymbol{P})$，其中，$\boldsymbol{P}$ 为空间中任意一点，F_d 表示该点到结构表面的最近距离。因此，$F_d < 0$ 表示该点在单元的内部，$F_d > 0$ 表示该点在结构的外部。为建立结构的水平集函数，需对结构所在的空间均匀分布空间点，对所有的空间点一一计算其 F_d 值，即可建立结构的空间离散水平集函数。由于 F_d 表示该点到结构表面的最近距离，所以 $|F_d|$ 可以由空间点遍历所有结构表面的三角形单元之间的距离。船体结构的空间离散水平集函数如图 4.1.12 所示。

图 4.1.12　船体结构的空间离散水平集函数

因此，SPH 粒子与船体结构之间的几何搜索可以简化为由距 SPH 粒子质心最近的 8 个空间离散水平集点构成的水平集单元，并通过插值得到质心处的水平集函数值和水平集梯度值。由于离散水平集函数是六面体包围盒内均匀分布的空间点集，同时在包围盒任意方向上点与点间的距离恒定，所以，通过遍历单元 j 上所有零水平集点并代入单元 i 的空间离散水平集函数中，能够迅速找到与零水

平集点 $\boldsymbol{P}_j$ 相对应的 8 个空间离散水平集点 $\boldsymbol{P}_i$，如图 4.1.13 所示。如果点 $\boldsymbol{P}_j$ 超出单元 i 的包围盒范围 (即该点不在单元 i 的水平集函数取值范围内)，则表明点 $\boldsymbol{P}_j$ 位于单元 i 外部。

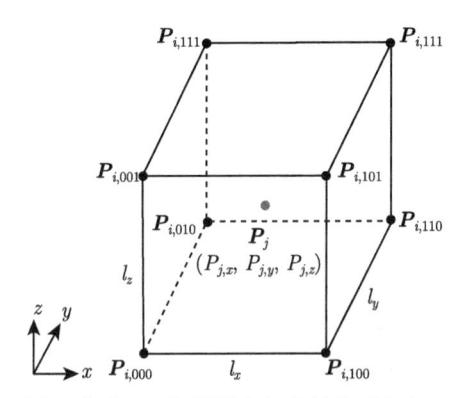

图 4.1.13 零水平集点 $\boldsymbol{P}_j$ 与周围空间离散水平集点 $\boldsymbol{P}_i$ 的位置关系

离散水平集函数在三个方向上的点间距分别表示为 l_x，l_y 和 l_z。零水平集点 $\boldsymbol{P}_j$ 在 8 个水平集点所围成的六面体内相对位置可表示为

$$\begin{aligned} x &= (P_{jx} - P_{jx,000})/l_x \\ y &= (P_{jy} - P_{jy,000})/l_y \\ z &= (P_{jz} - P_{jz,000})/l_z \end{aligned} \tag{4.1.3}$$

式中，P_{jx}、P_{jy}、P_{jz} 为插值点坐标；$P_{jx,000}$、$P_{jy,000}$、$P_{jz,000}$ 为与插值点对应的空间离散水平集点坐标。水平集的函数值即为 SPH 粒子与船体结构间的接触距离，水平集梯度值即为 SPH 粒子与船体结构间的接触法向。采用三线性插值方法计算 SPH 粒子质心对应的水平集函数值，可写为

$$\begin{aligned} \psi\left(\boldsymbol{P}_j\right) = \sum_{a=0}^{1}\sum_{b=0}^{1}\sum_{c=0}^{1} \psi_{abc} &\left[(1-a)(1-x) + ax\right]\left[(1-b)(1-y) + by\right] \\ &\cdot \left[(1-c)(1-z) + cz\right] \end{aligned} \tag{4.1.4}$$

水平集函数梯度可写为

$$\frac{\partial \psi\left(\boldsymbol{P}_j\right)}{\partial x} = \sum_{a=0}^{1}\sum_{b=0}^{1}\sum_{c=0}^{1} \psi_{abc}(2a-1)\left[(1-b)(1-y) + by\right]\left[(1-c)(1-z) + cz\right] \tag{4.1.5}$$

$$\frac{\partial \psi\left(\boldsymbol{P}_{j}\right)}{\partial y}=\sum_{a=0}^{1}\sum_{b=0}^{1}\sum_{c=0}^{1}\psi_{abc}\left[(1-a)(1-x)+ax\right](2b-1)\left[(1-c)(1-z)+cz\right]$$

(4.1.6)

$$\frac{\partial \psi\left(\boldsymbol{P}_{j}\right)}{\partial z}=\sum_{a=0}^{1}\sum_{b=0}^{1}\sum_{c=0}^{1}\psi_{abc}\left[(1-a)(1-x)+ax\right]\left[(1-b)(1-y)+by\right](2c-1)$$

(4.1.7)

为计算流体、海冰和船舶之间的相互作用，这里采用扩展多面体离散元方法构造随机形态的海冰单元，并生成了具有不同海冰密集度的浮冰区域，如图 4.1.14 所示，浮冰区的尺寸为 420 m × 100 m，生成的海冰单元厚度为 1 m，海冰单元的平均面积为 20 m²，浮冰区域海冰的密集度分别为 20%、40%、60%、80%，对应的扩展多面体单元总数分别为 420、840、1260、1680。扩展多面体离散元的计算参数如表 4.1.4 所示。

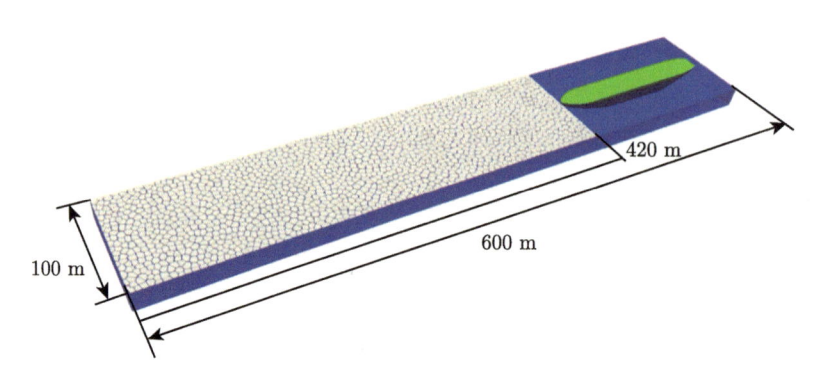

图 4.1.14　船舶碎冰区航行模型示意图

表 4.1.4　扩展多面体单元计算参数

参数	值	参数	值
单元弹性模量	1.0 GPa	冰厚	1.0 m
单元泊松比	0.3	单元平均面积	20 m²
单元与船体的摩擦系数	0.1	单元间摩擦系数	0.1

船–冰–水耦合计算模型如图 4.1.14 所示，SPH 计算域大小为 600 m × 100 m × 20 m，流体密度为 1035 kg/m³，其运动黏度为 1.0×10^{-6} m²/s，在计算域的四周使用固体边界约束 SPH 粒子及扩展多面体单元的运动。破冰船吃水深度设置为 9 m，在计算域的右端设置了 5 m 的阻尼层以减少计算域大小对流场的影响。模拟中 SPH 粒子间的初始间距为 0.8 m，SPH 粒子的光滑长度与粒子间距的比值为 1.25，所用粒子总数为 1813491。

4.1 碎冰区船舶航行的冰阻力及冰载荷

图 4.1.15 是不同时刻船–冰–水耦合模拟中形成航道的过程, 计算采用的碎冰区密集度为 80%, 水体颜色表示流体速度场。在船与碎冰的相互作用过程中, 船体运动产生的局部流场会将碎冰单元推开, 同时艉部流场会将两侧碎冰重新吸入水道, 当碎冰的密集度较高时, 破冰船开辟的水道中仍会出现较多浮冰。

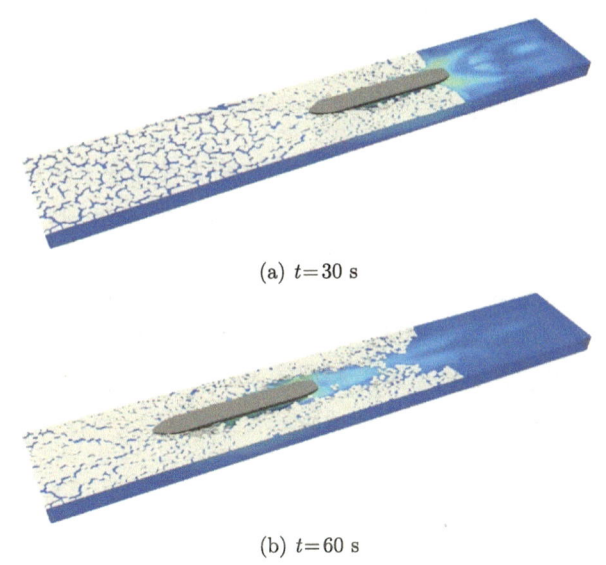

(a) $t = 30$ s

(b) $t = 60$ s

图 4.1.15　破冰船碎冰区直行模拟结果

图 4.1.16 为不同密集度下破冰船在碎冰区航行过程中所开辟的水道的情况, 该图为计算模型的仰视图, 同时为更好地表示碎冰单元的运动情况, 没有显示 SPH 计算结果, 只显示海冰单元的位置及速度。在破冰船前行通过碎冰区时, 船体前行产生流场会将两侧的海冰单元推开, 形成宽于船宽的水道 (图 4.1.16(a))。在较低密集度时, 密集度的增加对水道宽度的影响较小, 从图 4.1.16(b) 可以看出, 当海冰的密集度较高时, 由于海冰单元间的相互作用, 水流难以将海冰单元推开, 所以水道的宽度明显减小, 同时, 水道两侧的海冰单元出现较多的重叠现象。

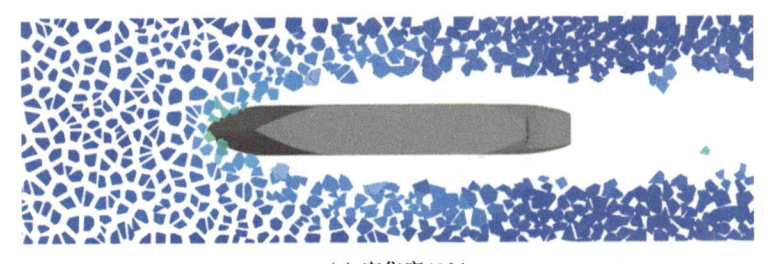

(a) 密集度 40%

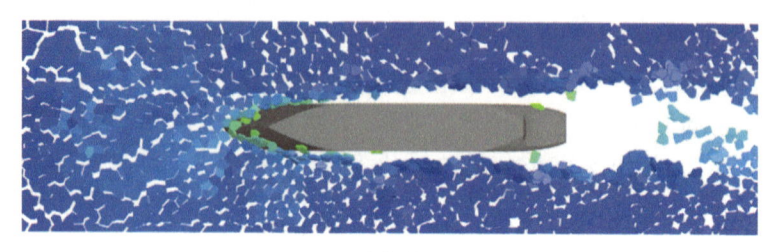

(b) 密集度80%

图 4.1.16　不同密集度下水道开辟的结果

这里统计分析了不同密集度下船体结构冰阻力及其最大值和平均值，分别如图 4.1.17 和图 4.1.18 所示。可以看出，当密集度较低 (20%和 40%) 时，冰阻力并不连续，其峰值间歇性出现，在该密集度下船体与海冰单元间并不会发生连续的碰撞，海冰在与船首碰撞后就会被排开；当密集度为 60%时，冰阻力出现较大的波动，并出现一定区域内的连续冰阻力，这表明在该密集度下艏部出现一定程度的冰堆积及清冰过程，导致冰阻力波动较大；当密集度为 80%时，冰阻力具有较好的连续性，艏部冰堆积并不会被清除。

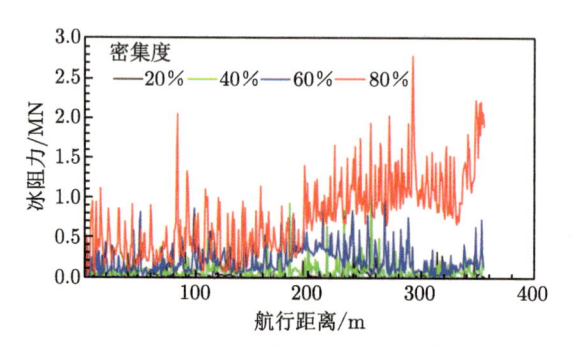

图 4.1.17　不同密集度下破冰船前行的冰阻力

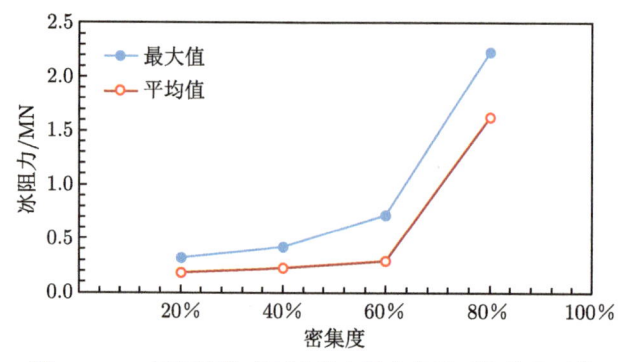

图 4.1.18　不同密集度下冰阻力最大值及平均值的对比

4. 船舶在碎冰区航行的 DEM-SPH-FEM 耦合模拟

为计算船体破冰关键区域在与冰块碰撞时的结构响应，需对 DEM、SPH 和 FEM 三者之间的耦合方法进行研究。在 FEM-SPH 的耦合过程中，将 SPH 粒子视为球形粒子，并将有限元单元视作固体边界。当有限元单元截断 SPH 粒子的支持域时，可通过排斥力模型计算两者间的作用力，同时通过罚函数的方法将 SPH 粒子对有限元单元的作用力插值到单元的节点上，完成两者作用力的传递。

这里采用 DEM-SPH-FEM 耦合模型模拟"雪龙"号在碎冰区航行的过程，计算模型如图 4.1.19 所示，碎冰区域通过 Voronoi 切割算法生成，碎冰区域大小为 $400\,\text{m} \times 100\,\text{m}$，碎冰冰厚为 1.0 m，冰块单元平均面积为 20 m^2，碎冰密集度为 50%，船体结构的航速为 4 m/s。计算水域使用 SPH 方法进行模拟，水域大小为 $600\,\text{m} \times 100\,\text{m} \times 20\,\text{m}$，SPH 粒子的初始间距为 0.8 m，密度为 1035 kg/m^3，运动黏度为 $1.0 \times 10^{-6}\,\text{m}^2/\text{s}$，船体结构的吃水深度为 9 m，其他相关计算参数列于表 4.1.5 中。

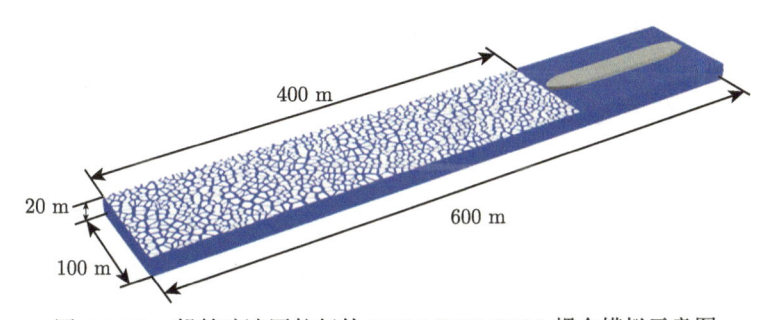

图 4.1.19 船舶碎冰区航行的 DEM-SPH-FEM 耦合模拟示意图

表 4.1.5 DEM-SPH-FEM 耦合模拟计算参数

参数	符号	单位	数值
冰厚	h_i	m	1.0
海冰弹性模量	G	GPa	0.5
单元间摩擦系数	μ_{ice}	—	0.3
单元间回弹系数	e_{ice}	—	0.2
单元-结构摩擦系数	μ_{wall}	—	0.3
单元-结构回弹系数	e_{wall}	—	0.2
船体初始速度	v_s	m/s	4
海冰密集度	C	—	50%
海冰单元平均面积	S	m^2	20

如图 4.1.20 所示，将船体结构模型分为刚体区域和有限元计算区域两部分，有限元计算区域设置在船体结构艏部水线附近，与刚体区域之间采用固定约束。

通常海冰与该部位结构碰撞较为剧烈且冰载荷较大,因此对该区域的船体结构进行有限元分析。

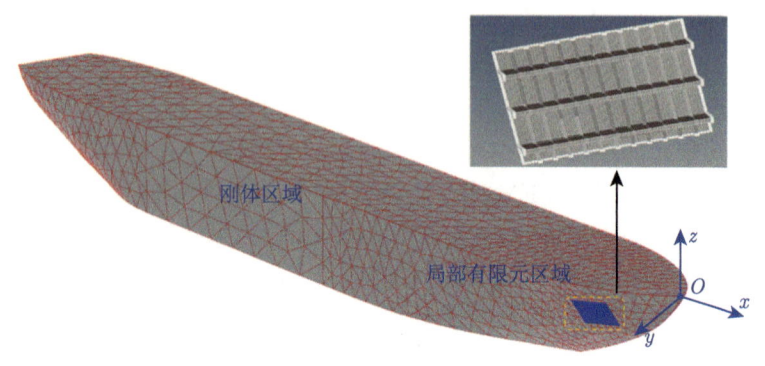

图 4.1.20　船体结构模型

图 4.1.21 为不同时刻下船与冰相互作用并形成开阔水道的过程,其中水体显示为 SPH 速度场计算结果。在船与碎冰的相互作用过程中,船前行所产生的局部流场会将碎冰单元推开。由于此次模拟工况海冰密集度较高,在船前行时,艏部区域会出现小幅度的冰堆积现象。

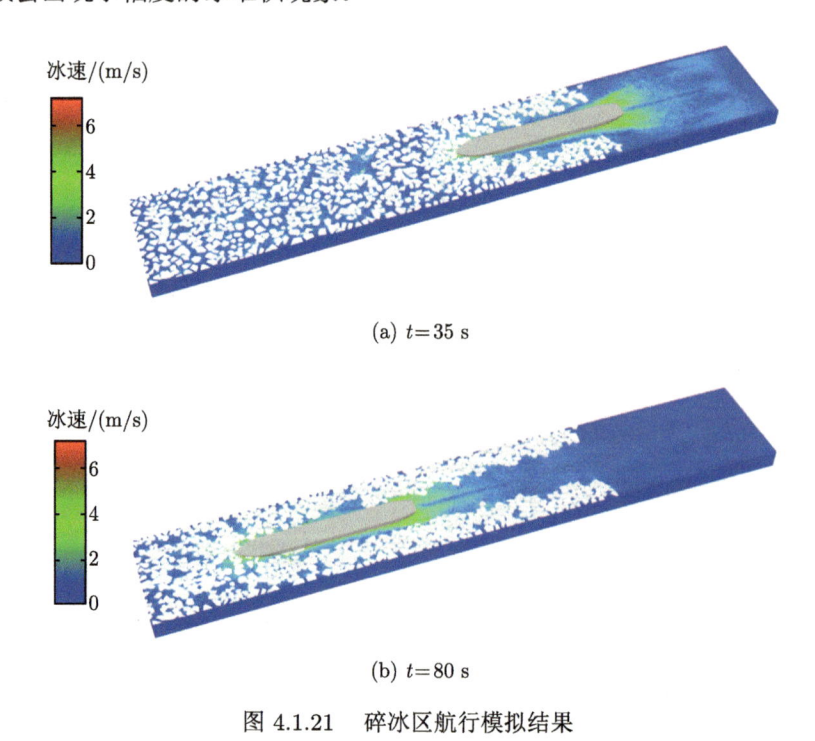

(a) $t=35$ s

(b) $t=80$ s

图 4.1.21　碎冰区航行模拟结果

4.1 碎冰区船舶航行的冰阻力及冰载荷

图 4.1.22 给出了船体结构在冰区航行时,船体结构受到的冰阻力。在船体与浮冰的作用过程中,浮冰会受到船体结构航行过程中所形成的局部流场的影响,部分较小的冰块会被推开,并与较大冰块堆积之后与船体结构发生碰撞,冰载荷呈现出较大的随机性。在航行 40 s 左右,有部分冰块运动至船体结构下方,并在艏部附近出现冰堆积。此时船体结构所受冰载荷趋于连续,且其峰值也有明显的增加。

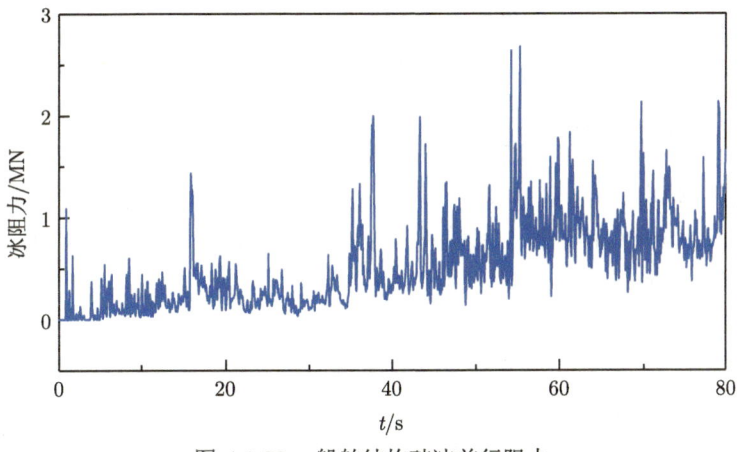

图 4.1.22 船舶结构破冰前行阻力

图 4.1.23 给出了不同时刻下 ($t = 15$ s 和 50 s) 的船冰碰撞情况及有限元计算应力云图。从图 4.1.23(a) 中可以看出,海冰与计算区域上部发生碰撞,对应地在外板上部肋骨处出现最大应力,而图 4.1.23(b) 中海冰则紧贴船体结构外板并发生翻转,导致结构上下部肋骨均出现较大的应力。同时,由于受到流体的作用,在不受海冰作用的外板和肋骨上也有一定的应力,且分布较为均匀。

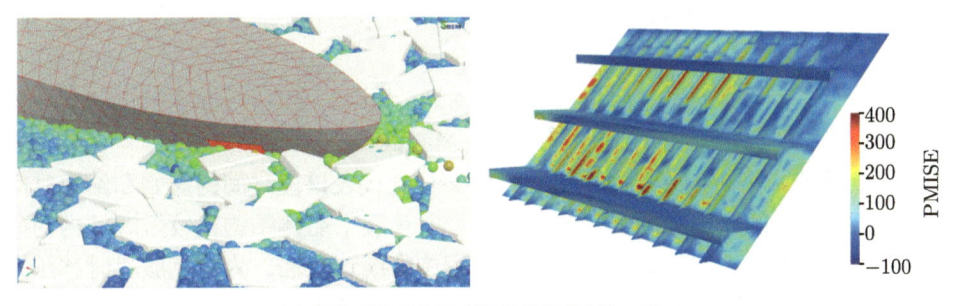

(a) 船体碰撞部位及有限元计算结果($t=15$ s)

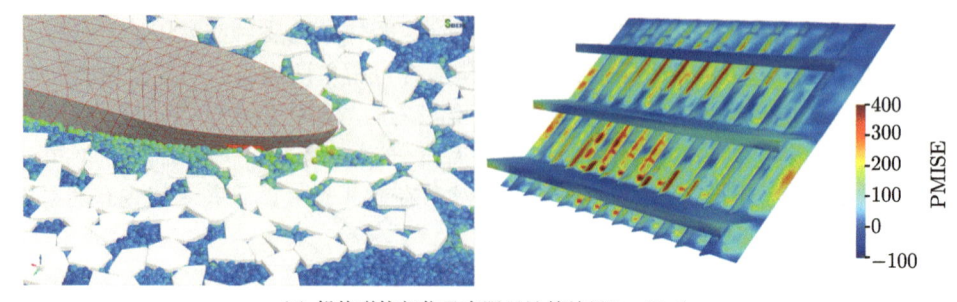

(b) 船体碰撞部位及有限元计算结果($t=50$ s)

图 4.1.23　有限元区域计算结果

4.1.2　浮冰块对船舶结构冲击的冰载荷

下面通过带有黏结-破碎模型的海冰离散元方法模拟破冰船与平整冰作用过程,同时采用基于 GPU 的大规模并行技术,大幅提高计算效率和规模,分析船体结构上的总体冰载荷及局部冰压力。

1. 基于海冰离散元方法的船体表面冰压力

在平整冰与船体结构的相互作用过程中,将海冰离散为均匀大小和质量的球体单元。海冰单元的受力主要包括单元之间的黏结力、接触力以及海水对单元施加的浮力和拖曳力。通过对船体结构表面节点力的统计,合理地建立船体结构表面冰压力的评估方法。船体的外壳结构划分为若干三角单元,将海冰单元对船体结构的碰撞力插值到三角单元的三个节点上,并考虑三角单元的面积,即可得到每个节点上的冰压力。

由于离散元方法的积分步长非常小,通常在 $10^{-9} \sim 10^{-5}$ s 范围内,直接统计在某个时间步上的瞬时冰压力显然是不合理的。这里通过统计平均的方式,将一段时间内的冰压力平均值作为这段时间的冰压力,那么第 i 个统计时间步某一节点上的冰压力 $\bar{p}_i$ 可表示为

$$\bar{p}_i = \sum_{j=r}^{s} p_j / (s - r + 1) \tag{4.1.8}$$

式中,p_j 是第 j 个时间步的冰压力;r 和 s 分别代表该段时间的起始和结束时间步数。上式表示的冰压力即为瞬时冰压力,它体现了船体结构在较短时间内的冰压力情况,但是它不能很好地体现航行过程中的统计特性。为了克服瞬时冰压力在表述上的缺点,更好地体现船体结构上冰压力较大且作用频率较高的区域(即高压和易疲劳区域),这里引入累计最大冰压力和累计平均冰压力。第 N 个统计时间步某一节点上的累计最大冰压力 $\bar{p}_i^{\max}$ 和累计平均冰压力 $\bar{p}_i^{\mathrm{mean}}$ 可表示为

4.1 碎冰区船舶航行的冰阻力及冰载荷

$$\bar{p}_i^{\max} = \max_{i=1\sim N} (\bar{p}_i) \tag{4.1.9}$$

$$\bar{p}_i^{\mathrm{mean}} = \sum_{i=1}^{N} \bar{p}_i / N \tag{4.1.10}$$

从船体结构上的所有节点来看,累计最大冰压力体现了船体结构上的高压危险位置,该区域可能会产生结构强度破坏;累计平均冰压力体现了船体结构上冰压力较大且作用频率较高的位置,会产生较为持续且强度较高的冰压力作用,容易产生材料的疲劳强度破坏。

2. 船舶结构与浮冰碰撞冲击载荷的验证

国际船级社协会 (IACS) 对特定工况下船体结构的冰压力给出了规范计算方法,该方法通过能量守恒原理并结合一定的经验处理,可总结该碰撞过程的理论模型。在理论模型中根据碰撞点处的船型参数给出了等效的压力板大小,根据该压力板上的冰载荷即可求出碰撞点上的冰压力 (Kim and Amdahl, 2016)。这里通过离散元计算船体结构与大块浮冰的碰撞过程,分析碰撞点上的冰压力,并与 IACS 的规范进行对比,从而验证离散元方法的合理性。采用 IACS 冰级 PC5 的相应参数作为离散元计算参数,主要参数列于表 4.1.6 中。其中,船速为 2.25 m/s,海冰厚度为 3.0 m,海冰弯曲强度为 1.0 MPa。船体结构与大块浮冰自由碰撞的离散元模型如图 4.1.24 所示。设置船体结构与海冰的碰撞点为距艏柱 5 m、15 m、25 m 和 35 m 位置,并分别根据 IACS 规范推荐的方法计算对应碰撞点上的冰压力。

表 4.1.6 船体结构冰压力验证分析中的相关计算参数

参数	符号	单位	数值
船速	v_{ship}	m/s	2.25
海冰厚度	h_{ice}	m	3.0
海冰弯曲强度	σ_f	MPa	1.0
海冰单元间黏结强度	σ_b	MPa	0.873
单元粒径	D	m	0.590
单元个数	N	—	2.4×10^5
海冰弹性模量	E	GPa	1.0
海冰摩擦系数	μ_{ice}	—	0.2
海冰回弹系数	e_{ice}	—	0.3
切向法向刚度比	r_{sn}	—	0.3
切向法向阻尼比	c_{sn}	—	0.5
海冰与船体的摩擦系数	$\mu_{\mathrm{ice\text{-}ship}}$	—	0.1
海冰与船体的回弹系数	$e_{\mathrm{ice\text{-}ship}}$	—	0.3
拖曳系数	C_d	—	0.6

(a) 离散元模拟示意图　　　　　　　　　(b) 海冰碰撞点

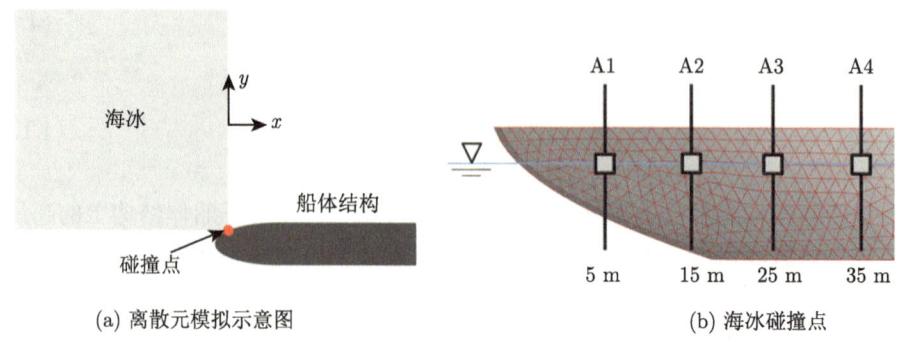

图 4.1.24　冰压力规范验证的离散元模型

船体结构与大块浮冰碰撞的离散元模拟过程如图 4.1.25 所示。从图中可以看出，船首部位与海冰发生碰撞，造成海冰的挤压破碎；随着船体结构的运动，海冰不断发生破碎，且破碎后的海冰呈粉末状浮在水面上。图 4.1.26 为四个算例中碰撞点处的冰压力与 IACS 规范的对比情况。其中，x 为碰撞点距艏柱的距离，α 和 β 是碰撞点处的船型参数，w 和 b 为根据 IACS 规范计算的压力板宽度和高度，p 为离散元模拟的冰压力，p_{std} 为 IACS 规范值。

离散元模拟结果与 IACS 规范进行对比的情况列于表 4.1.7 中。离散元的计算结果与 IACS 规范值相比存在上下误差，压力值保持在相同量级范围内，相对误差大小范围为 6.7%～18.1%。因此，离散元方法可对船体结构的冰压力进行准确可靠的分析，具有良好的工程适用性。

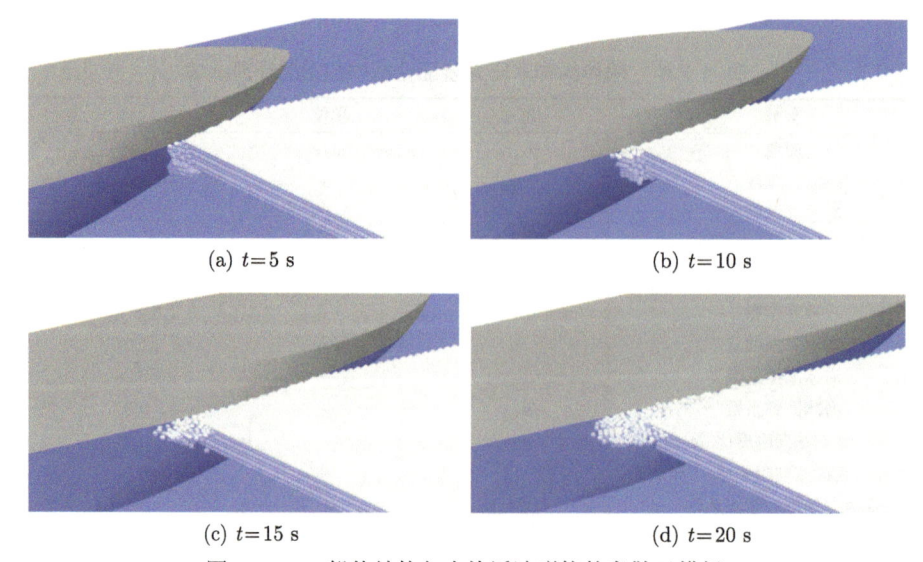

(a) $t=5$ s　　　　　　　　　　(b) $t=10$ s

(c) $t=15$ s　　　　　　　　　　(d) $t=20$ s

图 4.1.25　船体结构与大块浮冰碰撞的离散元模拟

4.2 平整冰区船舶航行的冰阻力及冰载荷

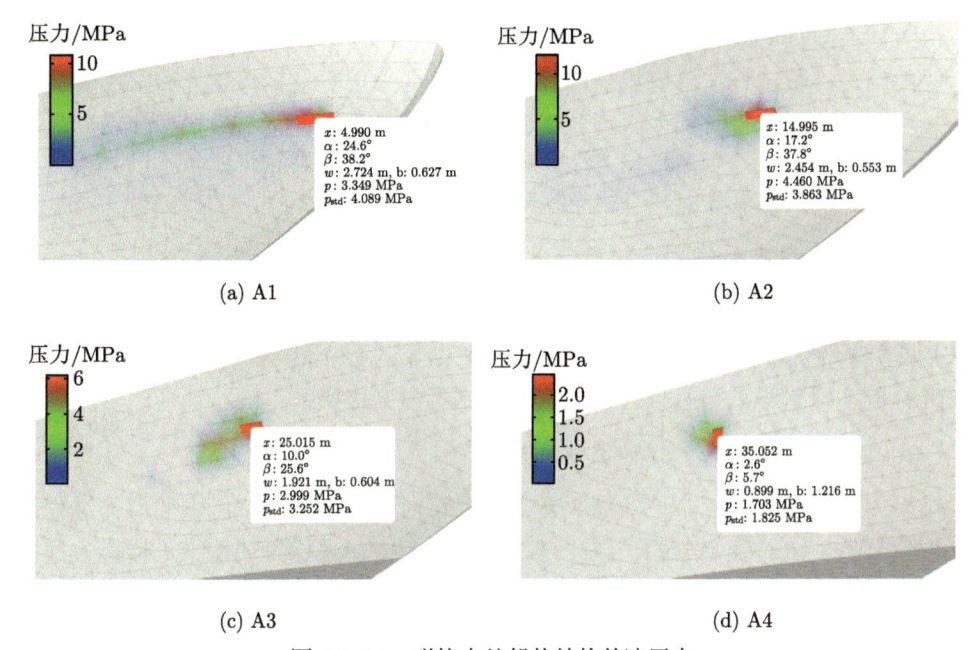

(a) A1

(b) A2

(c) A3

(d) A4

图 4.1.26 碰撞点处船体结构的冰压力

表 4.1.7 离散元模拟结果与 IACS 规范对比

位置	规范值/MPa	离散元模拟结果/MPa	相对误差
A1	4.089	3.349	−18.1 %
A2	3.863	4.460	+15.5 %
A3	3.252	2.999	−7.8 %
A4	1.825	1.703	−6.7%

4.2 平整冰区船舶航行的冰阻力及冰载荷

海冰与船舶结构的相互作用过程不仅取决于海冰类型、强度、速度等海冰参数，同时也与船体外形、尺寸、刚度等结构参数以及航行方式密切相关。破冰船破冰作业过程中，由于船体不同部位结构的差异性和海冰材料的复杂性，海冰会呈现出弯曲、环形裂纹、挤压、劈裂和翻转等多种不同的破坏模式 (Kujala, 1996)。影响船体结构冰载荷的因素有船体结构形状参数、海冰物理力学性质、船体运动形式、海冰形态特征和海流等。为分析各变量对船舶结构冰载荷的影响，早期研究是通过建立船舶在平整冰区以定常速度运动的冰阻力预报公式来进行的。常用的船体冰阻力经验公式有 Lindqvist 经验公式和 Riska 经验公式 (Lindqvist, 1989; Riska, 1997)。近年来，近场动力学 (Ye et al., 2017; Xue et al., 2019)、光滑质点流体动力学 (Zhang et al., 2019)、离散元方法 (刘璐等, 2019; Jou et al., 2019) 等数值方法在船体冰阻力和冰载荷确定方面得到了广泛的应用。特别是对于一些新型船舶结构，数值方法具有更强的灵活性。下面采用黏结球体单元和扩展多面体单元对船舶冰区航行中的冰阻力和冰载荷进行数值分析；针对船舶在严重冰况下的辅助航行问题，采用离散元方法对两艘船在冰区前后和平行航行中的冰载荷变化情况进行数值计算和对比分析。

4.2.1 平整冰区船舶结构冰载荷

这里分别采用黏结球体和扩展多面体离散元方法对平整冰区的船舶冰阻力和冰载荷分析进行数值分析，并将冰阻力计算结果同 Lindqvist 公式进行对比分析，同时分析不同冰厚、航速等因素影响下的冰阻力变化特征。

1. 船舶结构冰载荷的球体离散元分析

采用具有黏结破碎特征的离散元方法，可对船舶在平整冰区中的航行过程进行数值分析，由此确定船舶在破冰过程中的冰阻力，并探讨船舶推进器推力和海冰厚度对冰载荷的影响 (Hu et al., 2021)。在模拟过程中平整冰保持固定不动，船体在推进器作用下向冰排移动。船体在运动过程中会受到海水浮力和海流拖曳力、推进器作用力及海冰的阻力，在这些力的共同作用下，船体会发生在三个互相垂直方向上的平移和转动，规定船体行进方向为 x 方向，垂直于水面的方向为 z 方向，x, y, z 三个方向符合右手定则。模拟中采用的主要计算参数列于表 4.2.1 中。

表 4.2.1　海冰与船体结构作用离散元模拟的主要计算参数

参数	符号	数值	参数	符号	数值
拖曳系数	C_α	0.001	力矩拖曳系数	C_β	0.01
推进力	F	940 kN	冰厚	h_i	1.2 m
冰区计算域	$a \times b$	600m × 100 m	海冰弹性模量	E	1.0 GPa
海冰法向强度	σ_t^n	0.5 MPa	海冰切向强度	σ_t^s	0.5 MPa
海冰单元粒径	D	0.66 m	单元数量	N_P	316496

离散元模拟 "雪龙" 号科学考察船在平整冰区的航行状态如图 4.2.1 所示，船舶在恒定推力作用下驶入平整冰区时，海冰在船体的冲击下发生破碎，并在冰区内形成一条狭长的水道。船舶在驶入和驶出冰区过程中，海冰对船体在 x, y, z 三个方向上的冰阻力如图 4.2.2 所示。可以看出，当船体刚与平整冰接触时，船体在 x, z 方向上的冰阻力随航行距离的增加而逐渐增大；随着船体的驶入，冰阻力逐渐达到最大值并稳定在一定范围内，呈现出很强的脉动特性；随着船体驶离冰区，冰阻力又开始下降，最终降为 0。船体在 y 方向上具有对称性，使得在 y 方向上冰阻力亦具有对称特性。

4.2 平整冰区船舶航行的冰阻力及冰载荷

图 4.2.1 "雪龙"号科学考察船在平整冰中航行的离散元模拟

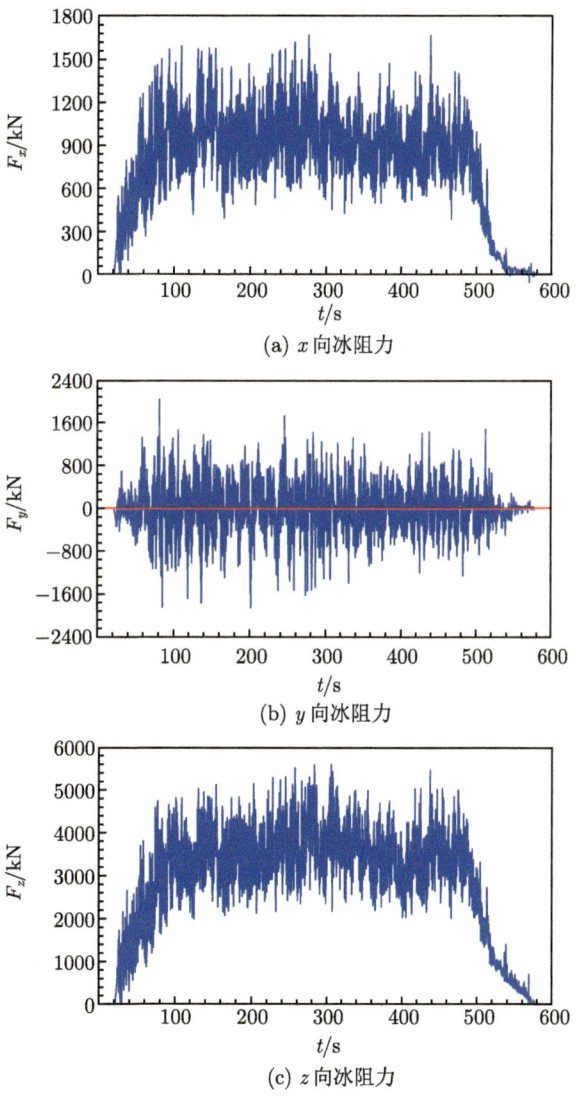

(a) x 向冰阻力

(b) y 向冰阻力

(c) z 向冰阻力

图 4.2.2 冰厚 1.2 m 时船舶冰阻力的时程曲线

在不同的航速下对"雪龙"号科学考察船在平整冰区航行时的冰阻力进行了离散元分析。结果表明，船体冰阻力随航速的增加呈增大趋势，但并非线性增加。该计算结果同 Lindqvist 经验公式的对比如图 4.2.3 所示。对比分析中的主要计算参数列于表 4.2.2 中。离散元模型中海冰单元间的黏结强度设为 0.5 MPa，其所对应的海冰宏观弯曲强度为 0.93 MPa。从图 4.2.3 可以看出，在不考虑船体水动力特性的条件下，船体冰阻力随所破海冰厚度的增加而增大；离散元计算的船体冰阻力与 Lindqvist 经验公式较吻合。由此可见，采用离散元方法可合理模拟船舶在平整冰区的破冰过程，进而确定船舶的冰阻力 (狄少丞等, 2017)。

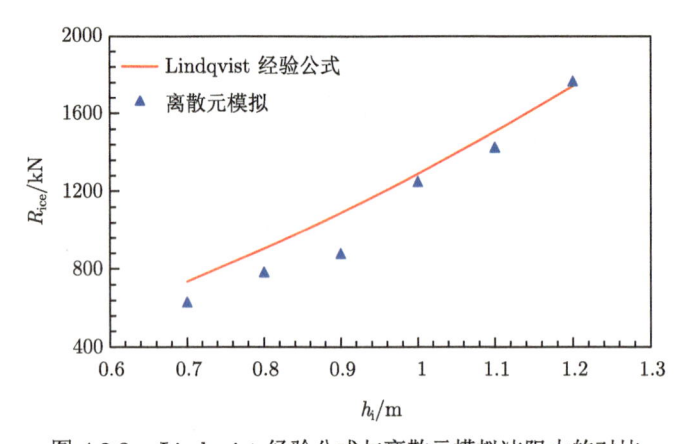

图 4.2.3 Lindqvist 经验公式与离散元模拟冰阻力的对比

表 4.2.2 Lindqvist 经验公式中的主要计算参数

变量	符号	数值	变量	符号	数值
海冰密度	ρ_i	920 kg/m^3	海水密度	ρ_w	1035 kg/m^3
摩擦系数	μ	0.15	弹性模量	E	1.0 GPa
弯曲强度	σ_f	0.93 MPa	吃水深度	T	8 m
船长	L	147.2 m	船宽	B	22.6 m
立柱角	β	24°	进水角	α	20°

船体结构破冰过程中的局部冰压力如图 4.2.4 所示。从图中可以看出，船舶破冰过程中最大的冰压力主要集中在船肩处，该部位应是船体结构安全的重点监测部位。由于破冰部位主要为艏柱，艏柱部位会与海冰发生较多的接触，所以累计平均冰压力集中在艏柱，也说明艏柱是冰激结构疲劳分析的重点关注部位。

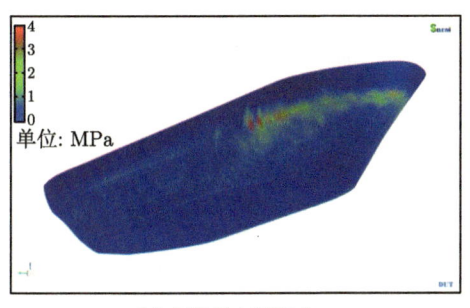

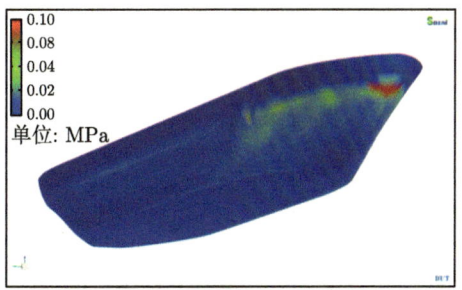

4.2 平整冰区船舶航行的冰阻力及冰载荷

(a) 累计最大冰压力   (b) 累计平均冰压力

图 4.2.4 船体结构上的冰压力分布

2. 船舶结构冰载荷的扩展多面体离散元分析

这里采用扩展多面体离散元方法模拟船舶结构在平整冰区的航行过程，并通过船舶结构冰载荷的 Lindqvist 经验公式验证模拟冰载荷的准确性，模拟破冰船辅助航行时商船的冰载荷特点，分析不同参数条件下冰载荷的变化趋势。图 4.2.5 是扩展多面体离散元模拟示意图。将船体结构表面离散为三角形单元，用于海冰单元与船体结构之间的接触搜索，模拟中船体结构视为不变形的刚体结构。平整冰区的三个方向采用固定边界约束，船舶结构以定速度 v_s 在平整冰区航行。主要计算参数列于表 4.2.3 中。

这里采用扩展多面体离散元方法模拟单个船体结构在冰区航行过程，获得结构上的冰载荷时程曲线，将稳定段冰载荷时程的均值作为冰阻力，将其与船舶结构冰载荷的常用经验公式对比，验证分析数值方法的准确性。在模拟中，平整冰区的尺寸 $(l \times w)$ 为 $600\,\mathrm{m} \times 150\,\mathrm{m}$。图 4.2.6 是船速 1.0 m/s、冰厚 1.0 m 条件下船体结构在平整冰区的破冰过程模拟。船体刚进入冰区时，冰区边缘会出现较大尺寸海冰断裂。随着船体结构逐渐进入冰区，船首处的海冰发生稳定的弯曲破坏，平整冰区出现与船体宽度相当的开阔水道。

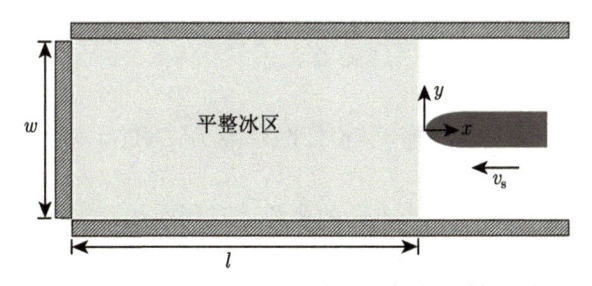

图 4.2.5 "雪龙"号与平整冰作用的离散元模拟示意图

表 4.2.3　船舶结构破冰过程模拟的主要计算参数

参数	符号	单位	值
海冰弹性模量	E	GPa	1.0
海冰摩擦系数	μ_{ice}	—	0.2
海冰回弹系数	e_{ice}	—	0.3
法向黏结强度	σ_{n}	MPa	0.6
切向黏结强度	σ_{s}	MPa	2.0
I 型-断裂能	G_{I}^{c}	N/m	10
II 型-断裂能	G_{II}^{c}	N/m	13
海冰与船体的摩擦系数	$\mu_{\text{ice-ship}}$	—	0.1
海冰与船体的回弹系数	$e_{\text{ice-ship}}$	—	0.3
海冰单元平均尺寸	D_{i}	m	2
海水流速	v_{w}	m/s	0.05
拖曳力系数	C_{d}^{F}	—	0.6
拖曳力矩系数	C_{d}^{M}	—	0.03

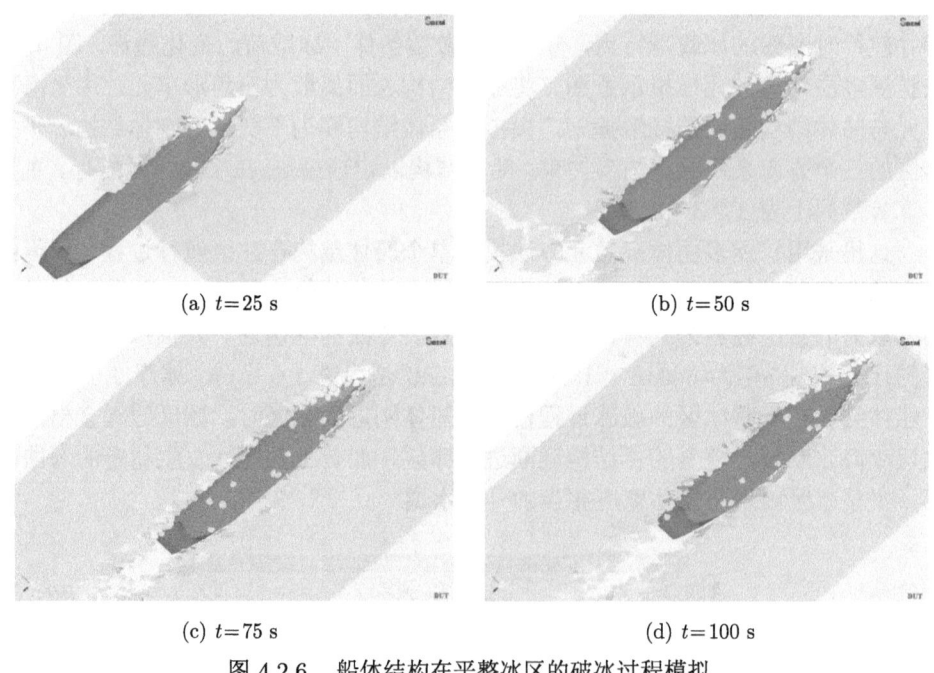

(a) $t=25$ s

(b) $t=50$ s

(c) $t=75$ s

(d) $t=100$ s

图 4.2.6　船体结构在平整冰区的破冰过程模拟

图 4.2.7 是船舶结构上三个方向的冰载荷时程曲线。与图 4.2.6 对应，船体刚进入冰区时 x 和 z 方向上的冰载荷经过一段时间的上升，之后冰载荷趋于稳定且在一定水平上持续波动。由于船体结构破冰过程中海冰会经历由船首至船中型线不断收缩变小的过程，海冰破坏模式也由船首处的弯曲破坏向船中处的挤压破坏过渡，海冰会在船肩处剧烈地由两侧挤压船体，所以，y 方向上船体结构也会受

4.2 平整冰区船舶航行的冰阻力及冰载荷

到较大的冰载荷作用。在船舶的破冰设计过程中，主要考虑船体是否具有向前的破冰能力，即重点考虑 x 方向上的冰载荷。在后面的分析中，冰载荷和冰阻力均指 x 方向的结构受力。

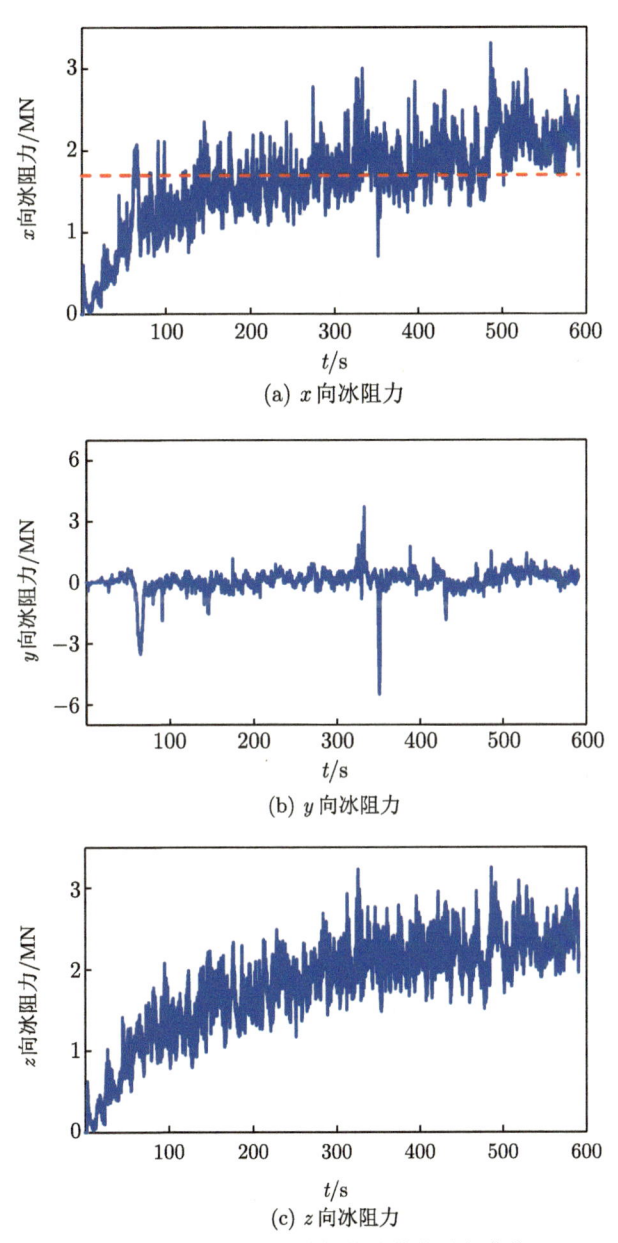

(a) x 向冰阻力

(b) y 向冰阻力

(c) z 向冰阻力

图 4.2.7　三个方向的船体冰载荷时程曲线

这里采用 x 方向阻力的均值作为冰阻力，并与船舶结构冰阻力经验公式 Lindqvist 公式的计算结果进行对比。Lindqvist 公式将船舶结构冰阻力分为船首处海冰挤压冰载荷、海冰弯曲破坏冰载荷和破碎海冰的浸没阻力三部分，并且考虑了船冰相互作用速度和水的拖曳作用等，在冰区船舶设计中使用较为广泛。图 4.2.8 是采用扩展多面体离散元方法计算的冰阻力随冰厚的变化，以及其与 Lindqvist 经验公式的对比。从图中可以看出，离散元结果和 Lindqvist 公式均随冰厚的增大而增大，且具有明显的线性增加趋势；同时两者的结果在数值上十分接近。因此，通过 Lindqvist 公式可以充分说明，扩展多面体离散元方法在计算船舶结构冰载荷时具有良好的准确性和可靠性。

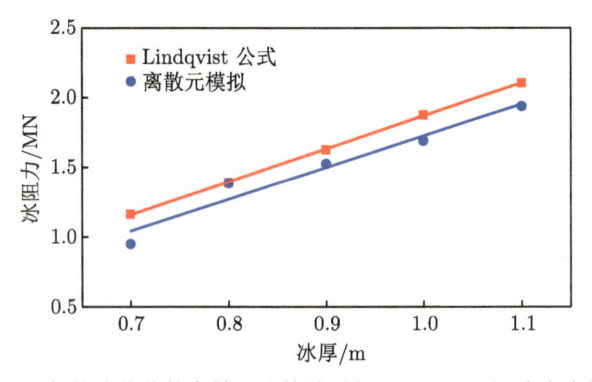

图 4.2.8　船体冰载荷的离散元计算结果与 Lindqvist 经验公式的对比

同样，对"雪龙 2"号科学考察船冰区直航破冰过程展开离散元模拟计算，如图 4.2.9 所示。从中可以清晰地看到海冰与船体作用时的破坏现象，由此可以分析海冰破坏模式与冰载荷的对应关系。

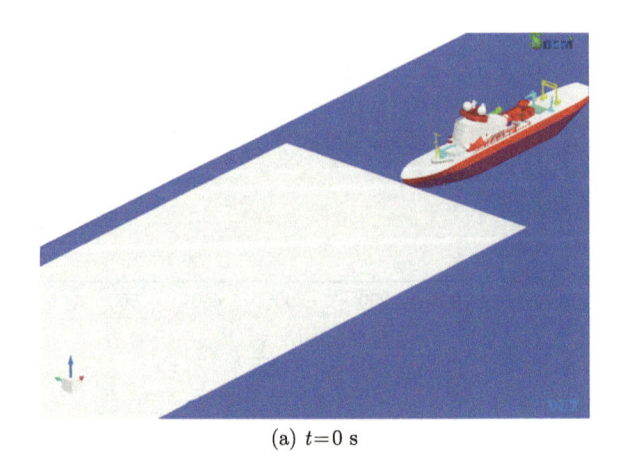

(a) $t=0$ s

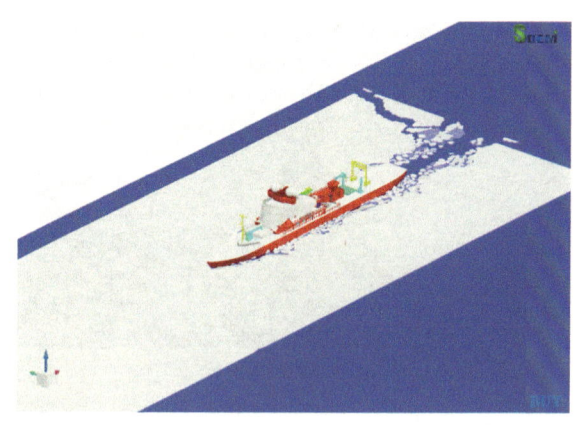

4.2 平整冰区船舶航行的冰阻力及冰载荷

(b) $t=150$ s

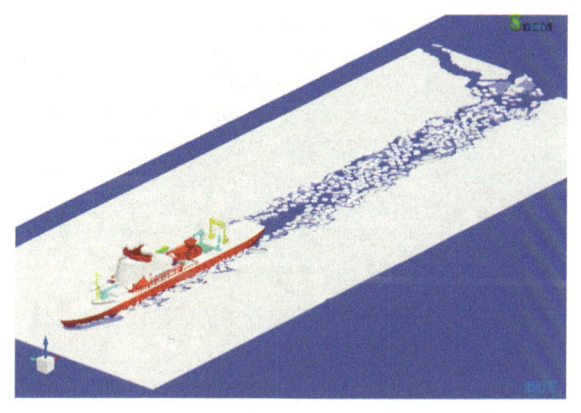

(c) $t=300$ s

图 4.2.9 "雪龙 2" 号与平整冰相互作用的模拟过程

4.2.2 辅助破冰条件下的船体冰载荷

采用冰级船舶独立进行冰区航行会大大提高航运成本，而采用破冰船引航的方式则可有效降低成本，并提高极区航行安全保障的专业性。中国远洋海运集团有限公司商船在北极航道商业航行中一般是通过俄罗斯的破冰船辅助航行，商船一般是采用编队航行，如图 4.2.10 所示。下面采用基于闵可夫斯基和原理构造的扩展多面体海冰单元，并依此计算海冰与船舶结构的相互作用，分析船舶结构的冰阻力并与 Lindqvist 经验公式对比，验证结果的可靠性。采用离散元方法模拟破冰船引航条件下的船冰作用过程，分析不同航速和船宽比条件下的冰阻力特点(刘璐等, 2020)。

(a) 破冰船辅助航行

(b) 冰区商船编队航行

图 4.2.10　北极航道商业航行中的破冰船辅助航行

1. 两船前后航行破冰

这里采用扩展多面体离散元方法模拟破冰船辅助航行中破冰船和商船的冰载荷，即破冰船在前、商船紧随其后，如图 4.2.11 所示。平整冰区的尺寸为 $1000\,\mathrm{m}\times120\,\mathrm{m}$。货轮长度 200 m、型宽 27.8 m、吃水 12.3 m。主要的计算参数列于表 4.2.4 中。

(a) 货轮船体结构　　　　(b) 破冰船引航模拟示意图

图 4.2.11　商船结构及破冰船引航离散元模拟示意图

4.2 平整冰区船舶航行的冰阻力及冰载荷

表 4.2.4　船舶结构破冰过程模拟的主要计算参数

参数	符号	单位	值
法向黏结强度	σ_n	MPa	0.6
切向黏结强度	σ_s	MPa	2.0
海冰与船体的摩擦系数	$\mu_{\text{ice-ship}}$	—	0.1
海冰单元平均尺寸	D_i	m	2
海水流速	v_w	m/s	0.05

图 4.2.12 是船速 2.5 m/s、冰厚 1.0 m 条件下，破冰船引航模拟过程的离散元模拟结果。破冰船为"雪龙"号原始比例模型，商船的长、宽和吃水深度分别为破冰船的 1.20 倍、1.23 倍和 1.37 倍，两船的航行速度相同。从图中可以看出，破冰船的破冰过程与单船破冰没有明显区别。商船在破冰船开辟的开阔水道中航行，与水道中的碎冰发生相互作用，不会发生明显的海冰破碎现象。

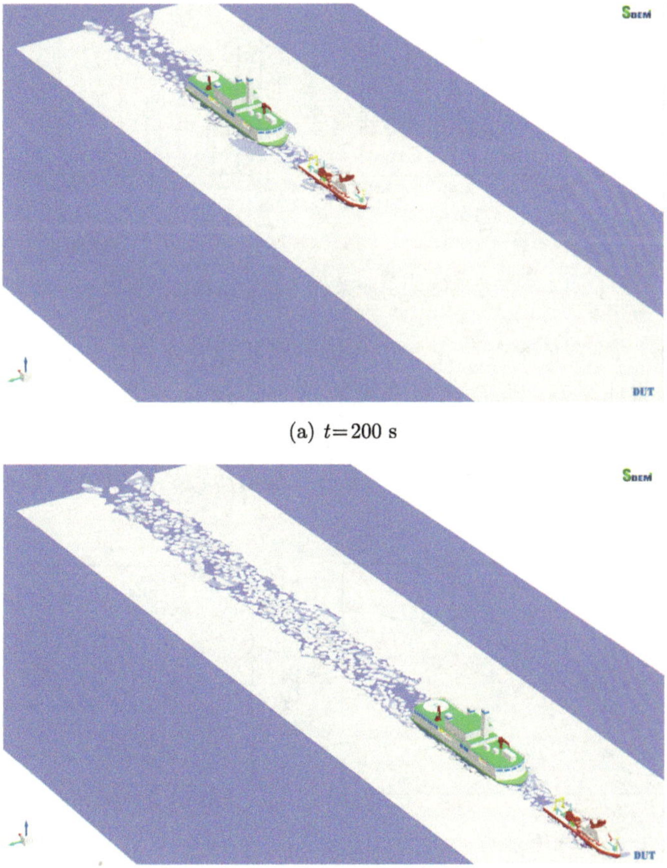

(a) $t=200$ s

(b) $t=360$ s

图 4.2.12　平整冰区破冰船辅助航行中的船舶航行模拟

图 4.2.13(a) 是无引航条件下破冰船和商船的冰载荷时程曲线,虚线是稳定阶段冰载荷的均值。从图中可以看出,引航的破冰船冰载荷与单船破冰条件下的冰载荷类似,其冰载荷时程在船体完全进入冰区后在稳定的水平附近上下波动。商船的冰载荷则与破冰船差别较大,其在进入冰区后冰载荷没有稳定的上升阶段,而是会出现类似脉冲形态的波动,但是其整体水平较破冰船要小。由于商船较破冰船要长,所以其冰载荷依然比破冰船小很多。图 4.2.12(b) 是无引航条件下商船的冰载荷时程曲线,虚线是稳定阶段的冰阻力。无引航条件下商船冰阻力为 5.9 MN。因此,无引航条件下商船冰载荷存在近 100 MN 的峰值载荷,说明无破冰能力的商船在平整冰区航行风险极大。但在有破冰船引航条件下,商船的冰阻力则可明显降低,且不会存在较大的峰值载荷。

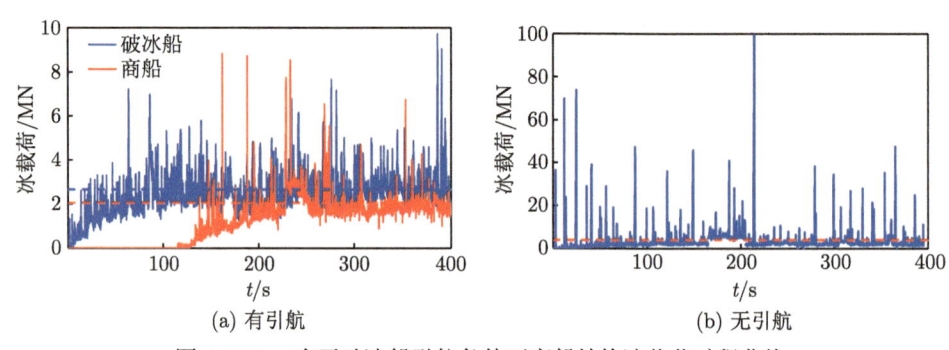

(a) 有引航

(b) 无引航

图 4.2.13　有无破冰船引航条件下商船结构冰载荷时程曲线

这里采用扩展多面体离散元方法分析不同船速和不同船宽比条件下两船的冰阻力特点,船宽比是商船与破冰船宽度的比,即 w_2/w_1。图 4.2.14(a) 是不同船速条件下两船的冰阻力对比,模拟中两船的宽度比为 1.0。图 4.2.14(b) 是不同的船宽比条件下两船的冰阻力,模拟中船速为 1.5 m/s。从图中可以看出,破冰船的

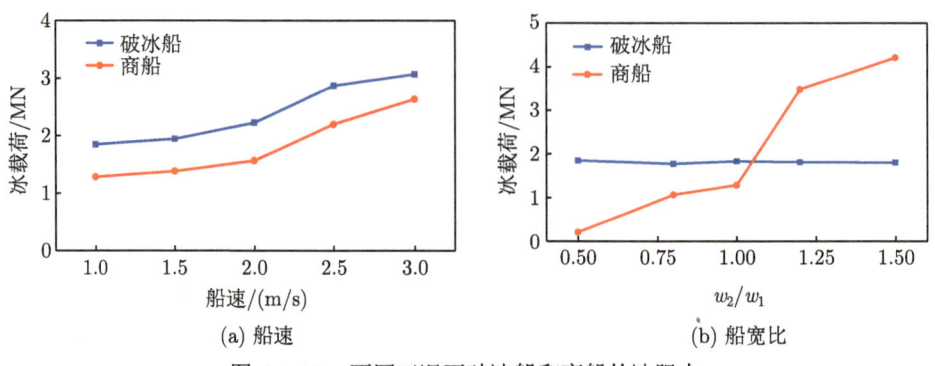

(a) 船速

(b) 船宽比

图 4.2.14　不同工况下破冰船和商船的冰阻力

4.2 平整冰区船舶航行的冰阻力及冰载荷

破冰阻力并没有受到商船的影响，基本保持在相同的水平。在商船宽度明显小于破冰船，即 $w_2/w_1 = 0.5$ 时，由于商船只与水道中的碎冰发生作用，所以商船冰阻力比破冰船小很多。随着商船宽度的增大，特别是在其宽度超过破冰船，即 $w_2/w_1 > 1$ 时，商船的冰阻力明显增大。该结果表明，在平整冰区破冰船引航时需要重点考虑被引航船舶的船体宽度。在船宽比大时，需要采用特殊破冰模式开辟更加宽阔的水道，保障被引航船舶的冰区航行安全。

2. 两船平行航行破冰

多艘破冰船或极区科考船在冰区协同作业时，会出现多船平行进入冰区并以平行方向在冰区破冰航行的情况。图 4.2.15 为 "雪龙" 号和 "雪龙 2" 号科学考察船在南极的航行状况。这里采用离散元方法模拟两艘船在平行方向上以不同速度在冰区航行，初始时 Ship1 在前 Ship2 在后，如图 4.2.16 所示。船体模型均采用 "雪龙" 号的结构模型。其中，Ship1 采用完整的 "雪龙" 号模型，Ship2 也采用 "雪龙" 号模型但船长只有 Ship1 的 0.6 倍。Ship1 船速为 1 m/s，Ship2 船速为 2 m/s，因此 Ship2 在航行过程中会超越 Ship1。

图 4.2.15 "雪龙" 号和 "雪龙 2" 号科学考察船在南极执行任务

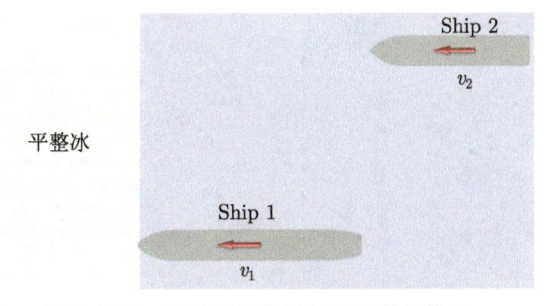

图 4.2.16 两船平行航道航行的数值模型

图 4.2.17 是两船以不同速度平行航行在平整冰的模拟过程。从图中可以看出，两船与海冰作用并使海冰发生弯曲破坏，破冰后分别形成宽阔水道。相比于前后航行的算例，由于出现了两个水道，两水道中间形成了两端自由的平整冰区域，加之两船之间的航行速度不同，导致中间区域出现从一个水道到另一个水道的贯穿裂纹。实际上，因为 Ship2 能先于 Ship1 开辟出水道，当 Ship1 航行时其靠 Ship2 的一侧平整冰是自由边界。因此，在 Ship1 的碰撞挤压下平整冰出现了裂缝，贯通两个水道，如图 4.2.17 (b) 所示。在 Ship1 的持续作用下，冰层再次出现了裂纹，从而在两水道中间的海冰中形成若干条贯穿裂纹，如图 4.2.17(c) 所示。在海冰管理中，破冰船在多次往复破冰作业时，也会在相邻水道中形成类似的贯穿型裂纹，其对大面积冰区的碎冰形成会造成一定的影响 (Lu et al., 2018)。

(a) $t=50$ s

(b) $t=150$ s

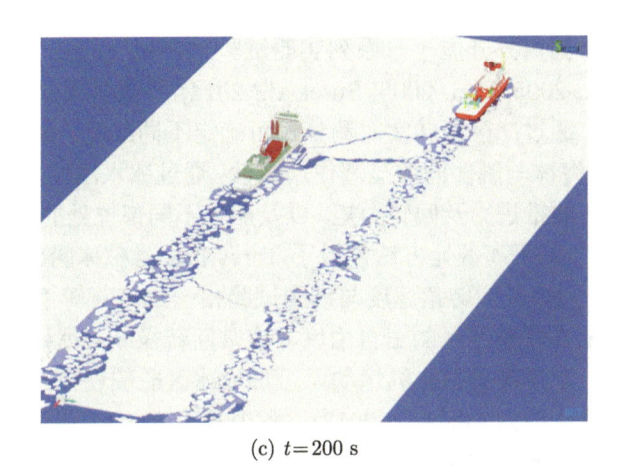

(c) $t=200$ s

图 4.2.17　双船以不同速度平行航行的离散元模拟

图 4.2.18 是两船在冰区平行航行过程中的结构冰载荷时程曲线。两船的结构冰载荷都体现了弯曲破坏模式的特征,具有明显的脉冲特性。根据前面的分析,在 Ship1 航行时冰层出现了裂纹。通过与前面算例中"雪龙"号的冰载荷对比,冰层产生的裂纹并未对 Ship1 受到的冰载荷产生明显的影响。从冰载荷水平上可以看出,尽管 Ship2 船长比 Ship1 小,但是由于航行速度较大,其受到的冰载荷较 Ship1 大。另外,Ship2 的冰载荷峰值出现的频率较 Ship1 高,冰载荷峰值更加密集。这是因为在速度较大时,海冰发生弯曲破坏的频率更高,对应地出现了更高频率的冰载荷。

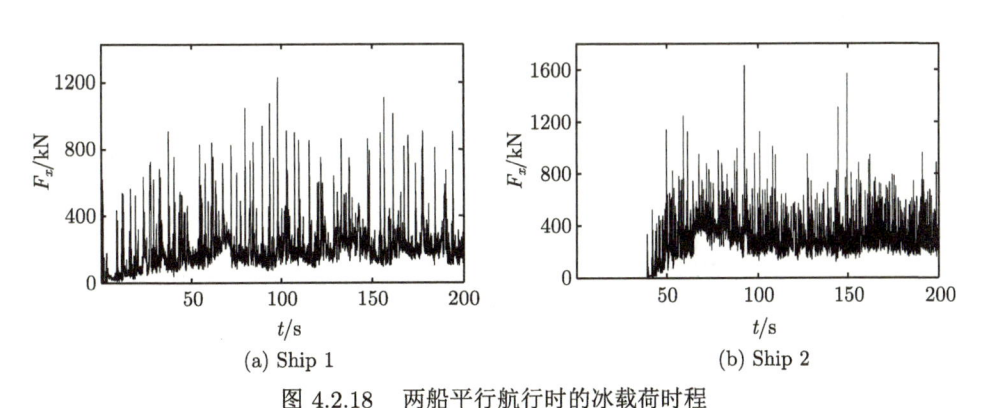

(a) Ship 1

(b) Ship 2

图 4.2.18　两船平行航行时的冰载荷时程

4.3　船舶冰区操纵性的离散元分析

极地船舶在冰区的良好操纵性是执行科学考察、破冰引航、商业运输及救援任务的技术保障,也能有效避免复杂冰情带来的冰困等实际问题。针对极地船舶冰区操纵性问题，国内外开展了一系列实船试验 (Riska et al., 2001)、模型试验 (Izumiyama et al., 2005; Lau, 2006; Su et al., 2014) 及数值模拟 (Su et al., 2014; 狄少丞等, 2018)。通过冰区回转实船测量，可确定不同冰况、航速及推进力下的回转直径，并研究海冰与艉侧向的显著作用特性；通过冰水池模型试验，可得到定常回转破冰条件下的推进力及回转力矩，以及船体不同部位处的冰载荷分布。Lau 和 Lawrence(2011) 基于离散元方法模拟了 Terry Fox 号破冰船冰区定常回转，计算得到的回转力、力矩及回转角速度与模型试验相一致；Su 等 (2014) 开展了 Tor Viking Ⅱ 号破冰船在平整冰区的三自由度非定常回转操纵破冰模拟。通过模拟船体回转、纯艏摇、Z 型等典型操纵运动，可形成冰区船舶设计的优化方案，提高不同类型船舶的设计能力 (张媛等, 2018)。狄少丞等 (2018) 基于球体离散单元开展了六自由度下船舶操纵破冰模拟，模拟得到不同冰厚及海冰密集度影响下的操纵冰载荷及回转直径。

采用船舶六自由度操纵运动模型，可更加合理地分析船舶冰区航行的冰载荷特性和运动过程。本节将采用扩展多面体离散元方法，在六自由度下对船舶在冰区航行的运动过程和操纵性能进行数值分析。

4.3.1 船舶六自由度运动方程

为描述冰区船舶六自由度运动状态，这里将船体冰载荷、螺旋桨推力、舵力及水动力等外载荷分开考虑，开展冰–水–船耦合动力学过程下的操纵破冰模拟。这里将船体表面划分为三角形单元，用于扩展多面体海冰单元与船体结构间的接触判断，且破冰船可在整体坐标系下发生平动，并在局部坐标系下发生转动，如图 4.3.1 所示。

图 4.3.1　船舶操纵航行坐标系

船舶在冰区的六自由度动力学方程可写作

$$m\ddot{u} = F_i + F_p + F_r + F_b + F_d + G \tag{4.3.1}$$

$$I\dot{\omega} = M_i + M_p + M_r + M_b + M_d \tag{4.3.2}$$

式中，m 和 G 分别为船体的质量和重力；$\ddot{u}$、I 和 $\dot{\omega}$ 分别为加速度、转动惯量和角加速度；下标 i、p、r、b、d 分别表示冰载荷、螺旋桨作用力、舵力、浮力和拖曳力及其力矩 (Liu and Ji, 2018, 2021; Sun and Shen, 2012)。

考虑船体受到的浮力和浮力矩，通过船体没入水中的体积计算浮力，浮力矩是由浮力与重心的不平衡导致的，浮心即船体浸没水中部分的形心。假设重心到浮心距离为向量 r_b，其浮力与浮力矩计算公式如下：

$$\boldsymbol{F}_\mathrm{b} = -\rho_\mathrm{w} \boldsymbol{g} V_\mathrm{sub} \tag{4.3.3}$$

$$\boldsymbol{M}_\mathrm{b} = \boldsymbol{r}_\mathrm{b} \times \boldsymbol{F}_\mathrm{b} \tag{4.3.4}$$

式中，ρ_w 为海水密度；g 为重力加速度；V_sub 为船体浸没水中的总体积。

船体在海流作用下受拖曳力及拖曳力矩作用，其中船体的拖曳力可通过三角形单元划分求和计算，即

$$\boldsymbol{F}_\mathrm{d} = \sum_{i=1}^{N} \boldsymbol{F}_\mathrm{d}^i, \quad \boldsymbol{F}_\mathrm{d}^i = -\frac{1}{2} C_\mathrm{d}^F \rho_\mathrm{w} \sum_{i=1}^{N} A_\mathrm{sub}^i (\boldsymbol{v}_\mathrm{i} - \boldsymbol{v}_\mathrm{w}) |\boldsymbol{v}_\mathrm{i} - \boldsymbol{v}_\mathrm{w}| \tag{4.3.5}$$

式中，N 为划分的三角形面个数；C_d^F 是船体拖曳力系数；ρ_w 是海水的密度；$\boldsymbol{v}_\mathrm{i}$ 为三角形面形心处的运动速度；$\boldsymbol{v}_\mathrm{w}$ 是流速；A_sub^i 是没入水中并受到水流作用的面积。船体在海水作用下所受拖曳力矩可写作 $\boldsymbol{M}_\mathrm{d} = \boldsymbol{x}_\mathrm{b} \times \boldsymbol{F}_\mathrm{d}$，这里 $\boldsymbol{x}_\mathrm{b}$ 为三角形面单元距船体形心的距离。

4.3.2 船舶操纵航行运动模型

船舶主机推进功率与螺旋桨转速间的对应关系可写作

$$P_\mathrm{s} = Cn^3 \tag{4.3.6}$$

$$F_\mathrm{P} = (1 - t_\mathrm{p}) \rho n^2 D^4 K_\mathrm{T} \tag{4.3.7}$$

式中，P_s 为主机推进功率；n 为螺旋桨转速；C 为推进特性系数；F_P 为螺旋桨净推力；K_T 为螺旋桨推力系数；t_p 为螺旋桨的推力减额系数；D 为螺旋桨直径；ρ 为海水密度。

船体回转操纵运动过程中的舵力及力矩写作

$$\begin{cases} \boldsymbol{F}_{xr} = -\dfrac{1}{2} C_\mathrm{D} \rho_\mathrm{w} \boldsymbol{v}_\mathrm{f}^2 A_\mathrm{r} \\[2mm] \boldsymbol{F}_{yr} = \dfrac{1}{2} C_\mathrm{L} \rho_\mathrm{w} \boldsymbol{v}_\mathrm{f}^2 A_\mathrm{r} \\[2mm] \boldsymbol{M}_\mathrm{r} = \dfrac{1}{2} C_\mathrm{L} \rho_\mathrm{w} \boldsymbol{v}_\mathrm{f}^2 A_\mathrm{r} x_\mathrm{r} \end{cases} \tag{4.3.8}$$

$$\begin{cases} C_L = 2\pi \dfrac{\Lambda(\Lambda + 0.7)}{(\Lambda + 1.7)^2} \sin \delta + C_Q \sin \delta |\sin \delta| \cos \delta \\ C_D = \dfrac{C_L^2}{\pi \Lambda} + C_Q |\sin \delta|^3 + 2.5 \dfrac{0.075}{(\log Re - 2)^2} \end{cases} \quad (4.3.9)$$

式中，$\boldsymbol{F}_{xr}$ 为船体纵向舵力；$\boldsymbol{F}_{yr}$ 为船体横向舵力；$\boldsymbol{M}_r$ 为舵产生回转力矩；x_r 为舵位置；v_f 为舵处流速；A_r 为舵面积；C_L 为舵的升力系数；Λ 为展弦比；δ 为舵角；C_D 为舵处拖曳力系数；Re 为舵处雷诺数；通常经验系数 C_Q 取为 1，当边缘圆滑时 C_Q 取值更小。

4.3.3 船舶操纵验证及破冰航行计算

为验证该操纵航行模拟结果的可靠性，这里以"雪龙"号 35° 舵角下的敞水操纵回转试航结果为例，开展试航操纵工况的模拟分析。已知该试航工况下的实船试航稳定回转航速为 5.08 m/s，回转直径为 488 m。船舶主尺度及模拟计算参数列于表 4.3.1。

表 4.3.1　船舶主尺度及主要计算参数

定义	符号	单位	数值
船长	L	m	167.0
船宽	B	m	22.6
吃水高度	T	m	7.2
水线船长	L_w	m	147.7
海水密度	ρ_w	kg/m³	1020
舵角	δ	(°)	35
螺旋桨直径	D	m	5.8
螺旋桨转速	n	r/min	110
螺距	P	m	7.0
初始航速	V	m/s	8.0

船舶在恒定推进力作用下先直航，后右舵 35° 航行，由此计算得到的稳定航速及回转轨迹如图 4.3.2 所示。从中可以发现，数值模拟的回转航速为 5.3 m/s，回转直径为 501 m。模拟结果与实船试航测试结果对比，相对误差分别为 4.3% 和 2.6%。

采用以上操纵性运动模型，在冰厚 0.3 m 和舵角 35° 条件下进行操纵破冰计算，相关主要计算参数列于表 4.3.2。破冰船在初始阶段直航破冰，待其完全驶入冰区后开启右舵 35° 操纵回转破冰，破冰模拟过程如图 4.3.3 所示。从中可以发现，船尾肩部发生明显的破冰现象，其与实船试验结果相符合 (Riska et al., 2001)，计算得到的回转半径约为 382 m。

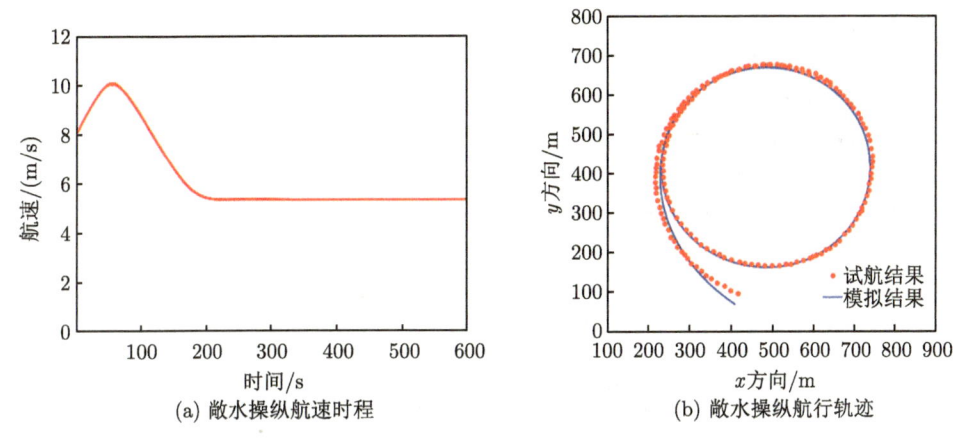

4.3 船舶冰区操纵性的离散元分析

(a) 敞水操纵航速时程

(b) 敞水操纵航行轨迹

图 4.3.2 "雪龙"号科学考察船在敞水区操纵回转的数值模拟

表 4.3.2 离散元模拟船舶冰区操纵航行中的主要计算参数

参数	符号	单位	数值
螺旋桨直径	D	MW	5.8
螺旋桨转速	n	r/min	110
螺距	P	m	8.6
初始航速	V_s	m/s	6.2
海冰弹性模量	E	GPa	0.1
海冰厚度	h_i	m	0.3
舵角	δ	(°)	35
拉伸强度	σ_n	—	0.5
摩擦系数	μ	—	0.1

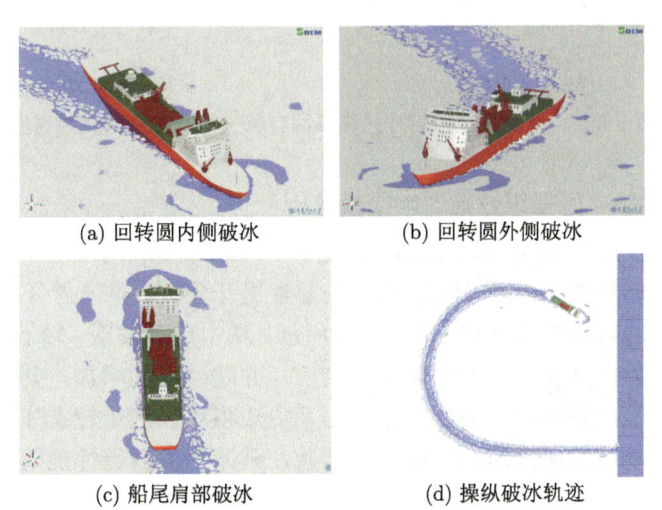

(a) 回转圆内侧破冰

(b) 回转圆外侧破冰

(c) 船尾肩部破冰

(d) 操纵破冰轨迹

图 4.3.3 "雪龙"号科学考察船操纵破冰航行的六自由度离散元模拟

在以上冰区操纵回转离散元六自由度模拟中，计算得到的冰阻力及水阻力时程如图 4.3.4 所示，其中平均冰阻力为 0.63 MN，平均水阻力为 0.36 MN。图 4.3.5 给出了该航行条件下计算得到的航速及回转角速度，分别为 5.24 m/s 和 1.04(°)/s。通过航速与回转角速度的比值可确定所对应的回转半径。

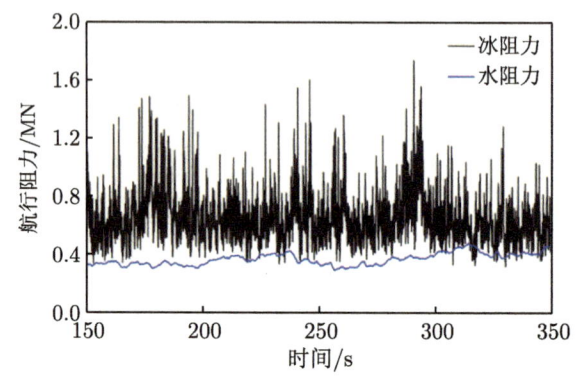

图 4.3.4　离散元模拟的冰区操纵回转航行中冰阻力和水阻力时程

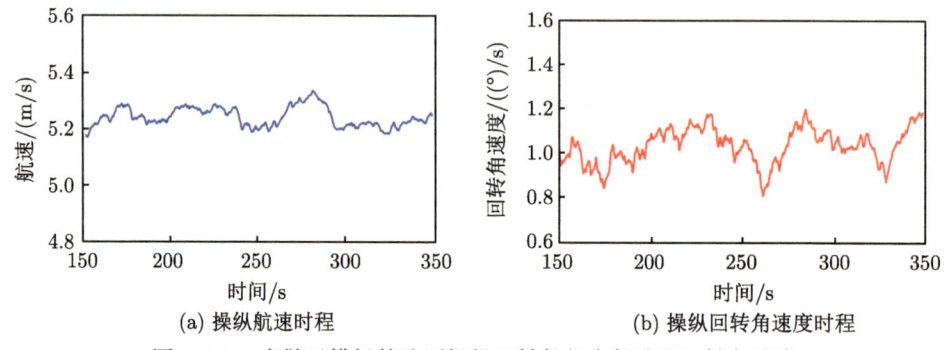

(a) 操纵航速时程

(b) 操纵回转角速度时程

图 4.3.5　离散元模拟的冰区操纵回转航行中航速和回转角速度

4.3.4　极地船舶冰区操纵性能影响因素分析

这里基于扩展多面体离散元方法开展了不同冰厚及舵角工况下的回转破冰航行计算，对极地船舶冰区操纵性能的影响要素展开分析。在 5 个不同冰厚下，破冰船冰区操纵的回转航行轨迹如图 4.3.6 所示。从中可以发现，较低冰厚下，破冰船回转效果明显，具有较好的回转操纵响应，并随冰厚的增加，其回转直径逐渐增大，这是由于，舵桨产生的侧向推进力及力矩将难以满足较重冰情下的破冰阻力，使得船体难以实现快速回转破冰。因此，破冰船的回转性能随着冰厚的增大而显著降低，航行轨迹近似为一水平直线，可认为该极地船舶不再具备操纵回转破冰能力。

4.3 船舶冰区操纵性的离散元分析

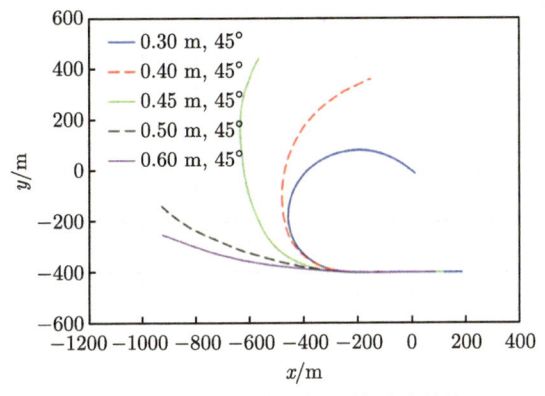

图 4.3.6 不同舵角下的回转破冰轨迹

图 4.3.7 为破冰船在不同冰厚及舵角下航行阻力的对比结果。可以发现，水阻力随冰厚的增加而不断降低，冰阻力则随冰厚的增加而增大，且舵角对航行阻力的影响并不显著。在冰厚 0.3 m 和舵角 35° 条件下，船体水线处的线载荷分布如图 4.3.8 所示。可以看出，快速操纵回转破冰过程中受力部位将不仅仅是直航连续破冰状态下的船首、船肩部位，还需关注回转圆外侧船尾及船舷交界处。

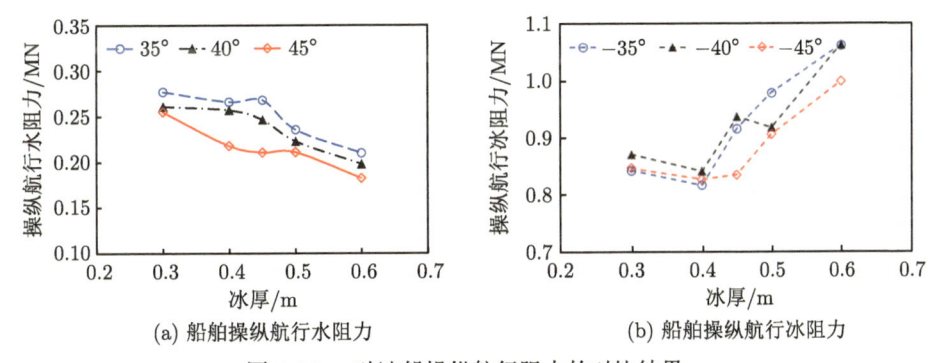

(a) 船舶操纵航行水阻力

(b) 船舶操纵航行冰阻力

图 4.3.7 破冰船操纵航行阻力的对比结果

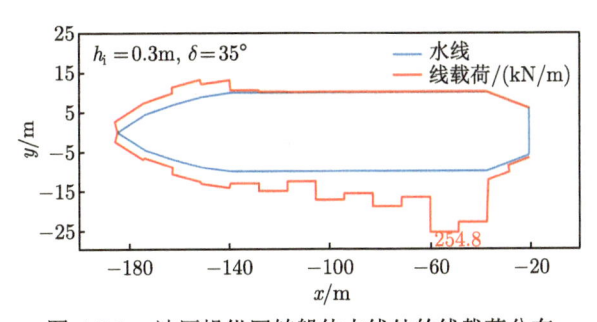

图 4.3.8 冰区操纵回转船体水线处的线载荷分布

破冰船在不同冰厚及舵角下的回转航速如图 4.3.9(a) 所示，可以发现，回转航速随冰厚的增加呈先增大后减小趋势，且均随舵角的增加而降低。值得注意的是，航速在 0.3 m 薄冰和 0.6 m 厚冰下较为接近。这是由于，薄冰条件下操纵力矩极易满足破冰力矩，其船体操纵性能较好。此时，船舷及船尾破冰后产生较宽的破冰航道，从而增加了侧向冰阻力 (Izumiyama et al., 2005)。不同模拟条件下操纵的回转半径如图 4.3.9(b) 所示。此外，操纵回转半径与船长的比值 (R/L) 是衡量船舶操纵性能的标准之一。R/L 值越低，则回转性能越好 (张媛, 2018)。不同冰厚和舵角下的 R/L 值如图 4.3.9(c) 所示，从中可发现船舶在不同冰厚下操纵性能的变化趋势。

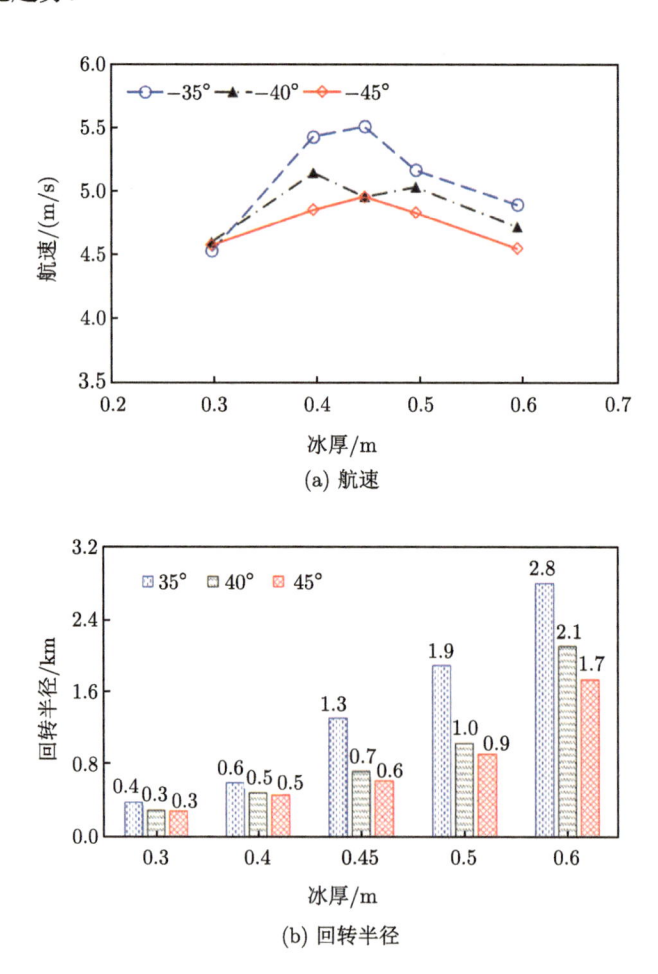

(a) 航速

(b) 回转半径

(c) 回转半径与船长之比(R/L)

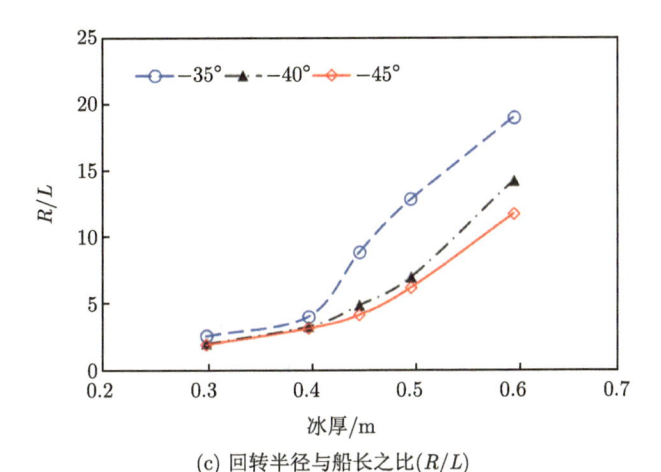

图 4.3.9　不同冰厚和舵角下极地船舶冰区操纵航行的航速、回转半径，以及回转半径与船长之比

4.4　单点系泊系统的冰载荷离散元分析

单点系泊是浮式平台常用的系泊方式，在海洋工程中应用广泛。单点系泊系统的优势在于可使船体像风向标一样随环境载荷变化而改变方向，减小船体结构所受的环境载荷，使其更好地适应复杂恶劣的海洋环境。因此，目前服役于渤海的核动力平台多采用软钢臂单点系泊系统。在我国渤海，乃至北极海域，也可发展适用于寒区海洋环境条件的核动力浮式平台，以发挥供电、海上补给保障及救援等功能 (厉召卿和郭培清, 2020)。冰区核动力浮式平台的研发已引起国内外的高度重视，国内也已开展了相应的前期研究。本节将采用离散元方法，对软刚臂单点系泊系统的核动力浮式平台结构冰载荷进行相应的数值分析。

4.4.1　软刚臂单点系泊系统的数值模型

软钢臂单点系泊系统的基本功能主要有定位系泊、能源运输和特定条件下现场解脱等，其主要构成包括平台船体、导管架平台、软刚臂、系泊腿及系泊支架，如图 4.4.1 所示。导管架平台通过桩基固定于海底，通过轴承与软刚臂相连，连接点释放三个转动自由度。系泊腿上端通过一个万向节和回转装置、系泊支架连接，连接点具有三个转动自由度；系泊腿下端通过一个万向节与软刚臂相连，连接点释放两个转动自由度。

由于其动力学过程相对复杂，采用离散元模拟该核动力平台的冰载荷时将该模型进行简化。根据相关模型参数建立海冰与单点系泊结构的离散元模型，如图 4.4.2 所示。这里导管架平台固定不动，船体可绕固定式导管架平台转动，且导管架平台和船体皆为刚体结构，不考虑局部变形。其中船体结构采用三角形单元构建，软钢臂和导管架平台则采用柱体单元构建，因此计算时同时考虑球体单元与三角形单元和圆柱体单元的接触。

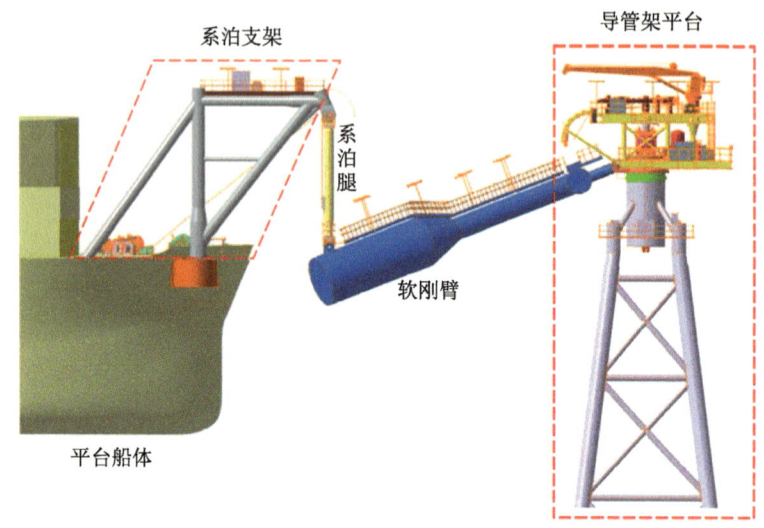

图 4.4.1　软钢臂系泊系统的主要结构

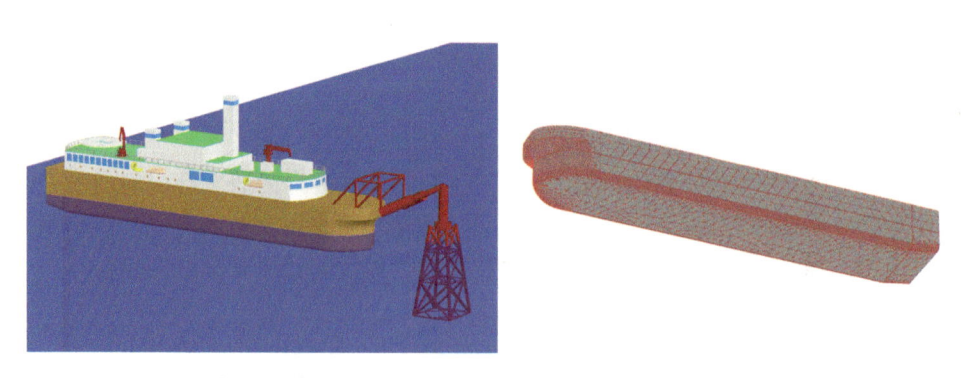

(a) 系泊系统模型　　　　　　　　(b) 由三角形单元构成船体结构
图 4.4.2　离散元模拟中的软钢臂系泊系统

离散元模拟中船体采用三角形单元构成，每个三角形单元所受浮力的总和即为船体的浮力。这里采用阿基米德原理对浮力 F_w 进行计算，风和流对船体的拖曳力 F_d 和拖曳力矩 M_d 均考虑相对速度和作用面积。

4.4.2　平整冰与单点系泊系统相互作用的离散元分析

在单点系泊系统与平整冰相互作用过程的离散元模拟中，海冰由规则排列的球体单元构成，与前面章节介绍的海冰边界条件相同。根据研究海域的冰情，设

4.4 单点系泊系统的冰载荷离散元分析

置冰速为 1.0 m/s，冰厚为 1.0 m，海冰压缩强度为 2.4 MPa。由此推算的离散元计算参数详见表 4.4.1。

表 4.4.1 海冰与系泊系统相互作用模拟的离散元参数

定义	符号	单位	数值
单元直径	D	m	1.0
法向接触刚度	k_n	N/m	1.6×10^9
切向接触刚度	k_s	N/m	1.6×10^8
内摩擦系数	μ_b	—	0.2
法向黏结强度	σ_b^n	MPa	1.5
切向黏结强度	σ_b^s	MPa	1.5
结构质量	m	kg	12.7×10^7
结构刚度	k	N/m	5.0×10^8
结构转动惯量	I_z	$kg \cdot m^2$	1.0×10^{12}
结构转动阻尼系数	ζ_z	—	0.02

海冰与软钢臂系泊结构的相互作用过程如图 4.4.3 所示。初始状态下，船体处于静止状态，船体水线处表面与水面垂直。海冰开始运动后先与导管架平台接触，后与船体作用发生挤压破碎，船体在海冰的推动下不断发生转动。船体摆动到最大角度后，同时受到船体另一侧冰载荷作用而开始回摆。当船体转动到与海冰运动方向一致后，会在平衡位置附近发生往复运动，最终达到稳定状态。

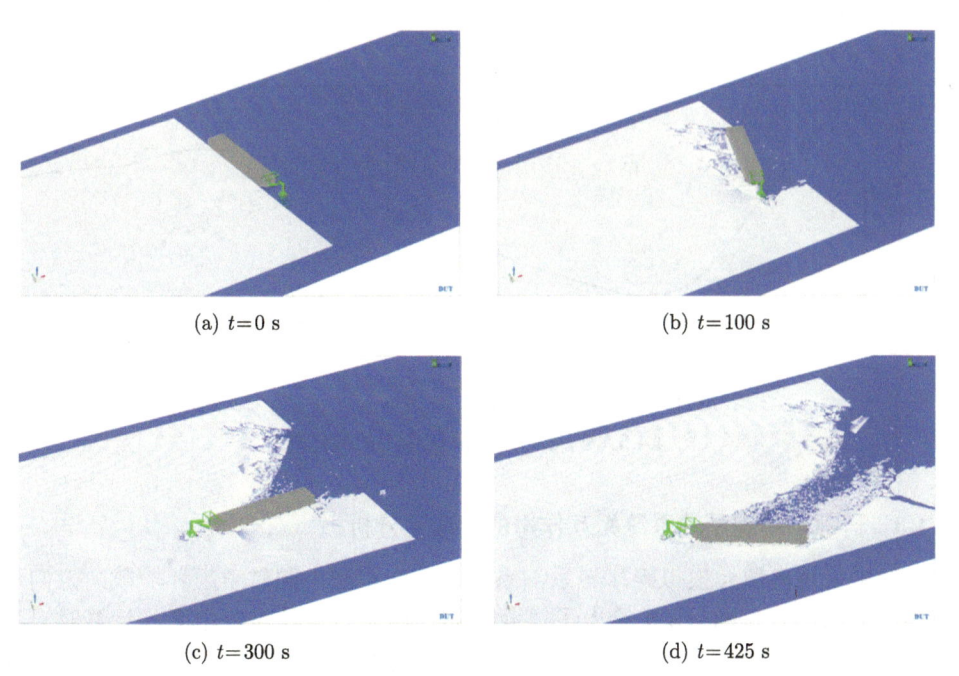

(a) $t = 0$ s

(b) $t = 100$ s

(c) $t = 300$ s

(d) $t = 425$ s

图 4.4.3 平整冰与系泊系统作用的离散元模拟

海冰与系泊系统相互作用过程产生的冰载荷，一部分是由与船体结构作用产生，另一部分是作用在固定式导管架平台上，其冰载荷时程曲线如图 4.4.4 所示。由图可见，船体结构与海冰接触后，随着海冰将船体逐渐推动，冰载荷开始逐渐增大，待船体运动趋于稳定后，冰载荷也趋于稳定。由于导管架平台固定不动，所以海冰与导管架平台作用的冰载荷要大于船体结构的冰载荷。此外对船体结构三个方向的转角随时间的变化情况进行分析，如图 4.4.5 所示，由此可见，船体的转动主要为绕 z 轴的运动，在平整冰的作用下逐渐达到平衡状态，趋近于 90°。

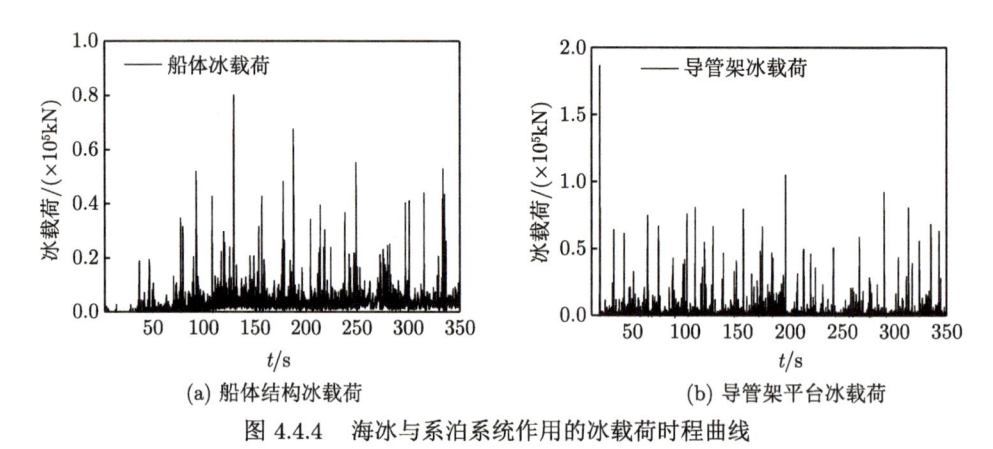

(a) 船体结构冰载荷

(b) 导管架平台冰载荷

图 4.4.4　海冰与系泊系统作用的冰载荷时程曲线

(a) 绕 z 轴转角

(b) 绕 x 和 y 轴转角

图 4.4.5　海冰与系泊系统作用的船体转动

4.4.3　碎冰与单点系泊系统相互作用的离散元分析

这里采用离散元模拟碎冰与系泊系统相互作用时，同时考虑环境载荷方向对计算结果的影响。图 4.4.6 给出了风载荷的作用方向及其对应角度，计算时只考虑风载荷角度 θ 不同，风速大小及流速等其他参数均相同，其中浮冰的密集度为 70%，冰块的平均尺寸为 5 m^2。图 4.4.7 为风载荷角度为 90° 时，浮冰与单点系

4.4 单点系泊系统的冰载荷离散元分析

泊系统作用后船体结构的运动过程。船体在风的垂直拖曳力作用下,发生绕导管架平台的转动,使得船体右侧浮冰分布密度明显高于船体左侧。此时船体右侧的冰载荷也较高,当船体所受冰载荷与风的拖曳力达到平衡时,船体转动的角度保持不变。

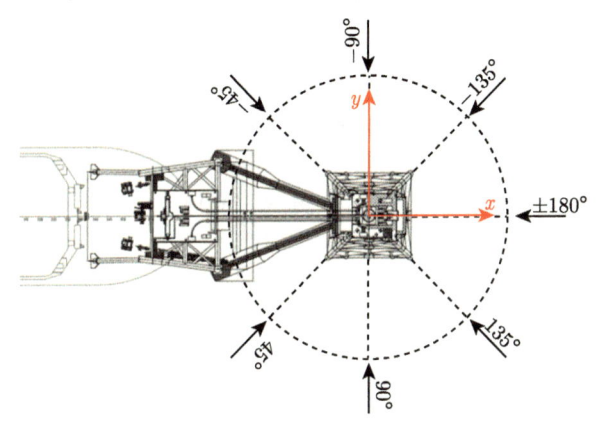

图 4.4.6　风载荷作用方向示意图

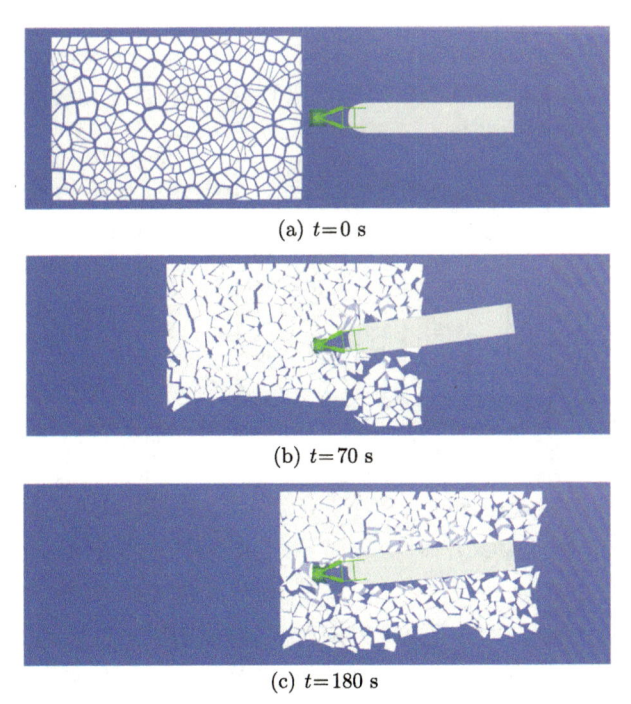

(a) $t=0$ s

(b) $t=70$ s

(c) $t=180$ s

图 4.4.7　离散元模拟浮冰与单点系泊系统的相互作用

浮冰作用下导管架平台冰载荷的时程曲线，如图 4.4.8 所示。导管架平台在 x 方向始终保持较大冰载荷。由于浮冰尺寸较大，与导管架平台碰撞后不能及时清除而产生少量堆积，导致导管架平台的冰载荷持续增大。导管架平台在 y 方向的冰载荷相对较小且载荷方向反复变化。图 4.4.9 是船体冰载荷的时程曲线，由图可知浮冰与船体结构从 $t = 40.0$ s 后开始相互作用。浮冰从导管架平台的两侧继续向前运动，在导管架后方会形成无冰区，使得船体结构 x 方向上的冰载荷要明显小于导管架平台。船体受风的拖曳力影响发生绕 z 轴转动，浮冰主要堆积在船体右侧，而在左侧的浮冰与船体接触较少，此时 y 方向冰载荷主要集中在负方向上。当 $t = 115$ s 时，船体在右侧冰载荷的作用下回摆，与左侧浮冰重新接触。待船体两侧冰载荷与风的拖曳力达到平衡后，船体绕 z 轴的转角保持不变。

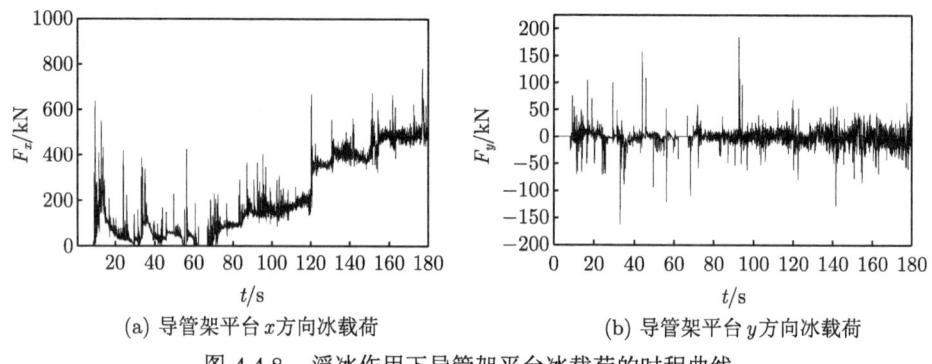

(a) 导管架平台 x 方向冰载荷   (b) 导管架平台 y 方向冰载荷

图 4.4.8 浮冰作用下导管架平台冰载荷的时程曲线

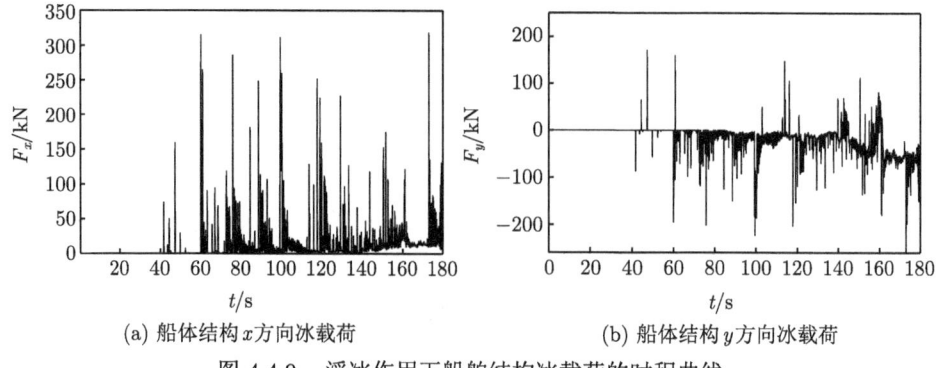

(a) 船体结构 x 方向冰载荷   (b) 船体结构 y 方向冰载荷

图 4.4.9 浮冰作用下船舶结构冰载荷的时程曲线

图 4.4.10 中比较了不同风载荷方向对船体结构绕 z 轴转动的影响。当风向 $\theta = 180°$ 时，风速与水流方向一致，此时风的拖曳力对船体转动的影响最小。随着风向角度逐渐减小，风与船体的接触面积也逐渐增大，造成船体结构受到的拖

曳力逐渐增大；同时拖曳力的方向逐渐转向与船体侧面垂直的方向，导致船体的转角 φ_z 逐渐增大。从转角随时间的变化情况可以看出，不同风向下船体的转角先达到最大值后逐渐减小，最终趋于稳定值。

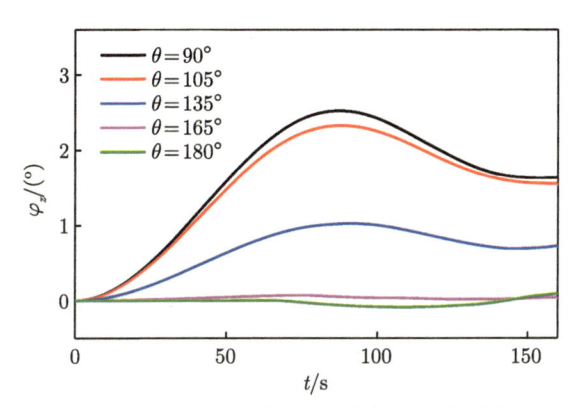

图 4.4.10　不同风载荷下船体绕 z 轴的转角

4.5　海冰与螺旋桨相互作用的离散元分析

　　船舶在冰区破冰航行过程中，破碎的冰块会沿船体表面下浸到船底，并随着水流滑向艉部螺旋桨，导致海冰与螺旋桨的相互碰撞。海冰与高速旋转状态下的螺旋桨相互作用时，螺旋桨会承受极端冰载荷并发生变形和损伤，同时也会引发船舶的局部振动和噪声污染 (Wang et al., 2019; 王超和叶礼裕, 2019)。在加拿大和芬兰最早开展的实桨现场试验中，通过测量冰–桨相互作用中的冰载荷及其变化趋势，确定了计算冰载荷的经验公式 (Ye et al., 2017)。由于现场试验操作复杂，测量结果的不确定性因素多，且试验费用较高，近些年更多的是开展冰水池模型试验 (Moores et al., 2002; Guo et al., 2021)。此外，采用理论分析方法也建立了冰–桨接触的预报模型 (Liu et al., 2010)，但是，由于这些模型对冰–桨接触过程存在过多假设，所以其使用范围很窄。近年来，近场动力学 (Ye et al., 2017; 王超和叶礼裕, 2019)、黏聚单元方法 (Zhou et al., 2019)、光滑粒子流体动力学方法 (桂洪斌和胡志宽, 2018)、非线性有限元方法 (胡志宽等, 2013)、离散元方法 (杨冬宝和季顺迎, 2021) 等数值方法被广泛应用于冰–桨相互作用的数值模拟，并取得了一系列的研究成果。

　　本节针对海冰与螺旋桨相互作用时的力学过程，综合考虑离散元方法在海冰数值模拟和有限元方法在结构动力学计算中的优势，采用离散元–有限元耦合方法 (DEM-FEM) 分析螺旋桨与海冰的切削过程，从而确定不同工况下桨叶的冰载荷、冰压力和应力分布特点，为寒区螺旋桨设计提供参考。

4.5.1 海冰–螺旋桨的 DEM-FEM 耦合模型

在海冰–螺旋桨切削的数值模拟中，海冰采用具有黏结破碎功能的球体离散单元规则排列构造，海冰两侧、上部和尾部进行位移约束，如图 4.5.1 所示。球形颗粒单元之间采用平行黏结模型和拉剪分区破坏断裂准则。

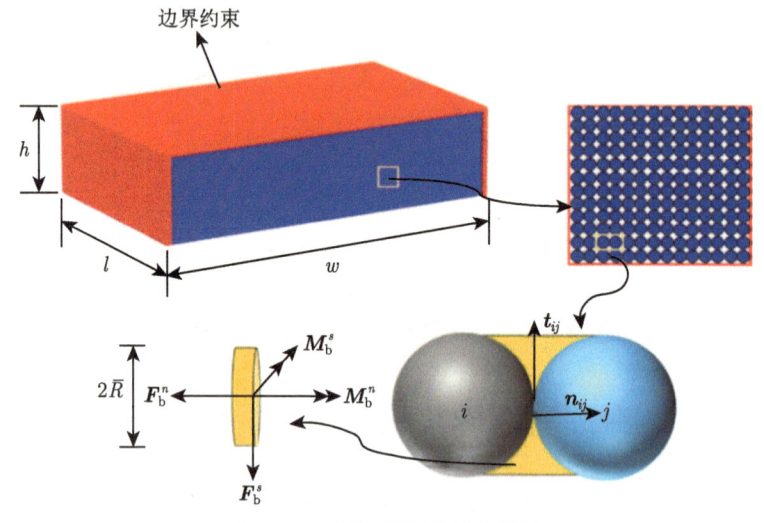

图 4.5.1 海冰的离散单元模型

这里采用四叶桨模拟海冰与螺旋桨的切削过程，主要设计参数列于表 4.5.1。螺旋桨采用八节点六面体线弹性实体单元构造 (图 4.5.2)，螺旋桨结构相关有限元计算参数见表 4.5.2。八节点六面体实体单元的单元刚度矩阵可表示为

$$\boldsymbol{K}_{\text{brick}} = \int_{-1}^{1}\int_{-1}^{1}\int_{-1}^{1} \boldsymbol{B}^{\text{T}} \boldsymbol{D} \boldsymbol{B} \, |\boldsymbol{J}| \, \text{d}\xi \text{d}\eta \text{d}\zeta \tag{4.5.1}$$

式中，$\boldsymbol{K}_{\text{brick}}$ 为八节点六面体线弹性实体单元的单元刚度矩阵；$\boldsymbol{B}$ 为单元的几何矩阵；$\boldsymbol{D}$ 为单元的弹性矩阵；$\boldsymbol{J}$ 为雅可比矩阵 (Jacobian matrix)；ξ、η 和 ζ 为插值点的自然坐标。

表 4.5.1 螺旋桨主要设计参数

参数	符号	数值	参数	符号	数值
桨叶数目	Z	4	直径	D	3.80 m
盘面比	EAR	0.55	螺距比 (0.7R)	P/D	0.60
毂径比	d/D	0.3	叶厚比 (0.7R)	t/D	0.04
额定转速	n	100 r/min	切入角	α	8°

4.5 海冰与螺旋桨相互作用的离散元分析

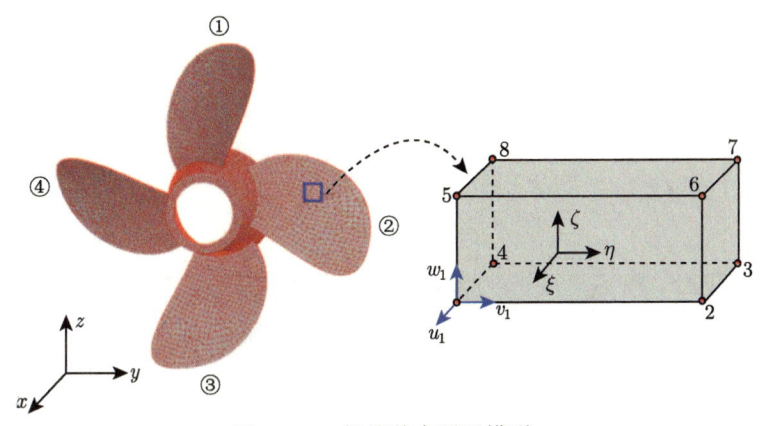

图 4.5.2　螺旋桨有限元模型

表 4.5.2　螺旋桨有限元计算参数

参数	符号	单位	数值
弹性模量	E	GPa	117.7
泊松比	ν	—	0.34
密度	ρ	kg/m^3	7600
单元数	—	—	10502
节点数	—	—	25622
许用应力	σ_a	MPa	620

采用基于 EBE 的显示积分方法求解有限元动力学方程 (Carey et al., 1988)，有限元动力学方程可以表示为

$$M\ddot{u}_{t+\Delta t} + C\dot{u}_{t+\Delta t} + Ku_{t+\Delta t} = F_{t+\Delta t} \tag{4.5.2}$$

式中，$\ddot{u}_{t+\Delta t}$、$\dot{u}_{t+\Delta t}$ 和 $u_{t+\Delta t}$ 分别为 $t+\Delta t$ 时刻结构的加速度、速度和位移；M、C 和 K 分别为结构的整体质量矩阵、阻尼矩阵和刚度矩阵；$F_{t+\Delta t}$ 为 $t+\Delta t$ 时刻受到的外部载荷向量，主要为结构冰载荷；Δt 为计算时间步长。其中质量矩阵 M 采用集中矩阵，阻尼矩阵 C 与质量矩阵 M 成正比，即 $C = \alpha M$，这里 $\alpha = 0.2$。

4.5.2　海冰–螺旋桨切削过程的 DEM-FEM 耦合模拟

螺旋桨在冰区航行中所承受的载荷主要分为三部分 (Wang et al., 2005)：海冰与螺旋桨直接相互作用所引起的冰载荷；冰阻塞、螺旋桨抽吸作用等所引起的水动力载荷；螺旋桨在敞水中行进时受到的水动力载荷。一些室内试验分析表明，水动力相对于切削冰载荷可以忽略不计，因此这里主要考虑螺旋桨在空气中切削海冰的过程。图 4.5.3 为空气中海冰–螺旋桨切削室内试验模型和 DEM-FEM 耦合模型。在 DEM-FEM 耦合模型中，海冰离散单元模型以恒定速度运动，螺旋桨则以恒定的转速转动，转动方向为逆时针，即螺旋桨的导边首先与海冰接触。这里不考虑流场对海冰和螺旋桨的影响。模拟海冰厚度为 1.2 m，模型单元划分层数为 20，具体参数列于表 4.5.3。

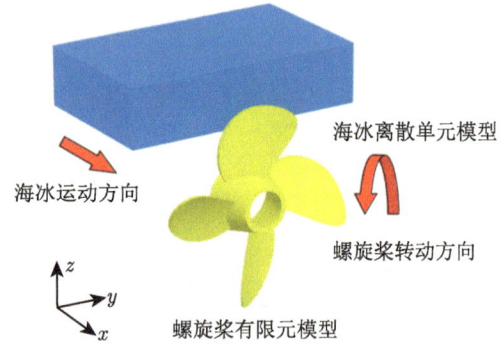

(a) 室内试验模型(Sampson et al., 2013)　　(b) DEM-FEM 耦合模型

图 4.5.3　空气中海冰–螺旋桨切削模型和 DEM-FEM 模型

表 4.5.3　切削海冰的离散元计算参数

参数	符号	单位	数值
黏结强度	σ_b	MPa	0.7
冰盖尺寸	$l \times w \times h$	m×m×m	$3.0 \times 5.0 \times 1.2$
颗粒直径	D_p	m	0.072
弹性模量	E_i	GPa	1.0
颗粒间摩擦系数	μ_p	—	0.2
颗粒–结构摩擦系数	μ_w	—	0.1
回弹系数	e_p	—	0.9
离散单元数量	N_p	—	63920

1. 螺旋桨结构冰载荷

在模拟海冰–螺旋桨切削过程中，主要考虑了在额定转速 (100 r/min) 下，海冰速度和切削深度两个变量对螺旋桨冰载荷的影响。如图 4.5.4 所示，为了更好地分析海冰与螺旋桨的切削过程中每个桨叶的冰载荷时程曲线，这里引入切削角 (milling angle, α_m) 的概念 (Wang et al., 2005)，其定义为每个螺旋桨叶转动一周过程中桨叶与冰块相互作用期间所转动的角度。这里分别采用两种切削深度 0.30 m 和 0.60 m 模拟海冰和螺旋桨的相互作用，并且认为海冰–螺旋桨切削过程中切削深度不会发生改变。每种切削深度依据冰速划分的工况列于表 4.5.4 中。

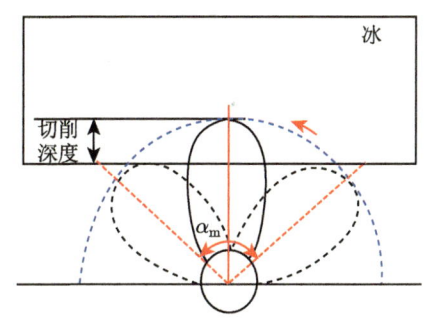

4.5 海冰与螺旋桨相互作用的离散元分析

图 4.5.4　切削深度和切削角

表 4.5.4　海冰–螺旋桨切削计算工况

切削深度/m	切削角/(°)	冰速/(m/s)				
0.3	76	0.6	1.2	1.8	2.4	3.0
0.6	105	0.6	1.2	1.8	2.4	3.0

模拟中海冰–螺旋桨切削过程的模拟时间为 1 s。图 4.5.5 为切削深度 0.6 m，冰速 1.8 m/s 工况下不同时刻海冰与螺旋桨的切削过程示意图，其对应螺旋桨的四片桨叶与海冰发生切削并致使海冰破碎。从图中可以看出，随着海冰的运动和螺旋桨的转动，海冰与桨叶发生碰撞，海冰被螺旋桨切削发生破坏。在海冰–螺旋桨切削过程中，由于受海冰速度、海冰物理性质、螺旋桨切入角、螺旋桨转速等因素的影响，海冰离散元模型破碎后冰块大小呈现随机性，并且多为粉末状，这些现象与模型试验和其他数值模拟结果 (Ye et al., 2017) 较为一致。

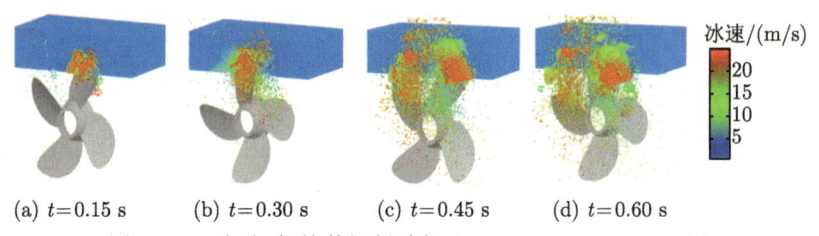

(a) $t=0.15$ s　　(b) $t=0.30$ s　　(c) $t=0.45$ s　　(d) $t=0.60$ s

图 4.5.5　海冰–螺旋桨切削过程 ($h=0.6$ m, $v=1.8$ m/s)

在海冰–螺旋桨切削过程中，通过 DEM-FEM 耦合模型得到的 x 方向冰载荷和力矩时程曲线，如图 4.5.6 所示，图中不同颜色的区域代表每个桨叶与冰块发生接触的时间。从图中可以看出，冰载荷与力矩都呈现出多个脉冲，并且每个脉冲与桨叶作用时间有着密切的联系。当切削深度为 0.3 m 时，每个桨叶的冰载荷和力矩的峰值主要出现在桨叶与冰块作用的初始时刻，并且峰值的随机性比较大，这种现象与模型试验实测数据具有一致性 (Wang et al., 2005)。其原因同叶片与冰块作用区域、作用时间，螺旋桨的型线，海冰的物理力学性质等因素有关。

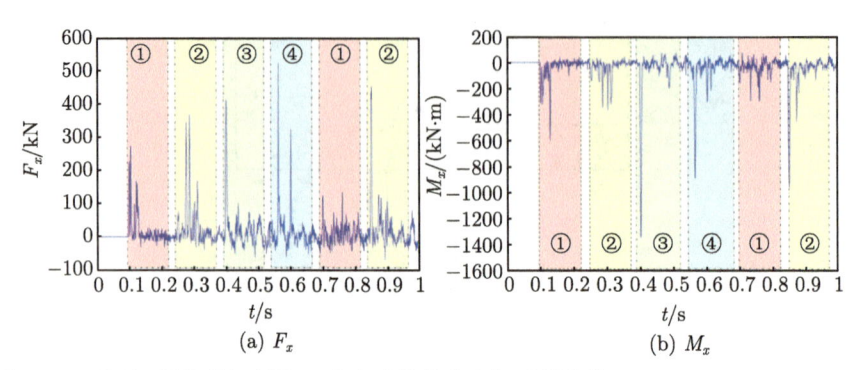

图 4.5.6　海冰–螺旋桨切削的 x 方向冰载荷和力矩时程曲线 $(v = 1.8 \text{ m/s}, h = 0.3 \text{ m})$

2. 进速系数、推力系数和扭矩系数

在海冰–螺旋桨切削过程中，为了定性地分析冰速、切削深度、冰载荷和力矩之间的关系，引入描述螺旋桨性能的三个无量纲参数：进速系数 J，推力系数 K_T 和扭矩系数 K_Q，其定义为

$$\begin{cases} J = \dfrac{v_\text{i}}{n_\text{p} D} \\ K_T = \dfrac{T}{\rho n_\text{p}^2 D^4} \\ K_Q = \dfrac{Q}{\rho n_\text{p}^2 D^5} \end{cases} \tag{4.5.3}$$

式中，n_p 为额定转速 (100 r/min)；D 为直径；v_i 为冰速；T 为螺旋桨的推力，即 x 轴方向的载荷 F_x；Q 为螺旋桨的扭矩，即 M_x；ρ 为海冰密度。

为进一步验证 DEM-FEM 耦合模型对海冰–螺旋桨切削过程模拟的合理性，这里将螺旋桨受到的推力和扭矩与 JPRA 项目公式和 IACS URI3 规范进行对比。其中 JPRA#6 项目中推力和扭矩的计算公式为 (Wang et al., 2005)

$$F_\text{b} = -92.9717 \left(\delta \frac{\text{EAR}}{D}\right)^{0.2866} \text{e}^{(-0.183\alpha)} (nD)^{0.7126} D^{2.0235} \tag{4.5.4}$$

$$T = 1.1304 \times F_\text{b} \tag{4.5.5}$$

$$Q_\text{max} = -234.54 \left(1 - \frac{d}{D}\right) \delta^{0.19} \left(\frac{h_\text{i}}{D}\right)^{1.07} (-0.90 J^2 + J + 0.44) \left(\frac{P}{D}\right)^{0.16}$$
$$\cdot \left(\frac{t}{D}\right)^{0.60} (nD)^{0.60} D^{3.04} \tag{4.5.6}$$

4.5 海冰与螺旋桨相互作用的离散元分析

IACS URI3 规范对船舶在冰区航行中螺旋桨的推力和扭矩的定义为 (胡志宽等, 2013)

$$F_\text{b} = \begin{cases} 27\,(nD)^{0.7}\left(\dfrac{\text{EAR}}{Z}\right)^{0.3} D^2 & (D \leqslant D_\text{limt}) \\ 23\,(nD)^{0.7}\left(\dfrac{\text{EAR}}{Z}\right)^{0.3} D h_\text{i}^{1.4} & (D > D_\text{limt}) \end{cases} \tag{4.5.7}$$

$$T = 1.1 F_\text{b} \tag{4.5.8}$$

$$Q_\text{max} = 105\left(1 - \dfrac{d}{D}\right)\left(\dfrac{P}{D}\right)^{0.16}\left(\dfrac{t}{D}\right)^{0.6}(nD)^{0.17}D^3 \tag{4.5.9}$$

式中，F_b 为螺旋桨桨叶受到的最大向后弯曲力；T 为螺旋桨受到的推力；Q_max 为螺旋桨扭矩最大值；δ 为海冰单轴压缩强度，此处为 5.0 MPa；EAR 为盘面比；α 为切入角；h_i 为冰厚，此处为 1.2 m；Z 为叶片数目；n 为转速；P/D 为螺距比；t/D 为叶厚比。

图 4.5.7 为不同切削深度下，通过 DEM-FEM 耦合模型计算得到的进速系数与推力系数、扭矩系数的结果。图 4.5.7(a) 为两种切削深度下，进速系数与推力系数的峰值或均值呈现非线性增加的关系，并且这两种切削深度的峰值曲线波动范围均在 JPRA 和 IACS 经典公式计算结果的范围内。图 4.5.7(b) 为进速系数与扭矩系数峰值的关系，从图中更可以看出，DEM-FEM 耦合模型计算结果明显小于 IACS 经典公式计算的推力系数；在低进速系数和切削深度较小的情况下，数值计算结果更接近于 JPRA 公式计算值，而与 IACS 公式计算得到的值存在较大差距。

(a) 进速系数与推力系数关系　　(b) 进速系数与扭矩系数关系

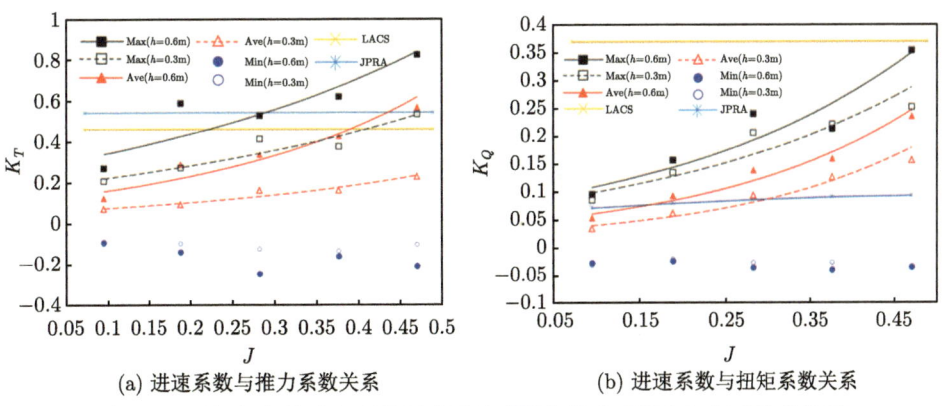

图 4.5.7　海冰–螺旋桨切削作用中进速系数与推力系数和扭矩系数的关系

3. 螺旋桨结构动力响应分析

本节给出了切削深度为 0.6 m/s，冰速为 1.8 m/s 工况下，通过 DEM-FEM 耦合模型计算得到的螺旋桨切削海冰两个时刻的结构压力、von Mises 应力和 x 方向位移云图，如图 4.5.8 所示。在切削海冰的过程中，桨叶的压力最大处为螺旋桨导边 (即螺旋桨与海冰的主要接触部分)，主要集中出现在导边上 $0.6R \sim 0.9R$ 的区域；最大 von Mises 应力主要出现在最大冰压力位置。但随着螺旋桨的转动，最大应力出现在桨叶随边的根部；对于切削过程中桨叶最大变形主要集中在叶片的梢部，而叶片的根部变形量很小，这种变形特点容易导致叶片边缘区域和梢部的损伤和变形。

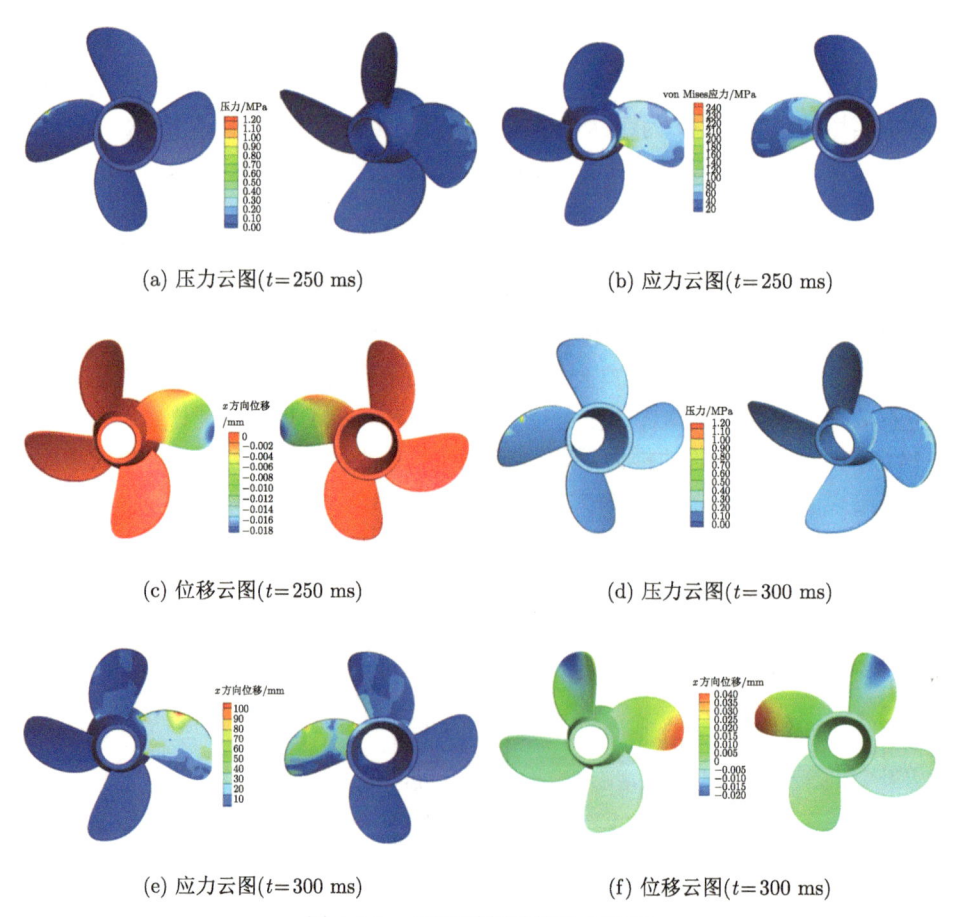

(a) 压力云图(t=250 ms) (b) 应力云图(t=250 ms)

(c) 位移云图(t=250 ms) (d) 压力云图(t=300 ms)

(e) 应力云图(t=300 ms) (f) 位移云图(t=300 ms)

图 4.5.8　不同时刻结构动力响应

4.6 小　　结

为分析船舶在碎冰区航行中的冰阻力和冰载荷，本章分别采用三维圆盘单元和扩展多面体单元模拟不同厚度、尺寸和密集度的碎冰，采用三角形单元对船体结构进行刚体离散化剖分，在不同航速和海冰参数条件下对冰船相互作用进行了离散元分析。在此基础上进一步考虑海水与碎冰、船体的流固耦合作用，计算分析了碎冰区冰阻力的变化特性。此外，为分析单块浮冰与船体碰撞时的冲击载荷，通过 IACS 规范对离散元方法计算的船体结构冰压力进行了验证，结果证明，离散元方法对船体冰载荷的模拟具有较高的准确性。

对于船舶在平整冰区的冰载荷和冰阻力，本章分别采用黏结球体单元和扩展多面体单元进行了系统的数值计算，重点分析了冰厚和航速影响下的船体冰阻力的变化规律，并将计算结果同 Lindqvist 冰阻力经验公式进行了对比验证。针对破冰船引航方式下的冰区航运问题，本章采用扩展多面体离散元方法计算分析了不同航速和船宽比条件下前后两船所受冰阻力的特点。针对极地船舶的冰区操纵破冰性能问题，本章建立了船体的六自由度操纵破冰运动模型；并以"雪龙"号科学考察船为研究对象，对敞水 35° 舵角下的计算结果与实船试航结果进行了对比验证；在此基础上，进一步分析了不同冰厚及舵角影响下的船体冰载荷及破冰轨迹，并定性给出了操纵破冰过程中的船体线载荷分布与直航破冰下的差异。对于带有软刚臂的单点系泊式核动力浮式平台结构，本章采用离散元方法计算了风、流和冰联合作用下船体的运动与冰阻力，以及导管架系泊平台的冰载荷变化规律。

本章采用基于 GPU 高性能计算的 DEM-FEM 耦合模型计算分析了海冰–螺旋桨相互作用过程。计算结果表明，在海冰–螺旋桨相互切削过程中，螺旋桨会承受周期性的脉冲冰载荷，并且随着切削深度的增加，周期性脉冲载荷会转变为持续性的载荷。随着进速系数的增加，推力系数和扭矩系数的峰值、均值都呈现非线性增加趋势。此外，以上耦合模型的模拟结果，与模型试验、经典公式对比具有很好的一致性，进一步说明了本章数值模拟结果的合理性。

参 考 文 献

狄少丞, 王庆, 薛彦卓, 等. 2018. 船冰区操纵性能离散元分析 [J]. 工程力学, 35(11): 249-256.

狄少丞, 薛彦卓, 季顺迎. 2017. 船舶在平整冰区行进过程的离散元分析 [J]. 海洋工程, 35(3): 59-69.

桂洪斌, 胡志宽. 2018. 基于 SPH 法的冰与船舶螺旋桨碰撞数值模拟 [J]. 船舶力学, 22(4): 425-433.

胡志宽, 桂洪斌, 夏鹏鹏, 等. 2013. 冰载荷下船舶螺旋桨强度的有限元分析 [J]. 船舶工程, 35(5): 12-15.

季顺迎, 雷瑞波, 李春花, 等. 2017. "雪龙"号科考船在冰区航行的船体振动测量研究 [J]. 极地研究, 29(4): 427-435.

李紫麟, 刘煜, 孙珊珊, 等. 2013. 船舶在碎冰区航行的离散元模型及冰载荷分析 [J]. 力学学报, 45(6): 868-877.

厉召卿, 郭培清. 2020. 从核动力破冰船到浮动核电站——俄罗斯的北极核能应用 [J]. 中国船检, 5: 60-63.

刘璐, 胡冰, 季顺迎. 2020. 破冰船引航下极地船舶结构冰载荷的离散元分析 [J]. 水利水运工程学报, (3): 11-18.

刘璐, 尹振宇, 季顺迎. 2019. 船舶与海洋平台结构冰载荷的高性能扩展多面体离散元方法 [J]. 力学学报, 51(6): 1720-1739.

王超, 叶礼裕. 2019. 近场动力学方法在冰桨耦合特性研究中的应用 [M]. 哈尔滨: 哈尔滨工程大学出版社.

徐莹, 胡志强, 陈刚, 等. 2019. 船冰相互作用研究方法综述 [J]. 船舶力学, 23(1): 110-124.

杨冬宝, 季顺迎. 2021. 螺旋桨对海冰切削作用的 DEM-FEM 耦合分析 [J]. 海洋工程, 39(2): 74-83.

张媛, 王超, 傅江妍, 等. 2018. 冰区航行船舶操纵性研究综述 [J]. 中国造船, 59(4): 200-211.

Carey G F, Barragy E, Mclay R, et al. 1988. Element-by-element vector and parallel computations[J]. International Journal for Numerical Methods in Biomedical Engineering, 4(3): 299-307.

Guo C Y, Han K, Wang C, et al. 2021. Evaluation and analysis of the static strength of ice-class propellers[J]. Ocean Engineering, 235: 109336.

Hopkins M A. 2004. Discrete element modeling with dilated particles[J]. Engineering Computations, 21: 422-430.

Hu B, Liu L, Wang D, et al. 2021. GPU-based DEM simulations of global ice resistance on ship hull during navigation in level ice[J]. China Ocean Engineering, 35(2): 228-237.

Huang Y, Li W, Wang Y H, et al. 2016. Experiments on the resistance of a large transport vessel navigating in the Arctic region in pack ice conditions [J]. Journal of Marine Science and Application, (15): 269-274.

ISO 19906. 2010. Petroleum and natural gas industries-Arctic offshore structures [S]. Europe: International Organization for Standardization.

Izumiyama K, Wako D, Shimada H, et al. 2005. Ice load measurement on a model ship hull[C]. Proceedings of the 16th International Conference on Port and Ocean Engineering under Arctic Conditions (POAC), Potsdam, USA.

Jou O, Celigueta M A, Latorre S, et al. 2019. A bonded discrete elementmethod for modeling ship-ice interactions in broken and unbroken sea ice fields[J]. Computational Particle Mechanics, 6: 739-765.

Kim E, Amdahl J. 2016. Discussion of assumptions behind rule-based ice loads due to crushing [J]. Ocean Engineering, 119: 249-261.

Kim M C, Lee S K, Lee W J, et al. 2013. Numerical and experimental investigation of the resistance performance of an icebreaking cargo vessel in pack ice conditions[J]. International Journal of Naval Architecture and Ocean Engineering, 5(1):116-131.

Kujala P. 1996. Semi-empirical evaluation of long term ice loads on a ship hull[J]. Marine Structures, 9(9): 849-871.

Lau M. 2006. Preliminary modelling of ship manoeuvring in ice using a PMM[R]. Technical Report.

Lau M, Lawrence K P. 2011. Discrete element analysis of ice loads on ships and structures[J]. Ships and Offshore Structures, 6(3): 211-221.

Lindqvist G. 1989. A straightforward method for calculation of ice resistance of ships[C]. Proc. 10th Int. Conf. Port and Ocean Engineering Under Arctic Conditions (POAC 1989). Luleå, Sweden: 722-735.

Liu L, Ji S. 2018. Ice load on floating structure simulated with dilated polyhedral discrete element method in broken ice field[J]. Applied Ocean Research, 75: 53-65.

Liu L, Ji S. 2021. Dilated-polyhedron-based DEM analysis of the ice resistance on ship hulls in escort operations in level ice[J]. Marine Structures, 80: 103092.

Liu P, Islam M F, Doucet J M, et al. 2010. Design study of a heavily loaded ice class propeller using an advance panel method [J]. Marine Technology, 47(1): 74-84.

Lu W, Lubbad R, Aleksey S, et al. 2018. Parallel channels' fracturing mechanism during ice management operations. Part I: Theory [J]. Cold Regions Science & Technology, 156: 102-116.

Luo W, Jiang D, Wu T, et al. 2020. Numerical simulation of an ice-strengthened bulk carrier in brash ice channel[J]. Ocean Engineering, 196: 1-14.

Moores C, Veitch B, Bose N, et al. 2002. Multi component blade load measurement on a propeller in ice [J]. Transactions of the Society of Naval Architects and Marine Engineers, 110: 169-187.

Quinton B. 2006. DECICE implementation of ship performance in ice: a summary report[R]. Student Report.

Riska K, Leiviska T, Nyman T, et al. 2001. Ice performance of the Swedish multi-purpose icebreaker Tor Viking II[C]. Proceedings of 16th International Conference on Port and Ocean Engineering under Arctic Conditions (POAC), Ottawa, Canada.

Riska K, Wilhelmson M, Englund K, et al. 1997. Performance of merchant vessels in ice in the Baltic[R]. Winter Navigation Research Board. Helsinki, Finland.

Sampson R, Atlar M, St John J W, et al. 2013. Podded propeller ice interaction in a cavitation tunnel[C]. Third International Symposium on Marine Propulsors SMP 13, Launceston, Australia.

Su B, Kaj R, Torgeir M. 2010. A numerical method for the prediction of ship performance in level ice[J]. Cold Regions Science and Technology, 60(3): 177-188.

Su B, Skjetne R, Berg T E. 2014. Numerical assessment of a double-acting offshore vessel's performance in level ice with experimental comparison [J]. Cold Regions Science and

Technology, 106-107: 96-109.

Sun S, Shen H H. 2012. Simulation of pancake ice load on a circular cylinder in a wave and current field [J]. Cold Regions Science and Technology, 78: 31-39.

Suominen M, Kujala P, Romanoff J, et al. 2017. Influence of load length on short-term ice load statistics in full-scale [J]. Marine Structures, 52: 153-172.

Tan X, Riska K, Moan T. 2014. Effect of dynamic bending of level ice on ship's continuous-mode icebreaking [J]. Cold Regions Science & Technology, 106-107: 82-95.

Tan X, Su B, Riska K, et al. 2013. A six-degrees-of-freedom numerical model for level ice-ship interaction[J]. Cold Regions Science and Technology, 92: 1-16.

Tian X, Zou Z, Yu J, et al. 2015. Review on advances in research of ice loads on ice-going ships [J]. Journal of Ship Mechanics, 19(3): 337-348.

Wang C, Li X, Chang X, et al. 2019. Numerical simulation of propeller exciting force induced by milling-shape ice [J]. International Journal of Naval Architecture and Ocean Engineering, 11(1): 294-306.

Wang J Y, Akinturk A, Jones S J, et al. 2005. Ice loads acting on a model podded propeller blade[J]. Journal of Offshore Mechanics and Arctic Engineering, 129(3): 236-244.

Xue Y, Liu R, Liu Y, et al. 2019. Numerical simulations of the ice load of a ship navigating in level ice using peridynamics[J]. Computer Modeling in Engineering & Sciences, 121(2): 523-550.

Yang B Y, Zhang G Y, Huang Z G, et al. 2020. Numerical simulation of the ice resistance in pack ice conditions [J]. International Journal of Computational Methods, 17(1): 1844005.

Ye L Y, Wang C, Chang X, et al. 2017. Propeller-ice contact modeling with peridynamics [J]. Ocean Engineering, 139: 54-64.

Zhang N, Zheng X, Ma Q, et al. 2019. A numerical study on ice failure process and ice-ship interactions by Smoothed Particle Hydrodynamics[J]. International Journal of Naval Architecture and Ocean Engineering, 11: 796-808.

Zheng Z M, Zang M Y, Chen H Y, et al. 2018. A GPU-based DEM-FEM computational framework for tire-sand interaction simulations [J]. Computers & Structures, 209(15): 74-92.

Zhou L, Wang F, Diao F, et al. 2019. Simulation of ice-propeller collision with cohesive element method [J] . Journal of Marine Science and Engineering, 7(10): 349-369.

第 5 章 海洋工程结构冰载荷的离散元分析

目前，固定式海洋平台结构在寒区海洋工程中应用广泛，其基底固定于海床上，一般采用桩基础或重力式基础。固定式结构的固有频率较高，振动周期同挤压冰载荷周期范围接近，因此，在很多情况下会产生交变冰载荷，引发强烈的冰激结构振动 (屈衍, 2006)。导管架平台由其桩腿的结构形式，又可分为直立结构和锥体结构。海冰与这两种类型结构作用时的破碎形式不同，其冰载荷特性也有很大的差异。对于目前广泛采用的锥体海洋工程结构，本章将采用离散元方法重点分析海冰在锥角、锥径等因素影响下的断裂长度，在此基础上进一步模拟分析海冰与复杂形式的海洋平台结构的相互作用过程。对于浮式海洋平台结构，本章将考虑锚泊的半潜式海洋平台结构在海冰作用下的运动特性及冰载荷变化，并采用离散元方法对锚泊系统进行水动力学影响下的计算分析。针对冰区核电站取水口的海冰堆积问题，本章将考虑流速、风速作用下的海冰堆积高度，为冰区核电站的安全运行提供参考依据。

5.1 寒区海洋平台结构冰载荷分析

对于单桩海洋平台、风机基础、灯塔等固定式海洋工程结构，采用离散元方法可分析其在不同冰厚、冰速、密集度下的冰载荷特性。特别是对于安装有抗冰锥体的海洋工程结构，锥体角度、锥径也是影响结构冰载荷的重要因素。对于多桩腿海洋平台结构，不同流冰方向下的总冰载荷具有显著的遮蔽效应；对于具有非规则结构的自升式海洋平台，离散元方法可模拟各个桩腿上的冰载荷及结构总冰载荷；最后，对斜面结构的冰载荷进行离散元分析。

5.1.1 直立结构冰载荷的离散元分析

直立结构因其结构形式简单而在海洋结构物中广泛应用，如渤海的导管架平台、Molikpad 平台、芬兰 Kemi-I 灯塔等。在海冰与直立结构的相互作用过程中，海冰的作用方向与结构表面垂直，多发生挤压破碎。人们通过现场观察及试验研究发现，海冰在不同的加载速率下会发生韧脆转变，并由此导致直立结构不同的冰激振动模式。

1. 海冰与直立结构作用的离散元分析

渤海辽东湾 JZ9-3 海域系缆桩直立结构与海冰的相互作用过程如图 5.1.1 所示。为分析冰激结构振动，采用离散元方法模拟结构运动时，可将直立结构等效为简化的质量–刚度–阻尼模型，仅考虑其水平 x 和 y 方向平动和绕 z 轴转动这三个自由度。

图 5.1.1　渤海 JZ9-3 海域系缆桩直立结构与海冰的作用过程

将结构视为刚体不考虑其内部形变，则其水平方向运动方程可表示为

$$F_{\mathrm{ice}} = kx + c\dot{x} + m\ddot{x} \tag{5.1.1}$$

$$c = 2\zeta\sqrt{m \cdot k} \tag{5.1.2}$$

式中，F_{ice} 为冰载荷；x 为结构位移；k 为结构平动刚度；c 为结构平动阻尼；ζ 为结构平动阻尼系数；m 为结构质量。

根据结构冰载荷 F_{ice}，以及结构当前时刻的结构位移 x^n 和运动速度 v^n，可求得结构下一时刻的运动加速度 a^{n+1}，可计算结构在下一时刻的运动速度 v^{n+1} 及运动位移 x^{n+1}，进而完成对结构位置的更新：

$$a^{n+1} = (F_{\mathrm{ice}} - k \cdot x^n - c \cdot v^n)/m \tag{5.1.3}$$

$$v^{n+1} = v^n + a^{n+1} \cdot \Delta t \tag{5.1.4}$$

$$x^{n+1} = x^n + v^{n+1} \cdot \Delta t \tag{5.1.5}$$

式中，Δt 为离散元模拟的时间步长。

5.1 寒区海洋平台结构冰载荷分析

为简化计算,对于固定式海洋平台的直立结构,只考虑其绕 z 轴转动,则结构转动方程可表示为

$$M_z = k_z \theta_z + c_z \dot{\theta} + I_z \ddot{\theta}_z \tag{5.1.6}$$

$$c_z = 2z_z \sqrt{I_z \cdot k_z} \tag{5.1.7}$$

式中,M_z 为合力矩,由海冰与结构的接触力产生;θ 为结构转角;k_z 为结构转动刚度;c_z 为结构转动阻尼;z_z 为结构转动阻尼系数;I_z 为结构转动惯量。

根据当前时刻结构的转角 θ_z^n、转动速度 ω_z^n 和力矩 M_z,计算结构下一时刻的转动加速度 a_z^{n+1},进而得到结构下一时刻的转速 ω_z^{n+1} 和转角 θ_z^{n+1},更新结构的转动信息:

$$a_z^{n+1} = (M_z - k_z \cdot \theta_z^n - c_z \cdot \omega_z^n)/I_z \tag{5.1.8}$$

$$\omega_z^{n+1} = \omega_z^n + a_z^{n+1} \cdot \Delta t \tag{5.1.9}$$

$$\theta_z^{n+1} = \theta_z^n + \omega_z^{n+1} \cdot \Delta t \tag{5.1.10}$$

这里根据渤海 JZ9-3 直立结构的实际尺寸及海冰的实测信息,建立海冰与直立结构作用的离散元模型;采用规则排列的球体单元构造海冰,海冰不与结构接触的三个边界为具有固定刚度和运动速度的弹簧边界;由渤海实际冰况,选取海冰厚度为 0.18 m,冰速为 0.2 m/s,海冰强度为 2.3 MPa,具体离散元参数见表 5.1.1;分别采用拉剪分区断裂准则和考虑损伤混合断裂准则,对海冰与直立结构作用过程进行计算;并将两种断裂准则的计算结果与渤海现场的实测数据进行对比,确定两种断裂准则模拟海冰挤压破碎过程的合理性。

表 5.1.1 海冰与直立结构相互作用模拟的离散元参数

定义	符号	单位	数值
试样尺寸	$l \times w \times h$	m × m × m	20 × 10 × 0.18
单元大小	D	cm	4.48
法向接触刚度	k_n	N/m	1.72×10^7
切向接触刚度	k_s	N/m	1.72×10^6
内摩擦系数	μ_b	—	0.2
法向黏结强度	σ_b^n	MPa	0.5
切向黏结强度	σ_b^s	MPa	0.5
海冰速度	V	m/s	0.2
拖曳系数	C_d	—	0.05
单元总数	N_p	—	608790

海冰与结构作用后发生脆性挤压破坏，破碎的海冰呈粉末状不断被挤出接触面。冰速较快时海冰与结构始终保持相互作用，从而形成持续性冰载荷形式。这里分别采用混合断裂准则和拉剪分区断裂准则的离散元方法，模拟海冰与直立结构作用的挤压破碎过程，如图 5.1.2 所示。模拟结果表明，两种断裂模式下海冰均发生挤压破碎，且形成细小碎块，与渤海实测结果类似。基于混合断裂准则的模拟考虑了单元刚度软化过程，存在少量单元与结构接触后未发生黏结失效而处于刚度被软化阶段，这些相互黏结的单元可形成较小海冰碎块，散落在结构物附近并产生堆积；而基于拉剪分区断裂准则的模拟中，单元与结构接触即发生黏结失效，破碎单元运动速度较大，且不会形成稳定堆积作用。由现场实测的海冰挤压过程可知，冰排前端与结构作用后被碾压成粉且相互黏滞，并伴有少量碎块。因此，考虑损伤的混合断裂准则与渤海实测结果更接近，更适合描述海冰的破碎状态。

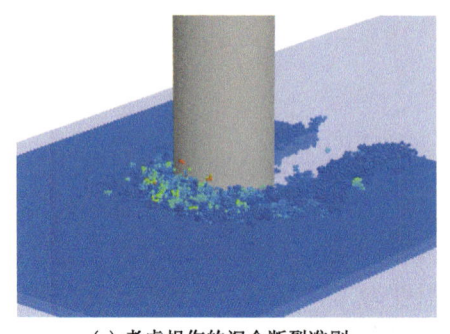

(a) 考虑损伤的混合断裂准则　　　　　　　　(b) 拉剪分区断裂准则

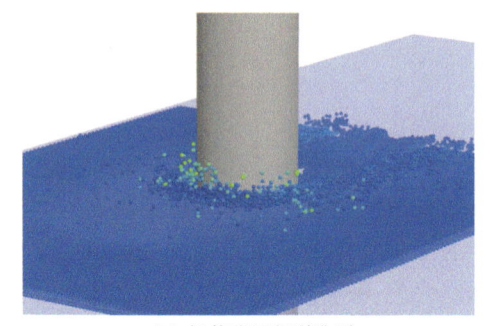

图 5.1.2　两种断裂准则下离散元模拟的海冰挤压破碎

图 5.1.3 是渤海实测的海冰与直立结构作用的冰载荷时程曲线，冰载荷频率较高且始终保持大于 20 kN。海冰破碎过程持续发生，使海冰始终保持与直立结构接触，导致冰载荷的连续性。将其与锥体结构的冰载荷时程曲线形式进行对比，发现海冰的破坏模式对其冰载荷的影响较大。海冰发生挤压破碎，导致其冰载荷频率较高且出现较连续的幅值变化，对结构的危害较大。从该图中我们还可以发现，离散元模拟和现场实测的冰载荷，其幅值比较接近，这说明，离散元方法对直立结构冰载荷的模拟具有良好的准确度。

图 5.1.4(a) 是渤海实测冰载荷的自功率谱密度 (PSD) 曲线，其功率谱能量主要集中在低频区域内，随着频率的增大呈单调递减趋势。另外，自功率谱密度在结构振动频率附近没有明显峰值，这说明，海冰在较快冰速下发生连续脆性挤压破碎，且不受结构随机振动的影响。图 5.1.4(b) 是混合断裂准则下离散元模拟冰载荷的谱分布。

(a) 渤海实测冰载荷时程

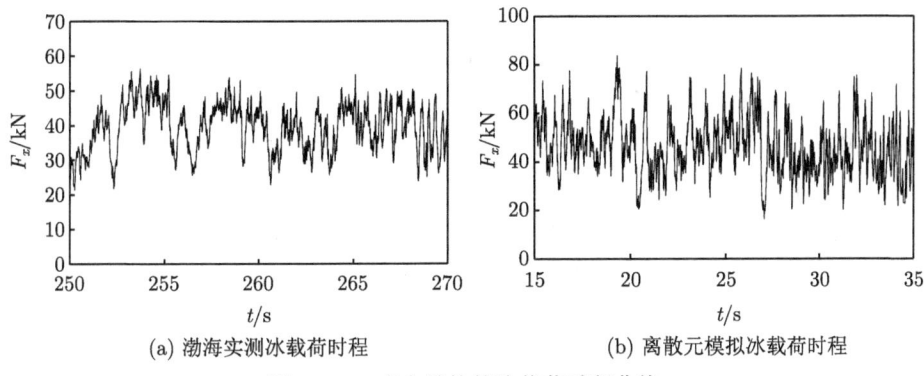

(b) 离散元模拟冰载荷时程

图 5.1.3　直立结构的冰载荷时程曲线

(a) 渤海实测冰载荷的谱分布

(b) 离散元模拟冰载荷的谱分布

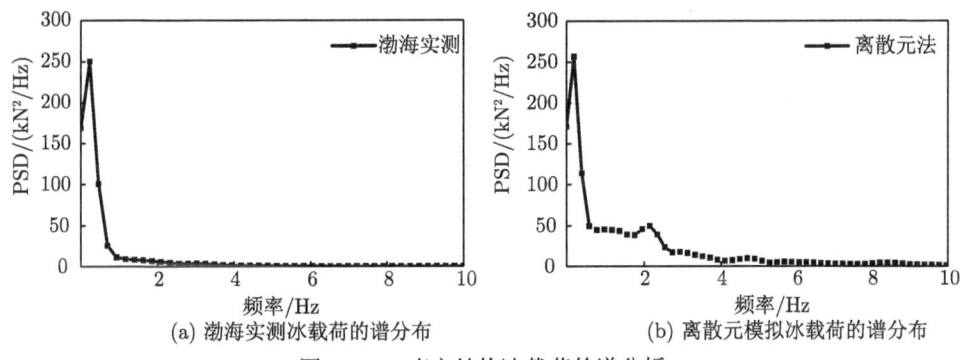

图 5.1.4　直立结构冰载荷的谱分析

综上所述，采用基于混合断裂准则的离散元方法模拟海冰挤压破碎时，不仅在冰载荷形式和数值上与实测数据相近，在冰载荷功率谱分析中也可反映出海冰脆性挤压破坏特性，所以其更适用于海冰与直立结构作用的计算分析。

2. 冰速影响下海冰与直立结构的相互作用

下面主要研究冰速对海冰破坏模式及结构振动响应的影响，以模拟不同冰速下海冰与直立结构作用的过程；将渤海实测数据与离散元计算结果进行对比，分析冰速引起的海冰破坏模式转变过程。大量实测数据表明，渤海常见冰速范围在 0.1~0.6 m/s，这里取 $v_i = 0.2$m/s 作为较快冰速，分析海冰的脆性挤压破碎发生过程；取 $v_i = 0.04$m/s 作为较慢冰速，分析海冰的韧性挤压破碎发生过程。

1) 较快冰速下海冰的脆性挤压破坏

当冰速较快时，海冰与直立结构作用后发生脆性挤压破碎，这种破坏模式在渤海 JZ9-3 平台的实测数据中最为常见。图 5.1.5 对比了渤海实测和离散元模拟中海冰发生脆性挤压破碎时结构的冰载荷及冰激振动响应。从冰载荷及结构振动形式来看，离散元计算结果与渤海实测数据较为一致。此时海冰与结构作用后呈粉末状破碎，破碎后海冰被不断挤出接触面，使海冰与结构发生持续作用。在海冰与结构的接触面上，始终有海冰发生挤压破碎，从而造成冰载荷的连续性。从结构冰激振动位移响应来看，其振动没有明显的周期性变化且振动频率较高，是受冰载荷影响而产生的随机振动，该振动类型属于受迫振动。通常这种受迫的随机振动下结构的振动幅度较小，对结构稳定性和安全性的影响也较低。因此，较快冰速会使海冰与直立结构作用时发生脆性挤压破碎，同时使结构产生随机振动。

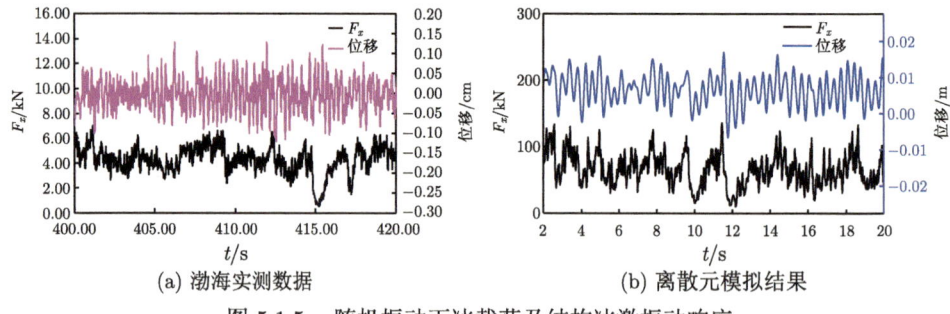

(a) 渤海实测数据

(b) 离散元模拟结果

图 5.1.5 随机振动下冰载荷及结构冰激振动响应

2) 较慢冰速下海冰的韧性挤压破坏

大量现场试验结果表明，海冰在较慢冰速下发生韧性挤压破碎现象，同时结构产生稳态振动。很多学者认为，直立结构的稳态振动现象属于冰致结构自激振动。自激振动是振动系统受到自身控制的激励作用而产生的振动形式。仅通过现场的测试或从理论模型角度，很难对结构自激振动过程中海冰破坏模式的转变情况进行合理解释。因此，下面主要结合离散元计算结果，从宏观海冰破坏模式及微观单元黏结失效角度，分析较慢冰速下海冰与直立结构作用的破坏模式及结构自激振动的发生机理。

图 5.1.6 为较慢冰速下结构的冰载荷及结构振动响应，可以看出，其变化特点与较快冰速下海冰发生脆性破坏时有很大不同。较慢冰速下的冰载荷具有明显的周期性，其时程曲线呈锯齿状，由此说明海冰的挤压破碎过程并不是连续发生的。从结构的振动响应看，结构的振动频率与冰载荷频率非常接近。此时结构表现为类似简谐振动的稳态振动形式，即结构的振幅较大、持续时间较长。

图 5.1.7 表明，冰载荷、结构位移、海冰与结构的相对运动速度、单元黏结失效次数均随时间发生明显的周期性变化，且变化周期相同。为深入探究冰载荷与结构振动之间的关系，取 50.0~58.5 s 一个变化周期的上述数据进行具体分析。图 5.1.8 给出了该变化周期内海冰与直立结构的相互作用过程，其中单元的颜色表示运动速度。结合图 5.1.7 和图 5.1.8 离散元模拟结果及海冰的破坏过程，将海

5.1 寒区海洋平台结构冰载荷分析

冰与结构的作用周期分为三个阶段。

(a) 渤海实测数据　　(b) 离散元模拟结果

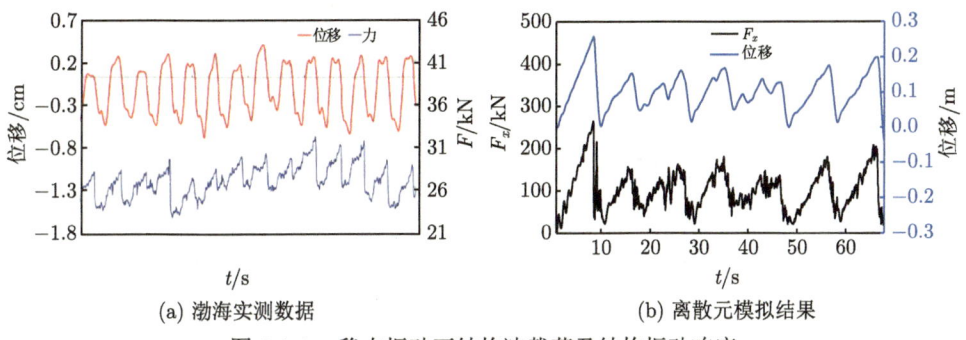

图 5.1.6　稳态振动下结构冰载荷及结构振动响应

(a) $t=1.0\sim65.0$ s　　(b) $t=50.0\sim58.5$ s

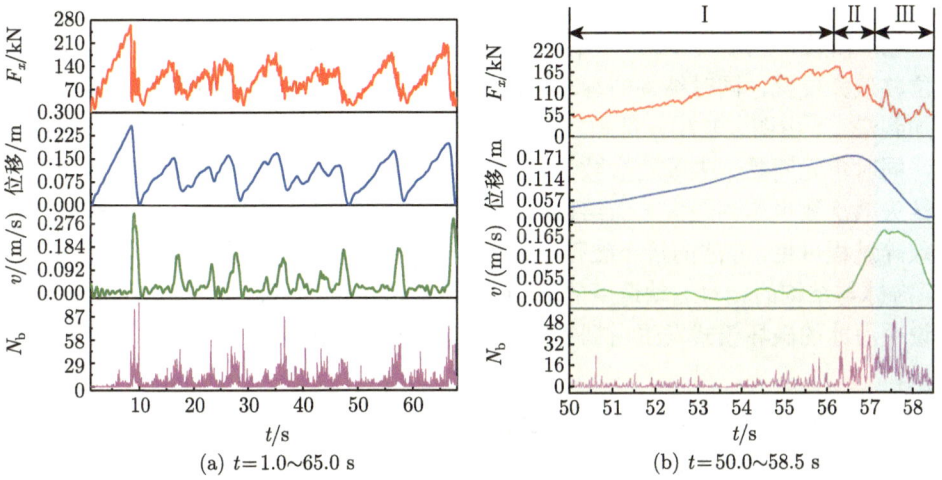

图 5.1.7　结构振动时冰载荷、结构位移、海冰与结构的相对运动速度、单元黏结失效次数的关系

第一阶段：将 $t = 50.0$ s 时直立结构位置作为结构运动周期的初始点，由图 5.1.7 可知，结构回弹到最大位置，其运动位移和速度均为零，则海冰与结构的相对速度为冰速。在加载阶段，结构在海冰的推动下位移逐渐增大，相对速度也逐渐减小。由图 5.1.8(a) 和 (b) 可知，此时海冰没有发生明显的挤压破碎，与结构接触的单元始终保持较小的运动速度，从而形成海冰与直立结构间无空隙的持续接触，也使得冰载荷持续增大。从单元的黏结失效情况来看，逐渐增大的冰载荷并没有造成单元黏结失效次数的增多，海冰在结构前的堆积高度也保持不变。由此说明，在加载阶段，由于海冰与结构的相对运动速度较低，所以海冰未发生明显破坏而仅在其内部产生裂纹，其破坏模式属于韧性破坏。

(a) $t=50.0$ s

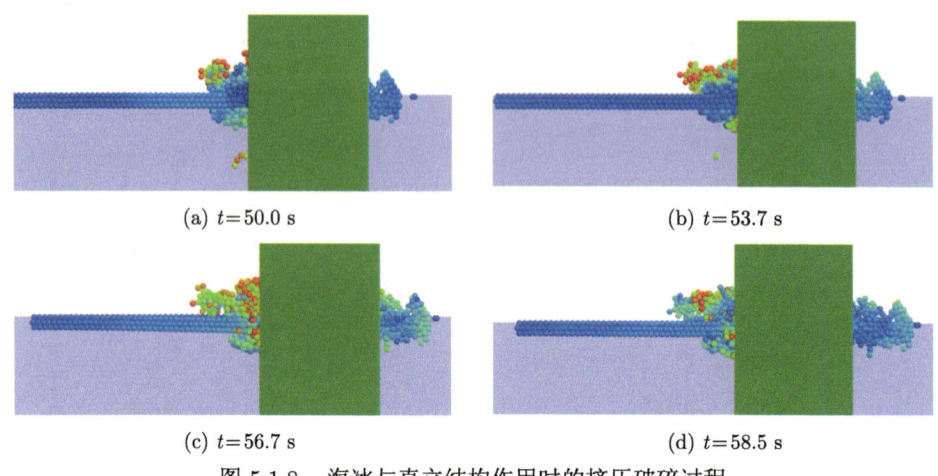

(b) $t=53.7$ s

(c) $t=56.7$ s

(d) $t=58.5$ s

图 5.1.8　海冰与直立结构作用时的挤压破碎过程

第二阶段：当 $t = 56.0 \sim 57.0$ s 时，直立结构在冰载荷的推动下向前运动到达位移最大位置，同时结构的运动速度减小至零，而海冰与结构的相对速度缓慢增加到最大。由图 5.1.7(b) 可知，在 $t = 56$ s 之后，结构对海冰的加载速率不断增大，同时单元间黏结失效的次数也逐渐增加。当结构的位移达到最大值后，单元黏结失效次数也达到最大，而结构的冰载荷却逐渐减小。由图 5.1.8(b) 和 (c) 海冰破碎过程可见，海冰的挤压破碎明显增多，在结构前的堆积高度也逐渐增大。因此，海冰与结构的相对运动速度的增加，导致单元黏结失效次数迅速增加，此过程可说明海冰的破坏模式发生由韧性破坏向脆性破坏的转变，即海冰处于韧脆转变阶段。

第三阶段：结构运动到位移最大处后迅速回弹，回弹过程由图 5.1.8(c) 到 (d) 仅用了 1.2 s 的时间，结构回弹速度较快，且与海冰的相对速度也迅速增大，冰排前端迅速发生大量的挤压破碎。同时，由图 5.1.7(b) 可知，在此阶段单元黏结失效次数始终保持在较高水平，说明海冰主要发生脆性挤压破坏。由于海冰脆性挤压破碎的强度较低，冰载荷在结构回弹时也迅速下降。当结构回弹至运动周期的初始点时，冰载荷最低，海冰与结构的相对速度也迅速降到最低，同时单元黏结失效次数迅速下降。直到结构与后续冰排重新接触后，海冰与结构的相互作用完成一次周期变化。

由以上分析可知，在结构发生稳态振动的过程中，当海冰与结构的相对速度较小时，海冰发生韧性挤压破坏；当海冰与结构的相对速度较大时，海冰发生脆性挤压破坏；另外在过渡区域还会发生韧脆转变。海冰发生挤压破碎的周期不仅与自身强度有关，还受到结构振动的影响。与冰速较快时结构的受迫振动形式不同，此时结构的稳态振动存在对冰载荷的反馈作用，即结构稳态振动与海冰破坏耦合，可以说明结构与海冰组成的振动系统具有自激振动特性。结构稳态振动可造成结构振动加剧，对结构的损坏程度较大，因此在工程实践中应尽量避免结构稳态振动的发生。直立结构稳态振动产生的关键是海冰的韧性挤压破碎，若消除海冰韧性破坏过程则可有效避免结构稳态振动的发生。海冰的韧性破坏与加载速率和结构物形状关系密切，可通过对结构表面加肋板等方式，诱导冰排前端首先产生径向裂纹而阻止海冰韧性挤压破坏的发生。

5.1.2 锥体海洋结构冰载荷的离散元分析

在高纬度寒区海域，锥体平台结构因具有良好的抗冰性能而被广泛应用，如渤海的导管架平台、加拿大 Confederation 桥墩 (Yue and Bi, 2000; Timco et al., 2006; Brown and Määttänen, 2009)。海冰与锥体结构作用时的主要破坏模式为弯曲破坏，且作用在锥体结构上的冰载荷具有明显的周期性 (季顺迎等, 2011a; Long et al., 2021)。由于海冰的弯曲强度较小，锥体结构在减小冰载荷和降低冰激振动方面具有显著优势 (关湃等, 2017)。我国在渤海 JZ20-2 和 JZ9-3 的锥体导管架海洋平台上展开了冰载荷和冰激振动的现场测量 (岳前进等, 2003)。对于渤海锥体导管架海洋平台结构，潮汐变化会引起海冰作用位置处锥径的差异，并导致锥体冰载荷的显著变化，如图 5.1.9 和图 5.1.10 所示。针对由潮汐变化导致的海冰与锥体作用位置变化，大连理工大学采用离散元方法对其冰载荷及海冰破坏模式进行深入研究，分析正倒锥交界处海冰破坏模式的变化情况，并揭示海冰与锥体结构不同作用位置时的破碎机理和冰载荷特性 (龙雪等, 2018a, 2019; Long et al., 2020, 2021)。此外，针对锥体抗冰结构设计问题，大连理工大学也采用离散元方法研究了锥角变化引起的海冰破坏模式转变过程及结构冰载荷特点。

图 5.1.9　渤海 JZ20-2 导管架海洋平台

·308· 第 5 章 海洋工程结构冰载荷的离散元分析

(a) 海冰作用于上锥体  (b) 海冰作用于下锥体

(c) 海冰作用于正倒锥体结合处  (d) 海冰作用于锥体上方直立结构

图 5.1.10 潮汐影响下海冰对正倒锥体结构的作用情况

正倒锥体结构的主要几何参数如图 5.1.11(a) 所示。这里正锥体和倒锥体的角度分别为 60° 和 45°，正倒锥体结合处的最大锥径为 4.0m，直立结构处的直

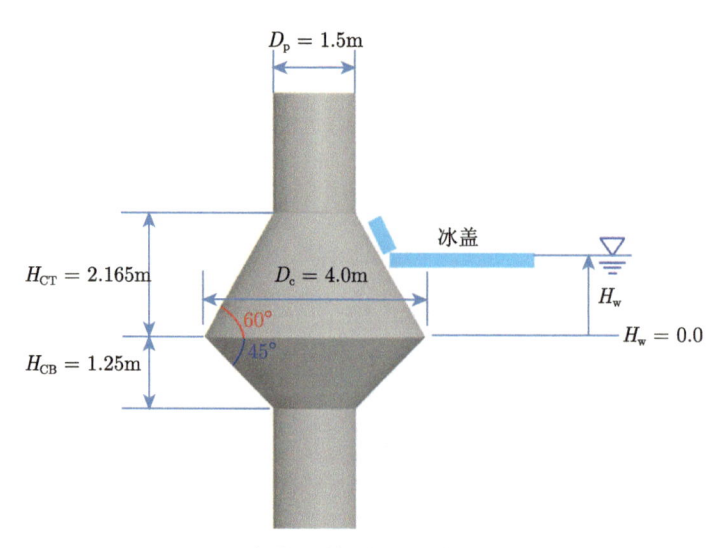

(a) 正倒锥体结构的几何参数

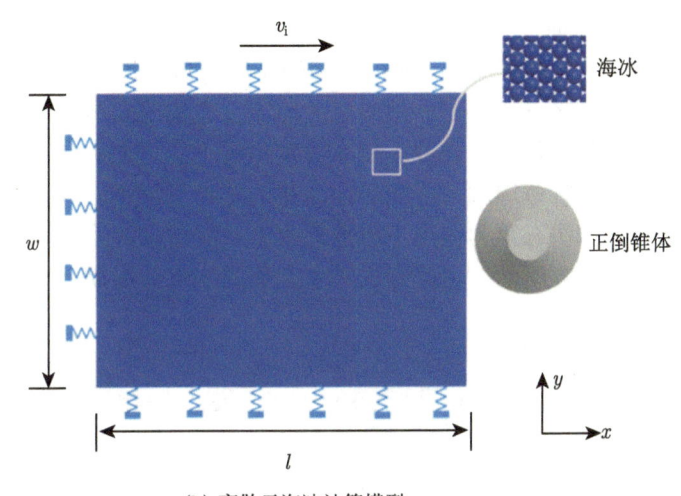

5.1 寒区海洋平台结构冰载荷分析

(b) 离散元海冰计算模型

图 5.1.11　海冰与锥体结构相互作用的离散元模型

径为 1.5 m。我们将正倒锥体结合处的水位高度设为 0.0，离散元计算模型如图 5.1.11(b) 所示。主要的计算参数列于表 5.1.2。考虑海冰温度在竖直方向上的线性分布及其对海冰强度的影响，这里取海冰上层和下层单元的冻结强度分别为 1.86 MPa 和 1.22 MPa。

表 5.1.2　海冰与锥体相互作用离散元模拟中的主要计算参数

参数	变量	单位	数值
海水密度	ρ_w	kg/m^3	1035.0
海冰密度	ρ_i	kg/m^3	920.0
冰速	v_i	m/s	0.4
冰厚	h_i	m	0.2
计算域	$l \times w$	m $\times$ m	20.0 $\times$ 13.0
海冰弹性模量	E	GPa	1.0
海冰单元直径	D	m	0.054
海冰单元数量	N_p	—	2.9×10^5
海冰单元间摩擦系数	μ_b	—	0.2
冰–锥摩擦系数	μ_s	—	0.2
海冰盐度	S_i	—	1.0‰
水温	T_w	°C	-1.73
表面冰温	T_s	°C	-10.0

1. 作用位置对海冰破坏模式及冰载荷的影响

这里采用离散元方法模拟海冰作用在正锥体、倒锥体及正倒锥交界处时的冰载荷特点及海冰破坏模式的变化规律，分析海冰作用在锥体不同位置时冰载荷及海冰断裂长度变化的原因，验证海冰在正倒锥交界处发生挤压破坏的可能性。

1) 正锥体冰载荷

图 5.1.12(a)~(c) 为离散元模拟得到的不同时刻海冰作用在正锥体上的破碎过程，用不同颜色区分海冰弯曲破碎后的碎冰分布情况。冰排与正锥作用时，冰排内部产生径向裂纹及环向裂纹，使冰排发生向上的弯曲破碎。破碎后的海冰多呈楔形块状分布在锥体周围，并在后续冰排的推动下沿锥面继续向上爬升并不断堆积。爬升的碎冰块在重力作用下将滑入水中，然后在海水的拖曳作用下向前继续漂移并从锥体两侧清除，由此形成一个完整的冰载荷周期。

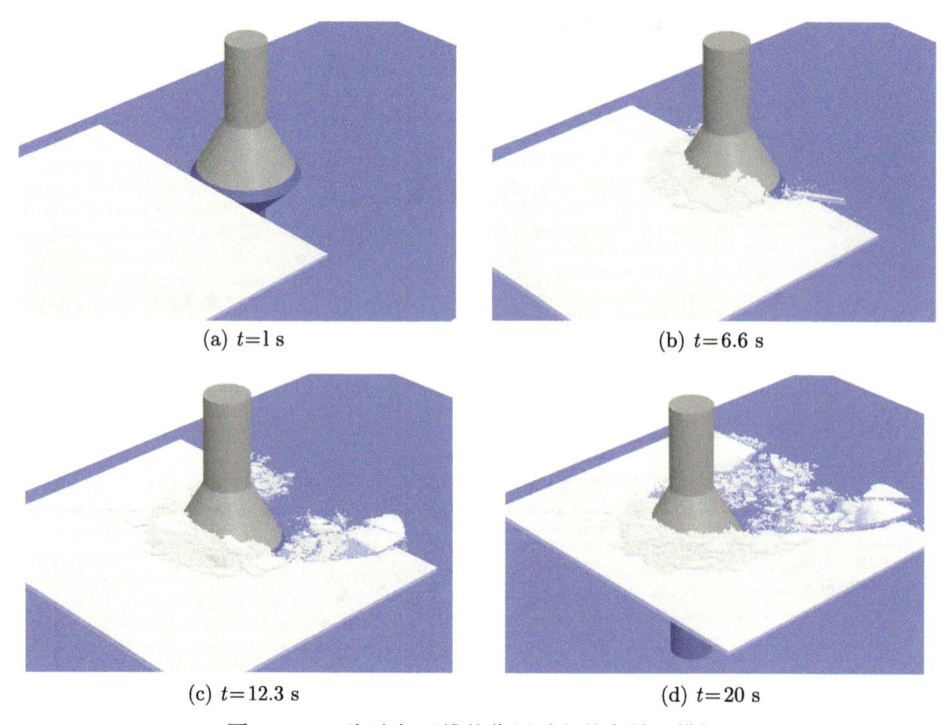

(a) $t=1$ s

(b) $t=6.6$ s

(c) $t=12.3$ s

(d) $t=20$ s

图 5.1.12　海冰与正锥体作用过程的离散元模拟

图 5.1.13(a) 为渤海 JZ20-2 锥体平台上的冰载荷实测数据，图 5.1.13(b) 为离散元计算结果。该图表明，离散元模拟的锥体冰载荷与实测结果在形式上均有明显的周期性特点。这是由于海冰与锥体作用时均发生弯曲破坏。在冰排与结构作用的加载和卸载过程中，冰排发生弯曲破碎时会形成较大的作用力。冰排破碎后，该作用力迅速减小直到后续冰排再次作用到锥体上。除考虑冰载荷的最大值外，这里还采用冰载荷时程中冰载荷峰值的均值作为对比分析的主要指标，以降低冰载荷时程的随机性影响。这里，采用离散元方法模拟的冰载荷峰值均值和冰载荷周期分别为 76.9 kN 和 0.71 s，而现场测量结果分别为 64.7 kN 和 0.77 s。由此可见，对于冰排的破坏模式、冰载荷的大小和周期，离散元计算结果与渤海实

5.1 寒区海洋平台结构冰载荷分析

测数据均比较一致，从而验证了该离散元方法及计算参数在锥体结构冰载荷模拟中的准确性。

(a) 渤海实测的冰载荷

(b) 离散元模拟的冰载荷

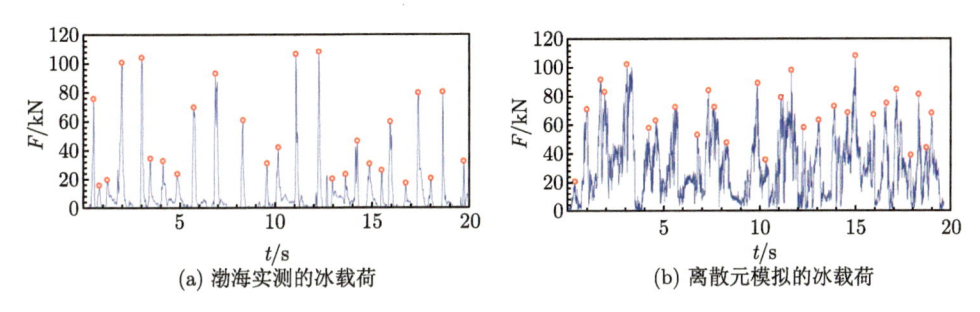

图 5.1.13　渤海实测正锥体冰载荷与离散元模拟结果对比

2) 倒锥体冰载荷

潮汐会对海洋平台结构的水线高度造成影响，进而决定了海冰对锥体结构的作用位置。在较低水位时，海冰将作用于倒锥体上。这里我们取 $H_w = -0.56\text{m}$ 时计算倒锥体上的冰载荷，此时锥体直径 $D_c = 2.88\text{m}$。由图 5.1.14 可知，对于倒锥体结构，海冰会发生向下的弯曲破坏，产生的碎块在海水的浮力和拖曳力作用

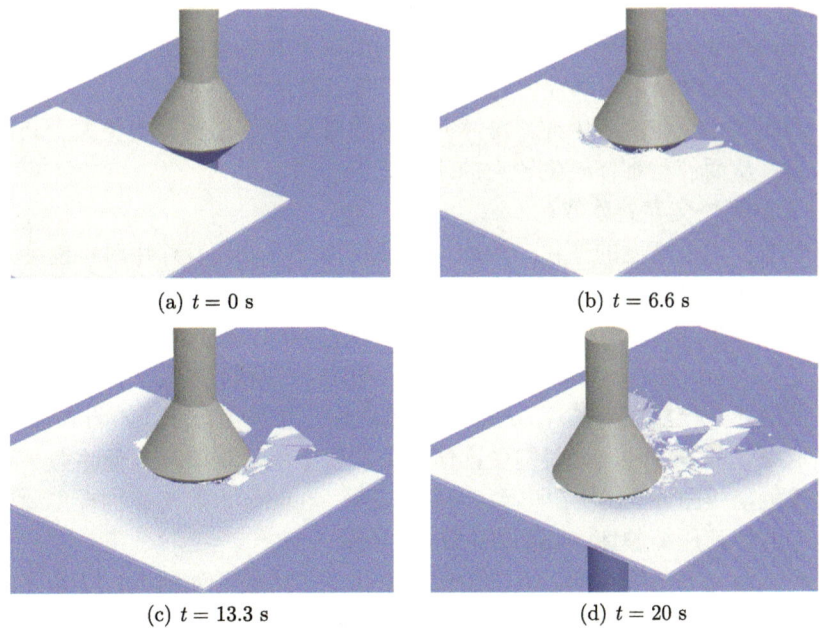

(a) $t = 0$ s

(b) $t = 6.6$ s

(c) $t = 13.3$ s

(d) $t = 20$ s

图 5.1.14　海冰与倒锥体作用的破坏过程

下直接被清除，缺少碎冰沿结构表面堆积爬升的过程。倒锥体上的冰载荷变化如图 5.1.15 所示，其呈现出随机的动力特性。冰载荷的周期同样与海冰断裂长度密切相关。冰载荷峰值均值为 39.5kN，冰载荷周期为 0.91s。由此可以发现，倒锥体上的冰载荷明显低于正锥体，而冰载荷周期大于正锥体。

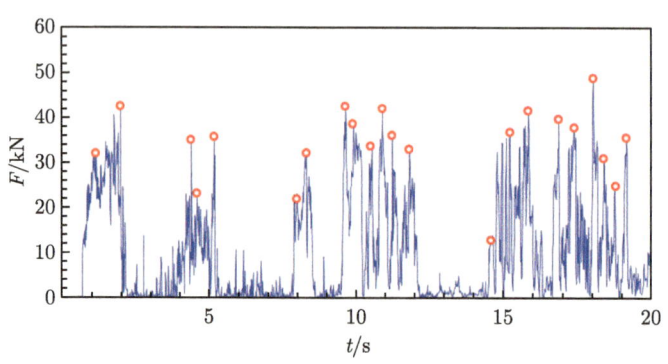

图 5.1.15　离散元模拟的倒锥体上冰载荷时程

当海冰与正锥体作用时，正锥体水平方向的冰载荷可分为破碎力和爬升力两部分。破碎力是在海冰发生弯曲破坏时产生的冰载荷，爬升力则是由碎冰块在锥体表面爬升和堆积而产生的。当海冰与倒锥体作用时，海冰弯曲破坏时同样会产生破碎力，但碎冰块在重力和浮力共同作用下，很难在倒锥体表面爬升，其爬升力可以忽略不计。当海冰作用于倒锥体结构而向下发生弯曲破坏时，海冰始终处于水面下方，同时受重力和浮力的作用。该向上的合力同样会阻碍海冰向下弯曲，但该合力明显小于重力。因此，海冰向上弯曲时受到的结构阻力要大于向下弯曲时的阻力，从而使正锥体产生较大的冰载荷。

3) 正倒锥体交界处冰载荷

随着潮汐水位高度的变化，海冰与正倒锥体交界处相互作用时可能会发生由弯曲破坏向挤压破坏的转化。当海冰作用于正倒锥体交界处时，可以按以下三种作用模式进行分析，即作用位置稍高于交界处 ($H_w > 0.0$)、恰位于交界处 ($H_w = 0.0$) 和稍低于交界处 ($H_w < 0.0$) (Wang et al., 2015)。当取 $H_w = 0.04$m 时，海冰呈现弯曲破坏并伴随压缩破坏，破坏后的冰块在正锥体上堆积，如图 5.1.16(a) 所示；当取 $H_w = 0.0$ 时，冰盖则受锥体作用发生上下劈裂破坏，但冰盖一直与锥体持续接触，如图 5.1.16(b) 所示；当取 $H_w = -0.06$m 时，海冰同样主要以弯曲破坏为主并伴随压缩破坏，如图 5.1.16(c) 所示。

采用离散元方法模拟的以上三种作用模式下的冰载荷如图 5.1.17 所示。可以发现，当海冰与正倒锥交界面发生偏上或偏下接触时，冰载荷均呈现明显的周期性变化规律，海冰破坏模式为弯曲破坏，如图 5.1.17(a) 和 (c) 所示。这两种破坏模式下的冰载荷峰值比较接近，但在偏下接触模式中的冰载荷周期要明显大于偏上接触模式，说明海冰发生向下弯曲断裂时的断裂长度较大。图 5.1.17(b) 为中心接触模式下的冰载荷。可以发现，当 $t > 10$ s 时，冰载荷不再有周期变化，海冰发生挤压破碎。由此可见，只有当海冰中间层与正倒锥体交界处高度极为接近时，海冰中间层部分才会发生局部挤压破碎。

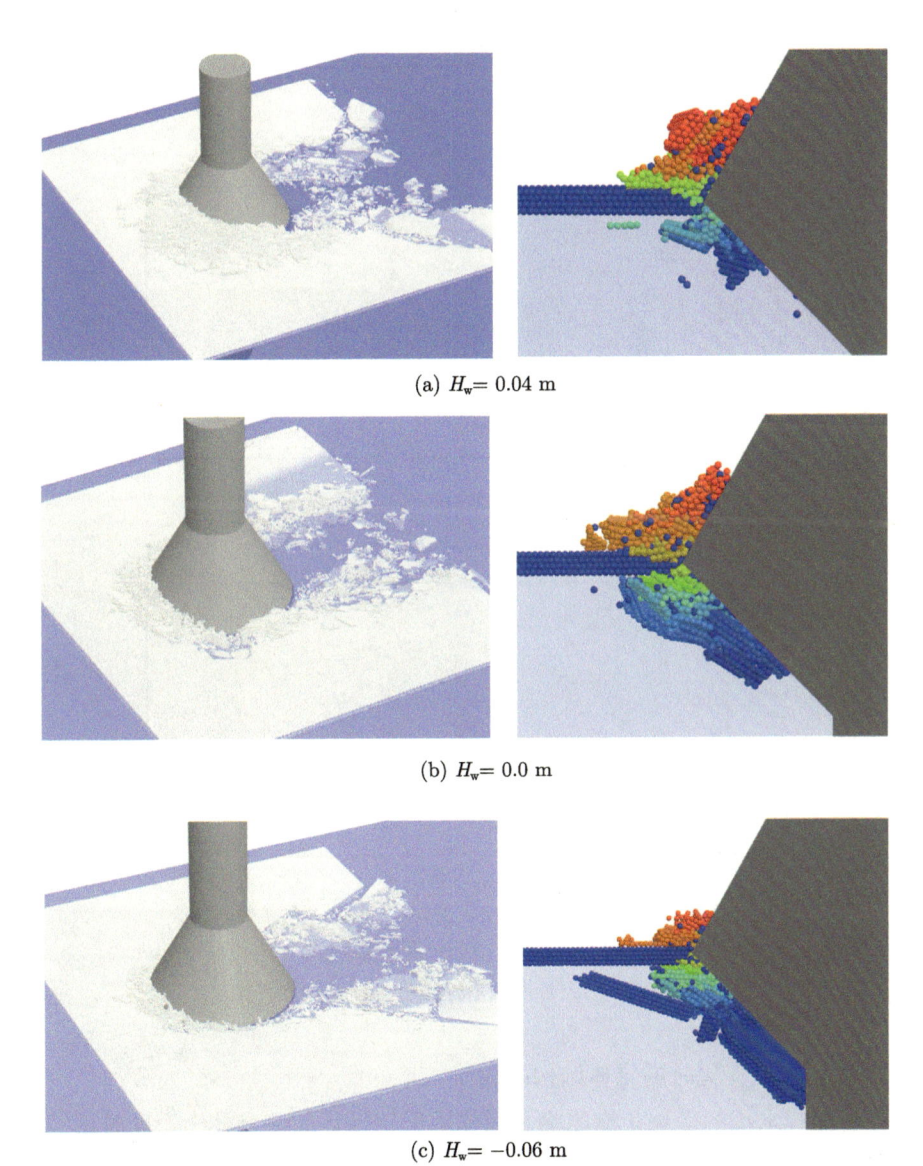

(a) $H_w = 0.04$ m

(b) $H_w = 0.0$ m

(c) $H_w = -0.06$ m

图 5.1.16　三类作用位置海冰破坏过程的对比

(a) $H_w = 0.04$ m

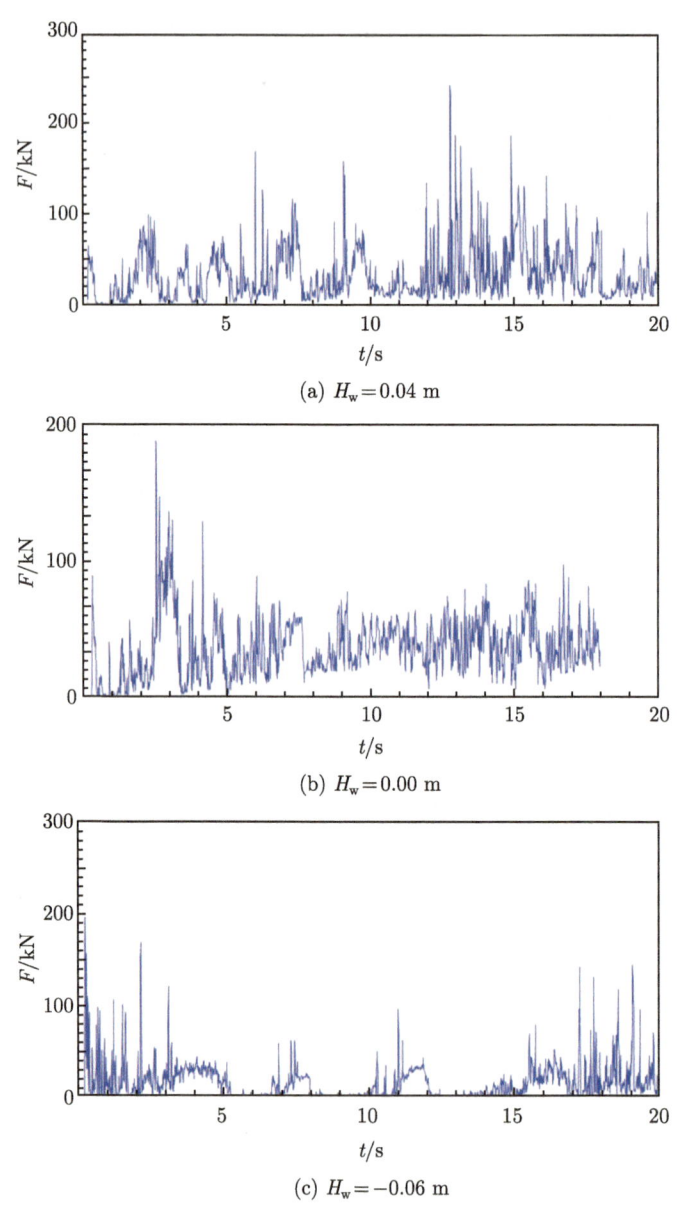

(b) $H_w = 0.00$ m

(c) $H_w = -0.06$ m

图 5.1.17　三种模式下冰载荷时程曲线的对比

4) 潮汐水位变化时的锥体结构冰载荷

随着潮汐水位的变化，海冰将分别作用于正锥体或倒锥体上，同时水线处锥径也会产生变化。这里通过离散元方法对正锥和倒锥上不同锥径下的冰载荷进行计算并对比分析。由于冰载荷时程具有显著的随机性，这里选取冰载荷时程曲线

5.1 寒区海洋平台结构冰载荷分析

中所有载荷峰值点的平均值进行对比。由图 5.1.18(a) 可以看出,正锥与倒锥上冰载荷都随锥径的增大而增大,且倒锥体上的冰载荷明显低于正锥体。图 5.1.18(b) 为正锥和倒锥上无量纲海冰断裂长度 λ 随锥径的变化情况。结果表明,锥径对海冰断裂长度的影响并不明显,但正锥体作用下的海冰断裂长度要明显小于倒锥体。

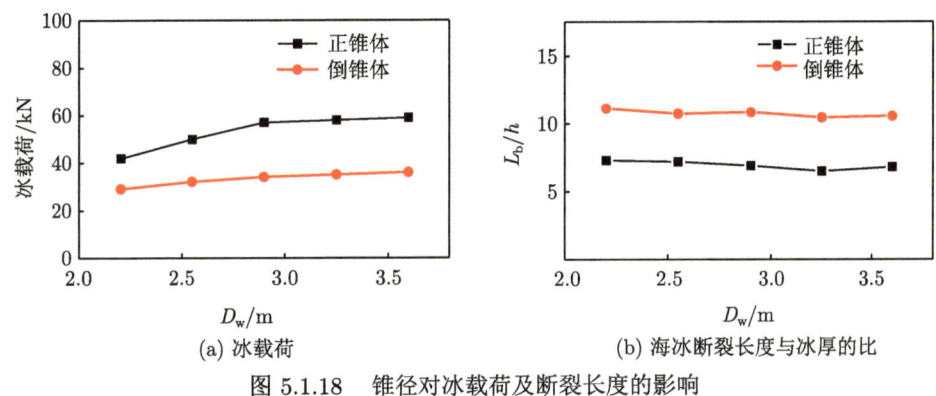

(a) 冰载荷

(b) 海冰断裂长度与冰厚的比

图 5.1.18 锥径对冰载荷及断裂长度的影响

2. 锥体尺寸对海冰破坏模式及冰载荷的影响

这里采用离散元方法模拟不同锥角和锥径条件下海冰与锥体结构的相互作用,分析不同锥角倒锥体结构的冰载荷特性及海冰破坏模式的变化规律,为提高锥体结构的抗冰性能提供合理参考。

1) 锥角对海冰破坏模式的影响

针对寒区海洋结构的抗冰设计问题,目前我国在渤海海域的实践经验为,安装抗冰锥体结构来减低冰区海上结构的冰激振动水平。近年来,风能发电技术因具有污染低等特点而备受关注,对于寒区的海上风电结构,设计中也考虑到了安装抗冰锥体来避免由冰载荷引起的冰激振动及疲劳问题 (Shi et al., 2016; Mróz et al., 2008)。由于海上风电设备的制造、安装和维护成本较高,所以抗冰锥的结构设计既要有效提高抗冰性能,又需尽量降低成本。

本节采用离散元方法对抗冰锥体尺寸参数进行分析,提出优化锥体结构的实施方案,给出锥角及锥径的合理取值范围。锥体结构尺寸越大,其加工和安装成本也就越高,因此加装时要选择既能满足破冰需要又可降低成本的抗冰锥结构。在固定潮差条件下,只改变加锥部分的结构参数,包括锥体角度和最大直径。当加装锥体的高度和最小直径不变时,改变锥角 α 可引起水线位置处锥径随之改变。锥径分别为 45°、60° 和 90°(直立结构) 的情况如图 5.1.19 所示,可见随着锥角 D_w 不断增大,水线处锥径越来越小。锥角和水线处锥径大小的对应关系,如图 5.1.20 所示。

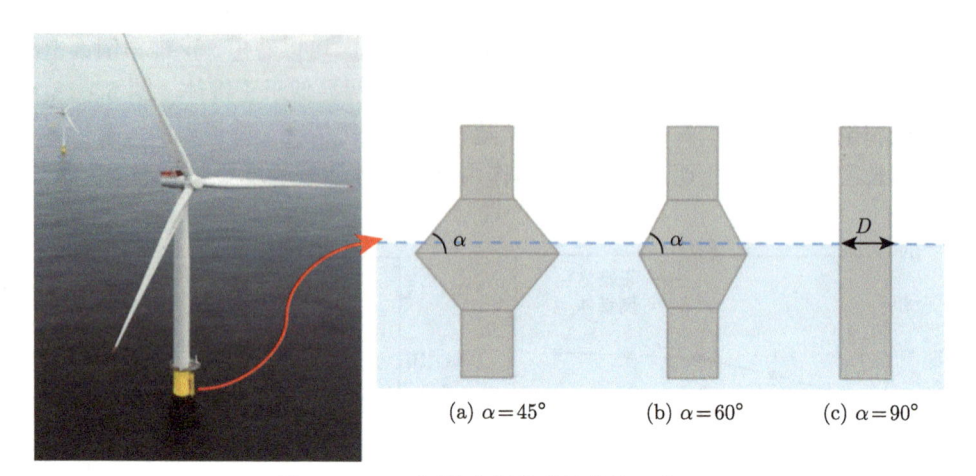

(a) $\alpha=45°$　　　(b) $\alpha=60°$　　　(c) $\alpha=90°$

图 5.1.19　不同锥角倒锥体结构的示意图

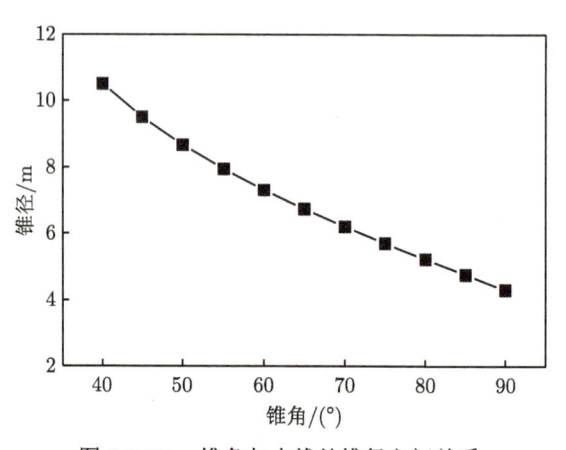

图 5.1.20　锥角与水线处锥径之间关系

下面采用离散元方法对不同锥角下海冰与结构的相互作用过程进行模拟，研究锥角变化对冰载荷和海冰破坏长度的影响。根据某风电场所处区域海冰的观测资料可知，海冰厚度为 0.4 m，冰速为 0.6 m/s，海冰的弯曲强度为 0.6 MPa，挤压强度为 2.1 MPa。另外，根据实际冰厚可设定离散元颗粒单元直径为 0.22 m，其他具体参数见表 5.1.2。

图 5.1.21 为离散元模拟得到的不同锥角条件下结构冰载荷的时程曲线。可以看出，当锥角小于 70° 时，冰载荷曲线产生了周期性变化，表明了海冰与锥体作用的加载和卸载过程。海冰与直立单桩结构 ($\alpha = 90°$) 作用时，冰载荷无明显的周期性变化且趋近于连续，说明此时海冰的破坏模式主要为挤压破坏。锥角为 40° 时，从冰载荷曲线可看出，未完全卸载时后续冰板再次作用于结构物上，这是由

此时破碎海冰在结构物上的堆积未被完全清除而造成的。可见,锥角较小时海冰在结构物前的堆积会加大冰载荷,而锥角较大时海冰破坏模式的转变会使结构冰载荷增大。

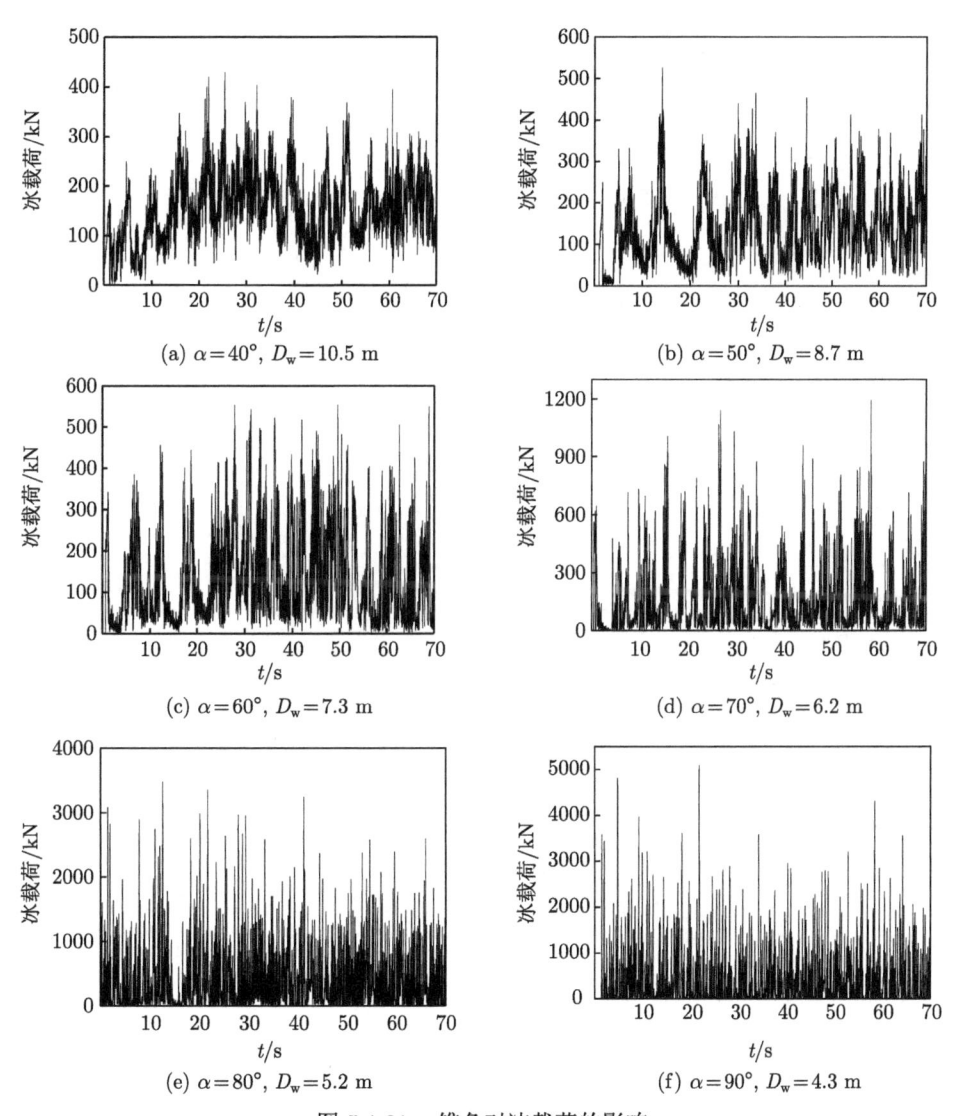

图 5.1.21 锥角对冰载荷的影响

图 5.1.22 是不同锥角下海冰与结构的相互作用过程。由图可看出,海冰与不超过 70° 锥角的锥体作用时主要发生弯曲破坏;同时,海冰发生弯曲破坏后碎块的尺寸随锥角的增大而减小,碎块数量随锥角的增大而增多,碎块的爬升和堆积

现象随锥角的增大而减少。图 5.1.22(f) 表明，当海冰与直立结构作用后产生大量粉末，这些粉末状海冰与结构作用后不断被挤出接触面，使海冰与直立结构之间有持续挤压接触，导致结构产生连续的冰载荷。

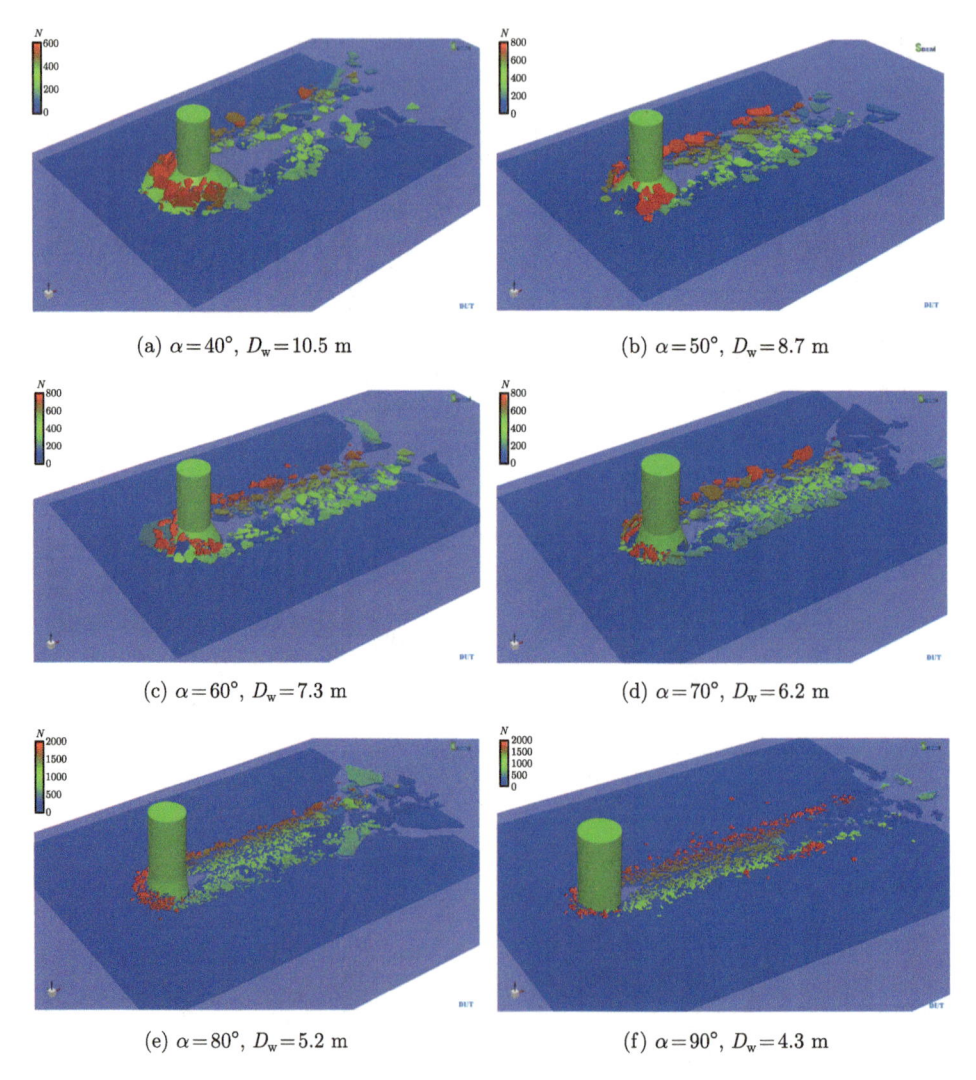

(a) $\alpha=40°$, $D_\mathrm{w}=10.5$ m

(b) $\alpha=50°$, $D_\mathrm{w}=8.7$ m

(c) $\alpha=60°$, $D_\mathrm{w}=7.3$ m

(d) $\alpha=70°$, $D_\mathrm{w}=6.2$ m

(e) $\alpha=80°$, $D_\mathrm{w}=5.2$ m

(f) $\alpha=90°$, $D_\mathrm{w}=4.3$ m

图 5.1.22　锥角对海冰破坏过程的影响

为具体分析锥角对海冰与锥体作用过程的影响，这里分别研究了锥角对冰载荷、海冰断裂长度和单元黏结失效形式的影响，如图 5.1.23 所示。图 5.1.23(a) 表明，锥体冰载荷随锥角的增大而增大。图中冰载荷取自冰载荷时程曲线中所有峰值载荷点的平均值。当锥角小于 70° 时，冰载荷变化缓慢；锥角大于 70° 且小

5.1 寒区海洋平台结构冰载荷分析

于 85° 后冰载荷显著增大。这是由于，锥角小于 70° 时海冰在较宽结构面上更容易产生堆积和爬升现象，此时冰载荷包括弯曲破坏力和爬升力。随着锥角的增大，海冰的爬升力逐渐减小而弯曲破坏力增加，二者共同作用下导致冰载荷变化缓慢。当锥角在 70°~85° 时，海冰挤压破碎逐渐增多，导致冰载荷持续大幅提高。当锥角大于 85° 后海冰完全被挤压破碎，此时锥径随锥角的变化很小，所以冰载荷基本保持不变。图 5.1.23(b) 中海冰的平均断裂长度随锥角的增大而减小。锥角小于 70° 时，海冰断裂长度的变化缓慢；锥角在 70°~85° 时其迅速减小；锥角大于 85° 后断裂长度与颗粒单元直径大小接近，表明此时海冰已破碎为粉末状态。

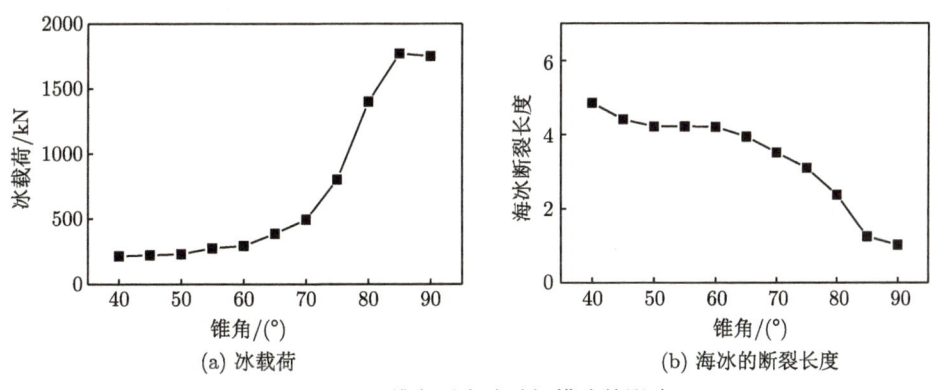

(a) 冰载荷

(b) 海冰的断裂长度

图 5.1.23 锥角对海冰破坏模式的影响

2) 锥体结构尺寸的选取依据

为满足工程设计需求，这里增加相关模拟算例，可得冰载荷在锥角和锥径综合影响下的分布图，如图 5.1.24 所示。从结果可看出，当锥角在 40°~75° 内变

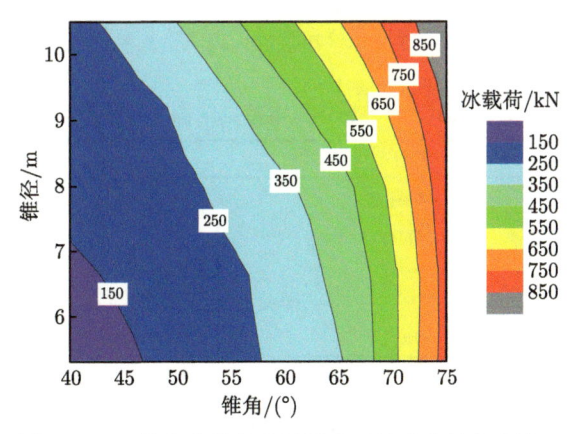

图 5.1.24 锥角和锥径共同影响下冰载荷的变化情况

化，锥径为 4.3 ~ 10.5 m 时，冰载荷的分布范围在 150 ~ 800 kN；还可看出，当锥径和锥角同时增大时，冰载荷随锥角的变化更加明显，由此说明，设计锥体参数时应优先考虑锥角的影响。在工程实际应用中，可根据结构强度的需求确定冰载荷的安全范围，在尽量降低生产成本的条件下可根据图 5.1.24 选择出合适的锥角参数。

3. 平整冰和碎冰对锥体结构冰载荷的对比分析

这里采用扩展多面体离散元方法，对平整冰区和碎冰区锥体海洋工程结构的冰载荷进行数值计算，以渤海某单桩锥体风电基础结构作为研究对象，如图 5.1.25 所示。风机轮毂距水面高度 90 m，距海面高度 12 m 以上部分为薄壁圆锥筒形结构，抗冰锥位置处直径 5.5 m。将锥体结构表面划分为三角形单元，用于扩展多面体海冰单元与锥体结构间的接触判断。风电基础结构的主要参数列于表 5.1.3。

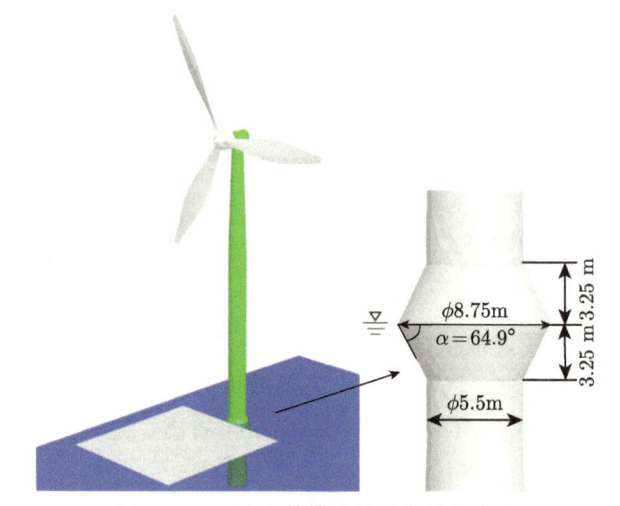

图 5.1.25　冰区单桩锥体风电结构模型

表 5.1.3　单桩锥体风电基础结构的主要参数

参数	符号	单位	数值
最大锥径	$D_{\max}$	m	8.75
最小锥径	$D_{\min}$	m	5.5
锥体角度	α	(°)	64.9
锥体高度	h	m	3.25
风电结构总质量	m	kg	7.68×10^5

1) 平整冰区锥体风电结构冰载荷的离散元模拟

这里采用离散元方法对正倒锥结构冰载荷及冰振响应进行数值计算和对比，

5.1 寒区海洋平台结构冰载荷分析

分析正倒锥体锥径影响下的冰载荷变化规律。离散元方法模拟的主要计算参数列于表 5.1.4。

表 5.1.4　海冰扩展多面体离散元方法中的主要计算参数

参数	符号	单位	数值
冰厚	h_i	m	0.15
海水流速	v_w	m/s	0.5
法向黏结强度	σ_n	MPa	0.6
海冰单元平均尺寸	D_i	m^2	0.3
海冰计算域	$l \times w$	m×m	46×42
拖曳力系数	C_{dF}	—	0.6
拖曳力矩系数	C_{dM}	—	0.03

图 5.1.26 给出了平整冰与锥体结构相互作用时的破碎过程。从中可以发现，平整冰呈现初次断裂、爬升、二次断裂和清除的过程，由此引起锥体结构的交变动冰载荷。图 5.1.27 为单桩风电结构冰载荷的时程曲线，呈现出很强的随机性与周期脉冲特性。这里从冰载荷时程曲线中有效提取 "峰值"，其平均值为 83.77 kN。

图 5.1.26　平整冰与锥体结构相互作用的离散元模拟

为验证该离散元计算结果的合理性，这里选取平整冰与正锥体风电基础结构 4 个不同作用部位的冰载荷峰值的均值，与 IEC 61400-3 规范 (IEC 61400-3, 2009) 和 ISO 19906 标准 (ISO 19906, 2010) 进行对比，对比结果如图 5.1.28 所示。从中可以发现，离散元方法模拟冰载荷峰值，IEC 规范及 ISO 标准计算冰载荷均随锥径的增加而线性增大，但离散元结果要低于两个规范值，其中 ISO 标准计算的冰载荷最大。

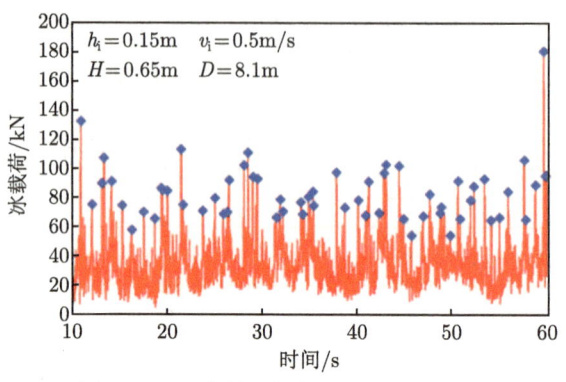

图 5.1.27　离散元模拟锥体冰载荷时程

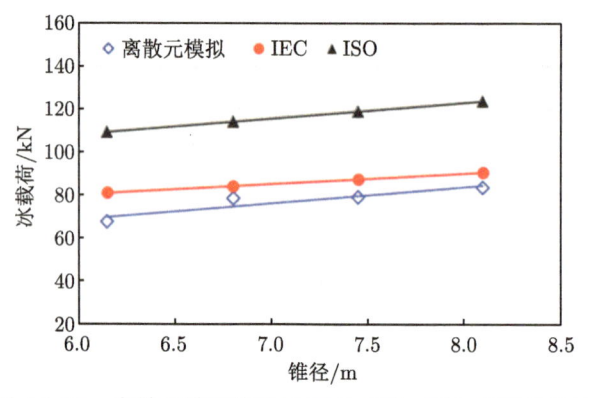

图 5.1.28　离散元模拟结果与 IEC 规范、ISO 标准的对比

为分析锥径对风电基础结构冰载荷及位移响应的影响，这里选取水位分别为 $H = \pm 2.65$ m、± 1.95 m、± 1.30 m 和 ± 0.65 m 进行海冰与锥体结构的离散元分析，其所对应的锥径 $D=$ 6.15 m、6.8 m、7.45 m 和 8.1 m。由于冰载荷时程的随机性特点，这里选取结构冰载荷峰值的均值进行对比，如图 5.1.29 所示。结果表明，相同锥径下正锥体冰载荷明显大于倒锥体。在较大锥径处，由于海冰作用位置处的锥体曲率较小，易引发海冰大面积拉伸弯曲破碎，使得碎冰堆积体积增加；而在较小锥径处，由于破碎海冰较少，海冰作用位置处的锥体表面曲率较大，摩擦力不足，破碎海冰易被清除，最终导致结构冰载荷随锥径的减小而减小。

2) 碎冰区锥体风电结构冰载荷的离散元分析及主要影响因素分析

在碎冰区，碎冰同样会对风电的振动响应与作业安全产生影响。为研究碎冰对锥体结构冰载荷的分布特性，下面对不同海冰密集度下的碎冰区进行离散元构造，

5.1 寒区海洋平台结构冰载荷分析

计算分析碎冰作用于不同锥体部位处的结构冰载荷与结构位移响应的变化规律。

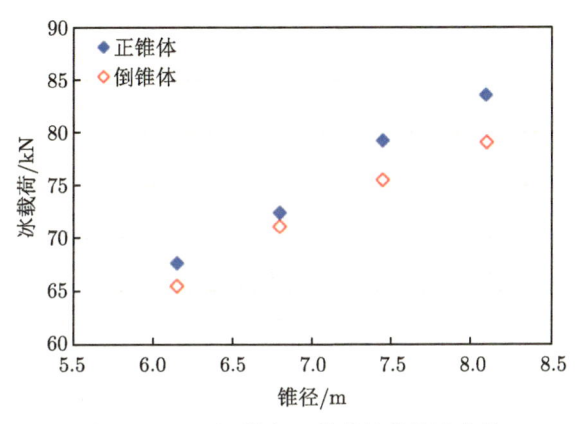

图 5.1.29　不同锥径下锥体结构的冰载荷

这里取海冰密集度 $C = 80\%$，碎冰平均尺寸 $A = 2\text{ m}^2$；考虑海冰作用于正锥体和倒锥体情况，取水位高度 $H = \pm 0.65\text{ m}$，其所对应的水线处锥径 $D = 8.1\text{ m}$；采用扩展多面体离散元方法对碎冰与正锥体和倒锥体结构的相互作用进行数值分析 (图 5.1.30)，计算冰载荷变化时程如图 5.1.31 所示。可以看出，碎冰区结构冰载荷具有与平整冰作用下冰载荷类似的随机性特征，但冰载荷要明显低于平整冰。在碎冰区，正锥体冰载荷峰值的均值为 $F_{\text{up}} = 4.6\text{ kN}$，而倒锥体上的冰载荷 $F_{\text{down}} = 5.6\text{ kN}$，其明显低于平整冰作用下的 $F_{\text{up}} = 83.5\text{ kN}$ 和 $F_{\text{down}} = 79.1\text{ kN}$。可以发现，在碎冰区作用于正锥体上的冰载荷要低于倒锥体，这与平整冰区的情况正好相反。对于碎冰区，海冰一般不会发生破碎，冰块与正锥体作用时，海冰在后续不连续碎冰的作用下难以向上爬升，并在海水拖曳载荷作用下更容易扩散开来，导致结构冰载荷较小；碎冰块与倒锥体作用时，碎冰下潜，相较于正锥体，受浮力和拖曳力的影响，增加了碎冰与倒锥体的连续接触作用，其主要表现为卸载冰载荷较正锥体释放缓慢，进而增加了倒锥体上的冰载荷。因此，碎冰的正锥体冰载荷要小于倒锥体冰载荷。

(a) 碎冰与正锥体相互作用　　(b) 碎冰与倒锥体相互作用

图 5.1.30　碎冰与单桩锥体风电基础结构相互作用的离散元模拟

(a) 正锥体冰载荷

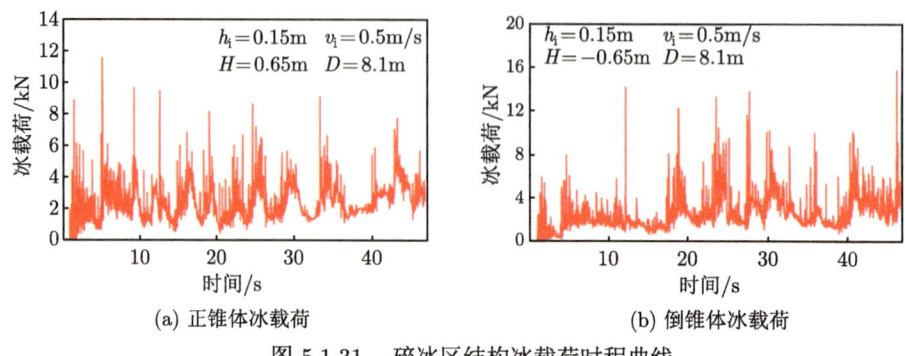

(b) 倒锥体冰载荷

图 5.1.31　碎冰区结构冰载荷时程曲线

为分析碎冰区锥径对风电基础结构冰载荷影响,这里分别选取水位 $H=2.60$ m、± 2.17 m、± 1.95 m、± 1.52 m、± 1.30 m、± 0.87 m 和 ± 0.65 m 时进行海冰与锥体结构的离散元分析,其对应锥径 $D=6.15$ m、6.5 m、6.8 m、7.1 m、7.45 m、7.8 m 和 8.1 m。图 5.1.32(a) 给出了碎冰区冰载荷峰值的均值随锥径的变化情况。可以发现,冰载荷随锥径的增加而增大,倒锥体冰载荷大于正锥体结构。这是因为,碎冰与正锥体相互作用时,碎冰块未能在正锥面发生爬升而沿锥径四周扩散;当碎冰与倒锥体相互作用时,碎冰块在倒锥面的阻碍作用下发生下潜,并在浮力与重力的共同影响下与倒锥面持续接触作用,导致冰载荷增加。因此,碎冰对倒锥体的冰载荷要高于正锥体。采用离散元方法模拟不同海冰密集度 $C=60\%$、65%、70%、75%、80%、85% 和 90% 时的冰载荷,计算结果如图 5.1.32(b) 所示。从中可以看出,随着海冰密集度的提高,结构冰载荷增加显著。这是因为,冰块在较低密集度下与结构相互作用时缺乏有效约束,从而更容易从锥体四周扩散,不能与锥体结构发生连续作用,从而降低了结构冰载荷。随着海冰密集度的增加,冰块间的相互约束不断增大,从而也增加了结构冰载荷。

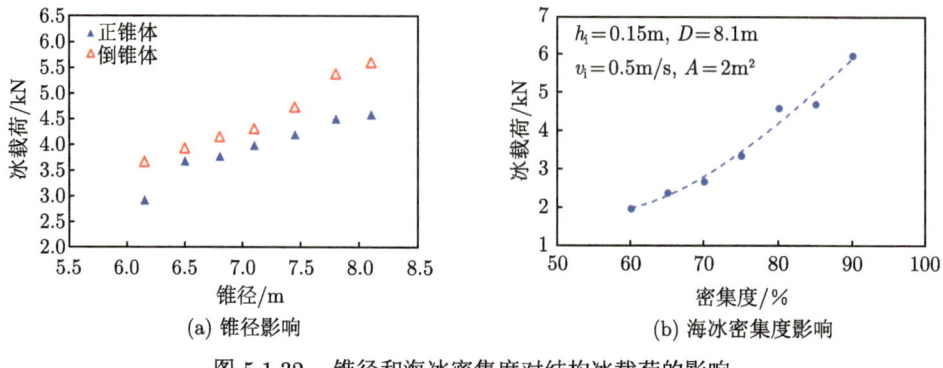

(a) 锥径影响

(b) 海冰密集度影响

图 5.1.32　锥径和海冰密集度对结构冰载荷的影响

综合以上离散元模拟计算结果，海冰对风电基础结构在不同锥径下的冰载荷和结构振动响应存在差异。图 5.1.33 给出了离散元模拟的平整冰区和碎冰区正倒锥体结构冰载荷情况，其中碎冰密集度 $C = 80\%$，平均尺寸 $A = 2 \text{ m}^2$。不难看出，冰载荷均随锥径的增加而增加。平整冰区对正锥体结构的冰载荷要明显大于倒锥体结构，而碎冰区对正锥体结构的冰载荷则要低于倒锥体结构。从冰载荷的幅值上看，以上算例中，平整冰区对锥体结构的冰载荷是碎冰区的 10 倍左右。此外，浮冰块的尺寸、密集度等参数对冰载荷的影响非常显著。因此，平整冰区对锥体结构的冰载荷要远大于碎冰区，其主要受海冰强度的影响。为此，在对冰区风电基础的结构设计和安全运行，则需要更多地考虑平整冰的影响。

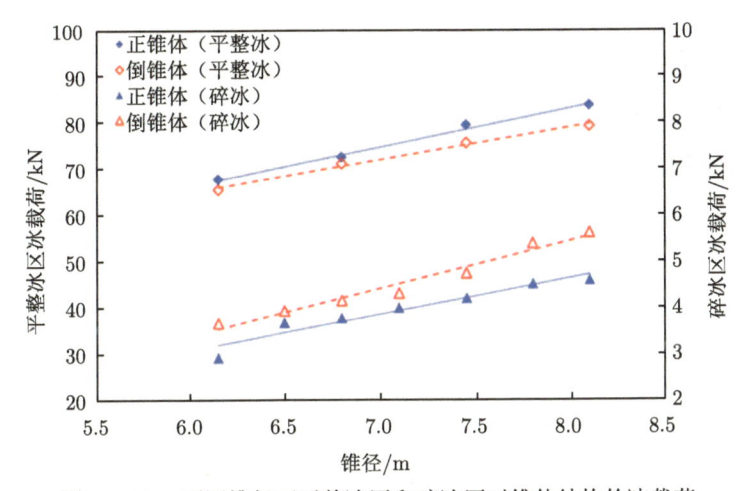

图 5.1.33　不同锥径下平整冰区和碎冰区对锥体结构的冰载荷

5.1.3　多桩腿海洋平台的冰载荷遮蔽效应

本小节通过海冰离散单元模型对多桩海洋平台冰载荷的遮蔽效应展开分析。在海冰与多桩海洋平台的相互作用过程中，海冰在不同流向下对各个桩腿上的冰载荷有很大的差异，呈现显著的多桩结构的冰载荷遮蔽效应。

1. 四桩腿海洋平台结构的离散元计算

多桩腿海洋平台结构与海冰相互作用时会形成明显的水道，且冰向不同，形成的水道形式也有很大的差别，如图 5.1.34 所示。图 5.1.35 为海冰与四桩腿海洋平台相互作用示意图。为分析海冰在不同流动方向下与该四桩腿海洋平台相互作用，这里分别设定冰向 $\theta = 0°、5°、10°、15°、20°、25°、30°、35°、40°$ 和 $45°$，共计 10 组工况，主要计算参数列于表 5.1.5。这里给出冰向 $\theta = 0°、15°、30°$ 和 $45°$ 时，计算得到的海冰与平台结构作用情况，如图 5.1.36 所示。由于海冰受前侧桩腿的切割破碎作用会形成明显的水道，并会对后侧桩腿的冰载荷产生遮蔽影响，在不同流向下海冰与桩腿作用后形成的水道结构有很大的差异。当冰向 $\theta =0°$ 时 (图 5.1.36(a))，后侧两个桩腿正好处于前侧桩腿形成的水道内，只会有碎冰块对桩腿作用，其冰载荷较小；当冰向 $\theta = 15°$ 时 (图 5.1.36(b))，后侧桩腿的一部分处于水道内，并受自由边界的影响，其冰载荷也要明显降低；当冰向 $\theta = 30°$ 时 (图 5.1.36(c))，3# 桩腿受 1# 桩腿的影响较大；当冰向 $\theta = 45°$ 时 (图 5.1.36(d))，3# 桩腿则完全处于 1# 桩腿的水道内。

(a) 渤海多桩腿海洋平台 (b) 海冰与多桩腿作用后形成的水道

图 5.1.34　渤海多桩腿海洋平台及其与海冰相互作用后形成的水道

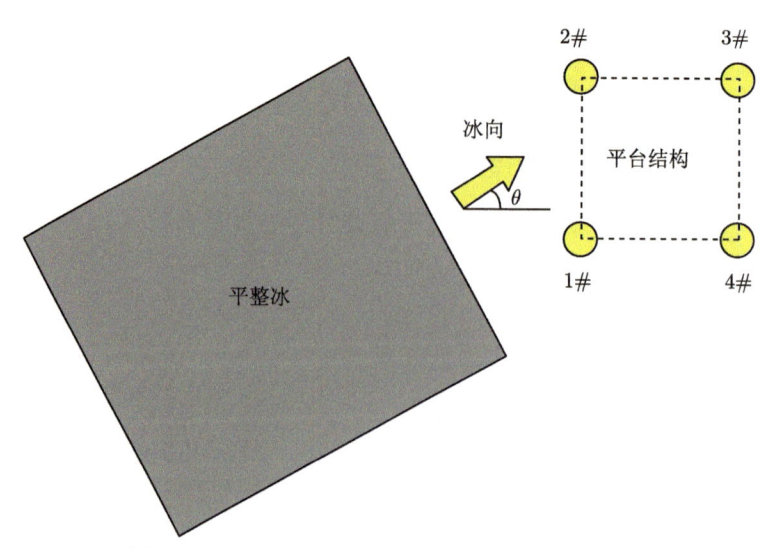

图 5.1.35　海冰与四桩腿海洋平台相互作用示意图

5.1 寒区海洋平台结构冰载荷分析

表 5.1.5　离散元法模拟中的主要计算参数

参数	符号	单位	数值
海冰密度	ρ_i	kg/m^3	920
海冰弹性模量	E_i	GPa	1.0
冰厚	h_i	m	0.2
冰速	v_i	m/s	0.5
平整冰尺寸	$a \times b$	m×m	60×40
平台结构质量	m	kg	3×10^5
平台结构刚度	k	kN/m	5×10^5
单元粒径	D_p	m	0.2
单元间摩擦系数	μ_p	—	0.1
颗粒单元数目	N_p	—	57340

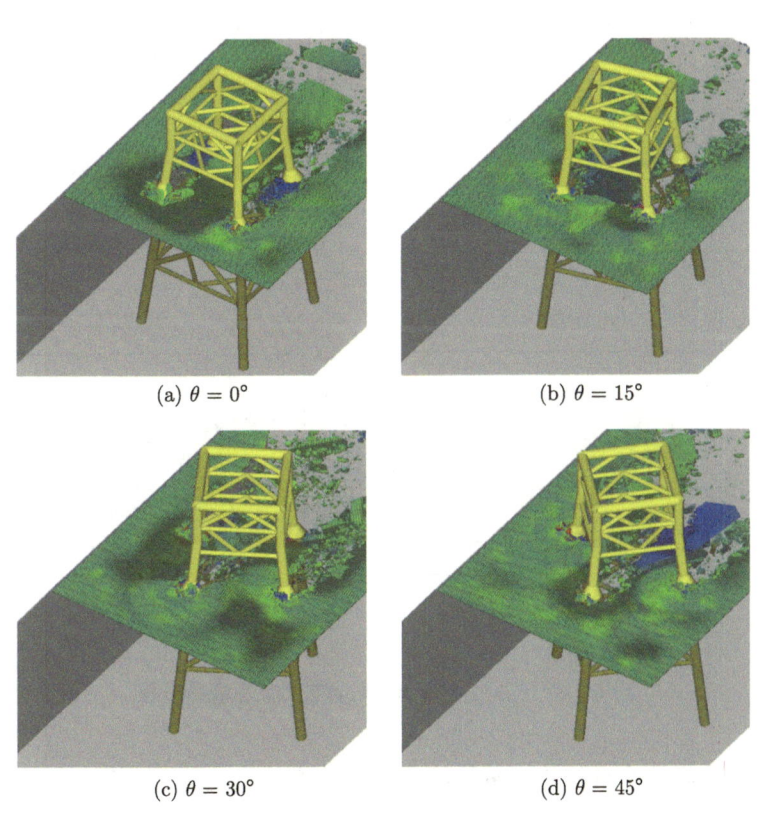

(a) $\theta = 0°$

(b) $\theta = 15°$

(c) $\theta = 30°$

(d) $\theta = 45°$

图 5.1.36　不同冰向下海冰与四桩腿海洋平台结构的相互作用过程

为分析平台各桩腿在遮蔽效应下的受力情况，以 $\theta = 30°$ 为例，各桩腿的冰载荷时程如图 5.1.37 所示。可以发现各桩腿冰载荷均呈现出具有很强随机性的脉冲载荷，与海冰现场监测和室内模型试验结果相一致 (岳前进等, 2003; Tian and Huang, 2013)。为减小桩腿冰载荷对比的随机性，这里将各冰载荷时程中各脉冲载荷的幅值进行提取,并对其平均值进行对比分析 (Yue et al., 2007)。在 $\theta = 30°$ 时,该四桩锥体结构上各桩冰载荷峰值的均值依次为 18.9 kN、11.4 kN、11.1 kN 和 17.3 kN。由此对不同冰向下各桩腿上的冰载荷时程进行计算,并进一步得到相应的峰值均值,如图 5.1.38 所示。可以发现,1# 和 4# 桩一直最先接触到海冰,不受遮蔽效应的影响,其冰载荷在不同冰向下相对稳定;2# 桩在由 $\theta = 0°$ 时的完全遮蔽向 $\theta = 45°$ 时的无遮蔽转变,其冰载荷随冰向的增加而不断增加;3# 桩在 $\theta = 0°$ 和 $\theta = 45°$ 左右时分别由 1# 和 4# 桩完全遮蔽,其冰载荷基本为 0,而在 $\theta = 25°$ 时受到的遮蔽影响最小,因此其冰载荷随冰向的增加呈现先增加再减小的趋势,并在冰向为 $\theta = 25°$ 时有最大值。

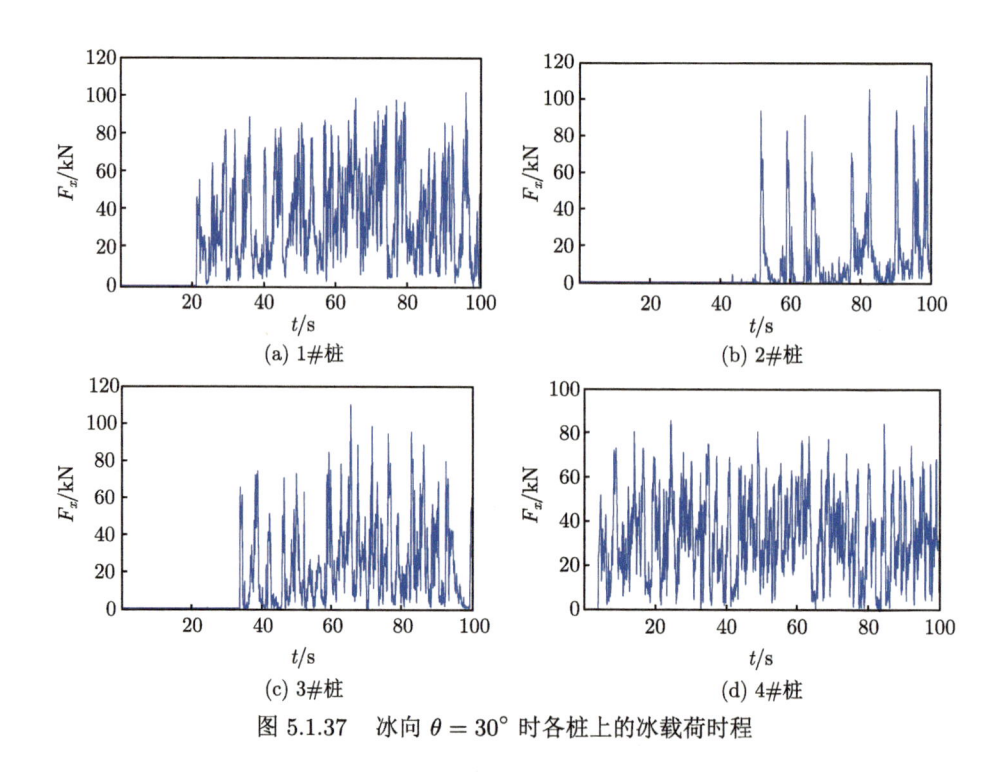

图 5.1.37 冰向 $\theta = 30°$ 时各桩上的冰载荷时程

2. 多桩腿海洋平台结构中单桩冰载荷的衰减

这里借鉴 Kato(1990, 1994) 建立的多桩腿海洋平台结构中单桩冰载荷的衰减表述方式,即

$$F = K_s F_0 \tag{5.1.11}$$

式中,F 为多桩腿海洋平台结构中的单桩冰载荷;F_0 为独立桩的冰载荷;K_s 为多桩腿海洋平台结构单桩的衰减系数。

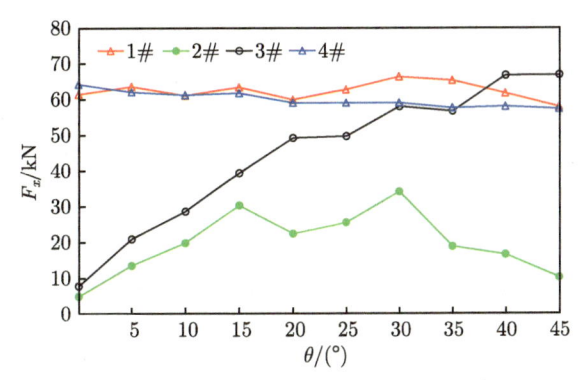

图 5.1.38　不同冰向下各桩腿的冰载荷峰值

为确定 F_0 值，这里采用表 5.1.5 中的计算参数，并在图 5.1.39 所示计算域内设置一个独立桩腿以消除多桩腿海洋平台结构对冰载荷的遮蔽效应，计算得到 $F_0 = 22.5$ kN。由此，对该平台结构各桩在不同冰向下的衰减系数进行计算，结果如图 5.1.40 所示，其变化规律与各桩冰载荷一致。这主要是由不同冰向下各桩

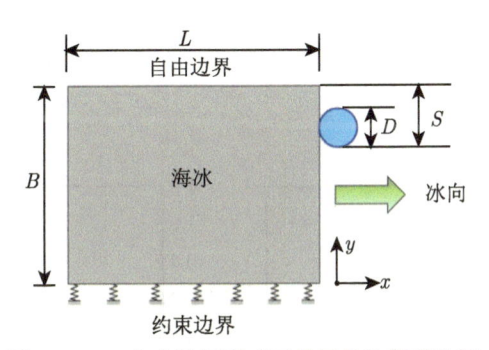

图 5.1.39　自由边界影响下单桩的冰载荷分析

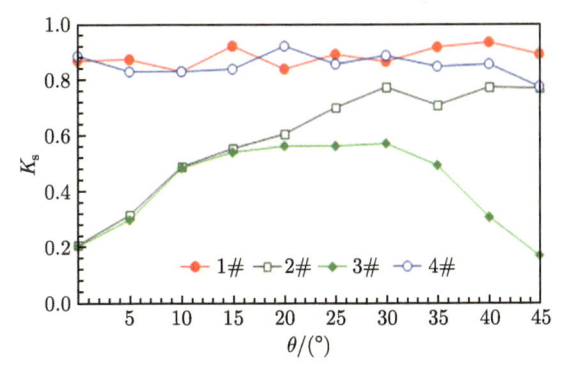

图 5.1.40　海冰漂移方向影响下的各桩腿冰载荷衰减系数

腿间的遮蔽影响决定的。由于海冰与平台结构作用过程受各桩间的相互影响，1# 和 4# 桩的冰载荷也有一定的衰减，为独立桩冰载荷的 80% 左右。

多桩腿海洋平台结构的冰载荷掩蔽效应主要与桩腿所处的海冰条件，以及其与自由边界的距离密切相关。为分析自由边界对单桩冰载荷的影响，这里对不同边界条件下的单桩锥体结构的冰载荷进行离散元分析。如图 5.1.39 所示，在一个 $B = 30$ m，$L=50$ m 的冰区中，自由边界上的颗粒单元在各方向均无约束；冰区约束边界上的颗粒单元在竖直方向有一定约束，在冰流动 x 方向有速度 $v_\text{i} = 0.5$m/s，在 y 方向为刚性约束。水线处锥体直径 D=3.9 m；桩柱内侧至自由边界的距离设为 s。采用表 5.1.5 中的计算参数，并改变桩柱位置，对单桩的冰载荷时程进行离散元分析，由此得到的冰载荷峰值平均值如图 5.1.41(a) 所示。可以发现，冰载荷随桩柱到自由边界距离 s 的增大而增大，并趋于稳定，且有 $F_0 = 24.58$kN。

这里定义无量纲距离 $s^* = s/D$，由式 (5.1.11) 可得不同自由边界距离处桩柱的衰减系数，如图 5.1.41(b) 所示。由此可以发现，该衰减系数可以分为两段，即

$$K_\text{s} = \begin{cases} s^*, & s^* < 1.0 \\ \min(0.89 + 0.02s^*, 1.0), & s^* \geqslant 1.0 \end{cases} \quad (5.1.12)$$

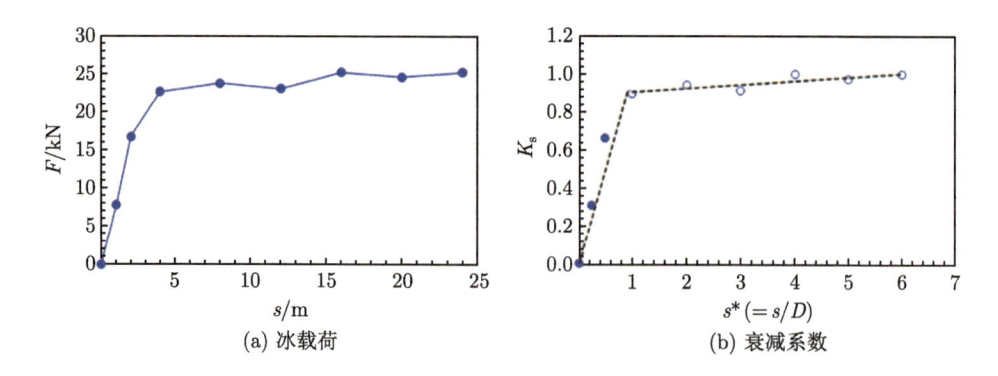

(a) 冰载荷

(b) 衰减系数

图 5.1.41　自由边界对结构冰载荷及其衰减系数的影响

3. 多桩腿体结构的冰载荷遮蔽效应

在多桩平台结构的总冰载荷计算中，需同时考虑海冰的非同时破坏、遮蔽效应、海冰堆积等因素，其总冰载荷为 (ISO 19906, 2010)

$$F_\text{T} = K_\text{s} K_\text{n} K_\text{j} F_\text{A} \quad (5.1.13)$$

5.1 寒区海洋平台结构冰载荷分析

式中，F_T 为多桩结构的总冰载荷；F_A 为多个独立桩受到的总冰载荷；K_s 为衰减系数；K_n 是考虑非同时破坏的因素，一般选为 0.9；K_j 是考虑冰堆积的因素，对于平整冰 $K_j = 1.0$。衰减系数 K_s 是每个桩腿遮蔽影响的共同效应，其与桩腿排布结构、冰向、桩径等因素有关，需针对所研究海洋平台的结构特性进行确定。

针对前述四桩锥体平台结构，这里对各个桩腿的遮蔽效应进行分析。图 5.1.42 为不同冰向下，1# 桩和 4# 桩对海冰切割后形成水道的示意图。该水道形成了对 2# 桩和 3# 桩的自由边界。图中各几何参数有以下关系：

$$\begin{cases} L_{31}(\theta) = \sqrt{L^2 + B^2}\sin(45° - \theta), \\ L_{21}(\theta) = L_{43}(\theta) = L \times \sin\theta, \end{cases} \quad 0° \leqslant \theta \leqslant 45° \quad (5.1.14)$$

这里桩腿间距离 $L = B = 20\text{m}$。桩腿对海冰切割后形成的水道宽度由离散元计算获得。这里取 $w = D/4$。由此，2# 桩和 3# 桩与自由边界的无量纲距离分别为

$$\begin{cases} s_{21}^* = s_{21}/D = (L_{21}(\theta) - w)/D \\ s_{31}^* = s_{31}/D = (L_{31}(\theta) - w)/D \\ s_{43}^* = s_{43}/D = (L_{43}(\theta) - w)/D \end{cases} \quad (5.1.15)$$

式中，s_{21} 为 2# 桩腿到 1# 桩腿所形成水道边界的距离；s_{31}、s_{43} 分别为 3# 桩到 1# 桩腿和 4# 桩腿所形成水道边界的距离。

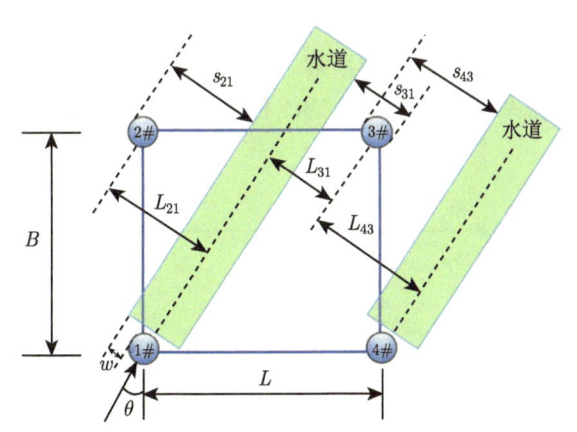

图 5.1.42　桩腿与水道自由边界的距离计算

采用式 (5.1.12)、式 (5.1.14) 和式 (5.1.15) 对图 5.1.42 中 2# 和 3# 桩腿的冰载荷衰减系数进行计算，由此得到的两桩腿的冰载荷衰减系数，如图 5.1.43 所示，图中给出了离散元计算结果与式 (5.1.12) 计算结果的对比。可发现冰载荷衰

减系数在趋势上具有很好的一致性。但在数值上，由式 (5.1.12) 得到的解析解高于离散元计算结果。这主要是由于，采用式 (5.1.12) 计算冰载荷衰减时未考虑冰盖与前部桩腿作用时产生的前期损伤。

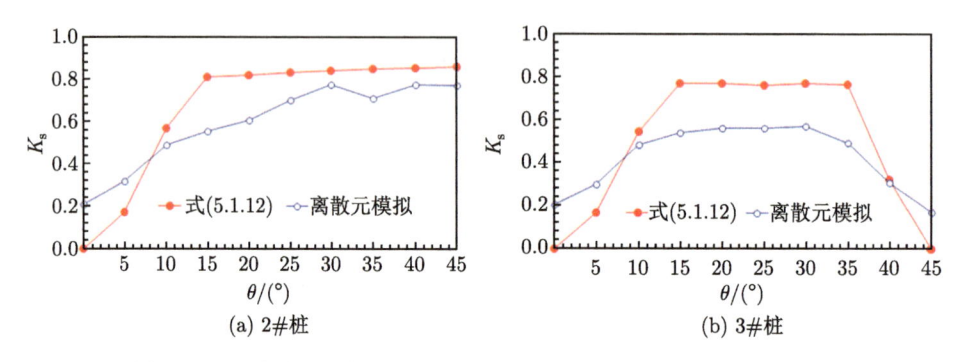

(a) 2#桩

(b) 3#桩

图 5.1.43 多桩腿结构中遮蔽影响下 2#、3# 桩的冰载荷衰减系数

由于 1# 和 4# 桩无冰载荷遮蔽影响，故有 $K_{s1} = K_{s4} = 1.0$；对于 2# 桩，其主要受 1# 桩所形成水道的影响，可将 s_{21}^* 代入式 (5.1.12) 进行确定；对于 3# 桩，则需同时考虑 1# 和 4# 桩形成的水道，其可写作：$K_{s3}\left(s_{31}^*, s_{43}^*\right) = K_s\left(s_{31}^*\right) \cdot K_s\left(s_{43}^*\right)$。若同时考虑四个桩腿因遮蔽效应导致的冰载荷衰减，则总冰载荷的衰减系数为

$$K_s = \left(K_{s1} + K_{s4} + K_{s2}\left(s_{21}^*\right) + K_{s3}\left(s_{31}^*, s_{43}^*\right)\right)/4 \tag{5.1.16}$$

将不同冰向下的参数代入上式，并依据基于 ISO 标准的式 (5.1.13) 可得到该四桩锥体平台结构的总冰载荷衰减系数，如图 5.1.44 所示。该图也给出了离散元计算的总冰载荷衰减系数。可以发现 ISO 标准计算结果与离散元模拟结果具有很好的一致性。

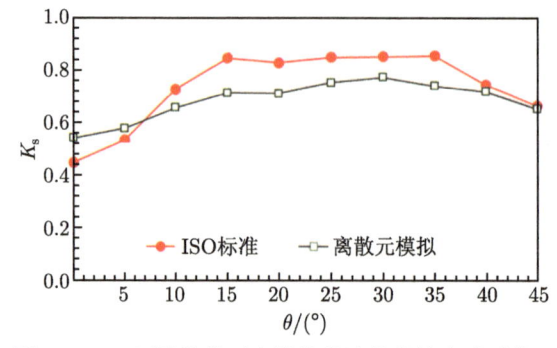

图 5.1.44 四桩锥体平台结构总冰载荷的衰减系数

5.1.4 海冰与直立平面结构作用的冰压力分布

海冰与直立的平面结构相互作用时，会在接触面中线附近形成高压区，对结构的安全造成严重威胁。本小节采用离散元方法分析海冰与平面结构的作用过程，研究结构上的冰载荷并分析高压区的形成机理。

1. 离散元模拟与现场试验结果的对比

海冰与直立结构作用时多发生挤压破碎，由于海冰挤压破碎时存在非同时破坏的现象，海冰与结构接触面上的压力分布也是不均匀的，这里将冰压力集中的区域称为高压区。人们通过试验和模拟等方式研究了结构高压区的产生过程和分布情况 (Kim et al., 2014)。日本海洋开发协会 (JOIA) 于 1999 年 2 月开展了相关室外现场试验，针对直立结构的冰载荷和高压区分布情况进行测试 (Frederking, 2004)。该试验采用高为 0.5 m、宽为 1.5 m 的压头，以 0.003 m/s 的水平速度作用在固定不动的平整海冰上，试验中测得海冰厚度为 0.168 m，海冰的强度为 2.46 MPa(图 5.1.45(a))。对海冰进行加载的压头表面与海冰接触区域内均匀分布压力传感器，可对加载过程中冰压力的变化情况进行实时监测。该试验为基于离散元的海冰与直立结构作用的冰压力分布研究提供了可靠的验证数据。

为更好地对海冰挤压破碎过程中高压区的产生机理进行分析，这里采用离散元模拟该试验中海冰与直立平面结构相互作用过程。根据试验中海冰及结构参数确定相关离散元参数，建立的计算模型如图 5.1.45(b) 所示。其中，海冰采用质量和大小相同且规则排列的球体单元构造而成，结构采用三角形单元拼接而成。为精细化模拟海冰的挤压破碎，在冰厚方向上排布 10 层单元，不与结构接触的三边均采用线性弹簧边界进行固定。将压头结构视为具有固定运动速度的刚体，不考虑结构振动、变形及其他运动方式。加载压头同样以 0.003 m/s 的加载速率作用在海冰上，具体离散元参数见表 5.1.6。

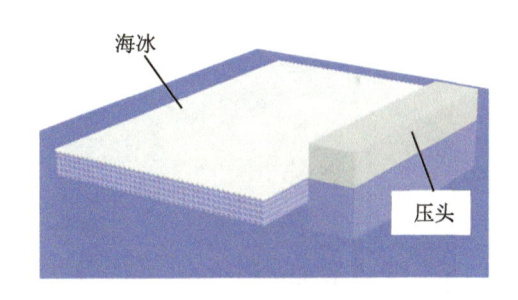

(a) 现场试验模型(Frederking, 2004) (b) 离散元模拟

图 5.1.45 海冰与直立平面结构相互作用

表 5.1.6　海冰与直立平面结构相互作用模拟的离散元参数

定义	符号	单位	数值
海水密度	ρ_w	kg/m^3	1035
海冰密度	ρ_i	kg/m^3	920
海冰尺寸	$a \times b$	m×m	1.0×3.0
弹性模量	E	GPa	1.0
单元直径	D	m	0.02
单元黏结强度	σ_b	—	0.6
内摩擦系数	μ_b	—	0.2
海冰与结构摩擦系数	μ_w	—	0.15

这里采用离散元方法计算海冰与直立平面结构相互作用的挤压破碎过程，如图 5.1.46 所示。其中，图 5.1.46(a) 为海冰与结构的初始状态，海冰与结构开始相互作用后海冰内部逐渐产生细小裂纹。随后冰排前端的上下表面被逐渐挤出接触面而脱落，水面上方的破碎海冰无法被清除而不断堆积 (图 5.1.46(b))。随着结构的不断加载，海冰的堆积高度逐渐变大 (图 5.1.46(c))。与海冰和直立结构的挤压破碎不同，破碎后海冰未呈现完全粉末状，而是产生较多尺寸较大的破碎冰块 (图 5.1.46(d))，这说明此时海冰同时伴有挤压破碎和弯曲破碎两种不同模式。对比图 5.1.47 中现场试验海冰挤压破碎过程可知，离散元模拟结果与实际过程较为接近。

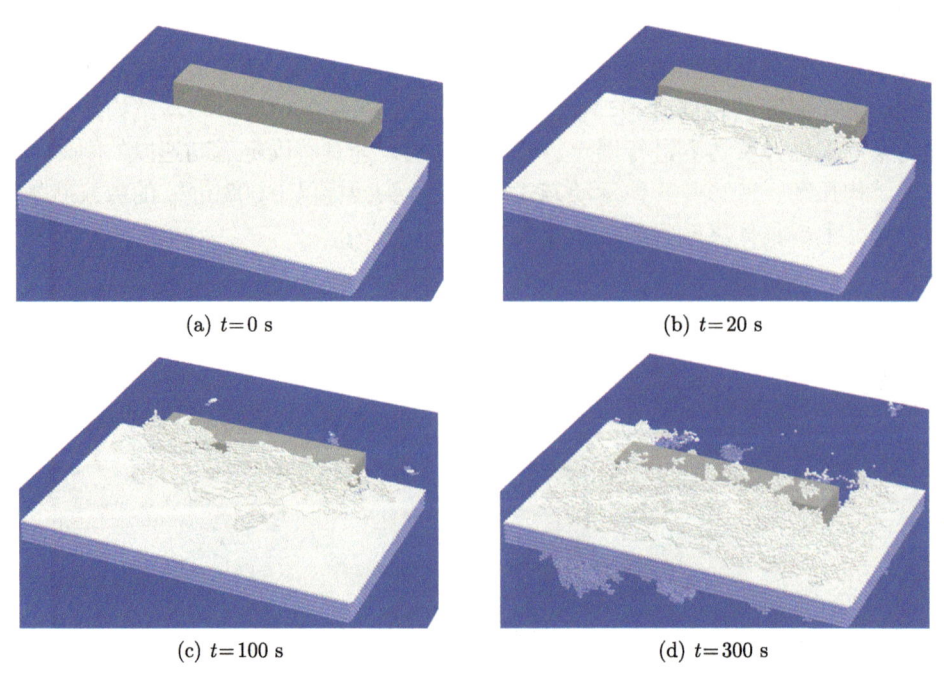

(a) $t=0$ s

(b) $t=20$ s

(c) $t=100$ s

(d) $t=300$ s

图 5.1.46　海冰与直立平面结构作用的挤压破碎过程

5.1 寒区海洋平台结构冰载荷分析

图 5.1.47　现场试验中海冰的挤压破碎过程 (Frederking, 2004)

图 5.1.48 中将现场试验得到的冰载荷时程曲线与离散元计算结果进一步对比。可以看出，二者的冰载荷随时间变化均可大致分为三个阶段。第一阶段：在 0 ~ 10 s 内，冰载荷达到最大值后迅速减小。冰载荷增大过程中海冰处于弹性变形阶段，此时海冰未发生明显破碎，但内部裂纹已经形成，海冰表现为韧性破坏。当冰载荷达到最大后，海冰内部产生较大裂纹，发生大规模破碎导致冰载荷迅速降低。第二阶段：10 ~ 70 s，是冰载荷峰值逐渐增大阶段。冰排前端破碎海冰在后续海冰的作用下不断挤出接触面，后续海冰重新与结构接触，使冰载荷峰值逐渐增大。第三阶段：在 70 s 后冰载荷变化处于稳定期，此时海冰与结构作用后挤压破碎形式稳定，使冰载荷的幅值和频率变化不明显。但冰载荷在增大期和稳定期的载荷峰值均远小于海冰与结构初次接触产生的载荷最大值。这是由于，海冰与结构初次接触时其接触面最大且海冰内部没有裂纹，海冰强度较高；一旦海冰发生破坏后，冰排前端始终有新裂纹产生，使海冰强度降低。

(a) 现场试验结果 (Frederking, 2004)
(b) 离散元模拟结果

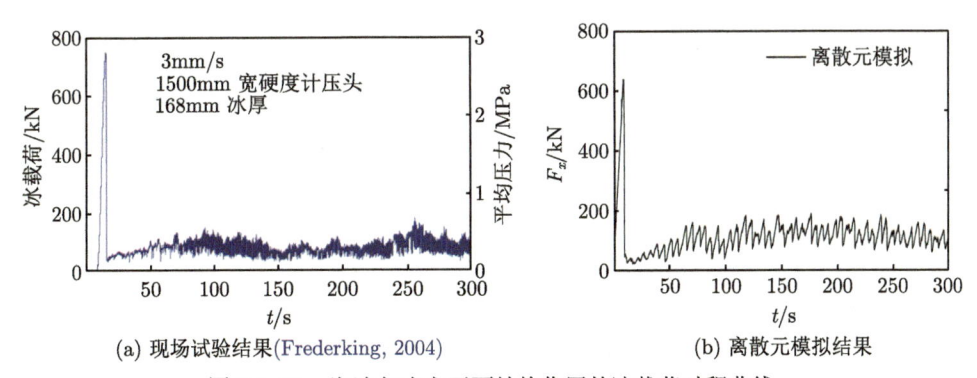

图 5.1.48　海冰与直立平面结构作用的冰载荷时程曲线

从模拟结果来看，冰载荷时程曲线无论是峰值大小还是变化形式，其离散元模拟与现场试验数据均较为接近。由此说明，离散元模拟的海冰的挤压破碎过程与真实情况相似，离散元方法及参数选择较为合理。

2. 局部冰压力的分布特性

这里通过离散元方法分析海冰破坏过程，对海冰与平面结构相互作用的高压区形成机理进行解释。在离散元模拟海冰与加载压头作用时，将压头划分成若干 0.02 mm × 0.02 mm 的网格，每隔一段时间统计接触面上每个网格内单元与压头的接触力信息，单元的接触力与该网格面积的比值即为接触面上的局部冰压力。统计每个时刻下所有网格的局部冰压力的最大值，从而得到其随时间的变化情况。图 5.1.49 分别给出不同时刻下海冰破碎情况，以及对应时刻下海冰与压头接触面上高压区的分布情况。海冰破坏过程图的颜色表示单元的合力，接触面的宽度为压头的宽度，接触面的高度为冰厚，接触面上的颜色变化可表明压头高压区的分布情况 (单位：MPa)。图 5.1.50 是不同时刻下现场试验测得的高压区分布规律，其分布位置始终保持在接触面中线处。综合比较模拟结果与试验数据，可将高压区分布分为以下三种情况。

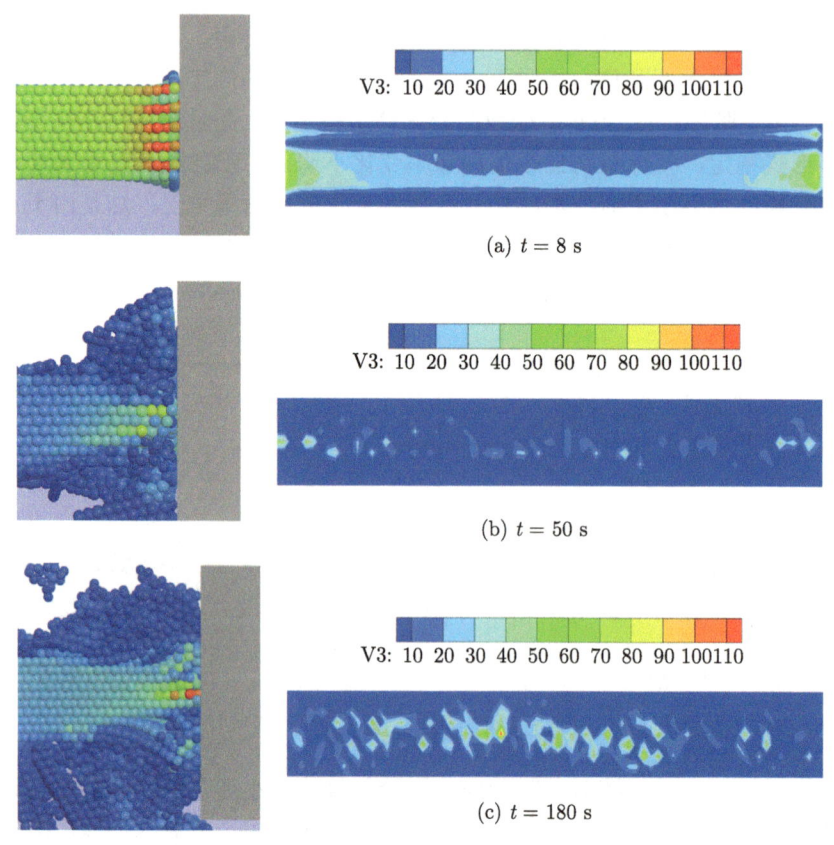

(a) $t = 8$ s

(b) $t = 50$ s

(c) $t = 180$ s

图 5.1.49　海冰的破坏模式及接触面的冰压力分布

5.2 固定式海洋工程结构冰激振动响应分析

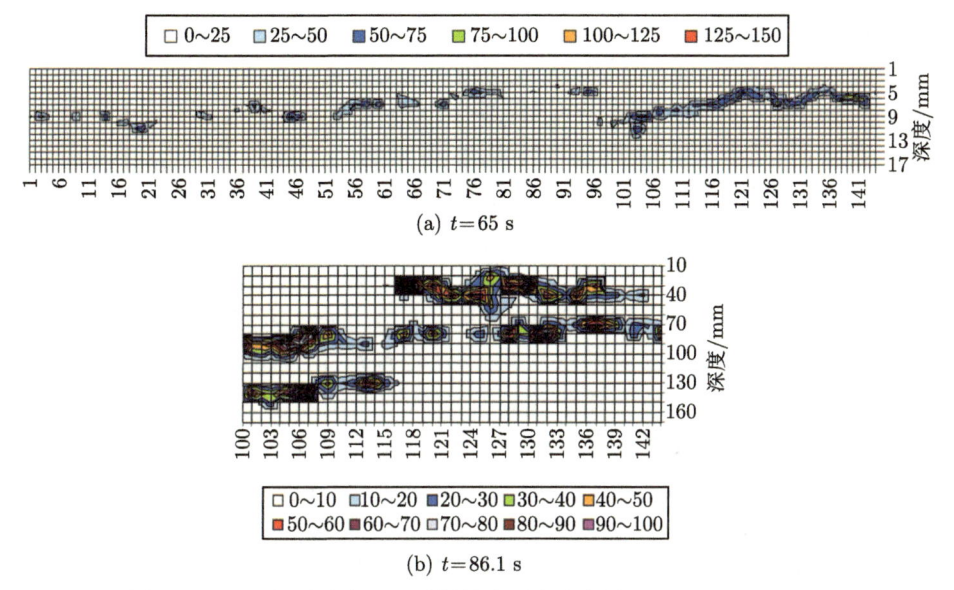

图 5.1.50　现场试验中不同时刻的冰压力分布图 (Frederking, 2004)

(1) 当 $t=8\,\mathrm{s}$ 时，海冰刚与压头接触时处于弹性变形阶段。随着压头位移的增大，与压头接触的单元个数逐渐增多，其内部产生黏结失效的单元数量增加。但由于海冰未发生明显破坏，冰压力在整个接触面均有分布且不断增大。由于应力集中，因此接触面两侧边缘处的冰压力较大，可达到 70 MPa。

(2) 当 $t=50\,\mathrm{s}$ 时，冰排与压头重新接触，破碎的海冰在上下表面挤出后逐渐形成较为明显的中间凸起部分，因此在这一过程中冰载荷缓慢增大。高压区仅分布在冰排中线位置并逐渐增大，最大值可达到 70 MPa，与图 5.1.45(a) 中现场试验结果比较接近。

(3) 当 $t=180\,\mathrm{s}$ 时，破碎的海冰在冰排的上下表面形成大量的堆积，冰压力主要集中在冰排中线位置。但由于冰排上下表面堆积的海冰增多，冰排前端破碎海冰不易被及时清除而与结构产生接触力，除冰排中线附近外的其他区域也有高压区分布。此时冰排前端仅有部分区域与结构接触，使局部冰压力最大可超过 100 MPa，大于冰载荷最大时刻的局部冰压力，而结构的整体冰压力仅有 0.7 MPa。由此说明结构的局部冰压力远大于整体冰压力。该模拟结果与现场试验结果虽然不完全一致，但都同时存在多个高压区。

5.2　固定式海洋工程结构冰激振动响应分析

为分析海洋工程结构的冰激振动问题，本节采用离散元–有限元 (DEM-FEM)

耦合模型对海冰与海洋工程结构的相互作用进行数值分析：采用具有黏结–破碎性能的离散元方法对海冰的破碎特性进行模拟；通过由梁单元、板壳单元及实体单元构建的海洋结构有限元模型获得结构的动力响应。在离散元与有限元的接触界面中，实现了两个模型间计算参数的传递 (王帅霖等, 2019)。对海上风电基础结构、单桩和多桩导管架海洋平台结构的冰激振动现象进行数值分析。

5.2.1 海上风电基础结构冰激振动分析

海上风能是最具有发展前景的可再生资源之一，我国漫长的海岸线和丰富的海风资源，为发展海上风电提供了有利的条件。我国海上风电虽然起步晚，但是发展很快。自 2018 年以来，我国海上风电新增装机容量已经超过英国和德国，成为全球最大的海上风电发展市场。传统的海上风机设计主要考虑空气动力、水利环境和抗震设计等外界因素 (段磊和李晔, 2016; 陈嘉豪和胡志强, 2019)。但是，对于我国渤海及黄海北部寒区海域的风机设计，海冰也是无法忽略的重要因素之一。海冰引起的冰激振动对海洋结构和设备的危害远远超过极端静载荷下的结构整体安全问题所带来的危害 (张大勇等, 2018)。虽然在一些寒区风机抗冰设计中已经采用锥体基础结构来降低极端静冰载荷和冰激振动，但是，现场测量和模型试验表明，直立或锥体基础的海洋平台结构都会发生强烈的冰激振动。相比于锥体结构的随机振动，直立结构的稳态振动对结构的危害更为严重 (岳前进等, 2011; Seidel and Hendrikse, 2018)。本小节采用离散元–有限元耦合方法分析海上直立风机结构冰激振动特性，对比分析了直立基础结构、锥体基础结构在不同冰速、冰厚工况下冰激振动特性差异。

1. 海上单桩式风机冰激振动 DEM-FEM 耦合模型

相比于传统的海洋油气开采平台结构，海上风电设施具有明显的特殊性 (黄焱等, 2016)。为高效地捕获风能，风机通常设置为高耸结构，而高耸结构表现出的极大柔性是风电工程结构无法避免的动力特征。这也就意味着海上风电工程结构具有更加敏感的动力响应能力和更加复杂的动态响应行为。这里选取位于黄海北部的庄河海上风电场的 3.3 MW 风机模型，其主要构成包括单桩基础 (直立与锥体基础)、塔筒、上部机舱与叶片，如图 5.2.1 所示。直立单桩式风机，其塔高 78.67 m，塔底直径 5.5 m，塔顶直径 3.0 m；桩基高度为 67 m，分为水线以上等直径 5.5 m 的部分 (12 m)、水中横截面直径为 5.5~6.0 m 的部分 (19 m) 和海床内等直径 6.0 m 的部分 (36 m)。锥体风机结构模型的结构尺寸同于直立基础风机结构模型，其抗冰锥体的锥角为 63°，其他尺寸如图 5.2.2 所示。

5.2 固定式海洋工程结构冰激振动响应分析

图 5.2.1 海上单桩式风机结构

(a) 锥体基础结构模型 (b) 直立基础结构模型

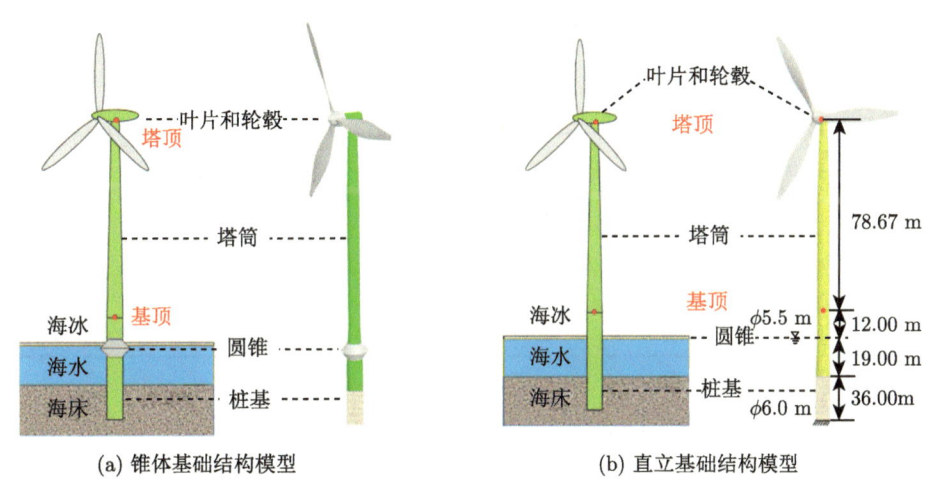

图 5.2.2 单桩式海上风机与有限元模型

为保证单桩式风机结构几何形状和整体结构振动响应的真实性，这里对风机的桩基，以及上部的轮毂和叶片做了适当的简化。风机桩基和塔筒等主体部分由梁单元构造；叶片和机舱简化为三自由度的质量单元。在该模型的后处理阶段，采用三角形单元来显示叶片和机舱的几何模型。因此，三角形叶片单元仅为保证结构模型几何完整性而不做动力学计算。假定海床中的基础部分结构的边界条件是固定的，忽略桩基的水动力和附加质量。风机抗冰锥体采用三角形平板壳单元进行有限元分析，如图 5.2.3 所示。综上所述，这里采用的单桩式风机模型主要由梁组合单元构造，风机各部分详细信息列于表 5.2.1。

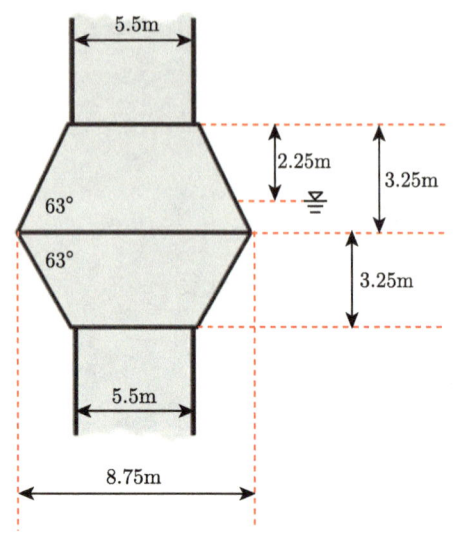

图 5.2.3　抗冰锥体参数

表 5.2.1　海上单桩式风机有限元模型参数

参数	类型	数值
塔筒	梁单元	53
基础	梁单元	20
抗冰锥	三角形壳单元	1406
叶片和机舱	三角形刚体	374
基频	—	0.290Hz/0.290Hz/1.447Hz/1.447Hz/3.972Hz

风机与海冰的作用模型如图 5.2.4 所示，平整冰由离散球体黏结构成，海冰不与结构碰撞的三个边界均采用弹簧边界进行弹性约束。该弹簧边界的刚度与颗粒间的接触刚度相同，且在 x 方向具有与海冰相同的运动速度。这样可采用有限尺寸的海冰区域近似模拟无限大平整冰与风机结构的相互作用。

2. 锥体基础海上风机结构冰载荷及冰激振动

海洋风机的冰载荷和冰激振动与海冰的厚度和速度有着密切关系。这里选取 0.2m 冰厚和 0.2 m/s 冰速工况，其风机冰激振动的相关计算参数列于表 5.2.2。海冰与风机结构相互作用过程如图 5.2.5 所示，海冰主要与风机锥体的正锥体作用，发生弯曲破坏，破碎冰排发生爬升与堆积现象，由此引发结构的冰激振动。通过 DEM-FEM 耦合方法模拟平整海冰与单桩式风机结构相互作用，可以得到风机承受的冰载荷时程，如图 5.2.6 所示。

5.2 固定式海洋工程结构冰激振动响应分析

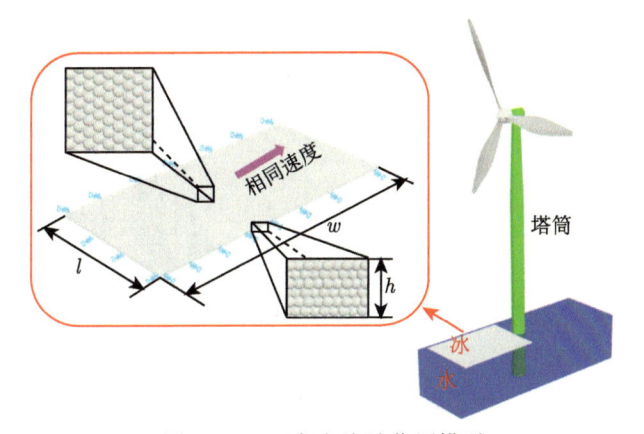

图 5.2.4 风机与海冰作用模型

表 5.2.2 DEM-FEM 模拟中的计算参数

定义	符号	数值	定义	符号	数值
海冰密度	ρ_{ice}	920kg/m³	拖曳系数	c_d	0.06
黏结强度	σ_b	0.6MPa	风机的密度	ρ_{wind}	7850kg/m³
海冰初始场	$a \times b$	40m × 60m	风机的弹性模量	E_{wind}	207GPa
海冰弹性模量	E_p	1.0GPa	风机的泊松比	μ	0.3
内摩擦系数	μ_b	0.2	锥体厚度	h_{cone}	0.06m
回弹系数	e_b	0.1			

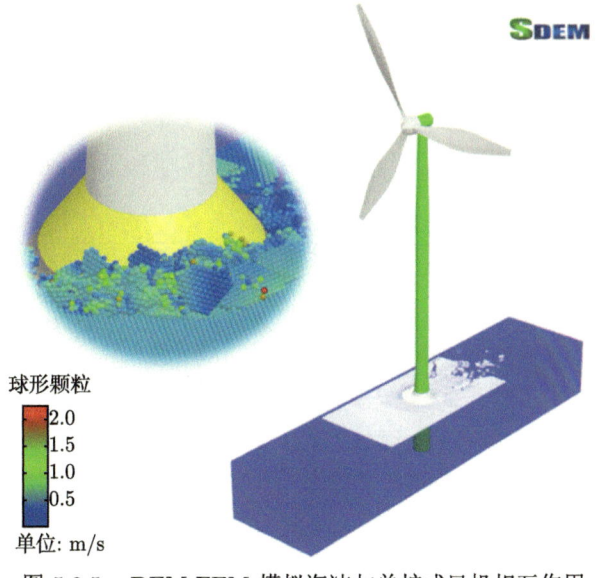

图 5.2.5 DEM-FEM 模拟海冰与单桩式风机相互作用

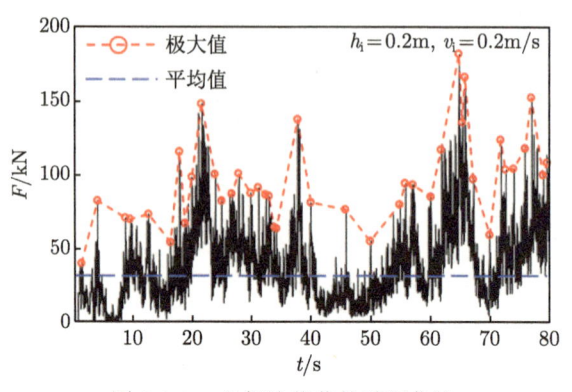

图 5.2.6　风机冰载荷的时程曲线

图 5.2.7 为冰速 0.2 m/s，冰厚 0.2 m 工况下塔筒顶端和基础顶端位移响应的时程曲线。从中可以发现，两者的振动位移时程曲线存在明显的差异：塔筒顶端振动周期 $T = 3.461$ s，基础顶点振动周期 $T = 0.708$ s。

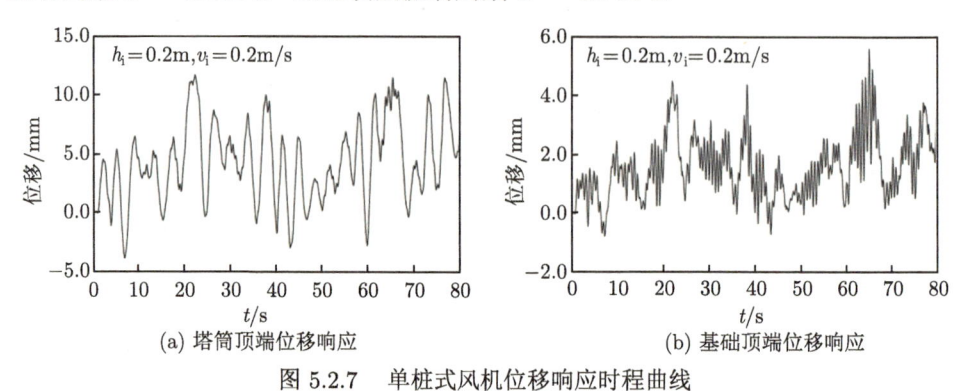

(a) 塔筒顶端位移响应

(b) 基础顶端位移响应

图 5.2.7　单桩式风机位移响应时程曲线

图 5.2.8 为冰速 0.2 m/s，冰厚 0.2 m 下塔筒顶端和基础顶端振动加速度响应

(a) 塔筒顶端振动加速度

(b) 基础顶端振动加速度

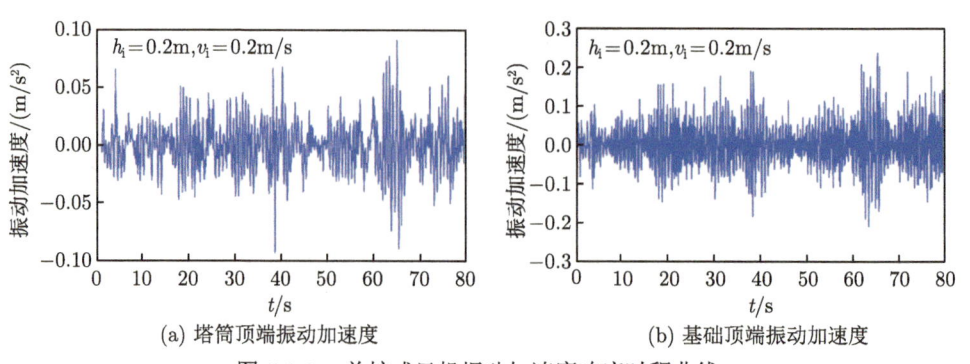

图 5.2.8　单桩式风机振动加速度响应时程曲线

5.2 固定式海洋工程结构冰激振动响应分析

的时程曲线。风机两部分结构振动均表现出随机性，符合安装有抗冰锥体结构的冰激振动特点。

图 5.2.9 为塔筒顶端和基础顶端振动加速度自功率谱密度曲线。风机两部分结构的频谱分析结果存在很大差异：塔筒顶端的振动加速度功率谱主要包含三个频率成分，即 0.293 Hz、1.465 Hz 和 3.516 Hz，分别为风机结构的一阶、三阶和五阶自振频率；基础顶端的振动加速度功率谱则只存在一个频率成分，即 1.465 Hz，对应结构的三阶自振频率。此外，振动加速度的频域结果显示，结构振动的主频以结构的三阶自振频率成分为主。

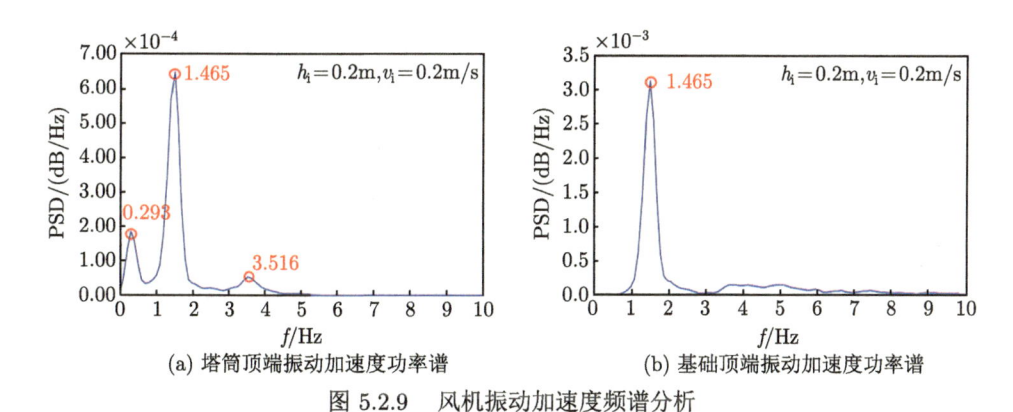

(a) 塔筒顶端振动加速度功率谱

(b) 基础顶端振动加速度功率谱

图 5.2.9　风机振动加速度频谱分析

3. 直立基础海上风机结构冰载荷及冰激振动

海上风机的冰载荷和结构冰激振动响应，与海冰的厚度和漂移速度密切相关(Heinonen and Rissanen, 2017)。其中，海冰厚度直观影响结构承受冰载荷的数值大小；海冰速度影响海冰的破碎频率，从而影响结构的振动响应特性。当不同速度的海冰与直立基础结构作用时，风机可能会产生三种不同的振动形式：准静态振动、稳态振动和随机振动。参考渤海 50 年一遇的冰厚 0.374 m，这里选取海冰厚度为 0.4 m，建立 3 种不同冰速下的数值模拟工况分析风机冰载荷和振动特性：慢冰速为 0.04 m/s，中等冰速为 0.2 m/s，快冰速为 0.6 m/s。这里 DEM-FEM 计算中的主要参数同于表 5.2.2。

采用球形颗粒单元的平行黏结构造的平整冰，以恒定的速度与风机的基础结构发生相互作用。海冰在挤压破坏过程中以粉末状海冰 (海冰离散元方法表现为单独颗粒簇) 排至海冰上下自由表面处，并散落于结构前方形成海冰堆积，同时，碎末清除后会堆积在结构与海冰作用轨迹两侧，如图 5.2.10 所示。

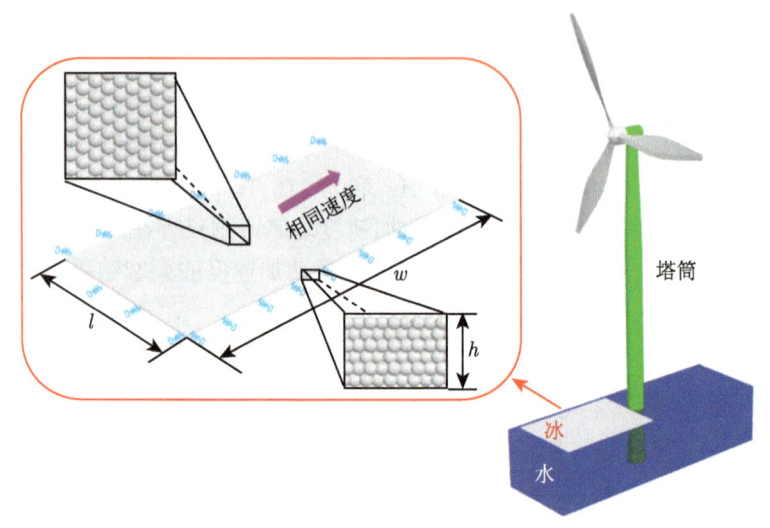

图 5.2.10　海冰与直立风机基础结构相互作用

海冰厚度直接影响结构的最大承载力，即海冰厚度与风机承受冰载荷正相关。图 5.2.11 给出了不同冰速条件下风机基础结构冰载荷时程曲线，其总体表现为：在慢冰速下表现为锯齿状；在快冰速下表现为持续的随机形式。由于冰速较大时海冰与结构一直处于连续的接触作用，风机基础结构的随机振动又进一步引起海冰加载速率的变化，所以这种加载和卸载的随机性被放大，海冰破碎的规则加载和卸载消失，结构冰载荷表现为随机性，如图 5.2.11(b) 和 (c) 所示。当冰速较低

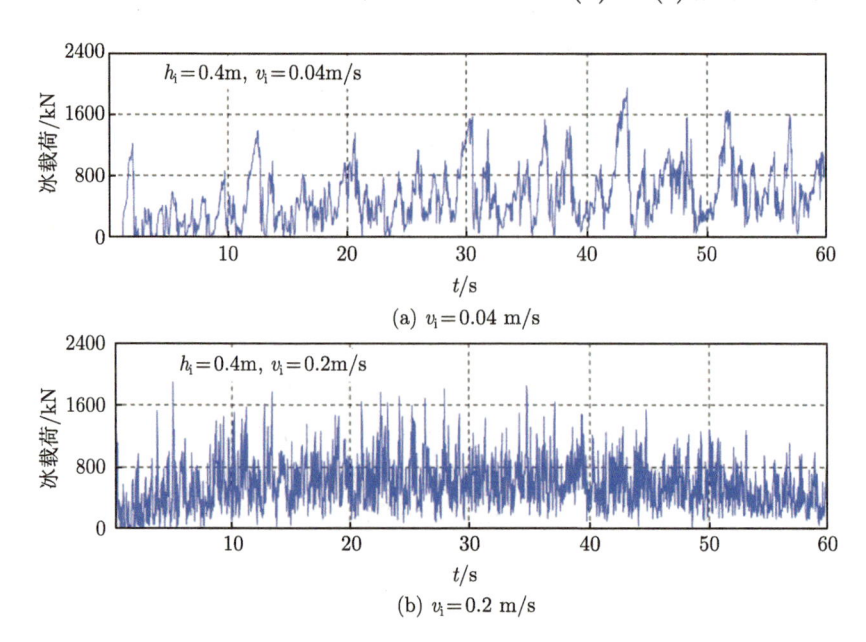

(a) $v_\mathrm{i} = 0.04$ m/s

(b) $v_\mathrm{i} = 0.2$ m/s

5.2 固定式海洋工程结构冰激振动响应分析

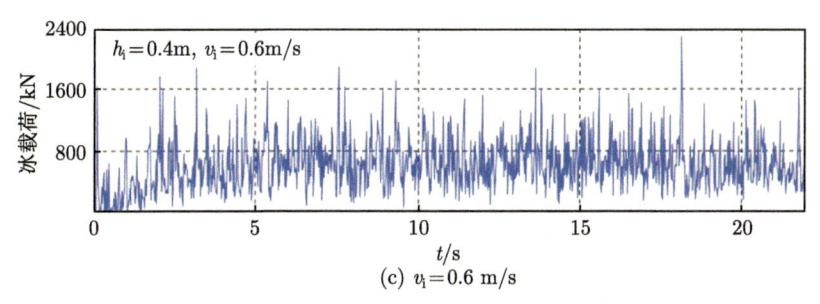

(c) $v_1 = 0.6$ m/s

图 5.2.11 不同冰速下风机冰载荷时程曲线

时,海冰与风机基础结构作用发生周期性的韧性挤压破坏,因此其时程曲线呈锯齿状,具有明显的加载和卸载过程。

图 5.2.12 给出了不同冰速条件下塔筒顶端和基础顶端位移响应时程曲线。当

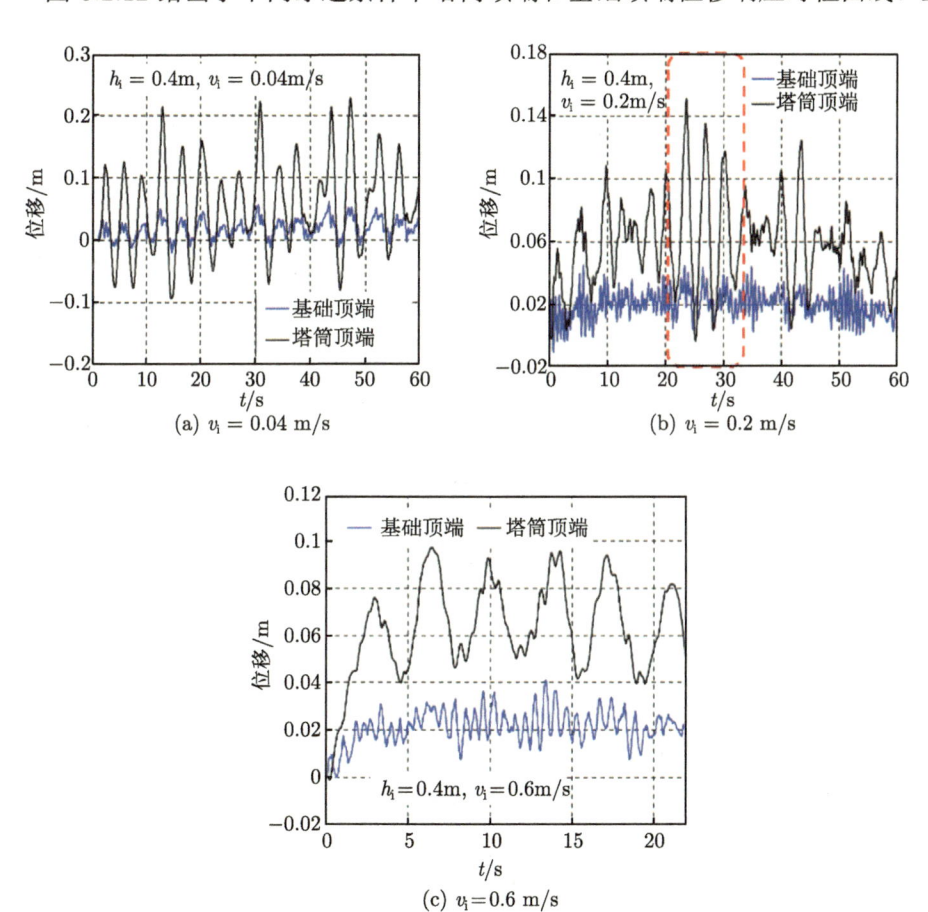

(a) $v_1 = 0.04$ m/s

(b) $v_1 = 0.2$ m/s

(c) $v_1 = 0.6$ m/s

图 5.2.12 不同冰速下风机各部分的位移响应时程曲线

冰速一定时，结构位移响应随着冰厚的增大而增加，塔筒顶端的振动振幅大于基础顶端的振动振幅。对比不同位置的振动曲线发现，风机不同部分振动存在明显差异：塔筒顶端振动形式以结构一阶自振频率振动 (振动周期 T=3.45 s)，基础顶端振动则以结构的较高的三阶自振频率 (振动周期 T=0.69 s) 振动，风机不同部位呈现出不同的振动特性。需要特别指出的一种特殊情况：风机上部塔筒结构与下部基础支撑结构以相同相位、周期共同振动的共振响应模式。

大量的现场测量和模型试验已经证明，不同冰速作用下直立结构的冰载荷和振动响应主要存在以下三种形式：慢冰速下的间歇性挤压 (图 5.2.13(a))、中等冰速下的频率锁定 (图 5.2.13(b))、快冰速下的持续挤压 (图 5.2.13(c))。在实际工程和研究中重点关注后两种形式，其中频率锁定引起结构剧烈的振动，持续挤压下的随机振动则是引起结构的疲劳和损伤。海冰在持续挤压过程中的冰载荷和结构振动响应随机性在 5.2.1 节第 2 小节中已给出详细介绍。

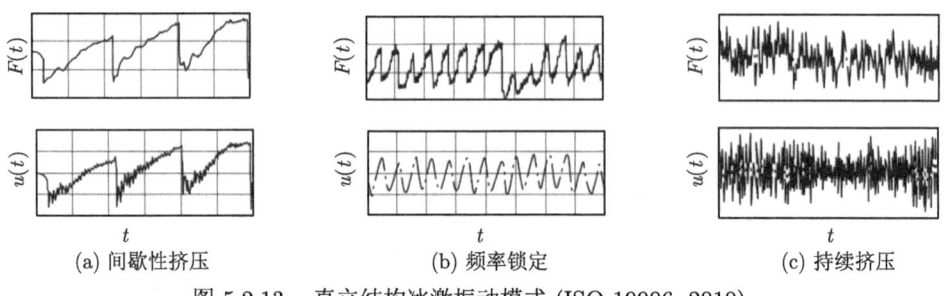

(a) 间歇性挤压　　(b) 频率锁定　　(c) 持续挤压

图 5.2.13　直立结构冰激振动模式 (ISO 19906, 2010)

由图 5.2.11(a) 可以知，当结构发生频率锁定振动时，冰载荷时程为锯齿状，结构振动幅值较大且保持恒定，冰载荷和结构振动位移振动频率保持一致，即 Locked in 现象。基于 DEM-FEM 耦合模型在低冰速 (v_i =0.04 m/s) 下对海冰与风机的挤压作用的模拟中，冰载荷时程形式同样表现为锯齿状，风机基础部分振动位移和冰载荷的振动频率也保持了一致性，但是由于每个周期中冰载荷极值的差异，风机基础部分的振动幅值很难保持恒定。

5.2.2　单桩海洋平台结构冰激振动特性分析

单桩海洋平台结构在冰区油气开发中有广泛应用，并在海冰作用下发生剧烈振动。本小节以渤海 JZ20-2 NW 单桩锥体海洋平台结构为研究对象，分析其在海冰作用下结构的动力响应。该平台主要由上部模块、导管架、桩基和破冰锥组成，如图 5.2.14 所示。采用梁-壳组合单元构造海洋平台有限元模型，模型共有 1026 个节点和 1530 个单元，其中梁单元 274 个、壳单元 1214 个，计算模型如图 5.2.15 所示。

5.2 固定式海洋工程结构冰激振动响应分析

图 5.2.14　渤海 JZ20-2 NW 单桩锥体海洋平台原型结构

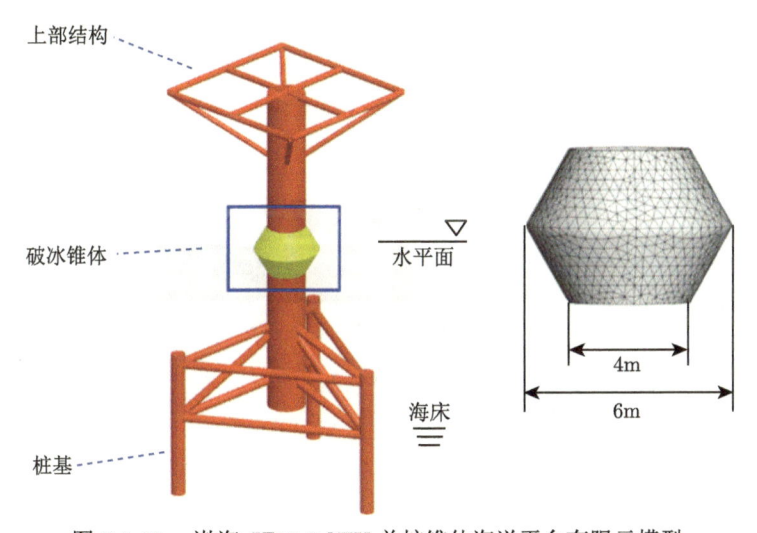

图 5.2.15　渤海 JZ20-2 NW 单桩锥体海洋平台有限元模型

下面通过 DEM-FEM 耦合模型对渤海 JZ20-2 NW 单桩锥体海洋平台结构的冰载荷、冰激振动响应以及锥体结构的应力分布进行仿真分析。本小节采用 25 种冰况，即不同冰速和冰厚，模拟海冰与单桩锥体海洋平台结构的相互作用，具体参数列于表 5.2.3，海冰离散元计算参数列于表 5.2.4。

表 5.2.3　模拟中的冰速和冰厚

参数	数值				
冰速/(m/s)	0.1	0.2	0.3	0.4	0.5
冰厚/m	0.05	0.10	0.15	0.20	0.25

表 5.2.4　离散元–有限元模拟中的计算参数

变量	符号	单位	数值
海冰密度	ρ_i	kg/m^3	920
黏结强度	σ_b	MPa	0.7
冰盖尺寸	$a \times b$	m×m	40×40
颗粒直径	D_p	m	0.05/0.10/0.15/0.20/0.25
弹性模量	E_i	GPa	1.0
颗粒间摩擦系数	μ_p	—	0.1
颗粒–结构摩擦系数	μ_w	—	0.1
回弹系数	e_p	—	0.9
拖曳系数	C_d	—	0.06

图 5.2.16 为冰速 (v_i) 0.2 m/s 和冰厚 (h_i) 0.2 m 冰况下海冰与锥体平台相互作用的数值过程。从中可以看到平整冰在锥体作用下的破碎情况。海冰与锥体平台相互作用过程中，冰排呈现初次断裂、爬升、二次断裂和清除的过程，并由此引起交变动冰载荷。

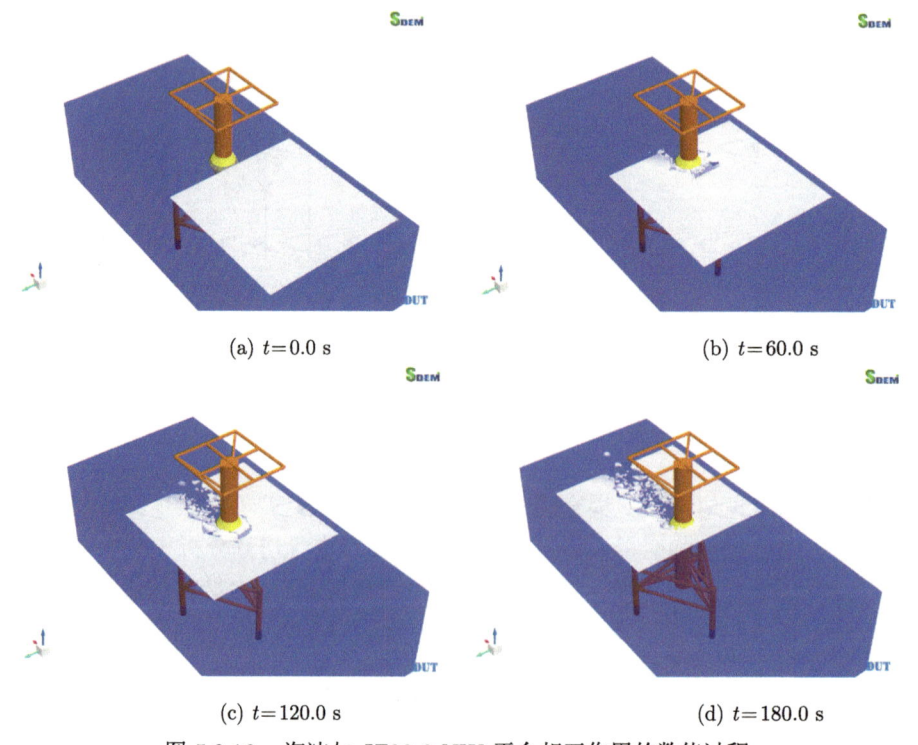

(a) $t=0.0$ s

(b) $t=60.0$ s

(c) $t=120.0$ s

(d) $t=180.0$ s

图 5.2.16　海冰与 JZ20-2 NW 平台相互作用的数值过程

1. 单桩海洋平台结构冰载荷

通过 DEM-FEM 耦合模型,得到锥体平台的冰载荷时程 ($v_i = 0.2$ m/s, $h_i = 0.2$ m),如图 5.2.17 所示。为降低冰载荷对比的随机性,对各冰况下冰载荷时程的幅值进行提取,并对其平均值进行对比分析。由冰载荷时程可以发现,锥体结构的冰载荷表现出很强的随机性并具有一定的周期脉冲特性。这与海冰的现场监测、室内模型试验以及数值模拟的结果相一致 (Qu et al., 2006; 史庆增等, 2004)。

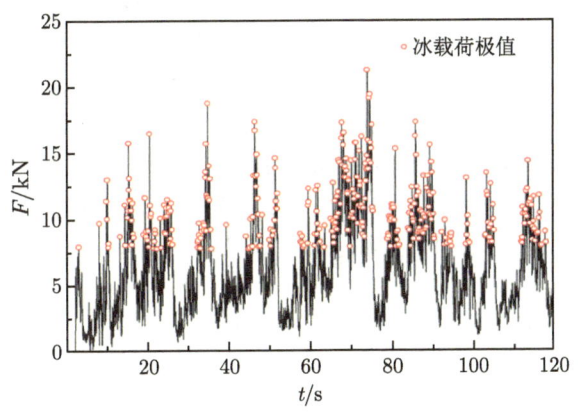

图 5.2.17 锥体结构的冰载荷时程

不同冰况下冰载荷的平均值列于表 5.2.5。可以发现,冰载荷的平均值随冰厚的增加呈明显的增大,而对冰速变化不敏感。由于离散单元间的黏结强度与单元粒径相关,并直接影响结构冰载荷的大小,因此,冰厚是影响冰载荷的主要因素。另外,由于这里主要针对海冰的脆性破坏,单元间的黏结强度并没有考虑加载速率的影响,所以计算结果受冰速的影响不大。这与室内模型试验和现场监测结果一致。

表 5.2.5 不同冰况下冰载荷平均值 (单位: kN)

冰速/(m/s)	h_i				
	0.05 m	0.10 m	0.15 m	0.20 m	0.25 m
$v_i = 0.1$	1.59	7.05	13.34	17.46	28.05
$v_i = 0.2$	1.89	7.56	13.66	17.56	28.13
$v_i = 0.3$	2.15	8.21	14.01	17.91	28.52
$v_i = 0.4$	2.51	8.77	14.06	18.26	28.53
$v_i = 0.5$	2.83	7.29	14.55	18.29	28.59

为验证该耦合模型的合理性,将冰载荷峰值的平均值与典型锥体静冰载荷经验公式进行对比。取冰速为 0.2 m/s。典型锥体静冰载荷经验公式有以下四个:

$$F_R = A_3 \left[A_1 \sigma_f h_i^2 + A_2 \rho_w g h_i D^2 \right] \tag{5.2.1}$$

$$F_{\mathrm{K}} = A_{\mathrm{h}} \left(D^2 - D_{\mathrm{T}}^2 \right) \rho_{\mathrm{i}} g h_{\mathrm{i}} + B_{\mathrm{h}} \sigma_{\mathrm{f}} h_{\mathrm{i}}^2 \tag{5.2.2}$$

$$F_{\mathrm{Y}} = 3.2 \sigma_{\mathrm{f}} h_{\mathrm{i}}^2 \left(\frac{D}{L_{\mathrm{c}}} \right)^{0.34} \tag{5.2.3}$$

$$F_{\mathrm{H}} = 2.43 \sigma_{\mathrm{f}} h_{\mathrm{i}}^2 \left(\frac{D}{L_{\mathrm{c}}} \right)^{0.43} \tag{5.2.4}$$

式中，F_{R}、F_{K}、F_{Y} 和 F_{H} 分别为 Ralston、Kato、Yue 和 Hirayama 建立的锥体静冰载荷 (王帅霖, 2019)；A_1、A_2 和 A_3 为无量纲系数；A_{h} 和 B_{h} 通过模型实验的回归分析得到；σ_{f} 为海冰的弯曲强度；h_{i} 为海冰厚度；ρ_{w} 为海水密度；ρ_{i} 为海冰密度；g 为重力加速度；D 为锥体直径；D_{T} 为锥顶直径；L_{c} 为海冰的断裂长度。

将离散元计算结果同以上经验公式计算结果对比，如图 5.2.18 所示。从中可以发现，通过典型公式以及离散元计算得到的结果都与冰厚的平方呈线性增加关系，但每个典型公式和离散元计算存在一定的差异。通过 DEM-FEM 耦合方法计算的冰载荷在各经验公式计算结果的合理范围内。

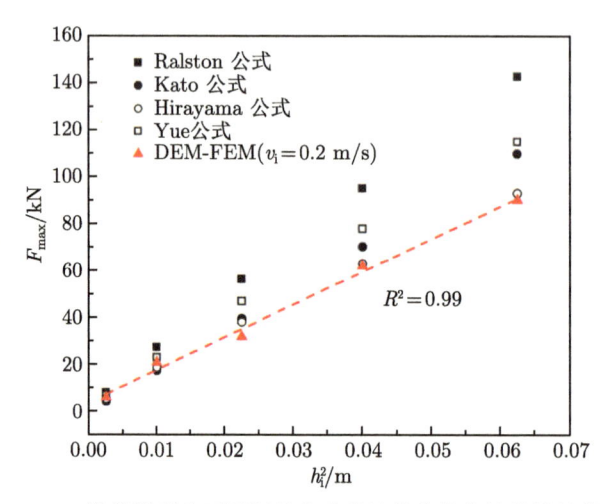

图 5.2.18 数值模型和不同经验公式的冰载荷峰值计算结果的对比

2. 单桩腿导管架平台结构的冰激振动分析

下面通过渤海 JZ20-2 NW 锥体平台结构的实测振动加速度数据，对 DEM-FEM 耦合模型的合理性进行进一步的验证。图 5.2.19 和图 5.2.20 分别为相同冰况下实测数据和模拟结果的冰激振动加速度时程，实测和数值结果都在 0.15 ～ −0.15 m/s² 范围内变化。模拟得到的冰速、冰厚与锥体平台结构冰激振动加速度均值的关系如图 5.2.21 所示。结果表明平台结构的冰激振动加速度随冰速、冰厚

5.2 固定式海洋工程结构冰激振动响应分析

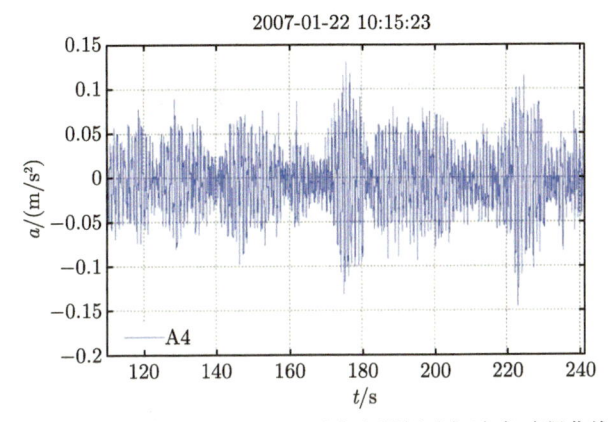

图 5.2.19 渤海 JZ20-2 NW 平台实测振动加速度时程曲线

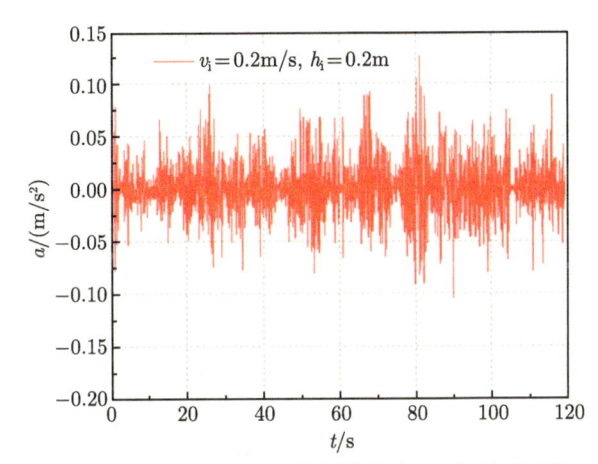

图 5.2.20 基于 DEM-FEM 耦合模型的振动加速度时程曲线

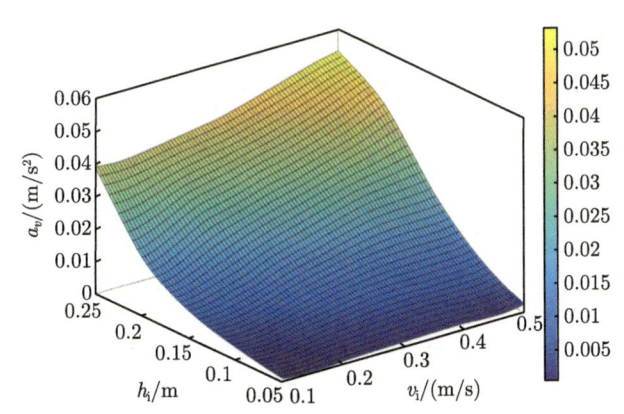

图 5.2.21 冰速、冰厚与 JZ20-2 NW 平台结构冰激振动加速度均值的关系

的增加而增加，即冰速和冰厚是影响平台冰激振动的关键参数。此外，相对于冰速，冰厚对结构冰激振动的影响更明显。

同时，这里将不同冰厚下得到的振动加速度峰值与渤海实测数据进行对比分析，如图 5.2.22 所示。从图中可以发现，模拟结果与实测结果的趋势基本保持一致，即冰厚与振动加速度呈二次非线性增加关系。

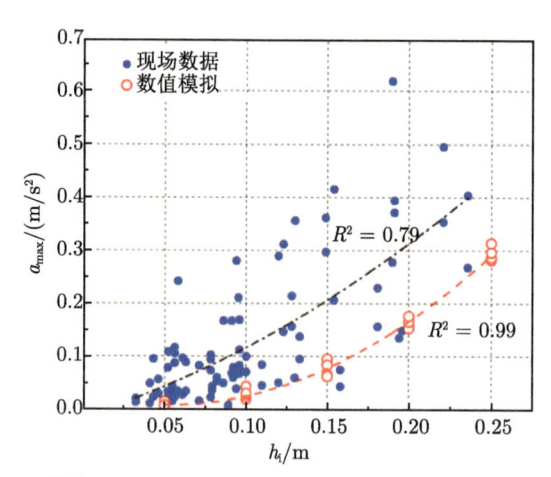

图 5.2.22　渤海 JZ20-2NW 平台冰激振动现场数据和数值模拟结果

对 $v_i = 0.2$ m/s, $h_i = 0.2$ m 冰况下的实测数据和模拟结果进行频谱分析，如图 5.2.23 所示。图中表明，模拟结果与实测数据的功率谱密度曲线在频率上基本

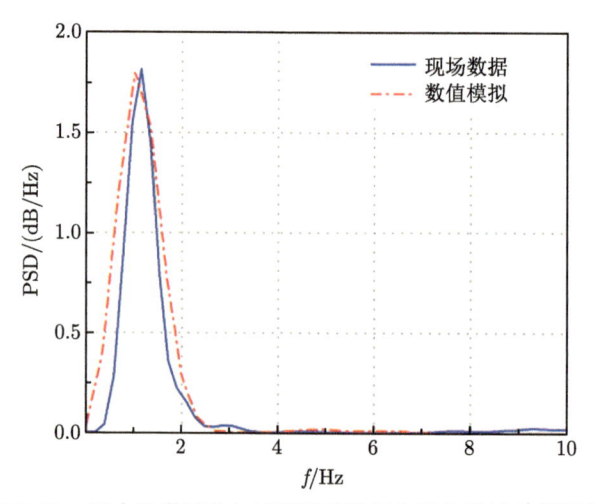

图 5.2.23　平台冰激振动加速度现场数据和数值模拟的频谱分析

一致，其主要频率集中在 1.0 Hz 附近。其中，实测数据 PSD 峰值对应的频率为 1.14 Hz，模拟结果峰值对应的频率为 1.01 Hz。考虑到 JZ20-2 NW 平台的基频为 1.07 Hz，因此可以认为该平台的冰激振动主要由一阶模态提供。

3. 锥体结构的强度分析

通过 DEM-FEM 耦合模型可得到海冰作用下锥体结构的 von Mises 应力，进而可对结构进行强度校核。图 5.2.24 为冰速 0.2 m/s，冰厚 0.2 m 冰况下锥体结构的 von Mises 应力时程。图 5.2.25(a) 为结构的 von Mises 应力云图，图 5.2.25(b) 为相对应的法向压力云图。可以发现锥体结构的应力分布与压力分布对应，压力最大处也是应力最大的部分。

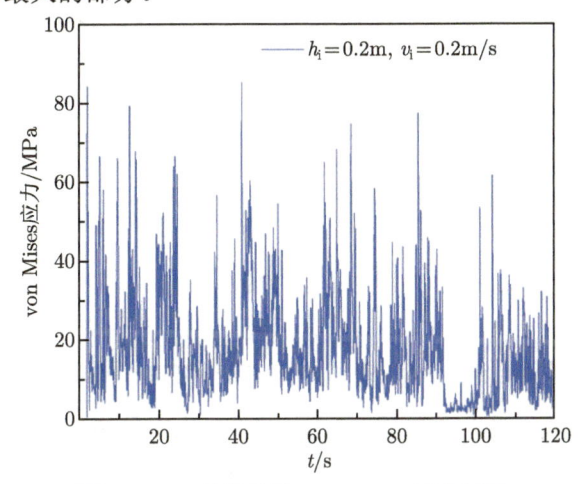

图 5.2.24 锥体结构 von Mises 应力时程

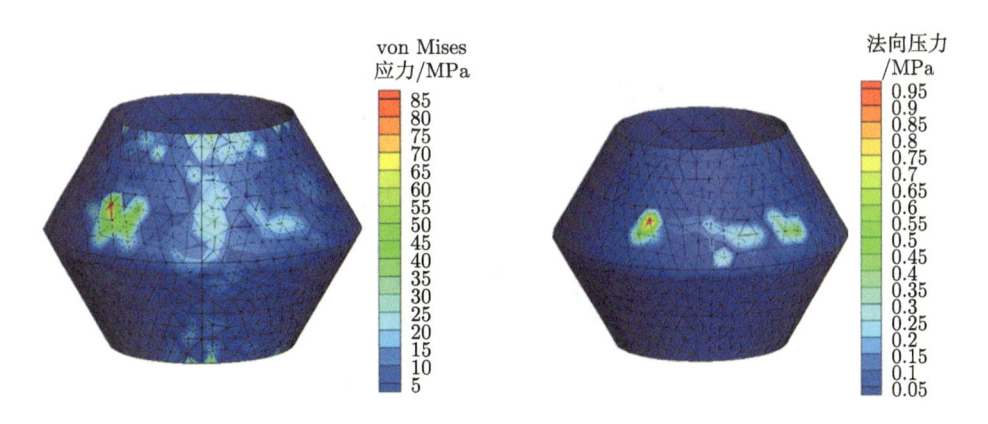

(a) 锥体结构的 von Mises 应力分布　　(b) 锥体结构的法向压力分布

图 5.2.25 锥体结构的 von Mises 应力及法向压力云图

这里对不同冰厚和冰速下锥体结构 von Mises 应力的最大值进行了统计分析，结果如图 5.2.26 所示。从中可以发现，冰速对 von Mises 应力值影响较小，冰厚则对其影响较大，这与冰载荷的变化规律一致。此外，从图中可知各冰况中最大 von Mises 应力为 131.2 MPa，并未超过钢的屈服强度 (240 MPa)。因此，以上计算中所有冰况的线弹性模型假定是合理的。

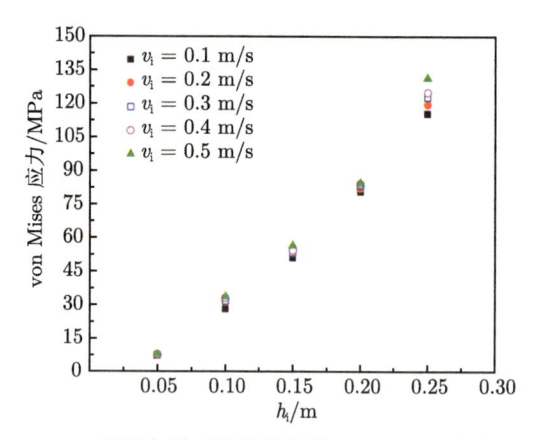

图 5.2.26　不同冰厚下锥体结构的 von Mises 应力最大值

5.2.3　多桩腿海洋平台结构冰激振动的 DEM-FEM 耦合分析

本小节通过 DEM-FEM 耦合模型对渤海 JZ20-2 MUQ 锥体导管架海洋平台的冰激振动展开分析。如图 5.2.27 所示，该平台主要分为三部分：上部结构、导管

图 5.2.27　渤海 JZ20-2 MUQ 锥体导管架海洋平台原型结构

5.2 固定式海洋工程结构冰激振动响应分析

架结构和桩基。该结构为四桩腿锥体导管架平台，水深一般为 13.5 m，桩腿间距为 14 m，上部质量为 1700 t，导管架质量为 440 t，结构基频为 0.87 Hz。

海冰同导管架海洋平台结构作用的 DEM-FEM 耦合模型如图 5.2.28 所示。平整冰模型采用具有黏结-破碎效应的等粒径球体离散单元构造。针对 JZ20-2 MUQ 锥体导管架海洋平台结构特点，这里采用梁单元进行结构动力分析。

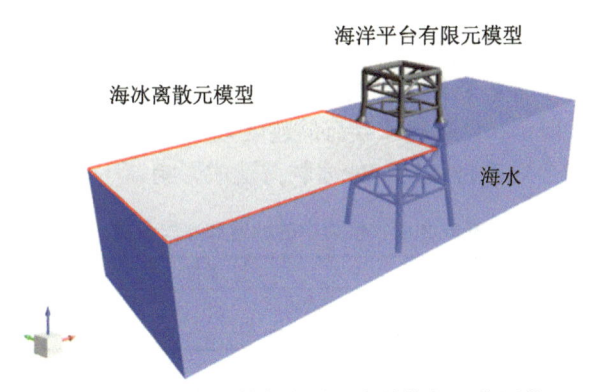

图 5.2.28 海冰与 JZ20-2 MUQ 锥体导管架海洋平台结构相互作用的 DEM-FEM 耦合模型

在有限元动力分析时，在保证主体结构几何形状以及结构振动频率和振型真实性的基础上，对平台结构有限元模型进行简化，将上部结构简化为梁单元，桩基用等效 6 倍的桩径代替，如图 5.2.29 所示。该有限元模型的基频为 0.87 Hz，与原型结构的测量结果一致 (Wang et al., 2013)。导管架结构部分由 2 节点的梁单元构造，该模型共有 128 个梁单元和 76 个节点。管的直径为 1.6 m，抗冰锥体的

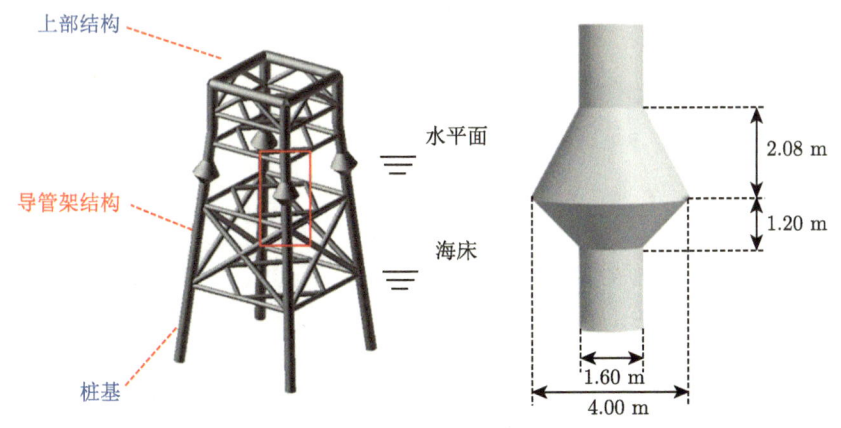

图 5.2.29 JZ20-2 MUQ 锥体导管架海洋平台结构有限元模型

最大直径为 4.0 m，正、倒锥角分别为 60° 和 45°。有限元模型的材料参数分别为：弹性模量 210 GPa、泊松比 0.3 以及密度 7850 kg/m³，并且模型中忽略水和空气的附加质量。

1. 多桩平台结构的 DEM-FEM 耦合模型的计算参数

这里采用不同冰速和冰厚共 16 种工况进行冰激振动分析，列于表 5.2.6。DEM-FEM 耦合模型的计算参数列于表 5.2.7。图 5.2.30 为冰速 0.4 m/s，冰厚 0.2 m 情况下不同时刻 ($t = 0.0$ s, 40.0 s, 80.0 s, 120.0 s) 海冰与锥体导管架海洋平台相互作用的过程。对于多桩腿结构，海冰在桩腿切割下发生弯曲破坏并形成明显的水道，如图 5.2.30 所示，会引起冰载荷的遮蔽效应 (Karulin and Karulina, 2014)。因此，海冰的流向会对多桩腿结构的冰载荷造成影响。

表 5.2.6　模拟中的冰速和冰厚参数

变量	数值			
冰速	0.2 m/s	0.3 m/s	0.4 m/s	0.5 m/s
冰厚	0.10 m	0.15 m	0.20 m	0.25 m

表 5.2.7　DEM-FEM 耦合模型计算参数

变量	符号	单位	数值
海冰密度	ρ_i	kg/m³	920
黏结强度	σ_b	MPa	0.7
冰盖尺寸	$a \times b$	m×m	60×40
颗粒直径	D_p	m	0.10/0.15/0.20/0.25
弹性模量	E_i	GPa	1.0
颗粒间摩擦系数	μ_p	—	0.1
颗粒–结构摩擦系数	μ_w	—	0.1
回弹系数	e_p	—	0.9
拖曳系数	C_d	—	0.06

(a) $t=0$ s

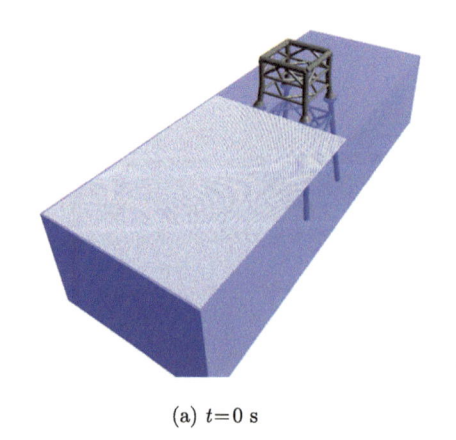

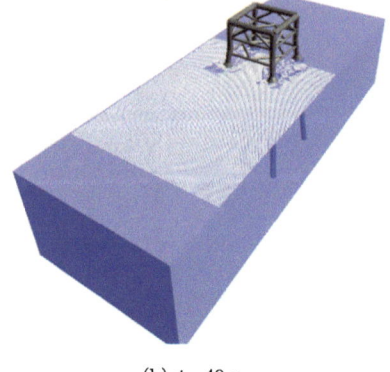

(b) $t=40$ s

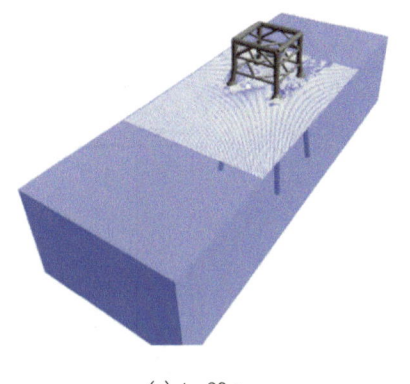

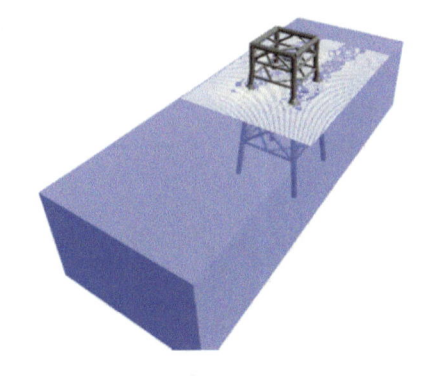

(c) $t=80$ s (d) $t=120$ s

图 5.2.30　海冰与 JZ20-2 MUQ 平台相互作用的数值过程

2. 多桩锥体结构的冰载荷分析

这里在 16 种冰况下，通过 DEM-FEM 耦合模型分析该平台结构的冰载荷特性。根据室内模型试验和现场监测结果，发现海冰在窄锥体结构前主要发生弯曲破坏。海冰和窄锥体结构的作用过程主要分为三个阶段：弯曲破坏、上爬和清除 (Xu et al., 2011)，如图 5.2.31(a) 所示。图 5.2.31(b) 为通过 DEM-FEM 耦合模型得到的海冰在窄锥体结构前的破坏形式。

(a) 现场监测情况 (b) 模拟结果

图 5.2.31　海冰在窄锥体结构前的破坏

现场实测和计算得到的锥体结构冰载荷时程曲线如图 5.2.32 所示，图中现场实测曲线和计算数据都呈现出很强的脉冲和周期特性。图 5.2.32(a) 为现场实测冰载荷时程，其中最大和平均冰载荷分别为 73.44 kN 和 8.86 kN。图 5.2.32(b) 为冰载荷时程，最大和平均冰载荷分别为 59.73 kN 和 7.85 kN。为降低冰载荷对比的随机性，提取出冰载荷的峰值，如图 5.2.32 所示，圆点即提取的冰载荷峰值。

实测和计算冰载荷的峰值均值分别为 49.7 kN 和 38.4 kN。

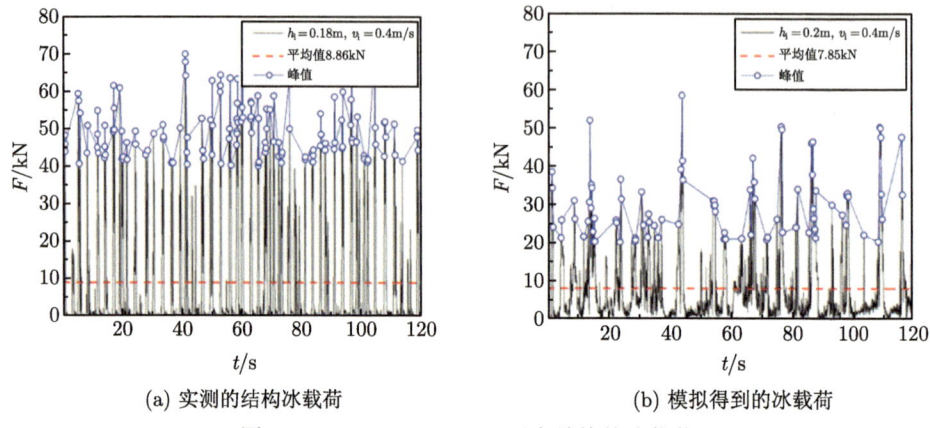

(a) 实测的结构冰载荷

(b) 模拟得到的冰载荷

图 5.2.32　JZ20-2 MUQ 平台结构的冰载荷

对现场实测和模拟得到的锥体结构冰载荷时程进行谱分析，其功率谱密度曲线如图 5.2.33 所示。从图中可以发现，两条曲线在幅值和频率上都较接近。实测数据和模拟冰载荷的主频率分别为 0.36 Hz 和 0.30 Hz。频率方面微小的差异可能是由冰块的断裂长度引起的。模拟中冰的断裂长度比实际断裂长度偏大，导致模拟的冰破碎周期大于实测结果。在模拟中，冰的断裂长度受冰的性质(如厚度、速度、强度以及摩擦系数等)和结构类型(如宽度以及锥角)等因素的影响。然而，很多参数无法从现场测量中获得，因此难以在数值模拟中采用与现场监测相同的参数。另外，计算结果也受到离散元计算参数的影响，如颗粒层数、摩擦系数、刚度系数以及黏结强度等因素。

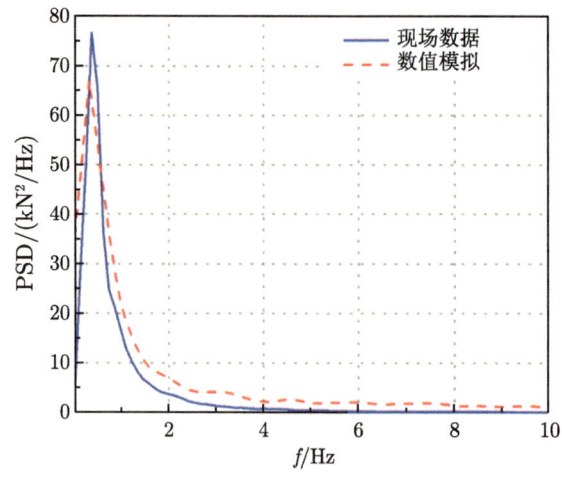

图 5.2.33　现场实测和模拟得到的冰载荷功率谱密度曲线的对比

5.2 固定式海洋工程结构冰激振动响应分析

3. 多桩平台结构的冰激振动

这里采用 2010 年渤海 JZ20-2 MUQ 锥体导管架平台的冰激振动数据,对建立的 DEM-FEM 耦合模型进行对比验证。图 5.2.34 为在冰厚 0.2 m,不同冰速 v_i =0.2 m/s 和 0.5 m/s 下平台甲板的冰激振动加速度时程。左侧为现场实测数据,右侧为通过 DEM-FEM 耦合模型模拟得到的结果。图 5.2.35 为不同冰速下实测数据和模拟结果得到的冰激振动加速度的直方图。从中可以发现,实测数据和模拟结果分布形式相似,都遵循正态分布。在静态遍历假设下,可以假设冰激振动加速度是高斯过程 (Liu et al., 2009)。它表明通过现场监测和数值计算得到的冰激振动加速度为稳态随机振动。

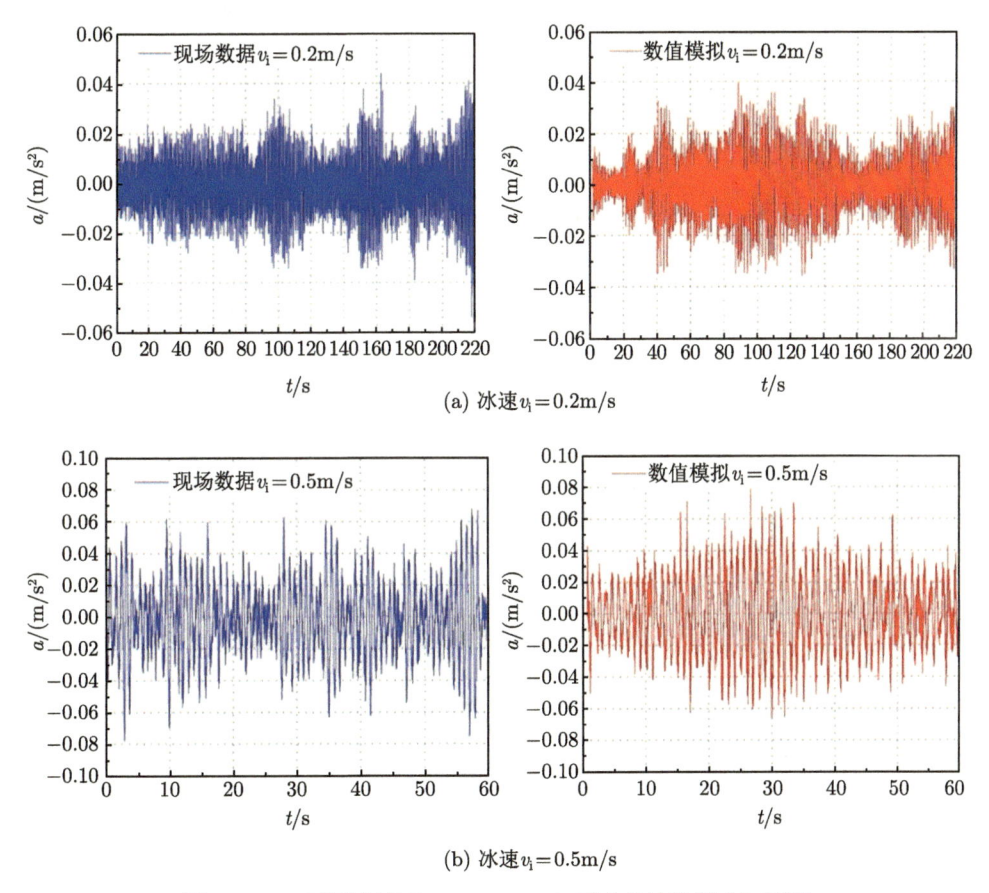

(a) 冰速v_i=0.2m/s

(b) 冰速v_i=0.5m/s

图 5.2.34　不同冰速下 JZ20-2 MUQ 平台的冰激振动加速度

这里分别对结构冰激振动加速度的实测数据和模拟结果的峰值均值、平均值和方差进行统计,如图 5.2.36 所示。从图中可以发现,模拟结果与实测数据的统计值十分接近,并且实测数据和模拟结果的峰值均值、平均值和方差都与冰速呈线性递增关系。

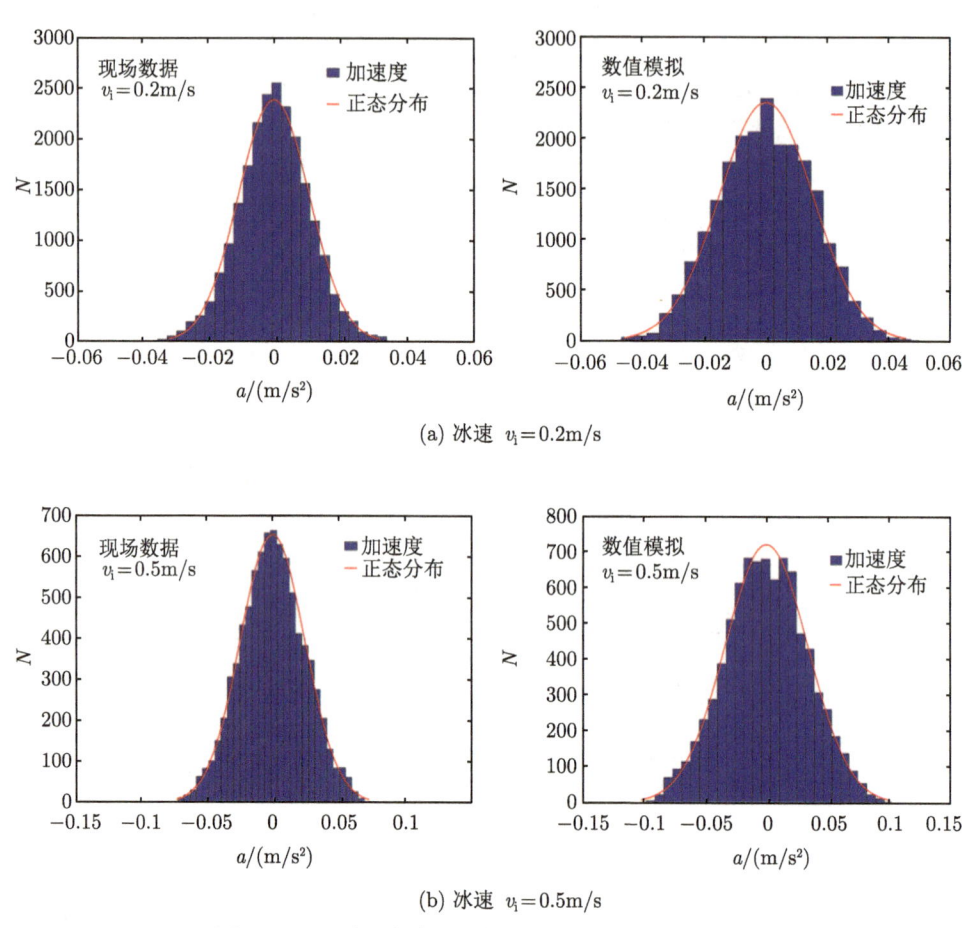

(a) 冰速 $v_i=0.2$m/s

(b) 冰速 $v_i=0.5$m/s

图 5.2.35　不同冰速下结构冰激振动加速度的直方图

然而,仅从结构冰激振动加速度的数值大小对比实测数据和模拟结果,不能充分说明 DEM-FEM 耦合模型的合理性。因此,有必要对结构冰激振动加速度的频率进行分析,以验证模拟结果的动态特性。图 5.2.37 为不同冰速下结构冰激振动加速度实测数据和模拟结果的功率谱密度曲线。从图中发现,模拟得到的功率谱密度曲线和实测的功率谱密度曲线有着相同的频率分布,即频率集中在 0~2.0 Hz。该结果说明,通过 DEM-FEM 耦合模型得到的结构冰激振动加速度的动态特性具有实际意义。此外,实测和模拟的冰激振动时程主频率约为 1.0 Hz,产生的能量主要是由结构的低阶模态引起的。

5.2 固定式海洋工程结构冰激振动响应分析

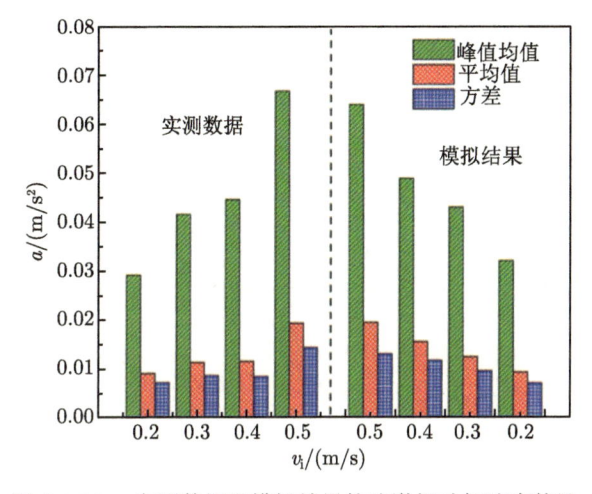

图 5.2.36 实测数据和模拟结果的冰激振动加速度统计

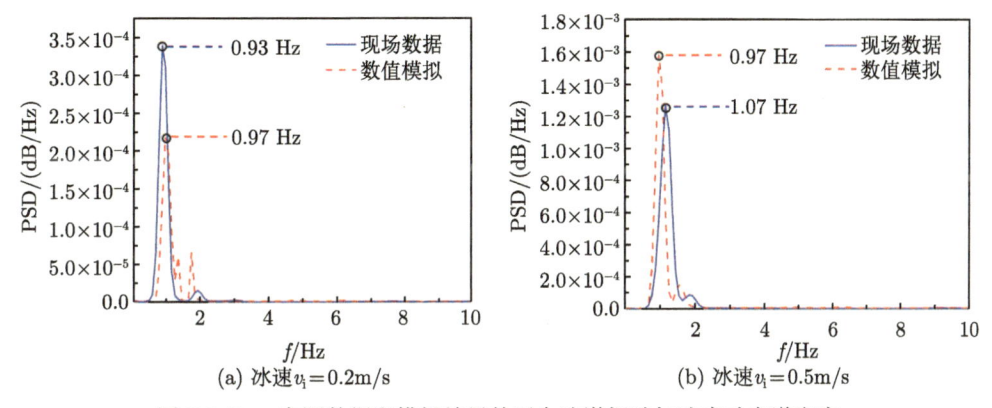

图 5.2.37 实测数据和模拟结果的平台冰激振动加速度功率谱密度

这里通过 DEM-FEM 耦合模型,对结构冰激振动加速度与冰速和冰厚的关系展开分析。针对以上所列的 16 种冰况,分别给出不同冰速和冰厚下结构冰激振动加速度峰值均值的变化规律,如图 5.2.38 所示。从图中可发现,结构冰激振动加速度随冰速和冰厚平方都呈线性增加关系,并且冰厚对结构冰激振动有着更大的影响。由于 DEM-FEM 模型基于线性动力求解算法,所以结构的动力响应与冰载荷线性相关。这里假设冰速和冰厚都是独立变量,因此可知,结构的冰激振动加速度与冰速和冰厚平方的乘积也呈线性关系。

结构冰激振动加速度与冰速和冰厚平方的乘积呈线性关系,可写为

$$a_{\max} = \gamma \cdot h_i^2 \cdot v_i \tag{5.2.5}$$

式中，$a_{\max}$ 为结构冰激振动加速度的峰值均值；v_i 为海冰的速度；h_i 为海冰的厚度；γ 为比例系数。

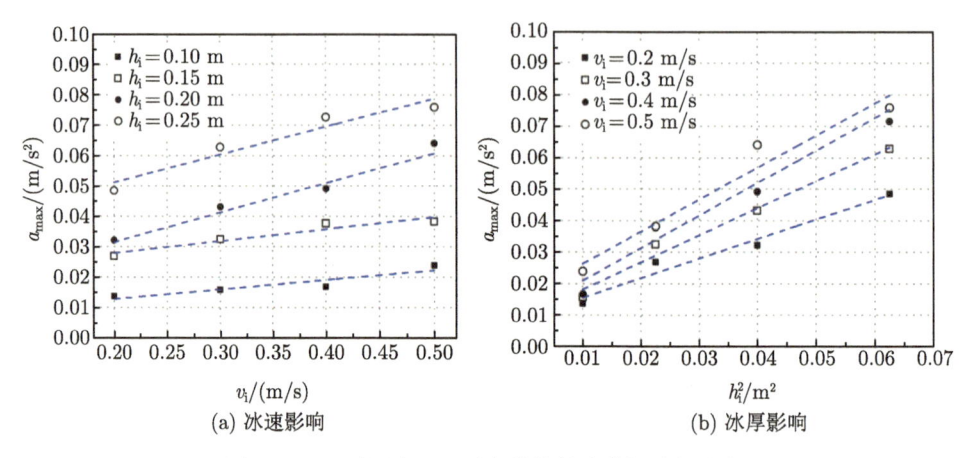

(a) 冰速影响

(b) 冰厚影响

图 5.2.38　不同冰况下平台结构的冰激振动加速度

为验证式 (5.2.5)，将计算得到的结果与实测数据进行对比，如图 5.2.39 所示。图中横坐标为冰速和冰厚平方的乘积，纵坐标为结构冰激振动加速度的峰值均值，数据点分别代表现场实测数据以及数值模拟得到的结果。从中可以看到数值模拟结果更符合式 (5.2.5) 的关系，通过对计算结果进行拟合得到 $\gamma = 2.26$。实测数据

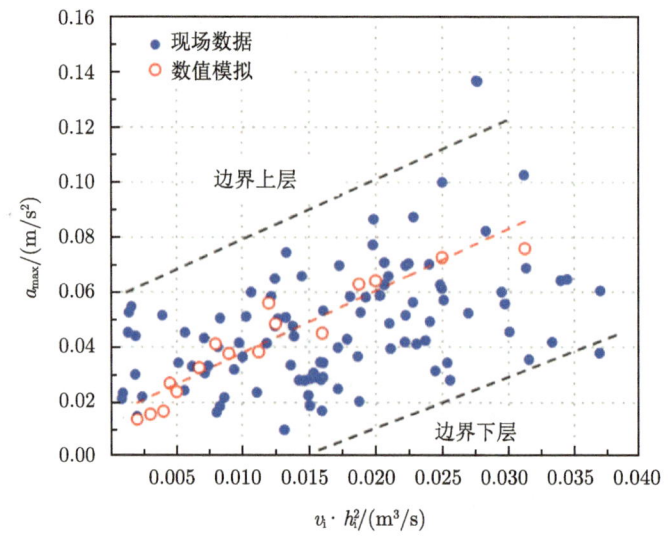

图 5.2.39　冰速、冰厚与 JZ20-2 MUQ 平台结构冰激振动加速度的关系

也具有与式 (5.2.5) 相同的趋势, 但由于现场环境复杂, 无法获取完整海冰的物理参数信息, 如海冰盐度、温度以及强度等。因此, 实测数据无法完全对冰速和冰厚进行独立分析, 使得实测数据点比较离散, 如图 5.2.39 所示。在数值模拟中, 由于海冰的物理参数通过实验获得, 与实际情况存在一定差异, 所以实测和模拟的振动加速度不同。然而, 从图中可发现, 模拟结果是在实测数据的范围内, 且二者具有相近的趋势。因此, 通过 DEM-FEM 耦合模型得到的结构冰激振动加速度是合理的。

5.3 浮式海洋平台结构冰载荷分析

浮式平台结构通常是由上部的浮体与下部的系泊缆绳组成, 浮体没入水中受到浮力以支撑自身重量。浮式平台一般依靠锚泊系统定位, 通常由辐射状布置的 8 个以上的锚组成, 悬链线状的锚链将锚和平台连接, 对于定位要求较高的半潜式钻井平台, 通常还装备有动力定位系统进行定位 (Zhou et al., 2012; 元志明, 2011)。本节以 Kulluk 浮式海洋平台和半潜式海洋平台为研究对象, 对两类浮式锚泊系统的冰载荷以及冰致运动响应进行离散元计算。

5.3.1　Kulluk 浮式海洋平台的冰载荷分析

Kulluk 浮式海洋平台 (以下简称 Kulluk 平台) 是一种锚系浮式钻井平台, 曾于 20 世纪 70 年代中期到 90 年代早期在加拿大波弗特海服役, 所处海域水深为 20~80 m。Kulluk 平台整体呈圆形, 其圆形结构设计可以抵抗任意方向的波浪或海冰的作用, 其中甲板处直径为 81 m, 水线处直径为 70 m, 如图 5.3.1 所示。Kulluk 平台倒锥形的船体结构使得其与海冰发生碰撞时, 海冰会发生弯曲破碎, 从而降低船体的冰载荷, 倾斜处倾角为 31.4°, 底部向外张开的结构设计使得破碎后的冰块绕过船体而不聚集在船体底部。Kulluk 平台通过 12 根直径为 0.09 m

图 5.3.1　Kulluk 平台 (Wright, 2000)

的缆绳与海底固定,而冰载荷通过测量缆绳获取。以下将采用球体离散单元模型和扩张多面体离散元模型计算碎冰与 Kulluk 平台的相互作用。

1. 碎冰与 Kulluk 平台相互作用的数值模型

图 5.3.2 为碎冰与 Kulluk 平台相互作用模拟的数值模型,碎冰区采用 Voronoi 切割算法生成。碎冰区中设置固定流速的海流,拖拽碎冰向结构运动。碎冰区在 y 方向两侧采用周期边界,在碎冰区后设置一个以与流速相同的速度运动的边界单元,推动碎冰向 x 正方向运动。

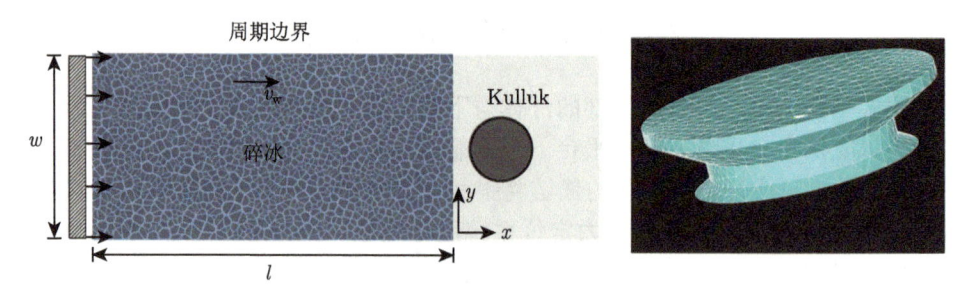

图 5.3.2 碎冰与 Kulluk 平台相互作用模拟的数值模型

Kulluk 平台在实际工作过程中通过锚链进行固定,锚链一端固定在海底而另一端固定在结构上。在海流、波浪等作用下,锚链会产生几何大变形,其运动及变形较为复杂。因此,在计算中 Kulluk 平台采用四组共 12 根锚链进行固定,每组之间互成 90°,每组中每根锚链之间互成 10° (Zhou et al., 2012),如图 5.3.3 所示。在模拟中不考虑风浪造成的平台在竖直方向的运动,因此忽略竖直方向上锚链对平台结构的作用,只考虑在水平面上锚链的作用,且该作用采用线性弹簧模型计算。

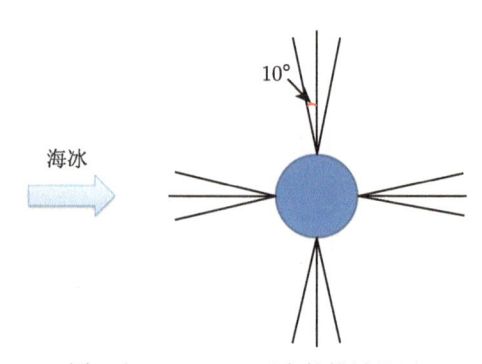

图 5.3.3 Kulluk 平台的锚链设置

通过将 Kulluk 平台的结构模型表面划分为三角形单元,对海冰与 Kulluk 平台的碰撞进行检测并计算接触力。如图 5.3.4 所示,Kulluk 浮式平台的结构运动

5.3 浮式海洋平台结构冰载荷分析

考虑 3 个自由度的平动和 3 个自由度的转动，其方程可写作

$$M\ddot{x} = F_{\text{ice}} + F_{\text{moor}} + F_{\text{d}} + F_{\text{b}} + G \tag{5.3.1}$$

$$I\ddot{\theta} = M_{\text{ice}} + M_{\text{d}} + M_{\text{b}} \tag{5.3.2}$$

式中，M 是 Kulluk 平台的质量；I 是 Kulluk 平台的转动惯量，且有 $I = \{I_x, I_y, I_z\}$；G 是重力；F_{ice}、F_{moor}、F_{d} 和 F_{b} 分别为冰载荷、锚链力、拖曳力和浮力；M_{ice}、M_{d} 和 M_{b} 分别为由冰载荷、拖曳力和浮力引起的力矩。

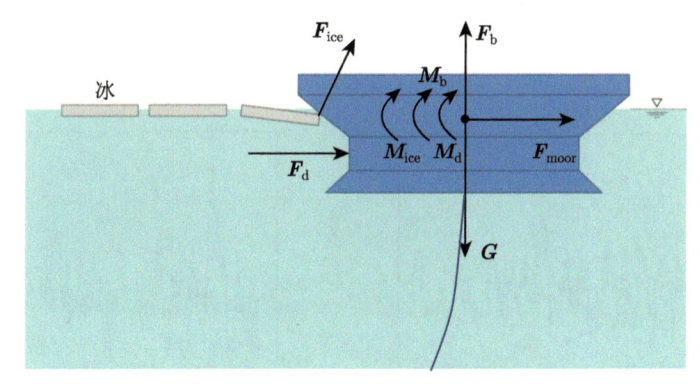

图 5.3.4　Kulluk 平台的受力分析

2. 浮体平台冰载荷的模拟及其与实测数据的对比验证

在 Kulluk 平台工作期间，加拿大国家研究委员会 (National Research Council Canada, NRC) 对 Kulluk 平台的冰载荷进行了较为全面的现场监测，并公开了相关数据和分析报告。数据和报告中包含了不同冰厚和海冰密集度条件下 Kulluk 平台上的冰载荷，并拟合了冰载荷的上限曲线。采用该现场实测数据与模拟数据对比，可分析数值方法的合理性。模拟参数列于表 5.3.1。

表 5.3.1　碎冰与 Kulluk 平台相互作用的模拟参数

参数	符号	单位	数值
拖曳力系数	C_{d}^F	—	0.2
拖曳力矩系数	C_{d}^M	—	0.14
流速	v_{w}	m/s	0.5
冰区尺寸	$l \times w$	m×m	500×200
平均碎冰尺寸	D_{ice}	m	14
扩展半径	r	m	0.1
滑动摩擦系数	μ	—	0.1
恢复系数	e	—	0.1
锚链刚度	K_{m}	kN/m	1000
海冰厚度	h_{ice}	m	0.5~6
海冰密集度	C_{ice}	—	20%~100%

当冰厚为 3 m、密集度为 60%时，碎冰与 Kulluk 平台作用过程中，平台结构在三个方向上的冰载荷时程曲线如图 5.3.5 所示。从图中可以看出，y 方向冰载荷在 0 附近波动，主要由冰块在结构两侧与结构的擦碰造成；x 和 z 方向的冰载荷时程趋势基本相同，而 z 方向冰载荷比 x 方向大。由于 x 方向的冰载荷直接导致结构在水平面上的位移，对结构在钻井过程中的工作要求和安全密切相关，所以在相关报告中主要关注 x 方向的冰载荷。在后面的讨论中也主要研究 x 方向的冰载荷。另外，结构在三个方向上的冰载荷均表现出了明显的随机特性，很难直接通过冰载荷时程表征某一工况下的冰载荷水平，需要采用合理的数据处理手段，拾取可表征冰载荷水平的特征值。

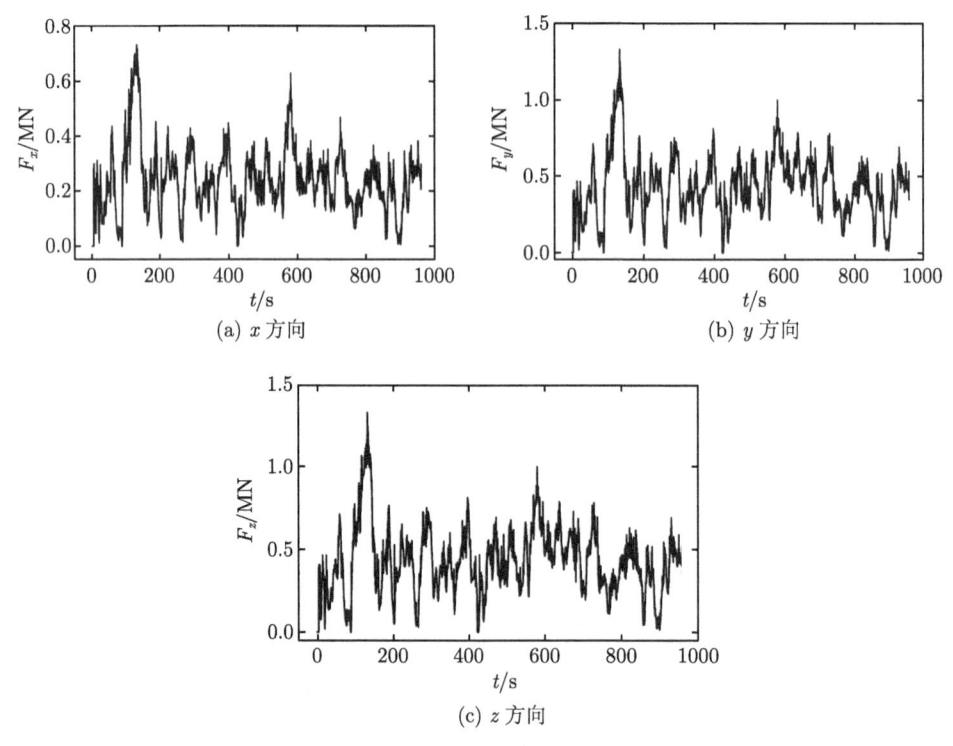

图 5.3.5 Kulluk 平台三个方向上的冰载荷

通常结构冰载荷被视为一个随机过程，因此，模拟得到的冰载荷时程与现场采集或模型试验结果的对比，并不能直接表明方法的准确性。在现场采集数据的处理中，常采用某一工况下冰载荷时程的最大冰载荷作为冰载荷的数据表征。但对于大量采集数据来说，单个最大值并不能很好地代表数据的离散特征和统计特性，而平均值也并不能被工程设计和实践认可。这里采用脉冲统计方法，计算所

5.3　浮式海洋平台结构冰载荷分析

有脉冲上最大值的平均值作为某一工况下冰载荷时程的冰载荷表征 (Liu and Ji, 2018)，如图 5.3.6 所示。该方法能较好地体现冰载荷的随机特性，避免了单取最大值的局限性，也能体现平均值的部分特征。

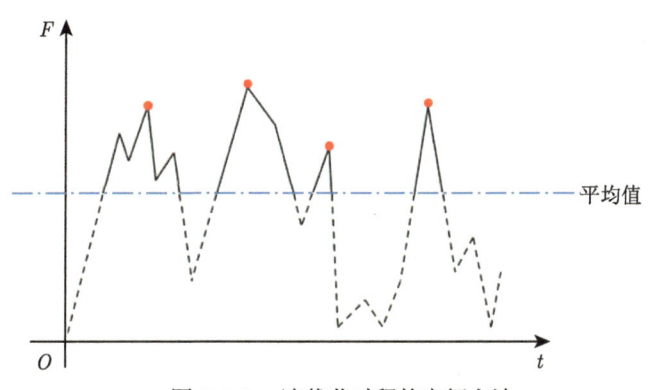

图 5.3.6　冰载荷时程的表征方法

在脉冲统计方法中，首先采用平均值将冰载荷时程曲线划分为上下两部分，并将平均值以下的部分设定为 0，那么该冰载荷时程变为若干脉冲。统计每个脉冲上的最大值作为该冰载荷时程的特征值，将所有特征值的平均值作为该工况下冰载荷时程的表征值。该表征值体现了冰载荷的随机特性，且特征值的最大值与冰载荷时程的最大值相同，综合体现了冰载荷的特性。另外，还可统计特征值的标准差，更加全面地分析冰载荷的离散随机特性。

图 5.3.7 为不同海冰条件 (即冰厚和密集度) 时采用扩展多面体离散元模拟的 Kulluk 平台结构冰载荷与实测数据的对比。其中，模拟结果采用前面的冰载荷时程表征方法处理为每个工况下的数据点。实测数据包括原始数据点和冰载荷上限，冰载荷大小的上限即是 Kulluk 平台研究报告中采用的线性方程。需要指出的是，实测数据包括了所有海冰工况下的数据，如冰速、海冰尺寸、堆积冰和冰脊等复杂冰情信息。因此，在海冰厚度的数据中，包括各种密集度和其他海冰工况；在海冰密集度的数据中也有类似情况。另外，这里采用了 Kulluk 平台实测报告中的 Pack Ice Regime 代表海冰密集度情况，根据报告中的定义，其与海冰密集度等效 (Wright, 2000)。

在图 5.3.7(a) 中，离散元模拟结果比实测要小，处于实测数据的平均水平。由于实测数据包含了大量极端情况，而离散元方法的碎冰模拟并不能完整地模拟复杂的极端海冰条件，所以存在一定差异。另外，当海冰较厚时，海冰的破碎以及结构上的冰压力效应更为明显，而离散元模拟中并不考虑该影响。综合来说，离散元模拟结果在实测数据大小范围内，具有一定的合理性。

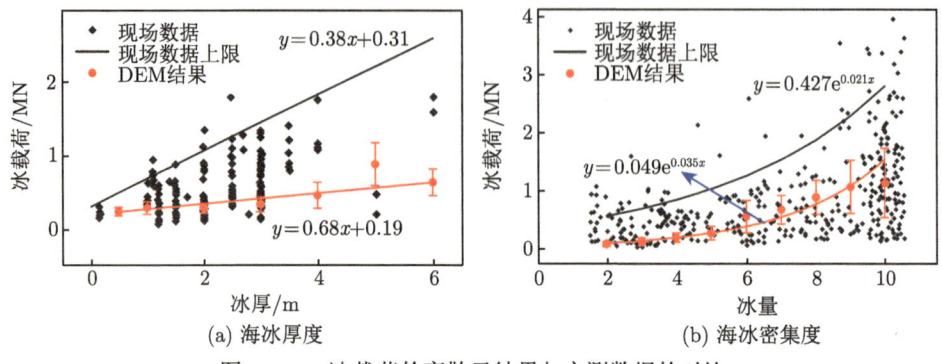

图 5.3.7　冰载荷的离散元结果与实测数据的对比

(a) 海冰厚度

(b) 海冰密集度

在图 5.3.7(b) 中，与冰厚的模拟类似，这里的结果比实测要小，处于实测数据的平均水平。Kulluk 平台的实测研究报告中指出，极端的海冰条件包括接近 10m 的海冰厚度，即较大的堆积冰或冰脊情况。但是较厚的冰需要考虑厚度方向上的变形和应力等，其对应在结构上会出现不均匀的冰压力，且在该过程中粉末状的冰块会大量产生。这些结果都会导致较大的冰载荷，所以离散元模拟结果较实测数据小。

在海冰密集度的分析中，实测和模拟结果均表明冰载荷随海冰密集度呈指数关系。实际上，当海冰密集度大于 60% 时，冰载荷会大幅提高。该现象与离散介质材料的动力特性极为相似。当海冰密集度较大时，冰块之间密集的接触作用会导致冰块堆积重叠的现象。然而，当海冰厚度较大时，由于多面体表面较为尖锐的角和厚度方向上的平面存在，即使海冰密集度较大，海冰也较难发生堆积重叠情况。因此当海冰密集度较大且冰较厚 ($h_{\text{ice}} = 5\text{m}$) 时，会出现海冰阻塞的现象，如图 5.3.8 所示。从图中可以看出，当海冰密集度为 80% 时，冰块没有足够的空间运动，会出现阻塞淤积的现象；当海冰密集度为 40% 时，冰块可运动的空间较大，不会出现阻塞现象。

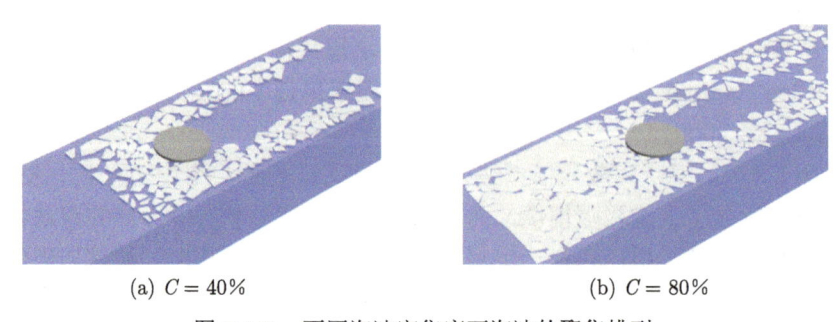

(a) $C = 40\%$

(b) $C = 80\%$

图 5.3.8　不同海冰密集度下海冰的聚集排列

5.3 浮式海洋平台结构冰载荷分析

另一方面，海冰的阻塞现象也体现在冰载荷时程曲线上。当海冰密集度为 80% 时，冰块的阻塞导致冰块与 Kulluk 平台结构的连续接触作用，从而使得冰载荷在短时间内不会下降 (Sayed and Barker, 2011)。同时，阻塞也会导致冰载荷的峰值较大。如图 5.3.9 所示，当海冰密集度为 80% 时，冰载荷时程曲线中出现了周期较长、峰值较大的冰载荷。由于海冰受到海流的拖曳作用，该拖曳作用会通过海冰传递到结构上。若与结构发生相互作用的冰块较多且时间较长，即出现阻塞现象，那么结构上受到的作用力也必然会增大。

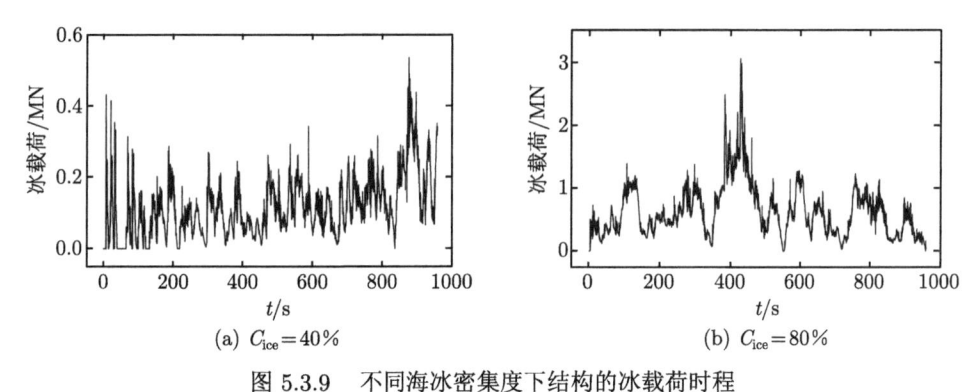

(a) $C_{ice}=40\%$

(b) $C_{ice}=80\%$

图 5.3.9　不同海冰密集度下结构的冰载荷时程

3. 不同海冰工况下的冰载荷分析

通过以上的分析可知，结构冰载荷与海冰的工况密切相关。下面通过单一变量分析海冰工况对冰载荷的影响，包括冰厚、海冰密集度、冰块大小。其他参数同样采用表 5.3.1 中的相关参数。为降低边界效应的影响并重点研究冰块大小，这里边界宽度的取值较大，即 300 m。

冰厚、海冰密集度和冰块尺寸对冰载荷的影响如图 5.3.10 所示。冰载荷随冰厚的增大而线性增大，这一规律与实测数据相符。实际上，若不考虑海冰重叠或阻塞现象，冰块与结构的碰撞力会随着冰块动量的增大而增大，而冰块的动量与冰块的质量线性相关。当冰厚增大时，冰块的质量也会线性增大。因此，冰载荷与冰厚呈线性增加的关系，冰载荷的标准差也表现出类似的关系。

由图 5.3.10(c) 可知，冰块尺寸对冰载荷会产生影响，同时冰载荷的标准差也会随之剧烈变化，冰载荷与冰块尺寸呈线性增大的关系。实际上，冰块的尺寸可近似为冰块面积的平方根，因此冰块的动量与冰块尺寸不是线性相关。同时，冰块的尺寸与冰区宽度会对冰载荷造成综合作用。在 Kulluk 平台的实际工作过程中，破冰船并不能通过破冰作业为平台打开足够宽阔的水道。若冰块很大而水道很窄，则很容易造成冰块在结构附近的阻塞，从而造成很大的冰载荷。相反，若冰块很

(a) 海冰厚度

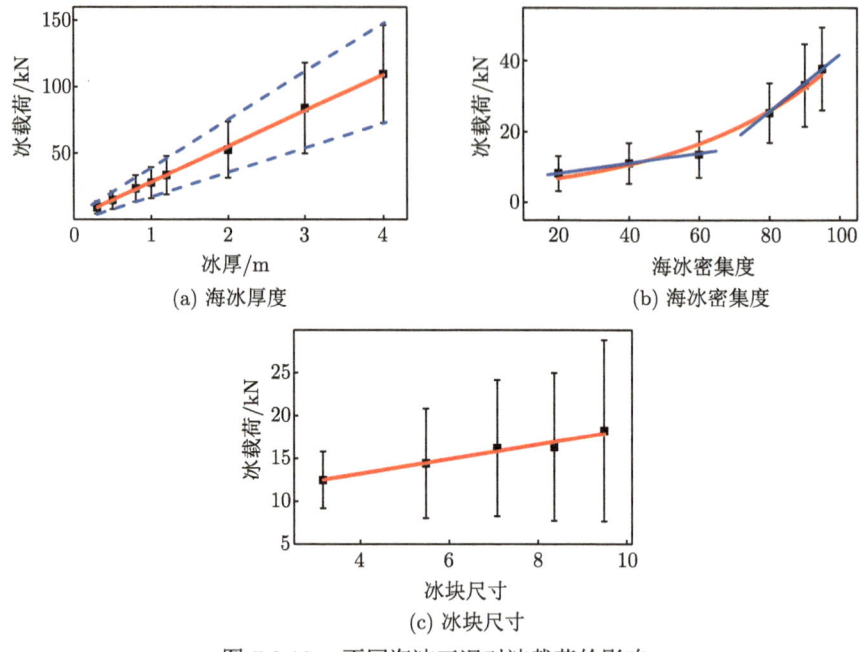

(b) 海冰密集度

(c) 冰块尺寸

图 5.3.10　不同海冰工况对冰载荷的影响

小而水道较宽，则冰块有足够的空间运动，因此冰载荷较小。为了研究边界宽度对冰载荷的影响，采用离散元模拟不同边界宽度下的冰载荷，如图 5.3.11 所示。模拟中海冰参数取为：冰厚 $h_{ice} = 0.5$ m，冰块尺寸 $D_{ice} = 15$ m，海冰密集度 $C_{ice} = 60\%$。结果表明，在边界较窄时冰载荷快速增大；当边界较宽即大于 300 m 时，冰载荷保持在较低水平，且标准差基本保持稳定。可见当边界宽度大于 300 m 时，冰块有足够的运动空间，边界不会对冰块的运动造成影响，因此结构上的冰载荷保持在较低且稳定的水平。

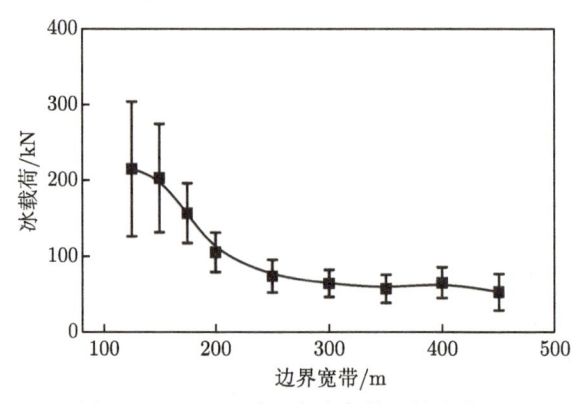

图 5.3.11　不同边界宽度条件下的冰载荷

5.3.2 半潜式海洋平台结构的冰载荷分析

半潜式海洋平台自 20 世纪 60 年代开始兴起，其主要由浮体、立柱、撑杆等结构组成 (图 5.3.12)，目前已在深海油气勘探开采、渔业及风力发电等领域得到广泛应用。相较于其他类型浮式结构，半潜式平台的突出特点是水线面积小，不易受环境载荷的影响，在锚泊系统约束下具有优良的定位能力 (乔东升, 2011)。因此，许多研究者开始尝试将半潜式平台用于北极地区油气开发。但这些常规平台无法抵御较严重的海冰，亟须进行平台抗冰性能方面的研究与优化。这里将采用黏结球体离散元方法分别构建平整冰和锚线模型，计算一种加抗冰锥的半潜式平台与平整冰相互作用时的冰载荷及动力响应。

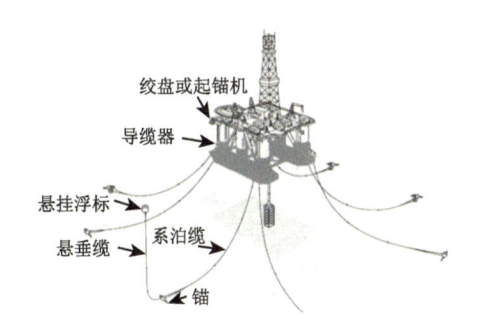

(a) HYSY-981平台　　　　　　(b) 半潜平台及其锚泊系统

图 5.3.12　半潜式海洋平台结构

1. 锚泊系统的离散元计算模型

这里采用球体单元构建锚线的离散元模型，如图 5.3.13 所示。根据锚线的材料特性，可假设球体单元间的黏结为完全挠性黏结，即平行黏结模型中的弯曲刚度为 0。通过差分方法求解各个单元的动力学方程，即可显式求解锚线的动力学行为。结合离散元方法中的单元–单元、单元–边界接触模型，该锚链模型能高效地求解锚线与海冰碰撞、锚线与海底相互作用等边界非线性问题。

由于锚线是典型的细长结构，故其水动力可采用莫里森公式 (Kim, 2013) 计算，各个单元上的水动力为

$$\boldsymbol{f}_\mathrm{d} = \frac{1}{2} C_\mathrm{d} D^2 |\boldsymbol{v}_\mathrm{r}^\mathrm{n}| \boldsymbol{v}_\mathrm{r}^\mathrm{n} + \frac{1}{4} C_m \pi D^3 \rho \boldsymbol{a}_\mathrm{r}^\mathrm{n} + \frac{1}{4} \pi D^3 \rho \boldsymbol{a}_\mathrm{s}^\mathrm{n} \tag{5.3.3}$$

式中，D 是单元直径；ρ 是流体密度；C_d 和 C_m 分别为拖曳力系数和附加质量系数，一般认为其与系统的雷诺数相关；$\boldsymbol{v}_\mathrm{r}^\mathrm{n}$ 和 $\boldsymbol{a}_\mathrm{r}^\mathrm{n}$ 分别为流体与单元间的法向相对速度与法向相对加速度；$\boldsymbol{a}_\mathrm{s}^\mathrm{n}$ 为单元的法向加速度。

图 5.3.13　锚线离散元模型

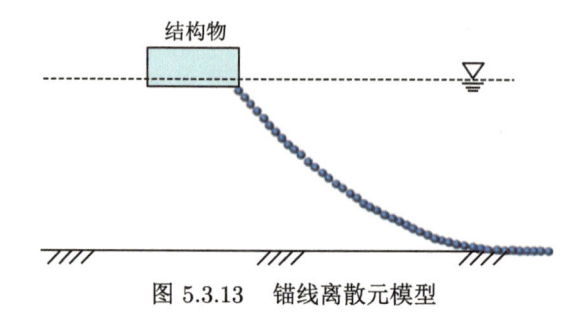

为验证锚线离散元模型的准确性，这里选择一个锚线水池拖曳试验 (Barrera et al., 2019) 进行模拟，如图 5.3.14 所示。试验中，一个机构会拉着锚线顶端做周期为 1.58 s，幅值为 75 mm 的水平运动。同时在沿锚线距离顶端 0.8 m 处设置标记点，记录标记点的运动轨迹。其他主要计算参数列于表 5.3.2。

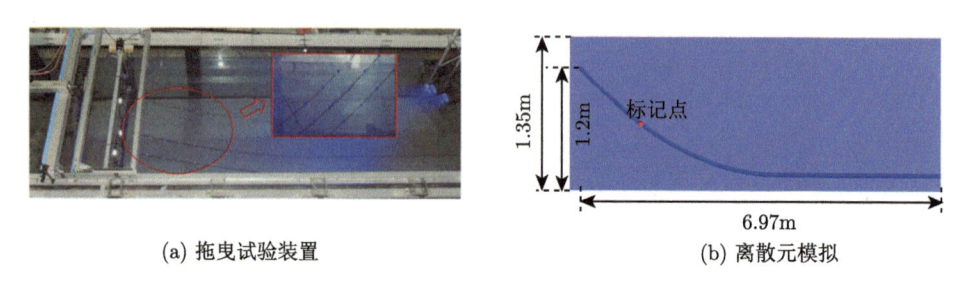

(a) 拖曳试验装置　　　　(b) 离散元模拟

图 5.3.14　锚线拖曳试验

表 5.3.2　拖曳试验中锚线的主要计算参数

参数	数值	单位
锚链长度	7.305	m
干重	0.162	kg/m
等效直径	0.0052	m
弹性模量	77.2	GPa
锚线两端竖直距离	1.2	m
锚线两端水平距离	6.97	m

图 5.3.15 为拖曳试验的计算结果与试验结果的对比。可以发现两者中锚线顶端张力的变化几乎完全一致，计算结果较为精确地表现出了动力响应造成的顶端张力上升阶段的迟滞效果。

5.3 浮式海洋平台结构冰载荷分析

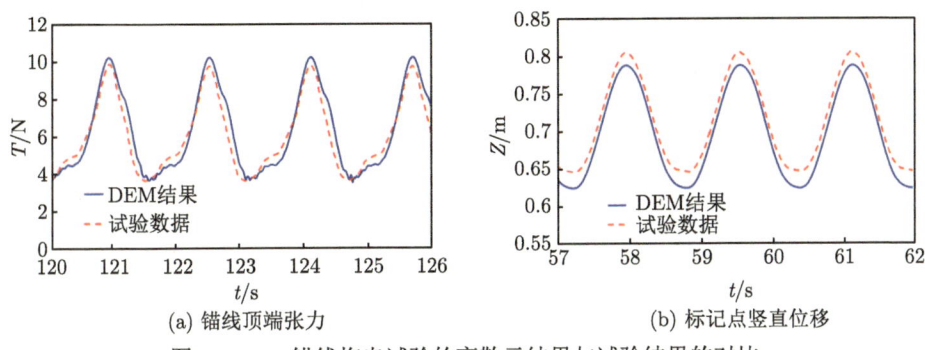

(a) 锚线顶端张力

(b) 标记点竖直位移

图 5.3.15 锚线拖曳试验的离散元结果与试验结果的对比

2. 海冰与半潜式海洋平台结构的相互作用

采用锚链和海冰的离散元模型可对锚泊定位式半潜式平台在平整冰中的动力行为进行计算，计算所用的半潜式平台模型如图 5.3.16(a) 所示。由圆柱形撑杆和三角面组成的壳体组合而成，在艏、艉部加装有与竖直方向成 10° 的棱形抗冰锥，具体参数列于表 5.3.3。平整冰模型 (图 5.3.16(b)) 由具有黏结–破碎功能的球体单元组合而成，具体参数列于表 5.3.4。平台在流、冰及锚泊系统耦合作用下的动力控制方程为

$$(M_\mathrm{B} + M_\mathrm{add}(\infty))\ddot{u} + \int_0^t \int_0^\infty \frac{2}{\pi} C(\omega) \cos(\omega(t-\tau))\mathrm{d}\omega \dot{u}(\tau)\mathrm{d}\tau + F_\mathrm{B} + F_\mathrm{D} = F \tag{5.3.4}$$

式中，u 是平台六自由度位移向量；M_B 是平台质量矩阵；$M_\mathrm{add}(\infty)$ 是平台在频率 $\omega = \infty$ 时的附加质量矩阵；F_B 是平台浮力，通过求解平台的瞬时水下体积得到；$C(\omega)$ 是频率相关的兴波阻尼系数；F_D 是黏性阻尼；F 是流、冰及锚泊系统等施加的总外载。

(a) 半潜式平台模型

(b) 平整冰离散元模型

图 5.3.16 半潜式海洋平台和海冰的离散元模型

表 5.3.3　半潜式平台模型的计算参数

参数	数值	单位
长 × 宽 × 高	$86.2 \times 64.6 \times 14.0$	m × m × m
平台质量	35000.5	t
浮心高度	8.9	m
横摇惯性惯量	3.0×10^{10}	$kg \cdot m^2$
纵摇惯性惯量	5.0×10^{10}	$kg \cdot m^2$
艏摇惯性惯量	6.0×10^{10}	$kg \cdot m^2$
抗冰锥与竖直方向夹角	10	(°)

表 5.3.4　海冰离散元计算参数

参数	数值	单位
单元直径	1.0	m
法向刚度	1.72×10^7	N/m
切向刚度	1.72×10^6	N/m
内摩擦系数	0.3	—
法向黏结强度	1.5	MPa
单元数目	92000	—

半潜式平台锚泊系统的锚线布置如图 5.3.17 所示，由对称分布的四组锚线组成，每组内部的三根锚线相互间夹角为 5°。锚线自上而下由上部钢链、钢索、下部钢链三部分组成，具体参数列于表 5.3.5。锚线顶端高度为 380 m，初始应力为 221.7 kN。

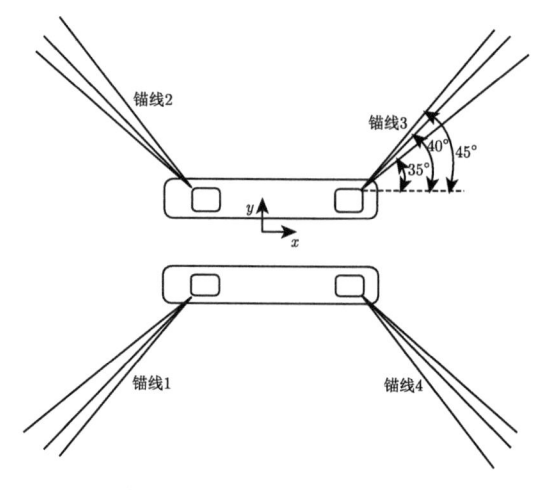

图 5.3.17　锚线布置示意图

5.3 浮式海洋平台结构冰载荷分析

表 5.3.5 锚线主要参数

名称	长度/m	轴向刚度/MN	直径/m	浮容重/(kN/m)
上部钢链	380	700.8	0.075	0.31
钢索	513	900.2	0.101	0.23
下部钢链	40	675.0	0.061	0.73

图 5.3.18 为计算所得的半潜式平台与平整冰作用的过程。整个过程主要分为四个阶段：首先运动的海冰撞击平台艏部的抗冰锥，对平台施加巨大的冲量，同时海冰发生小规模破坏；接着在海流和海冰的共同"拖曳"下，平台匀速纵荡，直至到达平衡位置；然后平台在锚泊力和冰载荷的共同作用下在平衡位置附近振荡，海冰发生大规模破坏；最后海冰碎片陆续通过平台，未发生阻塞情况。

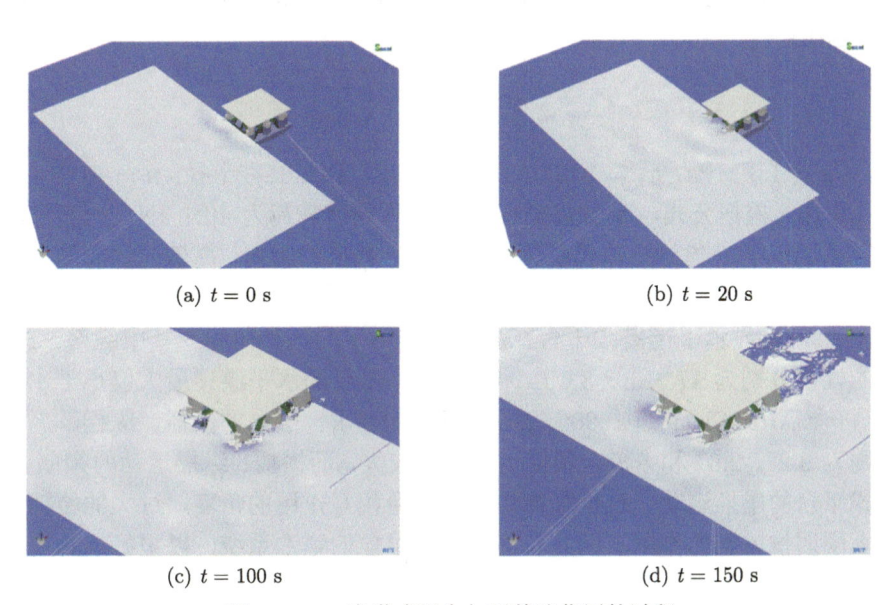

(a) $t = 0$ s

(b) $t = 20$ s

(c) $t = 100$ s

(d) $t = 150$ s

图 5.3.18 半潜式平台与平整冰作用的过程

该平台抗冰锥的锥角为 $10°$，海冰与斜面的摩擦角为 $26.5°$，抗冰锥锥角明显小于斜面摩擦角。海冰在与平台作用过程中发生了明显的弯曲破坏。这是由于，平台的纵摇运动使海冰与锥面可以在接触点处不发生相对运动的情况下，一起竖向运动，从而产生弯曲破坏。这说明浮式结构的动力响应对海冰的破坏模式有显著影响。

图 5.3.19 为半潜式平台三个方向上的冰载荷时程曲线，以海冰运动方向为 x 轴，竖直方向为 z 轴。可以发现，x 轴方向冰载荷明显大于其余两个方向的冰载荷，最大值为 30.1 kN。同时 y 方向冰载荷也较为明显，这说明海冰与平台作用时发生了非同时破坏，这与 Karulin 等 (2012) 在模型试验中观测到的现象相一致。因为抗冰锥锥角较小，故 z 方向的冰载荷几乎可忽略不计。

(a) x 方向冰载荷

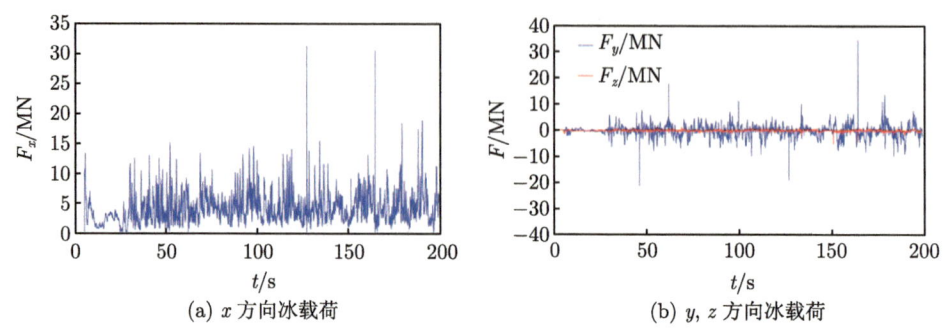

(b) y, z 方向冰载荷

图 5.3.19　半潜式平台冰载荷时程曲线

对于无抗冰锥的半潜式平台，其立柱冰载荷可用 ISO 标准公式进行估算 (ISO 19906, 2010):

$$F_{\rm h} = C_{\rm R} h D \left(\frac{h}{h_1}\right)^n \left(\frac{D}{h}\right)^m \tag{5.3.5}$$

式中，$C_{\rm R} = 1.5$ MPa; $h_1 = 1$ m; h 为海冰厚度; D 是立柱半径; $n = -0.5 + h/5$; $m = -0.16$。根据公式，半潜式平台的 x 轴方向冰载荷为 40.1 kN，比离散元计算结果小 30%。考虑到抗冰锥及平台运动对冰载荷的影响，离散元计算结果是比较合理的。

图 5.3.20 显示了半潜式平台在冰载荷作用下的运动曲线，其中纵荡、横荡、垂荡的幅值分别为 17.3 m、3.6 m 和 0.2 m。平台的水平漂移最大值小于水深的 8%，符合 API 2SK(ISO 19906, 2010) 规范的要求。平台的横摇、纵摇、艏摇幅值分别为 3.2°、2.6° 和 5.3°，艏摇运动幅值较大，而横摇、纵摇运动的频率更高。半潜式平台的艏摇运动，直接影响海冰与平台相互作用的角度，过大的艏摇角度会大大削弱抗冰锥的作用。因此有必要优化目前的锚泊系统，以更好地约束平台的艏摇运动。

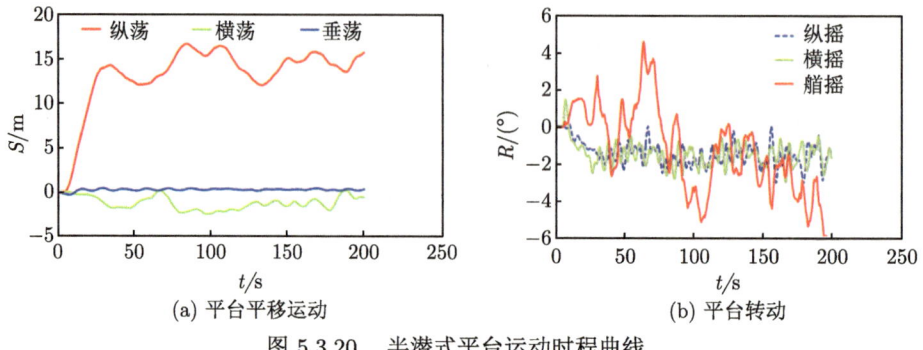

(a) 平台平移运动

(b) 平台转动

图 5.3.20　半潜式平台运动时程曲线

5.3 浮式海洋平台结构冰载荷分析

在对称的四组锚线中各选择一根锚线，分析其水平锚泊力的变化曲线，如图 5.3.21 所示。随着半潜式平台匀速向水平位置平移，1、2 组内的锚线不断张紧，而 3、4 组内的锚线则逐渐松弛。到达平衡位置后，所有锚线都开始随平台振动，产生交变的锚泊力。观察 1、2 组内锚线的锚泊力变化，可以发现，总体上锚泊力的变化与平台的纵荡运动一致。而平台的转动与应力波在锚线上的传递，导致了锚泊力的高频变化。

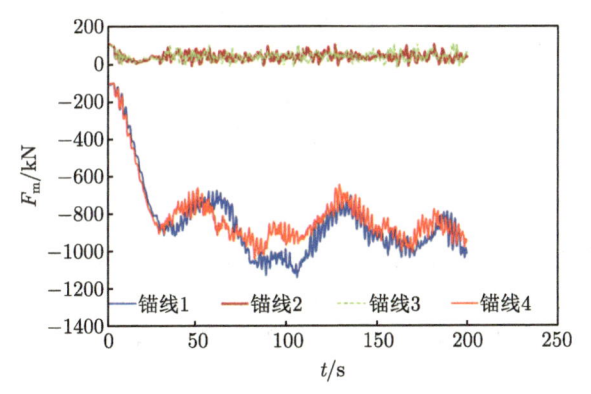

图 5.3.21　各组内锚线的水平锚泊作用力曲线

锚线内最大张力的变化关系着整个锚泊系统的安全性。图 5.3.22 为 1 组的三根锚线的最大张力变化图，图中三条锚线的张力变化基本一致，且与平台纵荡运动的变化趋势相同。锚线内最大张力大概为 1.9 MN，明显低于锚线的断裂强度 4.4 MN。根据 API 2SK 规范，半潜式平台的锚线最大张力安全系数应大于 1.67，故该锚泊系统符合要求。

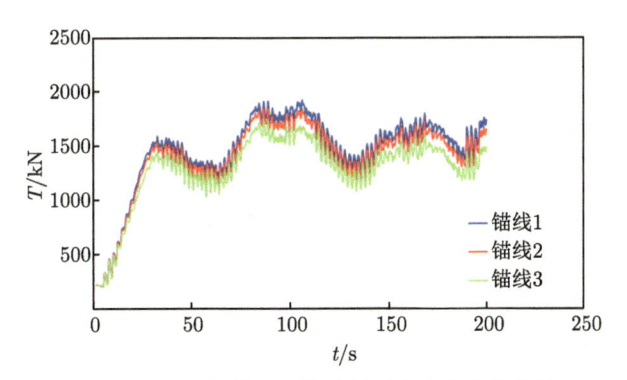

图 5.3.22　1 组的三根锚线的最大张力变化曲线

5.4 核电站取水口的海冰堆积模拟

大型核电工程在寒冷地区也广泛分布,如何保证冷源取水不受海冰灾害的影响,是保障冰区核电站正常运行的重要问题。在寒区海域,浮冰大量堆积导致核电站取水口形成堵塞,会严重影响核电设施的安全作业。海冰堆积后会形成稳定的大型冰体,其中堆积冰的形态和堆积冰的生长时间,与阻挡物的尺寸和形式、冰厚、冰速,以及风、流等因素有关 (Brown and Määttänen,2009)。通过分析破碎海冰堆积的发生条件,可发展堆积高度的经验计算方法,并建立海冰在锥体结构前堆积的理论模型 (Wessels and Kato, 1988)。

与海冰堆积对结构物冰载荷影响相比,核电工程中面临的海冰堆积问题相对特殊,其更关注海冰堆积聚集形态在时空维度上的发展变化情况。针对海冰堆积特点,核电站取水口常见的防冰措施有加装破冰锥、拦污网,以及温排水等方式(刘诗华和侯树强,2015)。通常物理试验模型不能全面考虑自然环境下风场和流场共同作用对海冰堆积过程的影响。本节以辽宁红沿河核电站取水口为例,通过离散元模拟考虑多个环境因素对海冰堆积过程影响,判断取水口阻塞条件,为取水口阻塞问题提供有效预警信息 (龙雪等, 2018)。

5.4.1 核电站取水口海冰堆积的离散元模拟

辽东湾海域进入冰期后,海面上存在大量浮冰。当浮冰进入取水口附近海域时,会在取水流场的作用下涌入明渠通道,造成取水口的堵塞或损坏。为有效防止海冰堵塞造成的危害,根据该核电站取水口海域冰情、风场和流场的特点,采用离散元方法对浮冰在取水口前的堆积过程进行模拟。图 5.4.1 为辽宁红沿河核电站取水口俯视图,图 5.4.2(a) 为取水口附近结构物的实际情况。取水口附近结

图 5.4.1 辽宁红沿河核电站取水口俯视图

5.4 核电站取水口的海冰堆积模拟

构主要包括导流堤和取水结构，将其简化为平面结构示意图，如图 5.4.2(b) 所示，其中 AB 段为取水建筑物，BC 段、CD 段和 DE 段共同构成了导流堤。根据取水结构实际尺寸设置 $L_{AB} = 232.6$ m, $L_{BC} = 82.9$ m, $L_{CD} = 93.9$ m, $L_{DE} = 43.8$ m。其中 AB 段中取水区域总长度为 118 m，结构垂直高度为 16 m。

(a) 取水口结构实况　　(b) 取水口结构示意图

图 5.4.2　红沿河核电站取水口结构参数

生成浮冰模型时，首先采用 Voronoi 切割算法将水平区域分割成若干个多面体单元，然后将这些不规则的多边形沿冰厚方向延伸，生成具有一定厚度的多面体单元 (朱红日等, 2019)；再将生成的多面体单元用球形单元进行填充，形成浮冰区。采用 Voronoi 方法可控制浮冰生成的空间分布密集程度和冰块尺寸，满足采用离散元模拟不同形状、尺寸及密集度的浮冰堆积情况的技术要求。由取水口附近的观测数据可知，海冰的厚度为 0.3 m，浮冰的平均尺寸是 20 m^2，密集度为 60%，水面高度是 8 m。通过以上取水口附近结构物的参数及海冰信息，可建立的浮冰与取水口结构物作用的离散元模型，如图 5.4.3 所示。由此确定的离散元相关参数列于表 5.4.1。

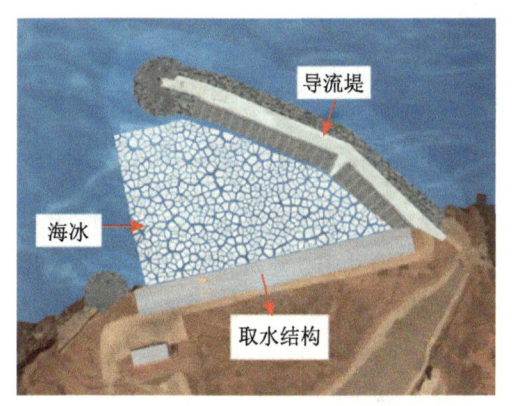

图 5.4.3　取水口结构与浮冰的离散元模型

表 5.4.1　海冰与取水口相互作用模拟的离散元参数

定义	符号	单位	数值
海冰密度	ρ	kg/m³	920
海冰弹性模量	E	Pa	1.0×10^9
单元总数	N	—	1.8×10^6
单元直径	D	m	0.3
法向接触刚度	k_n	N/m	2.5×10^6
切向接触刚度	k_s	N/m	2.5×10^5
黏结强度	σ_b	Pa	6×10^5
内摩擦系数	μ_b	—	0.2
回弹系数	e_i	—	0.3
海冰与结构摩擦系数	μ_s	—	0.15

由于需要模拟浮冰在风和水流的拖曳力共同作用下的运动过程，所以计算中考虑风和波浪的影响，风速为 15 m/s，风的拖曳系数为 0.1；流速为 0.5 m/s，流的拖曳系数为 0.3，波浪的周期为 20 s，波浪高度为 0.5 m。模拟时主要考虑海冰在风和波浪的共同作用下的堆积效果，对其堆积高度进行预判。

图 5.4.4 从不同视角表明了离散元模拟中海冰在水面上下的堆积过程。浮冰在风和波浪的共同作用下，不断向取水口靠近，浮冰的密集程度不断增加，最终相互重叠堆积在结构物前。但由于取水口处浮冰的平均尺寸相对较小，堆积作用后的海冰未能表现出明显的破碎现象，因此，模拟结果中海冰的破碎过程并不明显，主要表现为堆积作用。

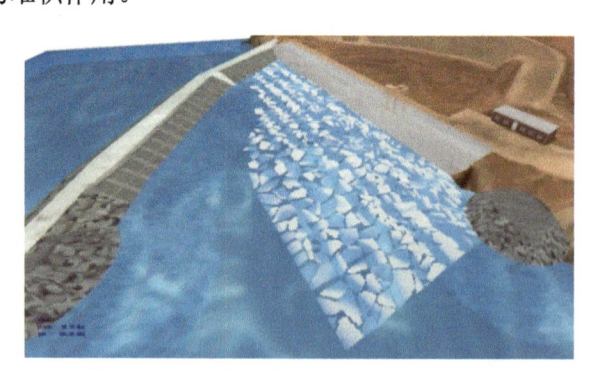

图 5.4.4　取水口海冰堆积情况 ($t = 80$s)

假设水线位置处高度为零，则浮冰在取水口结构物前水面上下的堆积高度随时间的变化规律如图 5.4.5 所示。其中，堆积高度为零处是水线位置，分别表示冰在水面上下堆积的最大高度随时间的变化曲线。由此可以发现，开始堆积时，水面下堆积高度随时间的推移而不断增大，而水面上的堆积过程变化不明显，即水面下的堆积高度明显大于水面上的堆积高度；当 $t = 60$ s 后，浮冰的堆积状态趋于稳定，虽然浮冰的数量随时间而持续增加，但其在取水结构前的堆积高度变化不大，该条

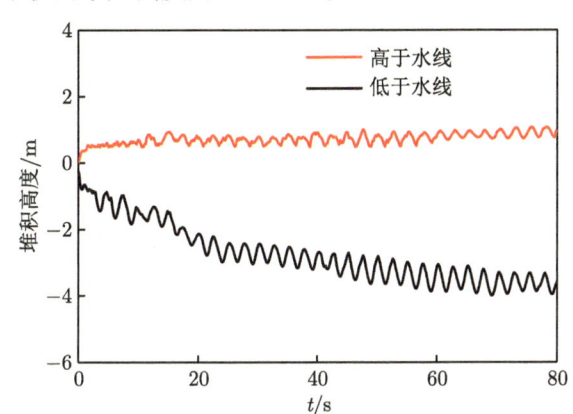

件下，浮冰水上堆积的最大高度为 1.2 m，水下堆积的最大高度为 4.1 m。

图 5.4.5　浮冰的堆积高度随时间的变化

5.4.2　海冰堆积特性的影响因素分析

1. 流速的影响

在考虑流速的影响时，设置水流速度分别为 0.2 m/s、0.5 m/s、0.8 m/s 和 1.0 m/s；浮冰密集度均为 60%；平均尺寸均为 20 m^2。这里流速为波浪的运动速度，即波浪的波长为流速与波浪周期的乘积，所以波长随流速的增大而增大。在四种不同流速下，浮冰在取水口结构前的堆积情况如图 5.4.6 所示。

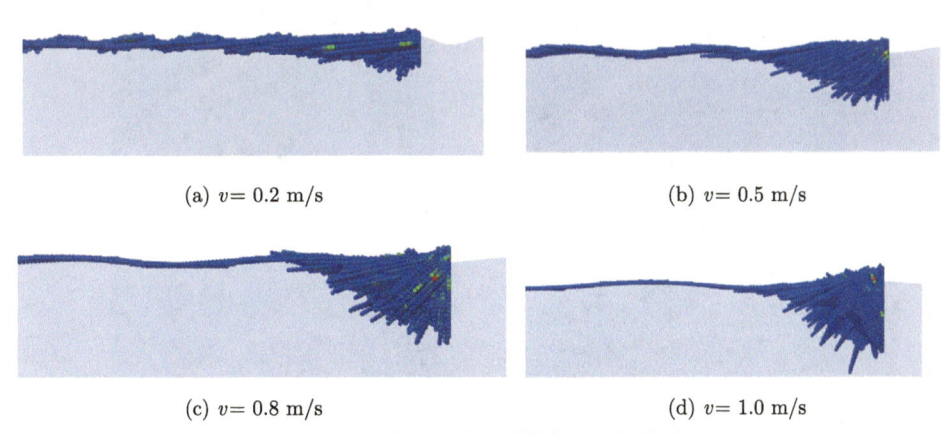

(a) $v = 0.2$ m/s

(b) $v = 0.5$ m/s

(c) $v = 0.8$ m/s

(d) $v = 1.0$ m/s

图 5.4.6　流速对浮冰的堆积过程的影响

图 5.4.7 是流速对海冰堆积高度的影响。当水流速度增大时，上下堆积高度都随之增大，尤其是水面下的堆积高度明显增大，并呈线性递增。这是因为，流速加快，波浪的作用效果明显，使浮冰堆积速度加大且不易被清除，从而更容易发生在结构物前的堆积。

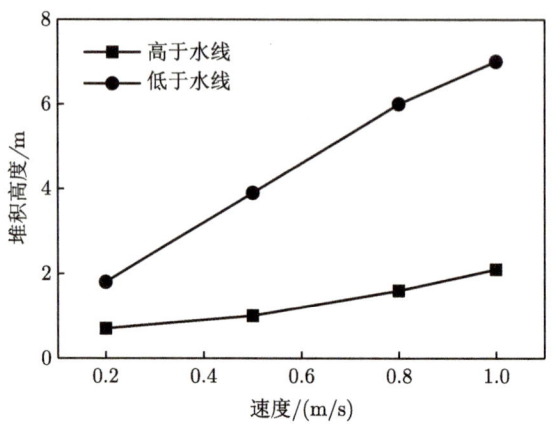

图 5.4.7　流速对海冰堆积高度的影响

2. 浮冰初始密集度的影响

为研究海冰的初始密集度对海冰堆积情况的影响，生成具有不同密集度的浮冰离散元模型。这里设置的浮冰密集度分别为 20%、40%、60% 和 80%，如图 5.4.8 所示。其中浮冰的平均尺寸均为 20 m²，冰速均为 0.5 m/s，其他参数均与 5.4.1 节中所述相同。

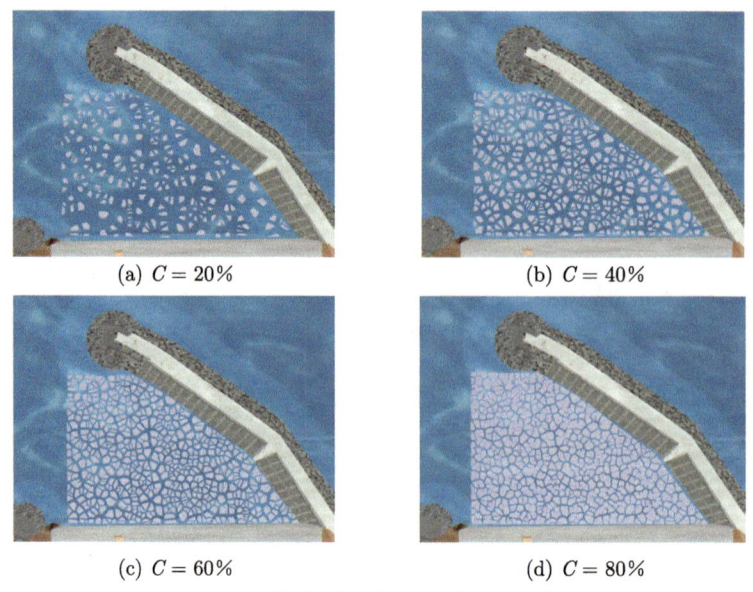

(a) $C = 20\%$

(b) $C = 40\%$

(c) $C = 60\%$

(d) $C = 80\%$

图 5.4.8　不同初始密集度下浮冰的分布情况

采用离散元方法计算碎冰在结构物前堆积高度达到稳定后的数值，并进行比

5.4 核电站取水口的海冰堆积模拟

较,如图 5.4.9 所示,浮冰的堆积高度都随密集度的增大而增大。水面下浮冰堆积高度受密集度的影响呈非线性递增,密集度越大,则堆积高度变化越明显。当浮冰的平均尺寸相同时,浮冰密集度越大,则浮冰数量越多,更容易在结构物前发生堆积。

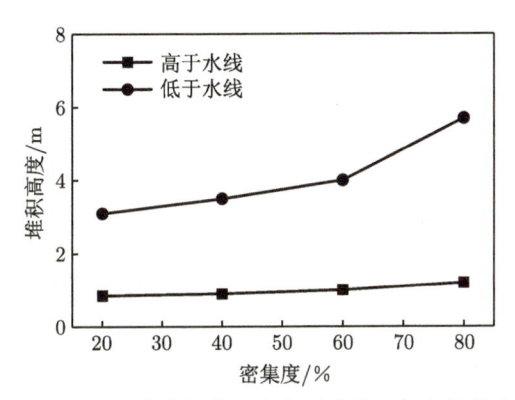

图 5.4.9 浮冰的初始密集度对其堆积高度的影响

3. 浮冰平均尺寸的影响

浮冰的平均尺寸是指所有冰块面积的平均值,设置浮冰平均尺寸分别为 15 m²、20 m²、25 m² 和 30 m²,密集度均为 60%。冰块的分布情况如图 5.4.10 所示,冰块尺寸相差明显,但是冰块间距离保持不变。图 5.4.11 表明,浮冰的平均尺寸对浮冰水面上下的堆积高度的影响均不明显。当浮冰的平均尺寸增大时,相同海域内生成的冰块数量较少,而单元的总数保持不变。与结构作用相同时间内,浮冰的堆积数量随平均尺寸的减小而增多,同时,平均尺寸越大的冰块其堆积越明显。两者对堆积过程的影响可相互抵消,因此浮冰的平均尺寸对堆积高度的影响较小。

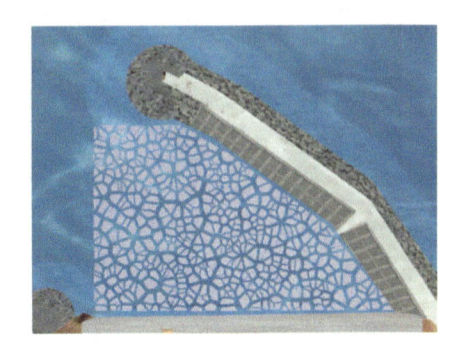

(a) $S=15\text{m}^2$ (b) $S=25\text{m}^2$

图 5.4.10 浮冰不同平均尺寸下的分布情况

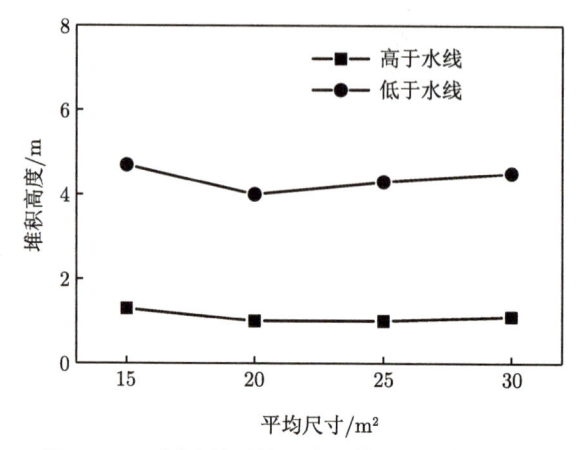

图 5.4.11　浮冰的平均尺寸对其堆积高度的影响

4. 流速和浮冰密集度的综合影响

为具体研究流速、浮冰密集度和水面下浮冰堆积高度三者之间的关系，需综合考虑两个因素对浮冰堆积高度的共同影响。因此增加了不同流速和不同浮冰密集度的算例，其中浮冰初始密集度的变化范围为 20%~80%，流速的变化范围为 0.2~1.0 m/s。控制两者同时变化，得到不同的浮冰堆积高度，如图 5.4.12 所示。图中不同颜色表示海冰在水面下的堆积高度，当已知取水口附近的水线位置时，便可推算出海冰堆积的最低位置。若该海冰堆积的最低位置覆盖了取水口 (−5.7~−9.7 m)，则会造成阻塞。红沿河核电站取水口处的低潮位在 −2.62 m 处，若保证浮冰不影响取水口，则堆积高度应小于 3 m；相反，若堆积高度超过 7 m，则取水口有发生完全阻塞的危险。若流速小于 0.5 m/s，浮冰初始密集度小

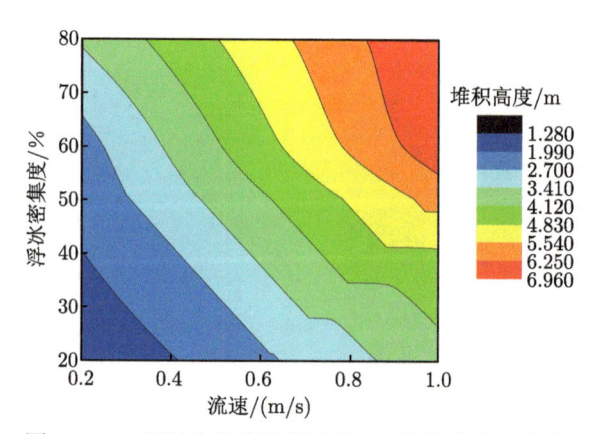

图 5.4.12　浮冰密集度和流速影响下海冰的堆积高度

于 40%，则可视为取水口正常工作的安全范围；若此时流速大于 0.9 m/s，浮冰密集度大于 60%，堆积高度约为 7 m，则取水口将无法正常工作，因此该范围可视为取水口的危险作业条件。同时，图 5.4.12 也表明，当流速小于最大值 1.0 m/s、浮冰密集度小于最大值 80% 时，最大堆积高度将小于 7 m。因此只要水位线高于 1.3 m 时，取水口可安全工作。

5.5 重力式沉箱平台结构冰载荷的离散元分析

重力式沉箱平台是类似人工岛的大型结构，其结构尺寸较大，一般都在 50 m 以上，具有很大的刚性，动力效应不明显，具有更高的抗冰能力，适用于冰情严重海域。例如，我国渤海辽东湾建造的 JZ9-3 沉箱；20 世纪 70~80 年代加拿大在波弗特海建造的 Tarsiut 沉箱、Single-Steel Drilling 沉箱和 Molikpaq 沉箱等 (Timco and Jhnston, 2004)。

重力式沉箱结构因整体尺寸较大，总体冰载荷现场测量很少，仅加拿大针对波弗特海上的几座沉箱结构开展了实测工作，其中数据最完备、质量最好的就是著名的 Molikpaq 沉箱。Timco 和 Johnston (2004) 汇总了 Molikpaq 平台的 150 多组冰载荷事件，其中包括了一年冰、多年冰及冰脊。国内对沉箱结构的研究相对较少，王可光等 (2000) 从风、海流、潮汐等因素采用理论模型定性地研究海冰与沉箱作用时的堆积现象；中国海洋石油集团有限公司在天津大学冰水池开展系列模型试验，系统地描述和评估了 JZ9-3 沉箱结构以及周围的多座导管架平台构成网络式分布的平台群结构的海冰堆积现象 (张伟和黄焱，2016)。本节以我国渤海地区的 JZ9-3 沉箱和加拿大 Molikpaq 沉箱平台结构为例，通过离散元方法模拟平整冰与重力式沉箱平台结构的作用过程，分析两种沉箱平台结构与海冰作用过程中的冰载荷和海冰堆积现象以及海冰破坏模式。

5.5.1 重力式沉箱结构模型简介

1. JZ9-3 重力式沉箱结构

渤海辽东湾锦州 JZ9-3 海域的 DRPW 和 SLPW 双沉箱建造于 1993 年，所在水域水深为 7.4 m，两座沉箱形状为上部为一圆台，下部为一圆柱。选取图 5.5.1(a) 中左侧的 DRPW 重力式沉箱为研究目标 (以下简称 "JZ9-3 沉箱")，该沉箱上部圆台高为 8 m，顶部直径为 28 m，倾斜角度为 58°，下部圆柱高为 5.8 m，直径为 38 m，平均水位距离上顶为 4.71 m，其剖面如图 5.5.1(b) 所示。

2. 加拿大 Molikpaq 重力式沉箱结构

Molikpaq 为加拿大建造的一种移动式重力沉箱结构，其前后应用于加拿大波弗特海和俄罗斯萨哈林岛 (库页岛) 海域。其中，在波弗特海的 Tarsiut P-45 (1984

年)、Amauligak I-65(1985 年)、Amauligak F-24(1987 年) 和 disserk I-15(1989 年) 四个基地进行了作业和冰载荷测量，获得了 188 组冰载荷事件 (Timco and Johnston, 2003)。该重力式沉箱结构由连续钢环组成，钢环上有独立的甲板结构，甲板结构的侧面角度分别为 67° 和 81°，如图 5.5.2(a) 和 (b) 所示。在布署 20m 吃水时 (1984 年和 1985 年)，其水线直径为 90 m，水上干舷为 13.5 m，俯视图水线位置为八边形 (长边为 60 m，短边为 22 m)，海冰作用于甲板结构的侧面角度为 81°，如图 5.5.2(c) 所示。

(a) JZ9-3 重力式沉箱结构(图中左侧为 DRPW平台；右侧为 SLPW 平台)

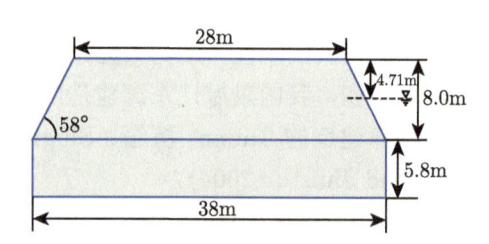

(b) JZ9-3 DRPW重力式沉箱剖面图

图 5.5.1　渤海辽东湾 JZ9-3 重力式沉箱结构

(a) Molikpaq 沉箱概念模型
(Jefferies et al., 2011)

(b) Molikpaq 沉箱
(Jefferies et al., 2011)

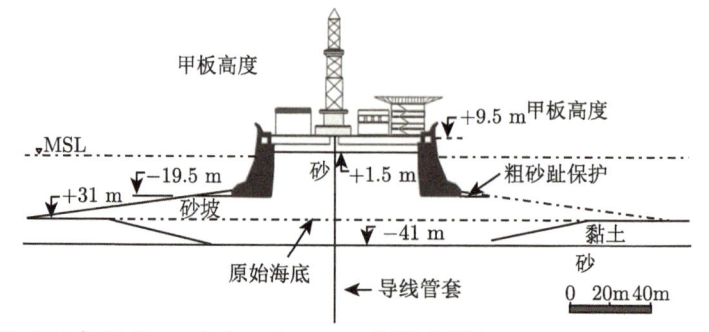

(c) 1985~1986 年 Molikpaq 在 Amauligak I-65 位置剖面图(Timco and Johnston, 2003)

图 5.5.2　加拿大 Molikpaq 沉箱结构

5.5.2 海冰与 Molikpaq 沉箱作用过程的模拟

Molikpaq 沉箱计算模型如图 5.5.3(a) 所示，其他整体结构表面划分为三角形单元。根据 Molikpaq 沉箱 1985 年在 Amauligak I-65 基地现场实测的波弗特海海域海冰环境，模拟工况选取了冰厚 1.2 m、冰速 0.2 m/s 的一年冰。采用离散元方法构造尺寸为 300 m×300 m 平整冰，其中厚度方向由三层颗粒单元以六方最密堆积方式排列，颗粒单元总数为 150 万，平整冰以 0.2 m/s 漂移速度与平台发生作用。海冰与沉箱作用的离散元模型如图 5.5.3(b) 所示，相关计算参数列于表 5.5.1。

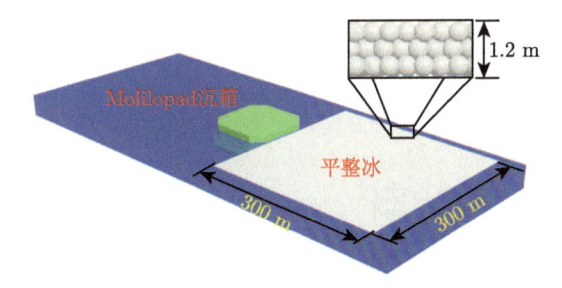

(a) Molikpaq 沉箱模型　　　　(b) 海冰与 Molikpaq 沉箱作用的离散元模型

图 5.5.3　海冰与 Molikpaq 沉箱作用的数值模型

表 5.5.1　沉箱结构与离散元模拟主要计算参数

定义	符号/单位	数值 Molikpaq 沉箱	数值 JZ9-3 沉箱
海冰尺寸	$w \times l/(\text{m} \times \text{m})$	300×300	80×160
黏结强度	σ_b/MPa	0.75	1.10
冰速	$v/(\text{m/s})$	0.2	1.0
冰厚	h/m	1.2	0.1, 0.2, 0.3, 0.4, 0.5
颗粒数目	N_p	150 万	148 万, 243 万, 108 万, 61 万, 39 万

图 5.5.4 为采用离散元方法模拟的海冰与 Molikpaq 结构相互作用过程，选取两个不同时刻描述海冰局部破坏模式和结构冰压力分布的差异性。因为海冰作用位置处外板倾斜角度为 81°，所以海冰与沉箱外板作用主要发生挤压破坏。在挤压破坏区域，平整冰破碎为粉末状堆积于结构前方，同时在结构的海冰作用区域形成高压区。

图 5.5.5 为离散元方法模拟得到的 Molikpaq 沉箱结构冰载荷时程曲线。结构整体一直处于加载过程，即海冰与结构持续作用，因此冰载荷时程表现为典型的海冰挤压破坏模式的特点。由于海冰在沉箱结构作用域上会发生非同时破坏和其他破坏模式，冰载荷表现出很大波动性。

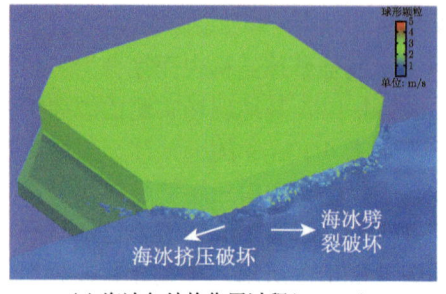

(a) 海冰与结构作用过程($t=80$ s)

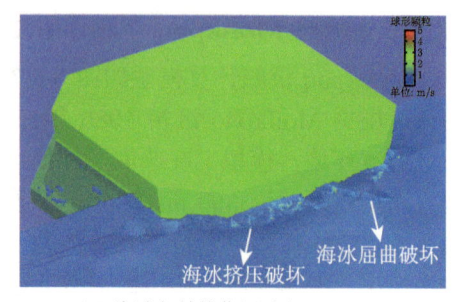

(b) 海冰与结构作用过程($t=160$ s)

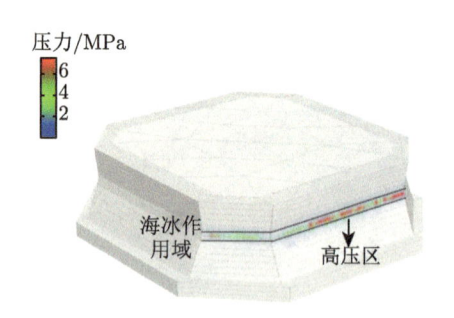

(c) Molikpaq 沉箱冰压力分布($t=80$ s)

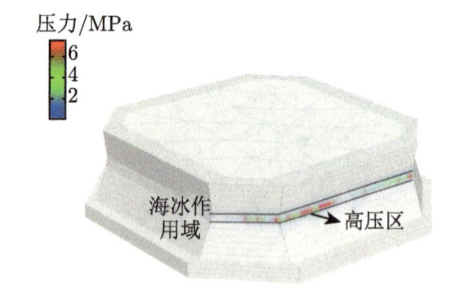

(d) Molikpaq 沉箱冰压力分布($t=160$ s)

图 5.5.4　加拿大 Molikpaq 沉箱平台与海冰作用及冰压分布的离散元模拟

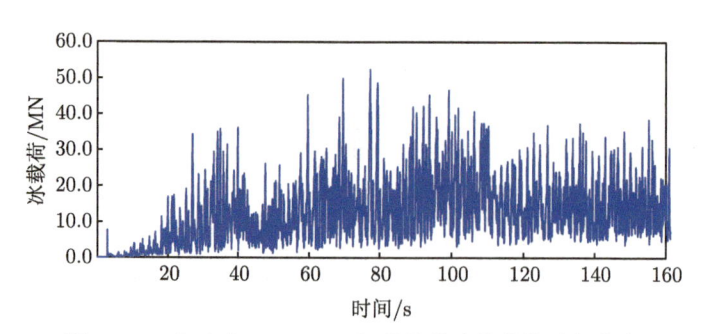

图 5.5.5　加拿大 Molikpaq 沉箱结构冰载荷的时程曲线

5.5.3　海冰与 JZ9-3 沉箱作用过程的模拟

渤海 JZ9-3 沉箱结构相比于 Molikpaq 沉箱结构尺寸要小，其平均水位处直径仅为 33.89 m，平整冰直接作用于上半部分圆台结构。图 5.5.6(a) 为简化后的 JZ9-3 沉箱结构模型，其结构表面离散为三角形单元。图 5.5.6(b) 为海冰与 JZ9-3 沉箱相互作用的离散元模型，离散元构造平整冰尺寸为 80 m × 160 m，海冰厚度方向由两层颗粒单元规则排列。根据渤海 JZ9-3 海域百年一遇冰厚为

5.5 重力式沉箱平台结构冰载荷的离散元分析

49.2 cm,最大漂移速度为 1.4 m/s,数值模拟选取冰厚 0.1 m、0.2 m、0.3 m、0.4 m、0.5 m 共五种冰况,相关计算参数列于表 5.5.1。

(a) JZ9-3 沉箱结构模型　　　　　　　(b) 海冰与 JZ9-3 沉箱作用的离散元模型

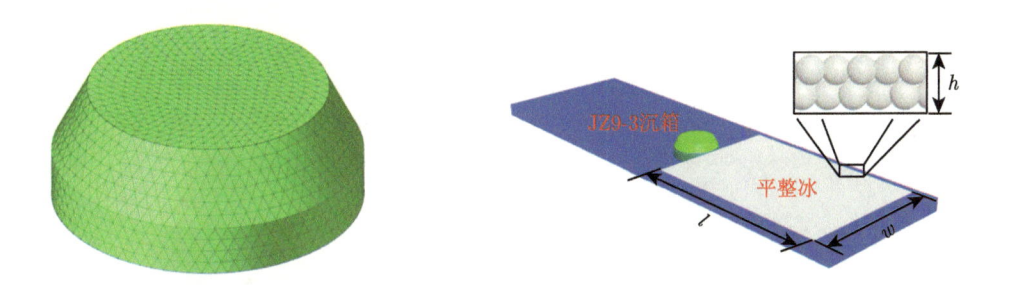

图 5.5.6　海冰与 JZ9-3 沉箱作用的数值模型

图 5.5.7 为冰速 1.0 m/s、冰厚 0.5 m 冰况下 JZ9-3 沉箱结构冰载荷时程曲线,冰载荷平均值为 0.85 MN。从图中还可看出,冰载荷时程表现出很强的随机性,呈现无周期性的加载和卸载过程。

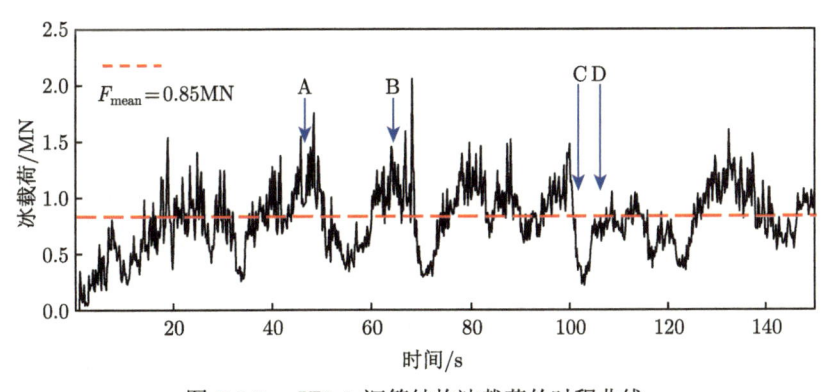

图 5.5.7　JZ9-3 沉箱结构冰载荷的时程曲线

图 5.5.8 是图 5.5.7 中 A~D 四个时刻对应海冰与沉箱结构作用过程。整体而言,海冰直接作用于倾斜结构平面局部产生环向裂纹,发生弯曲破坏,弯曲断裂后形成大量碎冰块堆积于结构前方。结构前方的碎冰堆积体对后续平整冰破坏产生影响,引起海冰混合模式(弯曲、挤压和屈曲)下的破坏。正如图 5.5.8(a) 和 (b)所示,结构前已经形成一定体积的冰堆积体,海冰无法直接作用于结构上而是作用于冰堆积体上,海冰作用面具有很强的非规则性,弯曲、挤压和屈曲破坏模式同时发生在局部冰域,在结构冰载荷时程上呈现出持续加载的特征。

(a) $t = 50$ s (A)

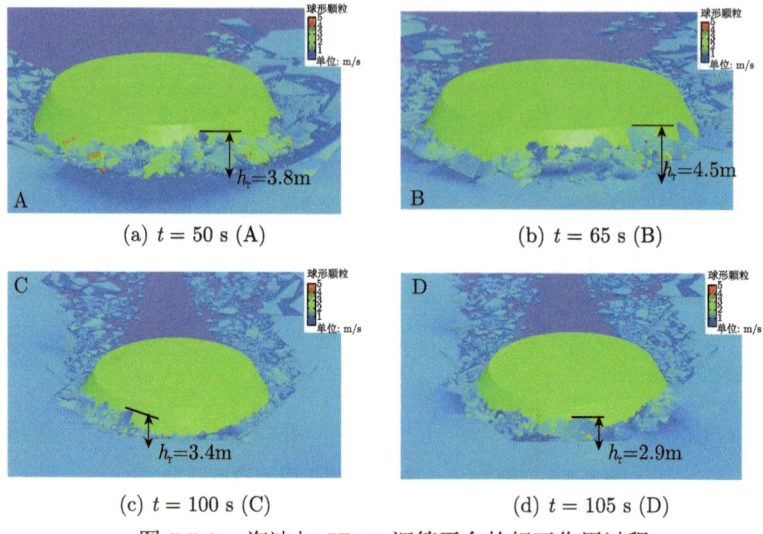

(b) $t = 65$ s (B)

(c) $t = 100$ s (C)

(d) $t = 105$ s (D)

图 5.5.8　海冰与 JZ9-3 沉箱平台的相互作用过程

在 $t = 100$ s 时，结构前已经无堆积体；在 $t = 105$ s 时，海冰直接作用于结构上发生单一的弯曲破坏模式。弯曲破坏对应的冰载荷比因海冰碎冰堆积并发生混合模式破坏对应的冰载荷小，因此图 5.5.7 中 D 时刻冰载荷要小于 A 或者 B 处的冰载荷。

海冰与沉箱结构的作用过程包括冰盖的破坏、碎冰块沿斜坡的上升、碎冰块在结构前的堆积等。理想状态下斜坡结构前堆积体二维剖面为线性剖面模型，即二维剖面可由堆积高度 h_r 和碎冰休止角 θ 描述。此外，Noorma 和 Thomas(2018) 根据加拿大 Confederation 大桥的海冰监测结果建立了一种双线性剖面模型，堆积冰剖面由两个休止角 θ_1、θ_2 和堆积高度 h_r 描述。两种堆积剖面模型在离散元数值模拟中均有所体现，如图 5.5.9 所示。因为不考虑海冰再固结，结构前堆积为一个动态过程，统计四个时刻海冰最大堆积高度，分别为 3.8 m、4.5 m、3.4 m 和 2.95 m。图 5.5.10 给出了冰速 1.0 m/s，冰厚 0.5 m 冰况下海冰堆积高度动态过程，堆积高度平均值为 3.22 m，小于沉箱甲板高度 4.71 m。

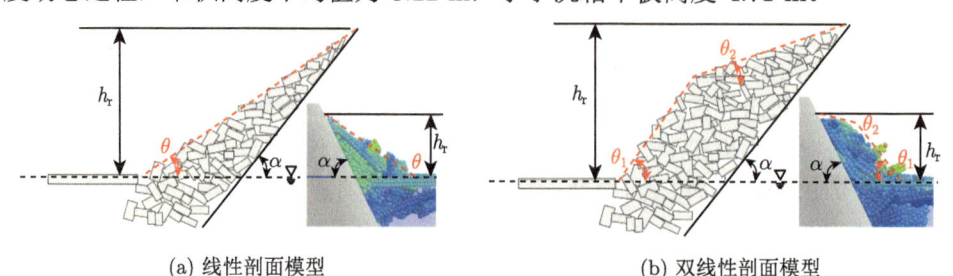

(a) 线性剖面模型

(b) 双线性剖面模型

图 5.5.9　结构前海冰堆积体二维剖面图

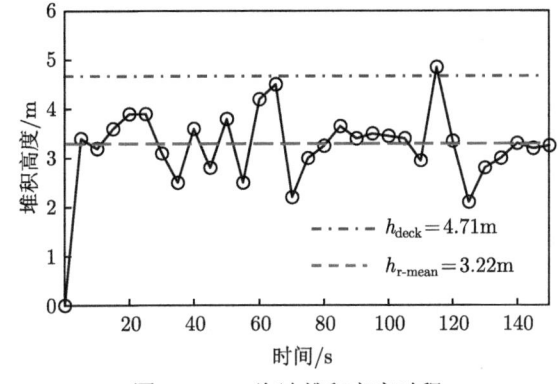

5.5 重力式沉箱平台结构冰载荷的离散元分析

图 5.5.10 海冰堆积高度时程

沉箱前海冰堆积体的高度，不但取决于冰与结构作用面的性质 (摩擦系数、倾斜角度、水线处直径)，更取决于海冰厚度和破碎尺寸。在特定水线处海冰破碎尺寸与海冰厚度密切相关，因此堆积高度主要与海冰厚度相关。图 5.5.11 给出了不同厚度下平均海冰堆积高度，并拟合海冰堆积高度 (h_r) 与海冰厚度 (h) 的关系式为

$$h_r = 11.357h^2 - 2.604h + 1.766 \tag{5.5.1}$$

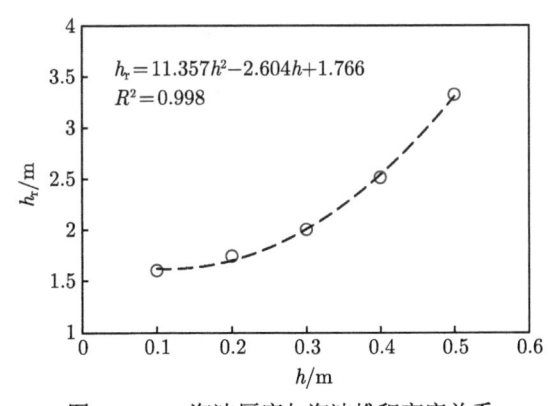

图 5.5.11 海冰厚度与海冰堆积高度关系

根据 ISO 19906(2010) 标准中锥体结构冰载荷公式 (A.8-40)，这里采用公式 (5.5.1) 海冰堆积高度与海冰厚度的关系对沉箱结构冰载荷进行评估。图 5.5.12 统计了不同冰厚下 ISO 标准计算结构冰载荷和离散元数值模拟结果。从图中可以看出，离散元计算模拟结果介于不考虑海冰堆积载荷和海冰堆积载荷之间，其值相对于 ISO 标准结果较小。

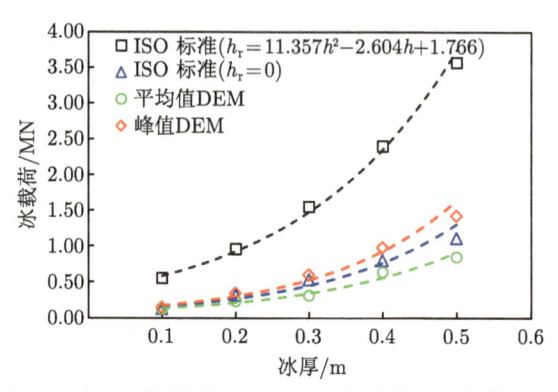

图 5.5.12 不同冰厚下 JZ9-3 沉箱结构冰载荷的对比

本节离散元模拟的海冰堆积并没有考虑真实条件下堆积冰的内部再冻结过程，其海冰堆积高度和堆积体积评估比真实条件要偏小。但是个别时刻最大爬升高度已经超过了沉箱上层甲板水平。当沉箱结构前堆积冰无法实时动力清除时，海冰堆积会没过沉箱上层甲板，在沉箱顶部形成堆积体。此外，海冰堆积还受所在水域水位的影响，本节选取了平均水位，当海冰作用在沉箱最高水位时，沉箱上方甲板的海冰堆积会更加严重，这和一些实际现场观测的海冰堆积现象相同。

5.6 小　　结

本章为确定固定式和浮式海洋平台结构冰载荷、核电站取水口冰堆积等寒区海洋工程问题，采用球体和扩展多面体离散元方法进行了系统的数值分析和验证。对于直立海洋工程结构，分析了海冰在不同流速下的挤压破坏特性，依据海冰材料在不同应变率下的韧脆转变机理解释了海冰在不同加载速率下的挤压破坏模式；对于锥体海洋工程结构，计算分析了海冰断裂长度与冰载荷的对应关系，以及锥径、锥角对冰载荷的影响，同时分析了多桩腿结构冰载荷的遮蔽效应；针对冰激海洋工程结构振动问题，采用 DEM-FEM 耦合模型计算分析了海上风电基础结构、单桩和多桩海洋平台结构在不同海冰条件下的冰载荷和力学响应，为海洋工程结构的抗冰性能设计提供了参考依据；以锚泊浮式海洋平台为研究对象，分析了海冰作用下 Kulluk 平台和半潜式平台在海冰作用下的运动响应，其中锚泊系统也采用离散元方法进行建模计算，取得了很好的工程应用效果；以红沿河核电站取水口海冰堆积为研究对象，综合考虑该海域冰区特点及风和流的作用，采用离散元方法模拟了海冰在结构物前的堆积现象；考虑海冰平均尺寸、密集度及流速因素对海冰堆积过程的影响，对海冰堆积高度进行了数值分析。此外，在以上离散元模型中均采用了基于 GPU 并行的高性能计算技术。以上研究表明，离散元方法可作为极地海洋工程结构与海冰作用分析的有效手段。

参 考 文 献

陈嘉豪, 胡志强. 2019. 半潜式海上浮式风机气动阻尼特性研究 [J]. 力学学报, 51(4): 1255-1265.

段磊, 李晔. 2016. 漂浮式海上大型风力机研究进展 [J]. 中国科学: 物理学 力学 天文学, 46(12): 18-28.

关湃, 黄焱, 万军, 等. 2017. 基于模型试验的导管架平台抗冰锥体优化设计 [J]. 中国海洋平台, 32(4): 7-13.

黄焱, 马玉贤, 罗金平, 等. 2016. 渤海海域单柱三桩式海上风电结构冰激振动分析 [J]. 海洋工程, 34(5): 1-10.

季顺迎, 王安良, 车啸飞, 等. 2011. 锥体导管架海洋平台冰激结构振动响应分析 [J]. 海洋工程, 29(2): 32-39.

刘诗华, 侯树强. 2015. 寒区核电厂取水口防冰设施设计研究 [J]. 人民黄河, 37(5): 112-115.

龙雪, 季顺迎, 王跃方. 2018. 红沿河核电站取水口海冰堆积特性的离散元分析 [J]. 海洋工程, 36(3): 51-58.

龙雪, 刘社文, 季顺迎. 2019. 水位变化对正倒锥体冰载荷影响的离散元分析 [J]. 力学学报, 51(1): 74-84.

乔东升. 2011. 深水平台锚泊定位系统动力特性与响应分析 [D]. 哈尔滨: 哈尔滨工业大学.

屈衍. 2006. 基于现场实验的海洋结构随机冰载荷分析 [D]. 大连: 大连理工大学.

史庆增, 黄焱, 宋安, 等. 2004. 锥体冰力的实验研究 [J]. 海洋工程, 22(1): 88-92.

王可光, 吴辉碇, 刘良坤. 2000. 锦州 9-3 油田双沉箱海冰爬升和堆积研究 [J]. 中国海上油气工程, 12(3): 21-27.

王帅霖. 2019. 基于离散元–有限元耦合方法的海洋平台结构冰激振动分析 [D]. 大连: 大连理工大学.

王帅霖, 刘社文, 季顺迎. 2019. 基于 GPU 并行的锥体导管架平台结构冰激振动 DEM-FEM 耦合分析 [J]. 工程力学, 36(10): 28-39.

元志明. 2011. 浮式海洋平台结构运动耦合分析 [D]. 镇江: 江苏科技大学.

岳前进, 毕祥军, 于晓, 等. 2003. 锥体结构的冰激振动与冰力函数 [J]. 土木工程学报, 36(2): 16-19, 32.

岳前进, 许宁, 崔航, 等. 2011. 导管架平台安装锥体降低冰振效果研究 [J]. 海洋工程, 29(2): 18-24.

张大勇, 王国军, 王帅飞, 等. 2018. 冰区海上风电基础的抗冰性能分析 [J]. 船舶力学, 22(5): 615-627.

张伟, 黄焱. 2016. 渤海浅水重冰区平台群区域流冰状态的模型试验研究 [J]. 中国海洋平台, 31(3): 81-88.

朱红日, 季顺迎, 刘璐. 2019. 基于 Voronoi 切割算法的碎冰区构造及离散元分析 [J]. 计算力学学报, 36(4): 454-463.

Barrera C, Guanche R, Losada I J. 2019. Experimental modelling of mooring systems for floating marine energy concepts[J]. Marine Structures, 63: 153-180.

Brown T G, Määttänen M. 2009. Comparison of Kemi-I and Confederation Bridge cone ice load measurement results[J]. Cold Regions Science and Technology, 55(1): 3-13.

Frederking R M W. 2004. Ice pressure variations during indentation[C]. Proceedings of the 17th IAHR International Symposium on Ice, St. Petersburg, Russia.

Heinonen J, Rissanen S. 2017. Coupled crushing analysis of a sea ice wind turbine interaction feasibility study of fast simulation software[J]. Ships and Offshore Structures, 7(8): 1-8.

IEC 61400-3. 2009. Wind turbines Part 3: Design requirements for offshore wind turbines[S]. Geneva: International Electrotechnical Commission.

ISO 19906. 2010. Petroleum and natural gas industries-Arctic offshore structures[S]. International Standardization for Organization.

Jefferies M, Rogers B, Hardy M, et al. 2011. Ice load measurement on Molikpaq methodology and accuracy[C]. Proceedings of the 21st International Conference on Port and Ocean Engineering under Arctic Conditions, Montréal, Canada.

Karulin E, Karulina M. 2014. Peculiarities of multi-legged platform operation in ice condition[C]. Proc. ASME 33rd Int. Conf. Ocean, Offshore and Arctic Engineering, San Francisco, USA.

Karulin E, Karulina M, Toropov E, et al. 2012. Influence of ice parameters on managed ice interaction with multi-legged[C]. IAHR International Symposium on Ice, Dalian, China.

Kato K. 1990. Total ice force on multi legged structures[C]. Proceedings of 10th International Symposium on Ice, Espoo, Finland.

Kato K, Adachi M, Kishimoto H, et al. 1994. Model experiments for ice forces on multi conical legged structures[C]. Proceedings of the 4th ISOPE Conference, Osaka, Japan.

Kim B W, Sung H G, Jung H J, et al. 2013. Comparison of linear spring and nonlinear FEM methods in dynamic coupled analysis of floating structure and mooring system[J]. Journal of Fluids and Structures, 42: 205-227.

Kim H, Ulan-Kvitberg C, Daley C. 2014. Evaluation of spatial pressure distribution during ice-structure interaction using pressure indicating film[J]. International Journal of Naval Architecture and Ocean Engineering, 6(3): 578-597.

Liu L, Ji S. 2018. Ice load on floating structure simulated with dilated polyhedral discrete element method in broken ice field[J]. Applied Ocean Research, 75: 53-65.

Liu X, Li G, Yue Q J, et al. 2009. Acceleration-oriented design optimization of ice-resistant jacket platforms in the Bohai Gulf[J]. Ocean Engineering, 36: 1295-1302.

Long X, Liu S, Ji S. 2020. Discrete element modelling of relationship between ice breaking length and ice load on conical structure[J]. Ocean Engineering, 201: 107152.

Long X, Liu S, Ji S. 2021. Breaking characteristics of ice cover and dynamic ice load on upward-downward conical structures based on DEM simulations[J]. Computational Particulate Mechanics, 8(2): 297-313.

Mróz A, Holnicki-Szulc J, Kärnä T. 2008. Mitigation of ice loading on off-shore wind turbines: feasibility study of a semi-active solution[J]. Computers and Structures, 86(3): 217-226.

Noorma S, Thomas G B. 2018. 20 years of monitoring of ice action on the Confederation Bridge piers[J]. Cold Regions Science and Technology, 151: 208-236.

Qu Y, Yue Q J, Bi X J, et al. 2006. A random ice force model for narrow conical structures[J]. Cold Regions Science and Technology, 45: 148-157.

Sayed M, Barker A. 2011. Numerical simulations of ice interaction with a moored structure[C]. The Offshore Technology Conference, Houston, USA.

Shi W, Tan X, Gao Z, et al. 2016. Numerical study of ice-induced loads and responses of a monopile-type offshore wind turbine in parked and operating conditions[J]. Cold Regions Science and Technology, 123: 121-139.

Tian Y, Huang Y. 2013. The dynamic ice loads on conical structures[J]. Ocean Engineering, 59: 37-46.

Timco G W, Johnston M. 2003. Ice loads on the Molikpaq in the Canadian Beaufort Sea[J]. Cold Regions Science and Technology, 37(1): 51-68.

Timco G W, Johnston M. 2004. Ice loads on the caisson structures in the Canadian Beaufort Sea[J]. Cold Regions Science and Technology, 38(2): 185-209.

Timco G W, Wright B D, Barker A, et al. 2006. Ice damage zone around the Molikpaq: Implications for evacuation systems[J]. Cold Regions Science and Technology, 44(1): 67-85.

Wang S, Yue Q, Zhang D. 2013. Ice-induced non-structure vibration reduction of jacket platforms with isolation cone system[J]. Annals of Finance, 70(4): 118-123.

Wang Y, Hu X, Zhao Z, et al. 2015. Failure mode of the ice sheet loading at the junction of the upward and downward breaking cones[J]. Ocean Engineering, 96: 34-39.

Wessels E, Kato K. 1988. Ice forces on fixed and floating conical structures[C]. Proc. of the 9th International IAHR symposium on Ice, Sapporo, Japan.

Wright B. 2000. Full scale experience with Kulluk station keeping operations in pack ice[R]. The National Research Council of Canada.

Xu N, Yue Q J, Qu Y, et al. 2011. Results of field monitoring on ice actions on conical structures[J]. Journal of Offshore Mechanics and Arctic EngineeringJ Offshore Mech Arct Eng, 133(4): 41502.

Yue Q J, Bi X J. 2000. Ice-induced jacket structure vibrations in Bohai Sea[J]. Journal of Cold Regions Engineering, 14 (2): 81-92.

Yue Q J, Qu Y, Bi X J, et al. 2007. Ice force spectrum on narrow conical structures[J]. Cold Regions Science and Technology, 49(2): 161-169.

Zhou L, Su B, Riska K, et al. 2012. Numerical simulation of moored structure station keeping in level ice[J]. Cold Regions Science and Technology, 71: 54-66.